AI·MACHINE VISION SYSTEM DEVELOPMENT TECHNOLOGY

VisionPro (미국COGNEX사)
DeepLearning Studio
C# 프로그래밍 활용

AI·머신 비전 시스템 구축 기술

선권석 저

동일출판사

토란 식혜와 어머니

선 권 석

하얀눈이 내렸습니다.
그속에서 하얀 그림자가 보였습니다.
그분이 항상 다니시던,
그길을 뒤로하고 멀리 돌아서 가셨습니다.

뒷굽을 꼬맨 고무신과
허름한 몸배는 그분의 행복이었고,
햇살에 검게 그을린 얼굴은
그분의 미소를 대신했으며,
곱게 올려 비녀를 꼽은 그분의 머리에는
항상 소생하는 생기와
볏짚 부스러기가 공존했습니다.
그 무엇을 위해 사셨냐고 물을수 조차 없는 시간들 이었습니다.

그분이 졸라맨 허리는 주름살 뿐이었고,
쌀 한톨 아까워 드시지 못했으나 그걸 팔아 자식을 위해 쓰셨습니다.

특별한 계획은 없었으나
순간 순간 최선을 다해 사셨으며,
부풀어 터진 손은 그분의 고뇌와 희망을 보답해 주었습니다.

주민등록증을 만드시던날
달아버린 지문을 아쉬워 했으며,
그늘진 조그만 밭에서 수확한
토란으로,
가족을 위해 식혜를 만드셨습니다.

따스한 봄날,
그분이 가시기 전 해 어버이 날이었으리라.
그분은 도회지에 있는 자식들을 보기위해 오셨습니다.
그분의 옷차림은 허름했으나 당당했으며,
역 광장 모퉁이에서 떨어진 그분의 양말을
바꿔, 신겨주는 아들에게 새 양말을 사양했습니다.
아들이 신기를 바라시며 !.

머리말 | PREFACE

산업혁명이 시작되기 훨씬 전 16C 일이다. 영국의 토마스 모어는 그의 저서 유토피아에서 유토피아적인 삶을 꿈꾸었다. 오전에 3시간 일하고 점심먹고 쉰 후에 다시 3시간 일하면 그걸로 하루의 노동은 끝이다. 나머지 시간에는 지적인 교육을 받거나 잠을 자거나 쉬면서 정신적 고양을 시키는데 관심을 갖고 자유롭게 여가를 즐기면 되는 나라, 즉, 하루에 6시간 일하는 유토피아 세상을 그려낸 것이다. 이런 일들은 토마스모어가 살던 당시 16C 유럽사회에서는 꿈에서나 가능한 일들이었다. 그러나 실제 6시간의 노동으로 모든 사회 구성에 필요한 동력이 될 수 없었다. 나머지는 노예나 다름없는 다른 계급의 사람들이 유토피아인들의 삶을 영위할 수 있도록 이들사회를 지탱해줬다. 이들 덕분에 힘들고, 하기싫고, 지루하고 위험한 일들은 유토피아인들이 하지 않고도 행복할 수 있는 구조였던 것이다.

현대를 살아가는 우리의 삶은 어떤가. 과연 소설 속의 유토피아인들과 같은 삶을 준비하고 있는가? 유토피아인들과 같은 삶을 살고 있는가? 분명한 것은 몇 세기가 흐른 현대에 와서는 가능한 일이 되었다는 점이다. 실제로 하루에 6시간만 일하고 행복한 사회가 되려면 짧은 시간 노동으로 그만큼의 생산성이 향상되어야 한다. 즉 발달된 기술과 함께 하지 않으면 유토피아적인 삶은 불가능하다는 결론이 나온다. 이런 기술의 해택이라 말할 수 있는 산업혁명의 결과 근로자의 임금은 많아졌고 그로인해서 부가쌓여 여유로운 생활이 가능해졌다. 생활의 연속선상에 우리의 삶은 놓여있다는 것은 부정할 수 없을 것이다. 힘들고, 하기싫고, 지루하고 위험한 일들을 이 기술들이 대신해줄 때 우리는 좀 더 여유롭고 행복해질 수 있기때문일 것이다. 즉, AI기술을 탑재한 다재다능하고 다양한 형태의 로봇들이 등장하고 있기 때문이다. 유토피아 인들이 하루 6시간만 일하고도 행복한 생활이 가능하도록 사회를 지탱해 줬듯이 말이다.

그렇다면 우리도 이런 삶을 실현하기 위해 어떻게 해야할까? 당연히 새로운 기술에 대한 관심을 갖고 그것을 배우고 학습하는 노력이 필요할 것이다. 이 기술들이야말로 우리의 여유로운 삶을 지켜줄것이기 때문이다. 이 기술들을 갖지 못하면 보다 여유있는 생활이 어려울뿐만 아니라 사회적 조직 소속감을 갖는 삶도 갖기 어려울 것이다. 알고리즘을 갖고있는 프로그램, 제어용 전자회로, 모터를 포함한 Actuator 구성 및 제어기술, 다양한 센서기술, 카메라를 이용한 영상처리기술 등 기술의 종류는 이루 말로다 표현하기 어려울 것이다. 그 중에서 AI 기술을 탑제한 여러종류의 로봇이야말로 이런 기술들을 막라한 종합적인 현대기술의 대표적인 종합상품일 것이다. 모든 기술의 집합적인 모임일 것이다. 어떤 로봇은 농사를 짓고, 어떤 로봇은 우리의 일상에서 필요한 전자제품을 만들어서 우리에게 공급할 것이고, 또 어떤 로봇은 의료서비스를 제공하기도 할 것이고 인간을 대신해서 전쟁을 수행함으로서 우리 사회의 구성을 확고히 해주기도 할 것이다.

토마스 모어가 하루 6시간을 일하는 세상을 꿈꾸며 행복해 했다면, 우리는 이제 하루에 6시간 일하는 세상을 걱정하고 있다. 혹시 내가 직업을 갖지 못하게 되는 것은 아닌지, 내자녀가 직장이 없어서 실업자로 평생을 구휼미에 의지하며 살게되는 것은 아닌지 말이다. 그러나 산

머리말 | PREFACE

업혁명의 역사에서 나타났듯이 기술을 통해서 새로운 일자리가 생겨나고 그로 인해서 더욱 근로자들의 수입은 늘어났으며 생활이 풍족해졌듯이, 이런 앞선 기술을 먼저 도입한 국가일수록 선진국에 진입할 수 있었다는 사실이다. 세계화를 외치며 살기 시작한지도 오래되었다. 그렇다고 해서 국가라는 조직의 개념이 없어진 것도 아니다. 더욱 필요한 조직이 되었다. 나와 가족을 지켜줄 수 있는 것은 바로 국가이기 때문이다. 기술을 통해서 수입이 발생해도 다른 나라 일이라면 나와 내 가족은 어려운 삶에 놓여 질 수밖에 없을 것이다. 21C 세계화 속에서 살아가는 우리는 새로운 기술을 먼저 알아차리고 자신의 것으로 만들때 우리의 존재감은 더욱 확고해 질수밖에 없다. 그러므로 우리는 어떤 기술들이 어떻게 필요한지 찾아내는 것과 동시에 기술교육에 힘쓰고 배우는데 노력해야 될 것이다.

AI · 머신 비전 시스템 구축 기술의 책명을 갖고 출판되는 본서는 총 6개의 챕터로 구성되어 있다. 그러나 챕터의 구성에서 순서는 중요하지 않으리라 본다. 각 챕터나 챕터내에서 소개되는 예제는 순서와 관계없이 필요한 기술을 찾아서 학습하면 될 것이다. 현장 시스템을 구축하고자 하는 목적이다 보니 어느게 먼저 학습해야 하는지에 대한 것은 분명히 제시하기 어렵다는 생각이다. 예를 들어서 DeepLearning을 활용한 C# 프로그램을 구성하는 과정만 알고 싶다면 챕터6의 3절을 확인하면 바로 이해할 수 있을 것이다. 즉 다시말해서 현장에서 관련 기술을 어느 정도 이해하고 있다면 순서는 중요하지 않다는 말이다. 물론 처음 배우는 학습자의 경우도 순서에 입각해서 학습한다면 재미없을 것이다. 반드시 순서대로 학습해서 다음 챕터를 이해할 수 있는 것은 아니기 때문이다. 또한 몇가지 부분에서는 Cognex사의 홈페이지 자료를 참고 및 인용해서 설명했다. 이제 본 서적의 내용을 간단하게 챕터별로 설명하고자 한다. 먼저 챕터1은 머신비전에 대한 기본적인 내용을 소개했다. 챕터2는 VisionPro에서 제공하는 QuickBuild툴의 구성과 사용방법에 대한 기초적인 것을 소개했다. 챕터3에서는 본격적으로 QuickBuild툴을 활용한 예제들을 다루었다. 본 예제들을 잘 이해한다면 C#을 활용한 예제들로 구성된 4장에서 더 편하게 접근할 수 있다는 잇점은 있을 것이다. 챕터 4에서는 C# 프로그램을 이용해서 QuickBuild툴을 이용할 수 있도록 인터페이스 관련 기술을 다양하게 소개했다. 또한 MiniMPS라는 물류장치를 이용해서 머신비전 시스템을 구성하였다. 5장에서는 머신비전 시스템과 스크립트를 이용한 프로그램을 소개했고 마지막으로 6장에서는 본도서의 중요하게 생각하는 AI관련 기술인 Cognex VisionPro DeepLearning Studio 활용하여 학습하고 DeepLearning 학습결과인 *.vrws 파일을 C#프로그램에서 활용하는 방법을 소개했다. 쉽고 유용하리라 본다.

끝으로 본 도서가 완성되기까지 많은 도움을 주신 Cognex Korea의 이사님과 직원분들께 감사하는 마음을 전합니다.

CONTENTS 목차

CHAPTER 01 머신 비전 이해

CHAPTER 02 Quick Build 사용방법

목차 | CONTENTS

CHAPTER 03 Quick Build를 이용한 머신 비전 실습

CONTENTS 목차

CHAPTER 04 C# WindowsForm 프로그램으로 머신 비전 개발환경 구축

목차 | CONTENTS

CHAPTER 05 C#, MiniMps 장비를 이용한 머신 비전 실습

CHAPTER 06 Cognex VisionPro DeepLearning Studio 활용

CHAPTER

1

머신 비전의 이해

1. 머신 비전이란?
2. 머신 비전 응용분야
3. 머신 비전 카메라의 종류 및 역할
4. 조명
5. FrameGrabber
6. 머신 비전 라이브러리 종류 및 역할
7. 필수 라이브러리 설치

CHAPTER 1 머신 비전의 이해

1 머신 비전이란?

머신 비전은 고성능카메라, 이미지프로세서, 소프트웨어 등으로 구성된 시스템을 말하며 머신 비전 카메라, 렌즈, 조명을 사용하여 이미지를 획득 후 수행하고자 하는 작업의 목적에 맞춰 이미지 프로세서, 소프트웨어가 영상처리 및 분석 과정을 거쳐 원하는 작업을 수행할 수 있는 정보를 제공합니다.

다시 말해 일련의 검수작업에서 사람의 눈으로 보고 판단하는 과정을 기계가 대처하는 것으로 열악한 환경에서도 가능하고 피로도를 느끼지 않으며 마이크로미터 단위까지 정밀하고 매우 빠른 속도로 처리할 수 있도록 고안된 것이 바로 머신 비전 시스템입니다.

각 부속품별 역할은 다음과 같습니다.

항목		역할
카메라		검사대상물체를 촬영하여 pc로 전송
렌즈		검사대상 물체를 촬영하기 위한 부속품
조명	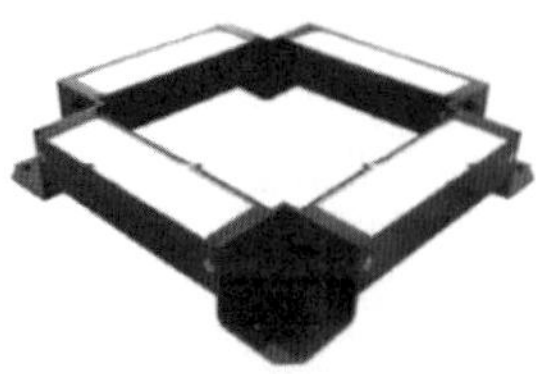	검사할 물체의 명암의 특성을 만들기 위해 사용

항목		역할
케이블		부속품(카메라,조명)을 연결하는 케이블
프레임 그래버		카메라영상을 PC에서 수신할 수 있게 해주는 영상 수신장치
소프트웨어	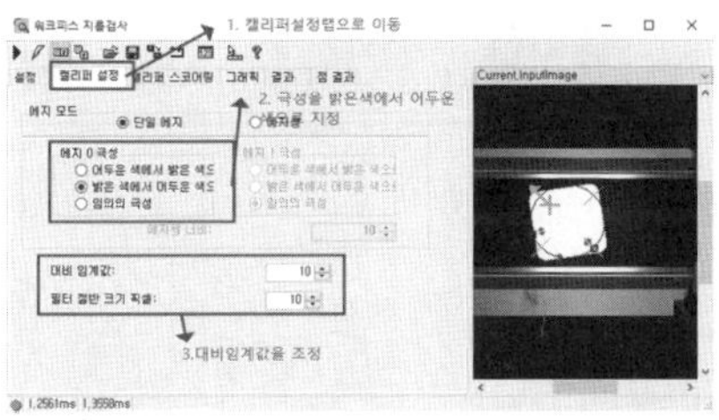	영상을 분석하고 판단하는 용도

2 머신 비전 응용분야

머신 비전은 산업의 전 분야에서 적용되고 있으며 지속적으로 늘어가는 추세입니다.

머신 비전 기술은 기계에 시각을 부여하여 검사, 안내 분야에서 이미지를 분석하는 기술입니다.

머신 비전 기술은 제조과정에서 물리적 형상과 결함 추적, 표면 마무리 검사 및 색상 검사 등의 품질검사 등에 광범위하게 사용되고 있습니다. 또한 반도체를 비롯하여 디스플레이, PC, 중소형 전자부품, 휴대폰, 자동차, 철강, 식 · 음료 등에 이르기까지 산업 전반으로 적용분야가 지속적으로 확대되고 있습니다.

분류	활용분야	예시
검사	부품유무, 마킹, 치수측정 등	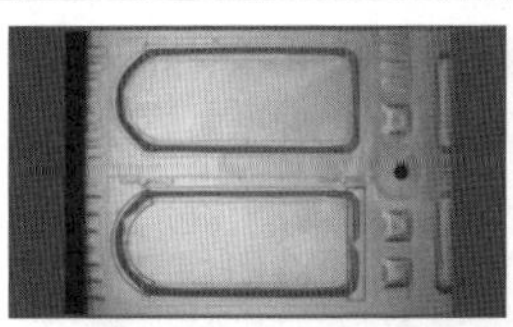 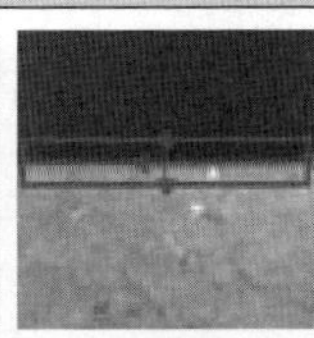 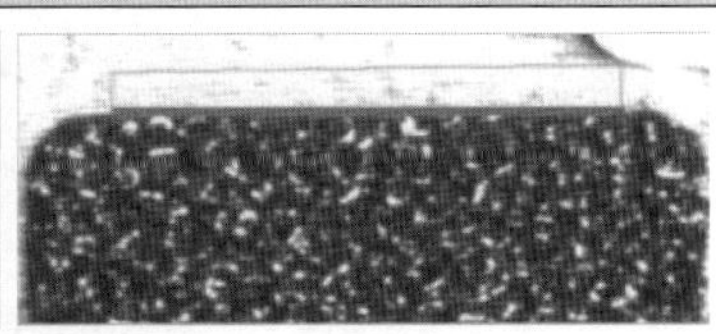
위치	제품Pick, 제품이동	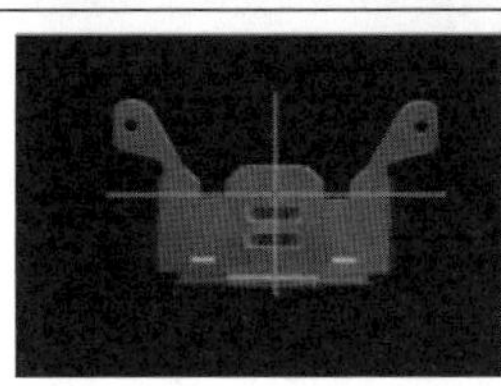  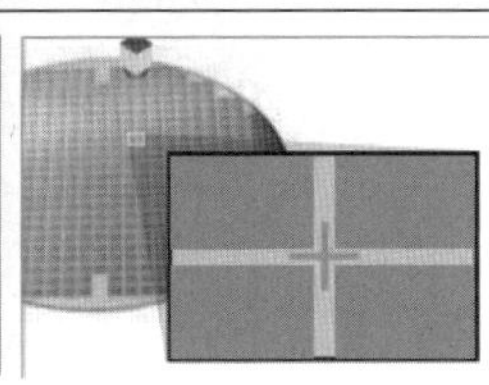

분류	활용분야	예시
검출	이물, 스크래치, 부품개수, 도색불량등	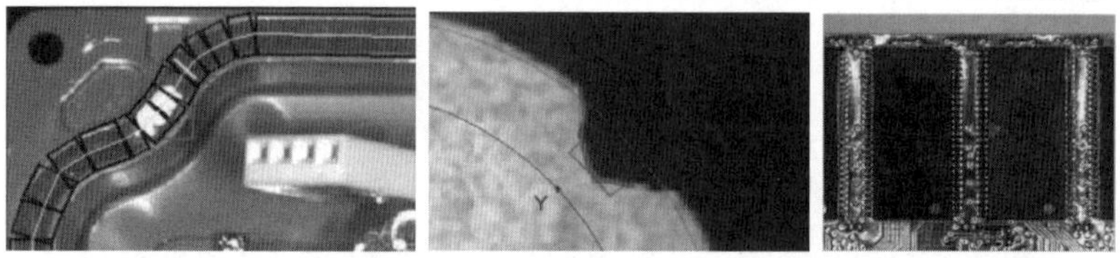
식별	1D바코드 식별, 2D 데이터 식별, OCR 식별	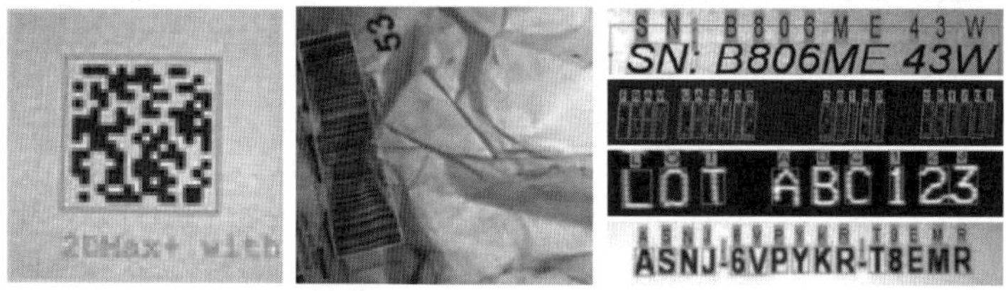

3 머신 비전 카메라의 종류 및 역할

머신 비전에서 측정할 이미지를 캡처하는 장비로서 카메라, 렌즈, 조명을 이용하여 검사에 필요한 적절한 이미지를 촬영하여 PC나 컨트롤러에 전송하는 장치가 머신 비전 카메라입니다.

데이터를 전송하는 방식에 따라서 크게 USB, GigE, CAMERA LINK 방식으로 나누어지며 각 타입의 특징은 다음과 같습니다.

항목		역할
GigE		Gigabit Ethernet 인터넷 프로토콜을 기반으로 하며 고속 카메라 인터페이스용 표준 케이블을 사용합니다. 여러 대의 카메라, 고속 데이터 전송 속도 또는 긴 케이블 길이가 필요한 용도로 사용되며 GigE 포트를 사용해 pc와 상호작용하도록 설계된 머신 비전 카메라 입니다. 최대 1000mb/s의 데이터 전송속도이며 긴 케이블 길이 덕분에 전용 PC에서 멀리 떨어진 장소에서도 사용할 수 있습니다. Gigabit Ethernet 기술은 한번에 연결하는 장비의 숫자에 제한을 두지 않기 때문에 단일 환경에서 네트워크에 연결된 많은 수의 GigE 카메라가 효과적으로 작동할 수 있습니다.

항목		역할
USB		Usb3.0기술을 사용해 이미지 데이터를 전송하는 카메라입니다. USB입력포트는 대부분의 PC에서 지원하기에 카메라링크카메라와 같이 별도의 프레임그래버가 필요하지 않아 추가 구매비용이 발생하지 않고 여러 대의 카메라를 구성하기에 간편하다는 장점이 있습니다. 단점으로는 USB 인터페이스 특성상 외부 노이즈에 민감하고 최대 케이블 길이가 짧다는 단점이 있습니다.
카메라 링크		주로 자동검수 및 공정제어와 관련된 고속 시리얼인터페이스입니다. 외부 노이즈에 강하며 카메라링크 시리얼통신 프로토콜을 사용하여 최대 850MBPS 속도로 데이터를 전송할 수 있고 직접 메모리 액세스를 지원하므로 이미지를 찰상할 때 CPU 부하를 줄일 수 있습니다. 단점으로는 데이터케이블의 최대길이가 7~15미터로 짧고 값비싼 프레임그래버를 사용해야 하는 단점이 있습니다.

4 조명

머신 비전 카메라가 피사체를 제대로 찰상 하기 위해서 충분한 양의 빛이 필요합니다. 또한 조명의 방향에 따라 피사체의 명함이 변경되게 됩니다.

즉 조명이란 영상을 찰상 하기 위해 피사체의 빛을 주거나 조절하는 행위를 말하며 조명은 자연광은 물론 인공 광까지 포함하여 빛을 조절하는 행위로서 피사체를 효과적으로 표현하기 위해 알맞은 광선을 선택하는 행위까지를 포함합니다.

머신 비전 시스템은 검사 자체를 분석하는 것이 아니라 검사 체로부터 반사된 조명을 분석함으로서 영상을 생성합니다. 따라서 검사하는 부품에서 조명이 어떻게 반사되는지 이해하는 게 중요하며 이를 위해서는 대상물을 구성하는 소재, 크기, 형태, 마감상태 등을 알아야 합니다.

적절한 초점과 조도를 통해 양호한 영상을 분석에 수월해지고 반대로 선명도가 떨어지거나 조도가 고르지 못한 영상은 더 많은 영상 분석 작업이 필요하며 결과적으로 공정시간이 늘어나게 되고 올바르지 못한 영상분석을 초래하기도 합니다.

일반적으로 선명도가 높은 영상은 처리가 용이합니다. 아래 그림과 같이 두 영상 모두 "+" 표시를 인식할 수 있지만 왼쪽영상은 오른쪽에 비해 선명도가 떨어지기에 인식 안정성이 떨어집니다.

 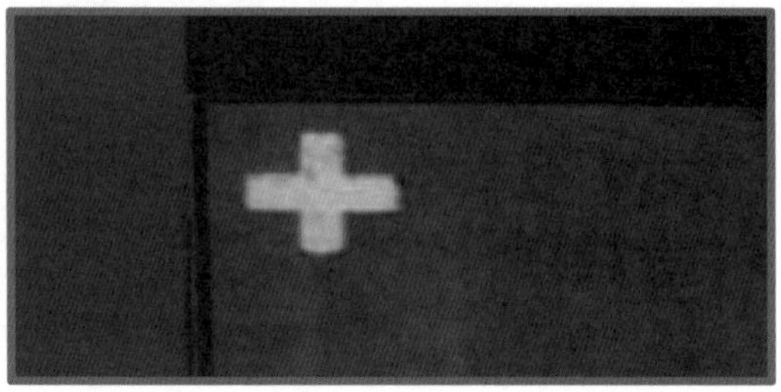

영상은 조명이 대상물에 반사되면서 생성됩니다.

조명이 대상물을 비추고 카메라로 빛을 모으면서 더 밝게 보이게 됩니다. 만약 같은 조도여도 조명의 방향과 재질의 종류가 달라지면 대상물이 어둡게 보이게 됩니다.

머신 비전 시스템에서는 검사작업의 중요한 요소인 경계의 조도차이를 만드는 데에 차이가 발생합니다.

이처럼 머신 비전에서는 사용하는 조명의 종류 및 설치 위치에 따라 측정에 용의한 환경을 만들 수 있습니다.

조명의 종류에 따른 특성을 알아보도록 하겠습니다.

바 조명은 측면에 조명을 설치하여 사용하며 경계의 선명도가 높은 영상을 만들어 낼 수 있습니다.

면 발광 조명은 링 형태의 조명이며 면을 밝게 반사시켜 빛 반사의 차이로 검사할 때 주로 사용합니다.

직사 광 원형조명은 면 발광 조명에 비교하여 평면으로 꺾임 없이 발산합니다. 주로 높은 광도가 필요할 때 사용합니다.

플랫조명은 백라이트를 이야기하며 물체의 실루엣을 이용하여 검사할 때 많이 사용합니다.

동축 조명은 조명원의 축이 카메라에 방해되지 않도록 카메라와 조명을 일직선으로 비추는 조명을 말하며 반사광을 제거 할 수 있으며 특성을 쉽게 확인 할 수 있습니다.

돔 조명을 사용할 경우에는 광원이 넓은 범위에서 고르게 들어오므로 카메라의 휘광을 줄일 수 있으며 선명한 마킹 영상을 제공합니다.

다양한 비전시스템을 적합하게 조정하거나 구성할 수 있는 많은 조명 선택사항 및 방법들이 존재합니다. 올바른 조명 선택은 이미지 분석 성공률을 획기적으로 올릴 수 있습니다.

머신 비전 검사를 기획할 때 먼저 해야 할 일은 검사를 통해 취득해야 할 것이 무엇인지 파악하고 표면의 마감상태나 색상등 검사해야 할 부품에 대한 특성을 이해하는 것이 중요합니다. 또한 생산 환경 및 설치범위를 이해하는 것도 중요합니다.

또한 다양한 조명을 장단점을 파악하고 올바른 조명을 선택한 후에는 효과를 극대화하기 위한 조명의 위치를 결정해야 합니다.

5 FrameGrabber

다음은 카메라를 통해 들어온 영상이 FrameGrabber를 통해 영상 이미지로 취득하는 방법에 대한 설명을 하도록 하겠습니다.

먼저 FrameGrabber는 카메라 등의 영상매체를 통해 나타나는 아날로그 영상신호를 디지털화하여 PC에서 처리 할 수 있는 신호로 바꾸는 영상장비이며 머신 비전에서는 주로 GigE, 카메라 링크, USB방식을 인터페이스를 많이 사용합니다. 자세한 내용은 이전 카메라 타입을 참조하시면 됩니다.

FrameGrabber를 선정하면서 필요한 사항은 크게 이미지해상도, PC에 연결되는 카메라 수 가 중요합니다. 높은 이미지해상도를 지원하는 카메라를 사용하고 여러대의 카메라가 연결되어야 한다면 취득 시 필요한 자원이 많이 들어가기에 카메라링크 및 USB인터페이스가 필요하며 카메라와 PC의 거리가 길어지게 되면 GigE방식이 필요합니다. 이처럼 설치할 환경과 카메라 사양에 맞추어 인터페이스를 결정하시면 됩니다.

타입	가격(높은순)	전송속도	거리	안전성
USB	3	2	3	3
GigE	2	3	1	2
카메라링크	1	1	2	1

다음은 영상취득에 대한 시퀀스를 설명하도록 하겠습니다. 머신 비전 카메라의 취득모드는 연속모드, 트리거모드가 있습니다. 간단하게 설명하자며 스마트폰 카메라에서 촬영 버튼을 눌러 촬영을 하게 되는데 이걸 트리거모드 라고 하며 촬영 버튼을 길게 눌러 연속으로 사진의 취득하는 모드가 연속모드입니다.

연속모드는 카메라가정해진 속도로 촬영하는 방식이며 노출이 끝나면 PC로 보내는 리드아웃이 시작되며 리드아웃이 끝나는 시점에서 다음 노출이 시작됩니다. 이러한 동작이 반복되는 것이 연속모드입니다.

만약 카메라의 노출시간을 길게 설정한다면 리드아웃 하는 타이밍이 밀리기에 카메라의 프레임은 낮아집니다.

또한 카메라의 최대속도로 설정된 조건에서 노출시간을 낮게 설정하더라도 리드아웃 시간은 동일하기 때문에 프레임은 동일합니다.

노출시간은 카메라 센서에 빛을 모우는 시간이며 움직이는 물체를 촬영하였을 때 노출시간이 길면 빛은 모우고 있는 동안 이동하는 상이 맺히게 되어 원하는 이미지를 촬영할 수 없습니다. 노출시간이 적으면 빛을 충분히 모우지 못해 이미지가 어둡게 촬영되게 됩니다. 그러기에 적절한 노출시간을 설정 하는 게 중요합니다.

트리거모드는 트리거 신호를 받은 후 프레임을 취득하는 동작입니다. 동작 순서는 다음과 같으며 원하는 순간에 신호를 입력하여 취득하는 방식입니다. 머신 비전에서 가장 많이 사용하는 영상취득 모드입니다.

트리거신호발생 → 노출시작 → 리드아웃 → 다음 트리거신호까지 대기

6 머신 비전 라이브러리 종류 및 역할

머신 비전 라이브러리는 카메라를 통해 얻어진 이미지에서 불량 유무 및 결함에 대한 검사를 처리하는 비전 알고리즘을 이야기하며 이 알고리즘을 위한 무료, 유료로 제공하는 라이브러리가 있습니다.

머신 비전 라이브러리는 여러 가지 라이브러리가 있으며 각 라이브러리에 특징 및 지원하는 검사방법이 다르므로 상황에 맞는 적절한 라이브러리를 선택하여 사용 하는 게 중요합니다.

많이 사용하는 라이브러리는 다음과 같고 여기서는 GUI를 통한 검사방법의 이해를 높이기 위해서 COGNEX사의 VISION PRO를 사용하여 진행해 보도록 하겠습니다.

라이브러리	설명
OPENCV	오픈소스 라이브러리이며 다중 플래폼을 지원합니다. 다른 상용라이브러리에 비해서 이미지 분석을 지원하는 기능이 적으며 머신 비전을 공부하는 단계에서 많이 사용합니다.
MIL	MATROX사에서 제공하는 라이브러리이며 국내에서 많이 사용되고 있는 라이브러리입니다. 주로 프레임그래버와 연동이 편리하며 코드로만 개발을 해야 하기에 초보자가 접근하기에는 어려운 부분이 있습니다.
OPEN EVISION	개발자와 런타임이 구분되어 있지 않아 하나의 USB만 구매하며 사용이 가능하며 쉬운 인터페이스로 인해 많이 사용하고 있습니다.
HALCON	비전 라이브러리 중 가격이 비싸지만 훌륭한 성능 및 다양한 예제 및 기능을 지원하며 전용 툴을 통해 개발하면 가장 빠른 처리시간을 지원 합니다.
VISION PRO	플로우 차트 만으로도 개발이 가능할 정도로 라이브러리에 대한 사용자 인터페이스제공이 잘되어 있습니다. 다른 라이브러리에 비해 코드리딩, 패턴매칭툴의 성능이 좋습니다.

7 필수 라이브러리 설치

머신 비전을 사용하기 위해서는 프레임그래버의 SDK 및 비전라이브러리를 설치해야 합니다.

카메라링크 방식은 별도의 프레임그래버SDK를 설치해야하며 USB, GigE방식의 카메라는 카메라에서 지원하는SDK를 설치하면 됩니다.

그러면 카메라의 SDK를 설치하도록 하겠습니다. 먼저 제조사의 홈페이지에가서 SDK를 다운 받아야 합니다. 교제에서는 SENTECH사의 카메라를 사용하기에 SENTECH 홈페이지에서 SDK를 다운받도록 하겠습니다.

인터넷 브라우저에서 https://sentech.co.jp/ 주소에 접속합니다. SENTECH카메라 홈페이지에서는 언어를 영어, 일본어, 중국어만 지원하기에 확인하기 쉽게 영어를 선택하고 다운로드 페이지로 이동합니다.

인증키 입력화면이 나오고 인증키를 부여 받고 부여 받은 키를 입력 후 인증버튼을 클릭하여 다운로드 페이지로 진입합니다.

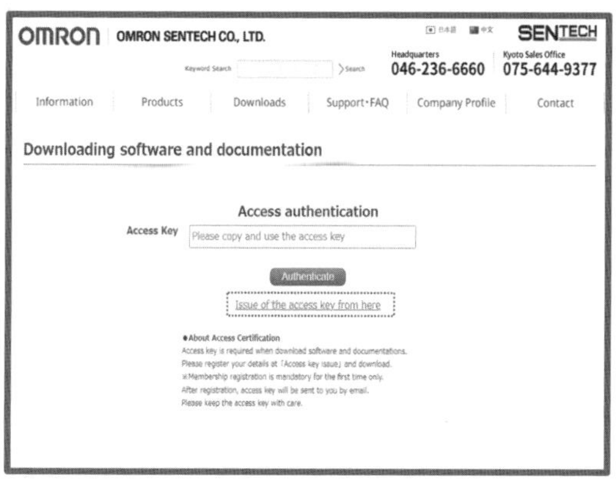

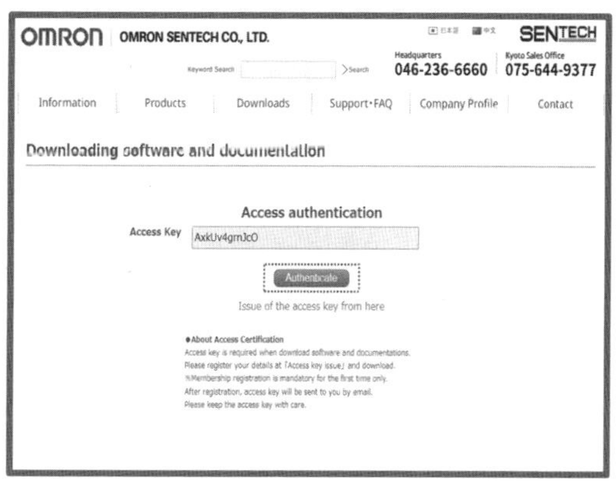

소프트웨어 다운로드버튼을 클릭 후 GigE, USB3 통합 카메라 드라이버를 다운받습니다.

다운받은 파일의 압축을 풀고 Setup파일을 실행하고 Install버튼을 클릭합니다.

설치가 마무리 되면 Update설치에 들어갑니다. 라이센스관련 체크박스를 클릭하고 Next버튼을 클릭하여 다음 단계로 넘어갑니다.

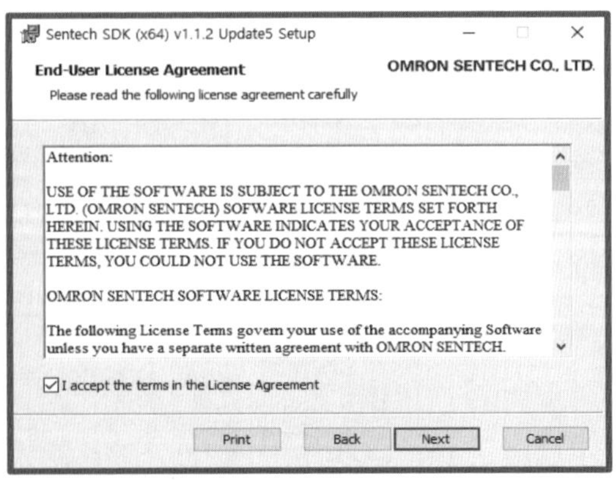

Complate(전체설치)를 선택 후 인스톨을 시작합니다.

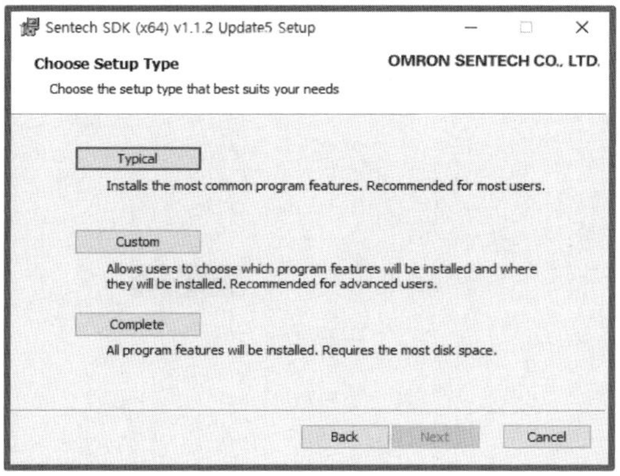

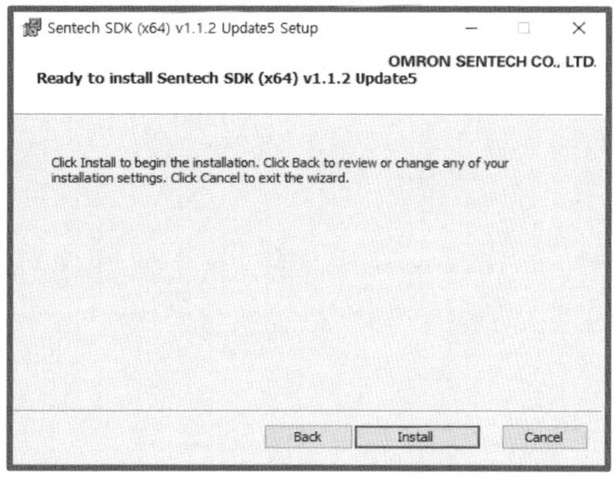

설치과정을 마무리 되면 Finish버튼을 클릭하여 설치를 마무리 합니다.

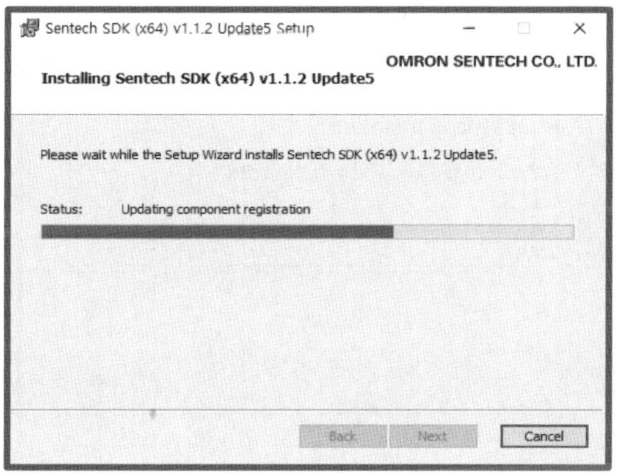

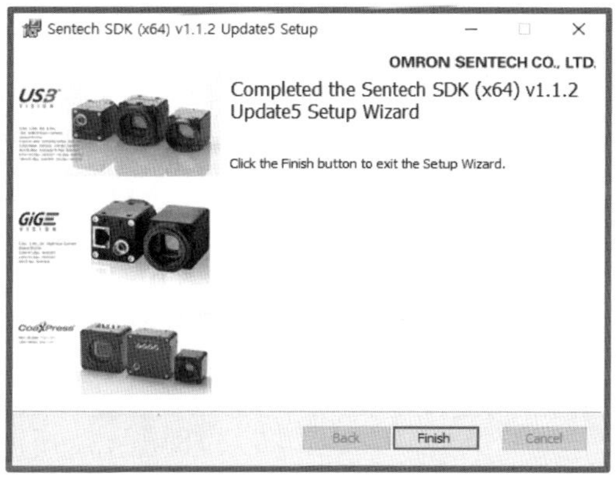

1) VisualStudio 설치

다음은 C# Windows Form 프로그램 개발을 위해서 VisualStudio를 설치합니다. "https://visualstudio.microsoft.com/ko/vs/older-downloads/"에 접속하여 2019버전을 다운 받습니다.

Setup파일을 실행하여 인스톨러를 설치합니다.

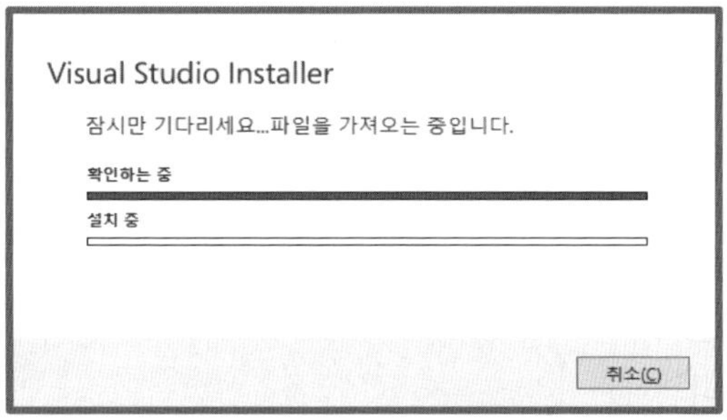

이후 설치옵션을 ".Net데스크톱" 개발을 클릭하고 오른쪽 .NetFrameWork 4.62~4.72까지 선택하고 인스톨을 시작합니다.

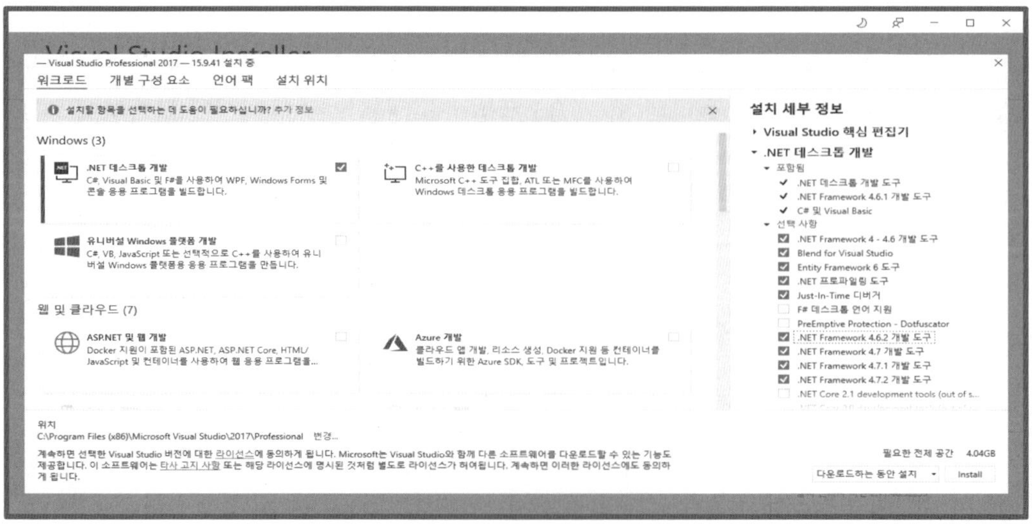

설치 종료 후 개발환경을 C#으로 선택하고 원하는 테마를 선택하고 시작버튼을 클릭하여 설정을 마무리 합니다.

2) Vision Pro 설치

다음은 VisionPro비전툴을 설치하겠습니다.

먼저 인터넷 브라우저에서 https://www.cognex.com/ko-kr을 입력하여 홈페이지로 이동합니다.

지원버튼을 클릭하고 소프트웨어버튼을 클릭하여 소프트웨어 다운로드 페이지로 이동합니다.

VISIONPRO 9.6 SR2버전클릭하여 을 다운받습니다.

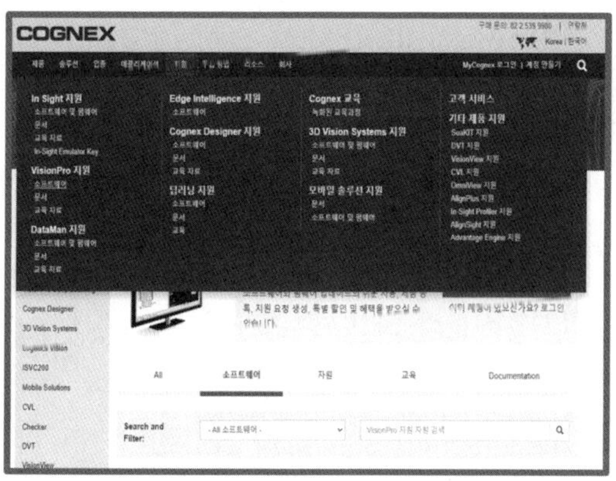

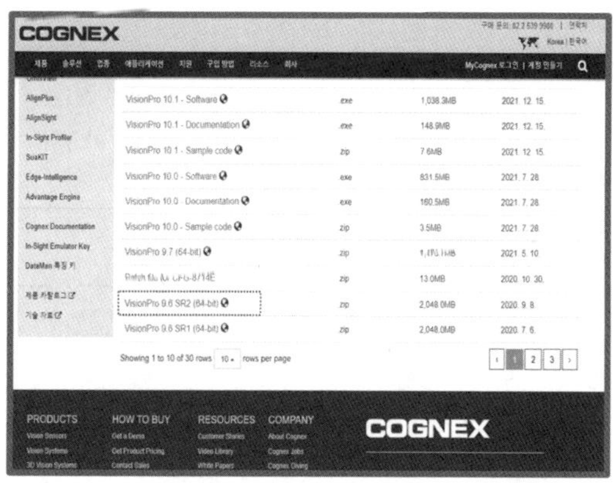

다운받은 파일의 압축을 해제하고 Setup프로그램을 실행하면 설치마법사가 시작됩니다.

Next버튼을 클릭하여 다음으로 이동합니다.

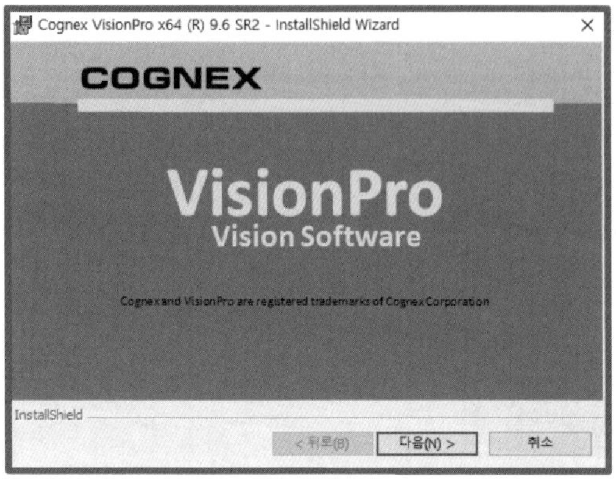

다음은 라이센스에 대한 설명이 출력됩니다. 사용권 계약서의 조건에 동의함을 클릭 및 사용자 정보 입력 후 다음버튼을 클릭합니다.

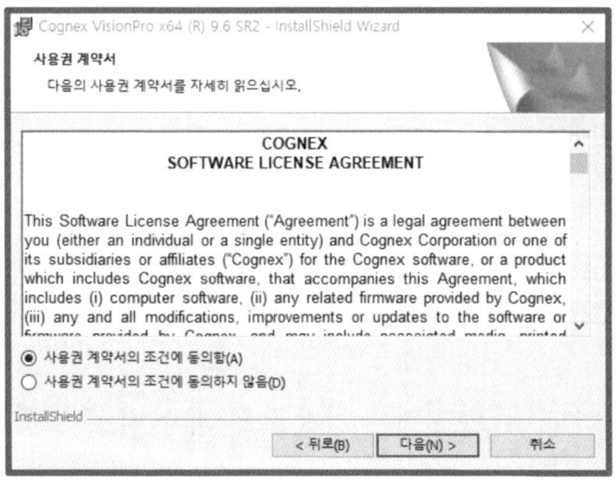

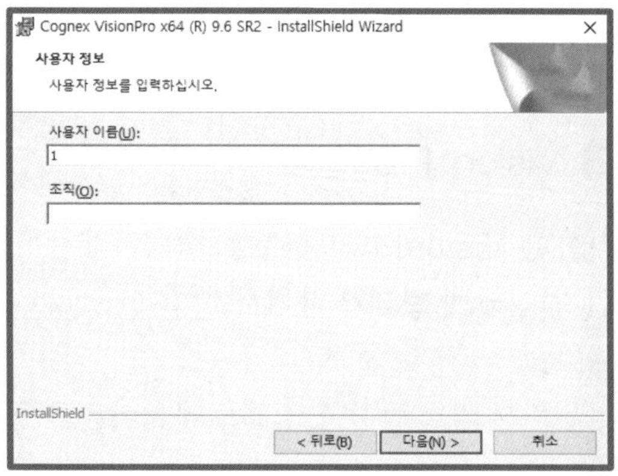

사용자 정보를 입력 후 모든 요소를 선택하고 다음버튼을 클릭하여 설치를 시작합니다.

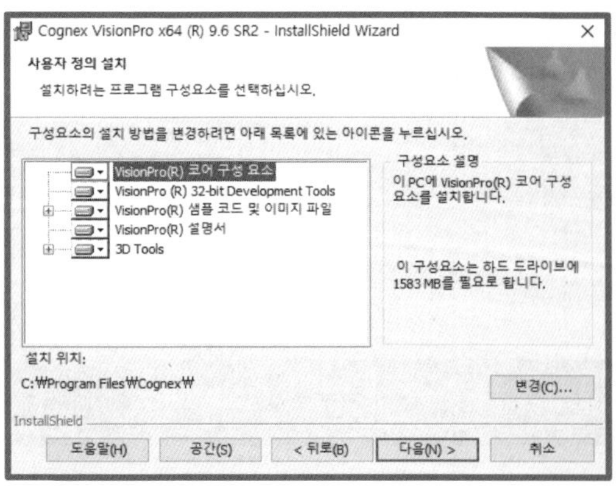

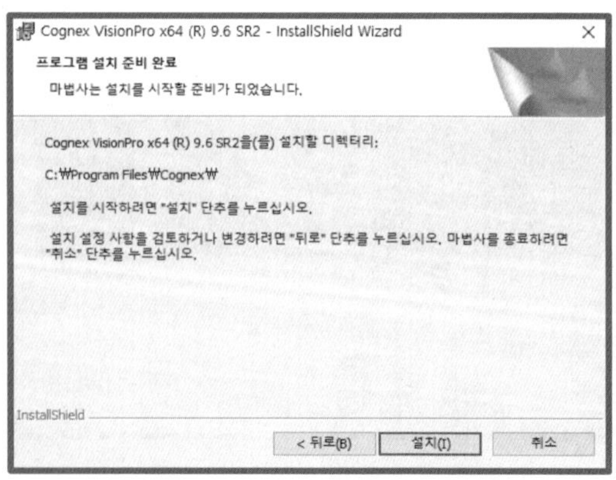

설치가 마무리된 후 Visual Studio에 컨트롤 설치를 해제하고 다음 버튼을 클릭합니다.

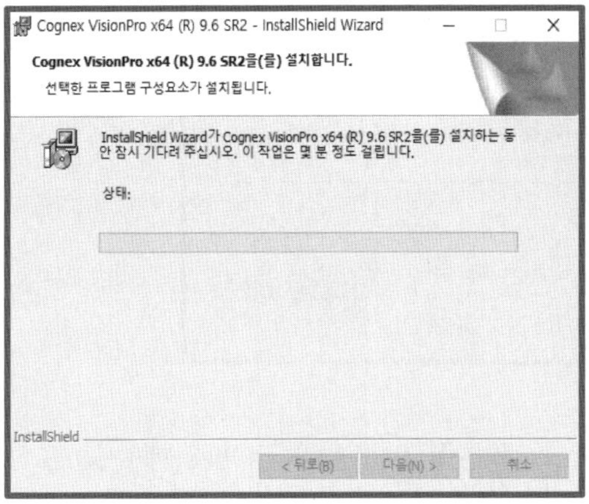

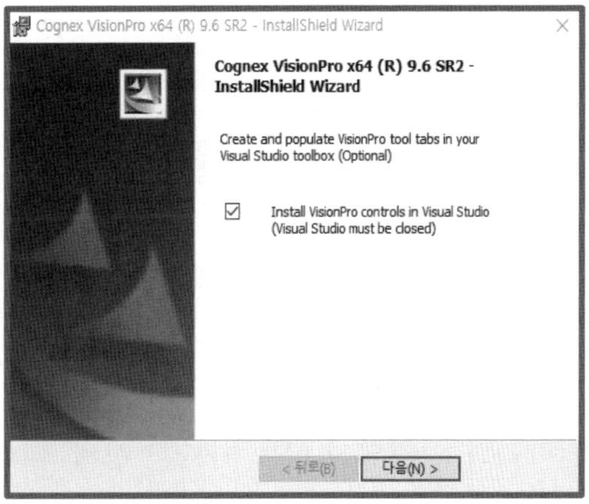

언어팩과, Cognext 드라이버를 모두 클릭하여 설치를 실시하고 완료창에서 마침을 클릭하여 설치를 마무리 합니다.

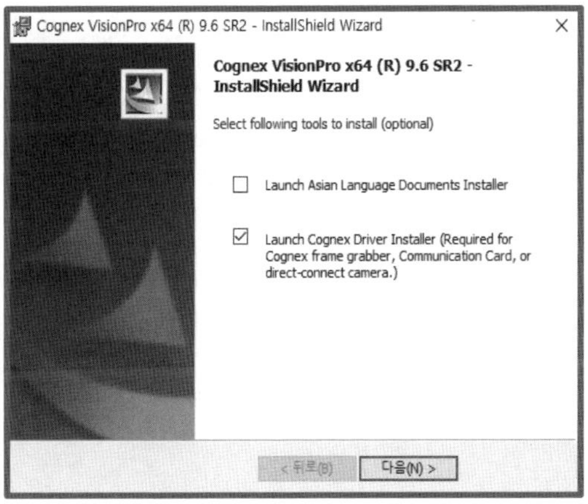

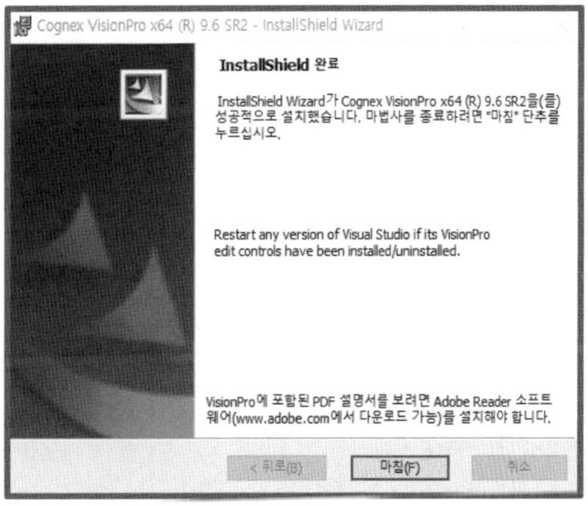

카메라SDK 설치이후에 GigE카메라의 전송 성능을 올리기 위해서 점보프레임 설정을 합니다.

점보프레임은 한번에 전송하는 데이터 프레임의 크기를 늘려서 전송하는 기술로서 같은 자료를 조금 더 큰 단위로 쪼개어 전송하므로 전송속도가 향상됩니다. 사용하는 랜카드가 점보프레임을 지원해야 사용할 수 있습니다.

윈도우키+R버튼을 클릭하여 실행창을 활성화 합니다. 네트워크 설정을 위해 "ncpa.cpl" 명령어를 입력후 확인버튼을 클릭합니다.

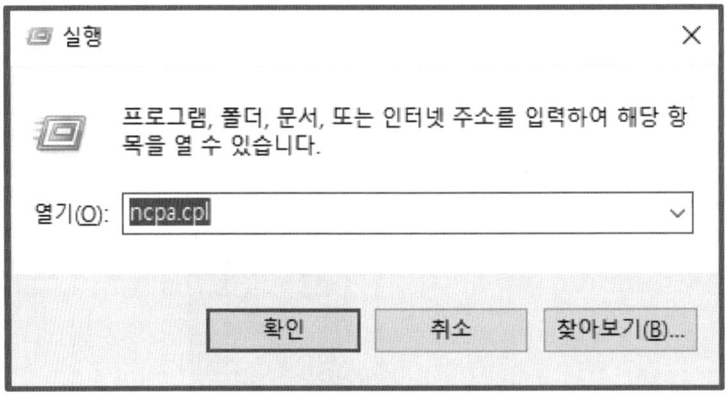

카메라와 연결된 이더넷 카드를 선택 후 마우스 오른쪽 버튼을 눌러 팝업메뉴를 활성화 후 속성버튼을 클릭합니다.

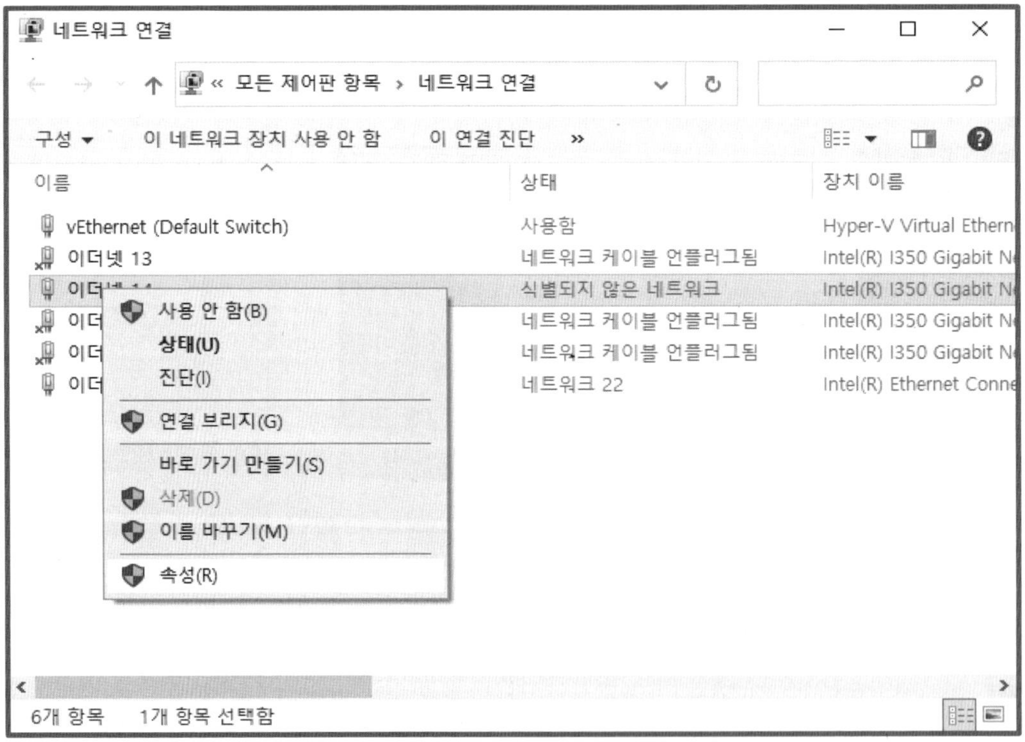

이더넷 속성창에서 구성버튼을 클릭합니다. 속성 창에서 고급으로 이동 점보 패킷을 최대치로 변경해주고 확인버튼을 클릭하여 설정을 마무리합니다.

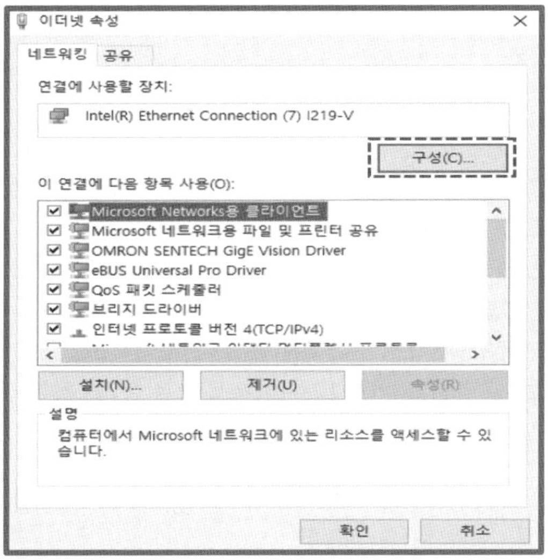

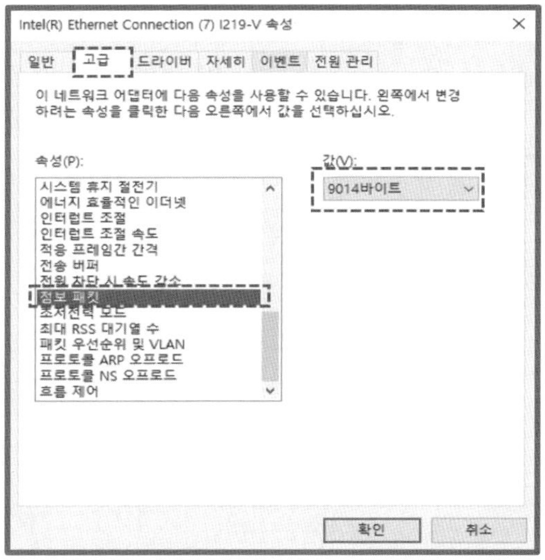

3) 비전프로 설명

Cognex사의 VisionPro는 PC기반 소프트웨어로 카메라나 프레임그래버와 상관없이 비전 애플리케이션 설정과 적용을 수행할 수 있도록 설계되었습니다. VisionPro는 기하학적 물체의 위치 판별, 결함검사, 계측 및 식별을 비롯한 광범위한 기능을 실행할 수 있습니다.

비전프로의 특징은 다음과 같습니다.

사용자는 VisionPro를 이용하여 패턴 매칭, Blob추출, 캘리퍼, 선 위치, 이미지 필터링, OCR등 독립적인 라이브러리를 이용할 수 있으며 검사부터 식별, 측정에 이르기까지 다양한 기능을 수행할 수 있습니다.

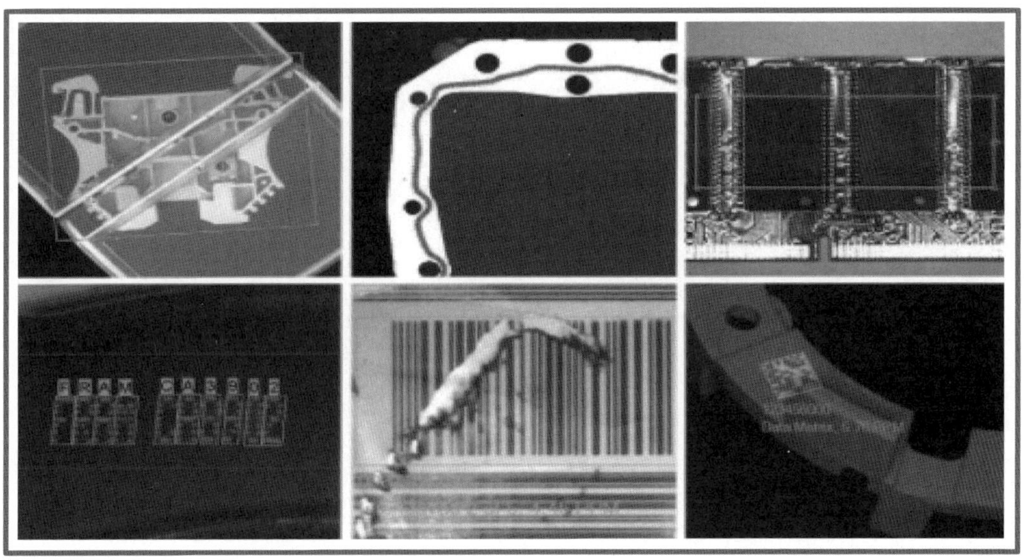

VisioPro QuickBuild, 고속 프로토타입 제작환경은 고급 프로그램 기술과 쉬운 개발의 유연성을 제공합니다. 작업의 쉬운 로드와 실행 또는 코드개발환경을 선택할 수 있습니다.

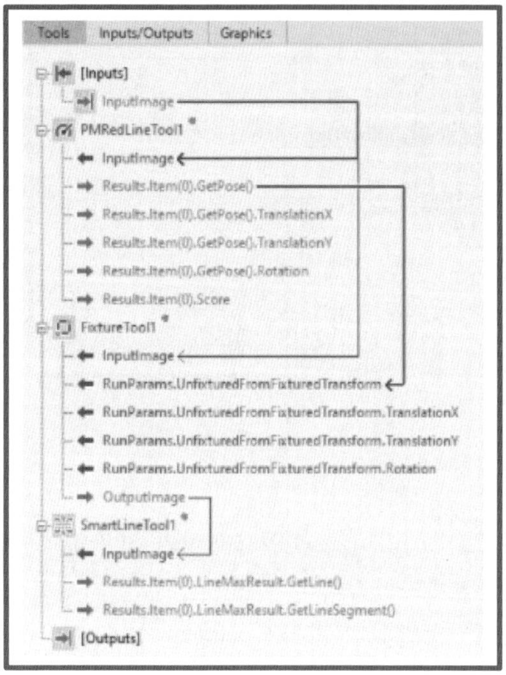

* Drag and drop - 값결과, 이미지 사이를 연결하고 통신 수행
* 스크립트 작성 - C#또는 VB로 관리형 애플리케이션 개발
* 프로그램 작성 - 획득구성, 비전툴 선택 및 최적화, 프로그램 적용 또는 미적용으로 합격/ 불합격 결정

CHAPTER

2

Quick Build 사용방법

1. 퀵빌드 구성
2. Job편집화면 설명
3. 퀵빌드 구성비전 도구 설명

CHAPTER 2 Quick Build 사용방법

이번 장에서는 비전 프로에서 제공하는 퀵빌드를 이용하여 GUI기반으로 비전개발을 실습해보며 사용방법 및 개념을 이해하는 목표로 진행하도록 하겠습니다.

1 퀵빌드 구성

VisionPro에서 제공하는 QuickBuild는 C#등 프로그램을 개발하지 않고서도 제공되는 비전도구를 조합하여 동작할 수 있습니다. 각 비전 도구간 워크플로우 입출력 파라메타의의 연동만으로 비전검사를 진행할 수 있는 프로그램입니다.

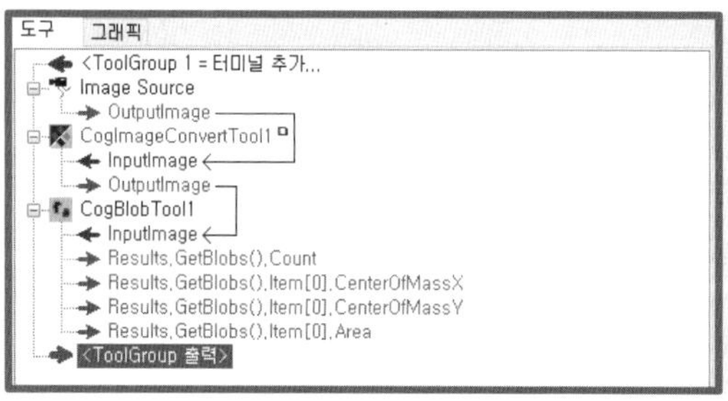

퀵빌드는 그림과 같이 함수와 각각의 비전도구를 등록하고 GUI로 구성된 편집툴을 이용하여 검사위치 및 내부 파라메타를 수정하고 처리된 결과를 화면에 출력 하는 형태로 진행합니다.

퀵빌드는 다음 그림과 같이 어플리케이션, 잡, 툴, 출력이미지 순으로 구조가 나누어집니다. 어플리케이션에서는 다수의 Job을 생성할 수 있고 Job은 다수의 비전도구를 생성할 수 있습니다.

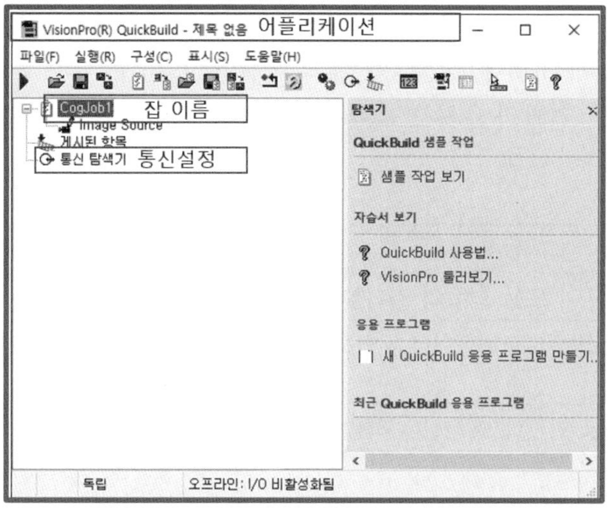

작동 구조도

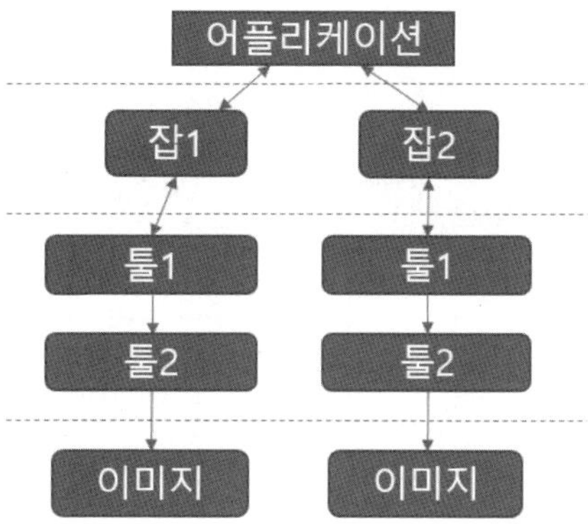

2) 비전편집화면 진입

JOB은 하나의 프로젝트를 나타내며 작업 플로우 및 해당 작업이 끝나고 결과를 게시 및 출력해주는 동작을 실행합니다. "CogJob1" 항목을 더블 클릭하면 Job편집기 화면이 화면에 들어갑니다.

2 Job편집화면 설명

Job편집그룹은 비전검사 도구를 모아놓은 도구로서 등록한 비전도구들을 순서대로 실행하는 역할을 합니다. 프로그램언어 C#을 함수를 예를 들어 설명하면 비전그룹 한수를 실행하면 등록된 툴이 순서대로 실행되게 됩니다.

비전그룹

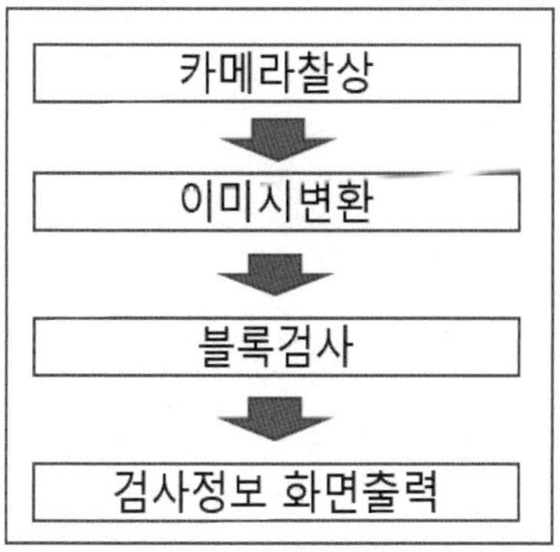


```
public void SubjectRunning(object sender, EventArgs e)
{
    // 카메라촬상툴 실행

    // 이미지변환툴 실행

    // 블록검사툴 실행

    // 검사정보 화면 출력툴 실행
}
```

다음으로 Job편집기에서 비전 도구를 추가하고 관리하는 방법을 설명하겠습니다. 비전 도구를 실행하면 작업플로우 순서에 맞게 차례대로 결과를 처리하게 됩니다.

작업편집기는 크게 툴바, 도구 리스트, 결과화면 창으로 나누어집니다. 해당 내용은 다음과 같습니다.

항목	내용
툴바	작업실행 및 도구항목을 추가 또는 항목의 결과를 확인할 수 있습니다.
도구리스트	도구리스트를 표시하고 항목별 도구편집기로 진입하는 역할 및 입출력 항목을 연결하는 역할을 수행합니다.
결과화면 창	각 비전도구 별 결과화면을 화면에 표시하는 역할을 수행합니다.

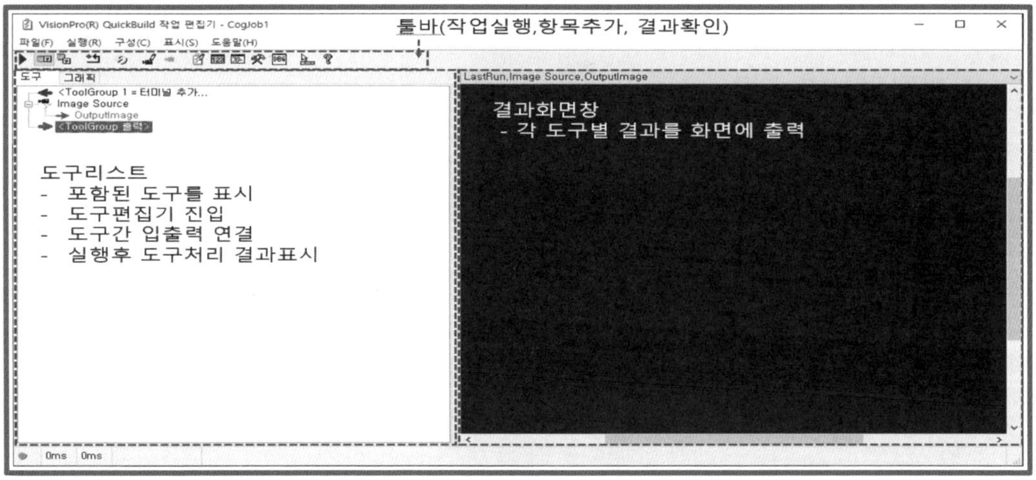

그러면 먼저 비전툴 등록방법을 실습해 보겠습니다. 먼저 비전툴을 추가해보도록 하겠습니다. 비전 도구상자를 클릭하여 활성화합니다.

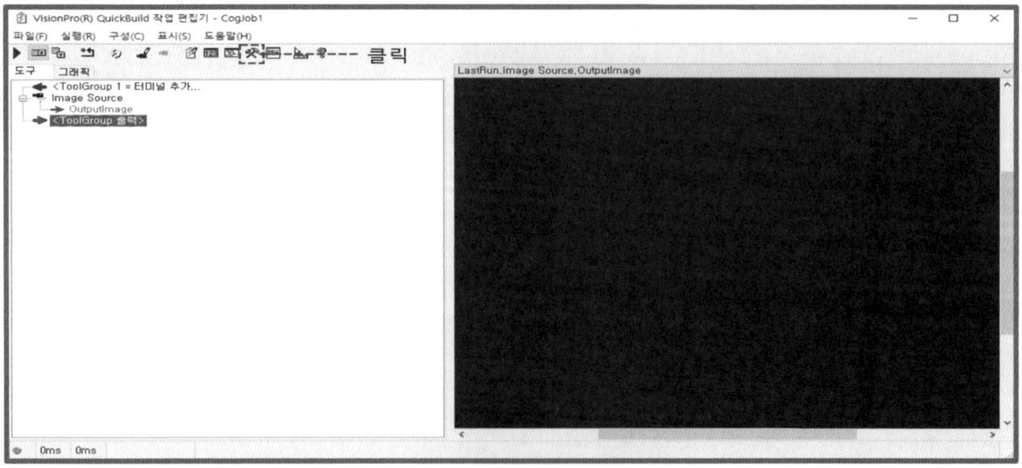

비전 도구상자는 사용가능한 도구의 리스트를 출력합니다. 주요비전도구에 대한 내용은 다음과 같습니다.

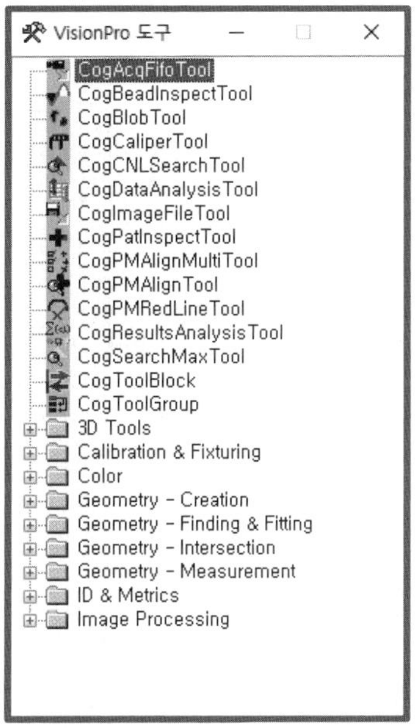

항목	설명
CogAcqFifoTool	카메라에서 이미지를 캡처하는 도구
CogBlobTool	이미지에서 특정블록을 검출하는 도구
CogCaliperTool	이미지에서 경계의 길이를 측정하는 도구
CogPmAlignTool	이미지에서 특정패턴을 검색하는 도구
Color	특정컬러영역을 추출하는 도구
GeoMetry	특정경계를찾거나 경계의 충돌체크 및 각도를 계산하는 도구
Id&Metrics	바코드 및 문자를 리딩하는 도구
Image Processing	이미지포맷을 변경하거나 좌표를 변경하는 도구

등록 가능한 비전 도구 리스트 중 추가를 원하는 항목을 선택하고 드래그하여 Job리스트에 추가합니다.

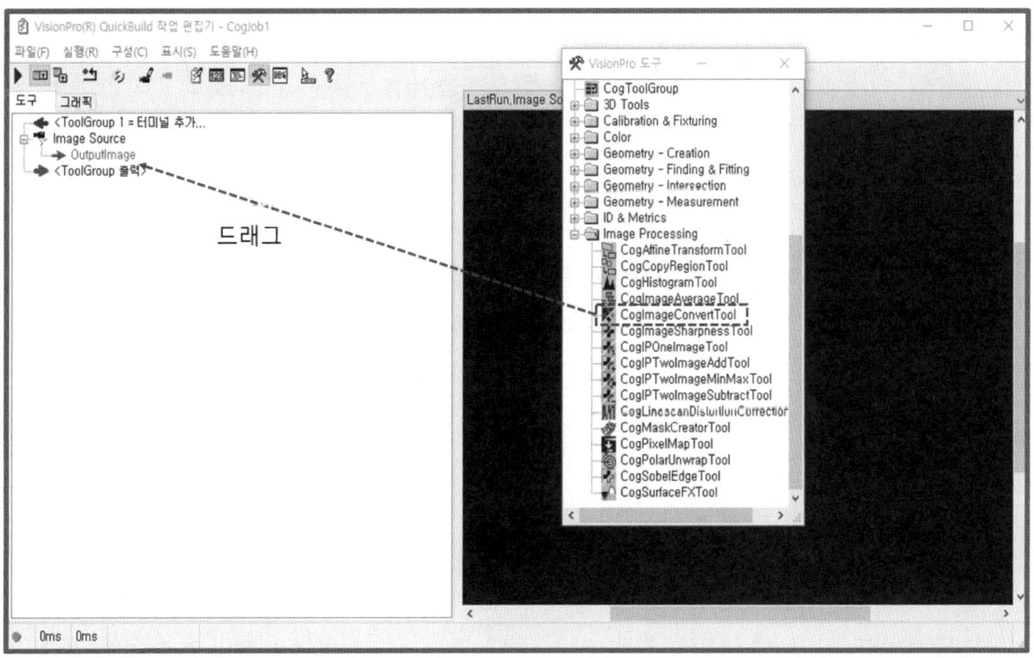

추가된 도구를 마우스로 선택하고 마우스 오른쪽 버튼을 클릭하면 팝업메뉴가 활성화됩니다.

팝업 항목에 대한 설명은 다음과 같습니다.

도구명	기능
편집	편집툴에 진입합니다. 해당도구를 더블클릭해도 편집툴에 진행합니다.
실행	해당툴을 실행합니다.
삭제	해당툴을 삭제합니다.
이름 바꾸기	해당툴의 이름을 변경합니다.
활성화됨	해당도구의 사용여부를 결정합니다.(비활성화시 검사하지 않음)
터미널 추가	해당툴의 하위 입,출력 터미널을 추가합니다.
Collapse all	모든 입출력항목을 숨깁니다.
Expand all	모든 입출력항목을 보여줍니다.
잘라내기	해당 툴을 잘라냅니다. 추후 붙여넣기 동작 시 해당 툴이 이동됩니다.
복사	해당 툴을 복사합니다. 추후 붙여넣기 동작 시 해당 툴이 복사됩니다.
선택한 도구 뒤에 붙여 넣기	복사하거나, 잘라내기로 등록된 툴이 있을 시 선택된 도구 뒤에 복사 또는 이동됩니다.
도구템플릿 저장	해당 툴의 파일로 저장합니다. 추후 해당파일을 불려와 추가할 수 있습니다.

팝업 항목 도구별로 실습을 해보도록 하겠습니다.

편집은 편집툴에 진입합니다. 편집툴은 각도구별 설정 항목들을 GUI환경에서 설정하고 테스트 할 수 있는 창입니다. 해당창은 도구마다 다르게 설정되어 있습니다. 공통적인 크게 도구영역, 설정영역, 화면출력 영역으로 나누어집니다.

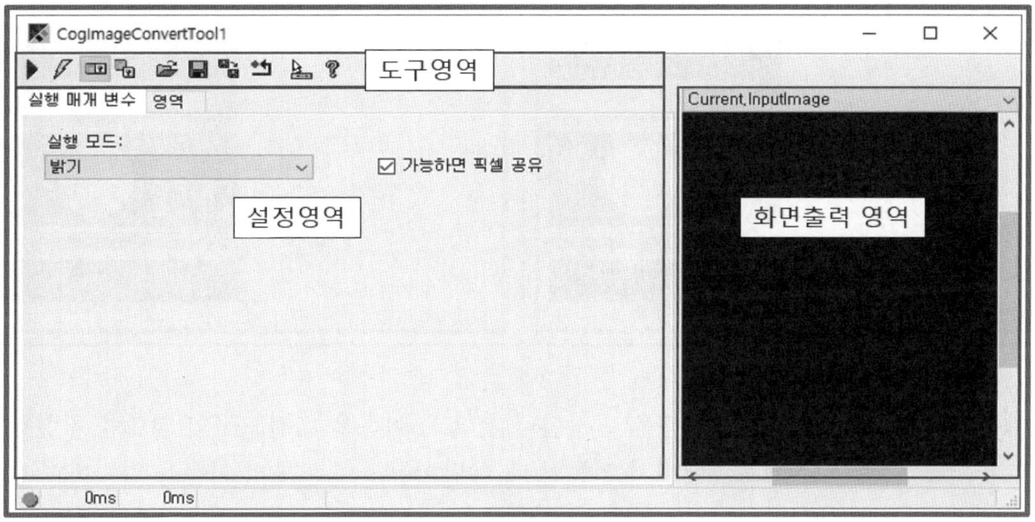

실행은 해당 도구만 실행하고 싶을 때 사용합니다.

Job에서 실행은 첫 번째 도구부터 마지막 도구까지 순서대로 실행되기에 이전의 도구들 결과를 유지하고 편집한 내용을 적용할 때 사용합니다.

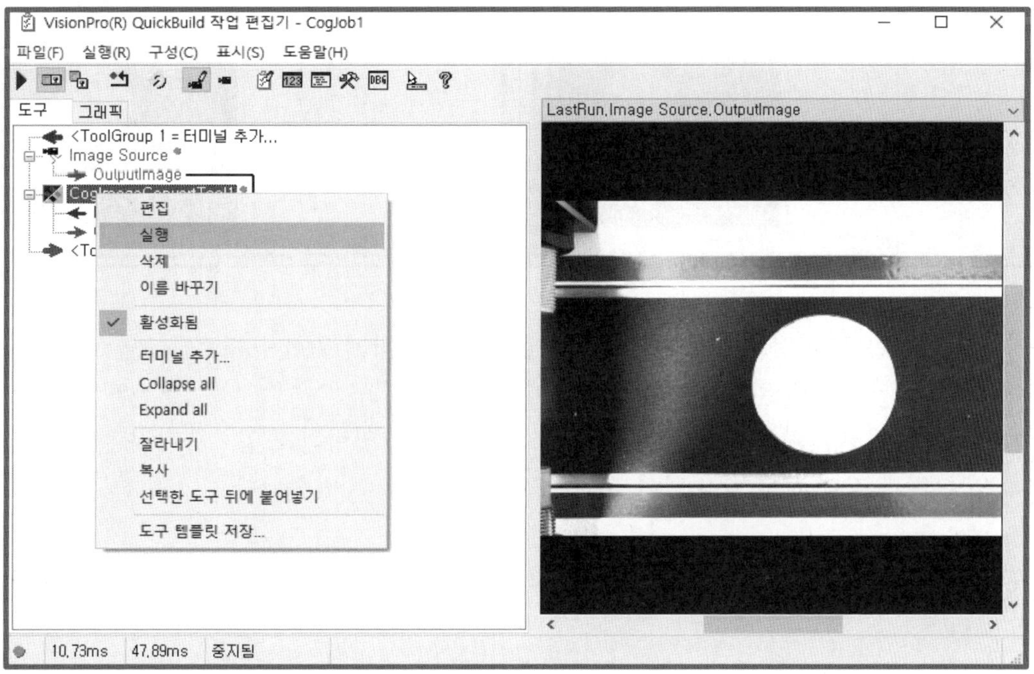

삭제는 해당도구를 삭제하고 싶을 때 사용합니다. 도구를 잘못 만들었거나 해당도구의 필요성이 없어지면 삭제하도록 합니다.

삭제 전	삭제 후
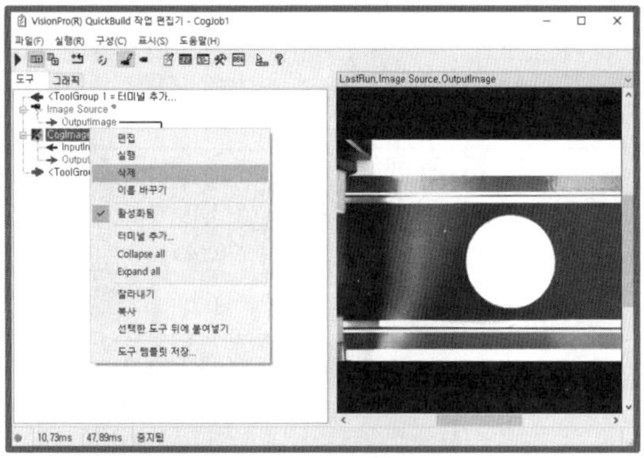	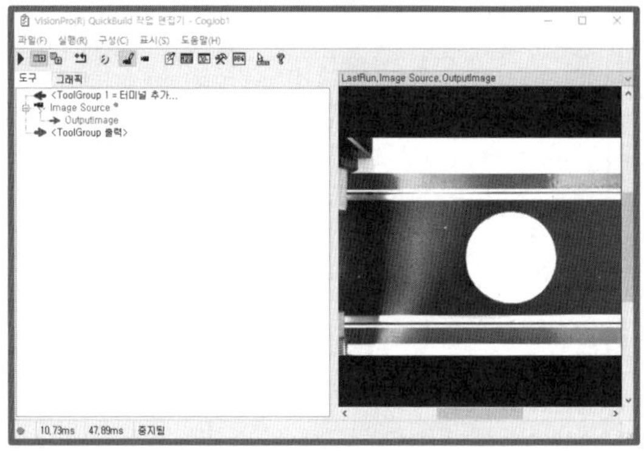

이름 바꾸기는 해당도구의 이름을 변경합니다. 도구이름은 비전도구의 역할을 구분하거나 추후 스크립트나 C#프로그램에서 연동할 때 해당이름으로 도구의 이름을 입력하여 항목을 검색하는 용도로 사용합니다.

이름변경 전	이름변경 후
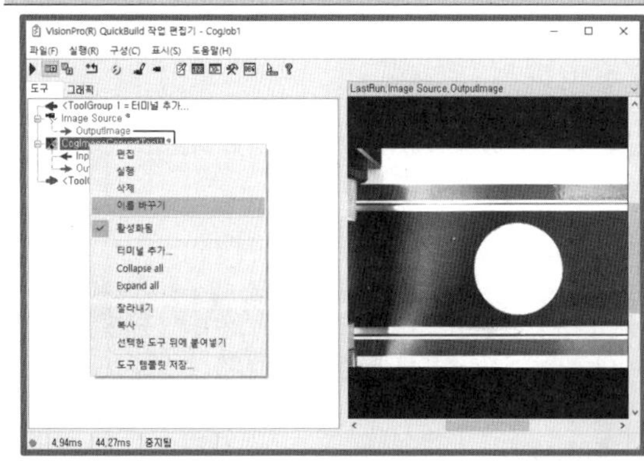	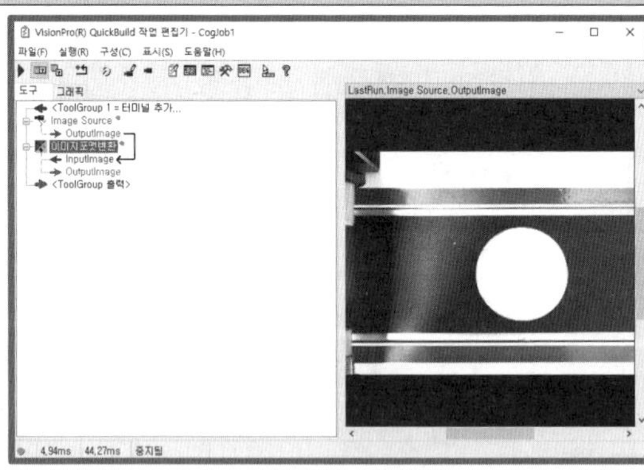

터미널 추가는 각 비전도구마다 입 · 출력 결과를 연결하기 위한 용도로 사용합니다. 입출력 연결할 수 있는 항목은 도구마다 다릅니다.

먼저 입 · 출력 지정하기 위한 항목 선택 후 표시이름을 입력하고 입 · 출력 버튼을 클릭하면 다음 화면과 같이 해당 터미널이 추가된 것을 확인할 수 있습니다.

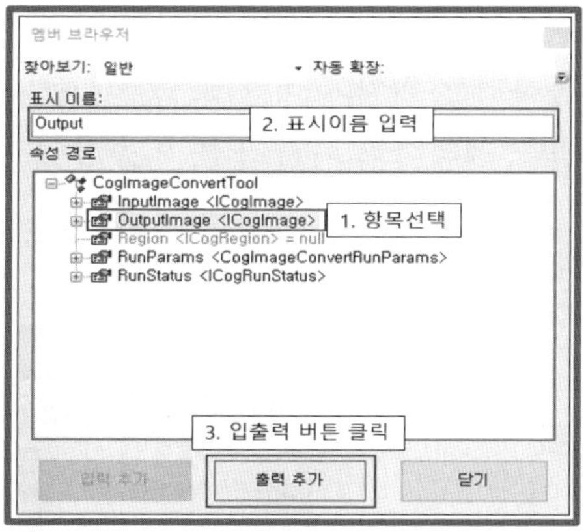

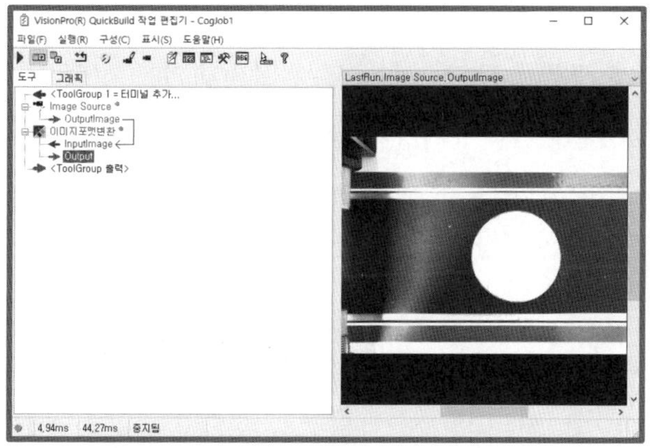

활성화기능은 해당 비전 도구의 사용 여부를 선택합니다. 해당 도구를 테스트등 특정한 경우에 사용할 경우 해당 기능을 사용하여 비활성화할 수 있습니다.

비활성화 할 도구를 선택후 팝업을 열고 활성화됨 기능을 클릭하여 체크박스 선택을 변경합니다.

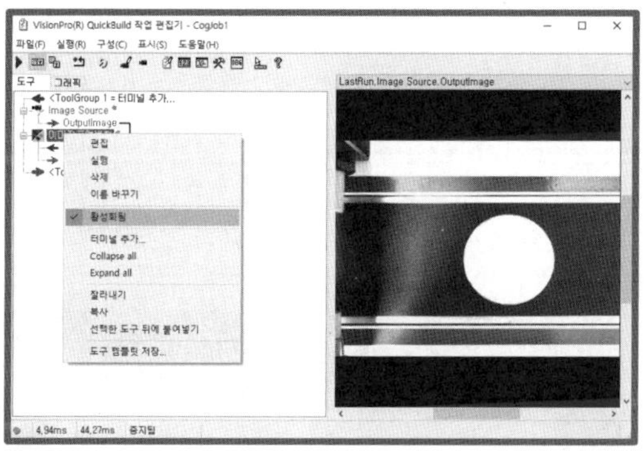

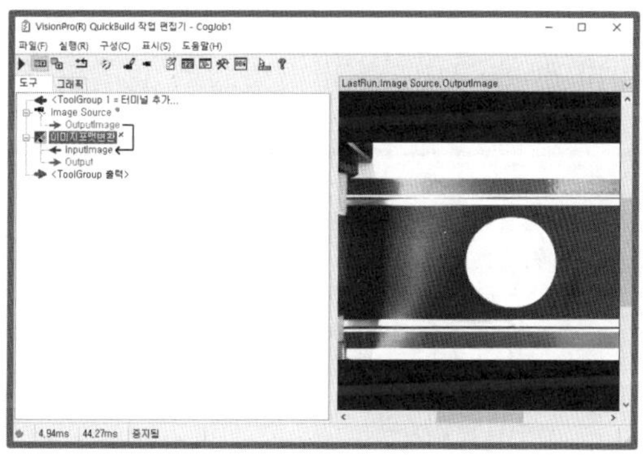

"Collapse all", "Expand all" 항목은 전체 터미널 항목을 출력 여부를 선택합니다. Collapse all 선택 시 모든 터미널 항목이 숨겨지고 "Expand all" 선택 시 모든 항목이 출력됩니다.

Collapse all 선택 시	"Expand all" 선택 시
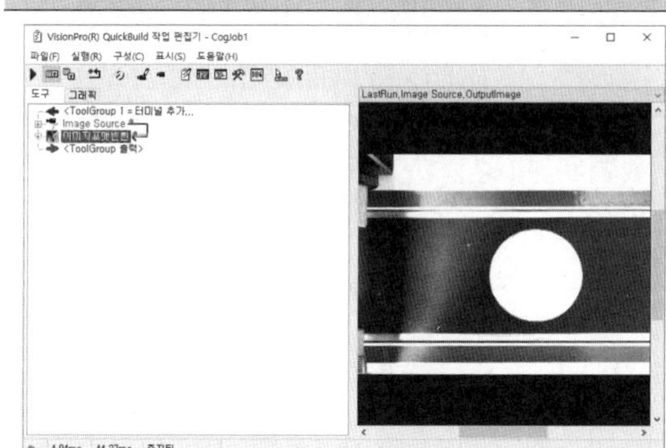	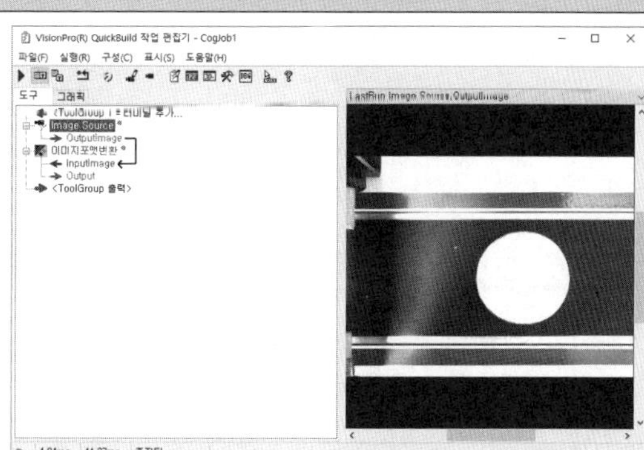

잘라내기, 복사하기, 선택하여 붙여넣기는 윈도우 파일 탐색기의 기능과 일치합니다. 비전 도구를 선택 후 복사 또는 잘라내기를 선택 후 이동하려는 위치의 비전 도구를 선택 후 선택하여 붙여넣기 버튼을 클릭하면 비전 도구의 이름을 제외하고 복사 또는 이동합니다.

복사하기를 클릭	붙어넣기를 하여 비전도구항목 복사됨
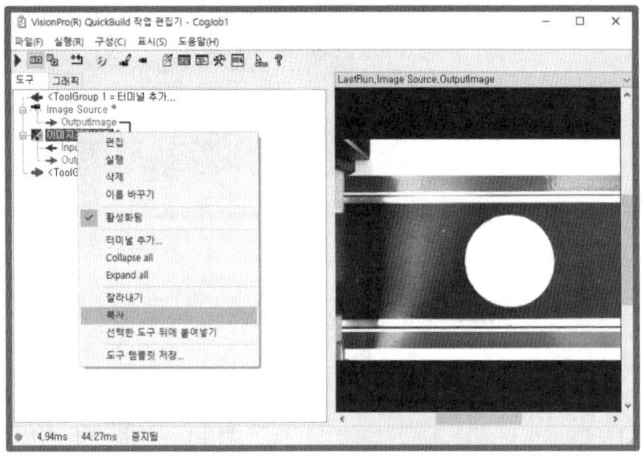	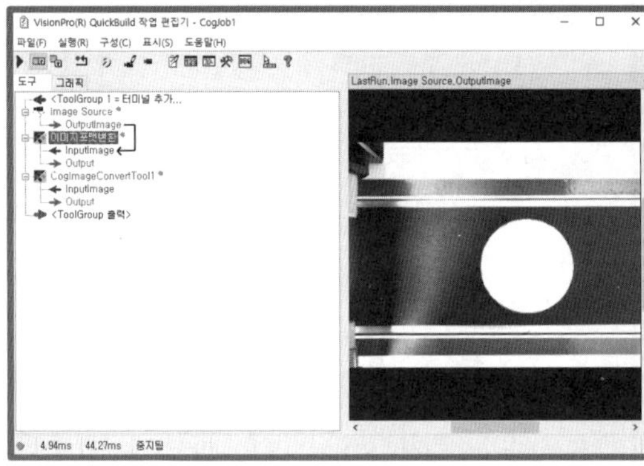

이미지 출력창은 등록된 모든 도구의 출력 이미지가 출력됩니다. 선택항목 문자의 규칙은 출력작업, 도구명, 출력 타입으로 표시됩니다.

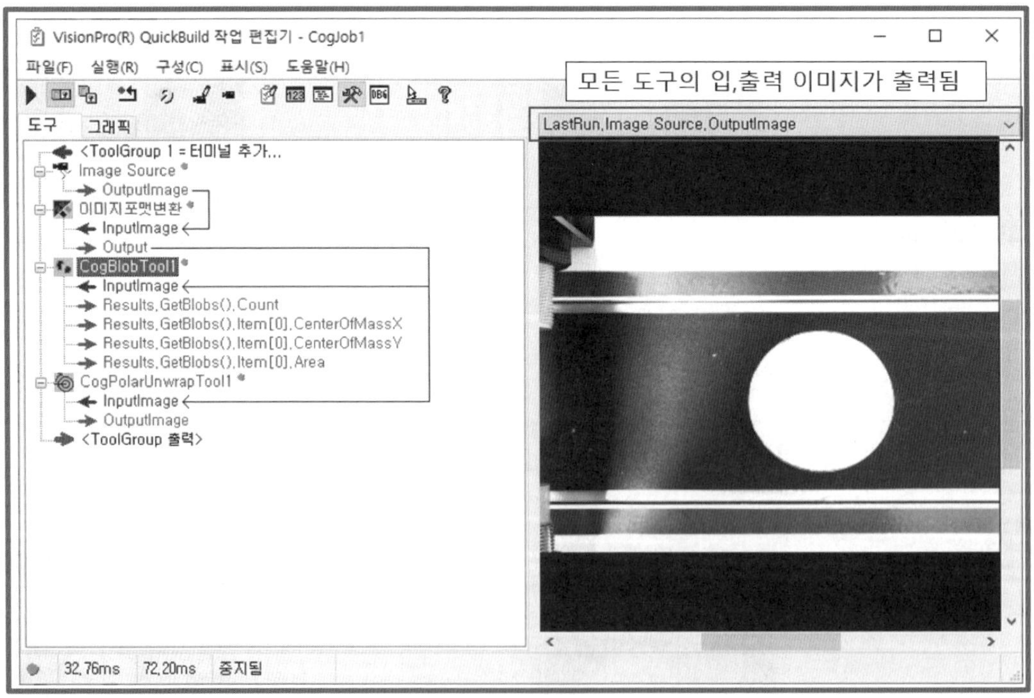

그래픽 탭에서 "합성 그래픽"을 선택하면 모든 도구의 출력결과이미지가 합성되어 출력됩니다.

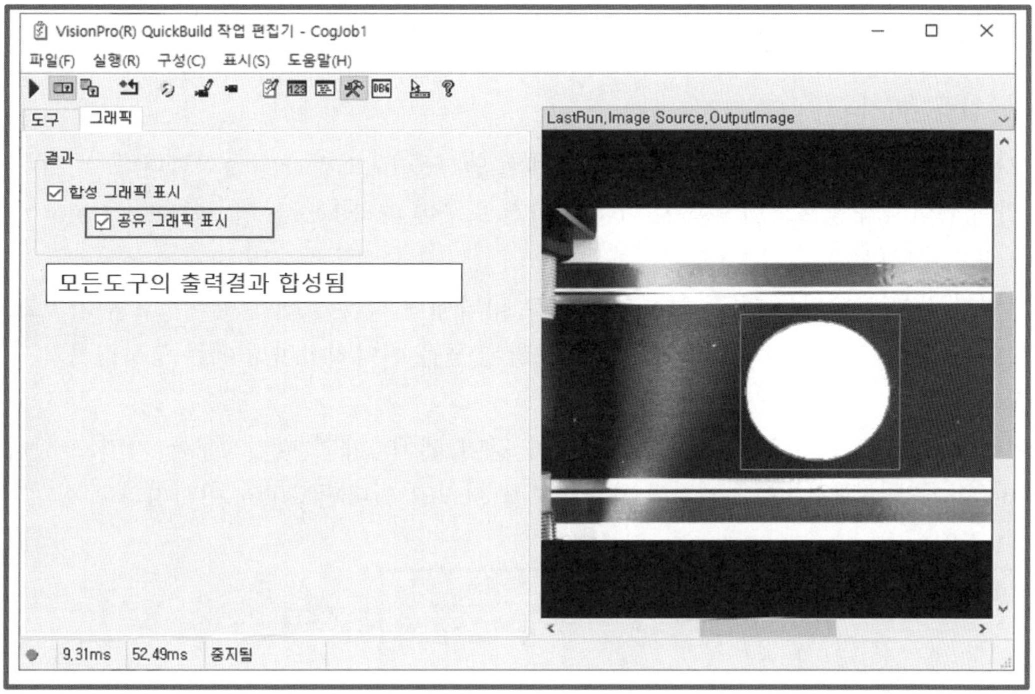

3 퀵빌드 구성비전 도구 설명

다음은 비전 도구에 관해서 설명하도록 하겠습니다. 비전 도구는 프로그램의 함수와 같은 개념이며 입력된 이미지 및 파라미터를 받아 계측 후 처리결과 및 출력 이미지를 반환하는 구조로 되어있습니다.

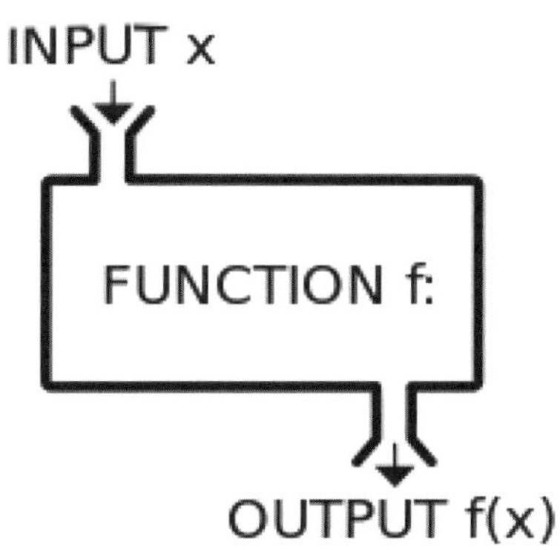

입력파라메타

요소	설명
입력	이미지나 계측에 필요한 정보를 입력 파라메타를 통해 입력 받습니다.
연산	미리 설정된 파라메타로 계측을 실시합니다.
출력	계측한 결과 및 이미지를 출력파라메타로 출력합니다.

1) 비전도구 주요항목 설명

(1) 입력이미지

모든 비전 도구는 입력 이미지를 받아 정해진 연산을 하고 결과를 출력합니다. 비전 도구는 입력 이미지가 필요하며 입력 이미지는 비전 도구에 따라 Mono 이미지 또는 Color 이미지가 필요합니다.

그림과 같이 이미지는 가로, 세로의 크기로 나타내며 각각의 셀에 밝기정보를 가지고 있습니다. 픽셀은 그림과 같이 가로, 세로에 분할된 셀을 이야기하며 셀에는 영상정보가 담겨 있습니다.

이전에 카메라 센서에서 설명했던 내용과 같이 셀에 1개의 밝기정보를 가지고 있다면 Mono 이미지, 3개의 RGB 성분의 밝기정보를 가지고 있다면 Color 이미지라고 합니다.

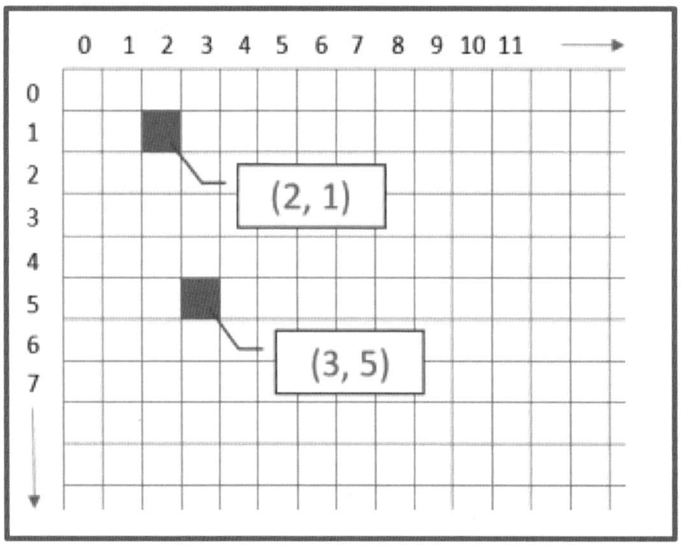

* 모노 이미지
픽셀에 1개의 영상정보가 있으며 주로 밝기정보를 담고 있음

* 컬러 이미지
픽셀에 3개의 영상정보가 있으며 어떤 영상정보가 픽셀에 담겨 있느냐에 따라 RGB또는 HSL,HSV 이미지로 나누어짐

비전 도구는 입력된 이미지에서 분석을 통해서 측정좌표 및 변환 이미지를 반환하며 도구마다 분석하는 방법이 다르기에 요구하는 이미지 포맷이 입력해주어야 합니다.

예를 들어 “Blob도구”를 통해 특정 블록을 검출하기 위해서는 Mono 이미지가 필요합니다.

카메라에서 캡처된 이미지	이진화 하여 Blob처리 된 이미지
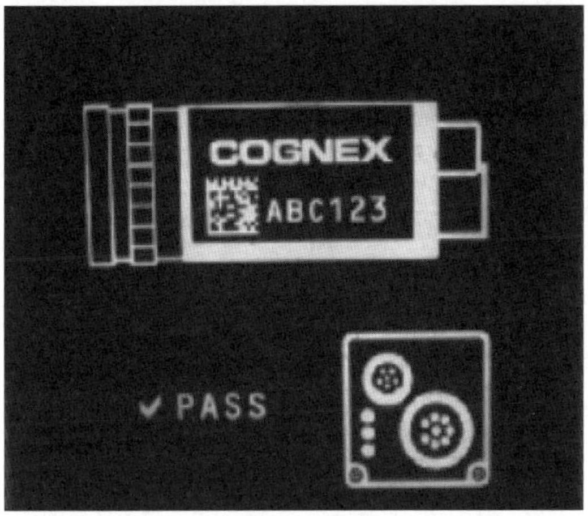	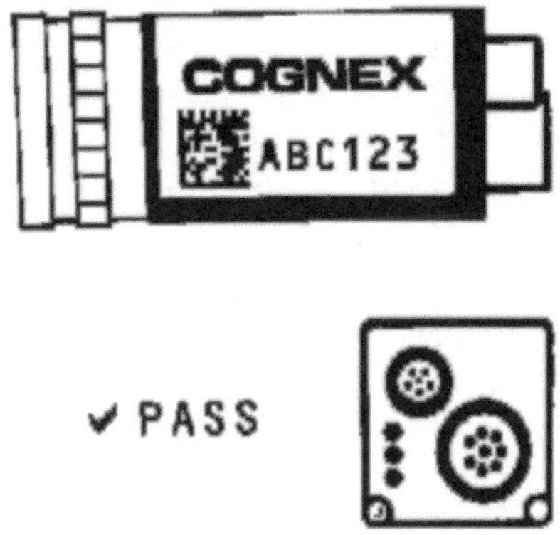

"ColorSegment도구"에서는 HSL영역의 특정컬러를 추출하기 위해서는 컬러 이미지가 필요합니다.

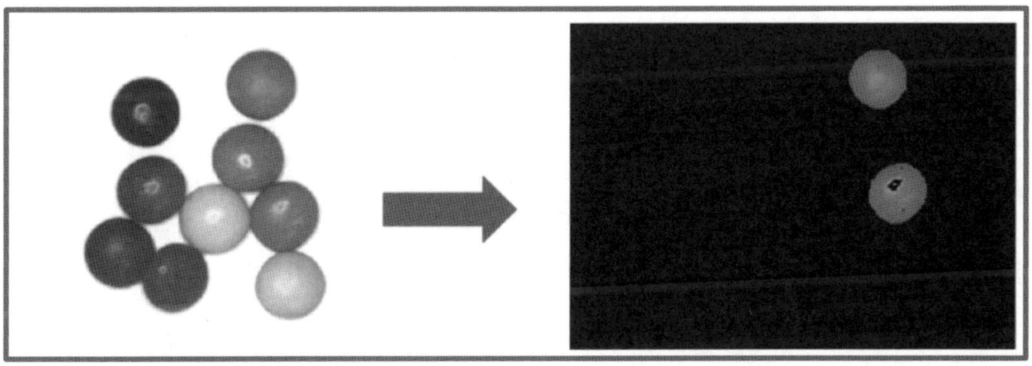

컬러이미지는 크게 RGB모형과 HSL모형으로 나누어지며 특징은 다음과 같습니다.

RGB모형은 빛의 3원색(레드, 그린, 블루)의 밝기를 나타내며 3원색을 혼합하는 가산혼합 방식입니다. 따라서 빛의 성질과 같이 3색이 동일한 비율로 혼합하면 흰색을 띄게 됩니다.

"HSI"형 컬러 모델 실제 시각체계에 근거하여 만든 색상 모델이며 RGB 모델에서는 색 변화에 대한 Color를 수치로서 인지가 힘들기에 색상(Huc), 체도(Saturation), 밝기(Intensity, 명도)인 HSI컬러 모델로 색상을 나타냅니다.

- 색상(Hue) : 가시광선 스팩트럼 색상을 0~255로 나타냄
- 채도(Saturation) : 색상의 진한상태를 0~100범위로 나타냄
- 밝기(Intensity, 명도) : 색상의 밝기를 0~100으로 나타냄

(2) 파라메타간의 연결

비전도구는 입력, 출력 터미널을 통해서 입력 이미지등의 파라메타 요소를 터미널 연결을 통해서 동적으로 설정할 수 있습니다.

비전도구 파라메타의 입출력 파라메타는 같이 구분합니다.

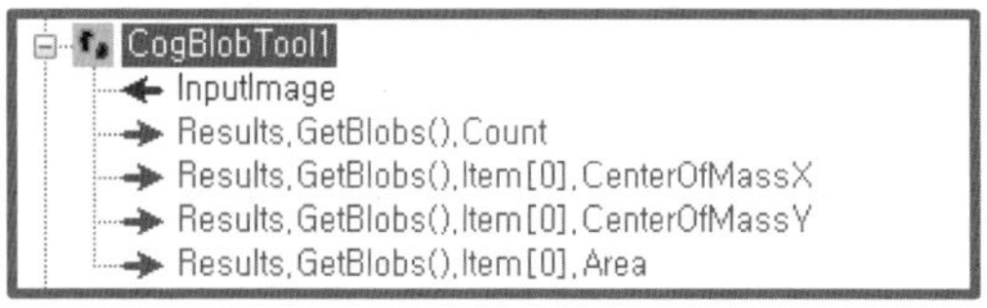

요소	설명
입력파라메타	←로 표시된 항목
출력파라메타	→로 표시된 항목

비전 도구의 입력 파라미터를 연결 방법은 파라메타를 클릭하고 입력 파라메타에 드래그하면 연결이 됩니다. 같은 타입의 항목이 아니라면 연결되지 않습니다.

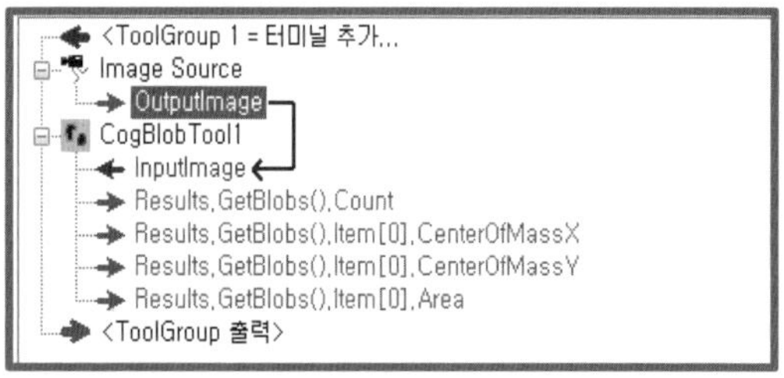

파라메타 타입을 확인하기 위해서는 팝업메뉴의 터미널 추가에 진입하여 맴버 항목의 "◇"괄호 안의 타입을 확인하면 됩니다. 더욱 자세한 정보를 확인하기 위해서는 컨트롤 도움말의 파라메타 항목내용을 확인하면 됩니다.

맴버브라우저에서 확인	도움말을 통해 확인

(3) 이미지 프로세싱

이미지 프로세싱은 찰상된 이미지를 분석하기 전에 이미지를 가공하는 역할을 합니다. 주요 역할은 이미지 포맷변경, 이미지 변형 등이 있습니다.

이미지 포맷 변경은 컬러카메라에서 이미지를 캡쳐받았을 때 특정 분석 도구를 사용할 시 이미지 포맷을 변경해야 하는 경우가 발생합니다.

그림과 같이 블록도구에서 모노이미지를 받기위해서 이미지프로세싱 도구에 “CogImage Convertool”를 추가하고 입 · 출력 이미지를 연결하여 원하는 타입의 이미지를 연결합니다.

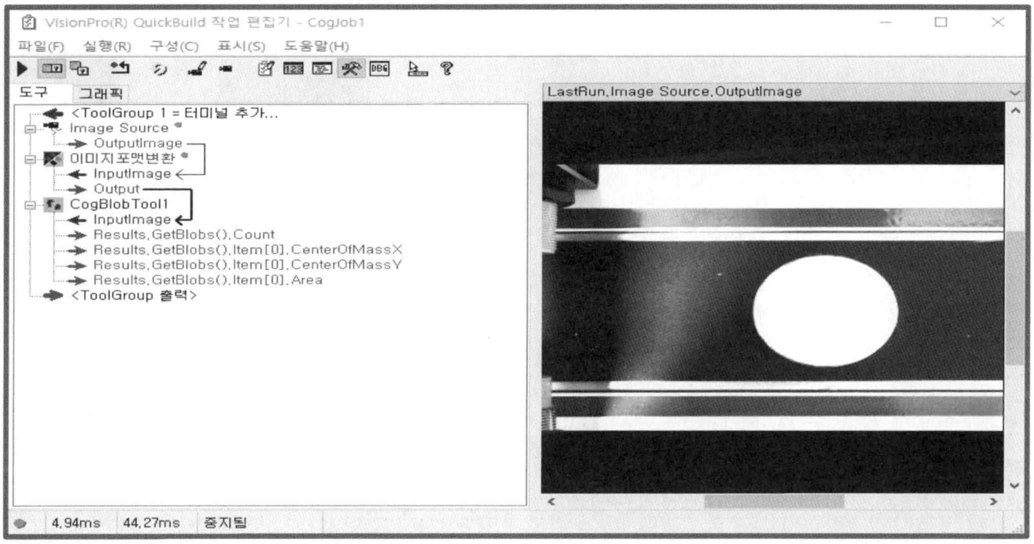

이미지 변형은 기하하적 모형을 변환합니다. 그림과 같이 원형 워크피스를 “PolarUnwrap” 도구를 사용하여 펼처진 이미지를 얻을 수 있습니다.

원본 이미지	펼친 이미지

(4) 작업 편집기

비전도구는 각각의 특성에 맞는 독립적인 도구 편집기을 제공합니다.

비전도구는 공통적으로 도구영역, 설정영역, 화면 출력 영역으로 나누어지며 기능은 다음과 같습니다.

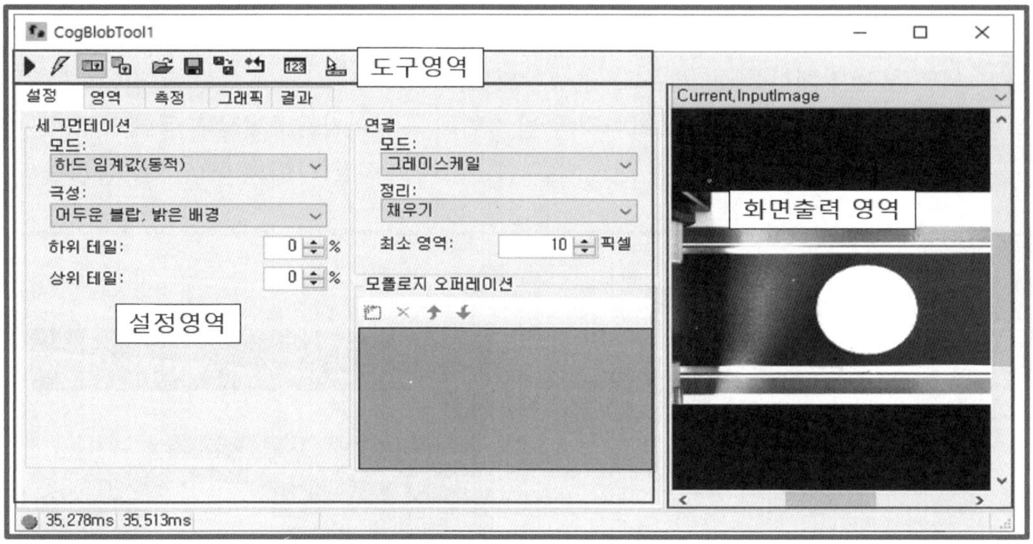

항목	설명
도구 영역	비전도구 실행 및 도구저장 및 불러오기 기능을 제공합니다.
설정 영역	작동에 대한 파라메타를 설정하며 기능별로 탭으로 구성되어 있습니다.
화면 출력영역	도구의 Roi위치 및 처리결과를 화면에 출력합니다.

도구영역의 항목별 기능은 다음과 같습니다.

항목	설명
실행	비전도구를 실행합니다.
전기모드	파라메타가 변경되면 비전도그를 자동으로 실행합니다.
디스플레이	디스플레이화면을 분리하거나 결합합니다.
템플릿	비전도구를 파일로 출력하거나 설정을 불려옵니다.
재설정	비전도구를 초기화 합니다.
부동결과보기	검사 결과를 새창으로 출력합니다.

(5)화면 출력 영역

화면 출력은 도구마다 출력항목이 다르며 특성에 따라 항목이 나뉩니다. “InputImage” 항목은 받아온 입력 이미지 및 ROI를 설정할 수 있는 기능이 제공됩니다. “LastRun” 항목은 검사 결과를 항목별로 나누어서 출력합니다.

입력이미지 화면	결과이미지 화면
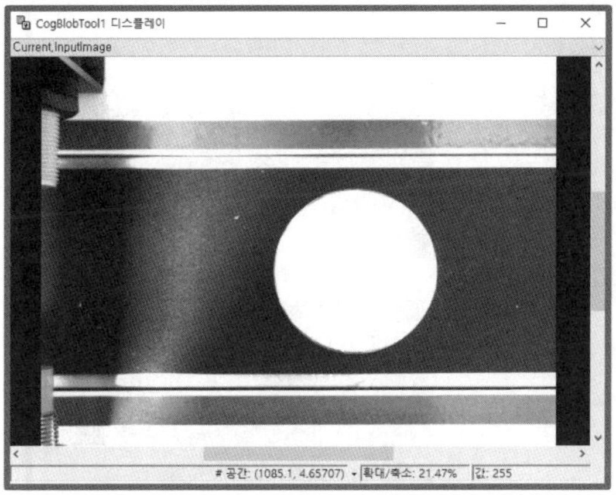	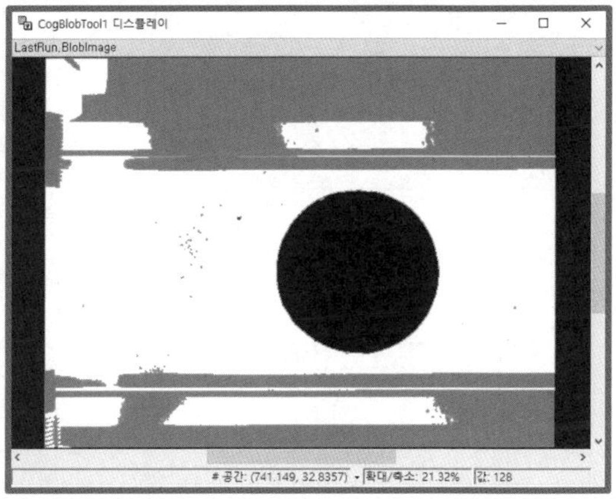

(6) 검사 영역 설정

대부분에 비전도구는 사용자가 검사할 영역을 지정하는 기능을 제공합니다.

영역 설정전 결과	영역 설정후 결과
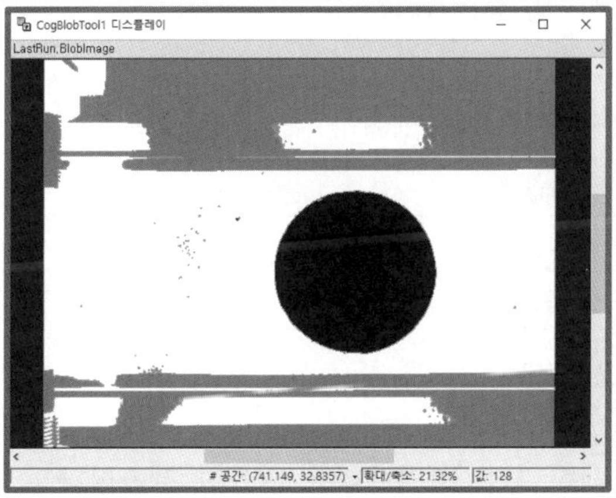	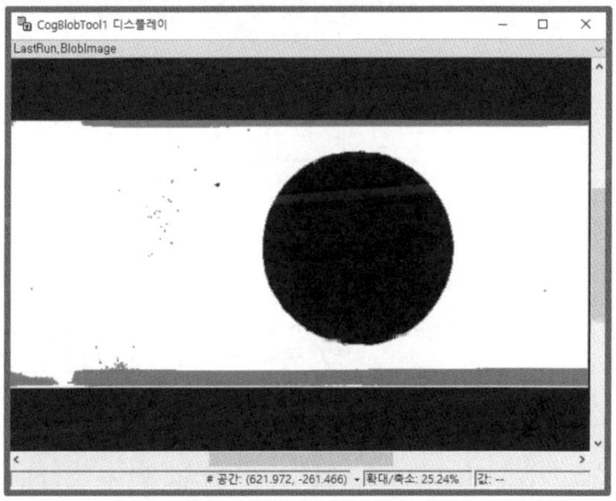

검사영역을 설정함으로써 얻을 수 있는 효과는 다음과 같습니다.

항목	설명
연산시간 감소	검사범위가 줄어듬에 따라 검사시간이 감소합니다.
정확성 향상	불필요한 위치에서 검사 되는 경우를 방지합니다.
측정영역설정	치수측정 도구들은 검사 방향을 꼭 입력해주어야 합니다.

비전도구에서 지원하는 검사영역은 리스트와 같고 주로 화면창의 "입력이미지" 항목을 선택하고 조정합니다.

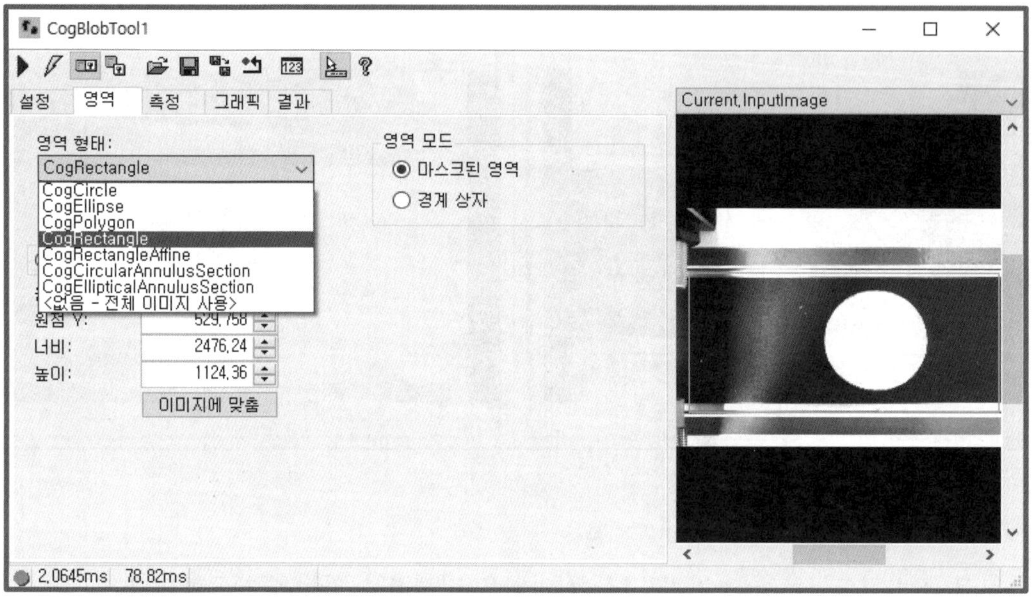

도형은 파워포인트에서 제공하는 도형GUI와 같이 특정영역을 선택하고 이동하여 모양을 설정 합니다. 충분히 연습하여 도형의 특징을 익히도록 합니다.

– CogCircle는 정원영역을 지정할 때 선택합니다. 파라메타는 다음과 같습니다.

파라메타	설명
중심 X	원의 중심X위치를 선택합니다.
중심 Y	원의 중심Y위치를 설정합니다.
반지름	원의 반지름을 설정합니다.

– CogEllipse는 타원 영역을 지정할 때 선택합니다. 파라메타는 다음과 같습니다.

파라메타	설명
중심 X	타원의 중심X위치를 선택합니다.
중심 Y	타원의 중심Y위치를 설정합니다.
반지름X	타원의 X축 반지름을 설정합니다.
반지름Y	타원의 Y축 반지름을 설정합니다.
회전	타원의 회전방향을 설정합니다.

– "CogPolygon"은 다각형의 영역을 만들 때 선택합니다. 파라메타는 다음과 같습니다.

파라메타	설명
인덱스	인덱스를 선택합니다. 추가 및 삭제를 할 수 있습니다.
X좌표	꼭지점의 X위치를 설정합니다.
Y좌표	꼭지점의 Y위치를 설정합니다.

– "CogRectangle"도형은 사각형의 영역을 만들 때 선택합니다. 파라메타는 다음과 같습니다.

파라메타	설명
X좌표	꼭지점의 X위치를 설정합니다.
Y좌표	꼭지점의 Y위치를 설정합니다.
넓이	사각형의 넓이를 설정합니다.
높이	사각형의 높이를 설정합니다.

– "CogRectangleAffine"도형은 회전과 기울림이 있는 사각형 영역을 선택합니다.

파라메타	설명
X좌표	꼭지점의 X위치를 설정합니다.
Y좌표	꼭지점의 Y위치를 설정합니다.
길이X	변의 X길이를 설정합니다.
길이Y	변의 Y길이를 설정합니다.
회전	시작 각도를 설정합니다.
기울리기	기울기 각도를 설정합니다.

– "CogCircularAnnulusSection"도구는 방사각도, 비율을 지정 가능한 정원도형을 만듭니다.

파라메타	설명
X좌표	꼭지점의 X위치를 설정합니다.
Y좌표	꼭지점의 Y위치를 설정합니다.
반지름	반지름 값을 설정합니다.
방사비율	방사비율값을 설정합니다.
각도시작	시작 각도를 설정합니다.
각도확장	각도의 확장값을 설정합니다.

– CogElipticalAnnulusSection도형은 방사각도, 비율을 지정 가능한 타원도형을 만듭니다.

파라메타	설명
X좌표	꼭지점의 X위치를 설정합니다.
Y좌표	꼭지점의 Y위치를 설정합니다.
반지름X	반지름 X값을 설정합니다.
반지름Y	반지름 Y값을 설정합니다.
방사비율	방사비율값을 설정합니다.
회전	회전각도를 설정합니다.
각도시작	시작 각도를 설정합니다.
각도확장	각도의 확장값을 설정합니다.

예를들어 이전작업에서 추가한 “CogImageConvertTool”은 8비트또는 24비트 이미지를 입력 받아 다른 포맷으로 이미지를 출력하는 변경하는 역할을 수행합니다.

QuickBuild에서는 비전툴의 출력값과 입력값을 연결하여 동적으로 결과를 적용할 수 있습니다.

먼저 편한 설명을 위해 항목에 “CogImageConvertTool1”의 이름을 임의로 변경해보겠습니다.

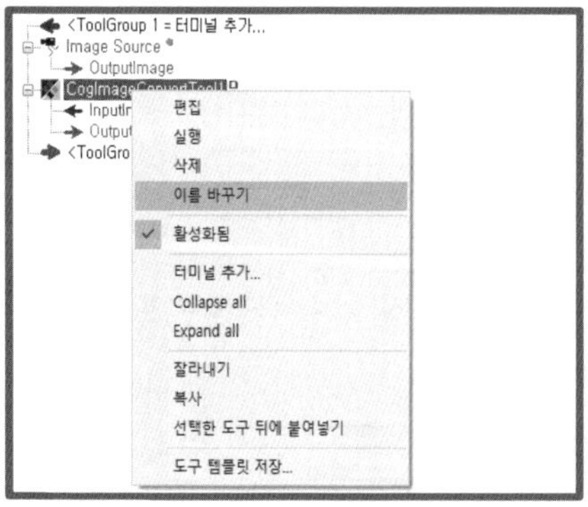

마우스 오른쪽 버튼을 클릭하여 파업이 활성화 합니다. “이름 바꾸기” 항목을 클릭하고 “이미지변환” 이라고 입력 후 엔터키를 입력하여 항목이름을 수정해줍니다.

다음은 입출력 항목에 대하여 설명하도록 하겠습니다. VisionPro는 .net기반의 프로그램을 GUI인터페이스로 개발을 하기 위해서 맴버변수를 동적으로 연결할 수 있는 기능을 제공합니다.

구조를 확인해보기 위해서 이름을 변경한 “이미지변환” 비전툴 항목을 클릭하고 오른쪽 버튼을 눌러 팝업을 활성화 합니다. 터미널 추가 버튼을 클릭하면 “CogImageConvertTool”의 항목에 대한 멤버 브라우저가 활성화 됩니다. 크게 비전툴 멤버의 구성그룹은 다음과 같습니다.

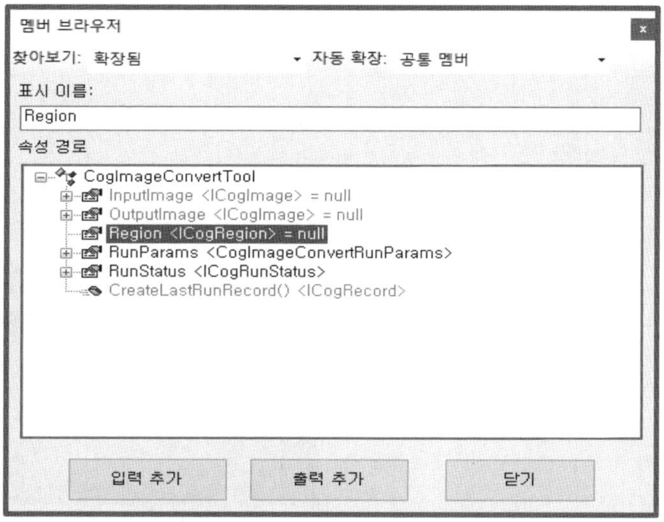

항목	내용
InputImage	비전툴의 연산을 위해서 받는 입력받는 이미지
OutputImage	특정비전툴은 연산결과이미지를 출력합니다. EX) ImageconvertTool, CogBlobTool, ColorSegement등
Region	비전 툴내에서 이미지를 처리할 영역정보로 이루어진 그룹입니다.
RunParameta	비전 툴내에서 설정하는 항목의 정보로 이루어진 그룹입니다.
Result	비전 툴의 처리된 결과로 이루어진 그룹입니다.
RunStatus	비전 툴의 검사소요시간, 상태 등의 정보로 이루어진 그룹입니다.

다음은 입출력 멤버를 연결해 보도록 하겠습니다.

그림과 같이 이미지소스의 "OutputImage"를 항목을 클릭하고 "이미지변환"툴의 "InputImage" 항목까지 드래그하여 이미지를 연결합니다.

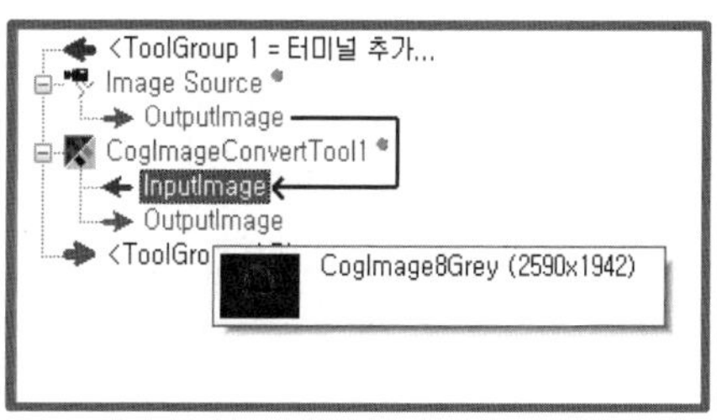

실행버튼을 클릭하고 입력 이미지에 마우스 찰상 된 출력이미지가 "이미지변환"항목의 입력 이미지로 받아오는 것을 확인할 수 있습니다.

결과 화면창의 콤보박스를 선택하여 각각의 비전도구의 출력결과 화면을 확인할 수 있습니다.

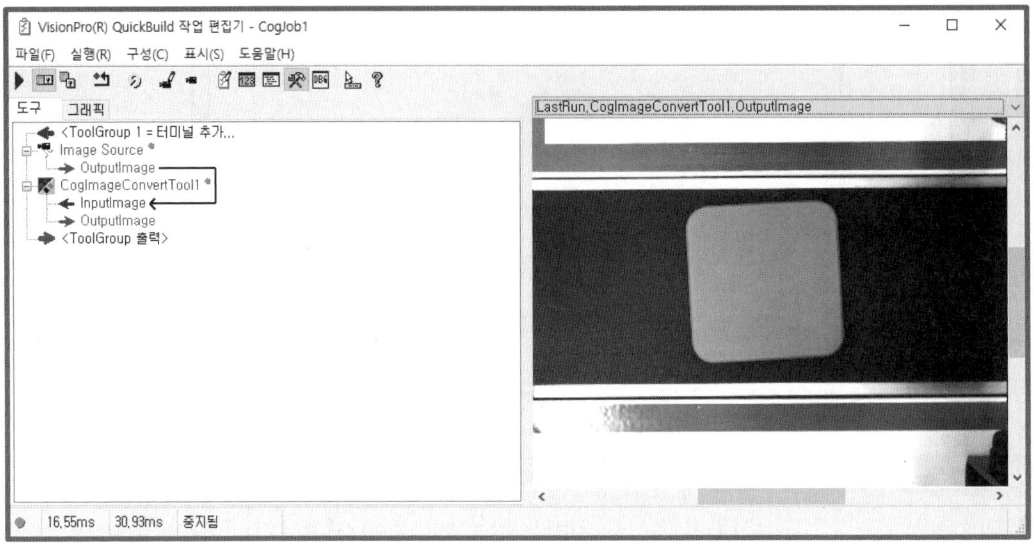

(7) 선택공간 지정

비전프로에서는 설정의 편의성을 위해 "Fixture도구"를 이용하여 공간의 좌표를 변경하는 기능을 제공합니다.

좌표는 공간과 같은 다양채의 점이나 기타 기하학적 요소를 고유하게 결정하기 위해 하나 이상의 숫자인 좌표를 사용하는 체계 및 방법을 말하고 있습니다. 우리가 사용하는 픽셀좌표는 X,Y축의 2차원 좌표계 위의 한 점으로 표시되며 좌표는 픽셀 좌표계의 X축,Y축에 몇 번째 위치에 속해있는지 나타냅니다.

픽셀좌표계 표시	픽셀좌표계의 픽셀이동
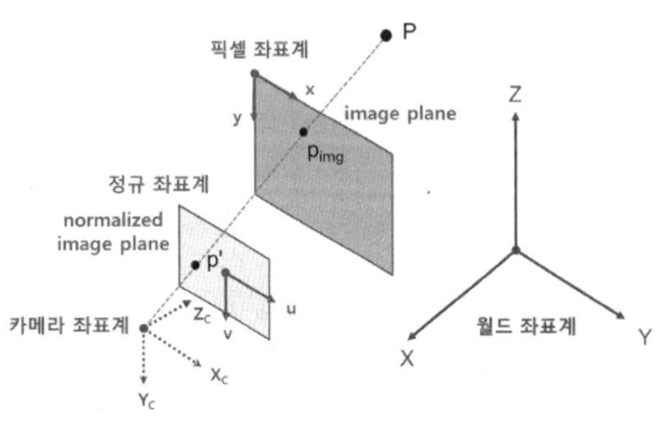	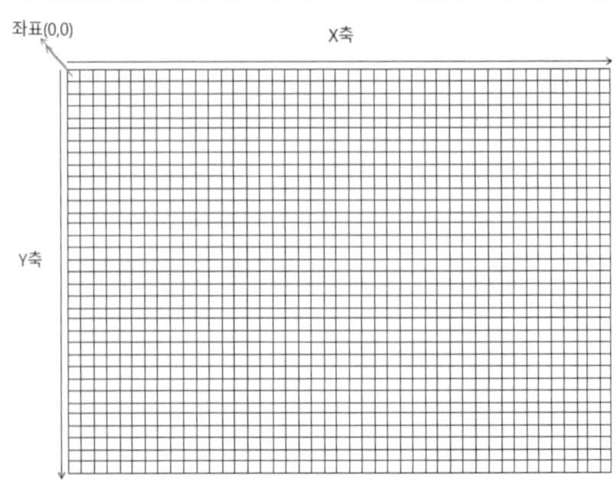

“Fixture도구”를 적용하기 위해서는 “교정도구의 FixtureTool을 추가하고 도구편집창에서 이름 및 이동될 좌표를 설정합니다.

픽스처툴 도구 추가

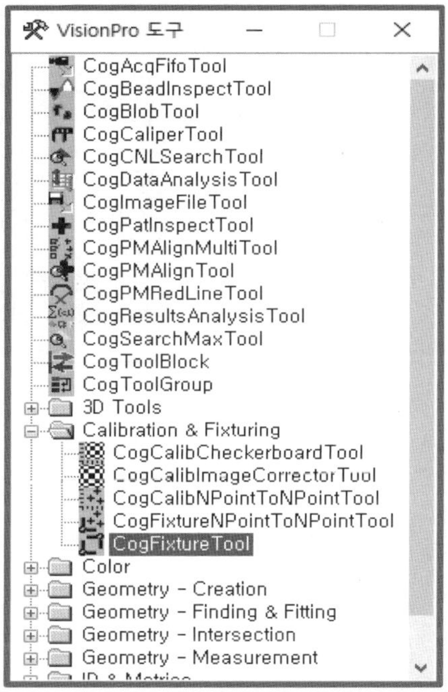

편집창에서 이름 및 좌표, 회전값 적용

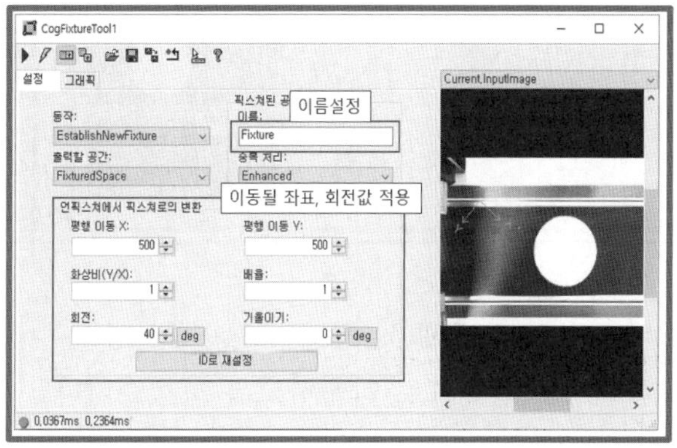

“Fixture도구”는 선택공간 지정은 원점좌표가 저장된 도구이고 비전도구에 적용시 좌표가 설정된 위치와 방향으로 변경됩니다.

예를 들어 픽스처 설정되기 전 좌표에서 10,0포인트 이동시 화면과 같이 이동됩니다. 90도 회전된 픽스처를 적용 시에는 좌표가90도 회전되기에 0,10포인트 위치로 이동되게 됩니다.

픽스처 설정전

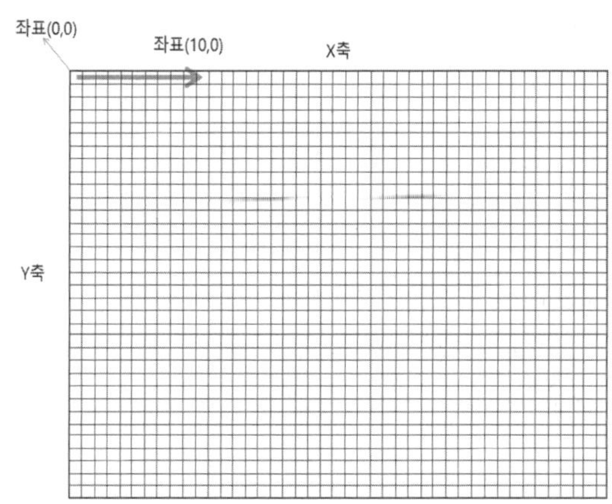

90도 회전된 픽스처 설정시

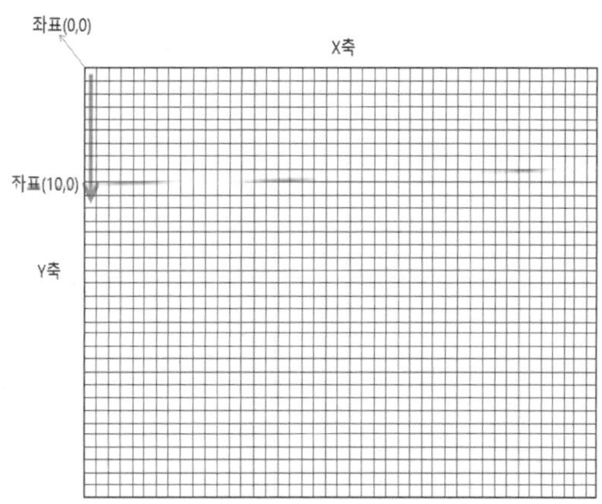

비전도구 선택공간 지정은 영역선택 탭 아래 배치되며 "선택된 공간이름을 변경함으로서 적용할 수 있습니다"

입력이미지 공간 사용시	Fixture적용시
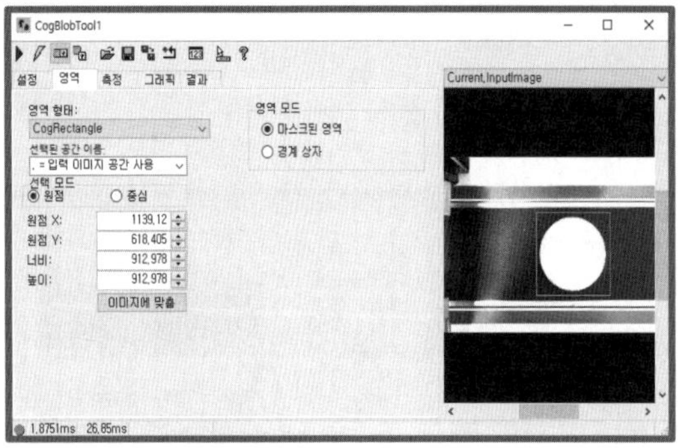	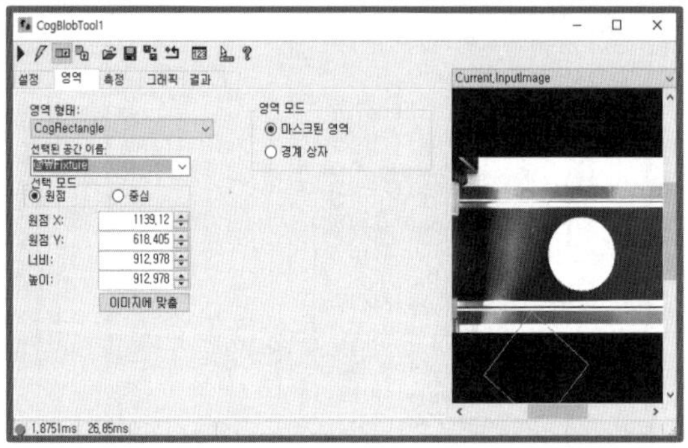

비전도구 본 장에서는 모든 기능을 설명할 수 없기에 몇가지 예를 들어 설명했습니다. 참고하면서 지속적으로 학습하도록 하겠습니다.

CHAPTER

3

Quick Build를 이용한 머신 비전 실습

Ex 01) ImageConvertTool을 사용하여 찰상된 Color이미지를 Mono이미지로 변환

Ex 02) PMAlignTool을 이용하여 워크피스 중심위치 검색

Ex 03) CreateGraphicLabelTool을 사용하여 화면에 위치검사결과 출력

Ex 04) FixtureTool을 활용하여 워크피스중심에 결과 출력

Ex 05) FindCircleTool을 사용하여 워크피스중심위치 검사

Ex 06) FindLineTool을 사용하여 워크피스경계 측정

Ex 07) IntersectLineLineTool을 사용하여 워크피스 경계교점 측정

Ex 08) IntersectSegmentLineTool을 사용하여 워크피스의 교차여부 측정

Ex 09) DistanceSegmentTool을 이용하여 워크피스 길이측정

Ex 10) CaliperTool을 이용하여 워크피스의 길이측정

Ex 11) BlobTool을 이용하여 워크피스를 검색

Ex 12) ColorSegmenterTool을 이용한 특정색상의 워크피스 검출

Ex 13) ColorMatchTool 활용 컬러매칭을 통한 워크피스 검출

Ex 14) IDTool을 사용하여 워크피스내 1D 바코드 검색

Ex 15) IDTool을 사용하여 워크피스내 2D 데이터를 검색

Ex 16) IDTool을 사용하여 워크피스내 QR코드·데이터메트릭스 검색

CHAPTER

3 Quick Build를 이용한 머신 비전 실습

1 개요

이번 장은 C#프로그램의 WindowsForm활용 실습에 앞서 QuickBuild를 이용하여 VisionPro에서 지원하는 비전도구의 역할 및 사용방법을 알아보고 예제를 통해 응용방법을 실습해보도록 하겠습니다.

2 진행방향

이번 챕터의 예제 진행방법은 해당예제진행의 개요와 진행시나리오를 설명하고 비전도구 배치 및 각 비전도구의 상용방법을 설명하는 순으로 진행됩니다.

플로우	비전도구 배치예
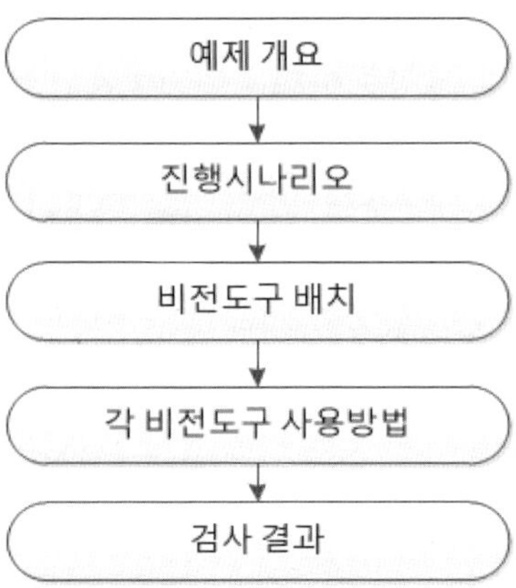	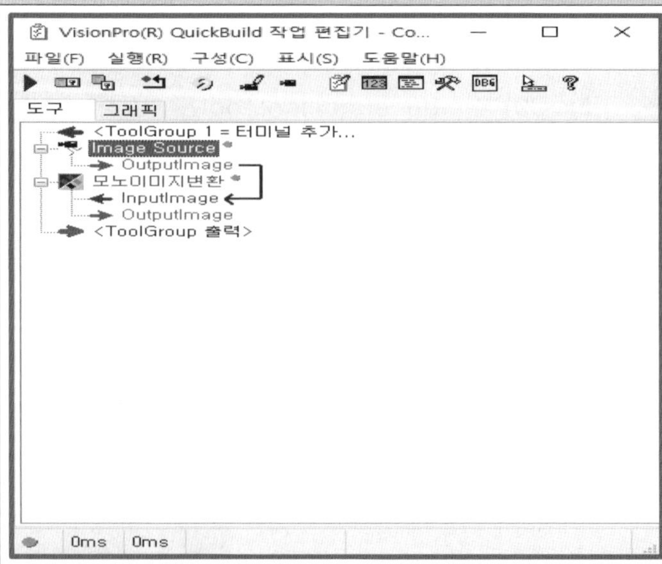

Ex01 ImageConvertTool을 사용하여 촬상된 Color이미지를 Mono이미지로 변환

1 시나리오

이번 예제의 시나리오는 이미지를 촬상하고 이미지를 분석하기 위해 컬러이미지를 캡처하여 모노이미지로 변환 하는 이미지 프로세싱을 실시하겠습니다.

플로우	비전도구 배치
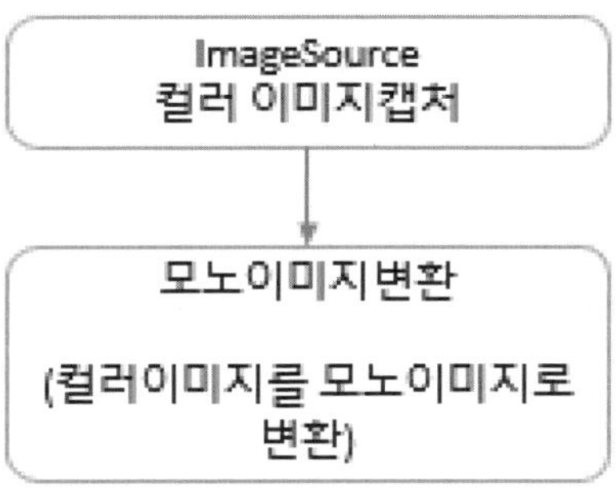	

2 비전도구 배치

비전도구는 QuickBuild설명의 Job에 비전도구 추가내용을 참고하여 비전프로 배치표 및 해당표와 같이 순서대로 배치합니다.

비전명	도구그룹	도구명
ImageSource	없음	기본도구
모노이미지변환	ImageProcessing	CogImageConvertTool

3 비전도구 사용방법

1) Image Source

이미지소스 도구는 QuickBuild툴에서만 제공하는 기본 도구이며 파일또는 카메라에서 이미지를 취득하는 역할을 합니다.

(1) 설정순서

이미지취득타입설정 → 카메라장치설정 → 노출및 증폭설정

항목	설명
이미지 취득 타입 설정	취득 장비(파일,카메라)를 설정합니다.
카메라 장치 설정	찰상할 카메라 장비 및 이미지포멧을 설정합니다.
노출 및 증폭설정	센서 노출시간 및 센서 민감도를 설정합니다.

(2) 설정방법

- Job탐색기에서 "ImageSource"항목을 더블클릭하여 설정창에 진입합니다
- 취득소스를 카메라로 선택하기위해 카메라탭을 클릭합니다.

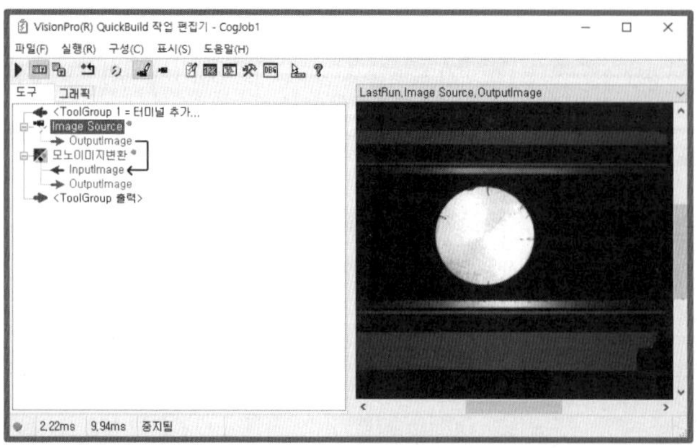

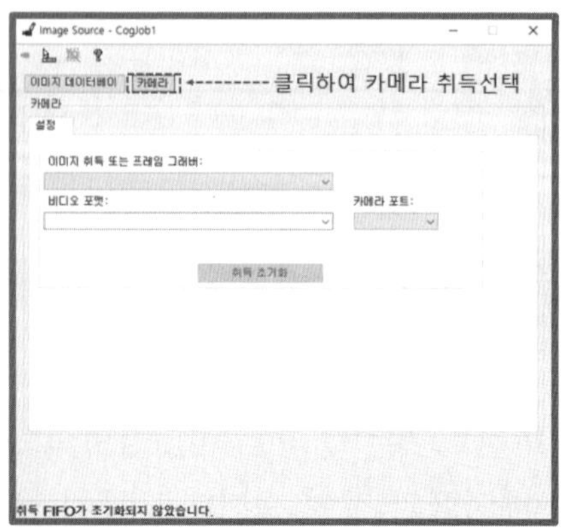

- 취득할 이미지 포맷을 설정합니다 콤보박스에 연결된 장비를 확인하여 선택합니다.
- 이미지 포맷을 선택합니다. 컬러이미지는 Bayer_Color, 흑백이미지는 Mono를 선택해야 합니다. 컬러이미지를 찰상받기위해 BayerColor를 선택합니다.

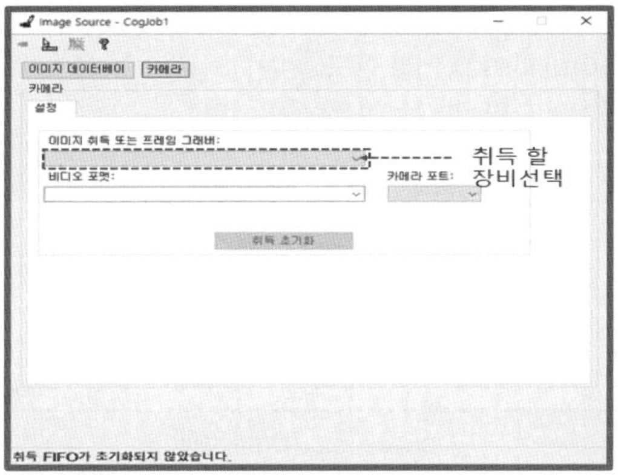

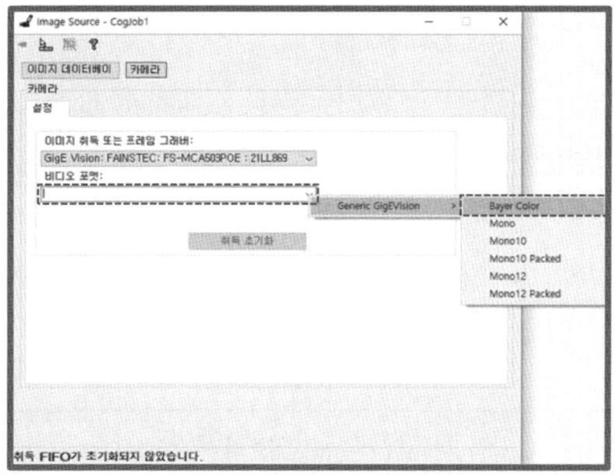

일반적인 카메라에서 지원하는 포맷내용을 설명하도록 하겠습니다.

항목	내 용
BayerColor	Color이미지로 받음
Mono	모노이미지로 받음
10비트	픽셀값의 범위를 나타내며 10비트(0~1023)범위로 전송됩니다
12비트	픽셀값의 범위를 나타내며 12비트(0~4095)범위로 전송됩니다.

- 카메라 설정 후 취득초기화 버튼을 클릭하면 노출 및 밝기조정화면이 나타납니다. 먼저 라이브버튼을 클릭하여 현재 출력되는 화면을 확인하면서 설정합니다.
- 이미지가 너무 크게 나왔을때는 라이브디스플레이 창에서 마우스오른쪽버튼을 눌러 팝업을 활성화후 이미지 및 그래픽 맞춤 비튼을 글릭합니다.

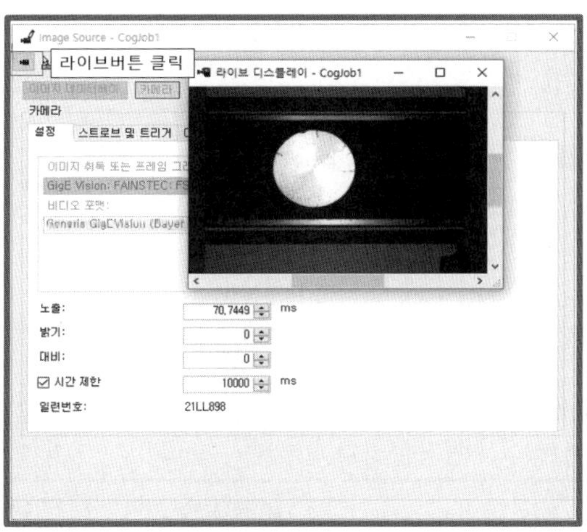

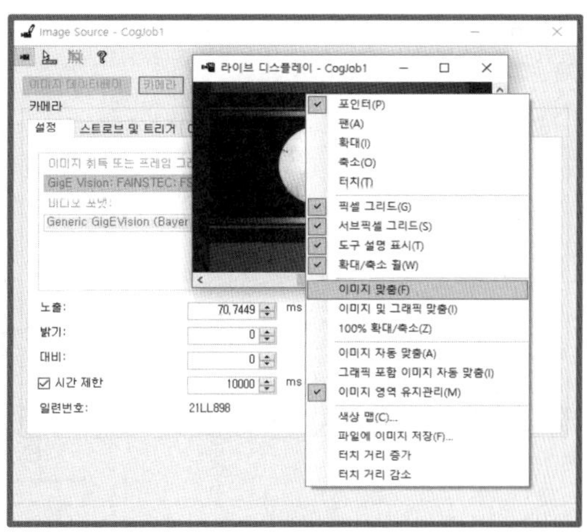

– 취득영상의 밝기 및 대비를 조정할 수 있습니다. 취득 초기화 버튼을 클릭 후 노출 및 검사시간을 설정합니다.

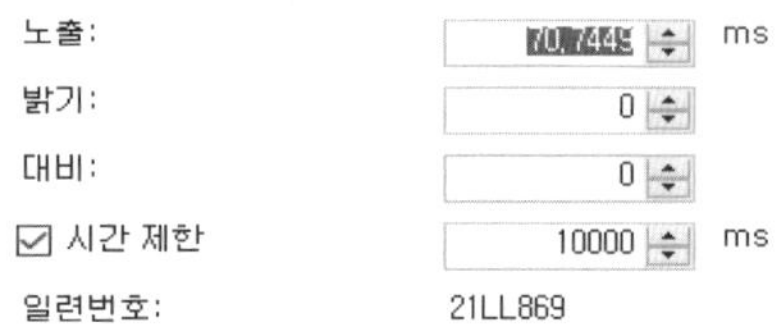

노출: 해당시간만큼 노출합니다.
밝기: 취득이미지의 밝기를 올립니다.
대비: 취득이미지의 명암차이를 올립니다.

– 다음은 노출시간을을 설정했을때의 밝기변화입니다. 노출시간이 길어질수록 이미지가 밝게 찰상 됩니다.

노출시간 20ms일때	노출시간 70ms일때
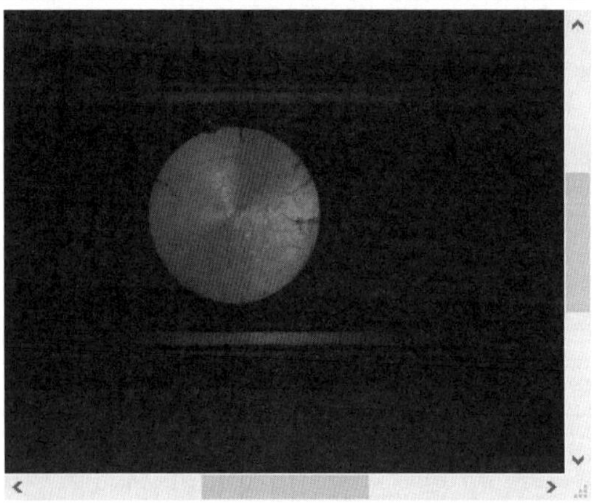	

– 모든 설정이 완료된 후 편집창을 종료하고 실행버튼을 클릭하면 결과항목 "OutputImage"에 이미지가 출력됨을 확인합니다.

2) 모노이미지변환

ImageConvert 도구는 이미지의 포맷을 변경하는 기능입니다.

(1) 설정순서

ImageConvert
컬러->모노 이미지 포맷 변환

항목	설명
이미지 변경 타입 설정	입력받은 컬러이미지를 모노이미지로 변경합니다.

(2) 설정방법

- Job탐색기에서 “모노이미지변환”항목을 더블클릭하여 설정창에 진입합니다.
- 콤보박스를 클릭하고 실행모드를 밝기를 선택후 실행버튼을 눌러 변환을 실행합니다. 변경된 내용을 확인하기위해 화면요소를 Output으로 변경하여 결과를 확인합니다.

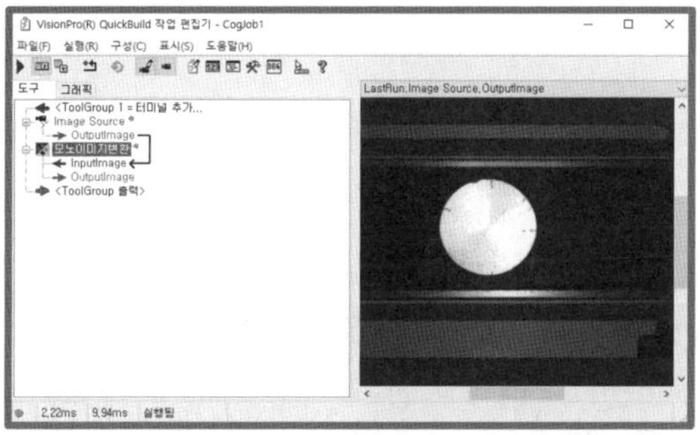

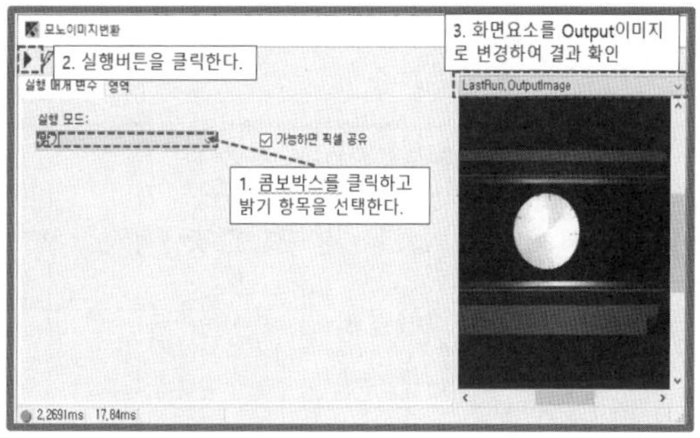

- 전체검사를 실행해서 디스플레이를 “LastRun.모노이미지변환.OutputImage”의 출력 이미지가 컬러에서 모노로 변환 되었음을 확인할 수 있습니다.

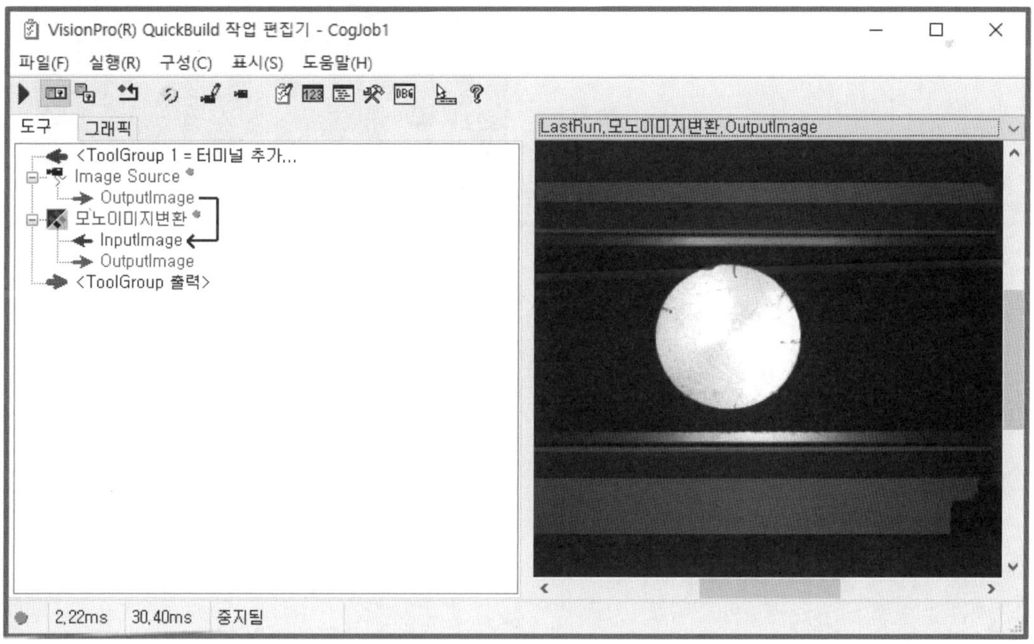

4 검사 결과

– 카메라에서 찰상받은 이미지를 모노이미지로 변경하는 이미지 프로세싱절차를 진행해 보았습니다. 다음예제부터 변환된 이미지를 이용하여 이미지 분석에 실시하도록 하겠습니다.

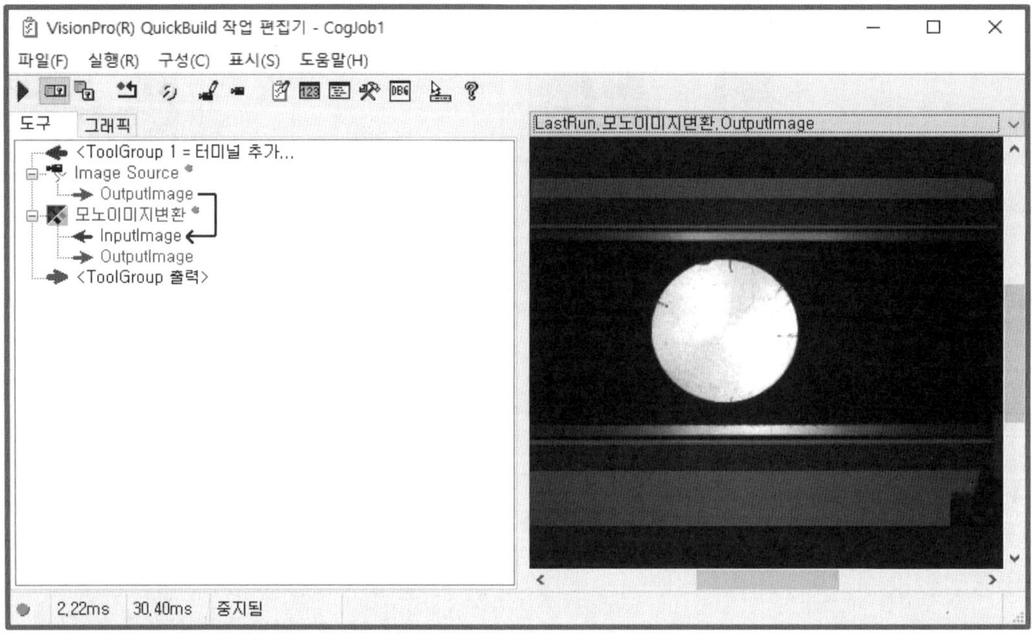

Ex 02 PMAlignTool을 이용하여 워크피스 중심위치 검색

1 개요

패턴매칭은 이미지에서 특정형태를 검색하여 유무를 판별하거나 해당 위치의 좌표, 각도 등의 정보를 추출하는 작업을 합니다.

VisionPro에서 제공하는 "PMAlignTool"(워크피스검색)을 이용하여 워크피스의 유무 및 위치를 측정하는 예제를 진행해보도록 하겠습니다.

2 시나리오

이번 챕터의 시나리오는 이미지를 촬상하고 이미지를 분석하기 위해 컬러이미지를 캡처하여 모노이미지로 변환하고 변환된 이미지로 패턴매칭을 통해 워크피스의 중심위치를 검출해 보도록 하겠습니다.

플로우	비전도구 배치
ImageSource 컬러 이미지캡처 ↓ 모노이미지변환 (컬러이미지를 모노이미지로 변환) ↓ 워크피스검색 (패턴을 등록하고 패턴중심점 검색)	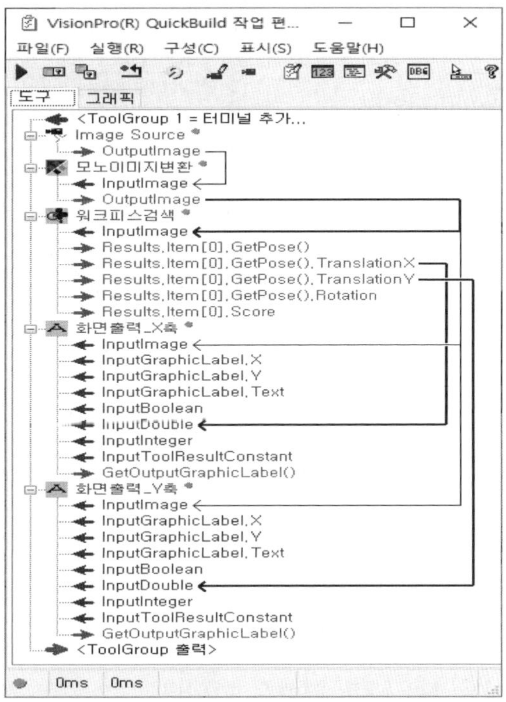

3 비전도구 배치

비전도구는 QuickBuild설명의 Job에 비전도구 추가내용을 참고하여 비전프로 배치표 및 해당표와 같이 순서대로 배치합니다.

<table>
<tr><th>비전명</th><th>도구그룹</th><th>도구명</th></tr>
<tr><td>ImageSource</td><td>없음</td><td>기본도구</td></tr>
<tr><td>워크피스검색</td><td>없음
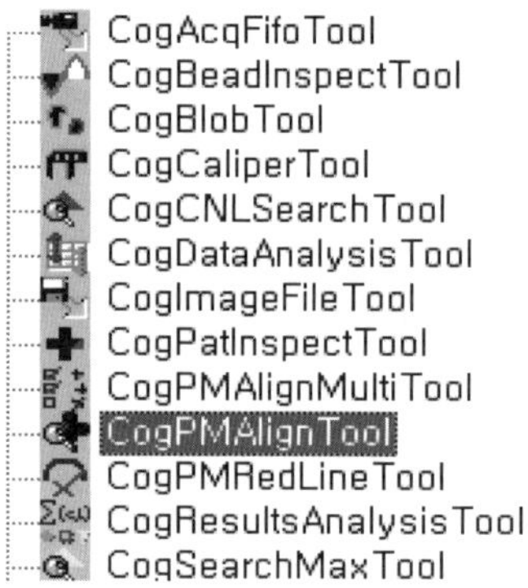
</td><td>CogPMAlign</td></tr>
<tr><td>모노이미지변환</td><td>ImageProcessing
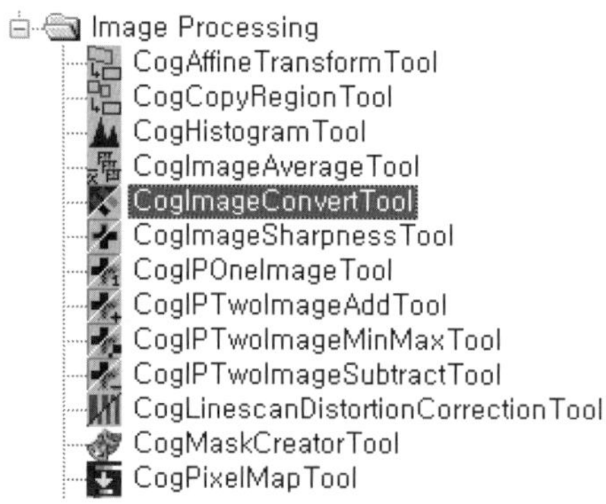
</td><td>CogImageConvertTool</td></tr>
</table>

4 비전도구 사용방법

1) Image Source

이미지소스 도구는 QuickBuild툴에서만 제공하는 기본 도구이며 파일또는 카메라에서 이미지를 취득하는 역할을 합니다.

(1) 설정순서

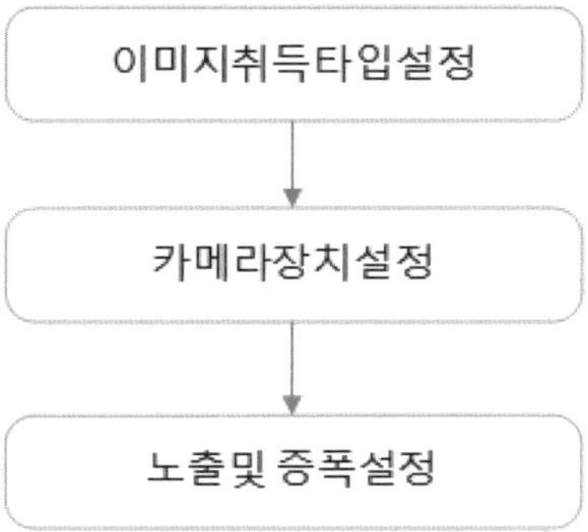

항목	설명
이미지 취득 타입 설정	취득 장비(파일,카메라)를 설정합니다.
카메라 장치 설정	찰상할 카메라 장비 및 이미지포멧을 설정합니다.
노출 및 증폭설정	센서 노출시간 및 센서 민감도를 설정합니다.

(2) 설정방법

- Job탐색기에서 "ImageSource"항목을 더블클릭하여 설정창에 진입합니다
- 취득소스를 카메라로 선택하기위해 카메라탭을 클릭합니다.

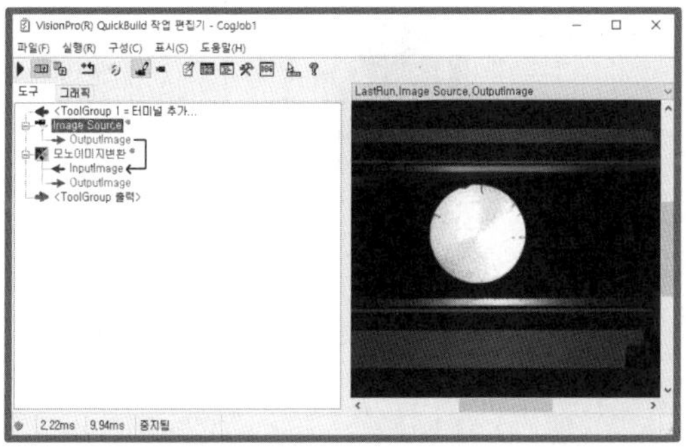

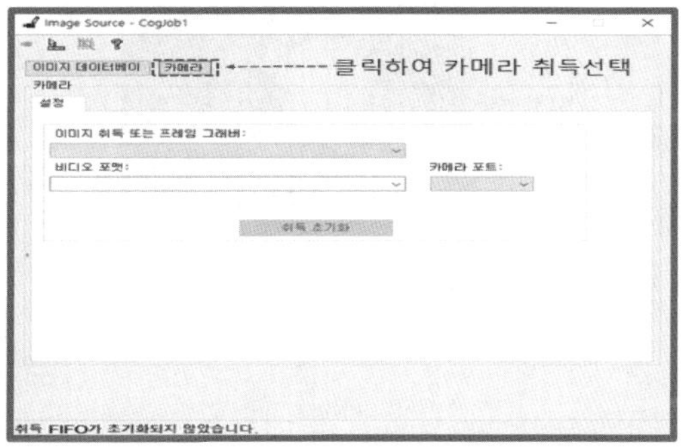

- 취득할 이미지 포맷을 설정합니다 콤보박스에 연결된 장비를 확인하여 선택합니다.
- 이미지 포맷을 선택합니다. 컬러이미지는 Bayer_Color, 흑백이미지는 Mono를 선택해야 합니다. 컬러이미지를 찰상받기위해 BayerColor를 선택합니다.

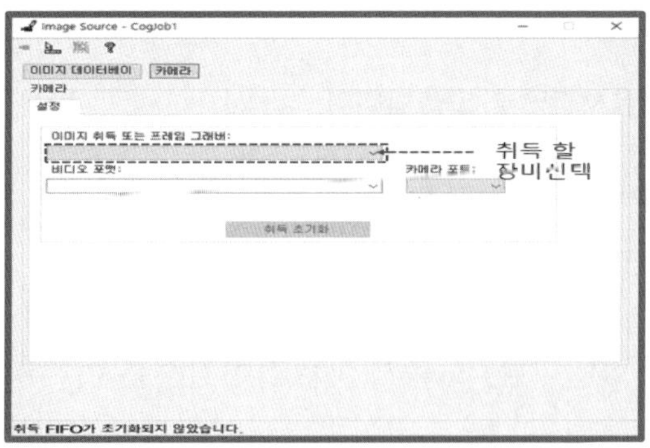

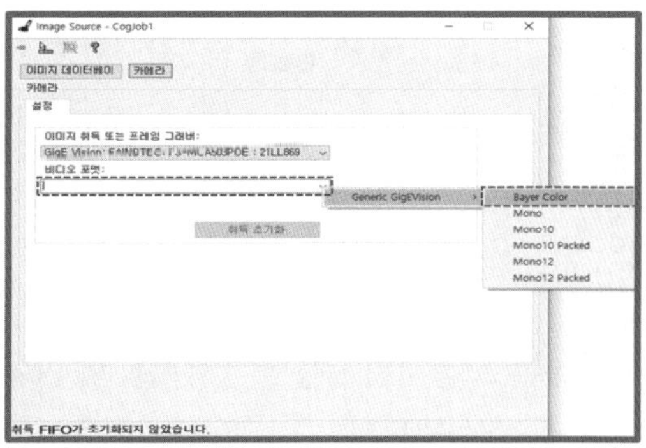

일반적인 카메라에서 지원하는 포맷내용을 설명하도록 하겠습니다.

항목	내 용
BayerColor	Color이미지로 받음
Mono	모노이미지로 받음
10비트	픽셀값의 범위를 나타내며 10비트(0~1023)범위로 전송됩니다
12비트	픽셀값의 범위를 나타내며 12비트(0~4095)범위로 전송됩니다.

- 카메라 설정 후 취득초기화 버튼을 클릭하면 노출 및 밝기조정화면이 나타납니다. 먼저 라이브버튼을 클릭하여 현재 출력되는 화면을 확인하면서 설정합니다.
- 이미지가 너무 크게 나왔을때는 라이브디스플레이 창에서 마우스오른쪽버튼을 눌러 팝업을 활성화후 이미지 및 그래픽 맞춤 버튼을 클릭합니다.

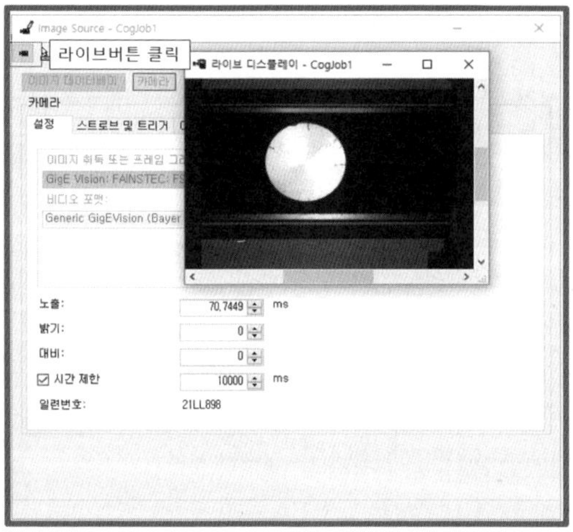

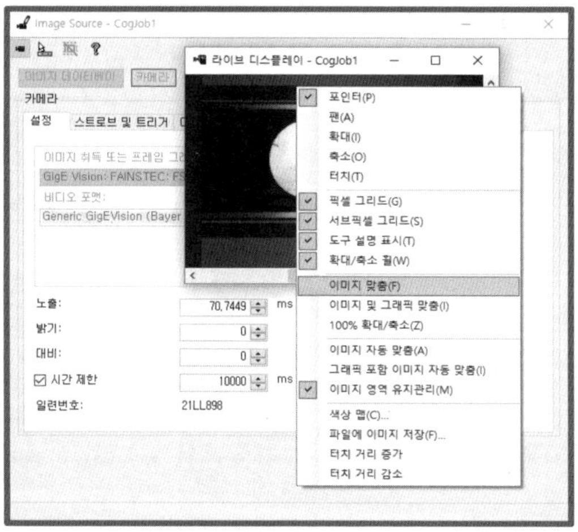

취득영상의 밝기 및 대비를 조정할 수 있습니다. 취득 초기화 버튼을 클릭 후 노출 및 검사시간을 설정합니다.

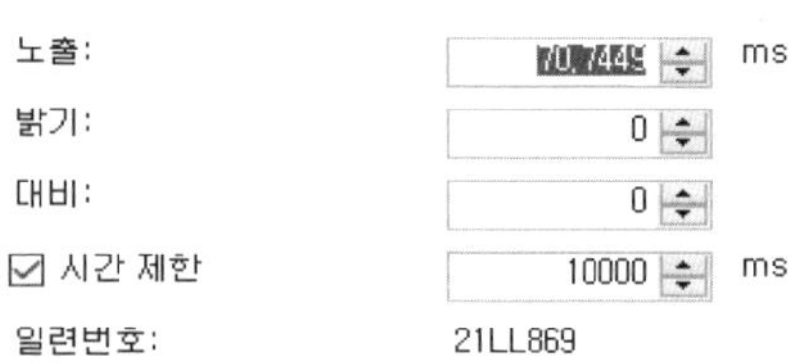

노출: 해당시간만큼 노출합니다.
밝기: 취득이미지의 밝기를 올립니다.
대비: 취득이미지의 명암차이를 올립니다.

- 다음은 노출시간을을 설정했을때의 밝기변화입니다. 노출시간이 길어질수록 이미지가 밝게 찰상 됩니다.

노출시간 20ms일때	노출시간 70ms일때

– 모든 설정이 완료된 후 편집창을 종료하고 실행버튼을 클릭하면 결과항목 “OutputImage”에 이미지가 출력됨을 확인합니다.

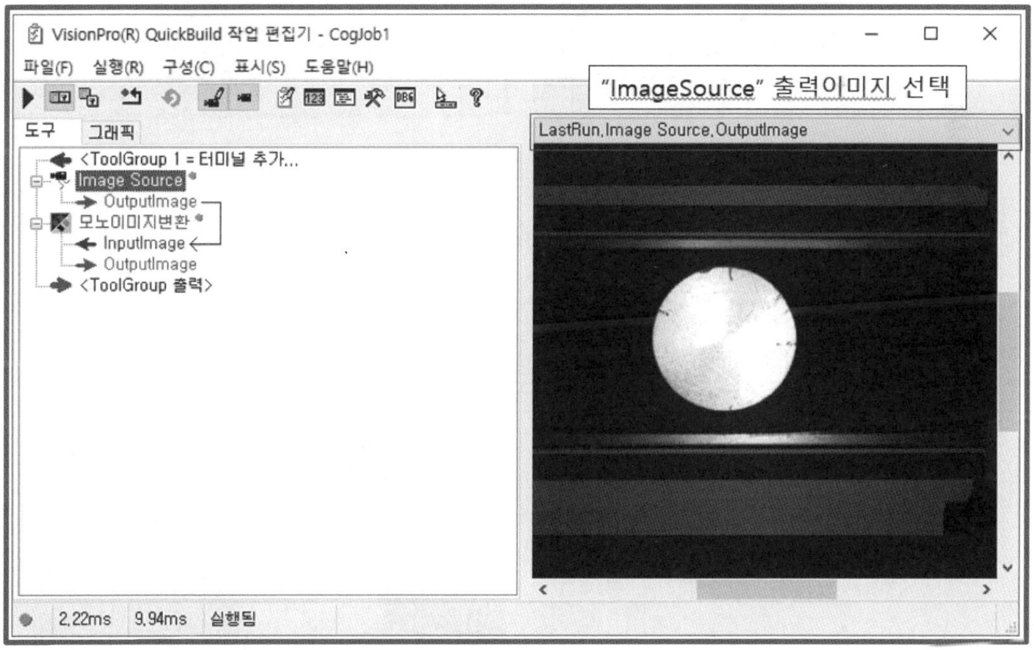

2) 모노이미지변환

ImageConvert 도구는 이미지의 포맷을 변경하는 기능입니다.

(1) 설정순서

ImageConvert
컬러->모노 이미지 포맷 변환

항목	설명
이미지 변경 타입 설정	입력받은 컬러이미지를 모노이미지로 변경합니다.

(2) 설정방법

- Job탐색기에서 "모노이미지변환"항목을 더블클릭하여 설정창에 진입합니다
- 콤보박스를 클릭하고 실행모드를 밝기를 선택후 실행버튼을 눌러 변환을 실행합니다. 변경된 내용을 확인하기위해 화면요소를 Output으로 변경하여 결과를 확인합니다.

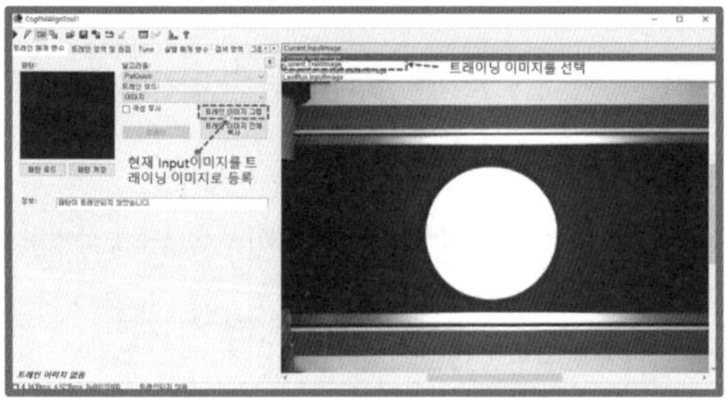

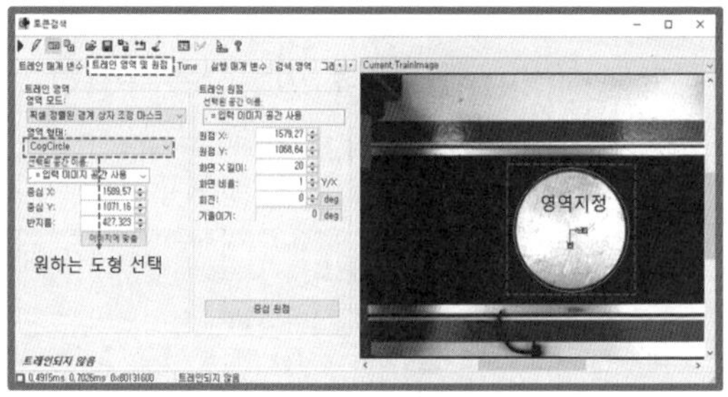

- 전체검사를 실행해서 디스플레이를 "LastRun.모노이미지변환.OutputImage"의 출력 이미지가 컬러에서 모노로 변환 되었음을 확인할 수 있습니다.

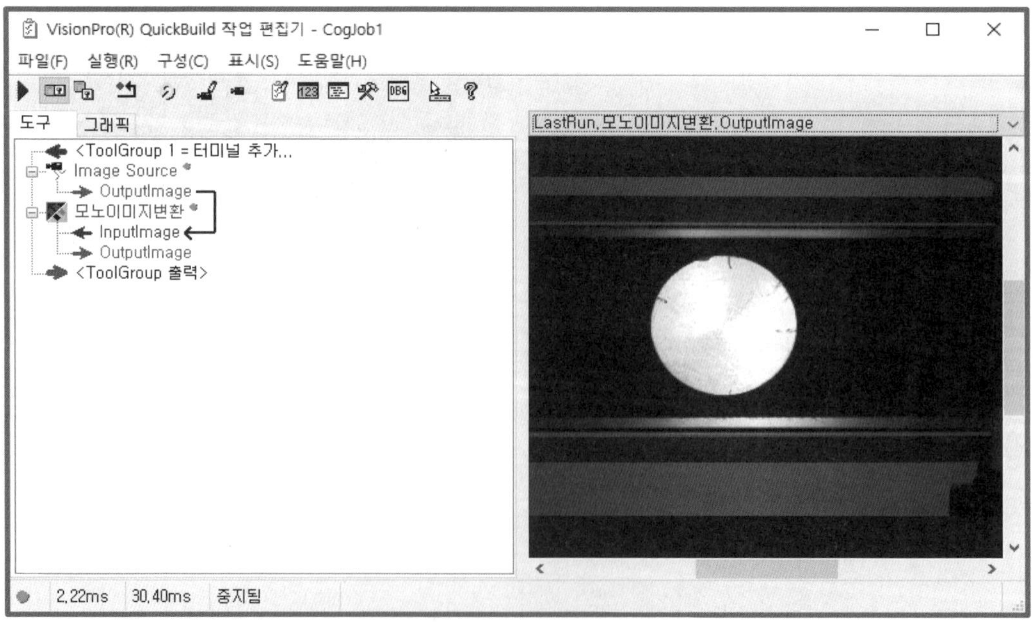

3) 워크피스 검색

PMAlign은 임지 패턴을 등록하고 검사하는 이미지에서 해당 이미지패턴의 중심위치를 찾습니다.

이미지와 검사할 이미지에서 등록된 패턴을 찾아 해당 패턴의 좌표와 각도를 반환합니다.

(1) 설정순서

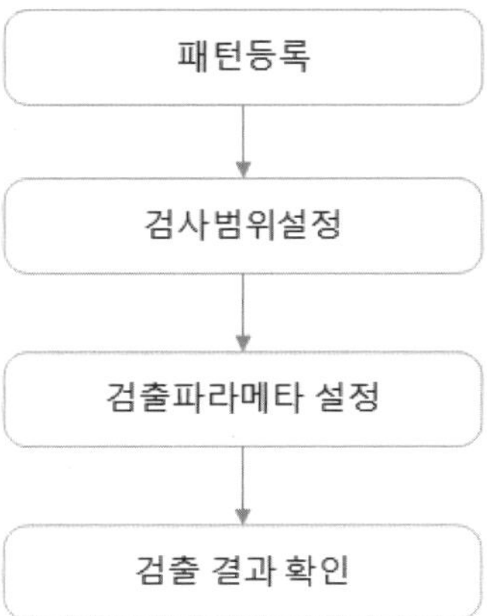

항목	설명
패턴등록	찾을 패턴을 지정합니다.
검사범위 설정	미리 등록된 패턴을 찾을 검사범위를 설정합니다.
검출 파라메타 설정	유효한 패턴을 최대 몇 개를 찾을 것인지 설정합니다. 정확도, 각도범위등 파라메타를 통해 찾은 패턴의 유효한지 확인합니다.
검측결과 확인	검출결과를 확인하여 원하는 결과가 나오지 않을 시 파라메타를 수정하고 다시 검사를 진행합니다.

(2) 설정방법

- 트레인 매개변수 탭의 “트레인 이미지 그랩”을 눌러 트레이닝 할 이미지를 등록합니다.
- 트레인 매개변수 탭에서 “트래인 이미지 그랩” 버튼을 클릭합니다.
- 그랩된 이미지를 확인하기위해 디스플레이창에 “TrainImage”항목을 선택하여 그랩된 이미지를 확인합니다.

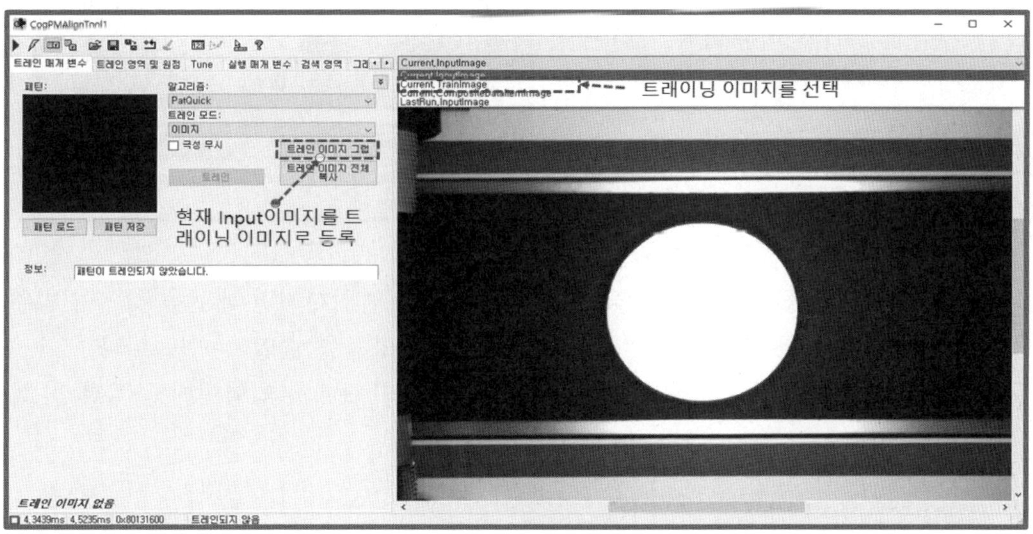

– "트래인 영역 및 원점"탭으로 이동하여 원하는 영역형태를 지정 후 워크피스의 전체영역이 들어갈 수 있는 위치로 영역을 지정합니다. X · Y측표시가 있는 도형은 원점 설정 위치이며 검색 후 해당 원점영역이 반환됩니다. 중심위치로 설정합니다.

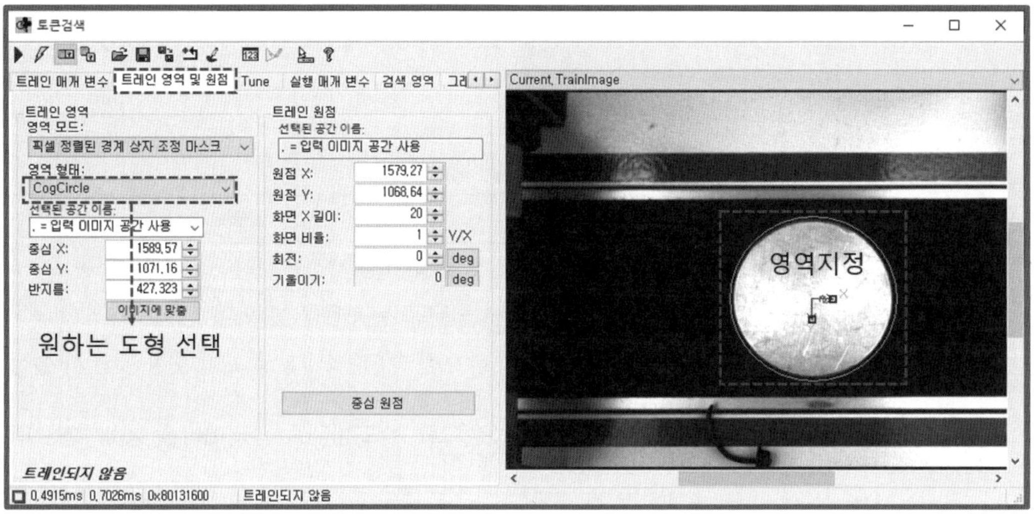

– "트래인 매개변수"탭으로 이동 후 "트래인"버튼을 눌러서 설정을 적용합니다.

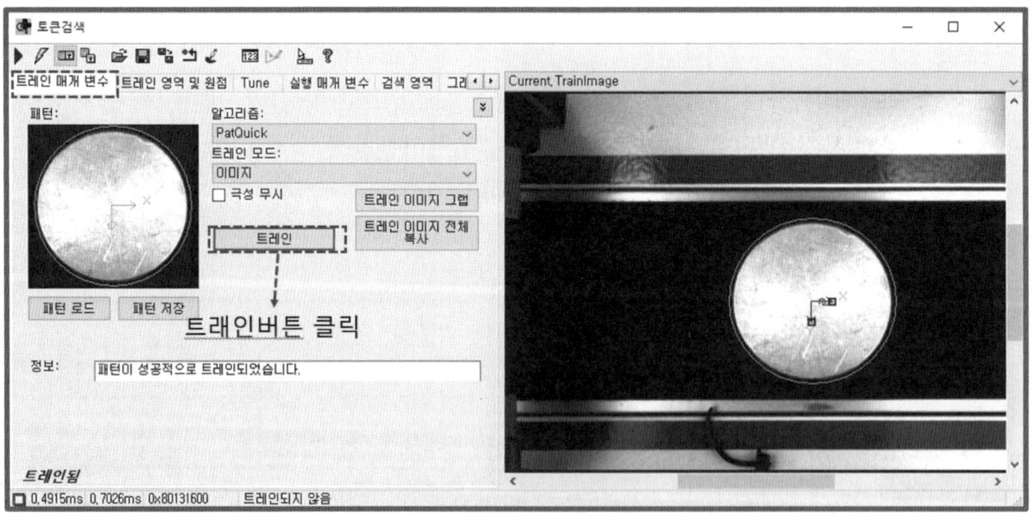

– 다음은 검색영역을 설정합니다. 검색영역의 설정한 범위까지만 패턴을 찾으며 범위를 지정하면 검사시간 단축 및 잘못된 패턴이 검출될 확률을 줄일 수 있습니다.
화면출력항목을 "InputImage"로 설정 후 "검색영역"탭에서 영역형태를 지정 후 화면에 영역을 배치하면 됩니다.

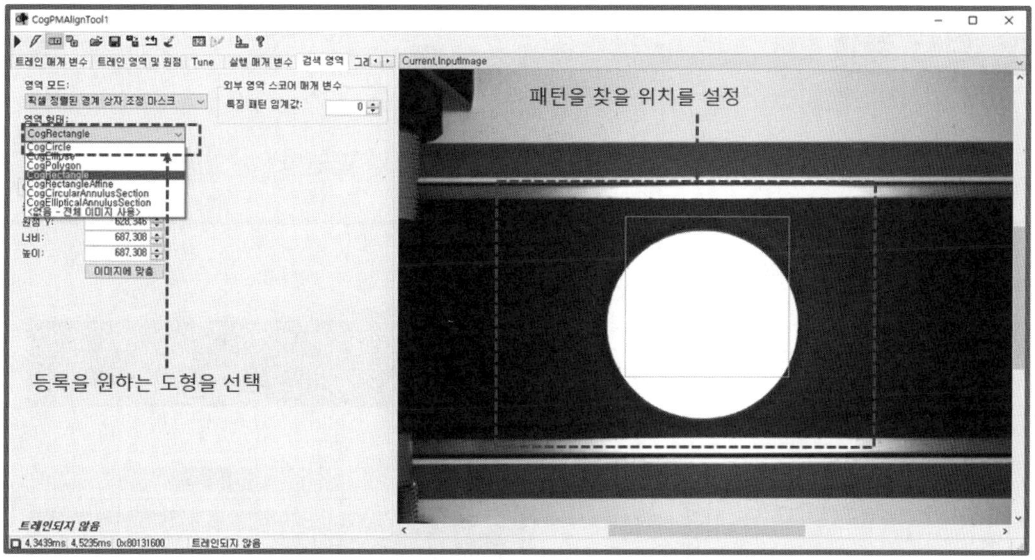

다음으로 파라메타를 설정해 보도로 하겠습니다. 실행매개변수로 이동하여

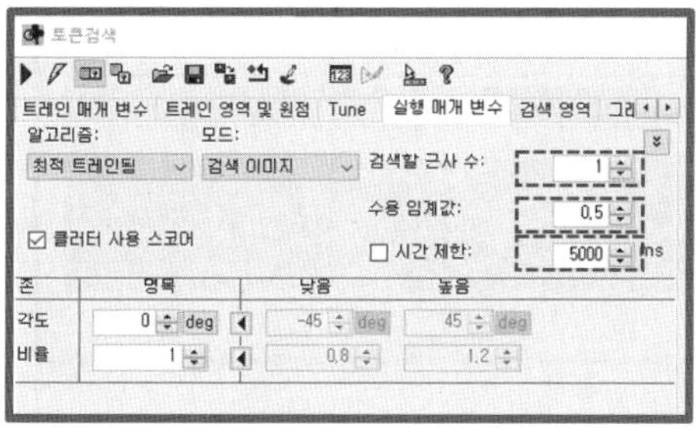

항목	내용
근사수	최대 검색할 개수를 설정합니다.
수용임계값	패턴의 최소정확도를 설정합니다.
시간제한	최대검색시간을 설정합니다.

"결과"탭에 진입하여 "검사"를 실시하면 찾은 항목정보 및 검사결과과 출력됩니다.

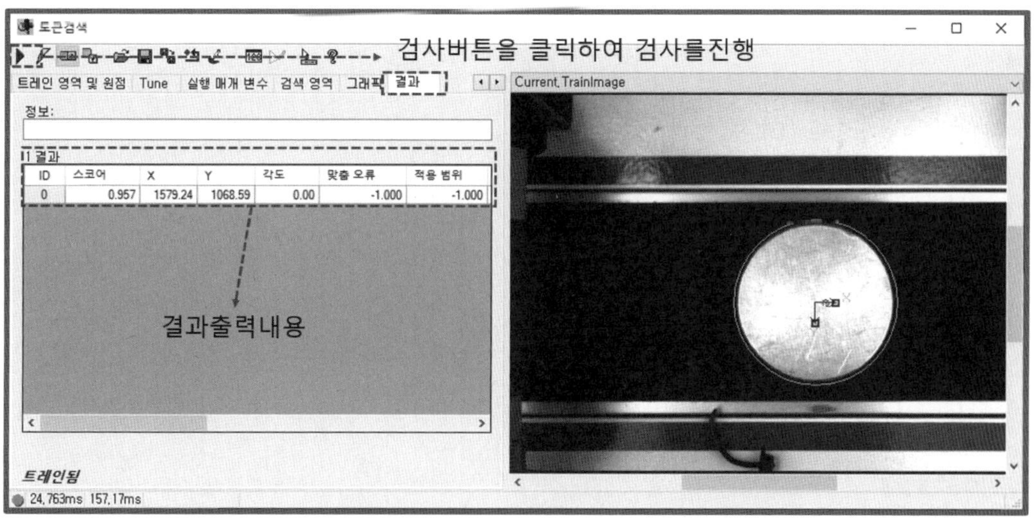

5 검사 결과

– 워크피스를 이동하며 검사하여 패턴위치가 검색됨을 확인할 수 있습니다.

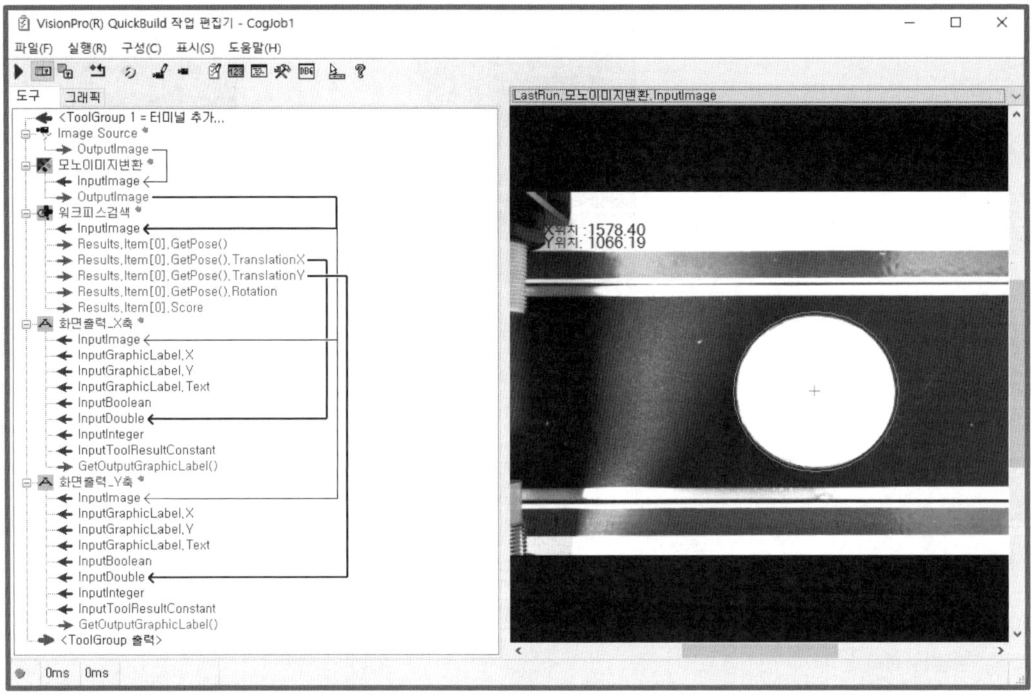

Ex03 CreateGraphicLabelTool을 사용하여 화면에 위치검사결과 출력

1 개요

비전검사결과는 결과를 장비에 출력하거나 화면에 특정검사 포인트 도형 및 문자를 출력하여 작업자가 비전검출결과를 알아볼 수 있게 출력하는 기능을제공합니다. 이전 예제에서 검출한 워크피스의 중심위치를 화면에 출력해 보도록 하겠습니다.

2 시나리오

이번 챕터의 시나리오는 이미지를 촬상하고 이미지를 분석하기 위해 컬러이미지를 캡처하여 모노이미지로 변환하고 변환된 이미지로 패턴매칭을 통해 워크피스의 중심위치를 검색해보도록 하겠습니다.

플로우	비전도구 배치
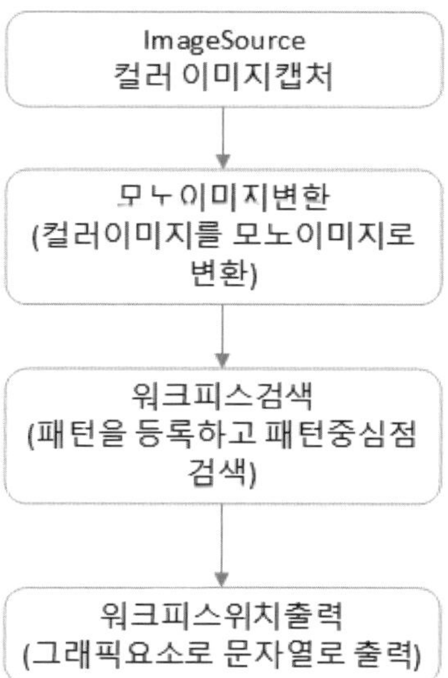	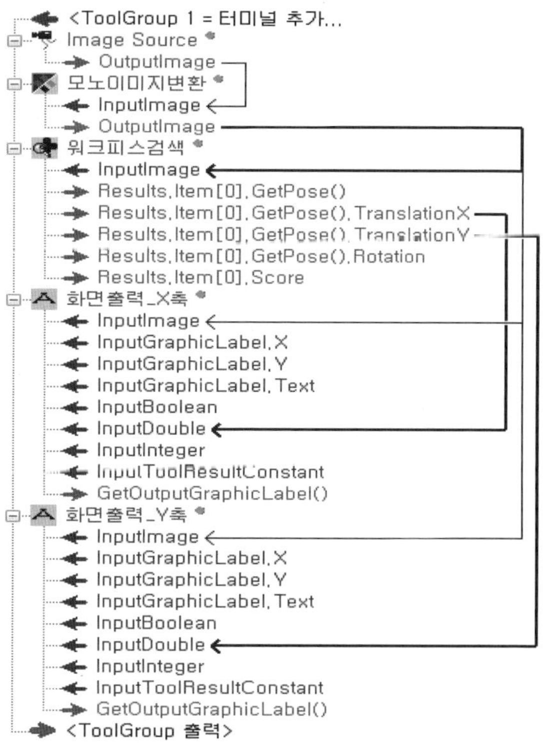

3 비전도구 배치

비전도구는 QuickBuild설명의 Job에 비전도구 추가내용을 참고하여 비전프로 배치표 및 해당표와 같이 순서대로 배치합니다.

<table>
<tr><th>비전명</th><th>도구명</th><th>비전명</th><th>도구명</th></tr>
<tr><td>Image Source</td><td>기본도구</td><td>워크피스 검색</td><td>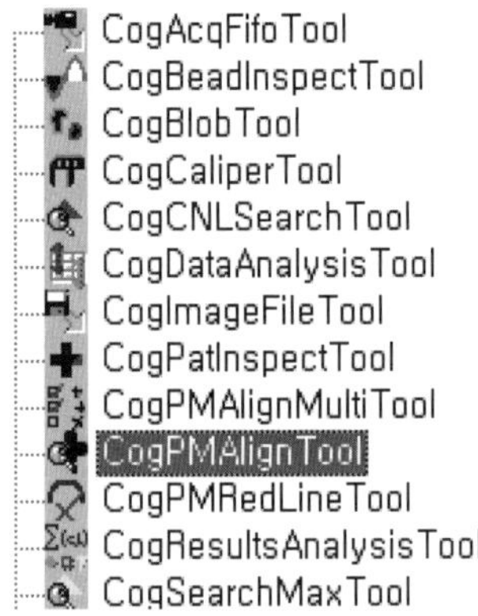
</td></tr>
<tr><td>모노 이미지 변환</td><td>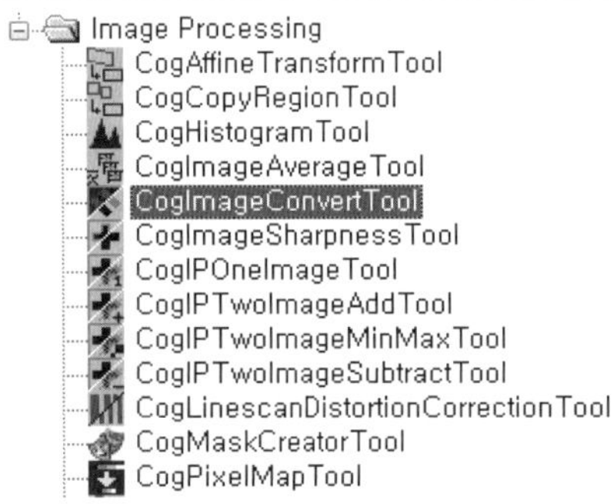
</td><td>화면 출력</td><td>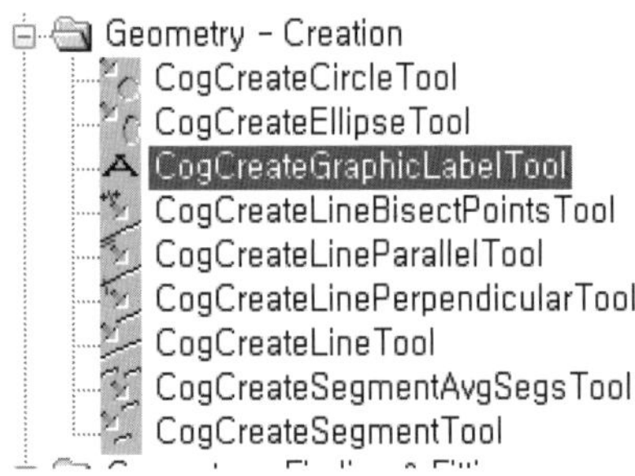
</td></tr>
</table>

4 비전도구 사용방법

1) Image Source

이미지소스 도구는 QuickBuild툴에서만 제공하는 기본 도구이며 파일또는 카메라에서 이미지를 취득하는 역할을 합니다.

(1) 설정순서

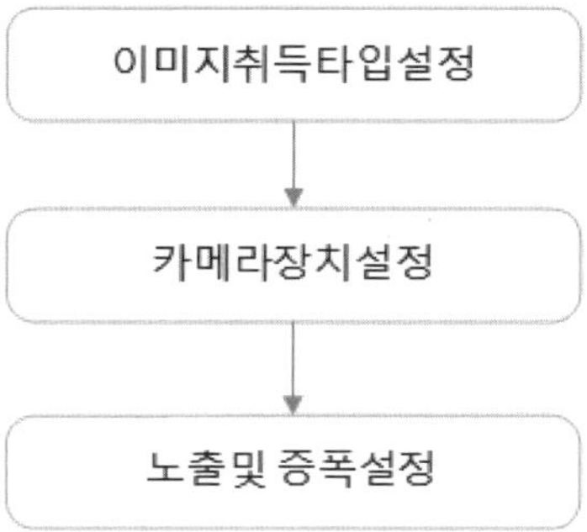

항목	설명
이미지 취득 타입 설정	취득 장비(파일,카메라)를 설정합니다.
카메라 장치 설정	찰상할 카메라 장비 및 이미지포멧을 설정합니다.
노출 및 증폭설정	센서 노출시간 및 센서 민감도를 설정합니다.

(2) 설정방법

- Job탐색기에서 "ImageSource"항목을 더블클릭하여 설정창에 진입합니다
- 취득소스를 카메라로 선택하기위해 카메라탭을 클릭합니다.

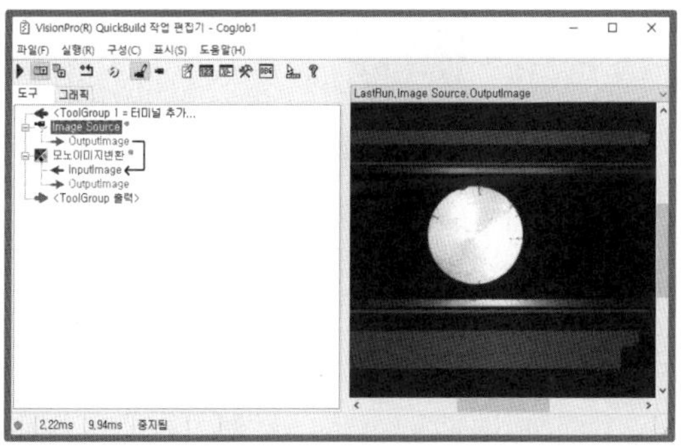

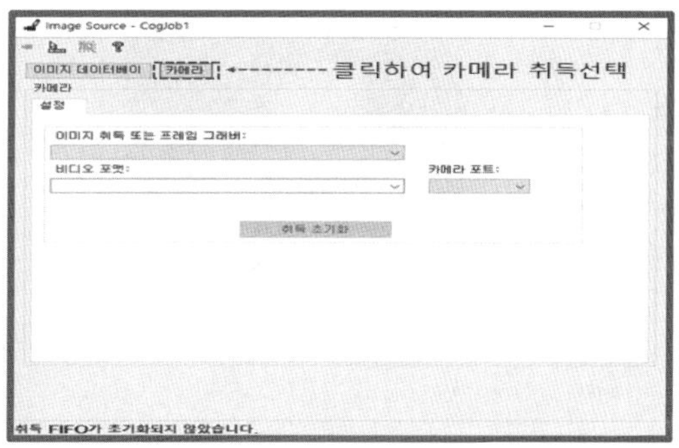

- 취득할 이미지 포맷을 설정합니다 콤보박스에 연결된 장비를 확인하여 선택합니다.
- 이미지 포맷을 선택합니다. 컬러이미지는 Baycr_Color, 흑백이비시는 Mono를 선택해야 합니다. 컬러이미지를 찰상받기위해 BayerColor를 선택합니다.

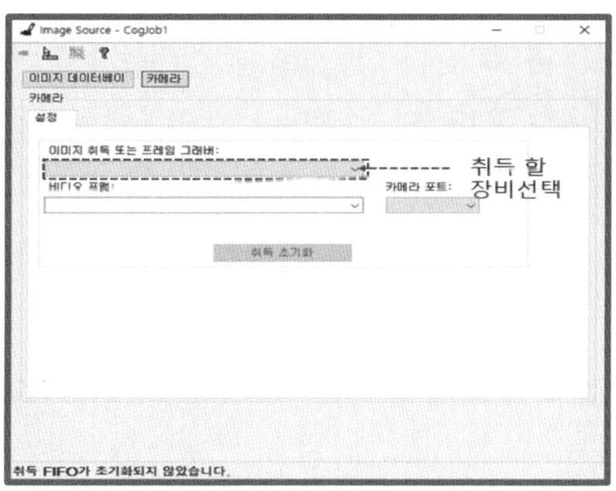

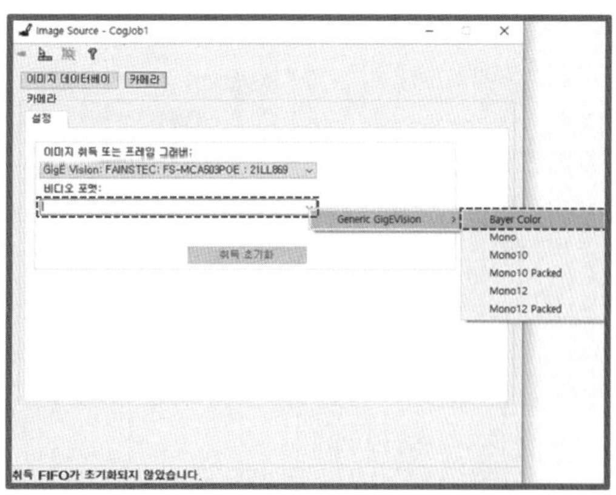

일반적인 카메라에서 지원하는 포맷내용을 설명하도록 하겠습니다.

항목	내 용
BayerColor	Color이미지로 받음
Mono	모노이미지로 받음
10비트	픽셀값의 범위를 나타내며 10비트(0~1023)범위로 전송됩니다
12비트	픽셀값의 범위를 나타내며 12비트(0~4095)범위로 전송됩니다.

– 카메라 설정 후 취득초기화 버튼을 클릭하면 노출 및 밝기조정화면이 나타납니다. 먼저 라이브버튼을 클릭하여 현재 출력되는 화면을 확인하면서 설정합니다.
– 이미지가 너무 크게 나왔을때는 라이브디스플레이 창에서 마우스오른쪽버튼을 눌러 팝업을 활성화후 이미지 및 그래픽 맞춤 버튼을 클릭합니다.

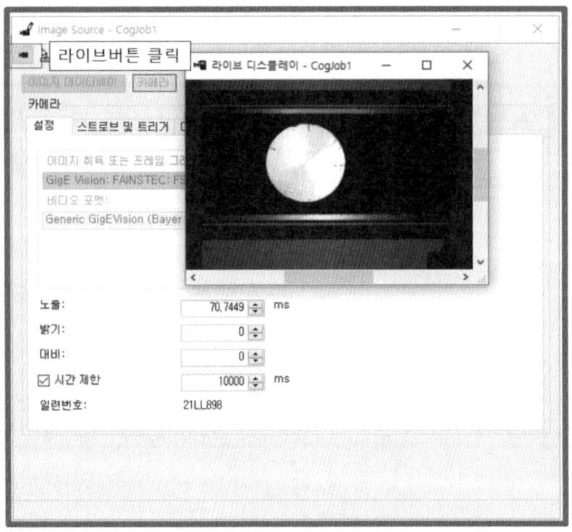

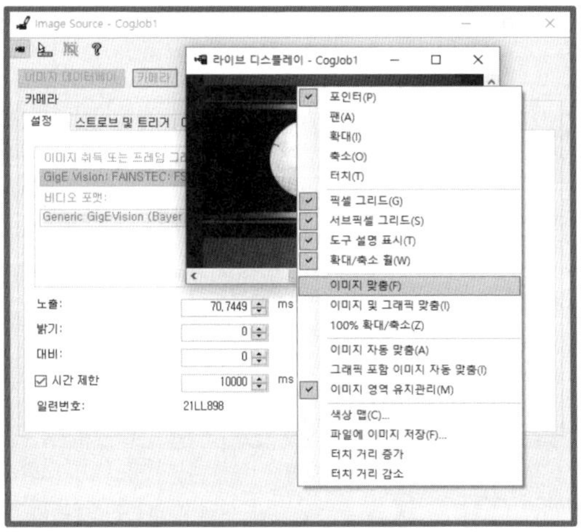

취득영상의 밝기 및 대비를 조정할 수 있습니다. 취득 초기화 버튼을 클릭 후 노출 및 검사시간을 설정합니다.

노출: 해당시간만큼 노출합니다.
밝기: 취득이미지의 밝기를 올립니다.
대비: 취득이미지의 명암차이를 올립니다.

다음은 노출시간을을 설정했을때의 밝기변화입니다. 노출시간이 길어질수록 이미지가 밝게 찰상 됩니다.

노출시간 20ms일때	노출시간 70ms일때
	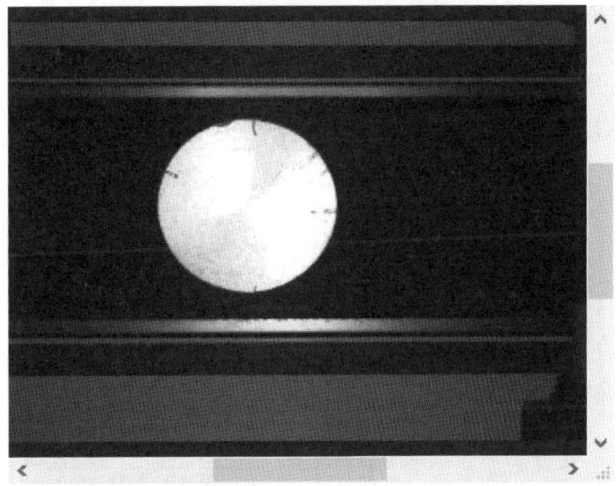

모든 설정이 완료된 후 편집창을 종료하고 실행버튼을 클릭하면 결과항목 "OutputImage"에 이미지가 출력됨을 확인합니다.

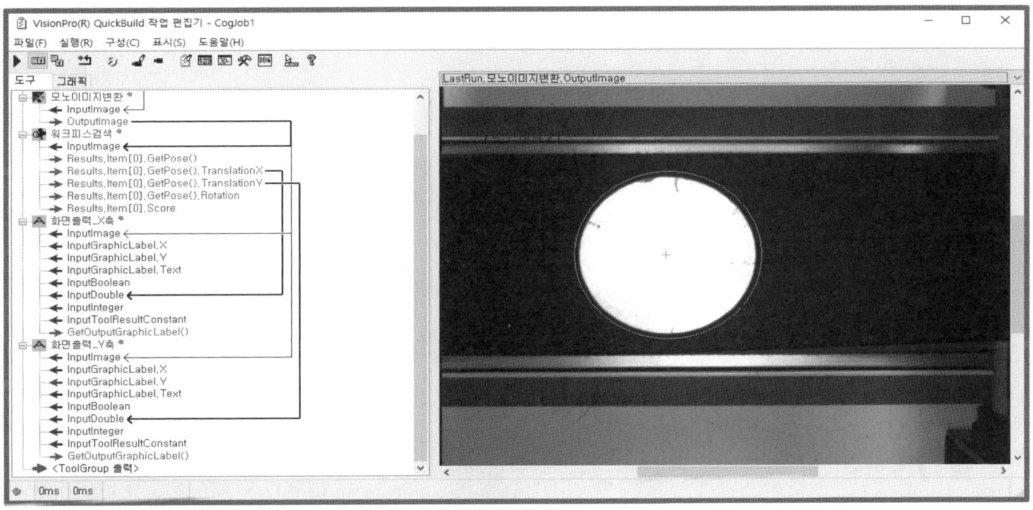

2) 모노이미지변환

ImageConvert 도구는 이미지의 포맷을 변경하는 기능입니다.

(1) 설정순서

ImageConvert
컬러->모노 이미지 포맷 변환

항목	설명
이미지 변경 타입 설정	입력받은 컬러이미지를 모노이미지로 변경합니다.

(2) 설정방법

- Job탐색기에서 "모노이미지변환"항목을 더블클릭하여 설정창에 진입합니다
- 콤보박스를 클릭하고 실행모드를 밝기를 선택후 실행버튼을 눌러 변환을 실행합니다. 변경된 내용을 확인하기위해 화면요소를 Output으로 변경하여 결과를 확인합니다.

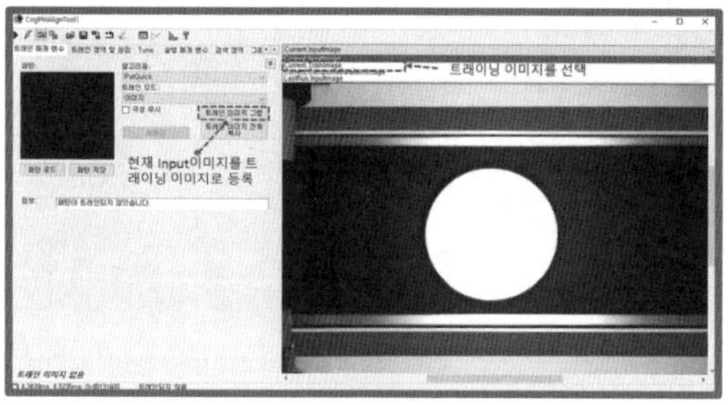

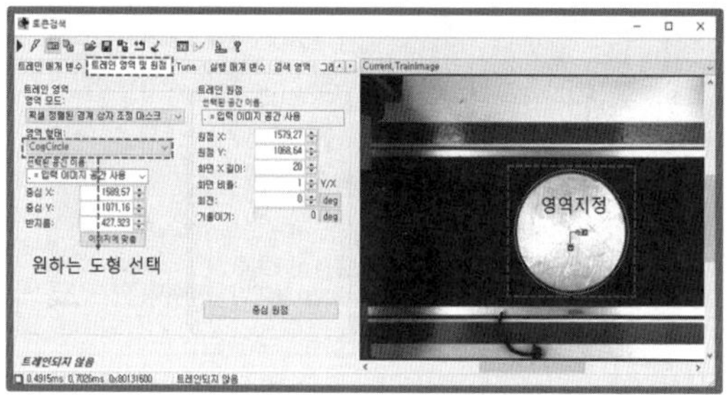

전체검사를 실행해서 디스플레이를 "LastRun.모노이미지변환.OutputImage"의 출력 이미지가 컬러에서 모노로 변환 되었음을 확인할 수 있습니다.

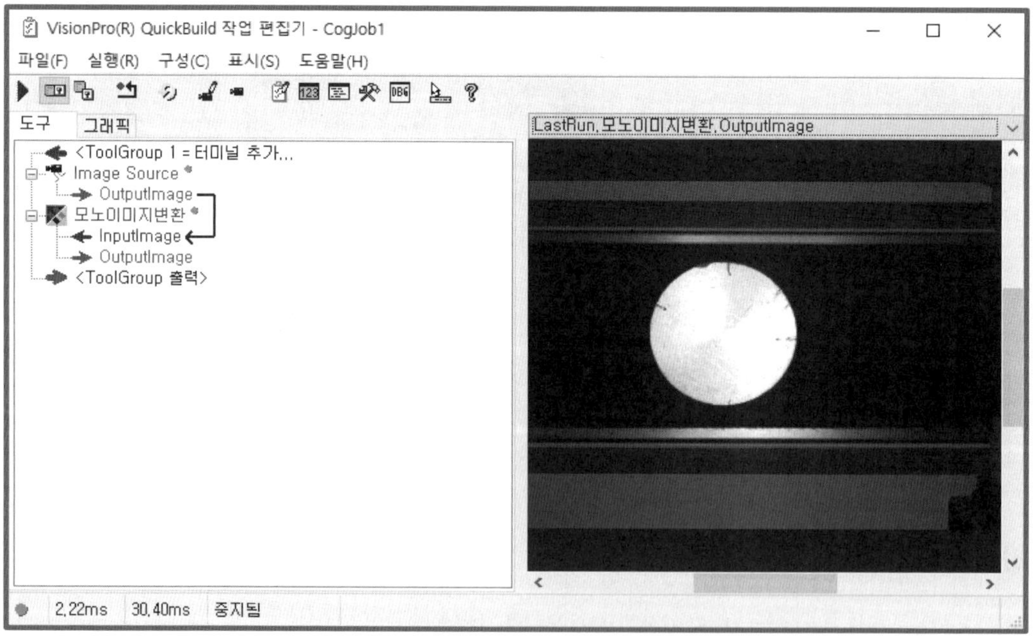

3) 워크피스 검색

PMAlign은 임지 패턴을 등록하고 검사하는 이미지에서 해당 이미지패턴의 중심위치를 찾습니다.

이미지와 검사할 이미지에서 등록된 패턴을 찾아 해당 패턴의 좌표와 각도를 반환합니다.

(1) 설정순서

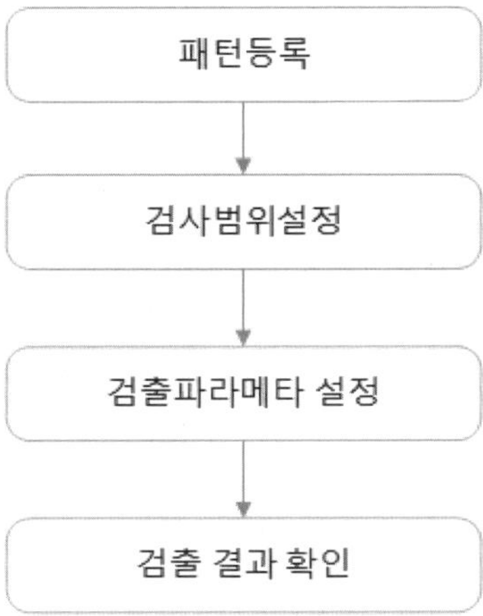

항목	설명
패턴등록	찾을 패턴을 지정합니다.
검사범위 설정	미리 등록된 패턴을 찾을 검사범위를 설정합니다.
검출 파라메타 설정	유효한 패턴을 최대 몇 개를 찾을 것인지 설정합니다. 정확도, 각도범위등 파라메타를 통해 찾은 패턴의 유효한지 확인합니다.
검측결과 확인	검출결과를 확인하여 원하는 결과가 나오지 않을시 파라메타를 수정하고 다시 검사를 진행합니다.

(2) 설정방법

– 트레인 매개변수 탭의 "트레인 이미지 그랩"을 눌러 트레이닝 할 이미지를 등록합니다.
  트레인 매개변수 탭에서 "트레인 이미지 그랩" 버튼을 클릭합니다.
  그랩된 이미지를 확인하기위해 디스플레이창에 "TrainImage"항목을 선택하여 그랩된 이미지를 확인합니다.

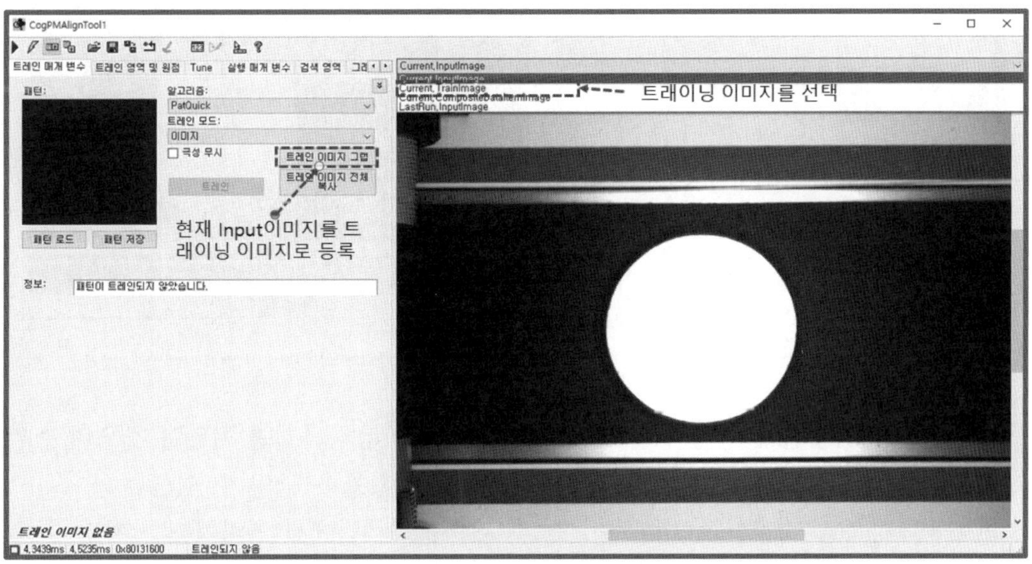

"트레인 영역 및 원점"탭으로 이동하여 원하는 영역형태를 지정 후 워크피스의 전체영역이 들어갈 수 있는 위치로 영역을 지정합니다. X,Y측표시가 있는 도형은 원점 설정

위치이며 검색 후 해당 원점영역이 반환됩니다. 중심위치로 설정합니다.

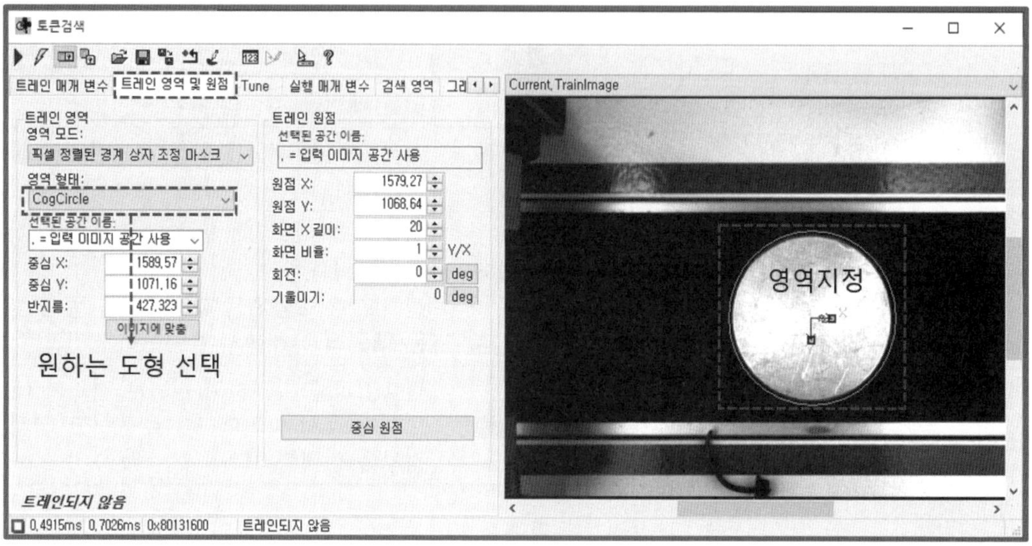

"트레인 매개변수"탭으로 이동 후 "트레인"버튼을 눌러서 설정을 적용합니다.

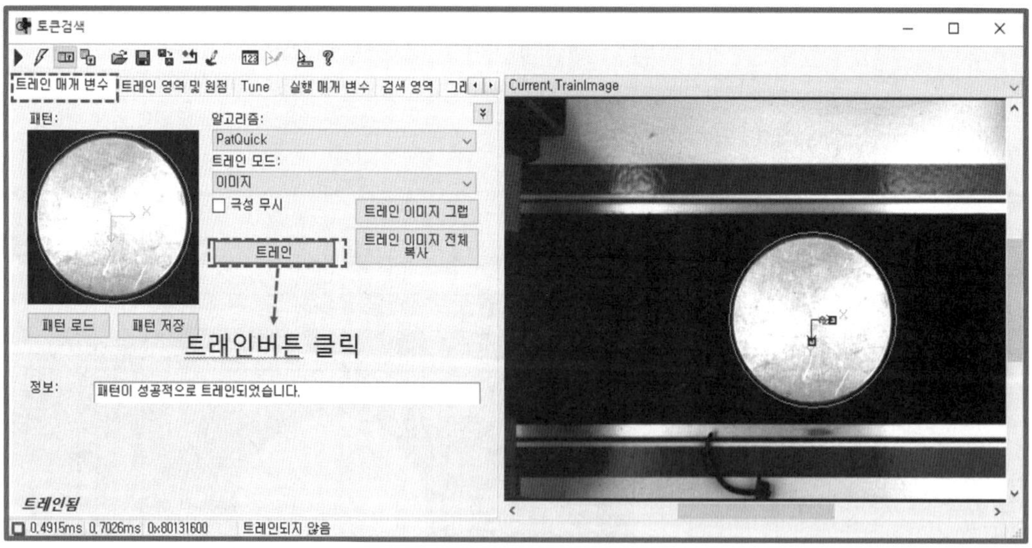

- 다음은 검색영역을 설정합니다. 검색영역의 설정한 범위까지만 패턴을 찾으며 범위를 지정하면 검사시간 단축 및 잘못된 패턴이 검출될 확률을 줄일 수 있습니다. 화면출력항목을 "InputImage"로 설정 후 "검색영역"탭에서 영역형태를 지정 후 화면에 영역을 배치하면 됩니다.

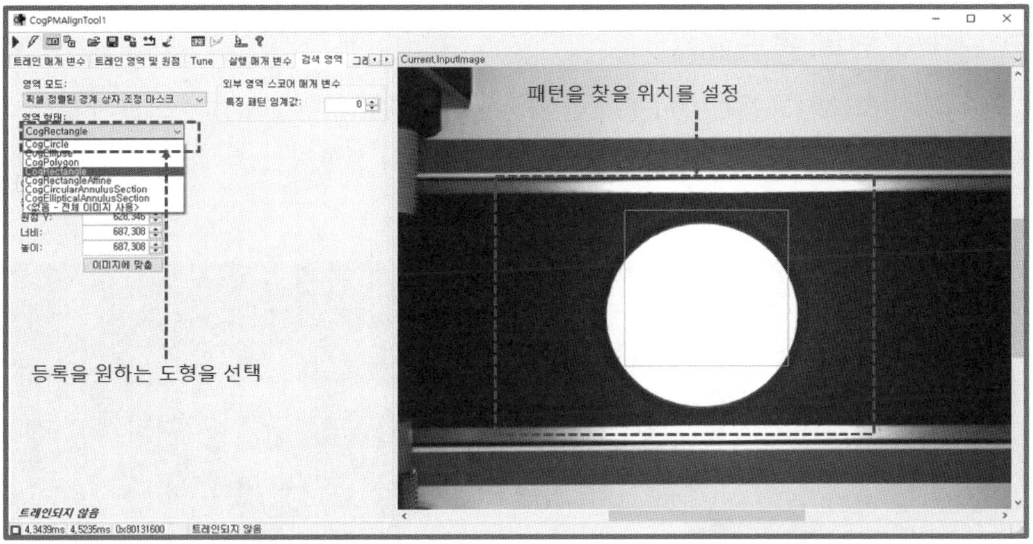

– 다음으로 파라메타를 설정해 보도로 하겠습니다. 실행매개변수로 이동하여

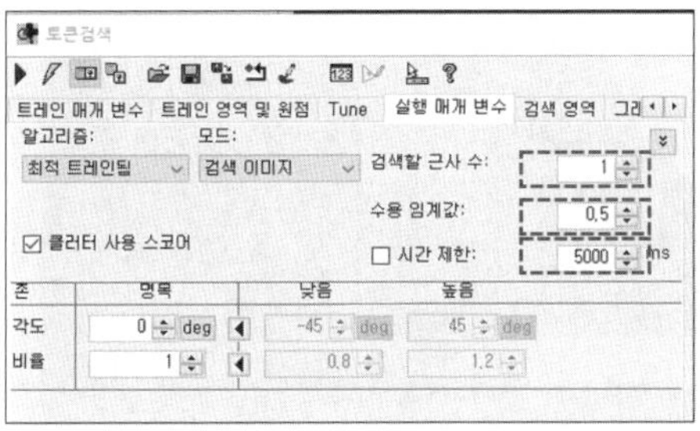

항목	내용
근사수	최대 검색할 개수를 설정합니다.
수용임계값	패턴의 최소정확도를 설정합니다.
시간제한	최대검색시간을 설정합니다.

"결과"탭에 진입하여 "검사"를 실시하면 찾은 항목정보 및 검사결과가 출력됩니다.

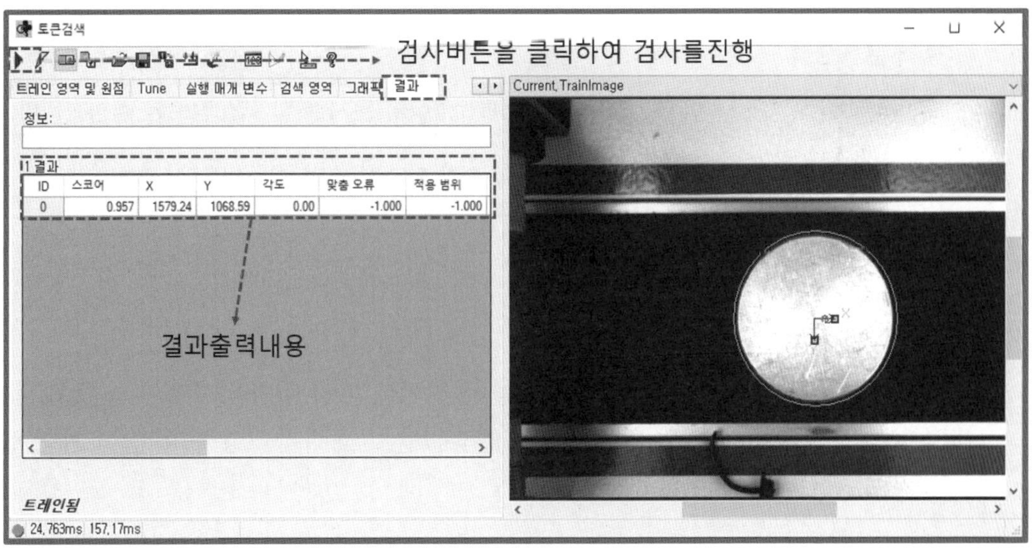

4) 그래픽 라벨 출력

그래픽 라벨 출력은 그림과 같이 특정한 위치에 비전도구의 측정 결과를 화면에 출력하는 역할을 합니다. 비전도구의 결과를 화면에 출력함으로서 사용자는 결과에 대한 판단을 할 수 있게 됩니다.

(1) 설정순서

출력 문자 등록

↓

출력위치 등록

항목	설명
출력문자 등록	출력할 문자열 및 색상정보를 설정합니다.
출력위치 등록	문자열이 출력될 위치를 설정합니다.

(2) 설정방법

- 그래픽라벨링 도구에 출력할 위치값은 검출된 위치에 따라서 동적으로 변하게 됩니다. 그래서 고정된 문자열이 아닌 검사도구에 결과값을 그래픽라벨링 도구 입력 파라메타에 연결해야 합니다.

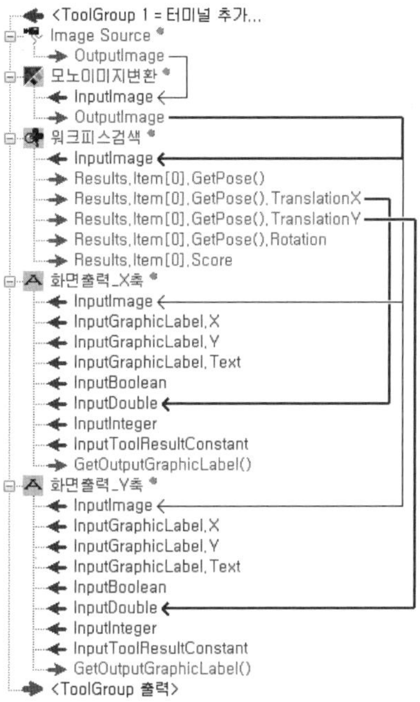

PmAlignTool출력파라메타

항목	설명
TranslationX	찾은 위치 X
TranslationY	찾은 위치 Y
Rotation	회전각도
Score	점수

CogCreateGraphicLabelTool입력파라메타

항목	설명
Label.X,LabelY	화면에 출력할 위치
Text,Boolean ,Double,Integer	포맷에 맞는 입력 받는값 출력타입에 맞게 입력받아야함

화면출력_X축을 더블 클릭하여 편집창으로 진입합니다. 편집툴 설정탭의 내용은 다음과 같습니다.

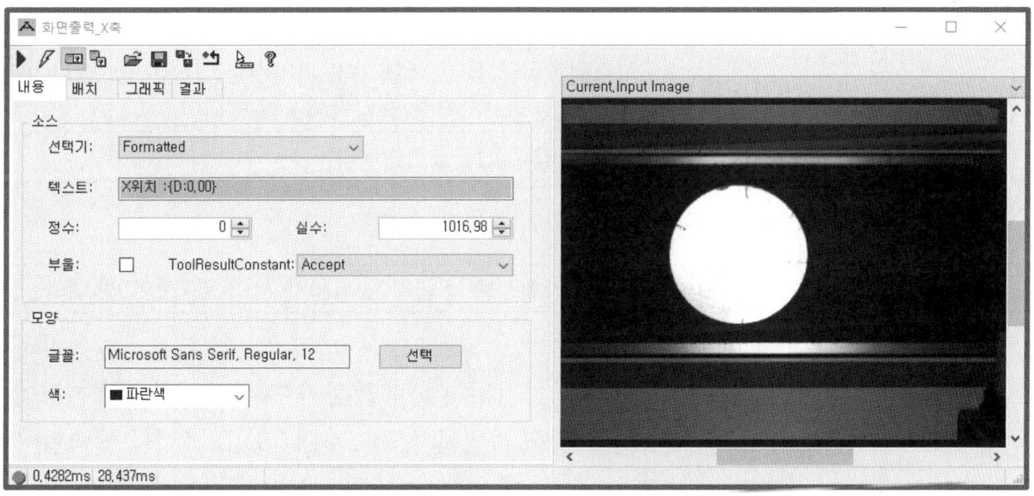

명칭	내용
내용	출력될 텍스트를 설정합니다.
배치	텍스트가 출력될 위치 및 회전각도를 설정합니다
그래픽	그래픽 출력요소를 설정합니다.
결과	출력된 위치에 대한 결과를 출력합니다.

– 문자열을 입력하겠습니다. 소스의 선택기를 선택하고 원하는 타입을 설정합니다. 실습에서는 가변문자를 사용하도록 하겠습니다.

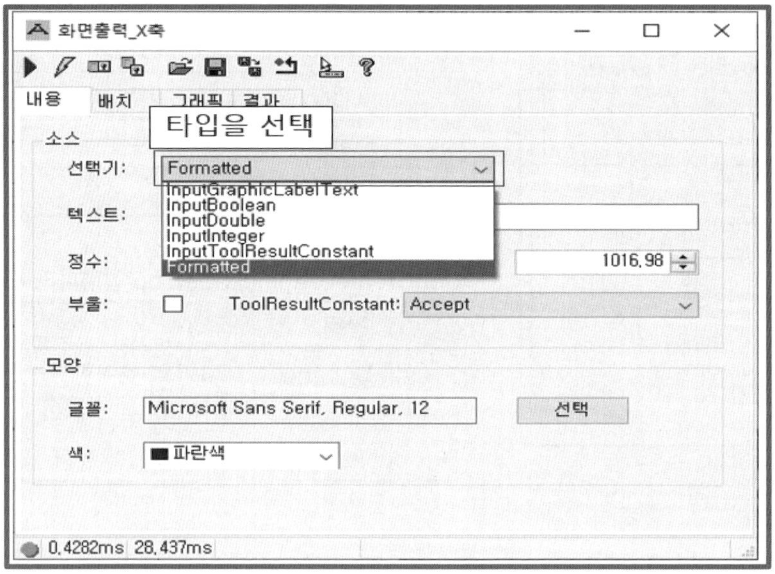

입력파라메타	가변문자 출력타입	내용
InputBoolean	{B}	참/거짓에 입력값을 출력합니다.
InputDouble	{D:0.00}	실수형 입력값을 출력합니다. 자리수를 설정이 필요할 시에는 “:0.00”형태로자리수를 입력해주면 됩니다.
InputInteger	{I}	정수형 입력값을 출력합니다.
InputTool ResultConstant	{R}	비전도구의 결과를 출력합니다.
Formatted	없음	입력파라메타를 조합하여 사용자 저의 문자를 만듭니다.

화면에 출력할 문자로 실수형 값을 출력하기위해 출력할 문자 “X위치: ”를 입력하고 입력파라메타에서 실수형 값을 연결하기 위해 가변문자 출력타입 “{D:0.00}”를 입력합니다.

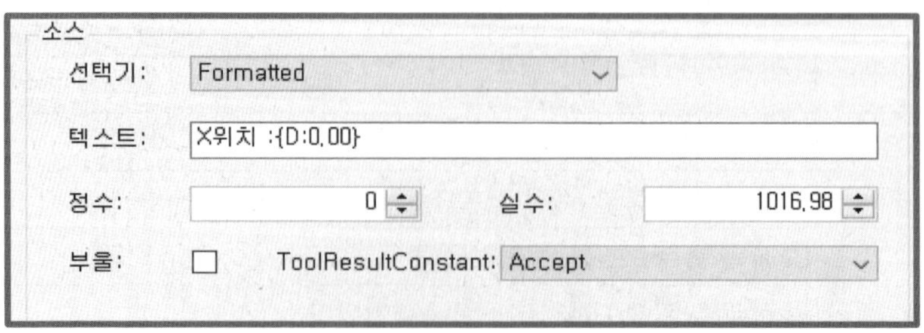

배치탭에 들어가서 출력할 위치 및 출력위치로 설정합니다. 화면창에 출력되는문자를 드래그해서 출력을 원하는 위치를 설정 후 정렬방법을 선택합니다.

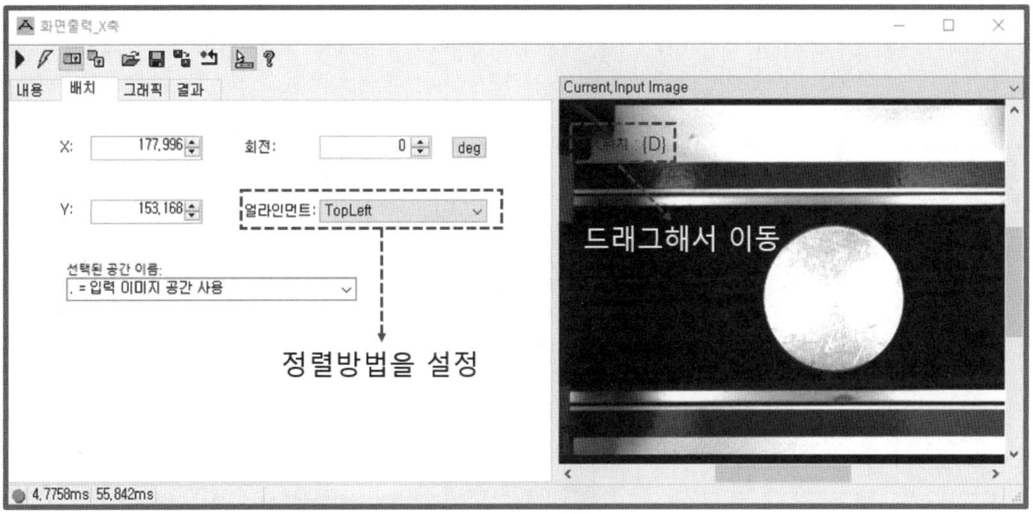

설정이 완료되었으면 디스플레이를 LastRun.Image로 변경한 후 출력결과를 확인하도록 합니다.

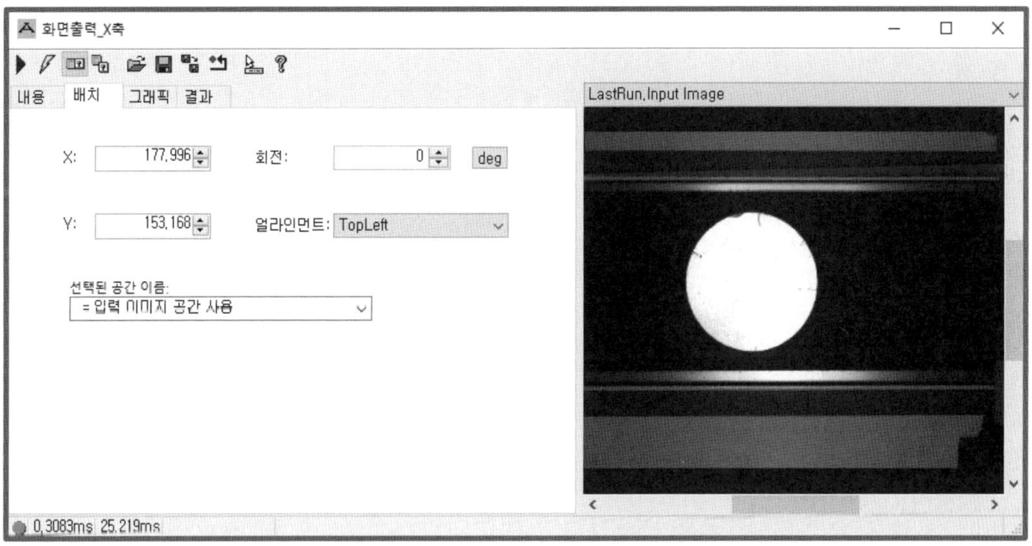

5 검사 결과

– 워크피스를 이동하며 검사하여 패턴위치의 좌표 값이 화면에 출력됨을 확인할 수 있습니다.

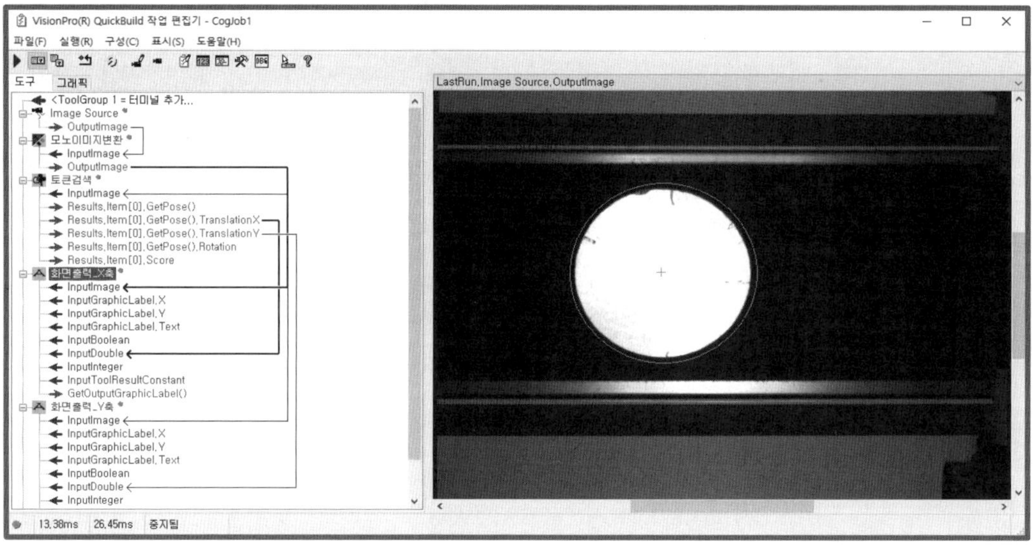

Ex04 FixtureTool을 활용하여 워크피스중심에 결과 출력

1 개요

픽스처툴은 좌표위치를 변경하는 기능을 합니다. 좌표변경을 하는 목적은 검출했던 위치등을 출력할 때 좌표변경을 동적으로 이동 할 수 있습니다

2 시나리오

이번 챕터의 시나리오는 "CogFixtureTool"(픽스처툴,좌표변환)을 통해서 찾은 워크피스의 중심에 위치결과를 출력할 수 있도록 하겠습니다.

플로우

1. ImageSource
컬러 이미지캡처
2. 모노이미지변환
(컬러이미지를 모노이미지로 변환)
3. 워크피스검색
(패턴을 등록하고 패턴중심점 검색)
4. 워크피스위치좌표변한
(찾은위치의 좌표변환)
5. 워크피스위치출력
(그래픽요소로 문자열로 출력)

비전도구 배치

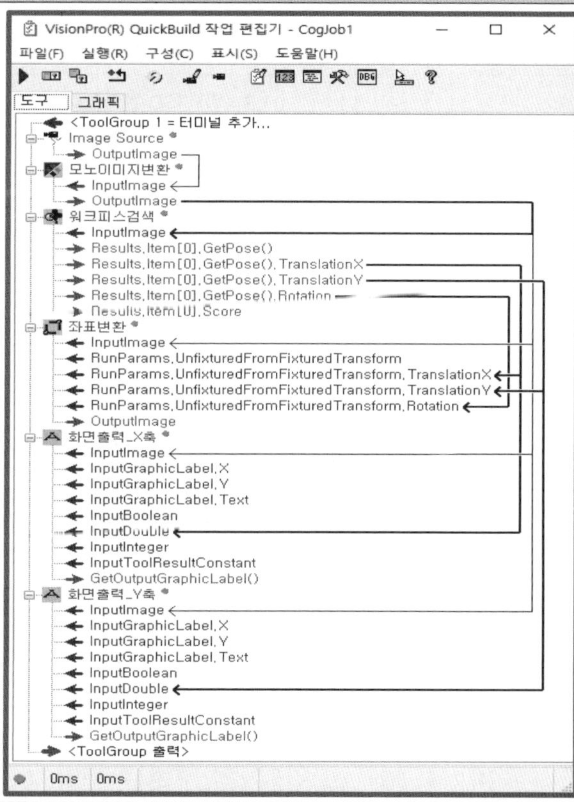

3 비전도구 배치

비전도구는 QuickBuild설명의 Job에 비전도구 추가내용을 참고하여 비전프로 배치표 및 해당표와 같이 순서대로 배치합니다.

비전명	도구그룹	도구명
ImageSource	없음	기본도구
모노이미지변환	ImageProcessing 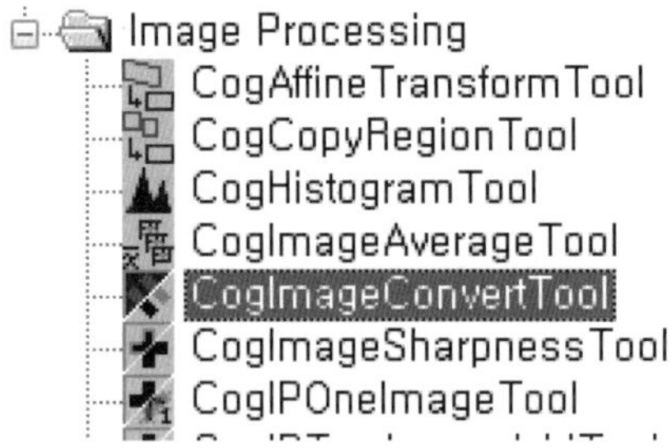	CogImageConvertTool
워크피스검색		CogPMAlign
좌표변환	Calibration & Fixturing 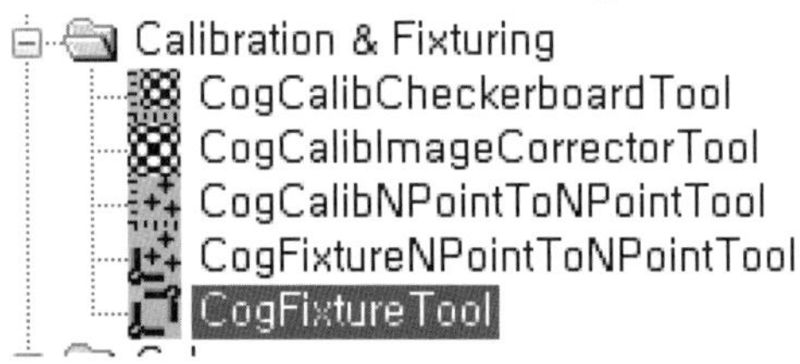	CogFixtureTool
화면출력	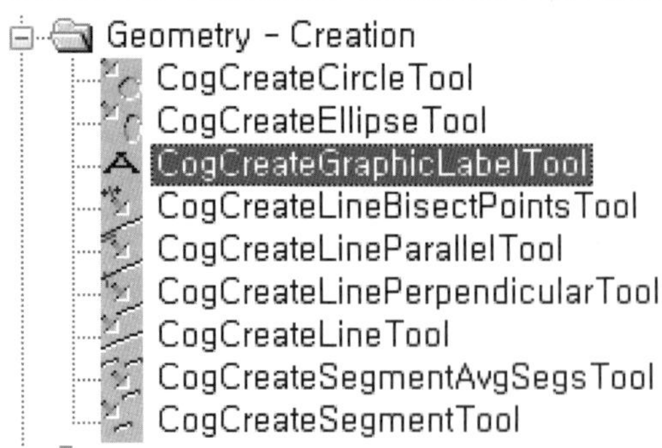	CogCreateGraphicLabelTool

4 비전도구 사용방법

1) Image Source

이미지소스 도구는 QuickBuild툴에서만 제공하는 기본 도구이며 파일또는 카메라에서 이미지를 취득하는 역할을 합니다. 작업순서에서 워크피스검색까지는 기본적인 설정 순서로서 앞에서 소개한 방법을 활용하기로 합니다.

2) 워크피스 위치 좌표변환

"CogFixtureTool"(픽스처툴,좌표변환) 도구는 원점을 변경하는 툴로서 기본좌표계(0,0)좌표에서 사용자가 원하는 방향의 좌표로 변경할 수 있습니다.

CogFixtureTool을 사용하여 찾은 워크피스 좌표를 기준좌표로 하여 화면출력요소가 찾은 워크피스를 찾아갈수 있도록 설정하겠습니다.

(1) 설정순서

ImageConvert
컬러->모노 이미지 포맷 변환

항목	설명
이미지 변경 타입 설정	입력받은 컬러이미지를 모노이미지로 변경합니다.

(2) 설정방법

- 패턴매칭의 위치 및 회전값을 Fixture도구 입력값에 연결하여 해당좌표를 동적으로 설정될수 있게 아래 그림과 같이 링크합니다.

비전도구	출력 파라메타	비전도구	입력 파라메타
워크피스검색 (CogPMAlignTool1)	TranslationX	좌표변환 (CogFixtureTool1)	TranslationX
	TranslationY		TranslationY
	Rotation		Rotation

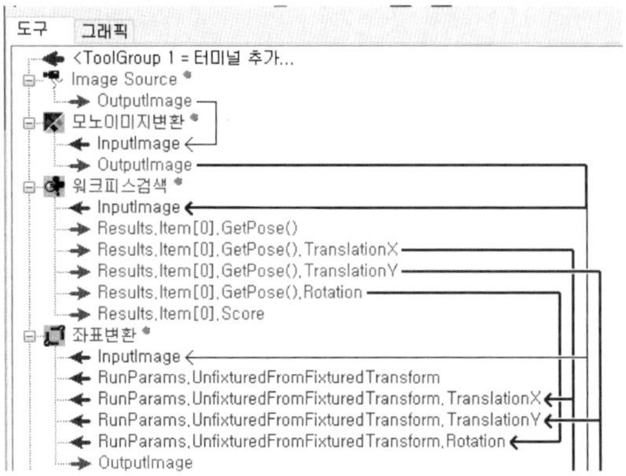

CogFixtureTool 입력파라메타

항목	설명
TranslationX,Y	기준 위치를 설정합니다. 해당 기준위치로 원점(0,0)이 됩니다.
Rotation	회전각도를 설정합니다.

- Job탐색기에서 해당항목을 더블클릭하여 설정창에 진입합니다
- 픽스처이름을 지정합니다. 픽스처 이름은 추후 좌표를 변경시 해당 공간이름으로 사용되게 됩니다.

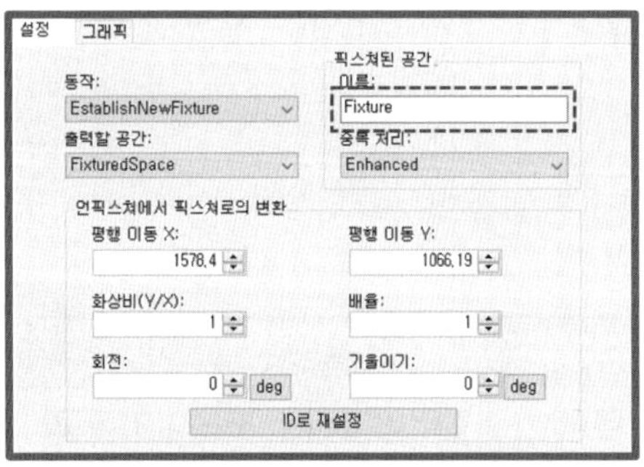

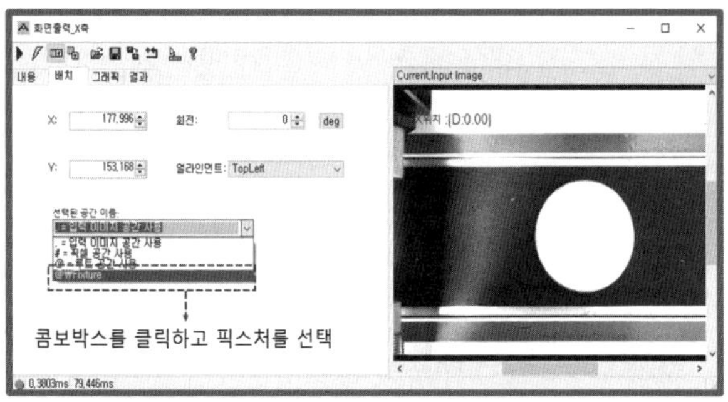

3) 그래픽 라벨 출력

- 그래픽 라벨 출력을 사용하여 찾은 워크피스 중심좌표 X,Y위치를 출력하도록 하겠습니다.

(1) 설정순서

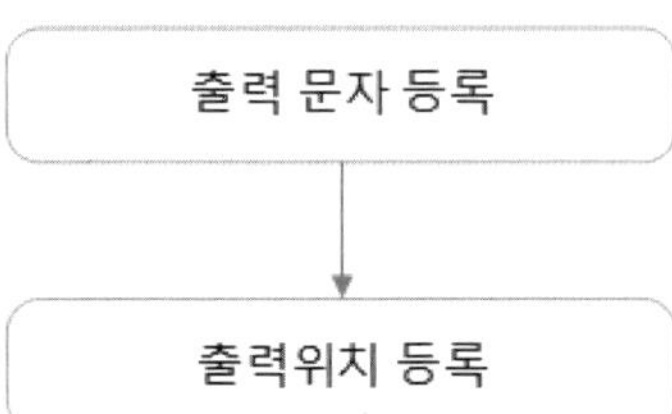

항목	설명
출력문자 등록	출력할 문자열 및 색상정보를 설정합니다.
출력위치 등록	문자열이 출력될 위치를 설정합니다.

(2) 설정방법

– 이전작업과 같이 화면출력_X축은 워크피스검색 중심좌표X, 화면출력_Y축 비전도구는 워크피스검색 중심좌표Y를 연결해줍니다.

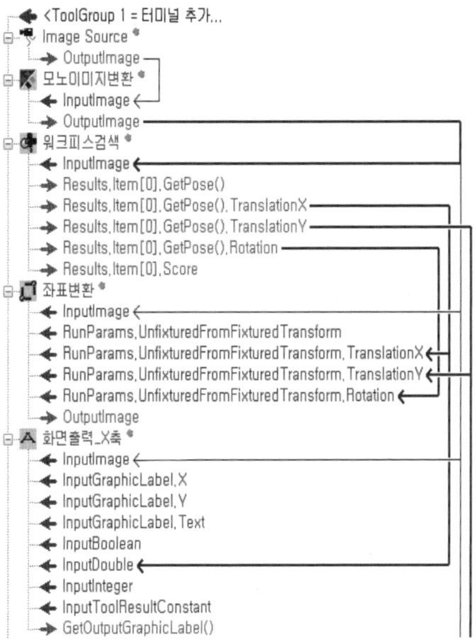

PmAlignTool출력파라메타

항목	설명
TranslationX	찾은 위치 X
TranslationY	찾은 위치 Y
Rotation	회전각도
Score	점수

CogCreateGraphicLabelTool입력파라메타

항목	설명
Label.X,LabelY	화면에 출력할 위치
Text,Boolean ,Double,Integer	포맷에 맞는 입력 받는값 출력타입에 맞게 입력받아야 함

– 문자열 입력은 이전예제와 같이 설정합니다. 포맷형태로 설정합니다.

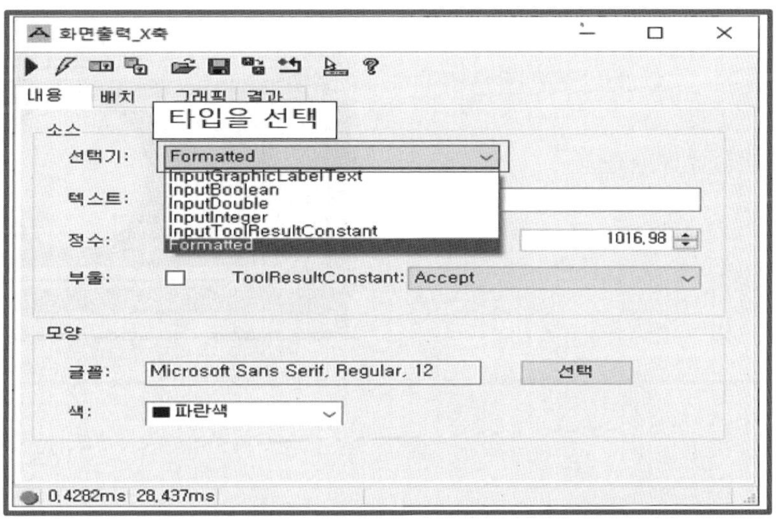

텍스트	내용
화면출력_X축	"X위치 : {D:0.00}"
화면출력_Y축	"Y위치 : {D:0.00}"

– 배치탭에 들어가서 선택된 공간이름에 이전설정한 Fixture를 설정하고 중심부위와 가까운 위치로 좌표를 설정합니다.

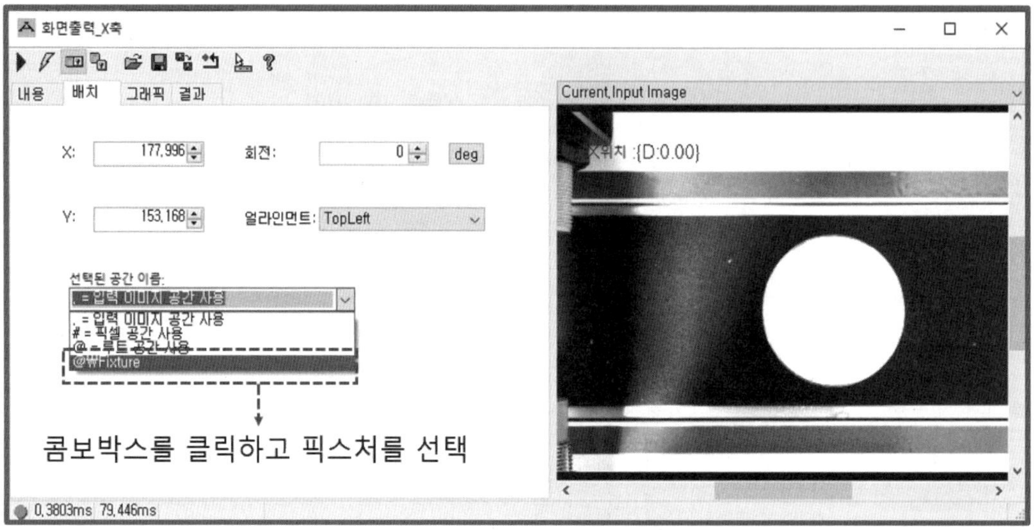

– 좌표가 변경되면 화면 출력위치를 워크피스 근처로 배치합니다.

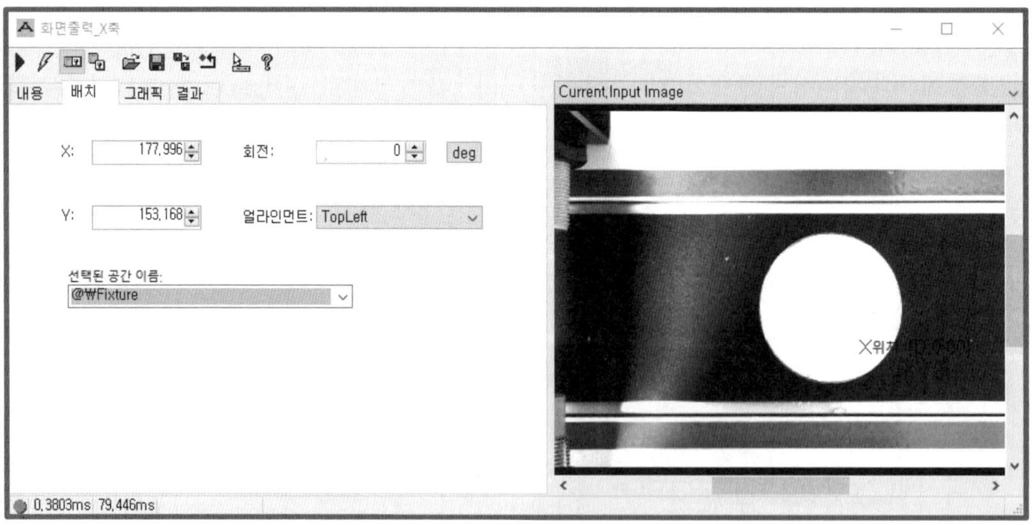

5 결과

매번 검사시 워크피스 중심위치를 기준으로 결과가 출력됨을 확인할 수 있습니다.

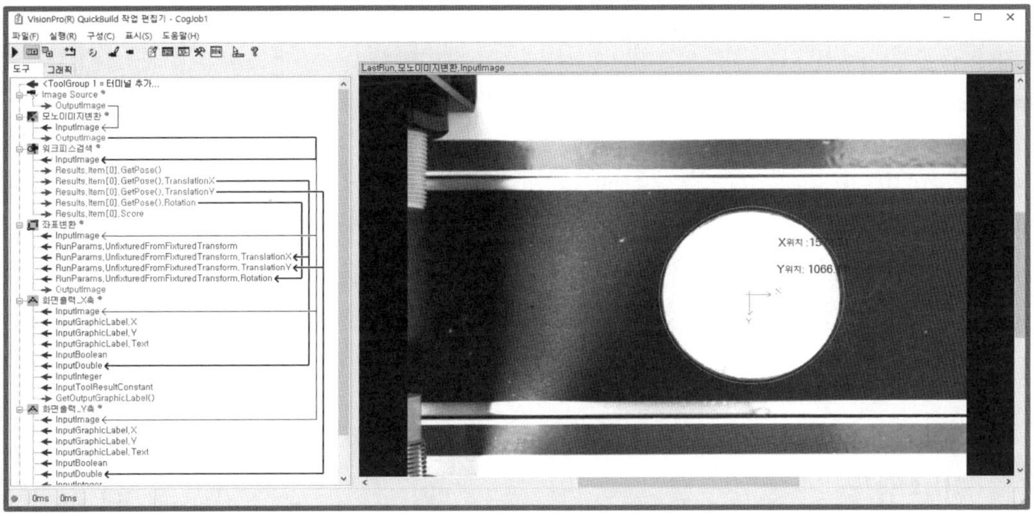

도구이름 변경하기 전 내용으로 그림을 추가합니다. 참고해서 학습하시면 좋을 듯 합니다.

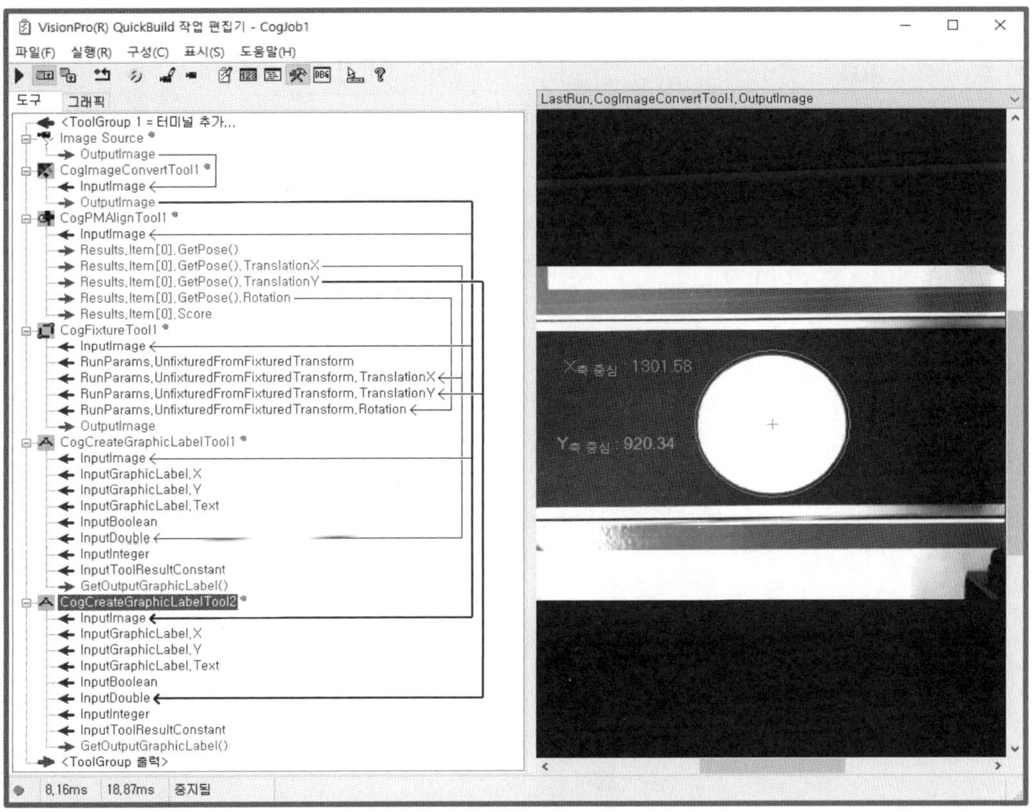

Ex 05 FindCircleTool을 사용하여 워크피스중심위치 검사

1 개요

"CogFindCircleTool"툴은 정해진 원형 영역의 경계점들을 검색하고 계산하여 중심점과 반지름을 구하기 위한 기능을 합니다. "CogPMAlineTool"의 패턴매칭도구로 패턴을 찾을 경우 정확한 중심좌표가 나오지 않을 수 있기때문에 찾은 패턴위치에서 CogFinCircleTool을 이용하여 중심을 검사해보도록 하겠습니다. 즉 좀더 정확한 원의 중심을 찾기위한 도구임을 이해했으면 합니다.

2 시나리오

이번 챕터의 시나리오는 픽스처툴을 통해서 찾은 워크피스의 중심에 위치결과를 출력할 수 있도록 하겠습니다.

플로우	비전도구 배치
ImageSource 컬러 이미지캡처 ↓ 모노이미지변환 (컬러이미지를 모노이미지로 변환) ↓ 워크피스검색 (패턴을 등록하고 패턴중심점 검색) ↓ 워크피스위치좌표변환 (찾은위치의 좌표변환) ↓ 워크피스중심찾기 (FindCircle툴로 중심찾기) ↓ 워크피스위치출력 (그래픽요소로 문자열로 출력)	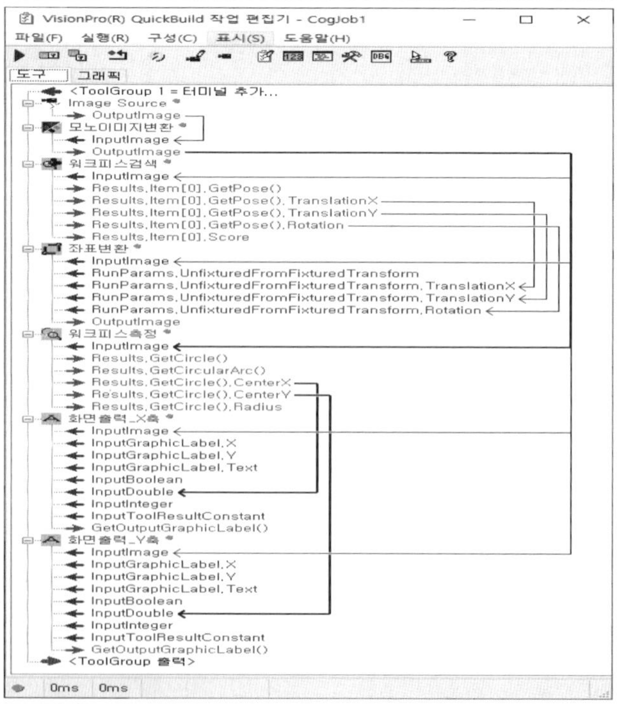

3 비전도구 배치

비전도구는 QuickBuild설명의 Job에 비전도구 추가내용을 참고하여 비전프로 배치표 및 해당표와 같이 순서대로 배치합니다.

비전명	도구그룹	도구명
ImageSource	없음	기본도구
모노이미지변환	ImageProcessing 	CogImageConvertTool
워크피스검색		CogPMAlign
좌표변환	Calibration&Fixturing 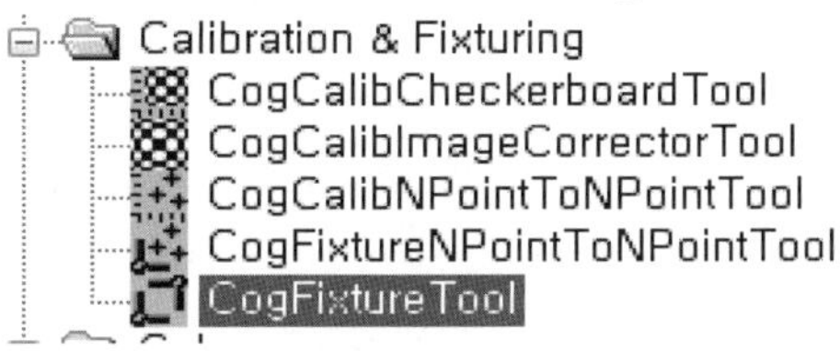	CogFixtureTool
워크피스측정	Geometry - Finding&Fitting 	CogFinCircleTool
화면출력	Geometry - Creation 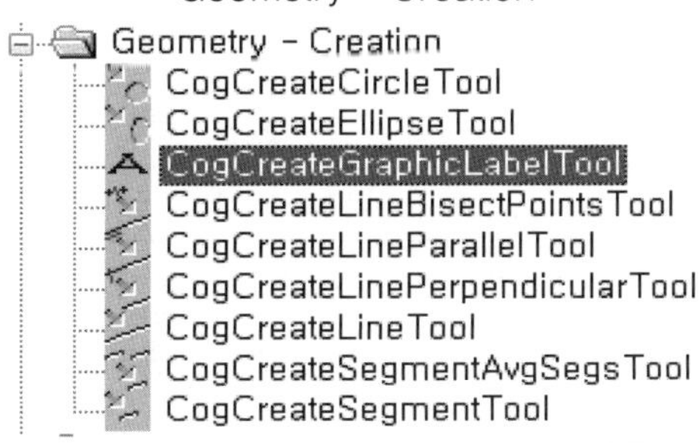	CogCreateGraphicLabelTool

4 비전도구 사용방법

1) Image Source

이미지소스 도구는 QuickBuild툴에서만 제공하는 기본 도구이며 파일또는 카메라에서 이미지를 취득하는 역할을 합니다. 작업순서에서 워크피스검색까지는 기본적인 설정 순서로서 앞에서 소개한 방법을 활용하기로 합니다. 또한 앞에서 다룬 2가지인 "CogPMAlign"과 "CogFixtureTool"을 제외하고 하는 방법도 소개하겠습니다.

2) 워크피스 위치검사

"CogFinCircleTool" 도구는 "CogPMAlign"과는 다르게 좀더 정밀하게 원의 크기등을 구할 때 사용하는 도구입니다.

"CogFinCircleTool"의 예상 원호를 활용하여 워크피스 찾은 좌표를 찾아 원호의 크기를 캘리퍼를 이용해서 계산할 수 있도록 하는 과정을 설정해 보겠습니다.

(1) 설정순서

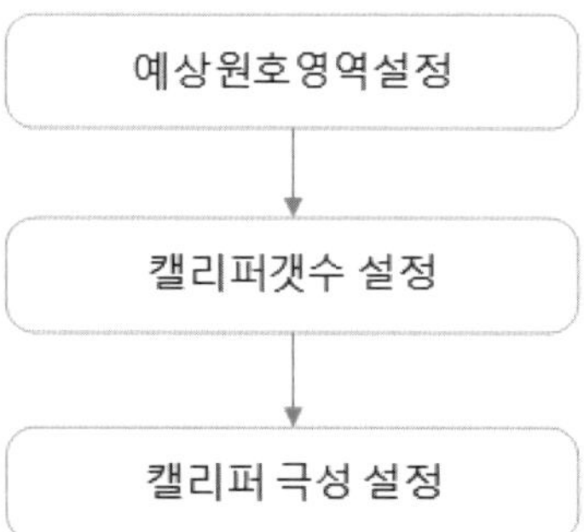

항목	설명
예상 원호 영역설정	찾을 위치가 포함될 수 있는 영역 설정
캘리퍼 갯수설정	캘리퍼의 방향 및 찾을 개수를 입력
캘리퍼 극성 설정	캘리퍼의 찾는 방향을 설정

(2) 설정방법

"워크피스측정"(CogFinCircleTool)비전도구를 더블 클릭하여 편집툴로 진입하면 다음과 같은 화면이 나옵니다. 각 탭의 내용은 다음과 같습니다.

항목	내용
설정	측정 캘리퍼의 검사할 위치와 범위를 설정합니다.
캘리퍼설정	측정 캘리퍼의 극성 및 측정 상한치를 설정합니다.
캘리퍼 스코어링	캘리퍼 스코어 계산방법을 설정합니다.

항목	내용
그래픽	화면에 표시할 결과를 선택합니다.
결과	찾은 위치와, 반지름을 출력합니다.
점결과	모든 캘리퍼의 찾은 결과를 출력합니다.

먼저 원을 예상 원호 위치를 설정합니다. “설정”탭으로 이동하고 화면요소를 “InputImage”로 설정하면 영역설정박스가 활성화 됩니다.

이전에 비전도구 툴편집창에서 설명했던 영역설정부분을 참고하여 워크피스의 경계에 걸릴 수 있도록 예상원호를 배치합니다.

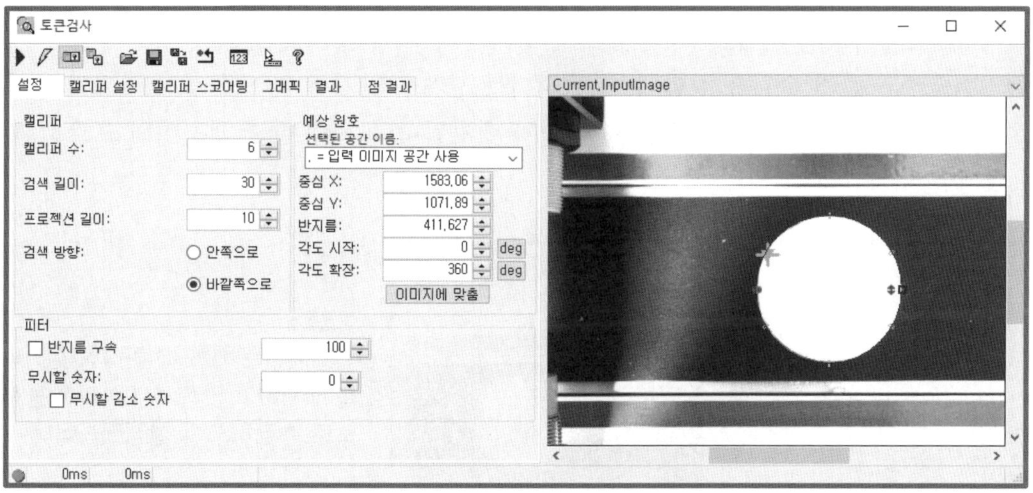

다음은 캘리퍼의 역활을 설명하도록 하겠습니다. 캘리퍼는 경계의 변화를 이용하여 주어진 극성에서 진폭변화가 심한 위치를 경계로 하여 해당 위치를 검출하게 됩니다.

그림과 같이 캘리퍼영역 지행방향으로 이동하며 이미지의 조도가 변경되는 위치를 경계로 검색하여 최적의 경계위치를 검출합니다.

캘리퍼 설정후 검출된 이미지	이미지를 진폭으로 변환하여 검출됨 그래프
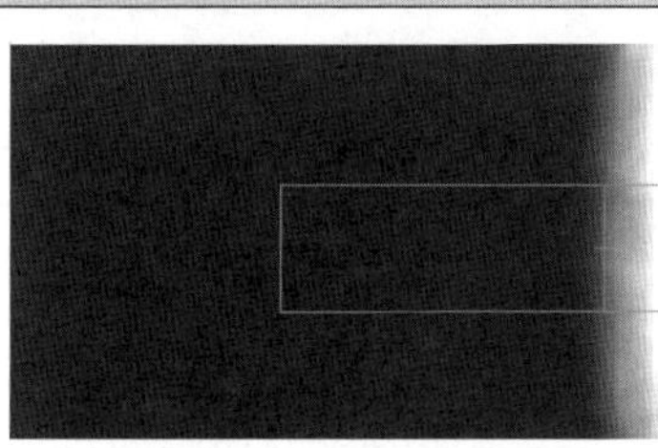	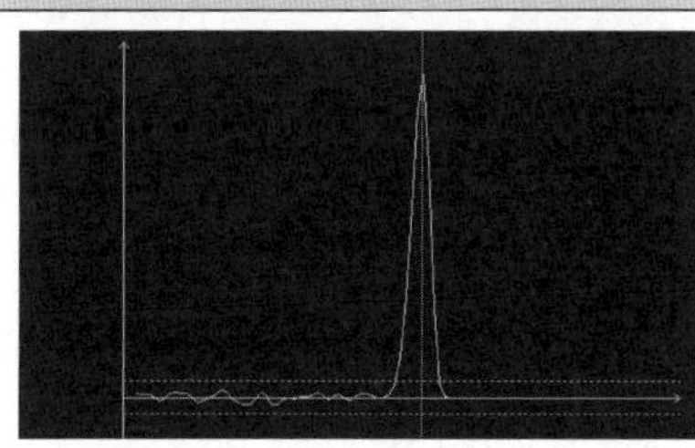

설정하는 항목의 내용은 다음과 같습니다.

항목	내용
검색길이	캘리퍼의 찾을 길이를 설정합니다. 미리 설정된 검색시작방향에서 끝방향까지 이동하면 검사를 하게 됩니다.
프로젝션 길이	켈리퍼측정은 가로방향에서 이동을 하며 세로방향의 평균값을 이용하여 진폭그래프를 만듭니다. 정확한 경계가 측정되지 않을 시 해당값을 조정하여 설정합니다.
검색방향	캘리퍼의 검색시작 방향을 설정합니다.

특히 프로젝션길이를 크게하면 원만하게 결과를 찾아보겠다는 의미가 되고 짧게하면 정확성을 높이겠다는의미로 생각하시면됩니다. 보통 프로젝션길이는 20정도 설정해서 많이 사용합니다. 검색길이의 경우 검색할 워크피스가포함되도록 설정하면 됩니다. 검색방향의 경우 밝은 곳에서 어두운 곳으로 방향이 설정되도록 해서 많이 사용합니다.

캘리퍼숫자와 관련 수치를 정합니다. 캘리퍼는 경계를 찾기 위한 도구로서 원호의 중심에서 각도를 회전(360 / 캘리퍼수)하며 캘리퍼가 배치됩니다. 충분한 검색길이와 프로젝션 길이, 검색방향을 입력합니다.

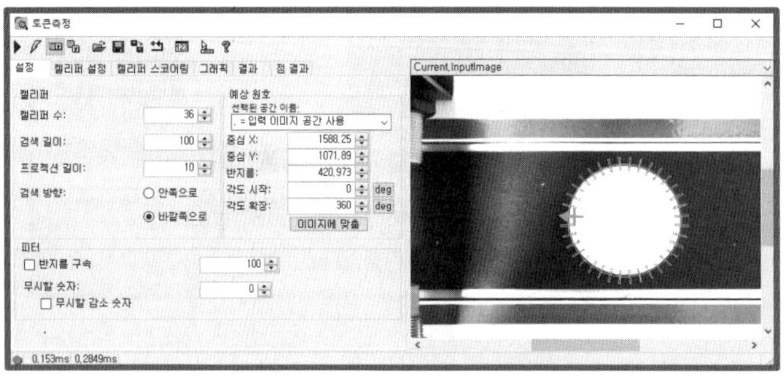

예제에서는 10도에 하나식 캘리퍼를 배치하고 안쪽에서 바깥쪽 방향으로 측정하도록 설정했습니다.

"피터"는 찾은 점에서 원을 찾기 위한 설정값 입니다. 원을 찾는 방법은 찾은 점을 모아 해당점을 포함할 수 있는 원을 찾습니다. 항목의 내용은 다음과 같습니다.

항목	내용
반지름 구속	반지름구속을 설정하면 해당 비슷한 크기의 정보가 있다면 해당 크기의 반지름이 될 수 있는 원의 위치를 우선적으로 검색 합니다.
무시할 감소숫자	원을 찾을때 입력된 무시할 숫자만큼 평균값와 차이나는 항목을 무시합니다.

무시할 숫자의 개수를 사용할 경우에는 샘플 즉 워크피스의 상태가 조금 문제가 있어서 원을 구하는데 페여있거나 상처나 이런 것이 존재할 때 적절한 숫자만큼 무시하고 측정이 가능하게끔 해줍니다. 필요한 만큼 사용하면 됩니다.

캘리퍼의 극성 및 찾는 방법을 설명 하도록 하겠습니다. 아래와 같은 이미지에서 캘리퍼를 검출할때 그래프는 어두운색→밝은색으로 이동하면 상승그래프, 밝은색→어두운 색으로 이동하면 하강그래프로 표시됩니다. 또한 차이가 발생하는 대비에 따라서 그래프의 높이가 달라지게 되고 대비 임계값보다 작은 경계는 무시하여 검출합니다. 방향과 대비임계값을 적절히 조정하여 원하는 경계를 추출합니다.

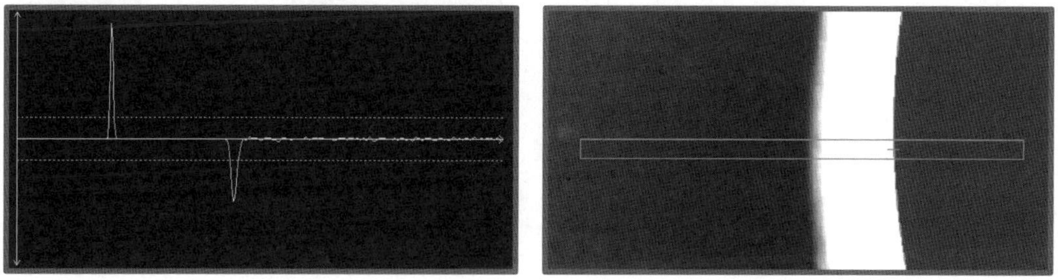

캘리퍼설정을 위해 "캘리퍼탭 설정"탭에 이동합니다. 항목에 대한 설명은 다음과 같습니다.

항목	내용
에지 모드	경계를 찾을 모드를 설정합니다. 단일에지는 시작극성에 대한 조건이 만족하면 검색하고 에지쌍은 시작, 종료극성이 모두 일치해야 검색됩니다.
극성	경계를 찾을 위치를 설정합니다. 임의에 극성은 어떤극이든 차이가 시작방향에서부터 차이가 많이 나는 극성을 선택합니다.
에지쌍 넓이	예지쌍모드에서 설정가능하며 검출된 시작→종료경계가 해당값 보다 커야 검사됩니다.
대비 임계값	경계의 대비이며 해당 임계값 보다 커야 경계로 판정합니다.

극성은 어두운색에서 밝은색으로 경계를 지정합니다. 디스플레이항목을 LastRun으로 하여 대비임계값을 조정하며 가장 잘 찾아지는 임계값을 입력합니다. 에지극성의 경우 설정에서 선택한상태를 고려해서 결정하는게 좋은 결과를 얻는데 유리합니다. 예를들어 아래 그림과 같은 경우 설정에서 "바깥쪽으로"를 설정했다면 "밝은 색에서 어두운 색으로"를 설정하는게 가장 저절합니다.

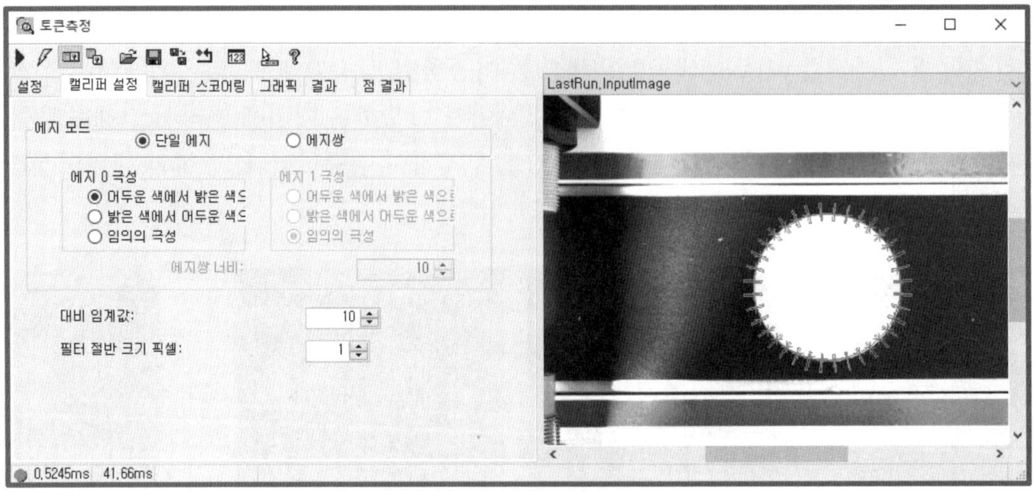

"결과"탭으로 이동하여 워크피스의 중심과 반지름이 찾아짐을 확인하고 편집창을 종료합니다.

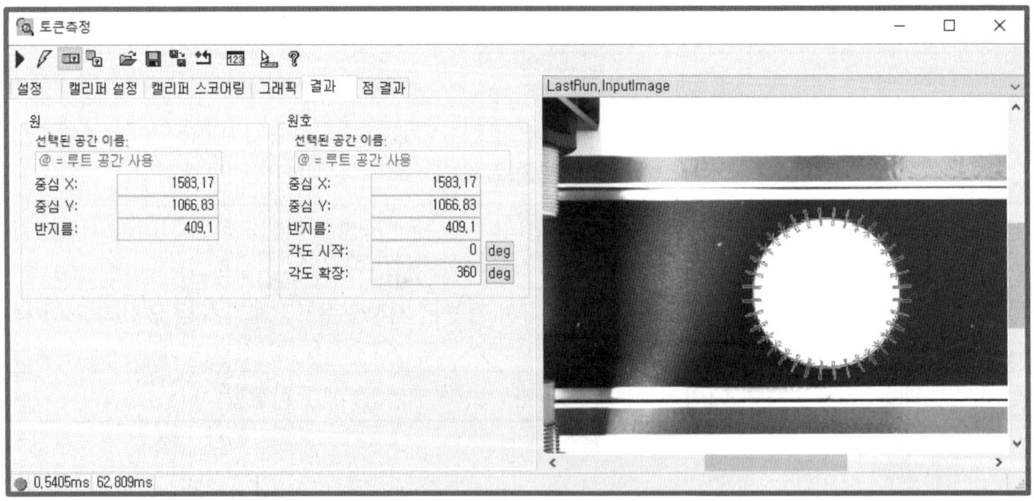

5 결과

검사결과는 아래 그림과 같이 보여줍니다.

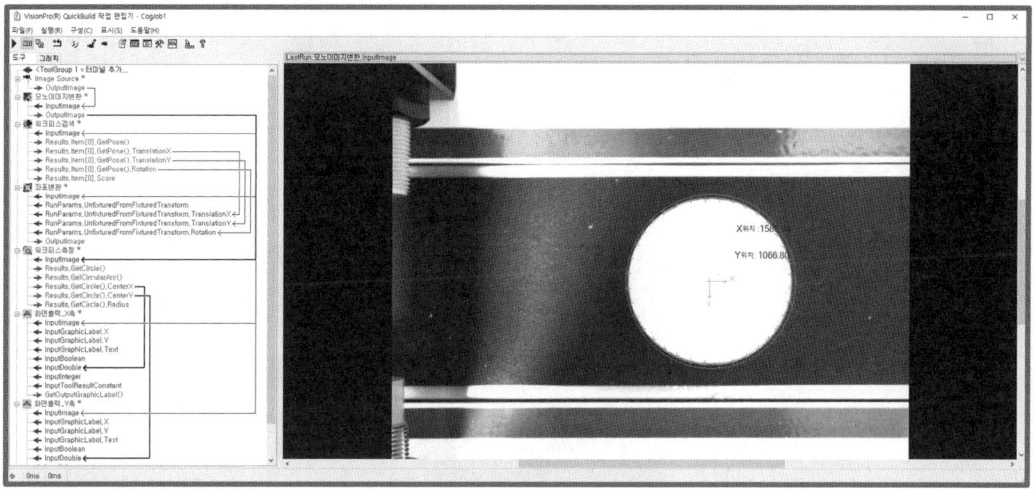

비전도구 이름을 한글로 변경하기전의 그림을 보여주니 참고하기 바랍니다.

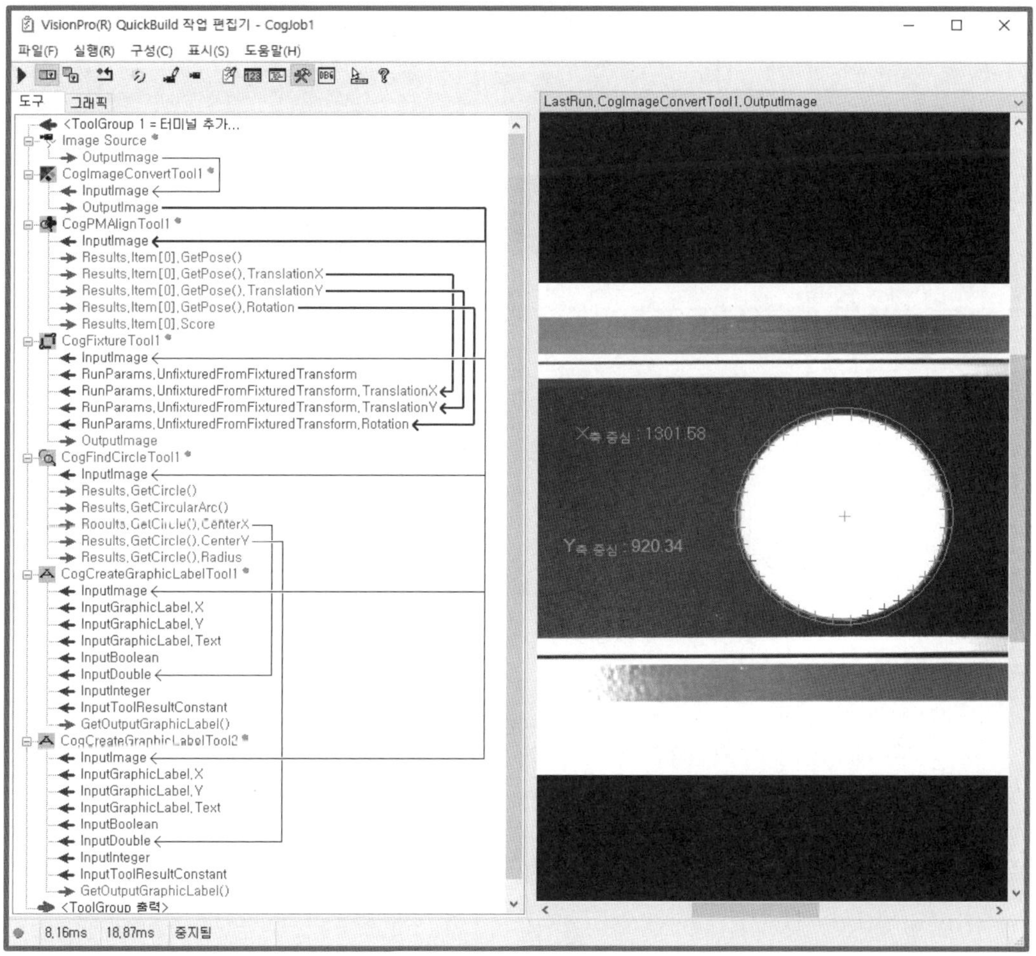

"CogPMAlign"과 "CogFixtureTool"을 제외하고 처리하는 방법을 소개합니다. 그러나 가급적 함께 사용하는것이 작업에 용이합니다.

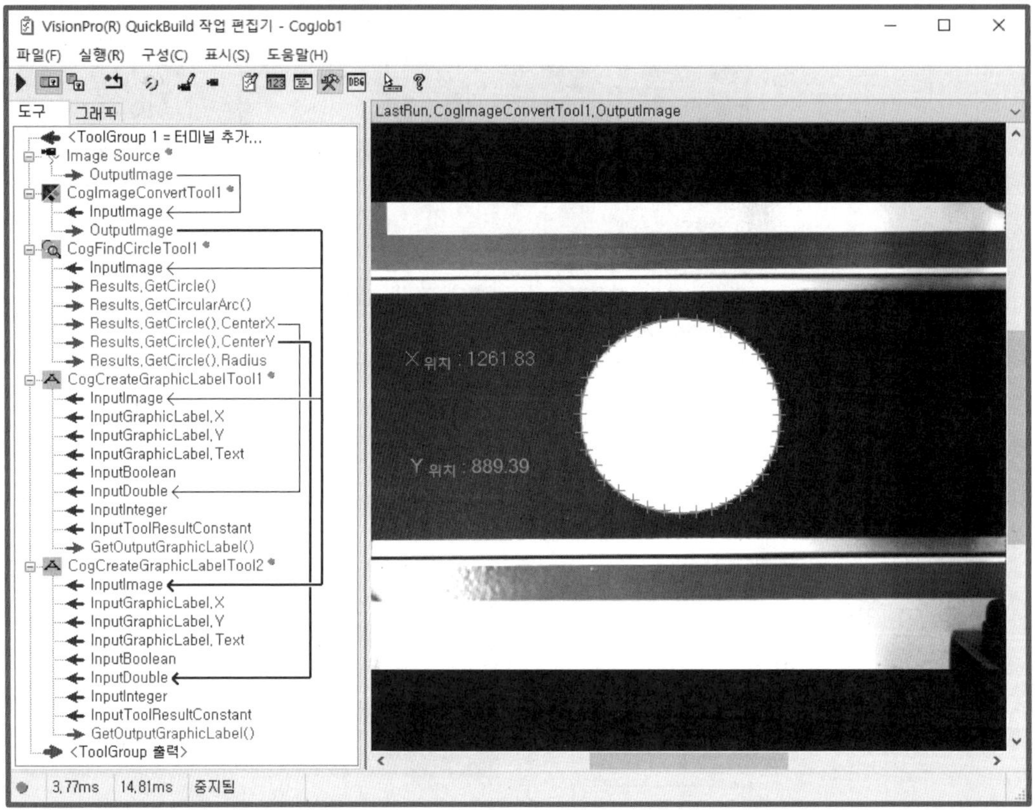

Ex06 FindLineTool을 사용하여 워크피스경계 측정

1 개요

"CogFindLineTool"은 정해진 직선 영역의 경계점들을 검색하고 계산하여 직선의 위치와 각도를 구하기 위한 기능을 합니다. 사각형 모양의 워크피스의 경계 각도를 확인하여 적절한 각도로 투입되었는지를 검사해보도록 하겠습니다.

2 시나리오

이번 챕터의 시나리오는 "CogFindLineTool"을 통해서 찾은 워크피스의 경계 각도를 출력할 수 있도록 하겠습니다.

플로우	비전도구 배치
ImageSource 컬러 이미지캡처 ↓ 모노이미지변환 (컬러이미지를 모노이미지로 변환) ↓ 워크피스검색 (패턴을 등록하고 패턴중심점 검색) ↓ 워크피스위치좌표변환 (찾은위치의 좌표변환) ↓ 워크피스상단 경계찾기 (FindLine툴로 중심찾기) ↓ 워크피스위치출력 (그래픽요소로 문자열로 출력)	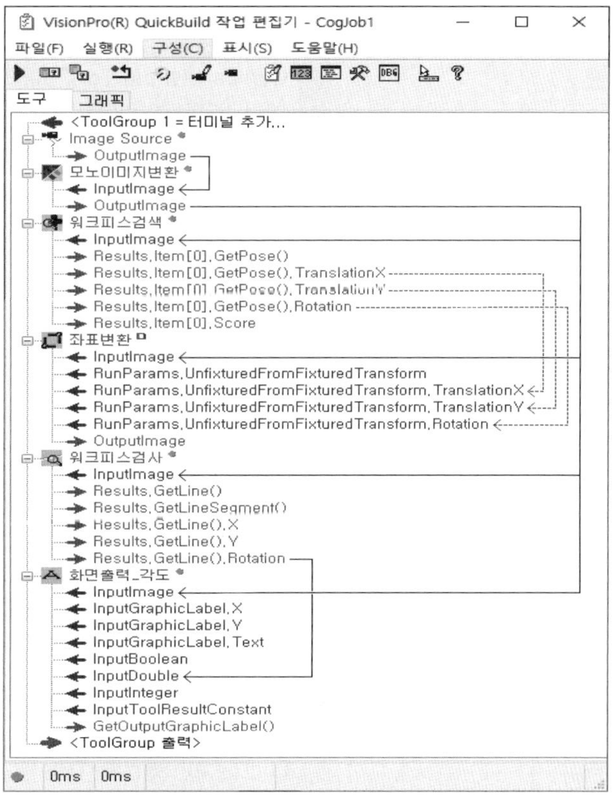

3 비전도구 배치

비전도구는 QuickBuild설명의 Job에 비전도구 추가내용을 참고하여 비전프로 배치표 및 해당표와 같이 순서대로 배치합니다.

비전명	도구그룹	도구명
ImageSource	없음	기본도구
모노이미지변환	ImageProcessing Image Processing CogAffineTransformTool CogCopyRegionTool CogHistogramTool CogImageAverageTool CogImageConvertTool CogImageSharpnessTool CogIPOneImageTool	CogImageConvertTool
워크피스검색	CogPatInspectTool CogPMAlignMultiTool CogPMAlignTool CogPMRedLineTool CogResultsAnalysisTool	CogPMAlign
좌표변환	Calibration&Fixturing Calibration & Fixturing CogCalibCheckerboardTool CogCalibImageCorrectorTool CogCalibNPointToNPointTool CogFixtureNPointToNPointTool CogFixtureTool	CogFixtureTool
워크피스검사	Geometry – Finding&Fitting Geometry – Finding & Fitting CogFindCircleTool CogFindCornerTool CogFindEllipseTool CogFindLineTool CogFitCircleTool CogFitEllipseTool CogFitLineTool CogLineMaxTool	CogFindLineTool
화면출력	Geometry – Creation Geometry – Creation CogCreateCircleTool CogCreateEllipseTool CogCreateGraphicLabelTool CogCreateLineBisectPointsTool CogCreateLineParallelTool CogCreateLinePerpendicularTool CogCreateLineTool CogCreateSegmentAvgSegsTool CogCreateSegmentTool	CogCreateGraphicLabelTool

4 비전도구 사용방법

Image Source, CogImageConvertTool를 이용한 모노이미지변환, CogPMAlignTool을 이용한 워크피스 검색하는 과정은 앞에서 소개한 자료를 참고하기로 합니다.

1) 워크피스 상단각도직선경계 검사

"CogFindLineTool" 비전도구는 저정된 위치에서 직선경계를 찾는 비전도구입니다. CogFindLineTool을 사용하여 찾은 워크피스 좌표를 기준좌표로 하여 화면출력요소가 찾은 워크피스를 찾아갈 수 있도록 설정하겠습니다.

(1) 설정순서

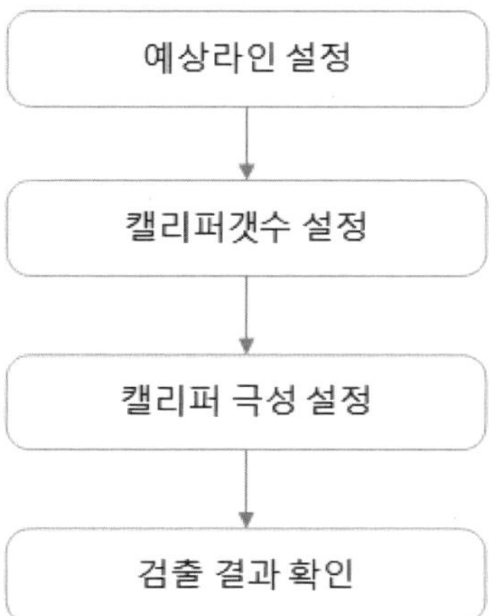

항목	설명
예상 라인 영역설정	찾을 위치가 포함될 수 있는 영역 설정
캘리퍼 갯수설정	캘리퍼의 방향 및 찾을 개수를 입력
캘리퍼 극성 설정	캘리퍼의 찾는 방향을 설정

"CogFindLineTool"을 연결하기 위한 파라메타는 그림과 같습니다.

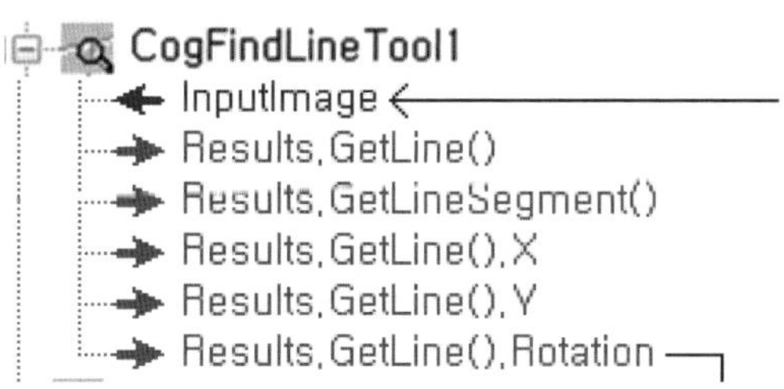

"CogFindLineTool" 출력 파라메타

항목	설명
GetLine	찾은 라인의 정보
GetLine Segment	찾은 라인의 시작·종료 위치정보
Rotation	라인의 각도(단위:radian)

Line은 중심위치에서 길이가 무한인 Vector를 나타내며 위치값(X,Y) 및 각도 값을 가지고 있습니다. 선과 선의 충돌 체크등에 많이 사용됩니다.

Segment는 길이가 유한이며 시작위치(X,Y), 종료위치(X,Y) 2점을 값을 가지고 있습니다.

Line	Segment
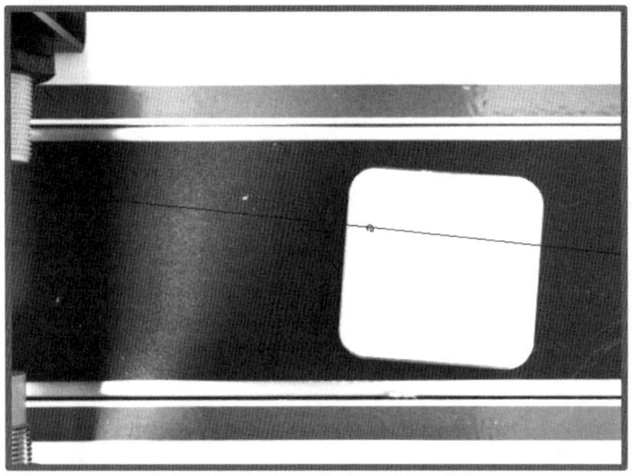	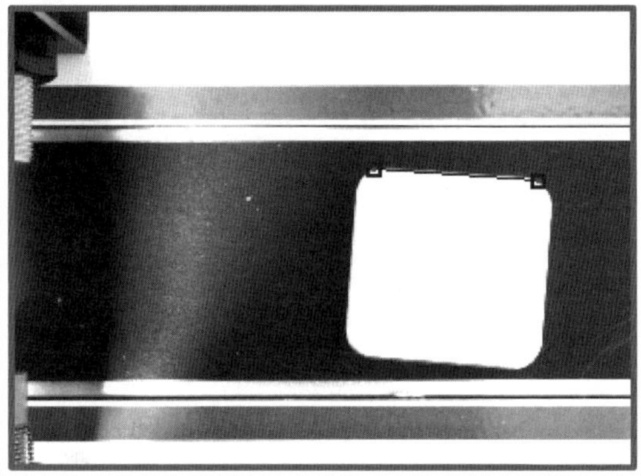

- 워크피스 검사 후 각도를 출력하기위해서는 기본 터미널에 Line의 성분값이 없기에 출력결과 Line항목의 X,Y,각도 값 터미널을 추가하도록 하겠습니다.
  "워크피스검사" 비전도구를 클릭하고 팝업메뉴에서 "터미널추가"를 클릭하여 들어갑니다.

화면과 같이 해당비전요소가 트리형태로 구성되어 있고 추가할항목은 Line의 X,Y좌표 파라메타이기에 Result→GetLine()→X,Y를 클릭하고 출력추가버튼을 눌러서 해당요소를 링크할 수 있도록 설정합니다.

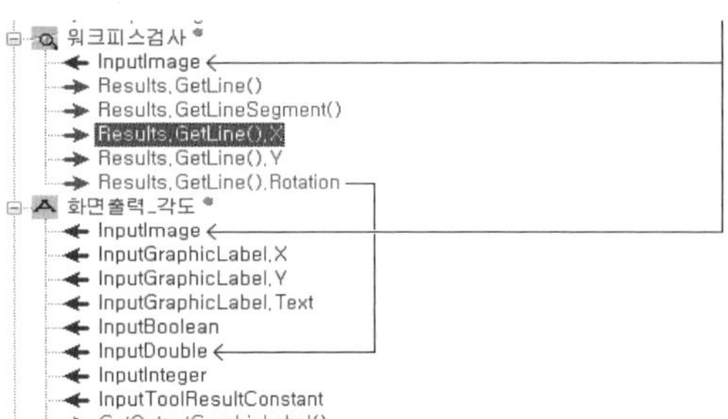

추가한 출력파라메타회전위치를 화면출력 Double값에 연결하여 결과가 출력될 수 있도록 작업합니다.

– 비전도구편집창의 설정탭의 내용은 다음과 같습니다.

항목	내용
설정	측정 캘리퍼의 검사할 위치와 범위를 설정합니다.
캘리퍼설정	측정 캘리퍼의 극성 및 측정 상한치를 설정합니다.
캘리퍼 스코어링	캘리퍼 스코어 계산방법을 설정합니다.
그래픽	화면에 표시할 결과를 선택합니다.
결과	찾은 위치와, 반지름을 출력합니다.
점결과	모든 캘리퍼의 찾은 결과를 출력합니다.

(2) 설정방법

– 먼저 검사위 도형을 설정하도록 하겠습니다.

- 검사할 ROI를 설정하기위해 화면출력요소로 설정합니다.
- 워크피스검색에서 찾은 위치로 좌표를 이동하기 위해 미리 설정한 Fixture를 선택합니다.
- 워크피스 상단에 캘리퍼가 적절히 배치될 수 있도록 위치를 지정합니다.
- 캘리퍼의 검색길이 및 프로젝션 길이를 설정하여 다른 위치와 영향을 받지 않도록 설정합니다.

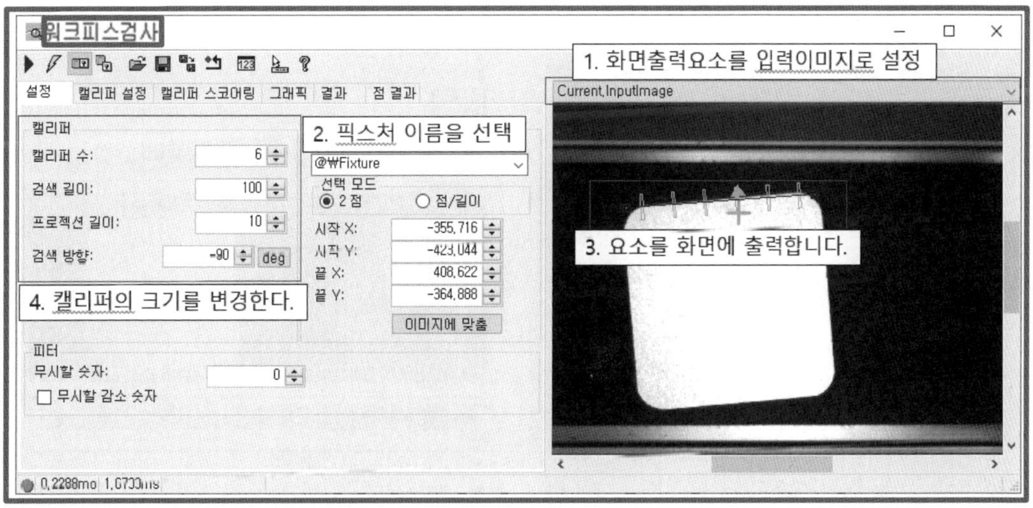

– 다음은 캘리퍼 검사 방법을 설정하겠습니다.

- 출력이미지로 변경 후 검사결과를 확인합니다.
- 제어버튼의 번개모양 버튼을 클릭하여 설정된 값이 바로 반영되도록 합니다.

• 에지모드를 단일 에지로 설정하고 극성을 캘리퍼의 방향에 맞추어 밝은색→어두운색 으로 설정합니다.
• 캘리퍼가 제대로 위치를 못찾을시 대비임계값을 증가시켜 올바른 위치가 찾아 질 수 있도록 합니다.

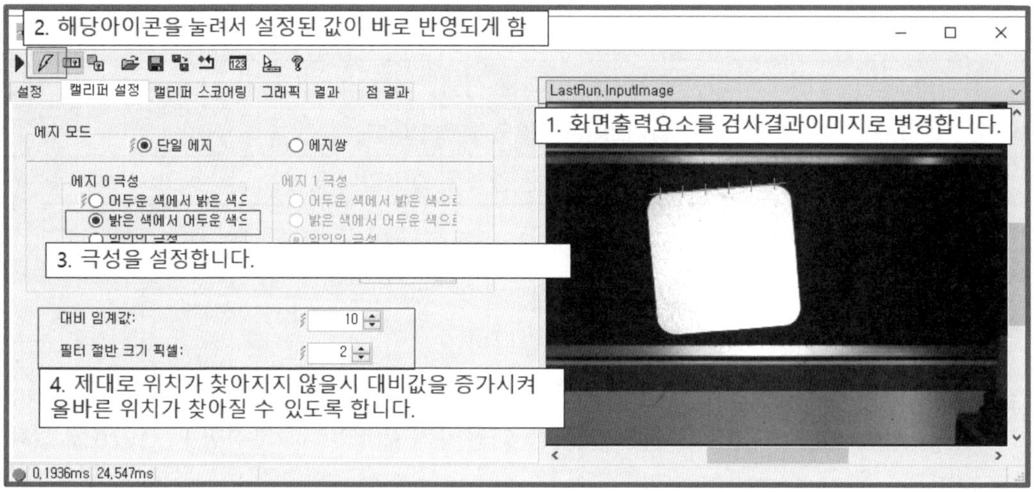

– 다음은 결과를 확인합니다. "결과" 탭으로 이동하여 워크피스의 위치와 각도값을 확인하고 편집창을 종료합니다.

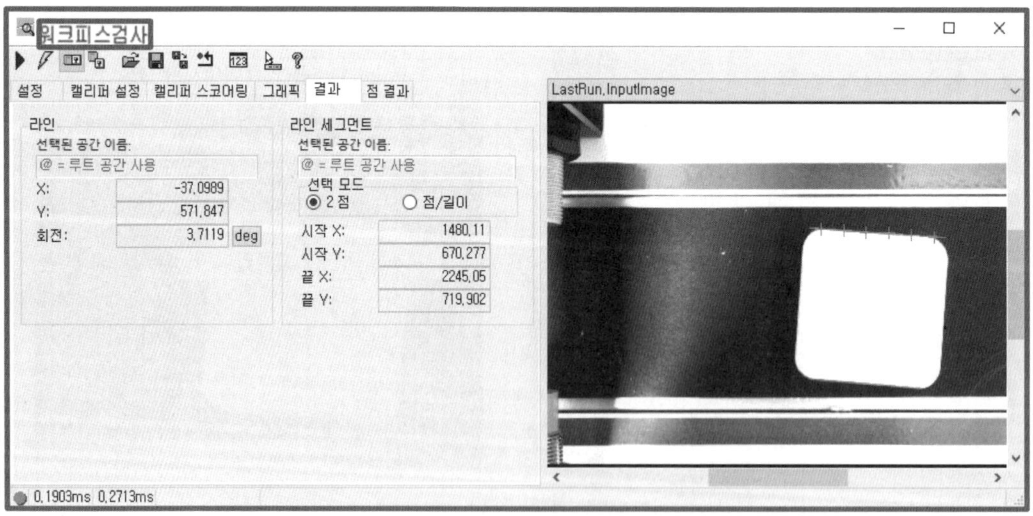

– 최적맞춤 라인을 표시하고자할때는 그래픽테그에서 체크박스를 체크하면 결과를 확인할 수 있습니다. 다음은 비교한 그림입니다.

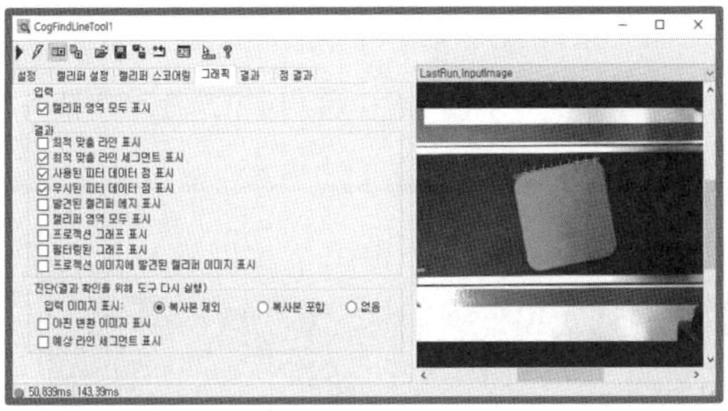

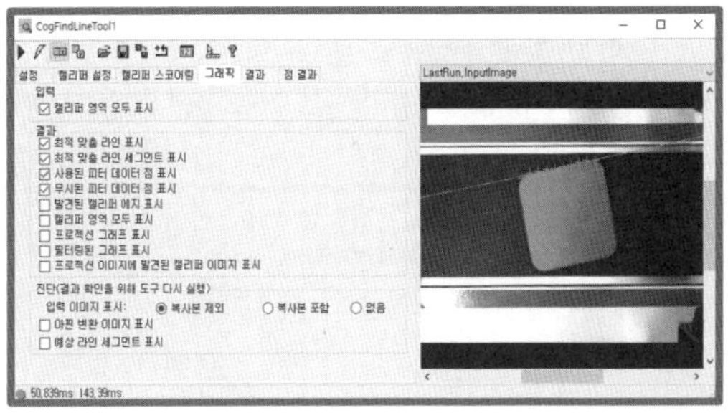

CogFixtureTool에서 설명하겠지만 CogFindLineTool의 Input 이미지가 CogFixtureTool의 Fixtue 공간을 사용했기 때문에 경사각을 적용해서 검사하게 됩니다. 회전값 즉 공간값을 활용해서 정확한 검사를 위해서는 반드시 Rotation값을 연결해서 사용해야합니다. 각도의 단위는 Radian입니다. 참고로 Radian은 원의 중심에 대한 호의 길이가 원의 반지름과 같을 때 그 호에 대응하는 각으로 정의합니다. 육십분법에서의 180°는 π [rad]과 같습니다. 여러분야에서 육십분법보다 Radian이 편리하여 더 많이 사용됩니다. Radians을 Degrees로 바꿀때는 $[Rad]\ \frac{180}{\pi}$ 의 식을 이용하면 쉽게 변환 할 수있다. 360도 원을 [Rad]값으로 표현하면 0.0~6.3(0)까지 표현됩니다.

- 다음 그림은 "CogFixtureTool"을 사용할때와 사용하지 않을때의 결과입니다. "CogFixtureTool"을 사용하지 않으면 워크피스의 변화를 추적하는게 좋지 않아 결과과 정상적으로 출력되지 못하는 경우가 발생합니다. 다음 그림은 "CogFixtureTool"의 "Rotation" 값을 입력해주지 않을때의 결과입니다.

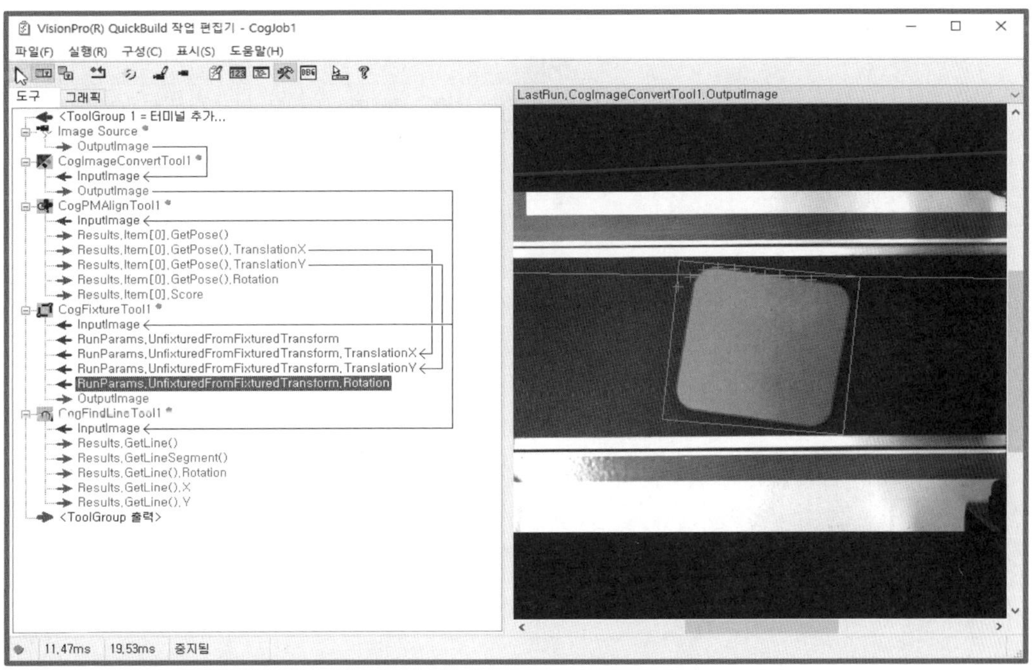

아래그림은 정상적인 결과를 보여줍니다. “CogFixtureTool”에 “Rotation” 값을 입력해주면 아래 그림과 같이 회전값을 반영해서 처리한 정상적인 결과를 보여줍니다.

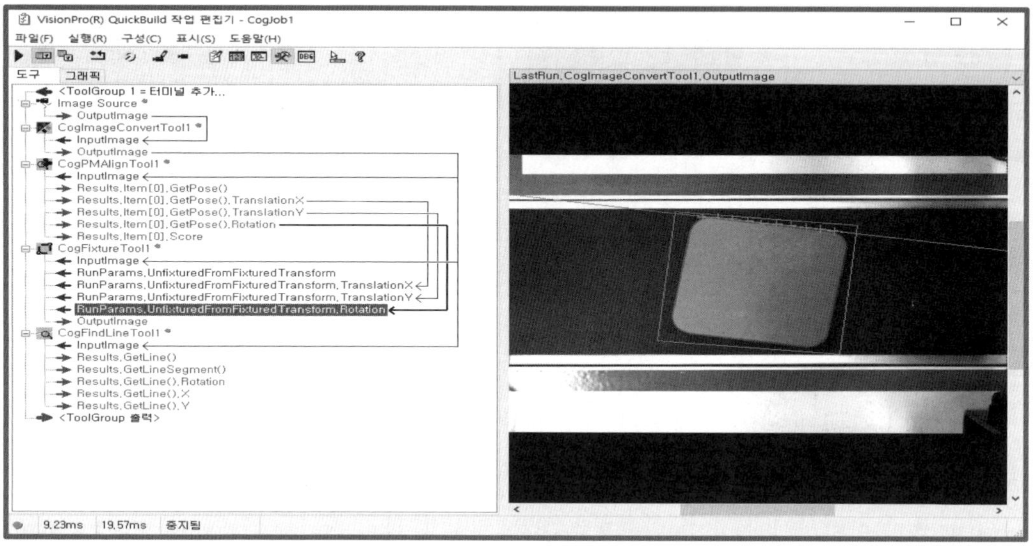

6) 그래픽 라벨 출력

– 워크피스의 각도를 그래픽 라벨로 출력하도록 하겠습니다.

(1) 설정순서

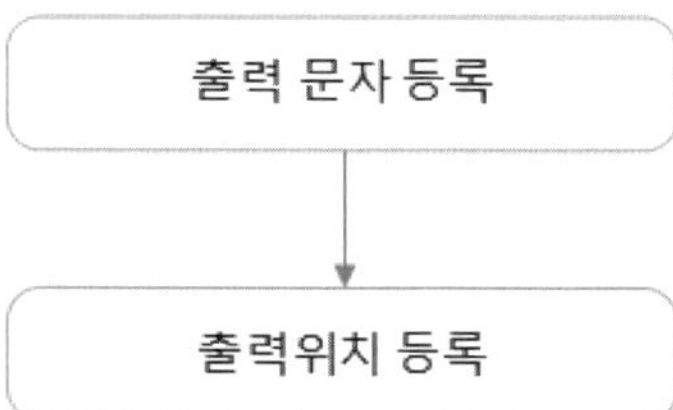

항목	설명
출력문자 등록	출력할 문자열 및 색상정보를 설정합니다.
출력위치 등록	문자열이 출력될 위치를 설정합니다.

(2) 설정방법

– 화면출력_각도비전도구에 워크피스검사 비전도구의 회전값을 연결합니다.

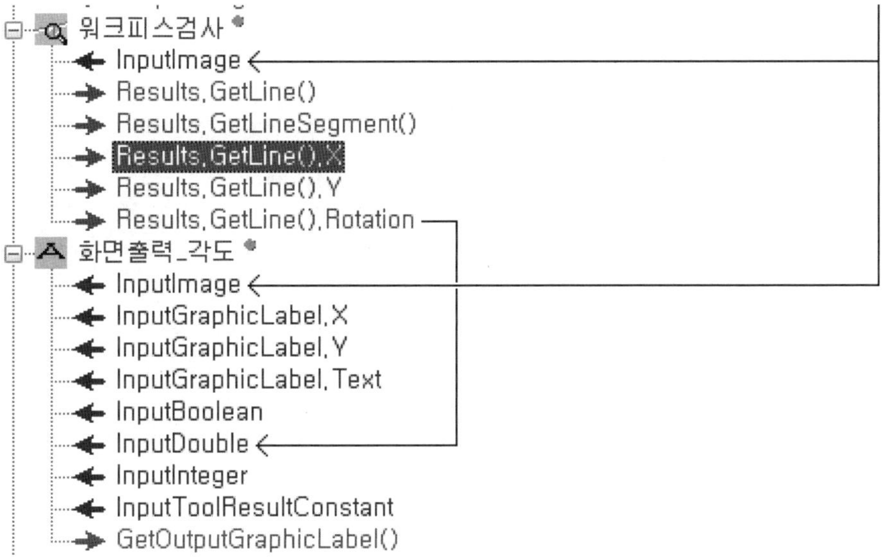

– 문자열 포맷을 이름은 다음과 같이 입력합니다. 그리고

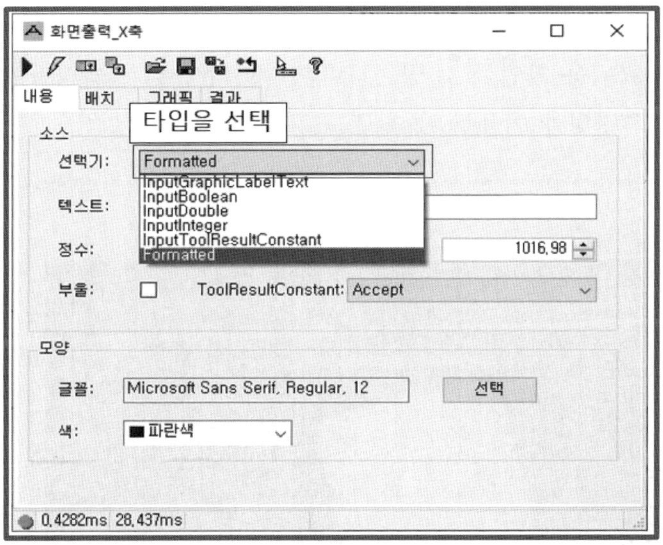

비전도구	내용
텍스트	“각도 : {D:0.00}"

텍스트 형태의 경우 “각도 : {D:0.00}"로 작성하거나 “각도 : {D:f2}"의 형태로 작성해도 결과는 같게 보여줍니다.

– 배치탭에 들어가서 선택된 공간이름에 이전에 입력한 Fixture를 선택하고 중심부위와 가까운 위치로 좌표를 설정합니다.

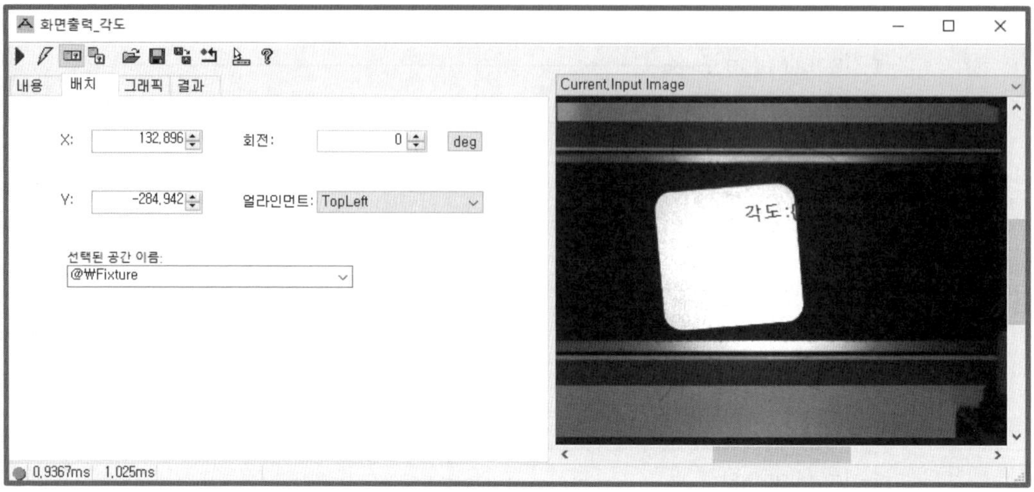

5 결과

화면과 같이 상단직선의 각도가 출력됨을 확인할 수 있습니다. 각도의 단위는 레디안입니다. 디그리로 변환할 경우 C#프로그래밍을 이용할 때 하면 편리합니다.

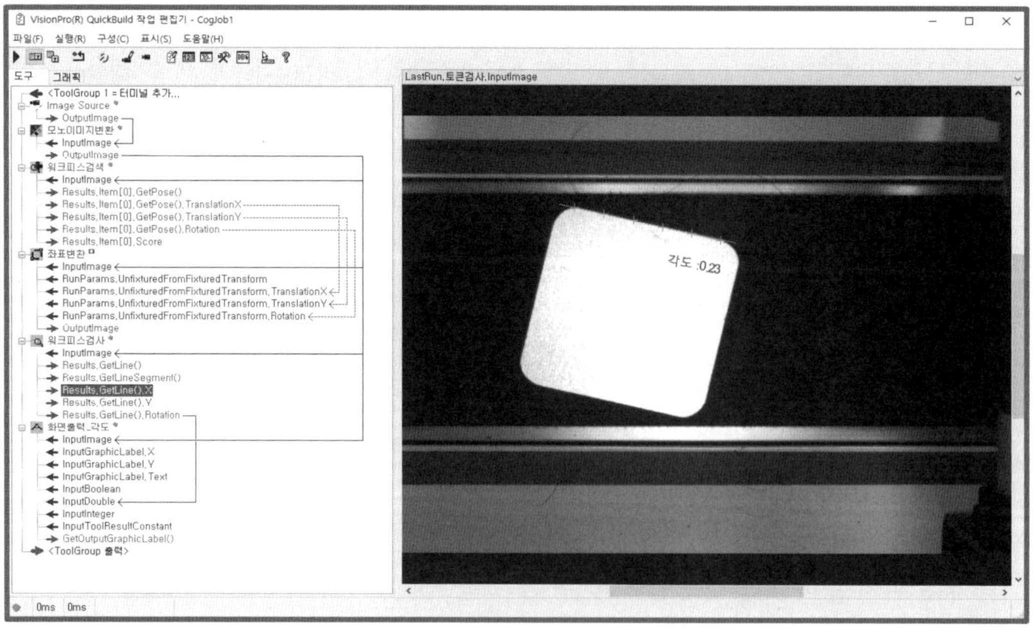

Ex 07 IntersectLineLineTool을 사용하여 워크피스 경계교점 측정

1 개요

"CogIntersectLineLineTool" 비전도구는 정해진 2개의 라인의 교점을 구하는 툴입니다. 두직선의 교점을 구함으로서 물체의 충돌 또는 검출할 위치를 결정하는 역할을 합니다.

2 시나리오

이번 챕터의 시나리오는 "CogIntersectLineLineTool"을 이용하여 사각형 워크피스의 코너위치를 검출하겠습니다.

플로우	비전도구 배치
ImageSource 컬러 이미지캡처 ↓ 모노이미지변환 (컬러이미지를 모노이미지로 변환) ↓ 워크피스검색 (패턴을 등록하고 패턴중심점 검색) ↓ 워크피스위치좌표변환 (찾은위치의 좌표변환) ↓ 워크피스상단,우측 경계찾기 (FindLine툴로 중심찾기) ↓ 워크피스상단,우측 교차점찾기 ↓ 워크피스위치출력 (그래픽요소로 문자열로 출력)	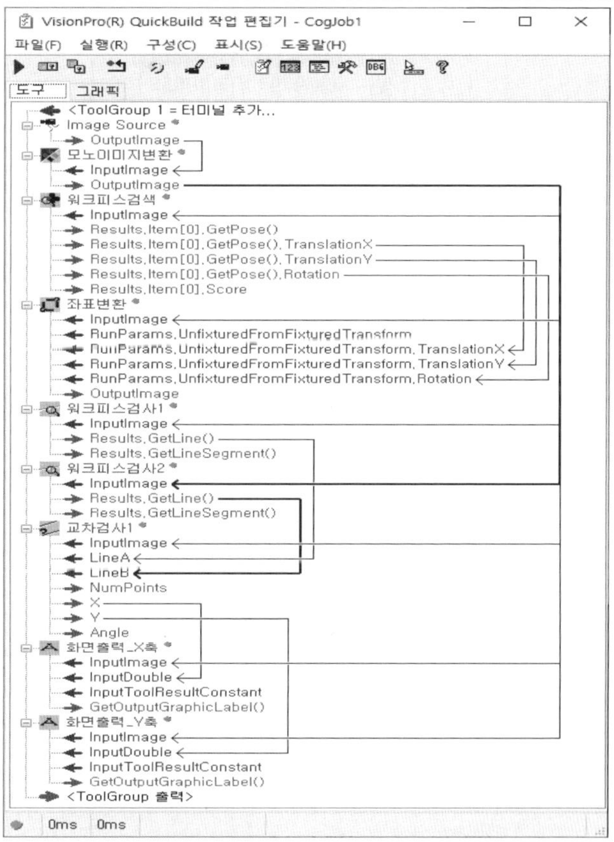

3 비전도구 배치

비전도구는 QuickBuild설명의 Job에 비전도구 추가내용을 참고하여 비전프로 배치표 및 해당표와 같이 순서대로 배치합니다.

도구명	비전 도구창	도구명	비전 도구창
컬러이미지 캡처	기본 비전도구	워크피스 검사1, 2	Geometry - Finding & Fitting CogFindCircleTool CogFindCornerTool CogFindEllipseTool CogFindLineTool CogFitCircleTool CogFitEllipseTool CogFitLineTool CogLineMaxTool
모노 이미지 변환	Image Processing CogAffineTransformTool CogCopyRegionTool CogHistogramTool CogImageAverageTool CogImageConvertTool CogImageSharpnessTool	교차검사1	Geometry - Intersection CogIntersectCircleCircleTool CogIntersectLineCircleTool CogIntersectLineEllipseTool CogIntersectLineLineTool CogIntersectSegmentCircleTool CogIntersectSegmentEllipseTool CogIntersectSegmentLineTool CogIntersectSegmentSegmentTool
워크피스 검색	CogAcqFifoTool CogBeadInspectTool CogBlobTool CogCaliperTool CogCNLSearchTool CogDataAnalysisTool CogImageFileTool CogPatInspectTool CogPMAlignMultiTool CogPMAlignTool CogPMRedLineTool	화면출력 X,Y축	Geometry - Creation CogCreateCircleTool CogCreateEllipseTool CogCreateGraphicLabelTool CogCreateLineBisectPointsTool CogCreateLineParallelTool CogCreateLinePerpendicularTool CogCreateLineTool CogCreateSegmentAvgSegsTool CogCreateSegmentTool
좌표 변환	Calibration & Fixturing CogCalibCheckerboardTool CogCalibImageCorrectorTool CogCalibNPointToNPointTool CogFixtureNPointToNPointTool CogFixtureTool	–	–

4 비전도구 사용방법

Image Source, CogImageConvertTool를 이용한 모노이미지변환, CogPMAlignTool을 이용한 워크피스 검색하는 과정은 앞에서 소개한 자료를 참고하기로 합니다.

1) 워크피스 위치좌표 찾기

"Fixture" 도구는 원점을 변경하는 툴로서 기본좌표계(0,0)좌표에서 사용자가 원하는 방향의 좌표로 변경할 수 있습니다.

CogFixtureTool을 사용하여 찾은 워크피스의 좌표를 기준좌표로 하여 화면 출력요소가 찾은 워크피스를 찾아갈 수 있도록 설정하겠습니다.

(1) 설정순서

ImageConvert
컬러->모노 이미지 포맷 변환

항목	설명
이미지 변경 타입 설정	입력받은 컬러이미지를 모노이미지로 변경합니다.

(2) 설정방법

- 패턴매칭의 위치 및 회전값을 Fixture도구 입력값에 연결하여 해당 좌표를 동적으로 설정될 수 있게 링크(연결)합니다.

비전도구	출력 라메타	비전도구	입력 파라메타
워크피스검색	TranslationX	좌표변환	TranslationX
워크피스검색	TranslationY	좌표변환	TranslationY
워크피스검색	Rotation	좌표변환	Rotation

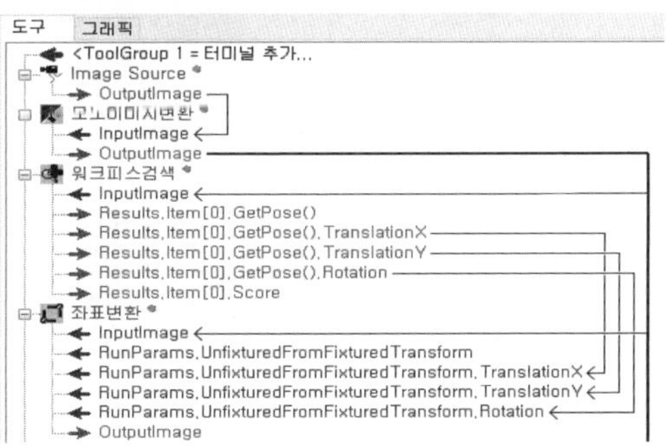

CogFixtureTool 입력파라메타

항목	설명
TranslationX,Y	기준 위치를 설정합니다. 해당 기준위치로 원점(0,0)이 됩니다.
Rotation	회전각도를 설정합니다.

- Job탐색기에서 해당 항목을 더블클릭하여 설정 창에 진입합니다
- 픽스처 이름을 지정합니다. 픽스처 이름은 변수라고 생각하면됩니다. 추후 좌표를 변경할 시 해당 공간 이름을 사용되게 됩니다.

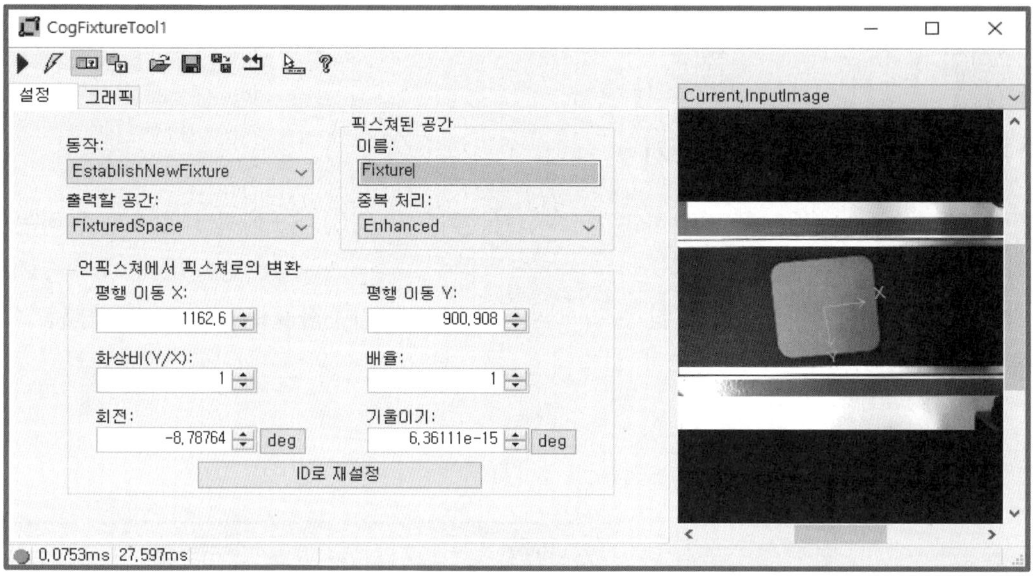

- CogCreateGraphicLabelTool 비전도구 편집 창에 Fixture 공간을 사용하기위해서는 다음과 같이 설정해야합니다. 배치 탭의 선택된 공간 이름에서 설정한 이름 "Fixture"공간을 선택하면 됩니다. 선택된 공간이름 "Fixture"는 "CogFixtureTool"에서 선언해준 픽스쳐된 공간의 이름입니다.

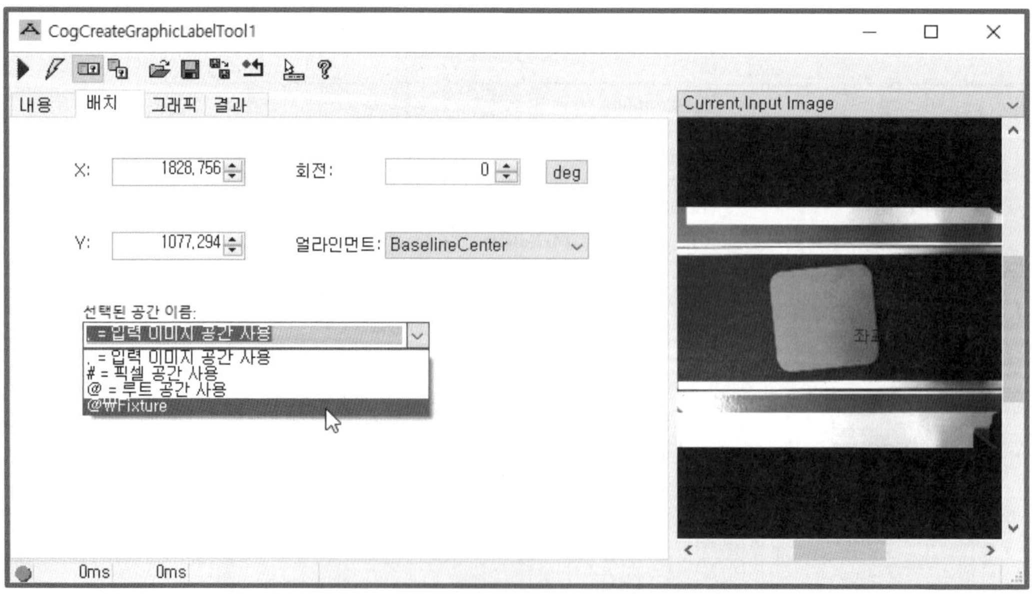

– 내용 탭 메뉴에서 선택기와 텍스트 형식을 입력하고, 좌표가 변경되면 화면 출력 위치를 워크피스 근처등 필요한 곳으로 배치합니다.

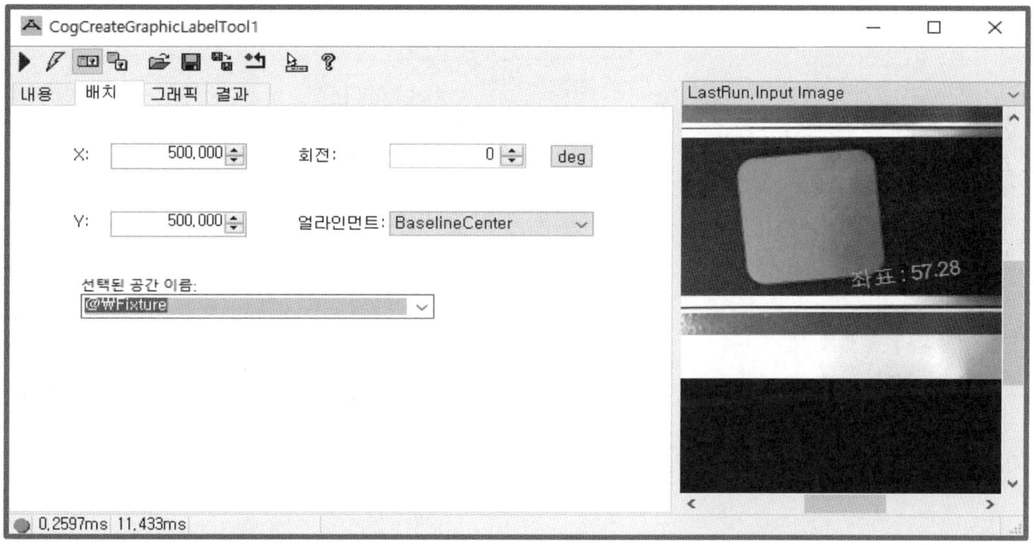

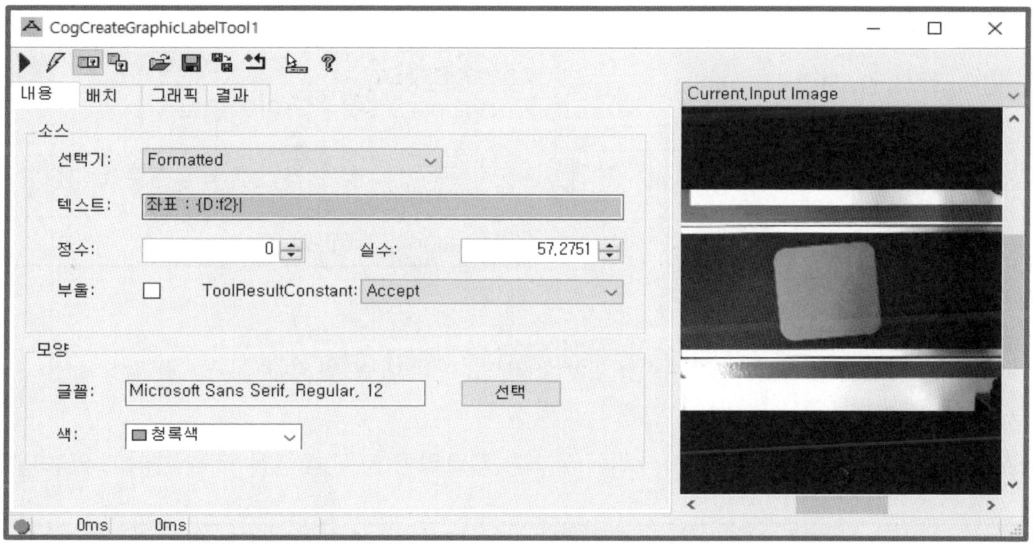

CogCreateGraphicLabelTool에서 표시해준 좌펴의 경우도 워크피스의 각도와 위치에따라 이동하게됨을 확인할 수 있습니다.

2) 워크피스 상단 경계 검사

"CogFindLineTool" 비전도구는 저정된 위치에서 직선경계를 찾는 비전도구입니다.
"CogFindLineTool"을 사용하여 찾은 워크피스 좌표를 기준좌표로 하여 화면 출력요소가 찾은 워크피스를 찾아갈 수 있도록 설정하겠습니다.

(1) 설정순서

예상라인 설정
↓
캘리퍼갯수 설정
↓
캘리퍼 극성 설정
↓
검출 결과 확인

항목	설명
예상 라인 영역설정	찾을 위치가 포함될 수 있는 영역 설정
캘리퍼 갯수설정	캘리퍼의 방향 및 찾을 개수를 입력
캘리퍼 극성 설정	캘리퍼의 찾는 방향을 설정

"CogFindLineTool"을 연결하기 위한 파라메타는 다음 표와 같습니다.

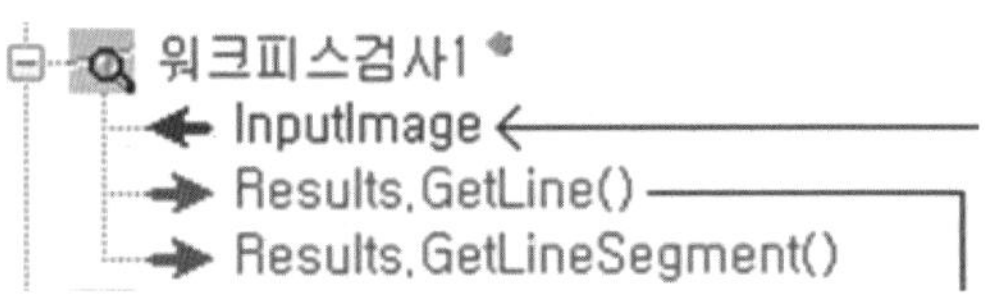

"CogFindLineTool" 출력 파라메타

항목	설명
GetLine	찾은 라인의 정보
GetLine Segment	찾은 라인의 시작,종료 위치정보
Rotation	라인의 각도

Line은 중심위치에서 길이가 무한인 Vector를 나타내며 위치값(X,Y) 및 각도값을 가지고 있습니다.

Segment는 길이가 유한이며 시작위치(X,Y), 종료위치(X,Y) 2점을 값을 가지고 있습니다.

Line	Segment
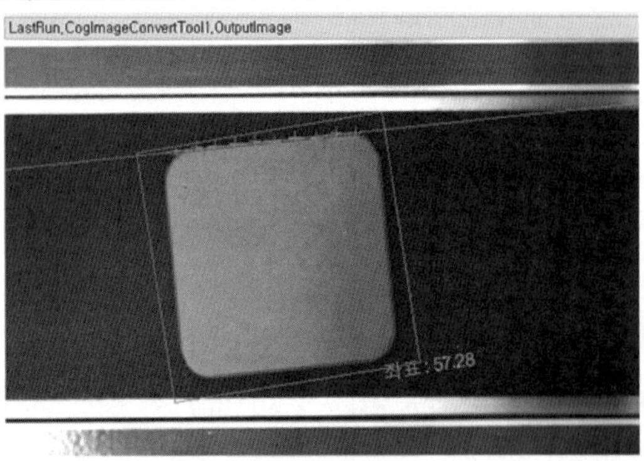	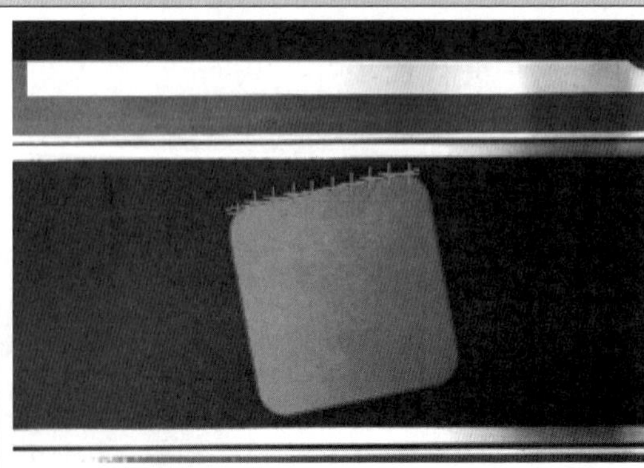

– 비전도구편집창의 설정탭의 내용은 다음과 같습니다.

항목	내용
설정	측정 캘리퍼의 검사할 위치와 범위를 설정합니다.
캘리퍼설정	측정 캘리퍼의 극성 및 측정 상한치를 설정합니다.
캘리퍼 스코어링	캘리퍼 스코어 계산방법을 설정합니다.
그래픽	화면에 표시할 결과를 선택합니다.
결과	찾은 위치와, 반지름을 출력합니다.
점결과	모든 캘리퍼의 찾은 결과를 출력합니다.

(2) 설정방법

– "도형을 설정하도록 하겠습니다.

- 검사할 ROI를 설정하기 위해 화면 출력요소로 설정합니다.
- 워크피스검색에서 찾은 위치로 좌표를 이동하기 위해 미리 설정한 Fixture를 선택합니다.
- 워크피스 상단에 캘리퍼가 적절히 배치될 수 있도록 위치를 지정합니다.
- 캘리퍼의 수, 검색 길이 및 프로젝션 길이를 설정하여 다른 위치와 영향을 받지 않도록 설정합니다.

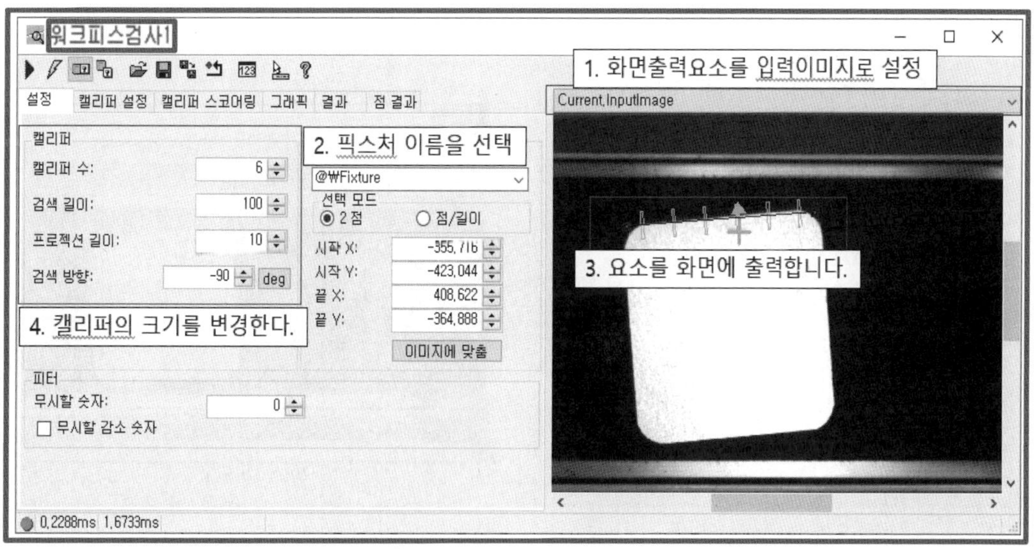

– 다음은 캘리퍼 검사 방법을 설정하겠습니다.

- 출력이미지로 변경 후 검사결과를 확인합니다.
- 제어버튼의 번개모양 버튼을 클릭하여 설정된 값이 바로 반영되도록 합니다.

- 에지모드를 단일 에지로 설정하고 극성을 캘리퍼의 방향에 맞추어 밝은색→어두운색으로 설정합니다.
- 캘리퍼가 제대로 위치를 못찾을시 대비임계값을 증가시켜 올바른 위치가 찾아 질 수 있도록 합니다.

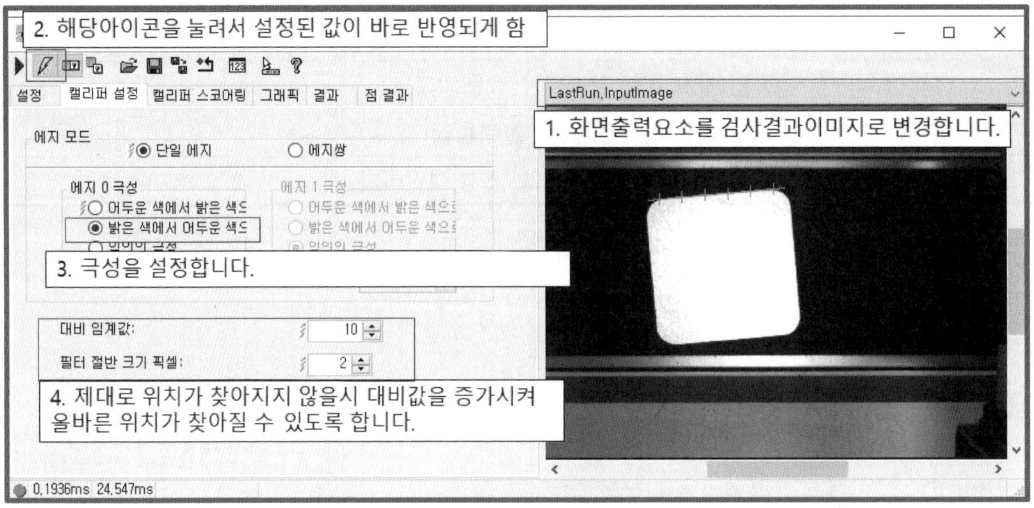

– 다음은 결과를 확인합니다. "결과"탭으로 이동하여 워크피스의 위치와 각도값을 확인하고 편집창을 종료합니다.

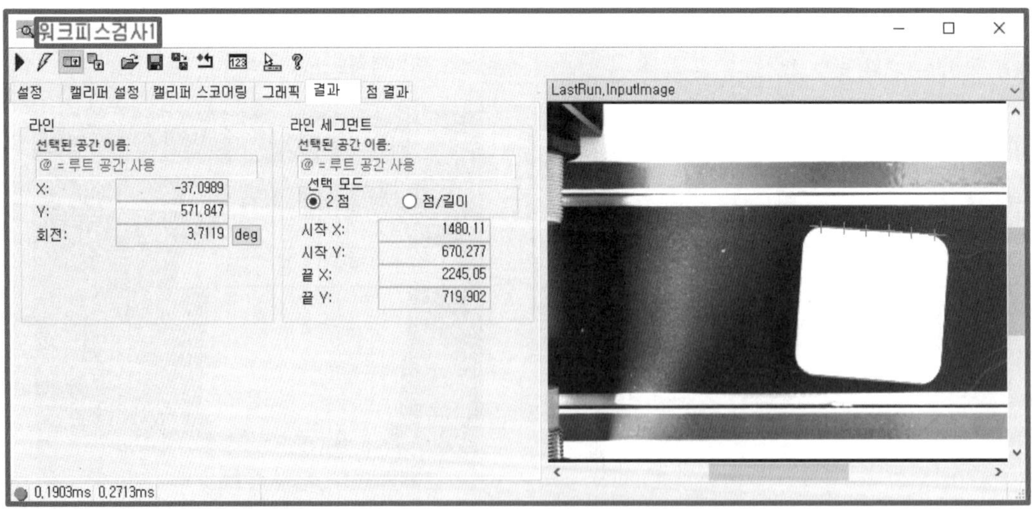

3) 워크피스 우측 경계 검사

"CogFindLineTool" 비전도구는 저정된 위치에서 직선경계를 찾는 비전도구입니다. CogFindLineTool을 사용하여 워크피스에서 찾은 좌표를 기준좌표로 하여 화면 출력요소가 찾은 워크피스를 찾아갈 수 있도록 설정하겠습니다.

(1) 설정순서

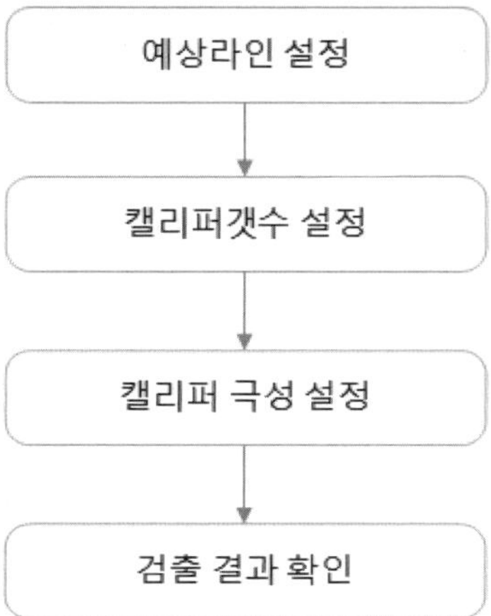

항목	설명
예상 라인 영역설정	찾을 위치가 포함될 수 있는 영역 설정
캘리퍼 갯수설정	캘리퍼의 방향 및 찾을 개수를 입력
캘리퍼 극성 설정	캘리퍼의 찾는 방향을 설정

"FindLineTool"을 연결하기 위한 파라메타는 아래 표와 같습니다.

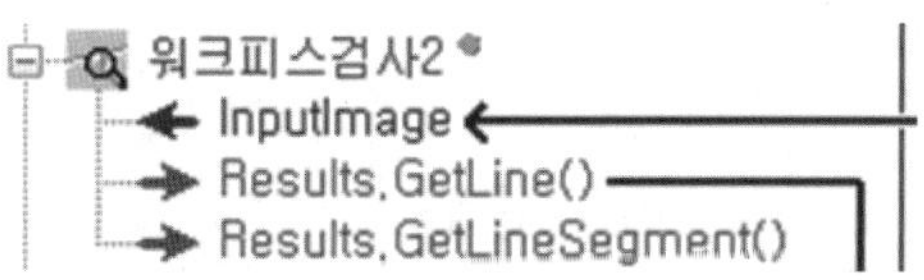

"CogFindLineTool" 출력 파라메타

항목	설명
GetLine	찾은 라인의 정보
GetLine Segment	찾은 라인의 시작,종료 위치정보
Rotation	라인의 각도

앞에서 설명한 것과 같이 Line은 중심위치에서 길이가 무한인 Vector를 나타내며 위치값(X,Y) 각도값을 가지고 있습니다. Segment는 길이가 유한이며 시작위치(X,Y), 종료위치(X,Y) 2점을 값을 가지고 있습니다.

Line	Segment
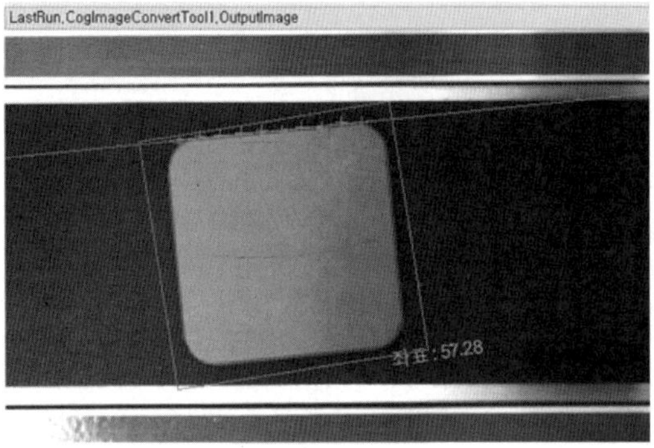	

(2) 설정방법

– "도형을 설정하도록 하겠습니다.

- 검사할 ROI를 설정하기 위해 화면 출력요소로 설정합니다.
- 워크피스검색에서 찾은 위치로 좌표를 이동하기 위해 미리 설정한 Fixture를 선택합니다.
- 워크피스 상단에 캘리퍼가 적절히 배치될 수 있도록 위치를 지정합니다.
- 캘리퍼의 검색 길이 및 프로젝션 길이를 설정하여 다른 위치와 영향을 받지 않도록 설정합니다.

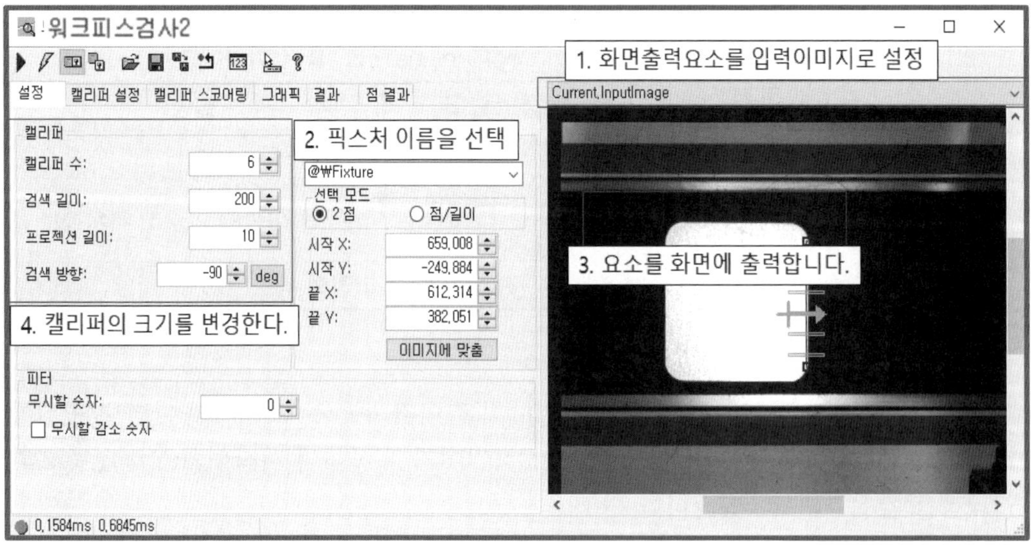

– 다음은 캘리퍼 검사 방법을 설정하겠습니다.

- 출력이미지로 변경 후 검사결과를 확인합니다.
- 제어버튼의 번개모양 버튼을 클릭하여 설정된 값이 바로 반영되도록 합니다.

- 에지모드를 단일 에지로 설정하고 극성을 캘리퍼의 방향에 맞추어 밝은색→어두운색으로 설정합니다.
- 캘리퍼가 제대로 위치를 못찾을시 대비임계값을 증가시켜 올바른 위치가 찾아 질 수 있도록 합니다.

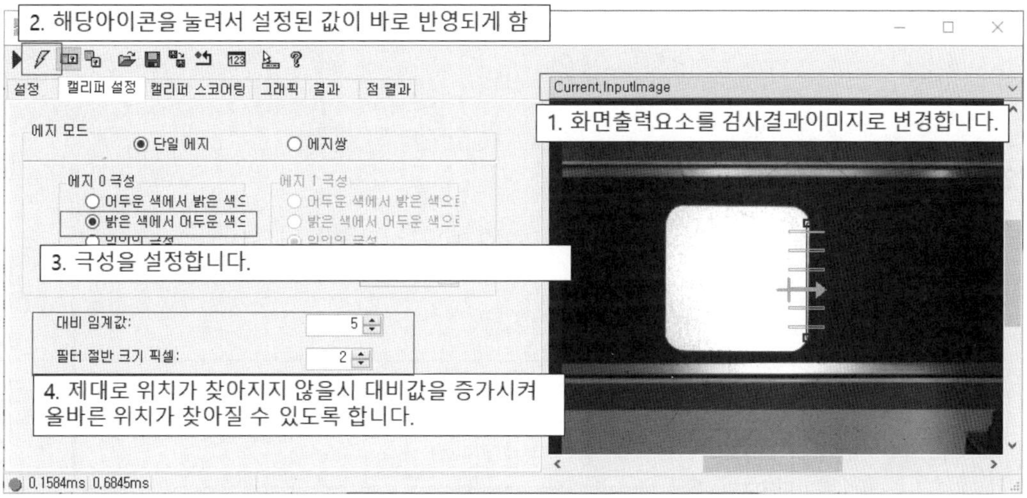

– 다음은 결과를 확인합니다. "결과" 탭으로 이동하여 워크피스의 위치와 각도값을 확인하고 편집창을 종료합니다.

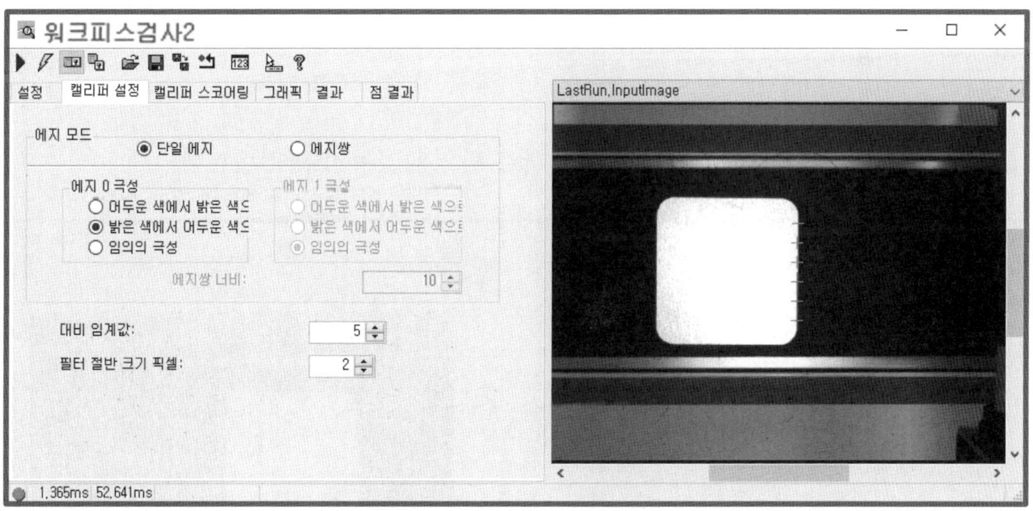

4) 교차위치검사

– "CogIntersectLineLineTool" 비전도구는 사용하여 워크피스 상부, 우측라인의 교점을 구하여 코너의 위치를 구하도록 하겠습니다.

(1) 설정순서

– 측정할 라인을 입력파라메타에 연결합니다.

(2) 설정방법

– 워크피스검사의 출력 Line을 교차검사 입력으로 연결합니다.

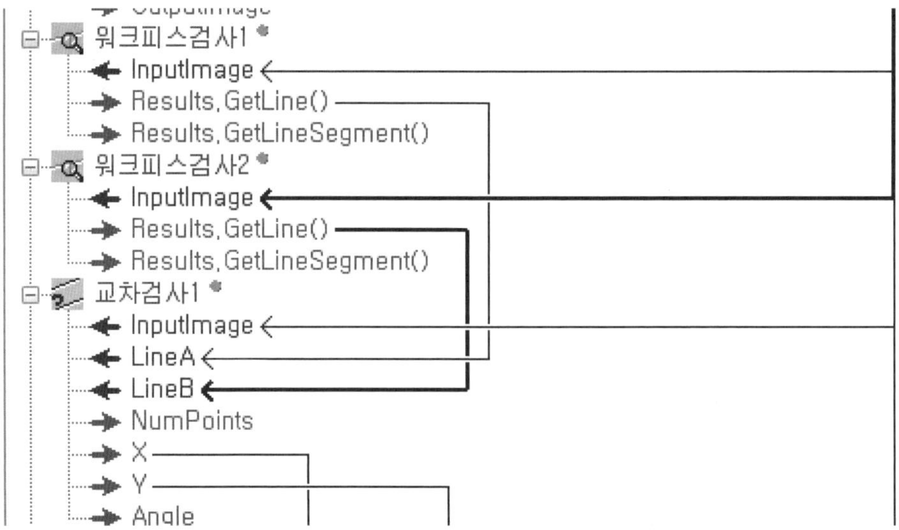

– 설정 탭에 들어가서 선택된 라인이 제대로 반영되었는지 확인합니다.

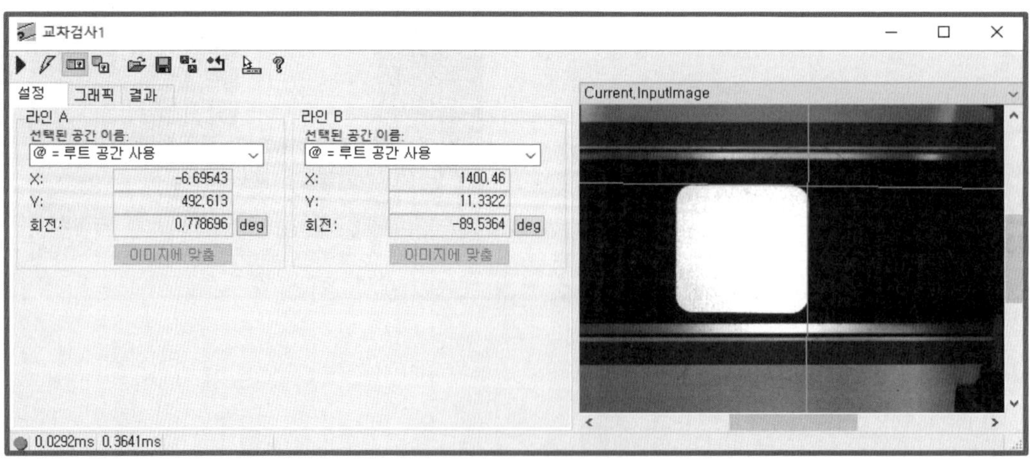

– 결과 탭에 들어가서 교차 여부, 교차 각도, 교차 위치를 확인하고 설정창을 닫습니다.

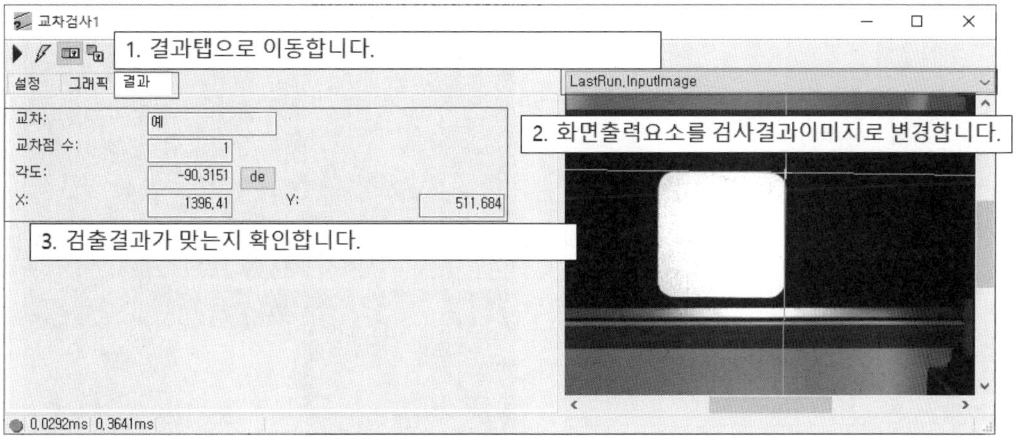

5 결과

화면과 같이 두 개의 직선과 교차점 X, Y값이 출력됨을 확인할 수 있습니다.

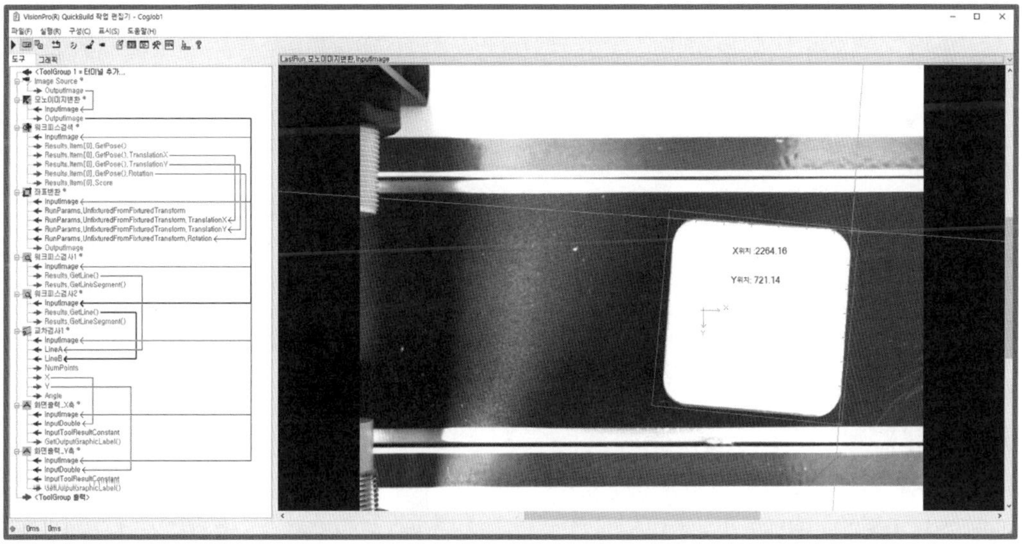

아래 그림은 작업 Tool의 이름을 바꾸지 않은 것을 보여줍니다. 참고하면 좀 더 쉽게 이해할 수 있을 것입니다.

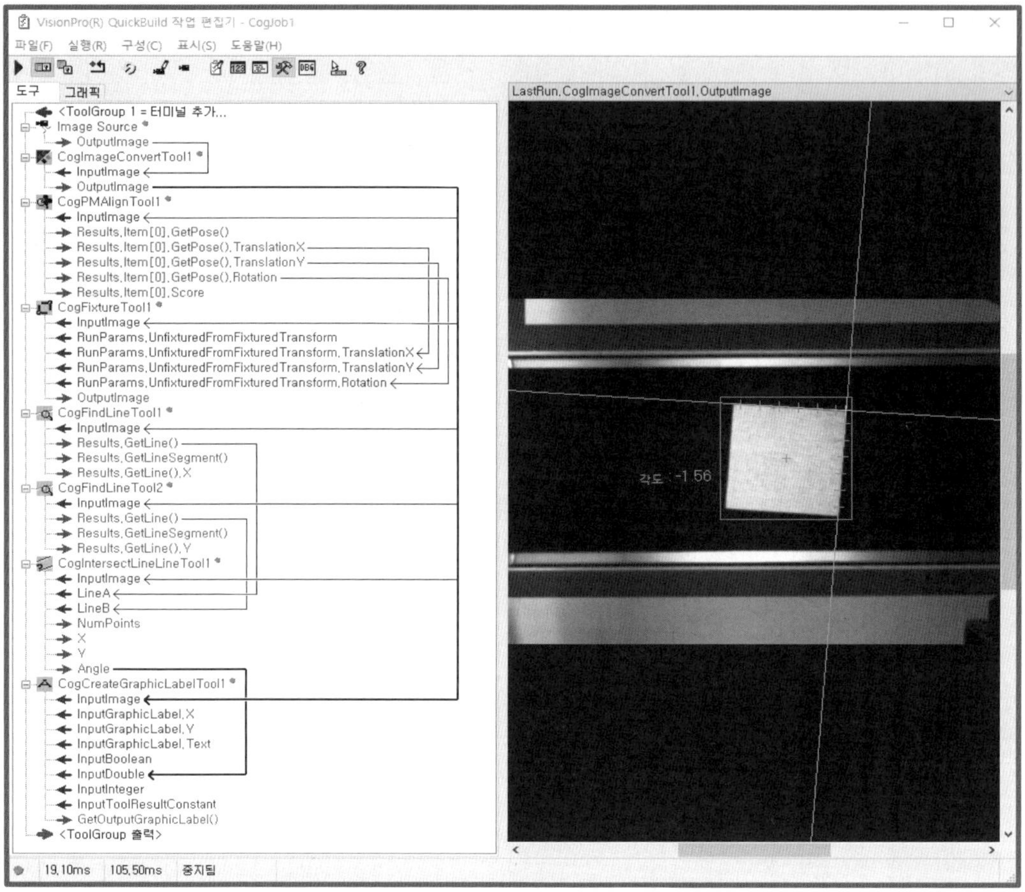
VisionPro(R) QuickBuild 작업 편집기 - CogJob1
파일(F) 실행(R) 구성(C) 표시(S) 도움말(H)
도구 그래픽
LastRun.CogImageConvertTool1.OutputImage
<ToolGroup 1 = 터미널 추가...
Image Source
OutputImage
CogImageConvertTool1
InputImage
OutputImage
CogPMAlignTool1
InputImage
Results.Item[0].GetPose()
Results.Item[0].GetPose().TranslationX
Results.Item[0].GetPose().TranslationY
Results.Item[0].GetPose().Rotation
Results.Item[0].Score
CogFixtureTool1
InputImage
RunParams.UnfixturedFromFixturedTransform
RunParams.UnfixturedFromFixturedTransform.TranslationX
RunParams.UnfixturedFromFixturedTransform.TranslationY
RunParams.UnfixturedFromFixturedTransform.Rotation
OutputImage
CogFindLineTool1
InputImage
Results.GetLine()
Results.GetLineSegment()
Results.GetLine().X
CogFindLineTool2
InputImage
Results.GetLine()
Results.GetLineSegment()
Results.GetLine().Y
CogIntersectLineLineTool1
InputImage
LineA
LineB
NumPoints
X
Y
Angle
CogCreateGraphicLabelTool1
InputImage
InputGraphicLabel.X
InputGraphicLabel.Y
InputGraphicLabel.Text
InputBoolean
InputDouble
InputInteger
InputToolResultConstant
GetOutputGraphicLabel()
<ToolGroup 출력>
각도 : -1.56
19.10ms 105.50ms 중지됨

Ex 08 IntersectSegmentLineTool을 사용하여 워크피스의 교차여부 측정

1 개요

"CogIntersectSegmentLineTool" 비전도구는 세그먼트와 라인의 교차여부를 측정합니다. 해당 기능은 특정사물의 외각선이 특정영역과 충돌되었을때를 검출하기 위해 사용합니다. 해당 예제에서는 사각형 워크피스가 컨베이어 벨트 바깥쪽으로 나갔는지를 체크하기 위해 사용합니다.

2 시나리오

이번 챕터의 시나리오는 "CogIntersectSegmentLineTool"을 이용하여 사각형 워크피스의 코너 위치를 검출하겠습니다.

플로우	비전도구 배치
ImageSource 컬러 이미지캡처	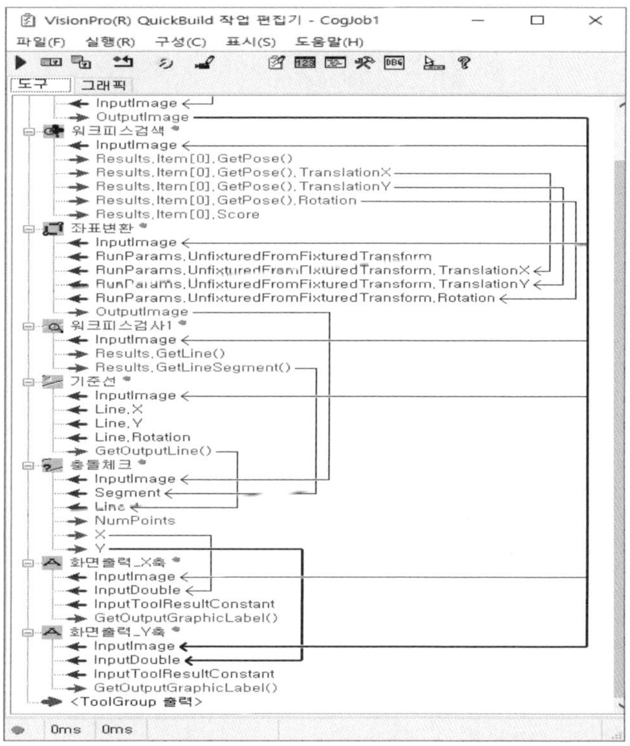
모노이미지변환 (컬러이미지를 모노이미지로 변환)	
워크피스검색 (패턴을 등록하고 패턴중심점 검색)	
워크피스위치좌표변환 (찾은위치의 좌표변환)	
워크피스하단 경계찾기 (FindLine툴로 경계찾기)	
기준선 생성	
워크피스 하단 교차점 찾기	
워크피스 출돌위치출력 (그래픽요소로 문자열로 출력)	

3 비전도구 배치

비전도구는 QuickBuild설명의 Job에 비전도구 추가내용을 참고하여 비전프로 배치표 및 해당표와 같이 순서대로 배치합니다.

도구명	비전 도구창	도구명	비전 도구창
컬러이미지 캡처	기본 비전도구	워크피스 검사 1,2	Geometry - Finding & Fitting CogFindCircleTool CogFindCornerTool CogFindEllipseTool **CogFindLineTool** CogFitCircleTool CogFitEllipseTool CogFitLineTool CogLineMaxTool
모노 이미지 변환	Image Processing CogAffineTransformTool CogCopyRegionTool CogHistogramTool CogImageAverageTool **CogImageConvertTool** CogImageSharpnessTool	기준선	Geometry - Creation CogCreateCircleTool CogCreateEllipseTool CogCreateGraphicLabelTool CogCreateLineBisectPointsTool CogCreateLineParallelTool CogCreateLinePerpendicularTool **CogCreateLineTool** CogCreateSegmentAvgSegsTool CogCreateSegmentTool
워크피스 검색	CogAcqFifoTool CogBeadInspectTool CogBlobTool CogCaliperTool CogCNLSearchTool CogDataAnalysisTool CogImageFileTool CogPatInspectTool CogPMAlignMultiTool **CogPMAlignTool** CogPMRedLineTool	교차검사1	Geometry - Intersection CogIntersectCircleCircleTool CogIntersectLineCircleTool CogIntersectLineEllipseTool CogIntersectLineLineTool CogIntersectSegmentCircleTool CogIntersectSegmentEllipseTool **CogIntersectSegmentLineTool** CogIntersectSegmentSegmentTool
좌표 변환	Calibration & Fixturing CogCalibCheckerboardTool CogCalibImageCorrectorTool CogCalibNPointToNPointTool CogFixtureNPointToNPointTool **CogFixtureTool**	화면출력 X,Y축	Geometry - Creation CogCreateCircleTool CogCreateEllipseTool **CogCreateGraphicLabelTool** CogCreateLineBisectPointsTool CogCreateLineParallelTool CogCreateLinePerpendicularTool CogCreateLineTool CogCreateSegmentAvgSegsTool CogCreateSegmentTool

4 비전도구 사용방법

Image Source, CogImageConvertTool를 이용한 모노이미지변환, CogPMAlignTool(패턴매칭), CogFixtureTool(좌표변환)을 이용한 워크피스 검색하는 과정은 앞에서 소개한 자료를 참고하기로 합니다.

1) 워크피스 경계 검사

"FindLineTool" 비전도구는 저정된 위치에서 직선경계를 찾는 비전도구입니다. 컨베이어벨트에서 벗어나는 워크피스를 찾기위해서 "CogFindLineTool"을 사용하여 워크피스에서 찾은 좌표를 기준좌표로 하여 화면 출력요소가 찾은 워크피스를 찾아갈 수 있도록 설정하겠습니다.

(1) 설정순서

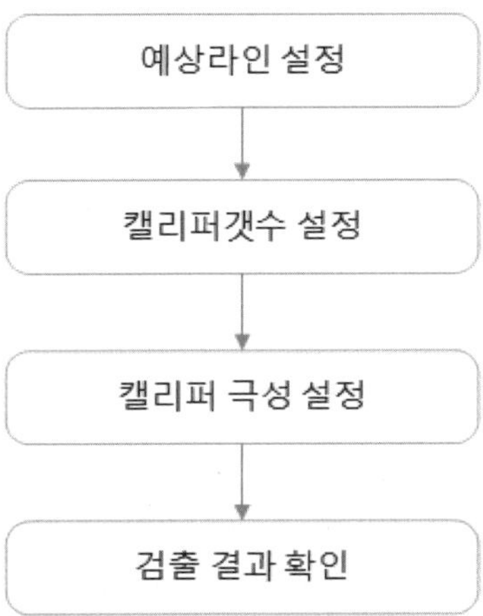

항목	설명
예상 라인 영역설정	찾을 위치가 포함될 수 있는 영역 설정
캘리퍼 갯수설정	캘리퍼의 방향 및 찾을 개수를 입력
캘리퍼 극성 설정	캘리퍼의 찾는 방향을 설정

(2) 설정방법

- 컨베이어를 벗어나는 부분이 아래쪽에 라인이 측정되도록 라인을 설정합니다.
  - 검사할 ROI를 설정하기 위해 화면 출력요소로 설정합니다.
  - 워크피스검색에서 찾은 위치로 좌표를 이동하기 위해 미리 설정한 Fixture를 선택합니다.
  - 워크피스 상단에 캘리퍼가 적절히 배치될 수 있도록 위치를 지정합니다.
  - 캘리퍼의 검색 길이 및 프로젝션 길이를 설정하여 다른 위치와 영향을 받지 않도록 설정합니다.

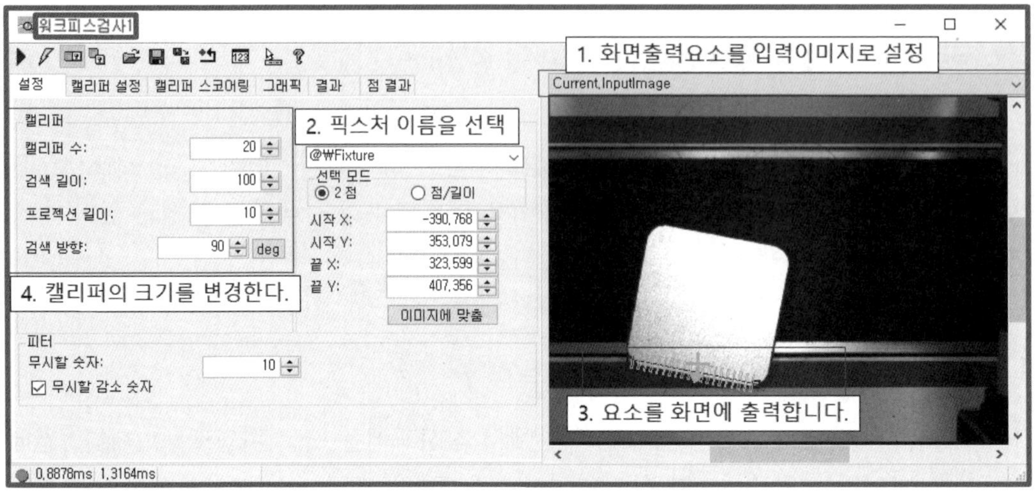

– 다음은 캘리퍼 검사 방법을 설정하겠습니다.

- 출력 이미지로 변경 후 검사결과를 확인합니다.
- 제어 버튼의 번개 모양 버튼을 클릭하여 설정된 값이 바로 반영되도록 합니다.
- 에지모드를 단일 에지로 설정하고 극성을 캘리퍼의 방향에 맞추어 밝은색→어두운색으로 설정합니다.
- 캘리퍼가 제대로 위치를 못 찾을 시 대비 임계값을 증가시켜 올바른 위치가 찾아질 수 있도록 합니다.

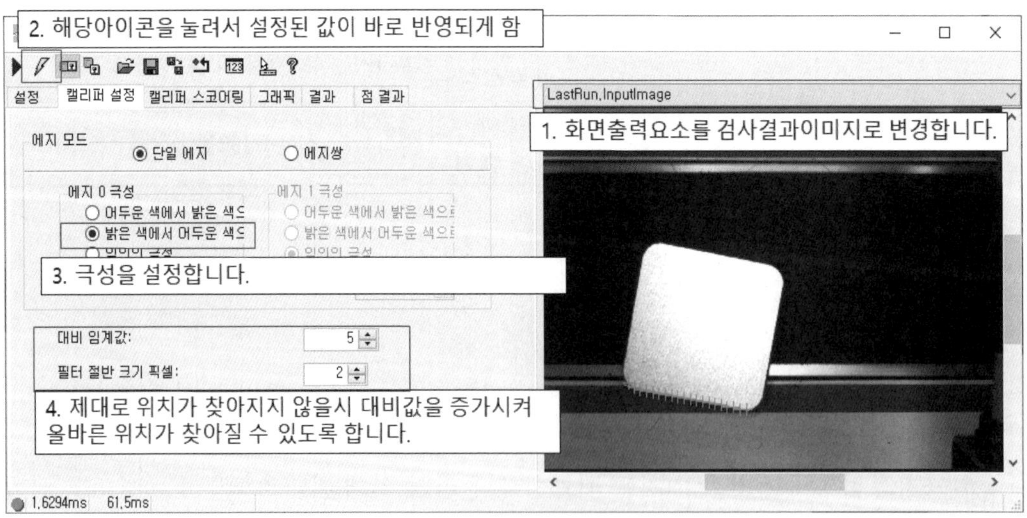

– 다음은 결과를 확인합니다. "결과"탭으로 이동하여 워크피스의 위치와 각도값을 확인하고 편집창을 종료합니다.

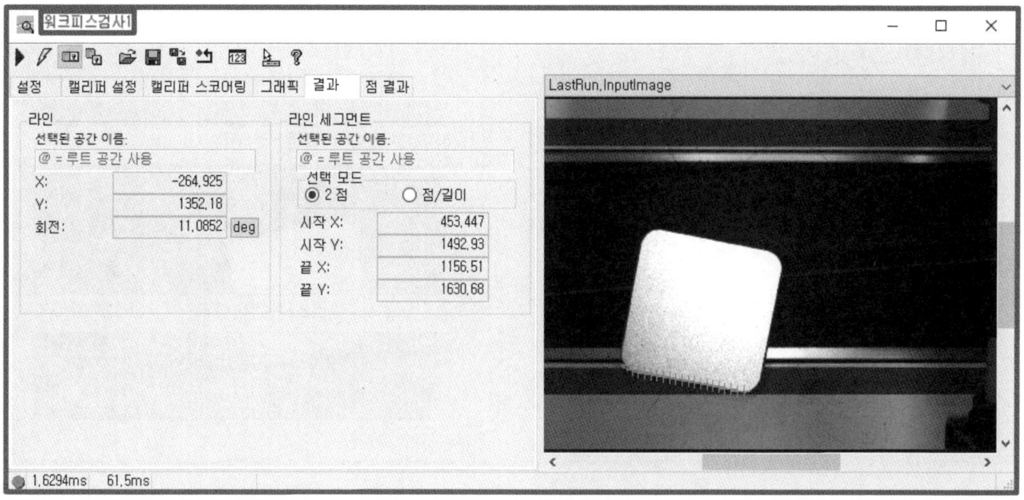

6) 측정라인 생성

"CreateLineTool" 비전도구는 사용자 정의 라인을 추가하는 기능입니다. 해당 라인은 추후 워크의 하단면의 충돌을 체크하기 위해 추가합니다.

(1) 설정순서

라인위치 등록

항목	설명
라인위치 등록	원하는 라인의 위치 및 각도를 설정합니다.

(2) 설정방법

- 원하는 라인의 각도 및 위치를 설정합니다. 설정방법은 다음과 같습니다.
  - 설정탭으로 이동합니다.
  - 화면출력요소를 입력 이미지로 설정합니다.
  - 사용자가 원하는 위치로 선을 배치합니다.

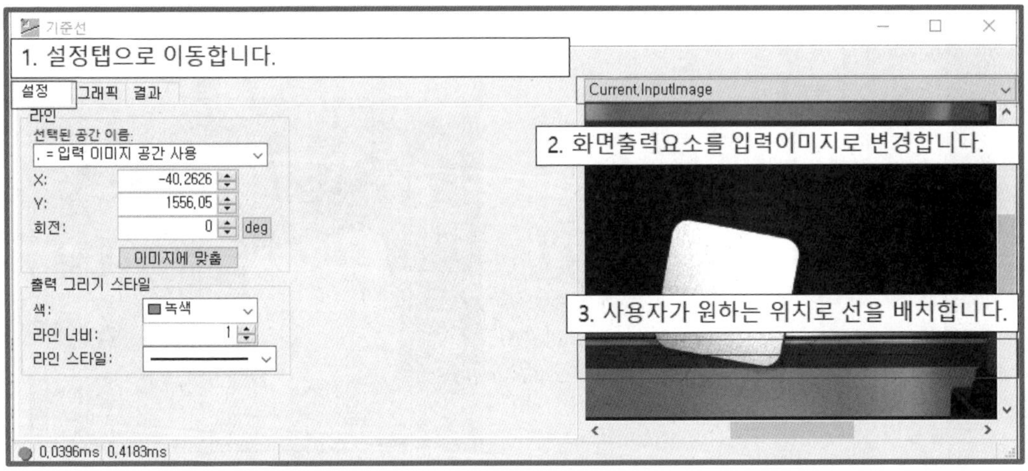

– 출력화면을 통해서 해당선이 출력됨을 확인후 도구설정을 마무리 합니다.

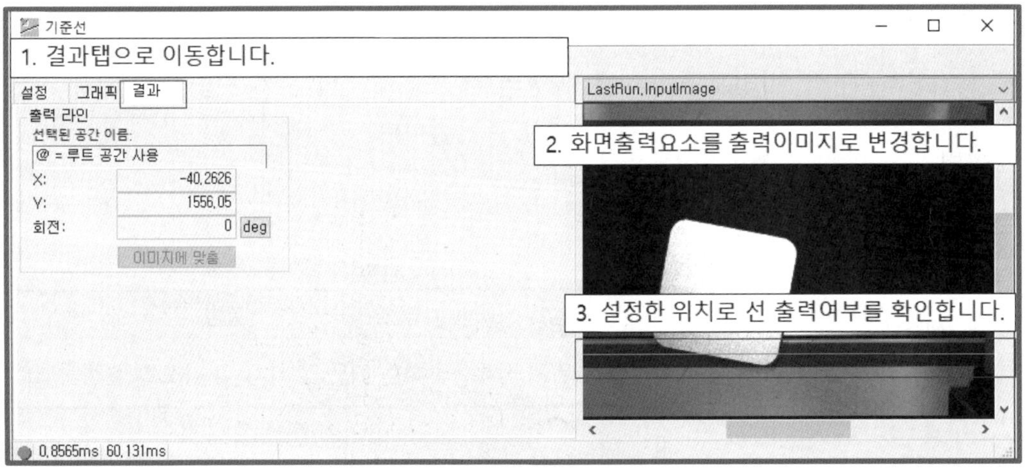

7) 충돌확인 검사

– "CogIntersectSegmentLineTool" 비전도구는 사용하여 워크피스 하부가 설정한 라인에 충돌하는지 검사합니다.

(1) 설정순서

– 아래 그림과 같이 충돌체크("IntersectSegmentLineTool") 측정할 라인을 입력 파라미터에 연결합니다.

(2) 설정방법

– CogFixtureTool의 OutputImage, CogFindLineTool의 Segment 그리고

CogCreateLineTool의 GetOutputLine() 출력 Line을 충돌체크 입력으로 그림과 같이 연결합니다. CogFixtureTool의 OutputImage를 입력으로 사용하지않고 CogImageConverterTool의 출력을 사용해서 됩니다.

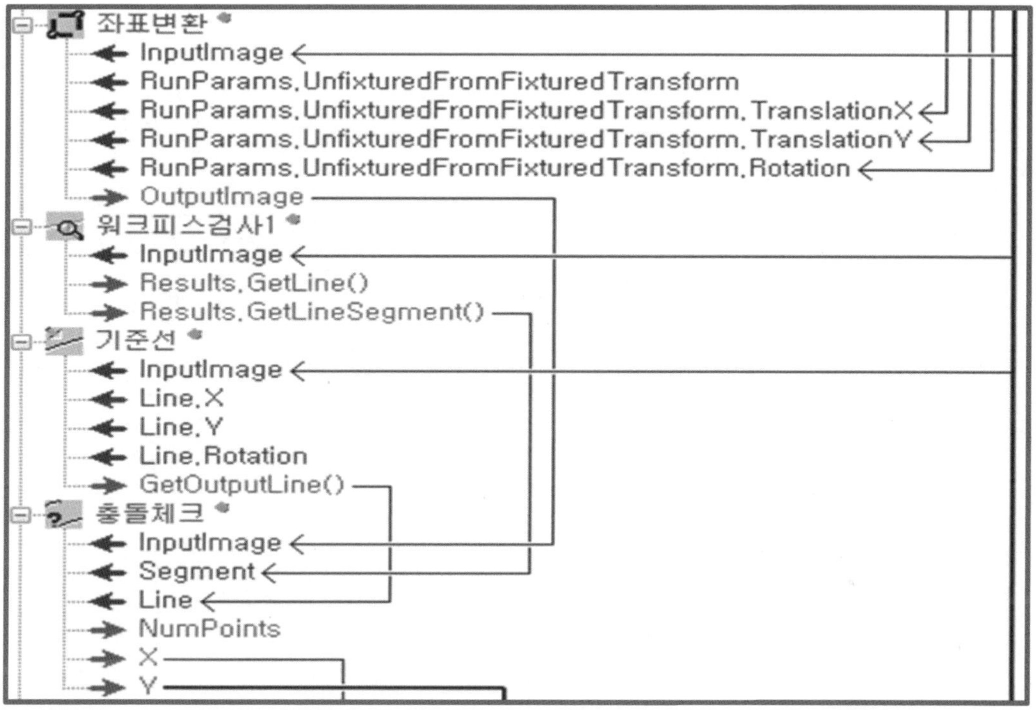

– 결과 탭에 들어가서 교차 여부, 교차 각도, 교차 위치를 확인하고 설정창을 닫습니다.

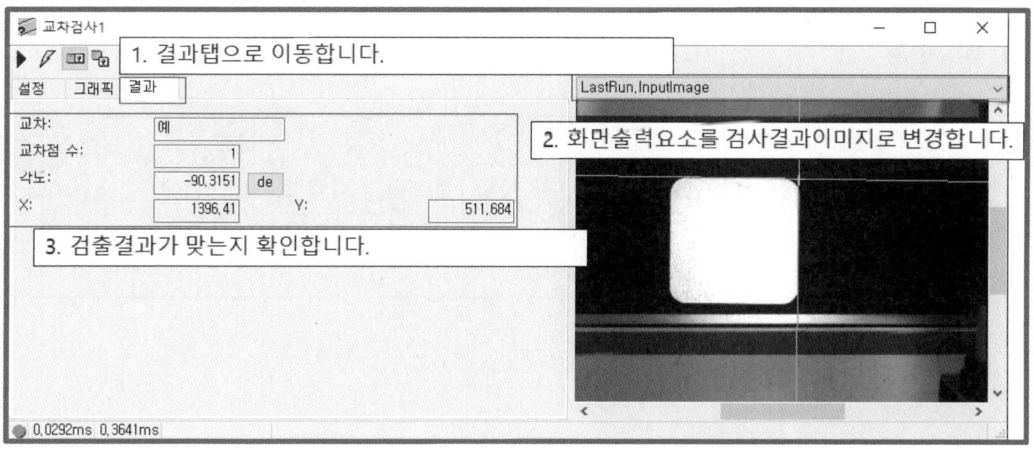

8) 그래픽 라벨 출력

그래픽 라벨 출력은 그림과 같이 특정한 위치에 비전도구의 측정 결과를 화면에 출력하는 역할을 합니다. 비전도구의 결과를 화면에 출력함으로써 사용자는 결과를 판단할 수 있게 됩니다.

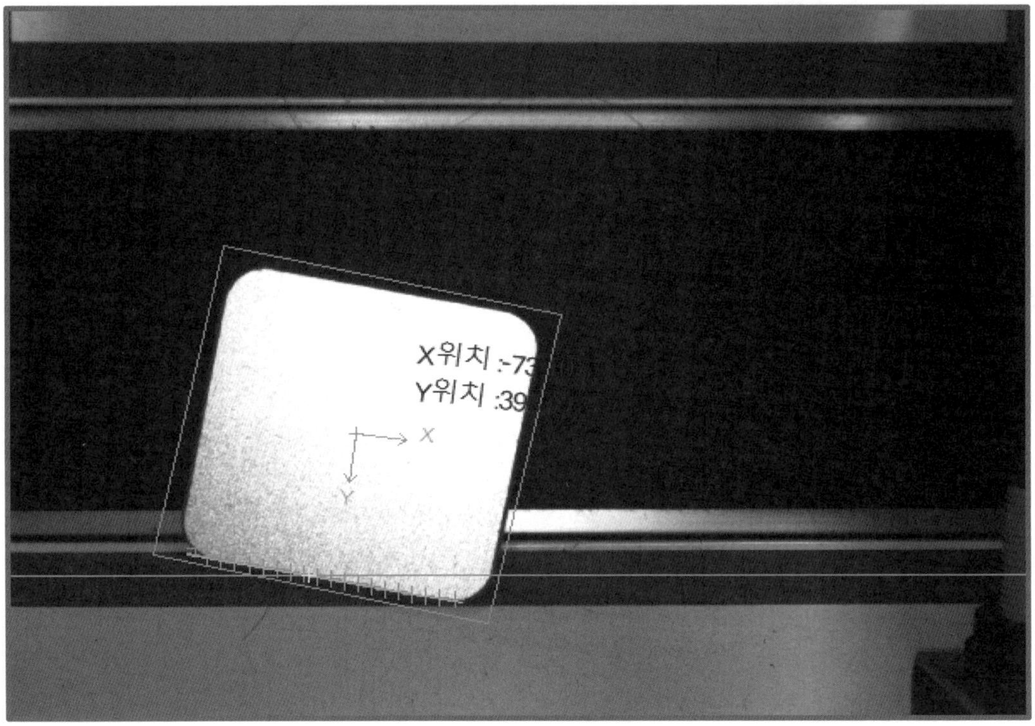

(1) 설정순서

출력 문자 등록

↓

출력위치 등록

항목	설명
출력문자 등록	출력할 문자열 및 색상정보를 설정합니다.
출력위치 등록	문자열이 출력될 위치를 설정합니다.

(2) 설정방법

- 그래픽라벨링 도구에 출력할 위치값은 검출된 위치에 따라서 동적으로 변하게 됩니다. 그래서 고정된 문자열이 아닌 검사 도구에 결과값을 그래픽라벨링 도구 입력 파라메타에 연결해야 합니다.

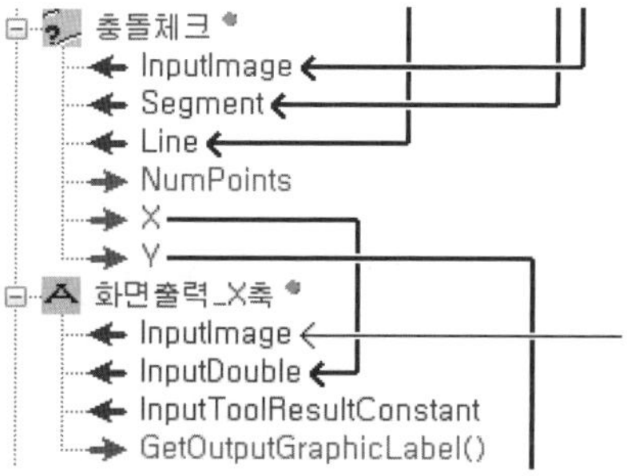

CogCreateGraphicLabelTool입력파라메타

항목	설명
Label.X,LabelY	화면에 출력할 위치
Text,Boolean ,Double,Integer	포맷에 맞는 입력 받는값 출력타입에 맞게 입력받아야함

화면출력_X축을 더블 클릭하여 편집창으로 진입합니다. 표와 같이 출력할 문자열을 입력하겠습니다.

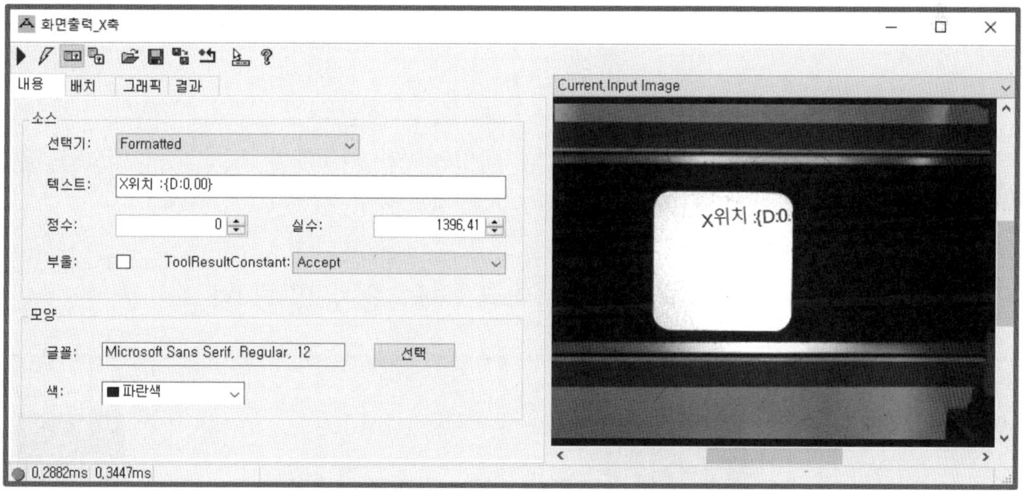

비전도구마다 입력할 문자열은 다음과 같습니다.

비전도구	내용
화면출력_X축	X위치 :{D:0.00}
화면출력_Y축	Y위치 :{D:0.00}

– 배치탭에 들어가서 선택된 공간 이름을 이전에 설정한 Fixture를 설정하고 중심부위와 가까운 위치로 좌표를 설정하고 편집창을 닫습니다.

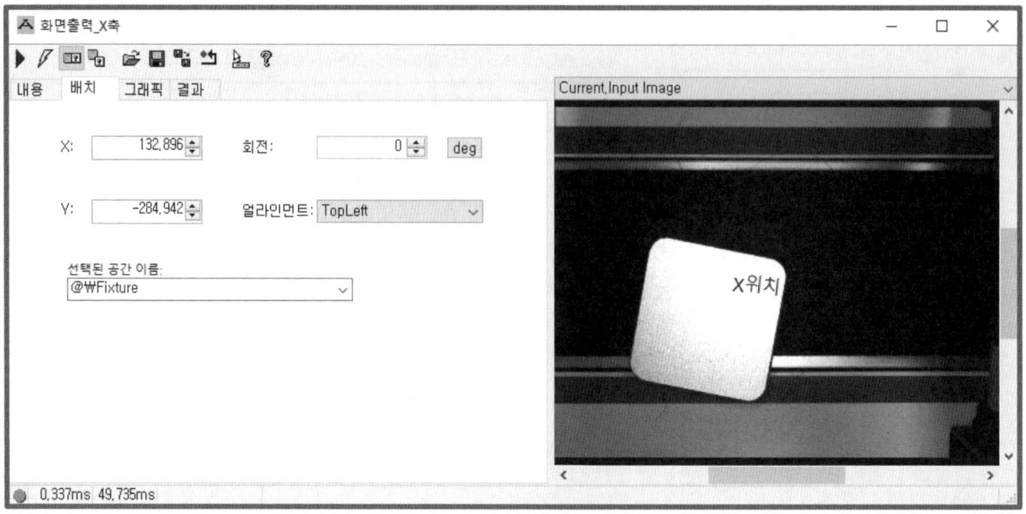

5 결과

화면과 같이 상단의 X위치와 Y위치가 출력됨을 확인할 수 있습니다.

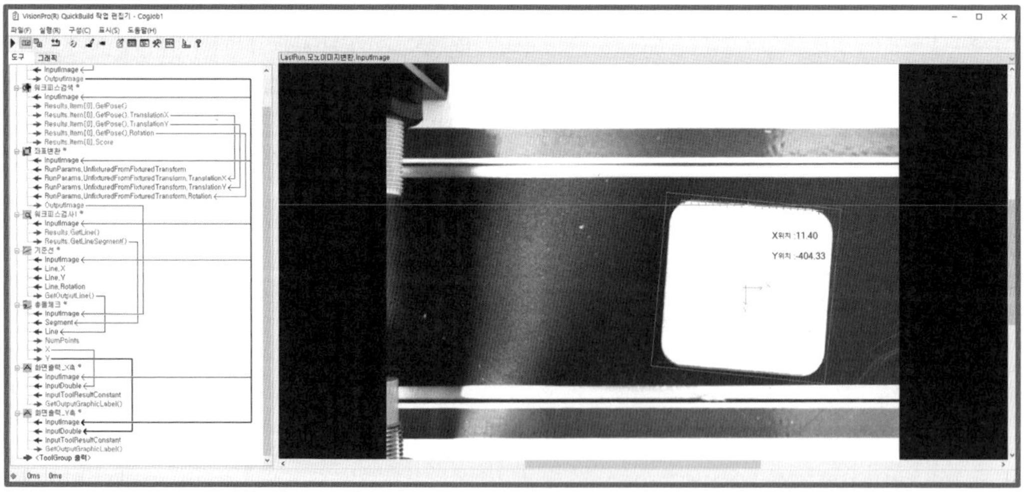

6 워크피스가 Circle 형태인 경우

전체적인 작업 순서는 다름 그림과 같습니다.

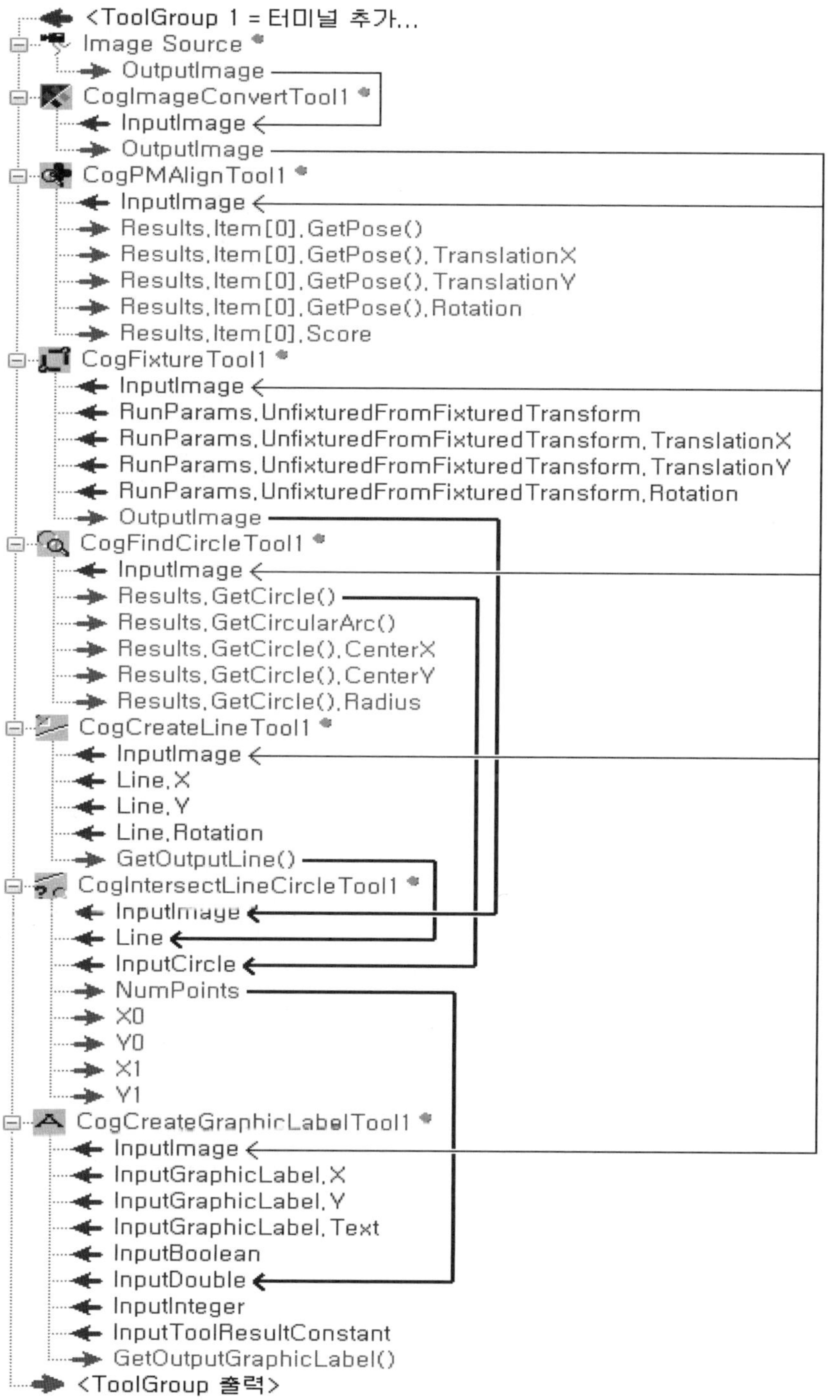

① CogPMAlingnTool의 설정 내용입니다. 트레인 이미지 그랩 및 트레인 영역 및 원점의 과정을 통한다음 트레인 하면 됩니다.

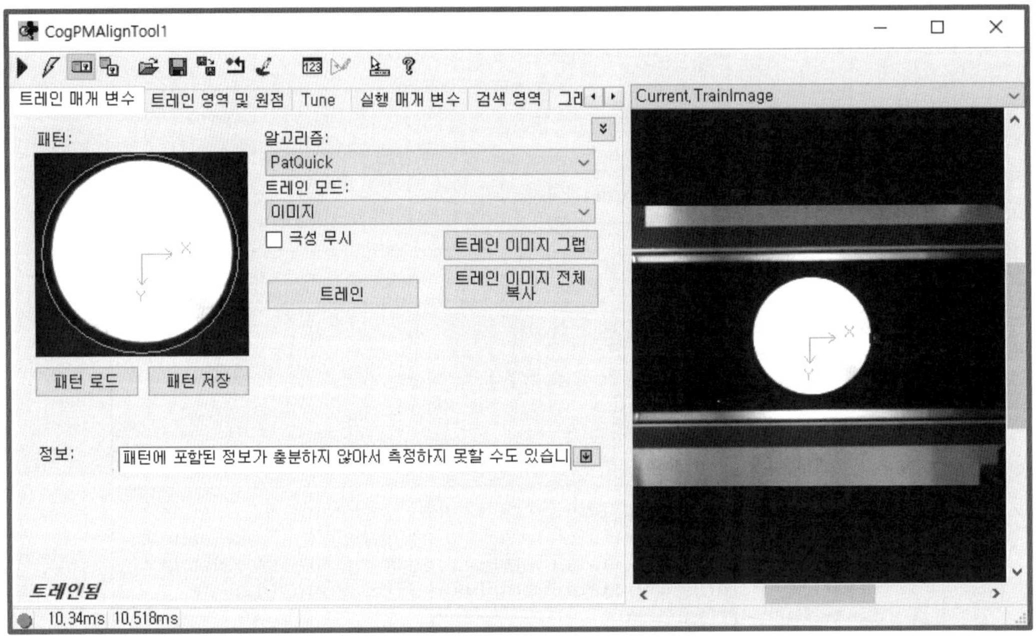

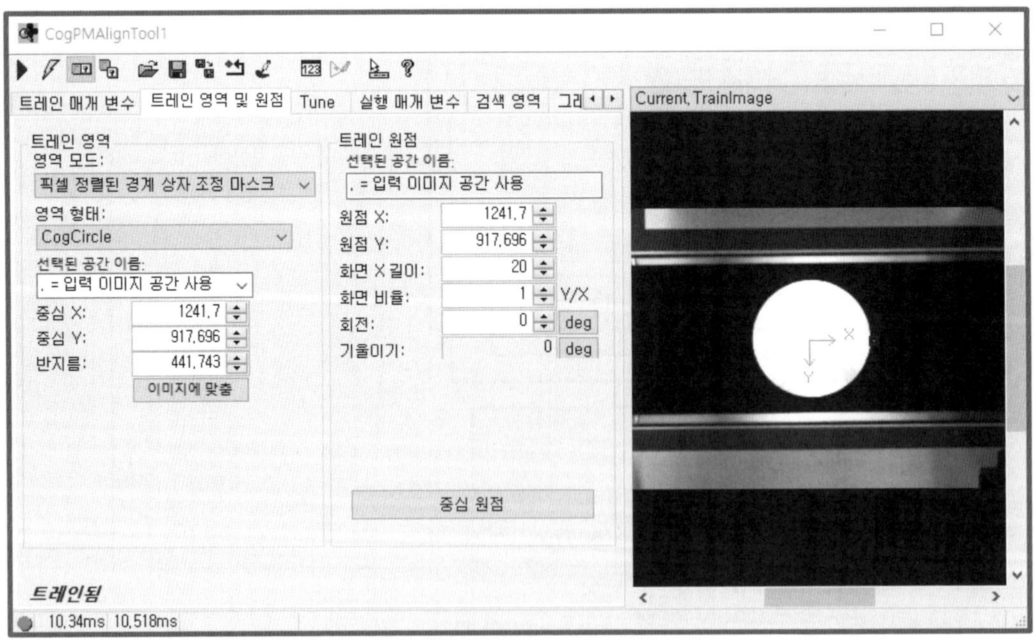

② CogFixtureTool에서 픽스처된 공간의 이름을 정해주면 됩니다.

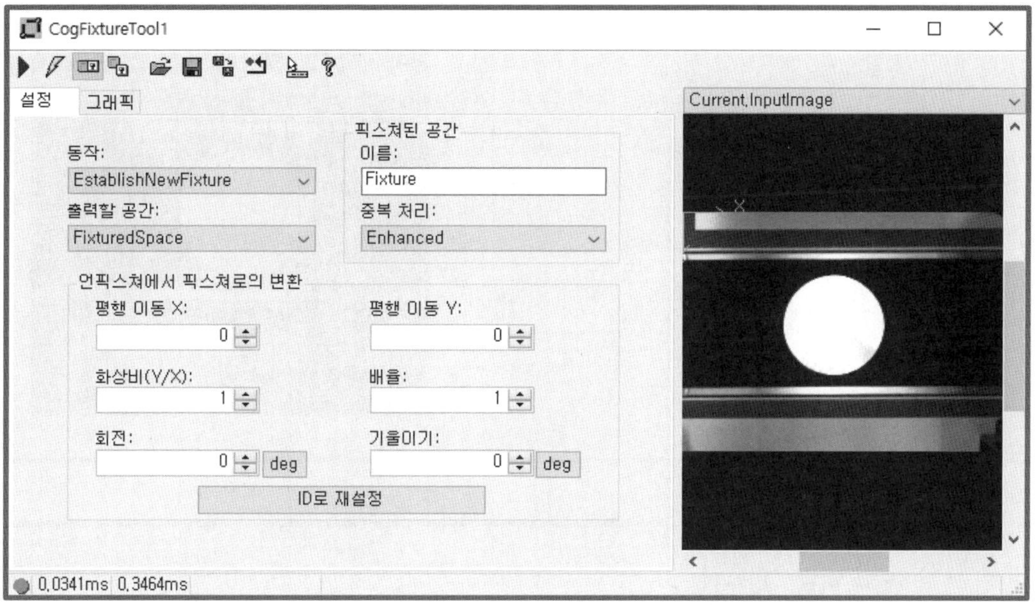

③ CogFindCircleTool에서 캘리퍼 관련 파라메터를 설정합니다.

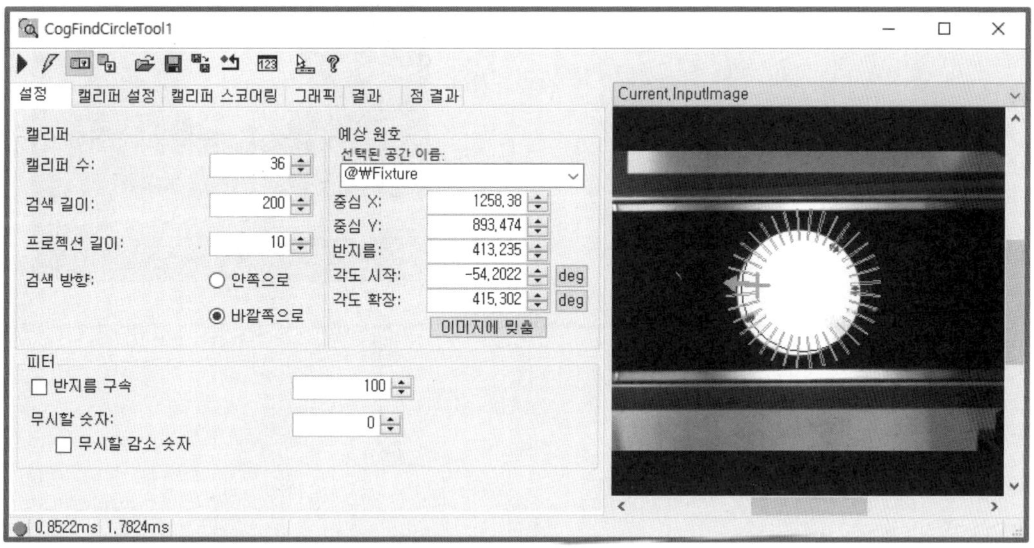

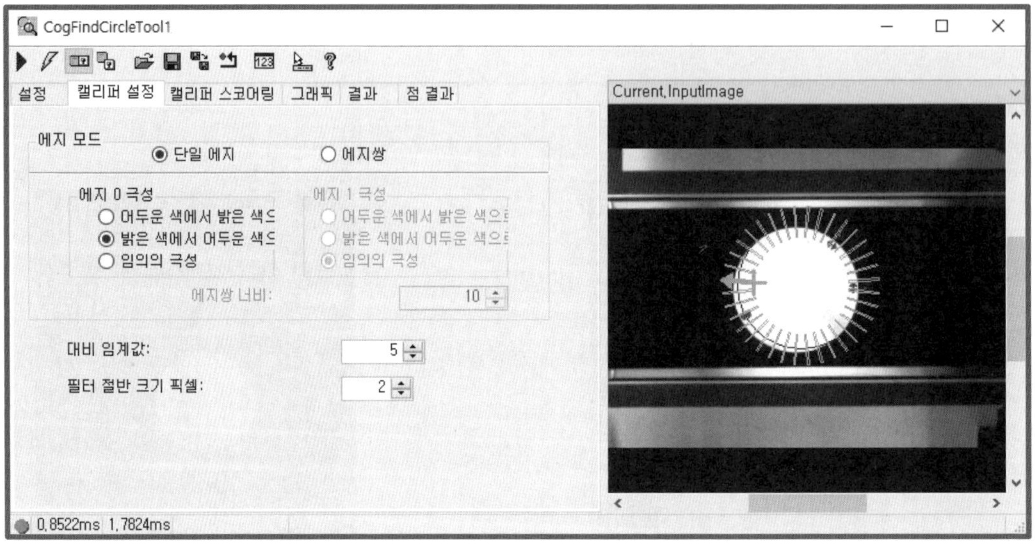
CogFindCircleTool1
설정
캘리퍼 설정
캘리퍼 스코어링
그래픽
결과
점 결과
Current.InputImage
에지 모드
단일 에지
에지쌍
에지 0 극성
어두운 색에서 밝은 색으
밝은 색에서 어두운 색으
임의의 극성
에지 1 극성
에지쌍 너비:
10
대비 임계값:
5
필터 절반 크기 픽셀:
2
0.8522ms 1.7824ms

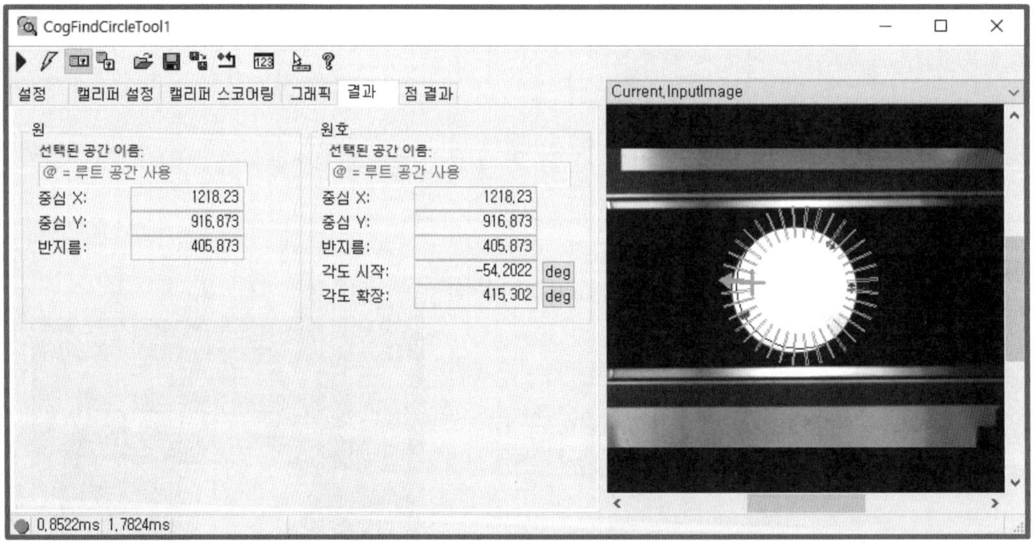
CogFindCircleTool1
설정
캘리퍼 설정
캘리퍼 스코어링
그래픽
결과
점 결과
Current.InputImage
원
선택된 공간 이름:
@ = 루트 공간 사용
중심 X: 1218.23
중심 Y: 916.873
반지름: 405.873
원호
선택된 공간 이름:
@ = 루트 공간 사용
중심 X: 1218.23
중심 Y: 916.873
반지름: 405.873
각도 시작: -54.2022 deg
각도 확장: 415.302 deg
0.8522ms 1.7824ms

④ CogCreateLineTool에서 선택된 공간이름을 Fixture로 선택한후 Fixture를 기준으로 기준선을 배치합니다.

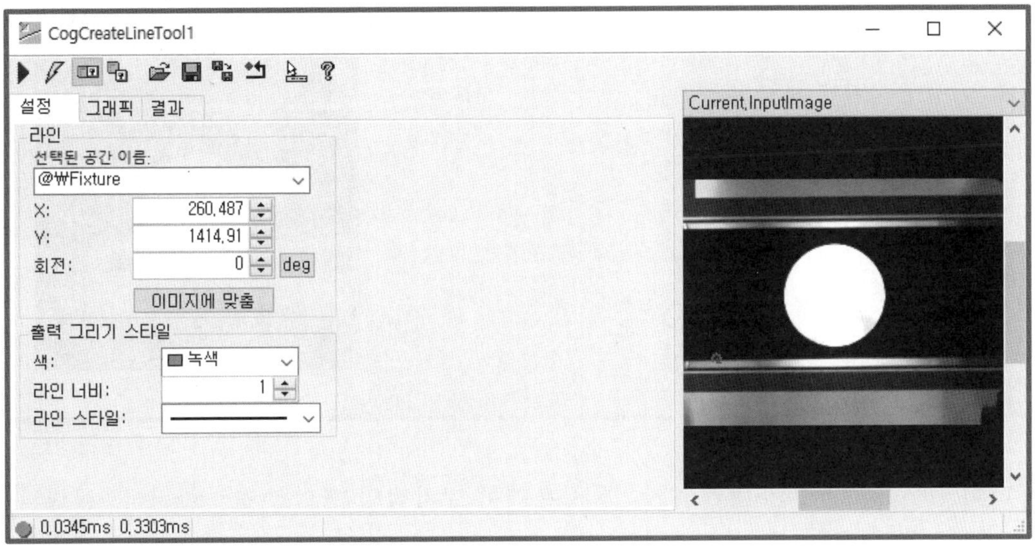

⑤ CogIntersectLineTool에서 설정과 결과를 확인할 수 있습니다. 여기서 선택된 공간이름을 앞에서와 같이 Fixture로 하더라도 동작하면 그림과 같이 "루트 공간 사용"으로 바뀌게됩니다. 결과에는 변화가 없습니다.

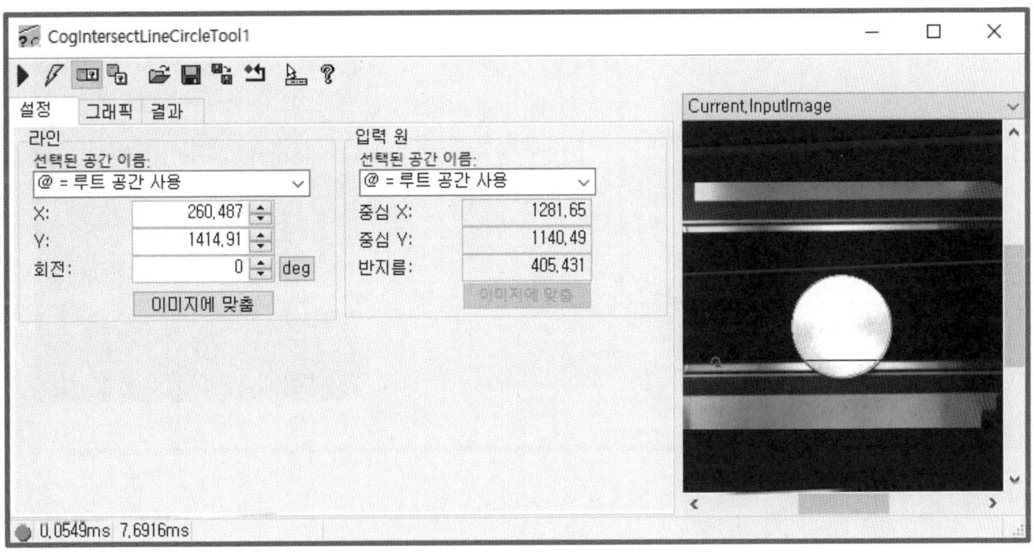

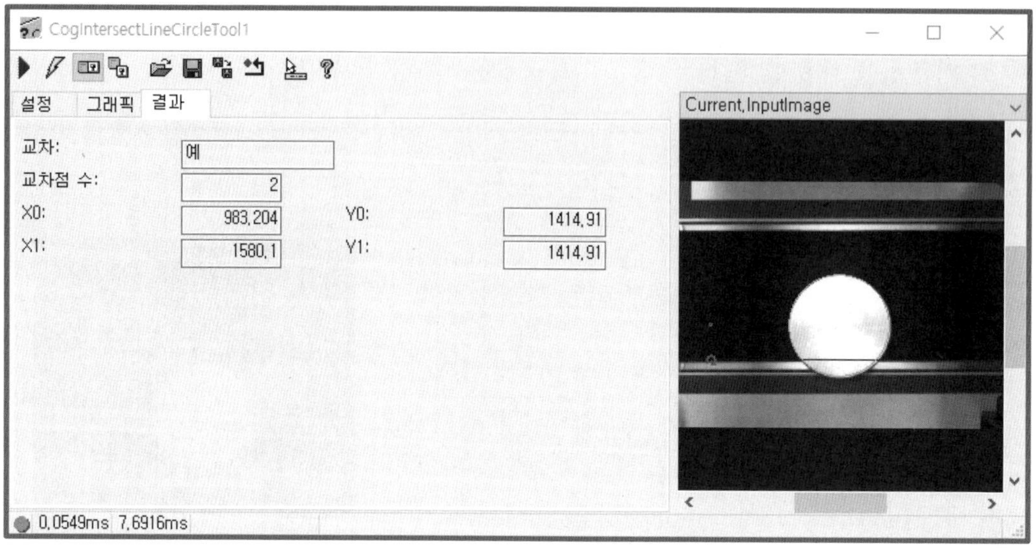

⑥ CogCreateGraphicLabelTool를 사용해서 교차점의 개수를 출력합니다. 선택된 공간이름은 Fixture를 선택합니다.

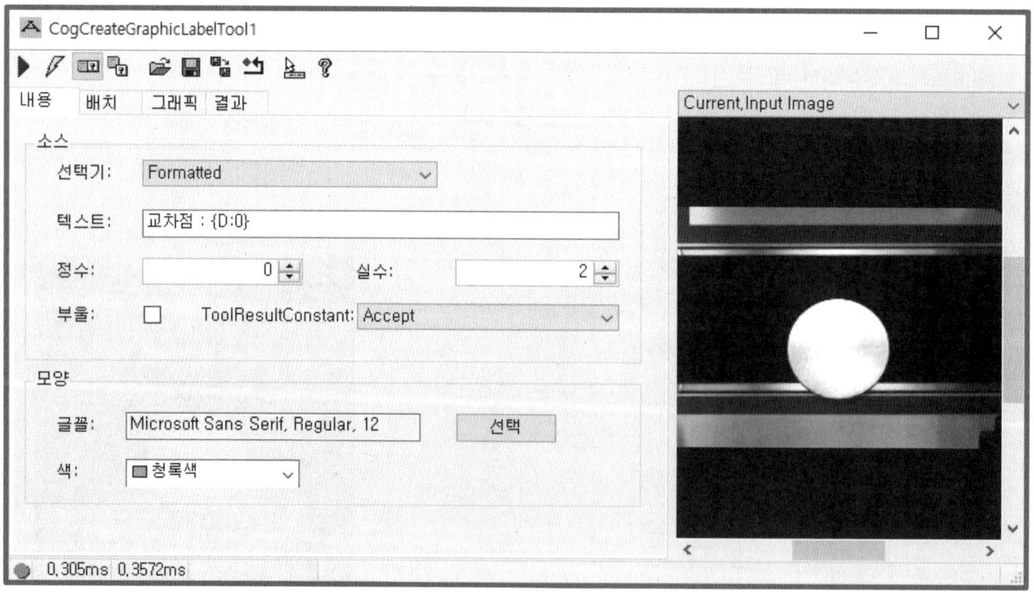

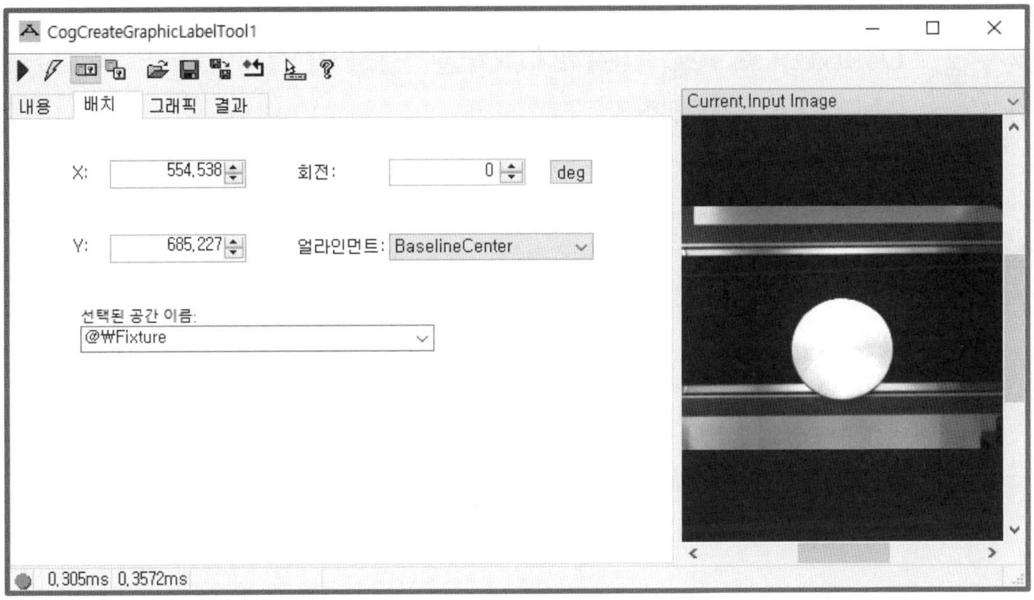

⑦ 전체 결과입니다.

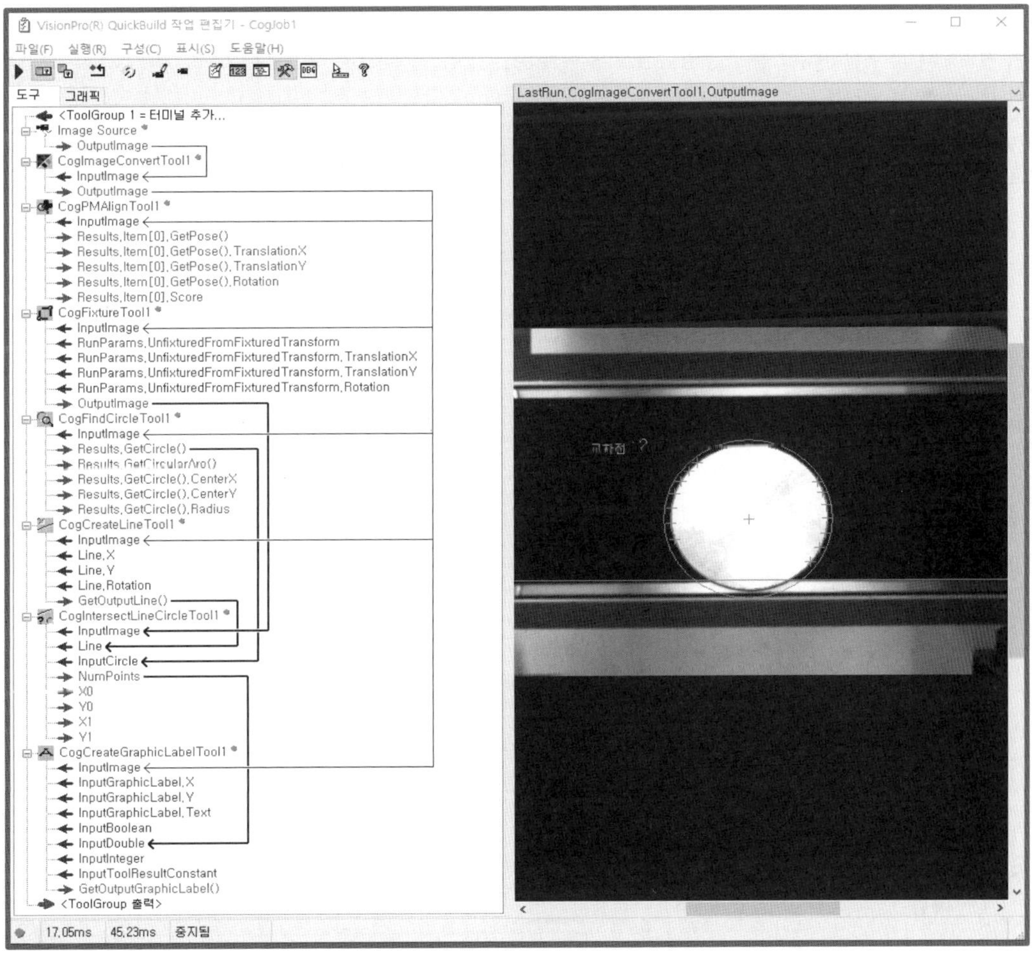

Ex09 DistanceSegmentTool을 이용하여 워크피스 길이측정

1 개요

"DistanceSegmentTool" 비전도구는 세그먼트와 라인의 거리를 측정합니다. 해당 기능은 특정사물의 길이 및 떨어진 거리를 검출하기 위해 사용합니다. 해당 예제에서는 사각형 워크피스의 대칭되는 면간의 길이를 측정하기 위해 사용합니다. 또한 한면을 정확하게 측정하기위해서 간단한 예제를 통해서 문제해결 방법을 제시합니다.

2 시나리오

이번 챕터의 시나리오는 "DistanceSegmentTool"을 이용하여 사각형 워크피스의 코너 위치를 검출하겠습니다.

플로우	비전도구 배치
ImageSource 컬러 이미지캡처 ↓ 모노이미지변환 (컬러이미지를 모노이미지로 변환) ↓ 워크피스검색 (패턴을 등록하고 패턴중심점 검색) ↓ 워크피스위치좌표변환 (찾은위치의 좌표변환) ↓ 워크피스상단, 하단 경계찾기 (FindLine툴로 경계찾기) ↓ 워크피스 상,하단 거리 측정 ↓ 워크피스 출돌위치출력 (그래픽요소로 문자열로 출력)	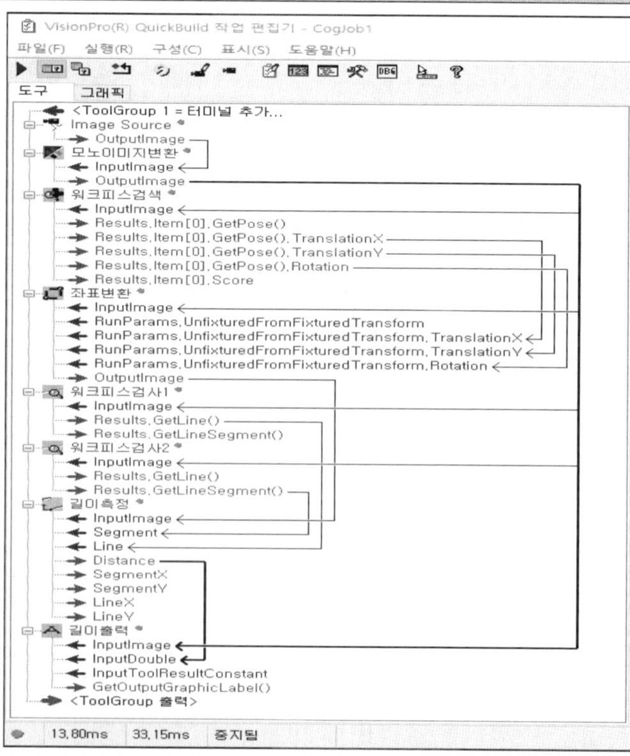

3 비전도구 배치

비전도구는 QuickBuild설명의 Job에 비전도구 추가내용을 참고하여 비전프로 배치표 및 해당표와 같이 순서대로 배치합니다.

도구명	비전 도구창	도구명	비전 도구창
컬러이미지 캡처	기본 비전도구	워크피스 검사1,2	Geometry - Finding & Fitting CogFindCircleTool CogFindCornerTool CogFindEllipseTool **CogFindLineTool** CogFitCircleTool CogFitEllipseTool CogFitLineTool CogLineMaxTool
모노 이미지 변환	Image Processing CogAffineTransformTool CogCopyRegionTool CogHistogramTool CogImageAverageTool **CogImageConvertTool** CogImageSharpnessTool	거리측정	Geometry - Measurement CogAngleLineLineTool CogAnglePointPointTool CogDistanceCircleCircleTool CogDistanceLineCircleTool CogDistanceLineEllipseTool CogDistancePointCircleTool CogDistancePointEllipseTool CogDistancePointLineTool CogDistancePointPointTool CogDistancePointSegmentTool CogDistanceSegmentCircleTool CogDistanceSegmentEllipseTool **CogDistanceSegmentLineTool** CogDistanceSegmentSegmentTool
워크피스 검색	CogAcqFifoTool CogBeadInspectTool CogBlobTool CogCaliperTool CogCNLSearchTool CogDataAnalysisTool CogImageFileTool CogPatInspectTool CogPMAlignMultiTool **CogPMAlignTool** CogPMRedLineTool	화면출력 X,Y축	Geometry - Creation CogCreateCircleTool CogCreateEllipseTool **CogCreateGraphicLabelTool** CogCreateLineBisectPointsTool CogCreateLineParallelTool CogCreateLinePerpendicularTool CogCreateLineTool CogCreateSegmentAvgSegsTool CogCreateSegmentTool
좌표 변환	Calibration & Fixturing CogCalibCheckerboardTool CogCalibImageCorrectorTool CogCalibNPointToNPointTool CogFixtureNPointToNPointTool **CogFixtureTool**		

4 비전도구 사용방법

Image Source, CogImageConvertTool를 이용한 모노이미지변환, CogPMAlignTool (패턴매칭), CogFixtureTool(좌표변환)을 이용한 워크피스 검색하는 과정은 앞에서 소개한 자료를 참고하여 작업 합니다.

1) 워크피스 상단 경계 검사

“CogFindLineTool” 비전도구사용법에 대해서는 앞에서 소개하였습니다. 따라서 여기서는 간단히 절차만 소개하도록 하겠습니다. 상단과 하단의 거리를 측정하기위한 작업이므로 각각에 대한 설정을 그림으로 소개하겠습니다.

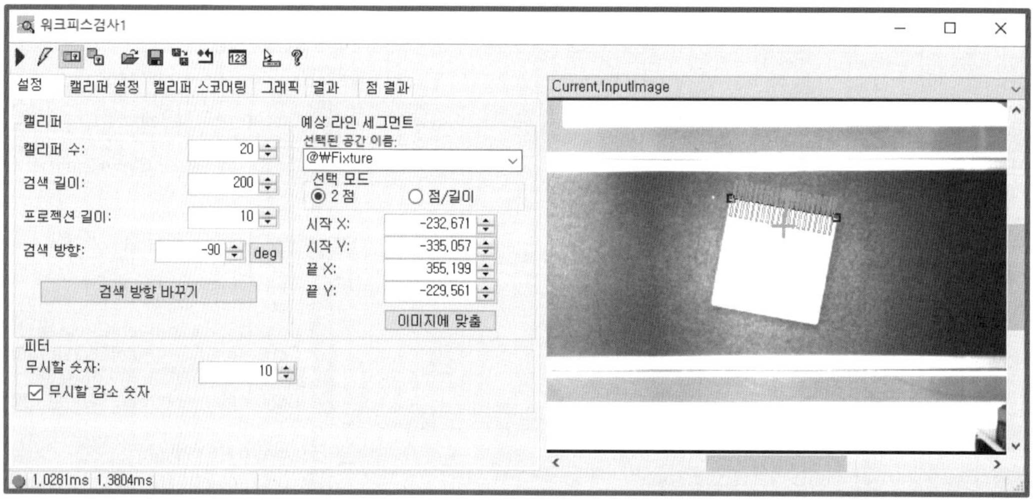

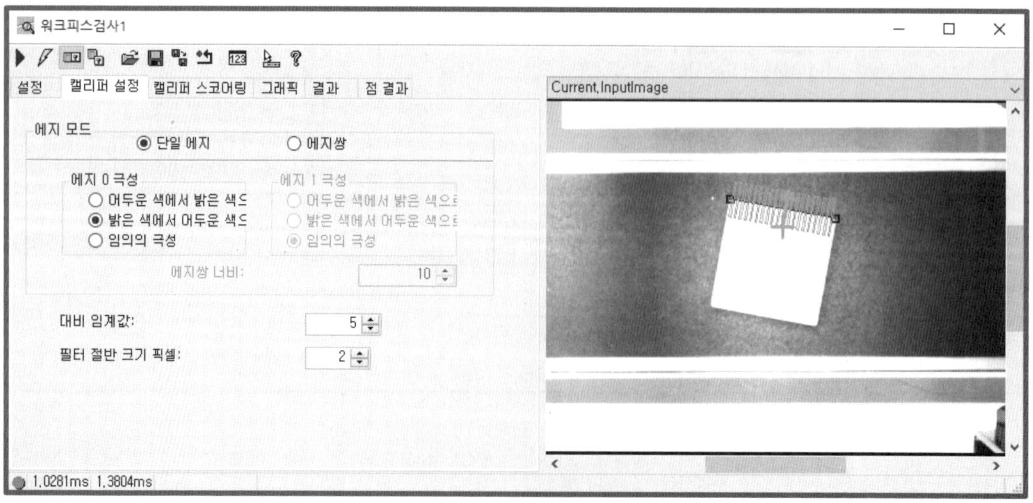

2) 워크피스 하단 경계 검사

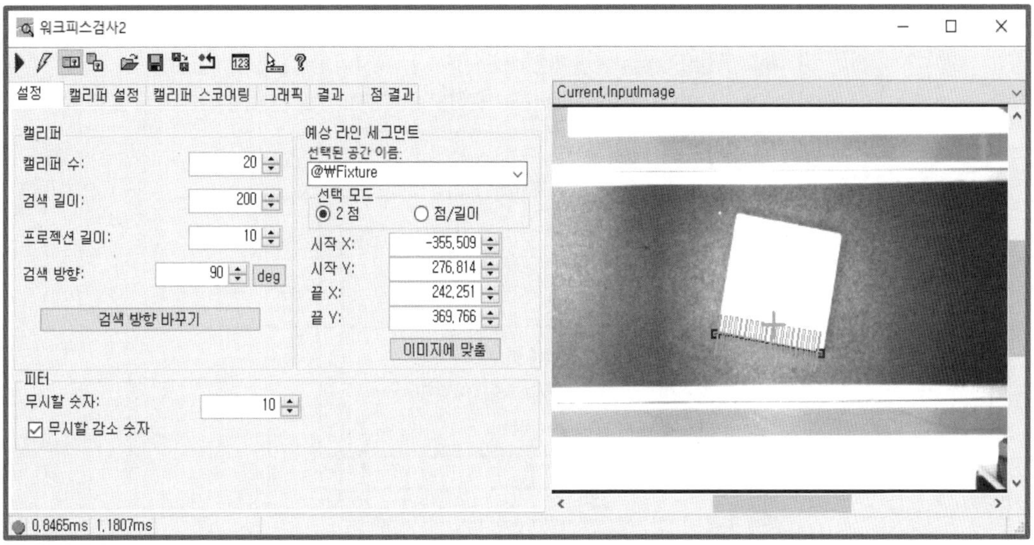

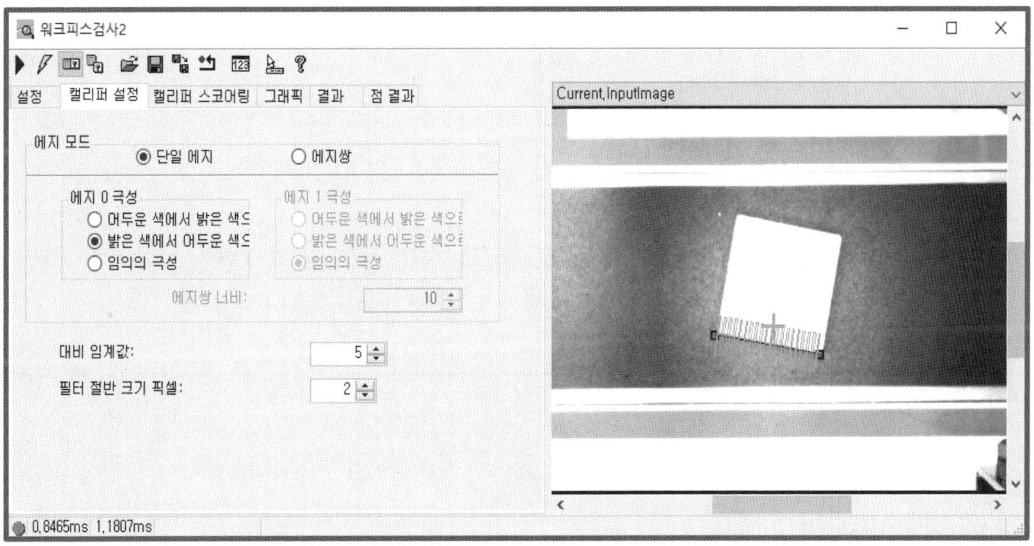

3) 길이측정

"DistanceSegmentLineTool" 비전도구는 사용하여 워크피스 하부가 설정한 라인에 충돌하는지 검사합니다.

(1) 설정순서

- 길이측정을 위한 할 "DistanceSegmentLineTool"의 입력라인을 그림과 같이 워크피스검사의 출력 Line을 교차검사 입력파라미터에 연결합니다.

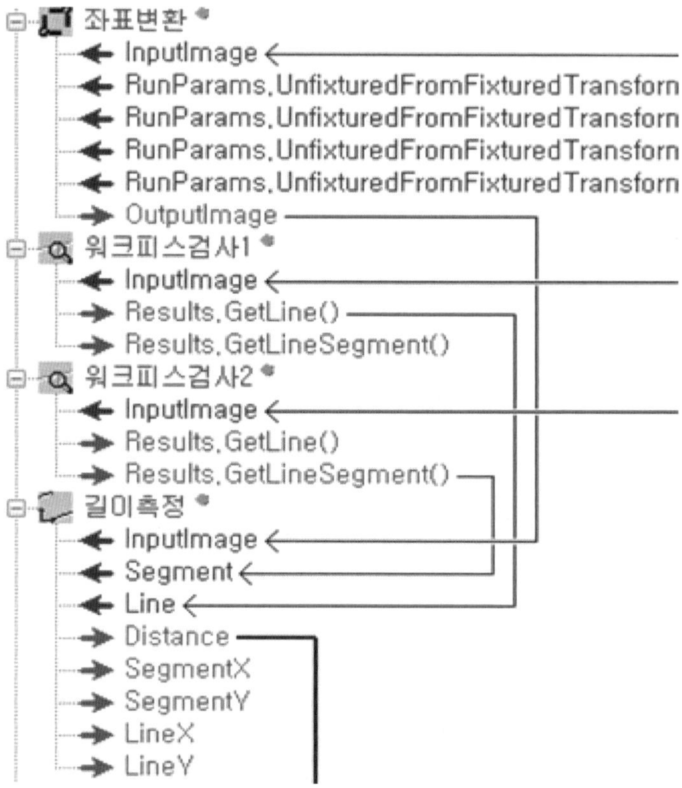

(2) 화면출력 요소를 “LastRun.InputImage”로 선택하고 결과 탭에 들어가서 거리 및 검출영역이 적절하게 검출되었는지 확인후 설정창을 닫습니다.

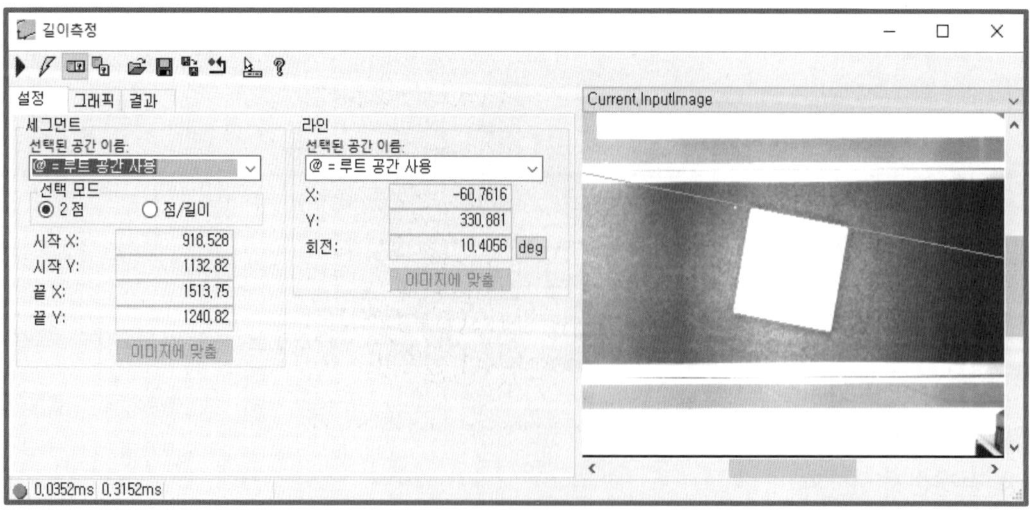

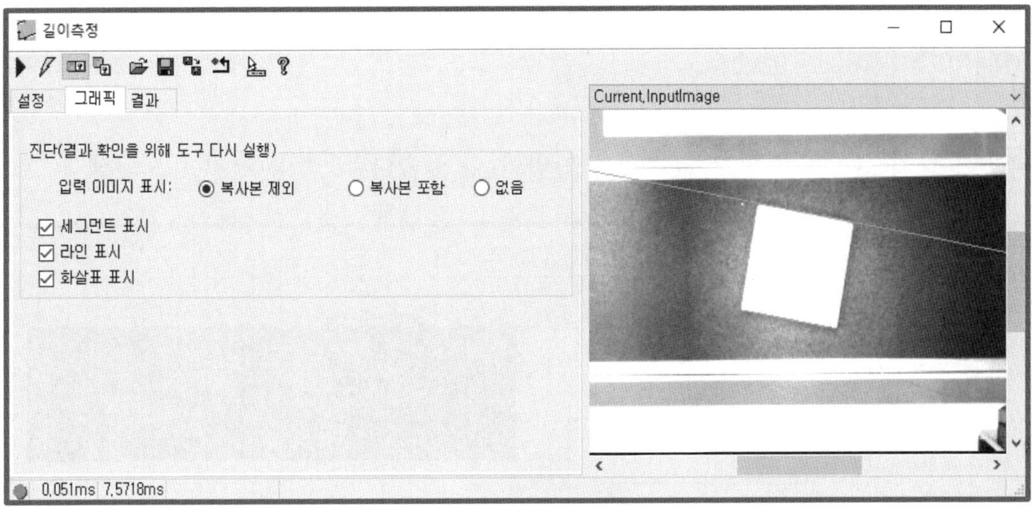
길이측정
설정
그래픽
결과
진단(결과 확인을 위해 도구 다시 실행)
입력 이미지 표시:
복사본 제외
복사본 포함
없음
세그먼트 표시
라인 표시
화살표 표시
Current.InputImage
0.051ms 7.5718ms

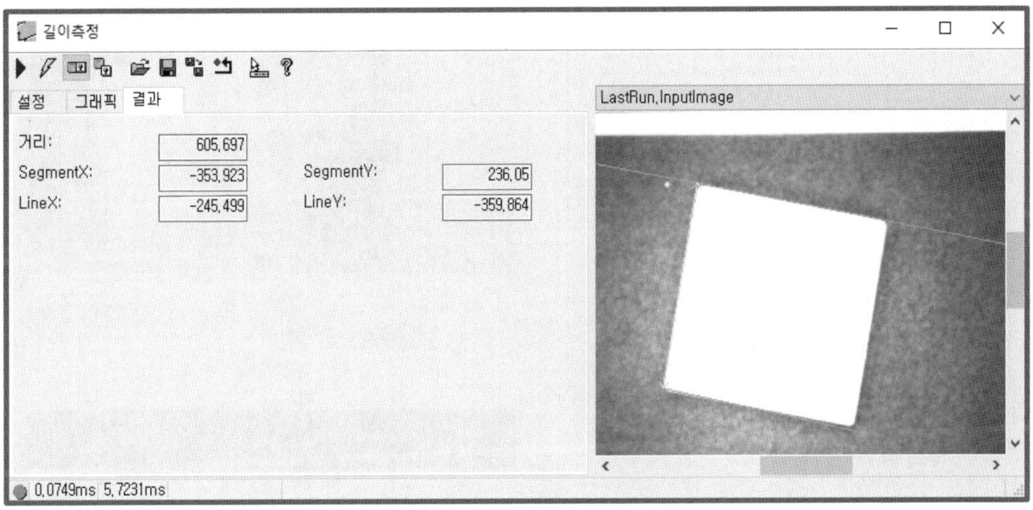
길이측정
설정
그래픽
결과
거리:
605.697
SegmentX:
-353.923
SegmentY:
236.05
LineX:
-245.499
LineY:
-359.864
LastRun.InputImage
0.0749ms 5.7231ms

5 결과

화면과 같이 상단의 각도가 출력됨을 확인할 수 있습니다. 측정 거리는 노란색

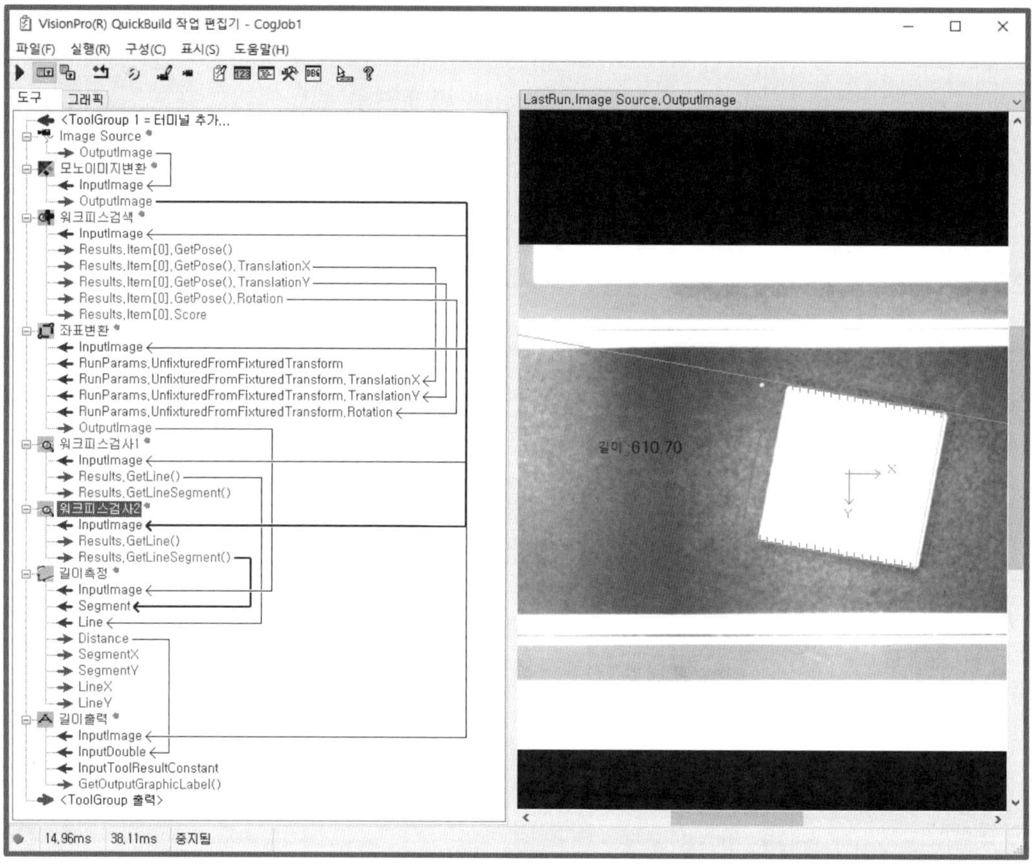

6 워크피스 길이 측정시 문제점 해결방법

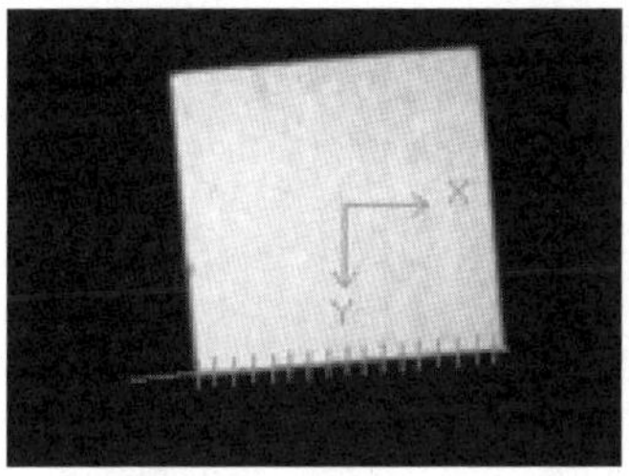

좌측 사진과 같은 워크피스의 아래면의 길이를 측정해 보도록 하겠습니다. "DistanceSegmentTool" 비전도구에서 Distance가 앞에 접두어로 있는경우의 도구들은 거리를 측정하는 기능이 있습니다. 앞에서 설명한 바와 같이 거리를 측정할 경우 측정하고자하는 정확한 위치를 작업자가 찾기에는 한계가 있습니다. 단지 사용방법을 익힌정도라면 만족할 수 있을것입니다. 그러나 실무에 적용하기에는 이부분에서는 부족한 부분이 있기에 추가적으로 정확하게 측정할 수 있는 방법을 제시하여 학습하도록 하겠습니다.

1) 길이 측정시 발생하기 쉬운 문제점

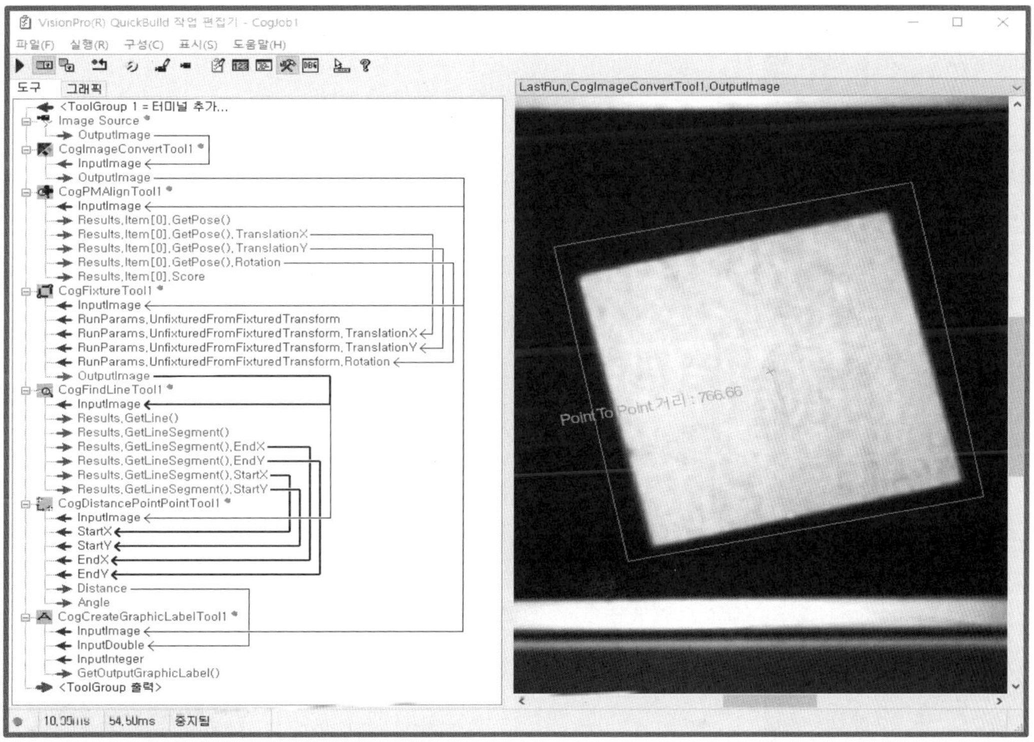

위의 그림에서 소개한바와 같이 작업할 경우 아래 그림과 같은 오류가 발생합니다. 캘리퍼가 위치하는 길이에따라서 "FindLineTool"이 찾아내는 선이 길어지거나 짧아지게됩니다. 이결과 캘리퍼의 배치 상황에따른 오류가 그대로 결과에 반영되어 출력하게됨으로 이 오류를 잡기위해서는 조금은 복잡하지만 도구를 추가해서 작업을 해줘야합니다.

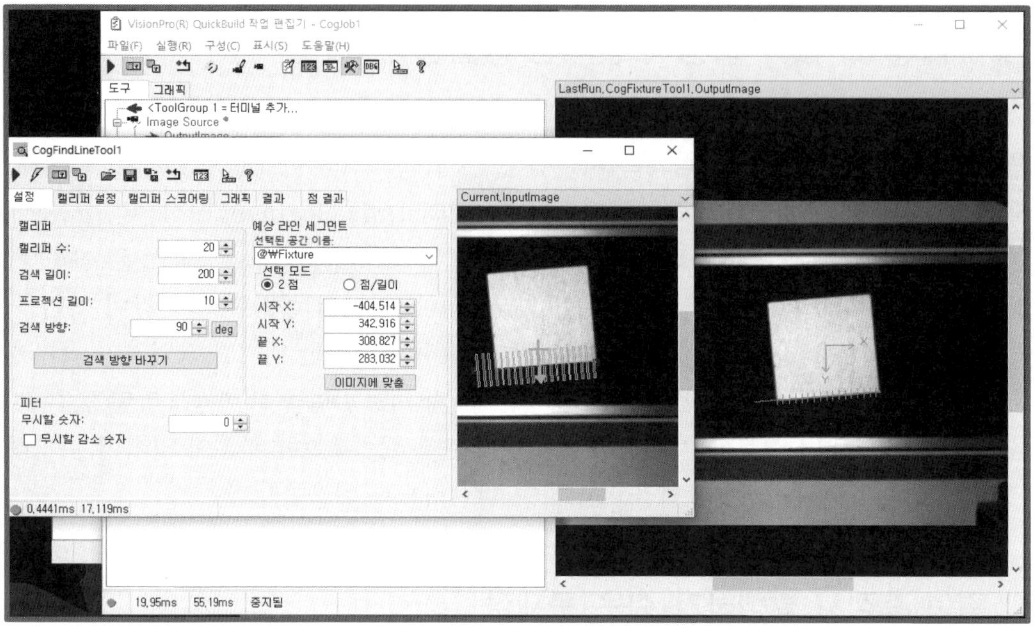
VisionPro(R) QuickBuild 작업 편집기 - CogJob1
파일(F) 실행(R) 구성(C) 표시(S) 도움말(H)
도구 그래픽
LastRun.CogFixtureTool1.OutputImage
<ToolGroup 1 = 터미널 추가...
Image Source
CogFindLineTool1
설정 캘리퍼 설정 캘리퍼 스코어링 그래픽 결과 점 결과
Current.InputImage
캘리퍼
캘리퍼 수: 20
검색 길이: 200
프로젝션 길이: 10
검색 방향: 90 deg
검색 방향 바꾸기
예상 라인 세그먼트
선택된 공간 이름:
@₩Fixture
선택 모드
2 점
점/길이
시작 X: -404.514
시작 Y: 342.916
끝 X: 308.827
끝 Y: 283.032
이미지에 맞춤
피터
무시할 숫자: 0
무시할 감소 숫자
0.4441ms 17.119ms
19.95ms 55.19ms 중지됨

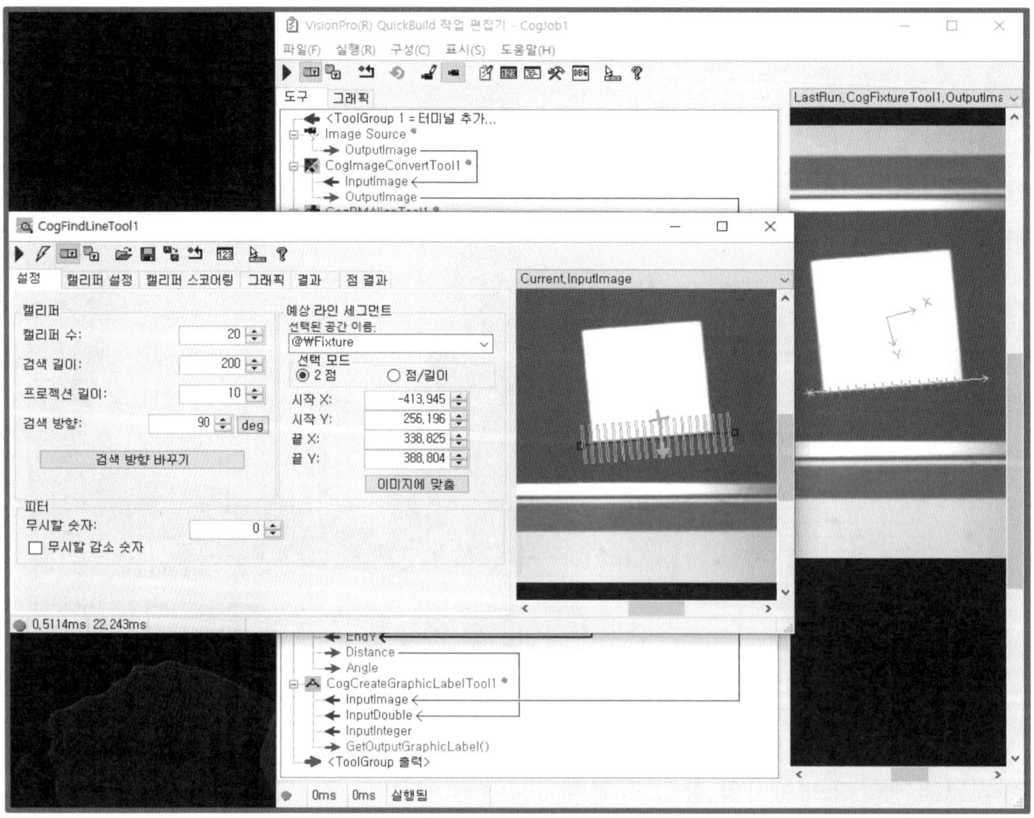
VisionPro(R) QuickBuild 작업 편집기 - CogJob1
파일(F) 실행(R) 구성(C) 표시(S) 도움말(H)
도구 그래픽
LastRun.CogFixtureTool1.OutputIma
<ToolGroup 1 = 터미널 추가...
Image Source
OutputImage
CogImageConvertTool1
InputImage
OutputImage
CogFindLineTool1
설정 캘리퍼 설정 캘리퍼 스코어링 그래픽 결과 점 결과
Current.InputImage
캘리퍼
캘리퍼 수: 20
검색 길이: 200
프로젝션 길이: 10
검색 방향: 90 deg
검색 방향 바꾸기
예상 라인 세그먼트
선택된 공간 이름:
@₩Fixture
선택 모드
2 점
점/길이
시작 X: -413.945
시작 Y: 256.196
끝 X: 338.825
끝 Y: 388.804
이미지에 맞춤
피터
무시할 숫자: 0
무시할 감소 숫자
0.5114ms 22.243ms
Distance
Angle
CogCreateGraphicLabelTool1
InputImage
InputDouble
InputInteger
GetOutputGraphicLabel()
<ToolGroup 출력>
0ms 0ms 실행됨

2) 문제 해결방법을 위한 비전도구 배치

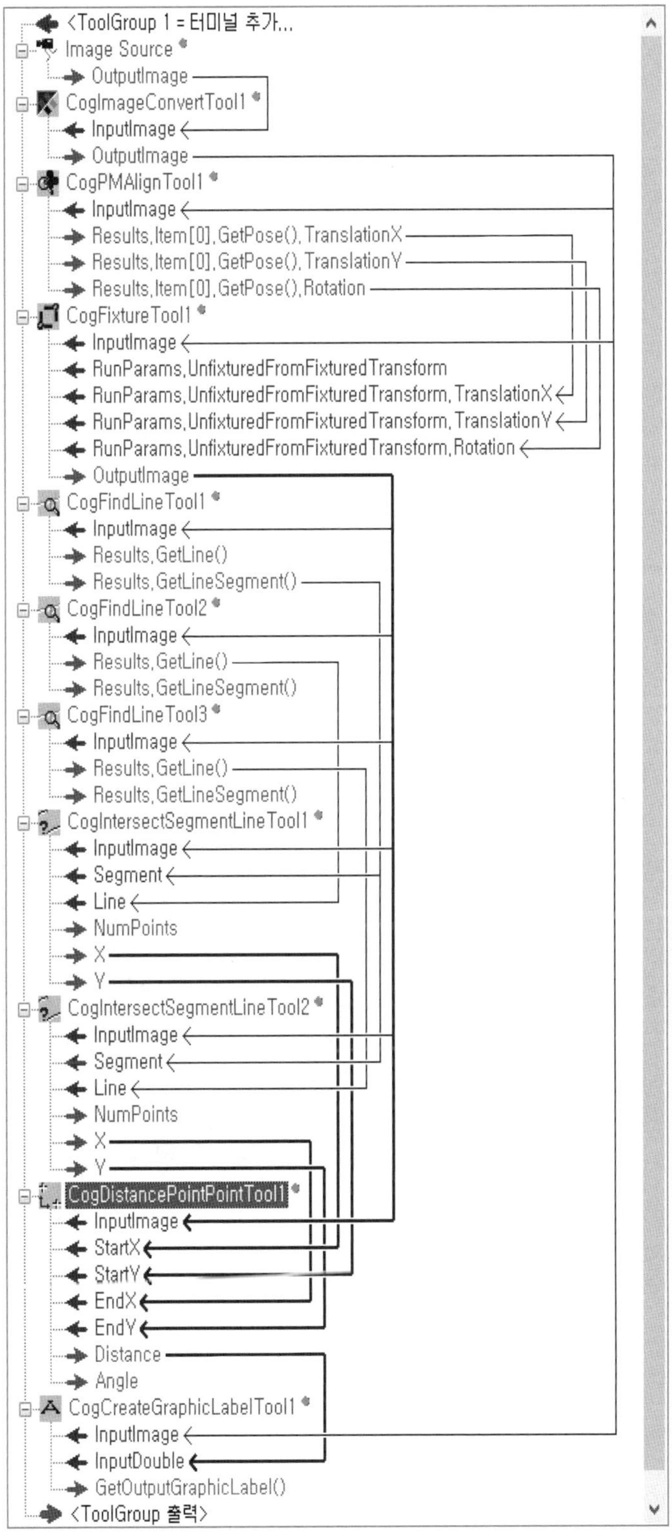

“ImageConverterTool” 도구를 배치합니다. 다음은 “PMAlineTool”을 배치하여 패턴매칭할 워크피스를 트래인합니다. 다음은 워크피스 진입의 유동성을 확보하기 위해 “FixtuerTool”을 배치합니다. 여기까지는 앞에서 여러번 설명했으니 이곳에서는 생략하도록 하겠습니다. 다음은 “FindLineTool1, FindLineTool2, FindLineTool3까지 3개의 FindLineTool” 비전툴이 필요합니다. 측정하고자 하는 밑변의 직선과 교차하는 교차점을 찾기위해서 두 개의 직선을 찾는 과정입니다. 다음은 워크피스 밑변의 Segment와 직선과의 교점을 찾기위해서 “Intersect SegmentLineTool”의 비전도구를 두 개 사용합니다. 이는 앞에서 언급한바와 같이 두 개의 교차점을 찾기위한 과정입니다. 다음은 “DistancePointPointTool” 비전툴을 사용해서 길이를 측정하고 마지막으로 측정된 거리 데이터를 화면에 보여주는 과정으로 작업이 진행됩니다. 단계별로 설정과정을 사진그림과 함께 설명하도록 하겠습니다.

3)-1. "CogFindLineTool1"의 설정탭 파라메터 값 화면입니다.

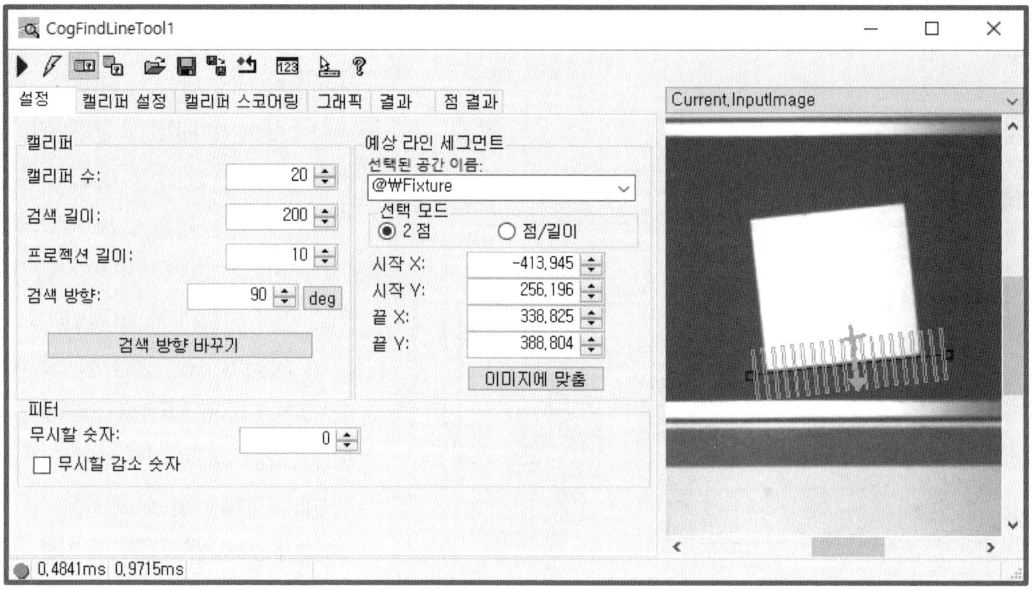

3)-2. "CogFindLineTool1"의 캘리퍼 설정탭 파라메터 값 화면입니다.

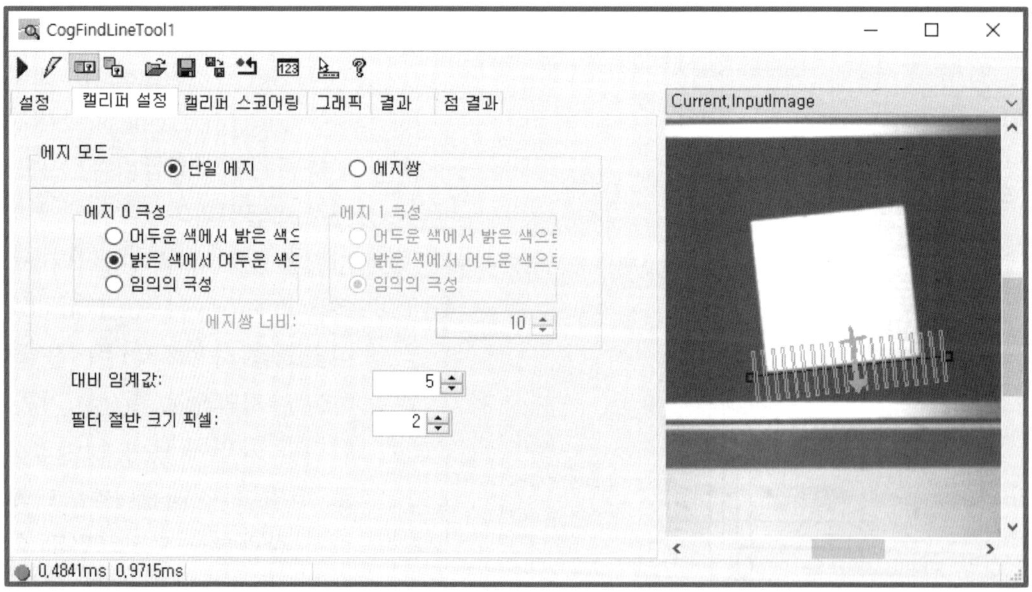

3)–3, “CogFindLineTool1”의 그래픽탭 파라메터 값 화면입니다.

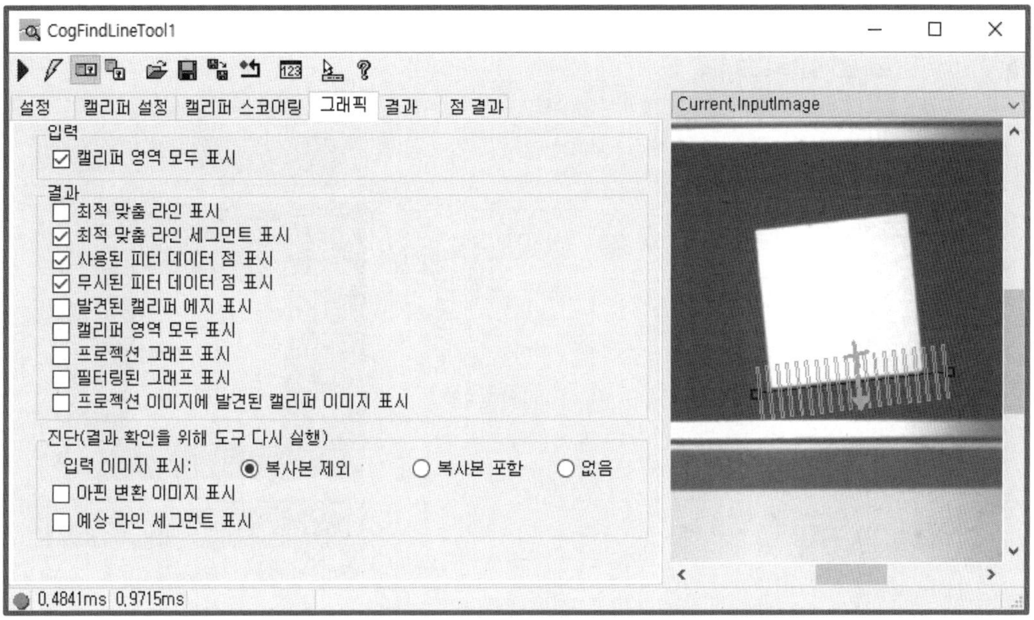

3)–4, “CogFindLineTool1”의 결과탭 파라메터 값 화면입니다.

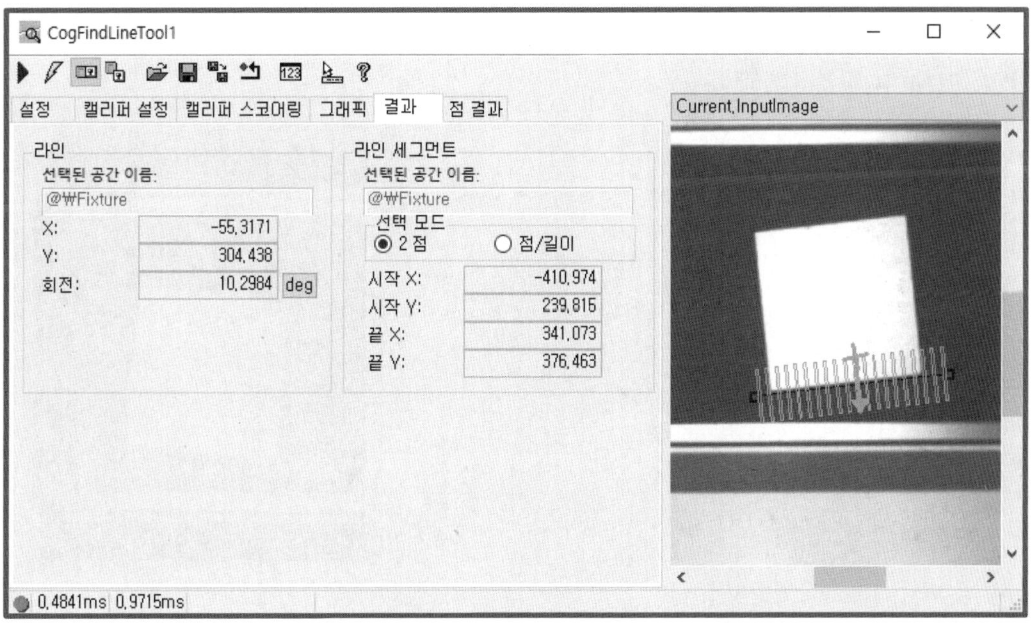

4)−1. "CogFindLineTool2"의 설정탭 파라메터 값 화면입니다.

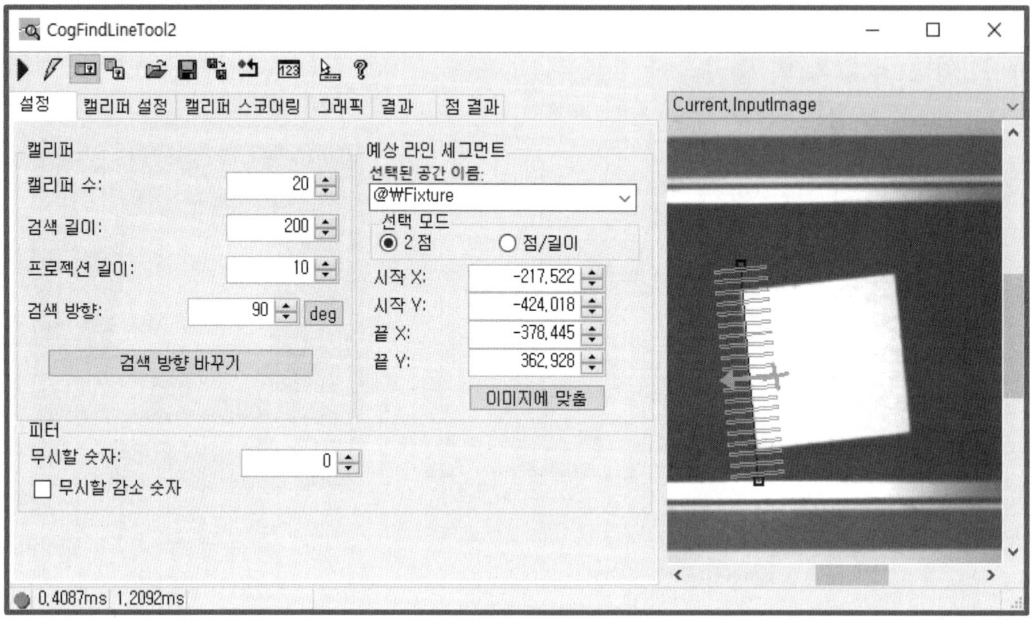

4)−2. "CogFindLineTool2"의 캘리퍼 설정탭 파라메터 값 화면입니다.

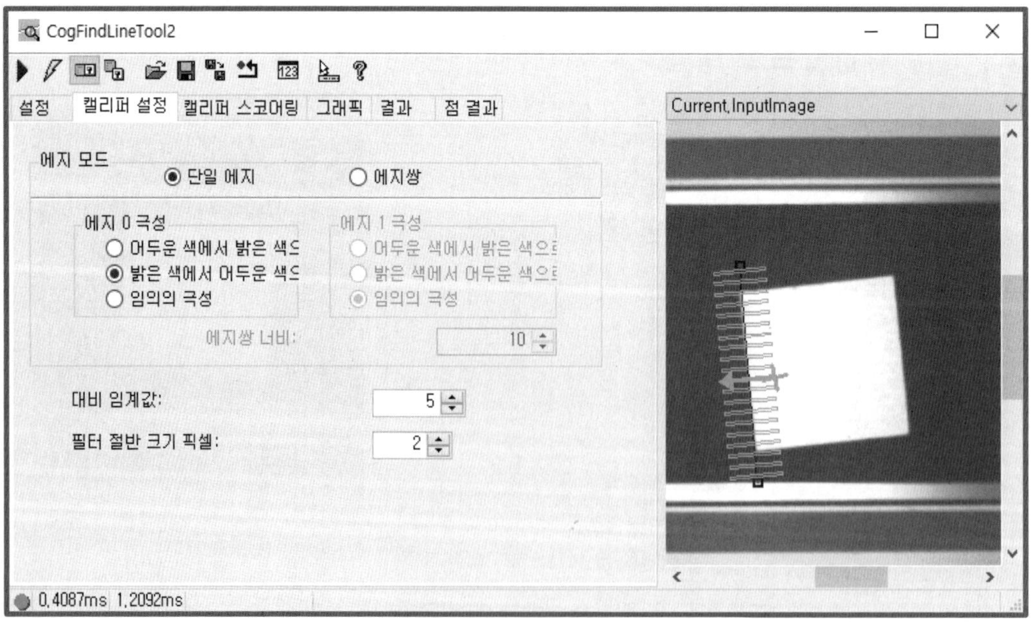

4)-3. “CogFindLineTool2”의 결과탭 파라메터 값 화면입니다.

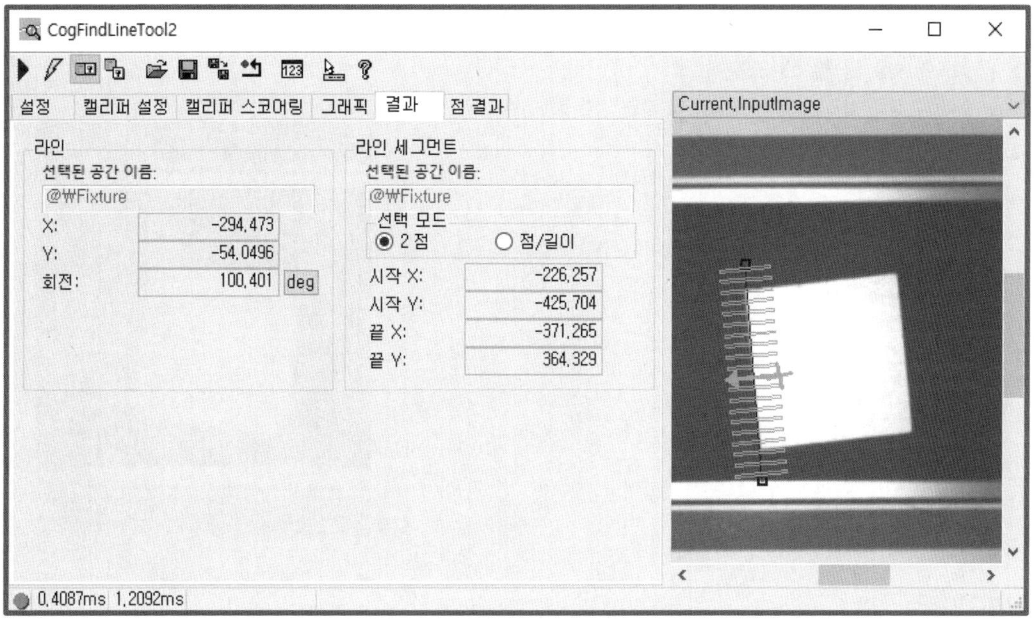

5)-1. “CogFindLineTool3”의 설정탭 파라메터 값 화면입니다.

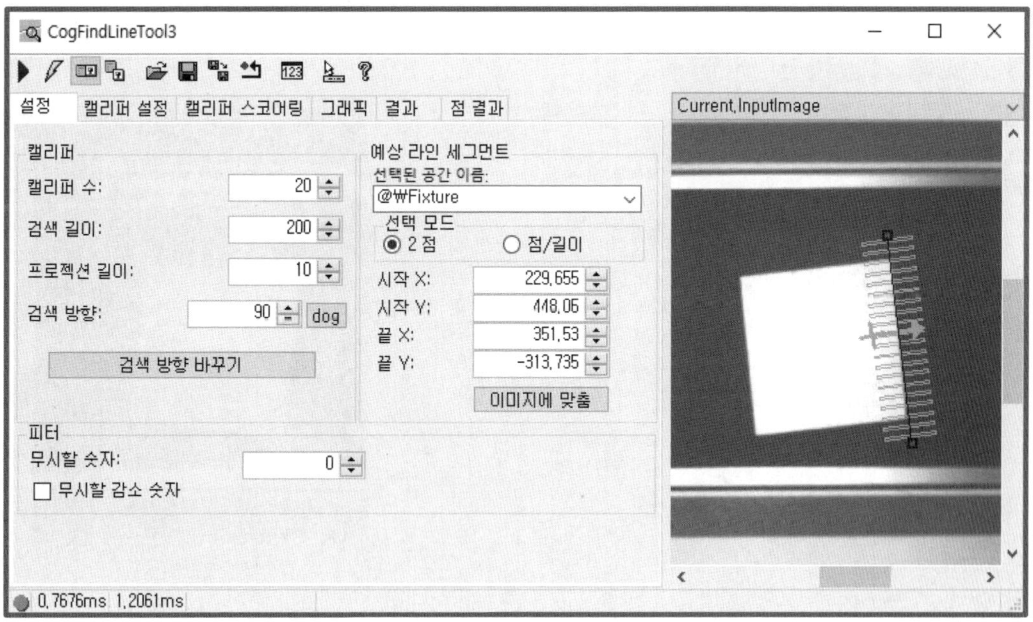

5)-2. "CogFindLineTool3"의 캘리퍼 설정탭 파라메터 값 화면입니다.

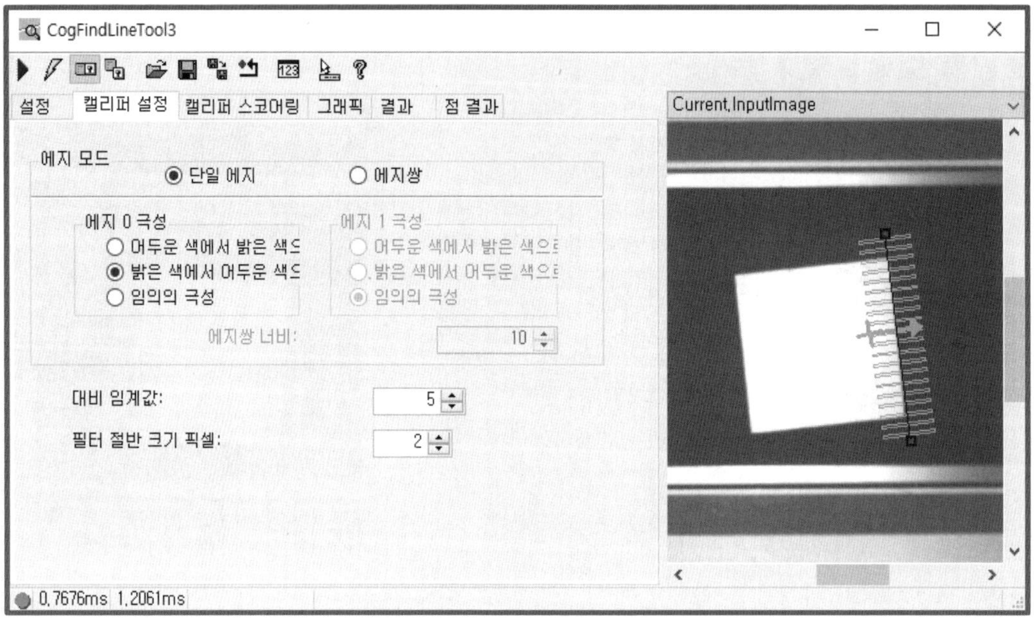

5)-3. "CogFindLineTool3"의 결과탭 파라메터 값 화면입니다.

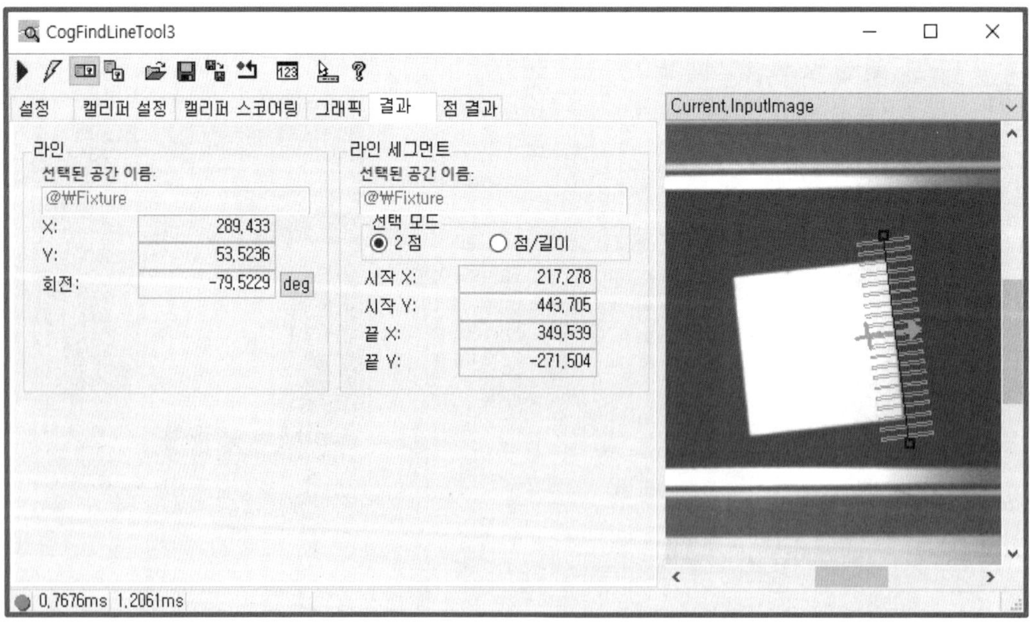

6)−1. "CogIntersectSegmentLineTool1"의 설정탭 파라메터 값 화면입니다.

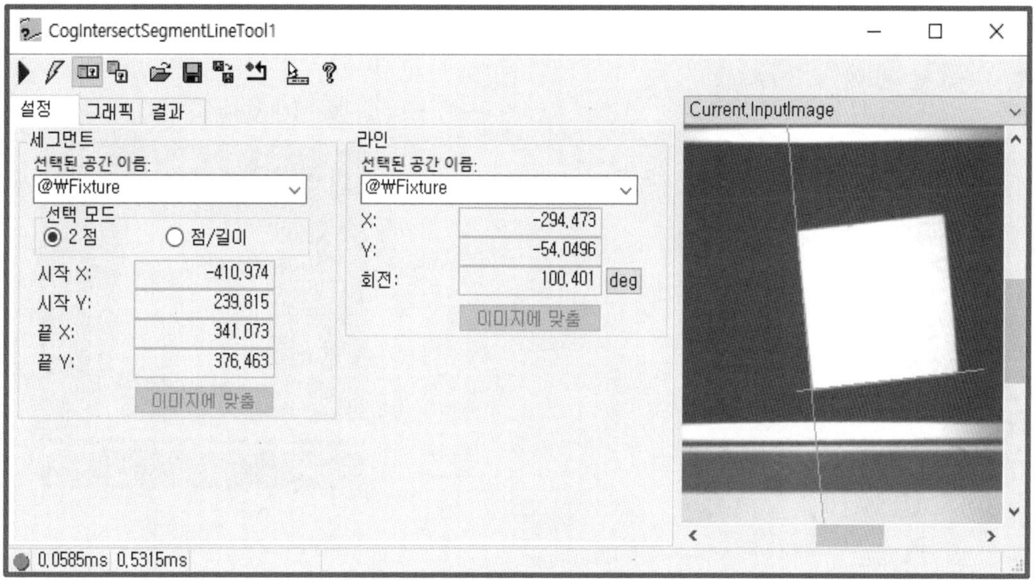

6)−2. "CogIntersectSegmentLineTool1"의 결과탭 파라메터 값 화면입니다.

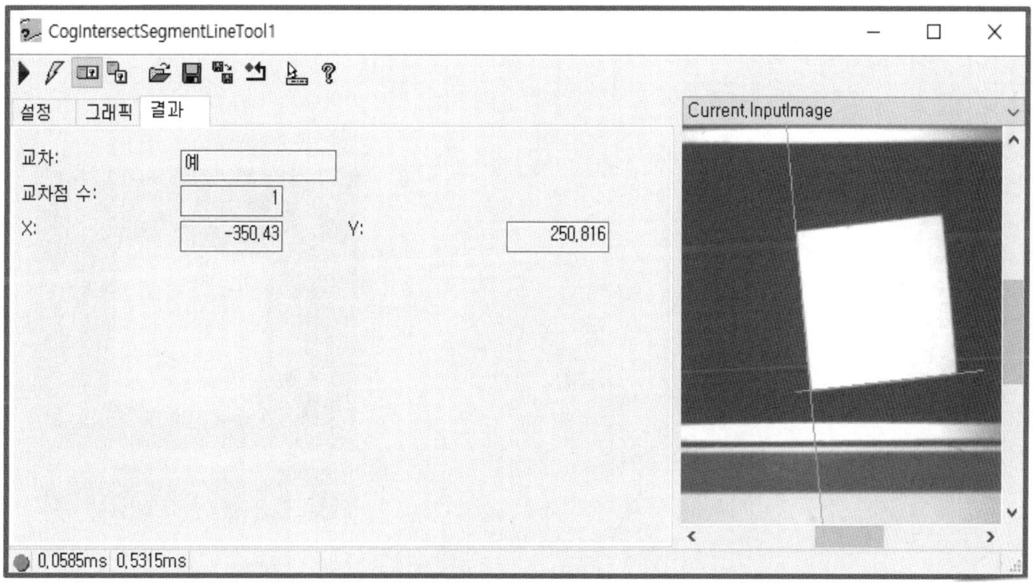

7)−1. "CogIntersectSegmentLineTool1"의 설정탭 파라메터 값 화면입니다.

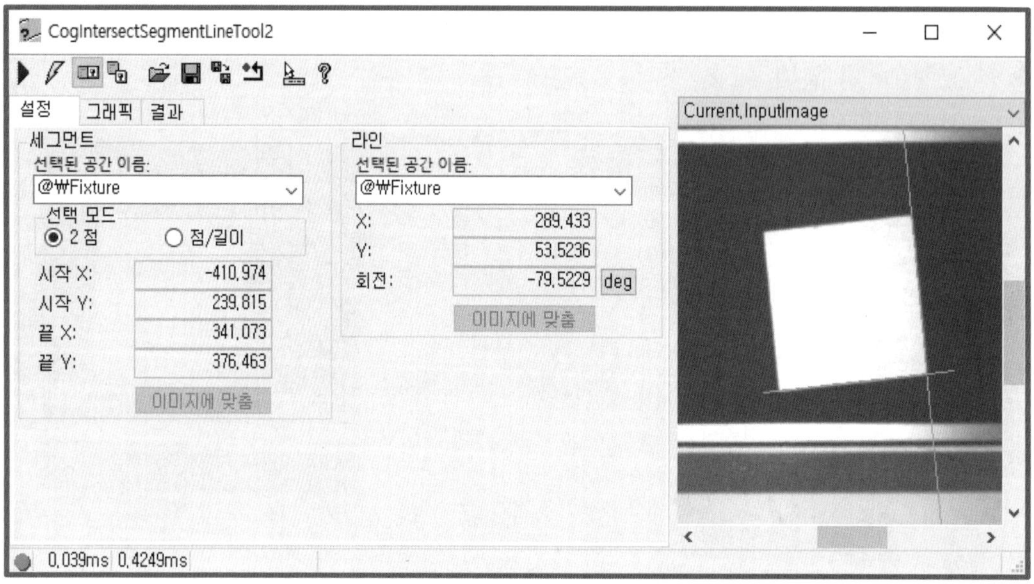

7)−2. "CogIntersectSegmentLineTool1"의 결과탭 파라메터 값 화면입니다.

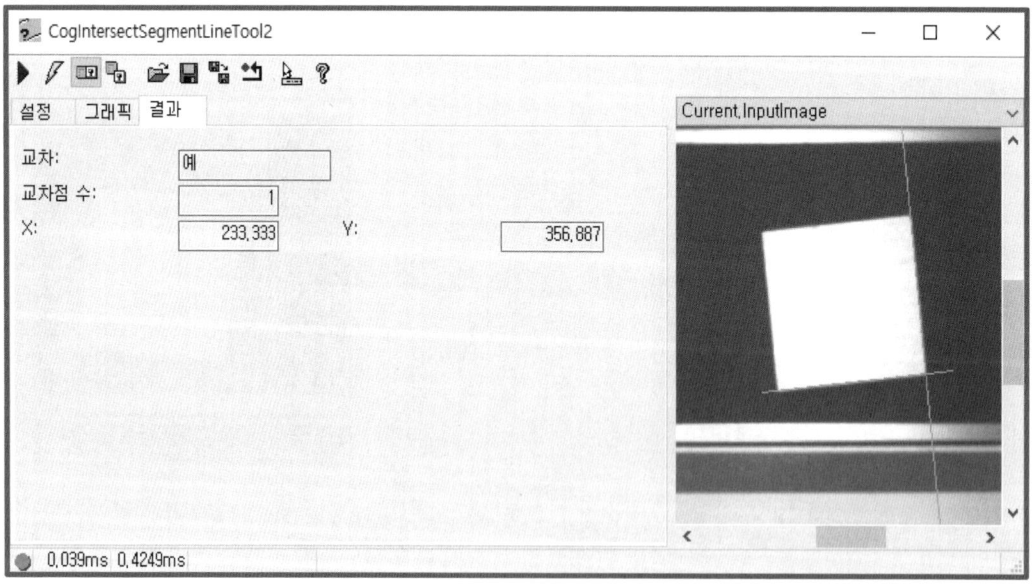

7)-1. "CogDistancePointPointTool1"의 설정탭 파라메터 값 화면입니다.

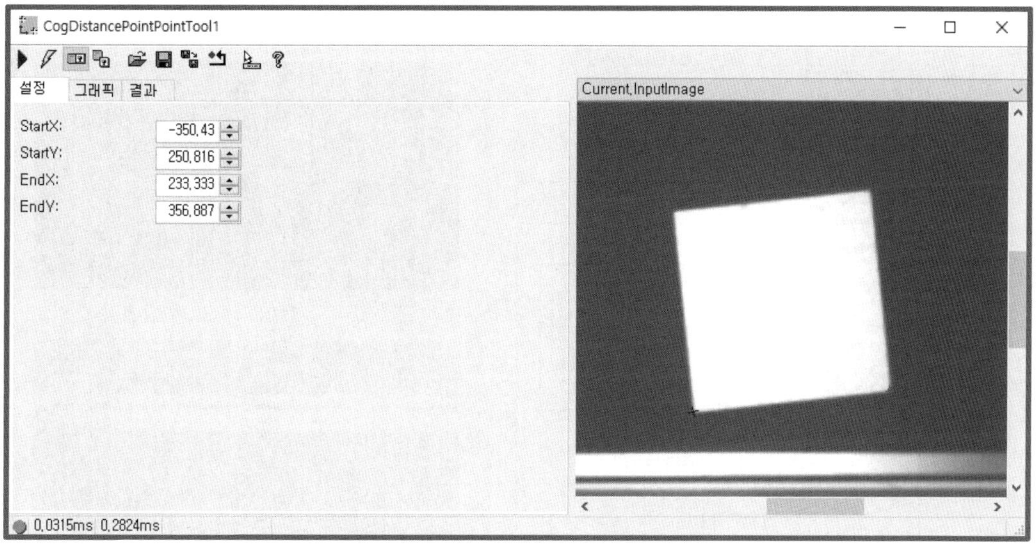

7)-2. "CogDistancePointPointTool1"의 결과탭 파라메터 값 화면입니다.

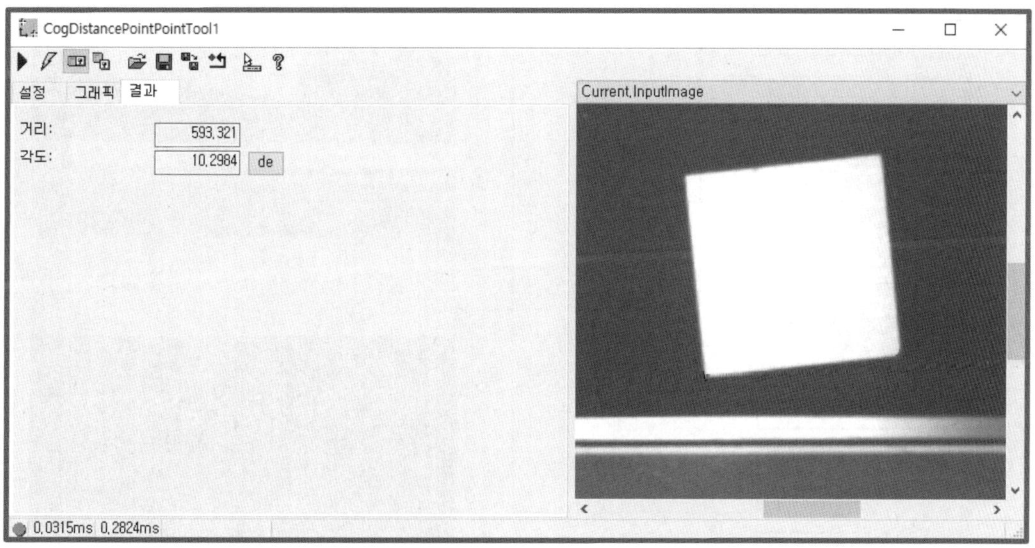

8) 최종 결과 화면입니다. InputImage에 있어서는 ImageConverterTool의OutputImage와 연결해서 작업해도 논리적 문제가 발생하지는 않으니 참고해주세요. 현재 작업창에서는 FixtureTool의 OutputImage에 연결되어 있습니다.

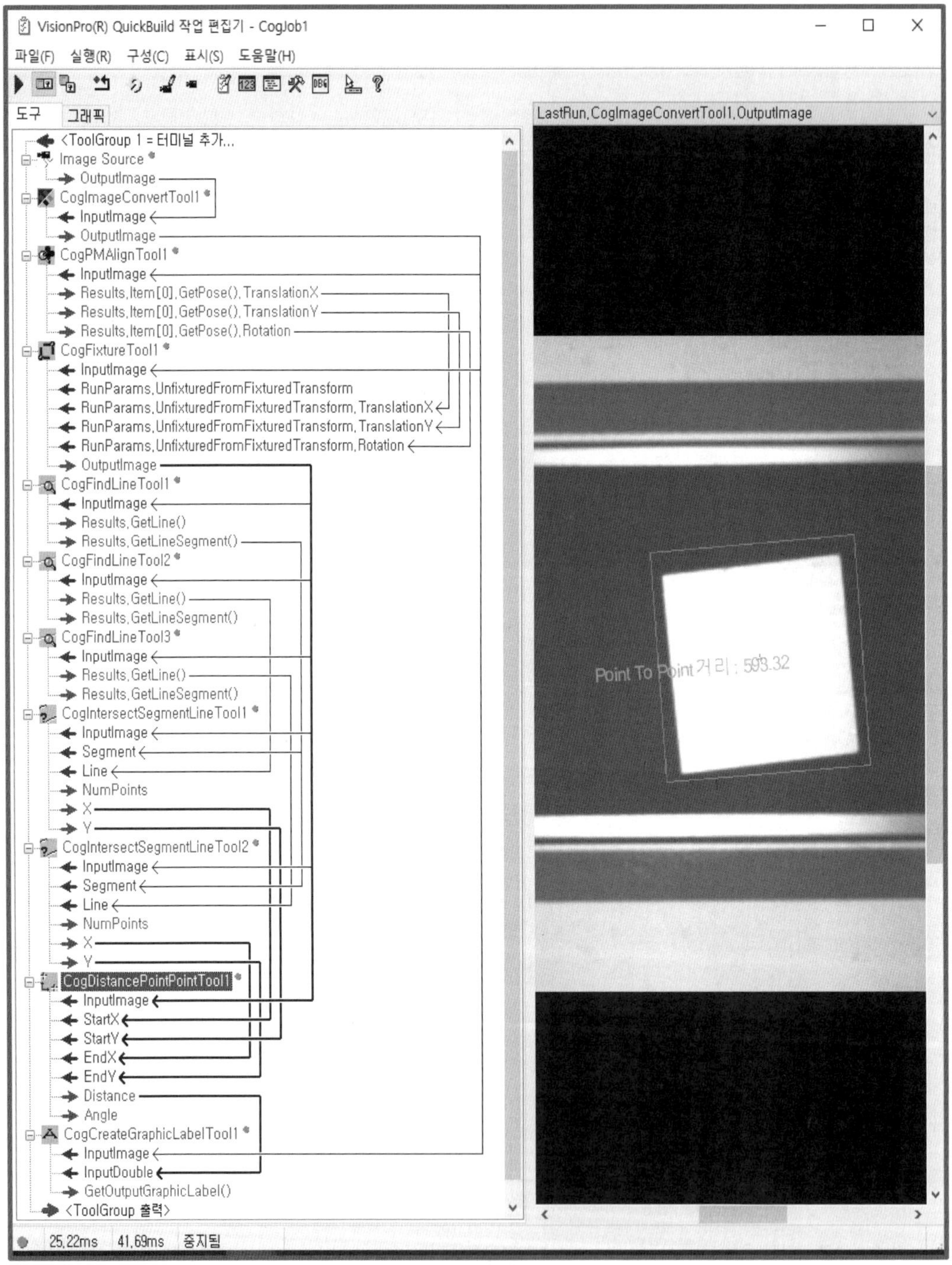
VisionPro(R) QuickBuild 작업 편집기 - CogJob1
파일(F) 실행(R) 구성(C) 표시(S) 도움말(H)
도구 그래픽
<ToolGroup 1 = 터미널 추가...
Image Source
OutputImage
CogImageConvertTool1
InputImage
OutputImage
CogPMAlignTool1
InputImage
Results.Item[0].GetPose().TranslationX
Results.Item[0].GetPose().TranslationY
Results.Item[0].GetPose().Rotation
CogFixtureTool1
InputImage
RunParams.UnfixturedFromFixturedTransform
RunParams.UnfixturedFromFixturedTransform.TranslationX
RunParams.UnfixturedFromFixturedTransform.TranslationY
RunParams.UnfixturedFromFixturedTransform.Rotation
OutputImage
CogFindLineTool1
InputImage
Results.GetLine()
Results.GetLineSegment()
CogFindLineTool2
InputImage
Results.GetLine()
Results.GetLineSegment()
CogFindLineTool3
InputImage
Results.GetLine()
Results.GetLineSegment()
CogIntersectSegmentLineTool1
InputImage
Segment
Line
NumPoints
X
Y
CogIntersectSegmentLineTool2
InputImage
Segment
Line
NumPoints
X
Y
CogDistancePointPointTool1
InputImage
StartX
StartY
EndX
EndY
Distance
Angle
CogCreateGraphicLabelTool1
InputImage
InputDouble
GetOutputGraphicLabel()
<ToolGroup 출력>
25.22ms 41.69ms 중지됨
LastRun.CogImageConvertTool1.OutputImage
Point To Point 거리 : 593.32

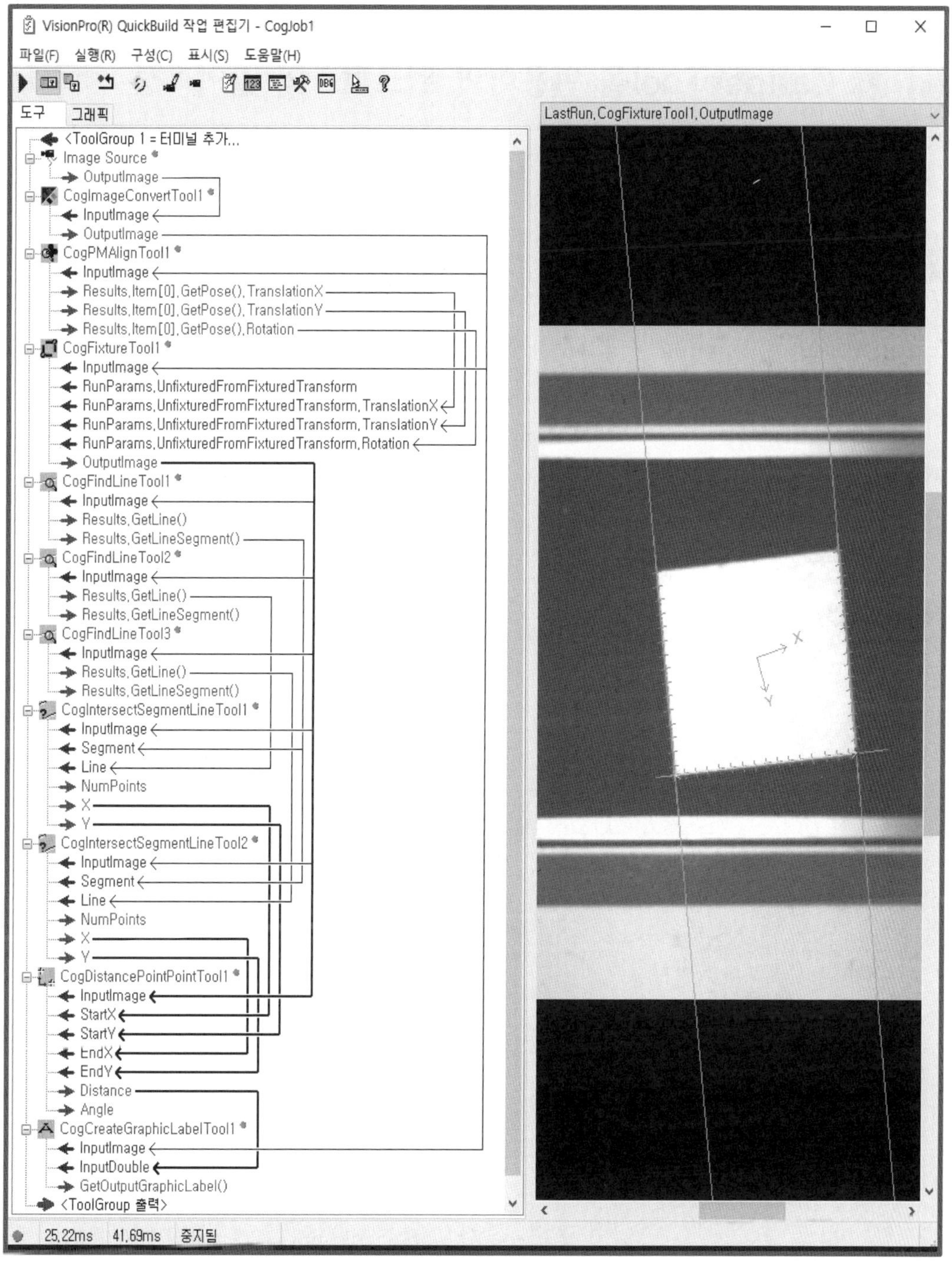
VisionPro(R) QuickBuild 작업 편집기 - CogJob1
파일(F) 실행(R) 구성(C) 표시(S) 도움말(H)
도구 그래픽
<ToolGroup 1 = 터미널 추가...
Image Source
OutputImage
CogImageConvertTool1
InputImage
OutputImage
CogPMAlignTool1
InputImage
Results.Item[0].GetPose().TranslationX
Results.Item[0].GetPose().TranslationY
Results.Item[0].GetPose().Rotation
CogFixtureTool1
InputImage
RunParams.UnfixturedFromFixturedTransform
RunParams.UnfixturedFromFixturedTransform.TranslationX
RunParams.UnfixturedFromFixturedTransform.TranslationY
RunParams.UnfixturedFromFixturedTransform.Rotation
OutputImage
CogFindLineTool1
InputImage
Results.GetLine()
Results.GetLineSegment()
CogFindLineTool2
InputImage
Results.GetLine()
Results.GetLineSegment()
CogFindLineTool3
InputImage
Results.GetLine()
Results.GetLineSegment()
CogIntersectSegmentLineTool1
InputImage
Segment
Line
NumPoints
X
Y
CogIntersectSegmentLineTool2
InputImage
Segment
Line
NumPoints
X
Y
CogDistancePointPointTool1
InputImage
StartX
StartY
EndX
EndY
Distance
Angle
CogCreateGraphicLabelTool1
InputImage
InputDouble
GetOutputGraphicLabel()
<ToolGroup 출력>
LastRun.CogFixtureTool1.OutputImage
X
Y
25.22ms 41.69ms 중지됨

Ex 10 CaliperTool을 이용하여 워크피스의 길이측정

1 개요

"CaliperTool" 비전도구는 세그먼트와 라인의 거리를 측정합니다. 해당 기능은 특정사물의 길이 및 떨어진 거리를 검출하기 위해 사용합니다. 해당 예제에서는 사각형 길이를 측정하기 위해 사용합니다. 워크피스의 길이를 측정합니다. 지금까지는 워크피스의 경계를 찾아서 길이를 측정했는데 이번에는 CaliperTool을 이용해서 다른 작업없이 바로 길이를 측정하도록 하겠습니다. 즉 CaliperTool에서 FineLine과정없이 바로 길이를 측정합니다.

2 시나리오

이번 챕터의 시나리오는 "CaliperTool"을 이용하여 사각형 워크피스의 코너 위치를 검출하겠습니다.

플로우	비전도구 배치
ImageSource 컬러 이미지캡처 ↓ 모노이미지변환 (컬러이미지를 모노이미지로 변환) ↓ 워크피스검색 (패턴을 등록하고 패턴중심점 검색) ↓ 워크피스위치좌표변환 (찾은위치의 좌표변환) ↓ 워크피스상단, 하단 경계찾기 (FindLine툴로 경계찾기) ↓ 워크피스 상,하단 거리 측정 ↓ 워크피스 출돌위치출력 (그래픽요소로 문자열로 출력)	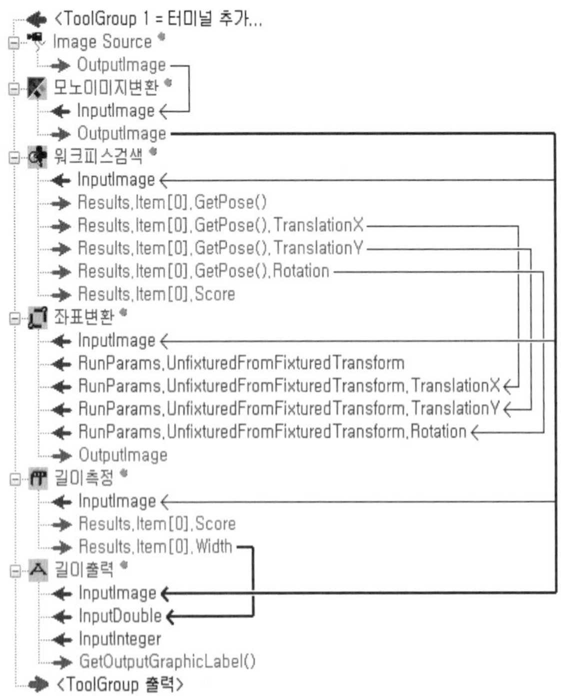

3 비전도구 배치

비전도구는 QuickBuild설명의 Job에 비전도구 추가내용을 참고하여 비전프로 배치표 및 해당표와 같이 순서대로 배치합니다.

도구명	비전 도구창	도구명	비전 도구창
컬러이미지 캡처	기본 비전도구	좌표변환	Calibration & Fixturing CogCalibCheckerboardTool CogCalibImageCorrectorTool CogCalibNPointToNPointTool CogFixtureNPointToNPointTool CogFixtureTool
모노 이미지 변환	Image Processing CogAffineTransformTool CogCopyRegionTool CogHistogramTool CogImageAverageTool CogImageConvertTool CogImageSharpnessTool	길이측정	VisionPro 도구 CogAcqFifoTool CogBeadInspectTool CogBlobTool CogCaliperTool CogCNLSearchTool CogDataAnalysisTool
워크피스 검색	CogAcqFifoTool CogBeadInspectTool CogBlobTool CogCaliperTool CogCNLSearchTool CogDataAnalysisTool CogImageFileTool CogPatInspectTool CogPMAlignMultiTool CogPMAlignTool CogPMRedLineTool	길이출력	Geometry - Creation CogCreateCircleTool CogCreateEllipseTool CogCreateGraphicLabelTool CogCreateLineBisectPointsTool CogCreateLineParallelTool CogCreateLinePerpendicularTool CogCreateLineTool CogCreateSegmentAvgSegsTool CogCreateSegmentTool

4 비전도구 사용방법

Image Source, CogImageConvertTool를 이용한 모노이미지변환, CogPMAlignTool (패턴매칭), CogFixtureTool(좌표변환)을 이용한 워크피스 검색하는 과정은 앞에서 소개한 자료를 참고하여 작업 합니다.

1) 워크피스 측정

"CaliperTool" 비전도구는 FindLine도구와 같은 역할을 수행합니다. CaliperTooll을 사용하여 워크피스 찾은 좌표를 기준좌표로 하여 화면 출력요소가 찾은 워크피스를 찾아갈 수 있도록 설정하겠습니다.

(1) 설정순서

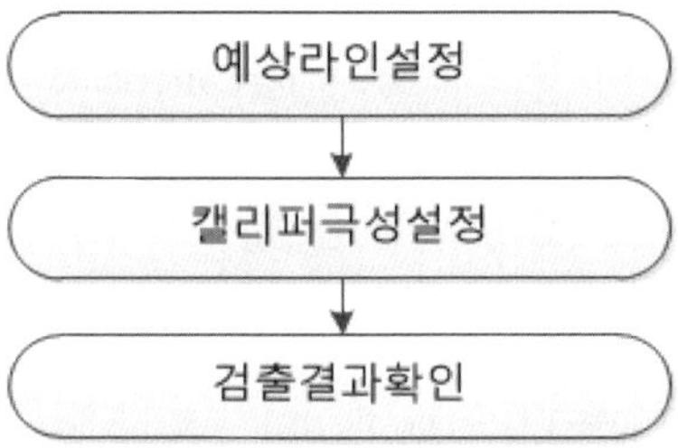

항목	설명
예상 라인 영역설정	찾을 위치가 포함될 수 있는 영역 설정
캘리퍼 극성 설정	캘리퍼의 찾는 방향을 설정

(2) 설정방법

- "영역을 설정하도록 하겠습니다.
  - 영역 형태는 CogRectangleAffine"로 선택합니다.
  - 영역에서 "선택된 공간 이름"을 "Fixture"로 선택하고 이미지 맞춤 버튼을 한번클릭합니다.

    여기에서 보여주는 역역 표시는 찾아지는 방향인데 그림과 같은 방향으로 영역이 배치될 수 있도록 하면됩니다. 이것 하나가 캘리퍼입니다. 여기서는 하나의 캘리퍼로 측정하기 때문에 작게하는 것 보다는 크게하는게 유리합니다.

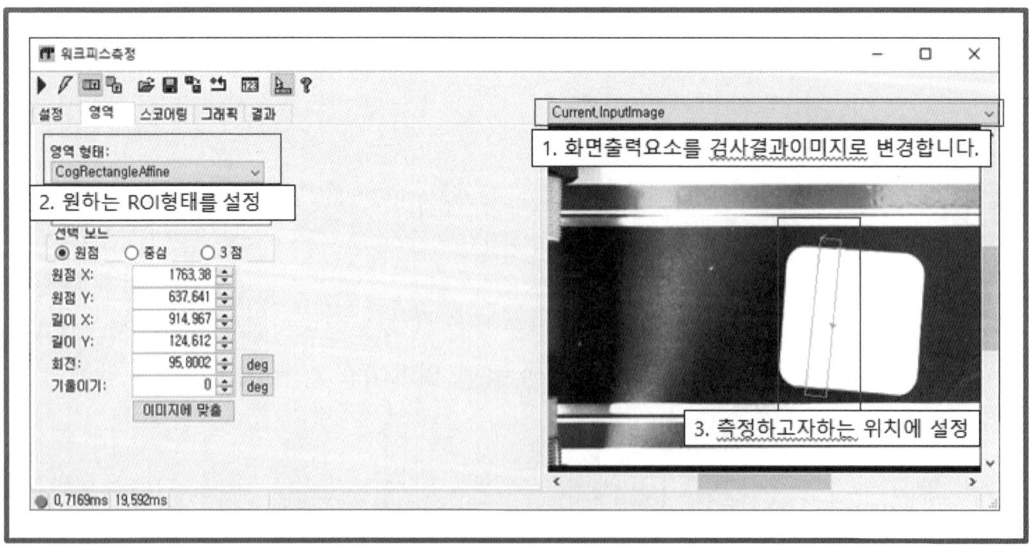

- 다음은 CaliperTool의 검사 방법을 설정하겠습니다. 여기서는 에지쌍으로 찾는다는 것을 이해하고 시작합니다. 에지모드를 "에지쌍"으로 지정하고 "에지 0 극성"을 "어두운 색에서 밝은색으로"를 선택하고, "에지 1극성"을 밝은색에서 어두운 색으로"를 선택합니다. "에지 0 극성"은 시작극성을 말하고 "에지 1극성"은 종료점에서의 극성을 말합니다. 검색방향이 그림의 화살표와 같이 위에서 아래로 검색해감에따라 설명과 같이 설정합니다.
- 캘리퍼가 제대로 위치를 못 찾을 시
  - 대비 임계값을 증가시켜 올바른 위치가 찾아질 수 있도록 합니다.
  - 방향이 맞지 않아 찾지 못할 경우도 있습니다. 이때는 전체를 포함해서 검사한다음 될 경우 다시 정상적인 바른 방향으로 회전시켜서 바로잡아줍니다. 또한 "에지쌍 너비"를 대략적으로 넣어줘야합니다. 여기서는 500정도 입력했습니다. 500이상의 선이 아니면 무시하라는 의미입니다.

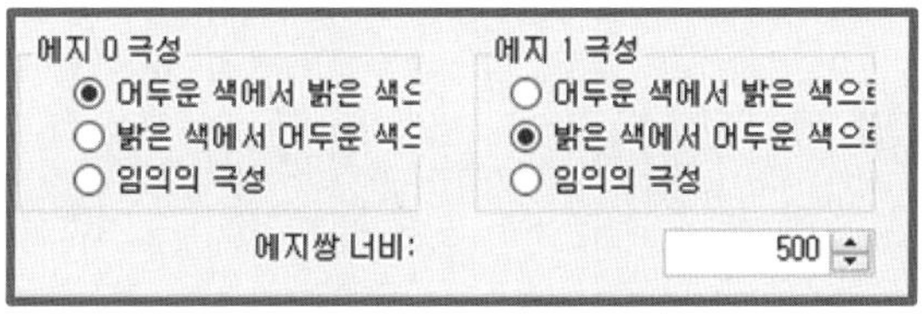

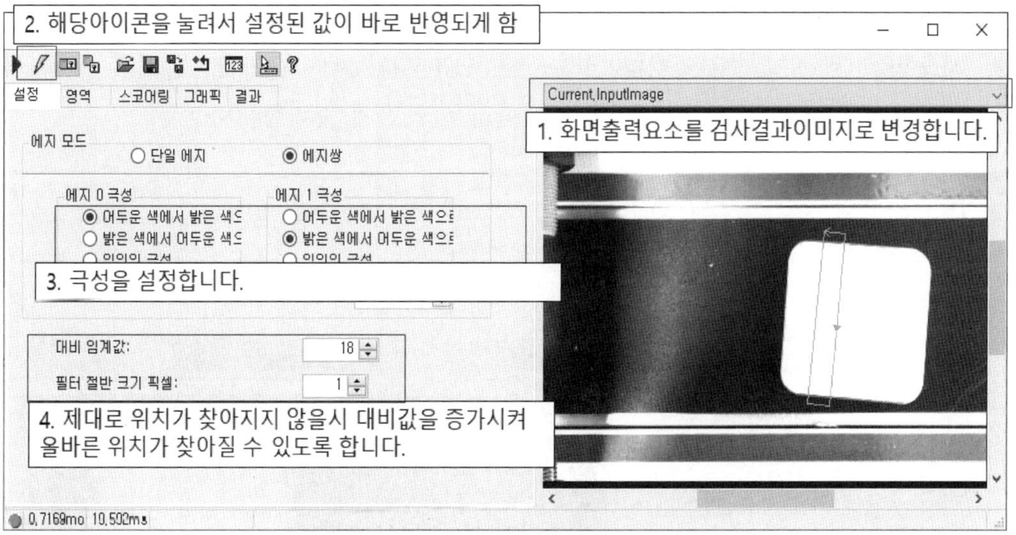

- 다음은 결과를 확인합니다. "결과"탭으로 이동하여 워크피스의 위치와 각도값을 확인하고 편집창을 종료합니다.

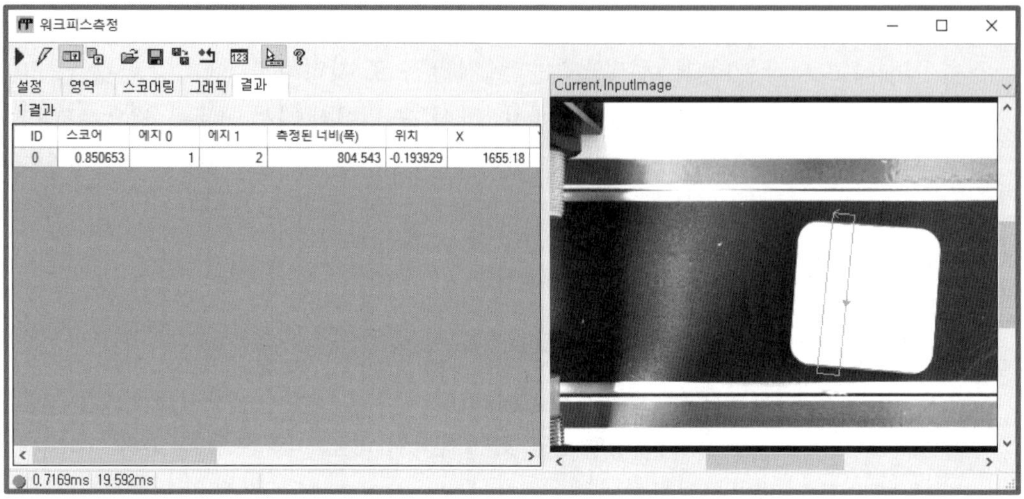

5 결과

화면과 같이 상단의 각도가 출력됨을 확인할 수 있습니다. CaliperTool은 에지쌍으로 길이를 측정하는 비전도구입니다. DistanceTool과는 차이가 있다는 것을 이해하면 좀더 편하게 사용할 수 있을 것입니다. GraphicLabelTool에 결과값 출력을 위해서는 CaliperTool에서 출력으로 "Width"를 추가한다음 화면에 출력합니다.

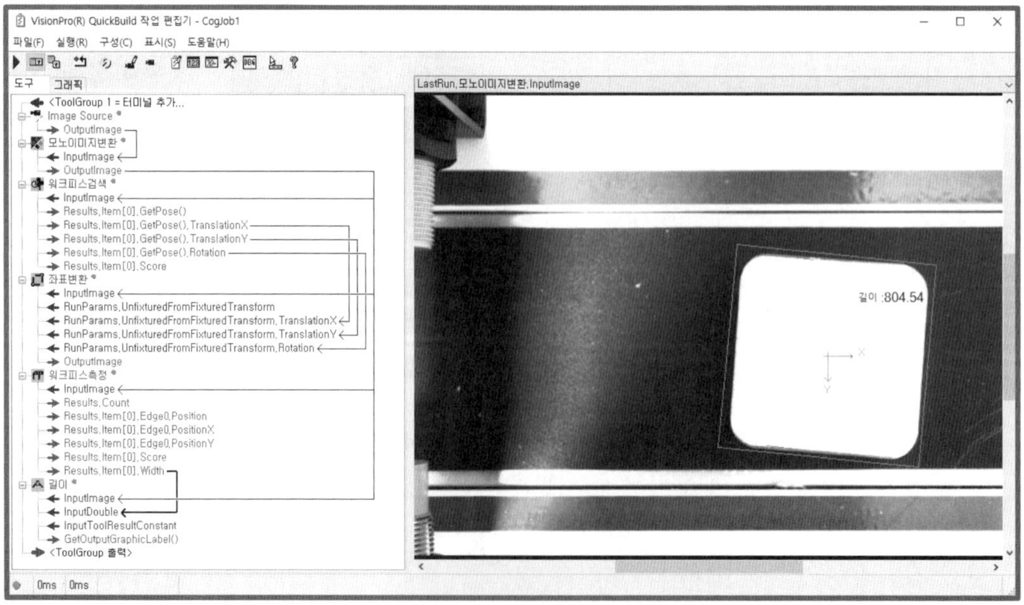

6 CaliperTool 사용 간편정리

1) 전체 화면입니다.

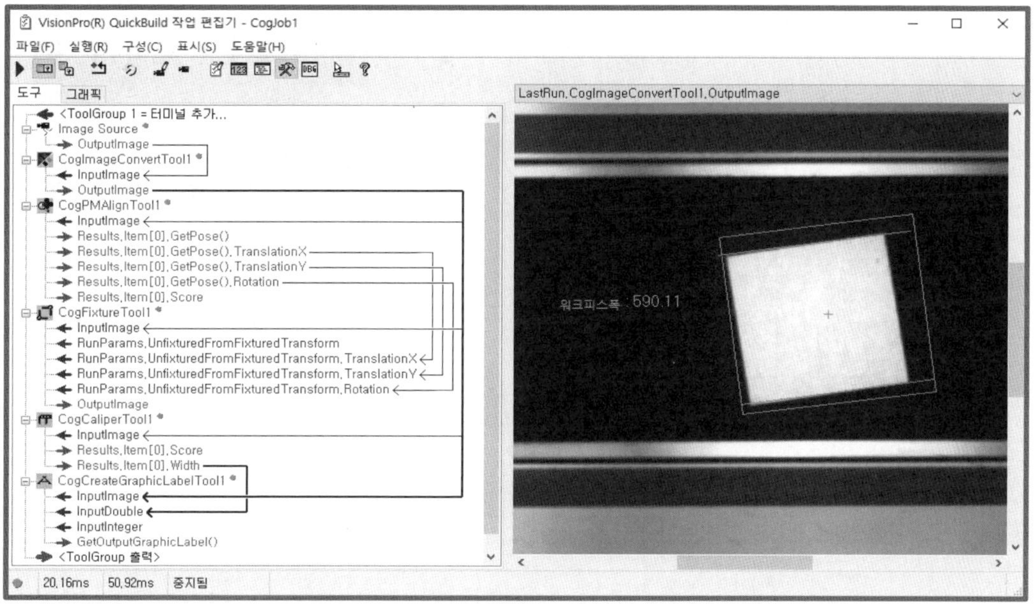

2) CaliperTool 사용을 위한 비전도구 연결도입니다.

3) PMAlineTool의 트레인 영역 및 원점에뉴의 설정값들을 확인가능한 설정창입니다(트레인 전).

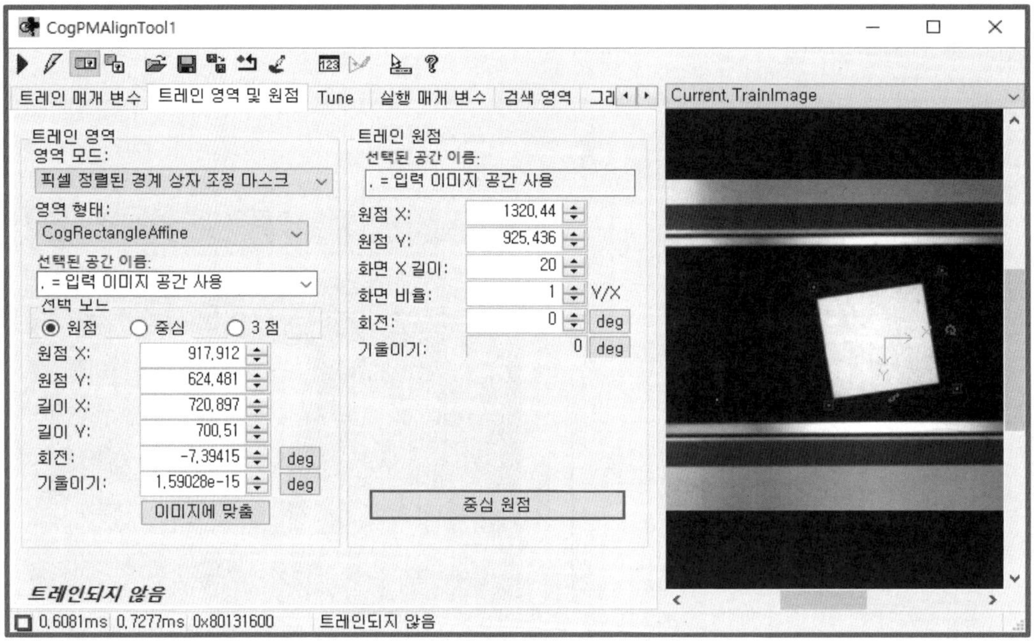

4) PMAlineTool의 실행 매개 변수 설정창입니다(트레인 후). 각도설정을 해줬습니다. 다른 파라메터도 필요에따라서 설정하면 됩니다.

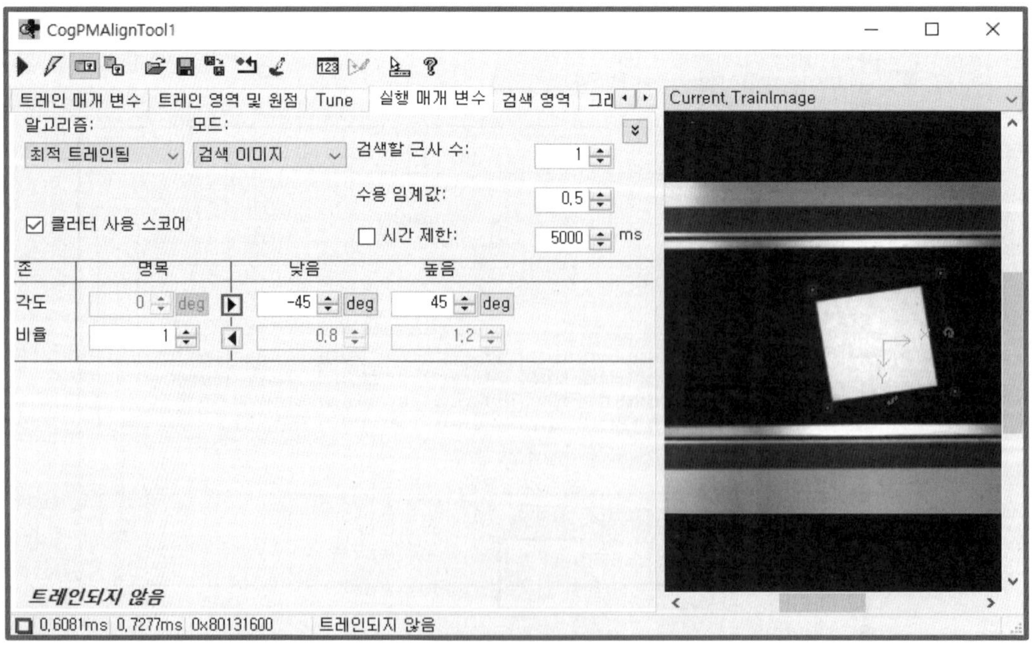

5)-1 PMAlineTool의 트레인 매개 변수 설정창입니다.

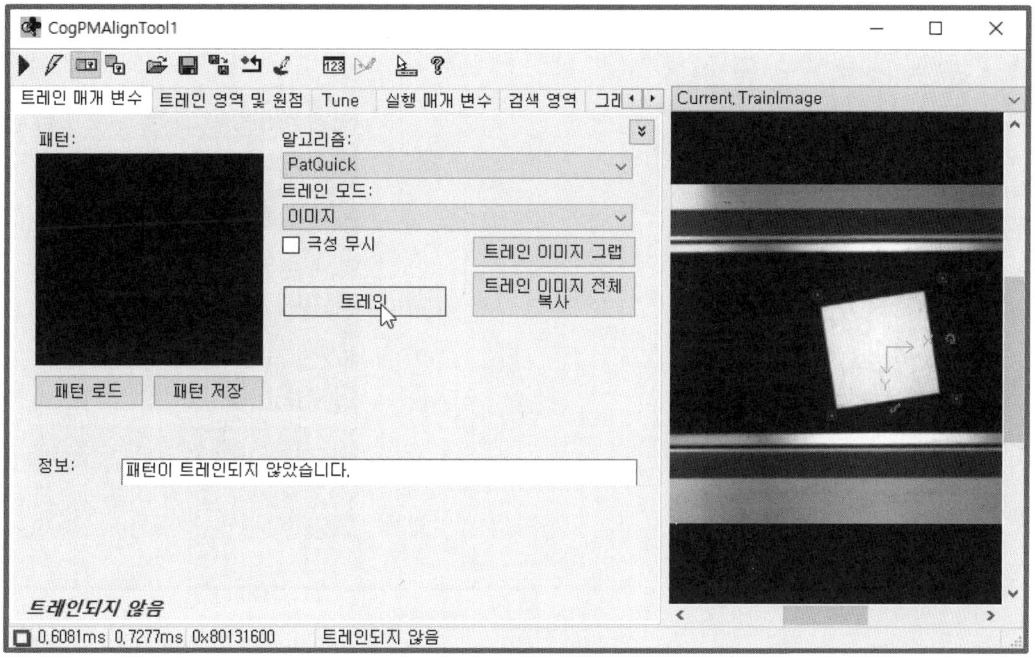

5)-2 PMAlineTool의 트레인 매개 변수 설정창입니다.

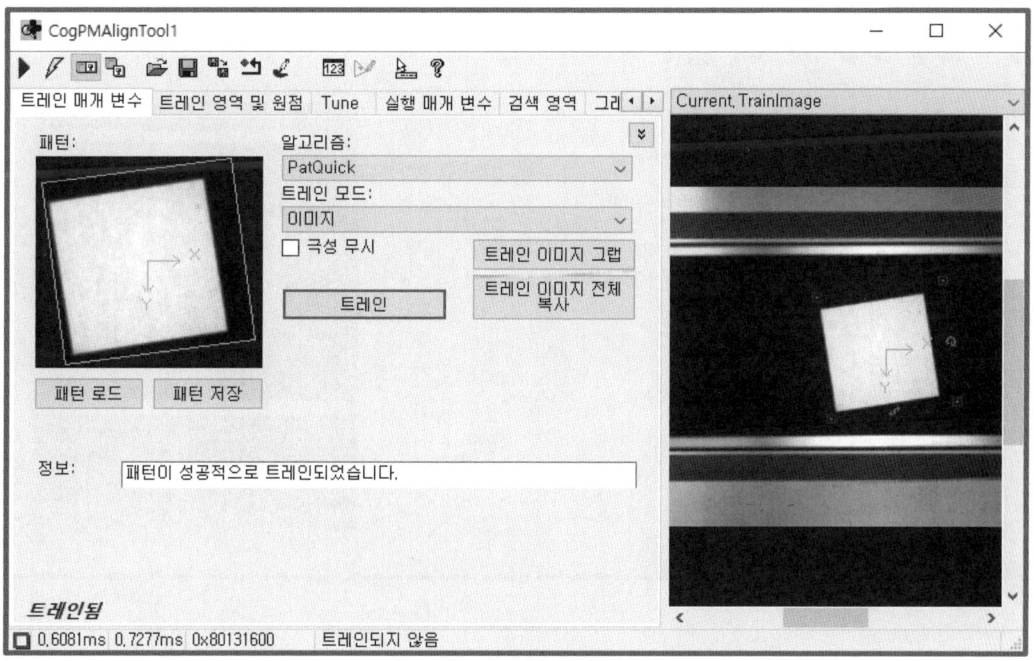

6) CaliperTool의 영역 설정창입니다.

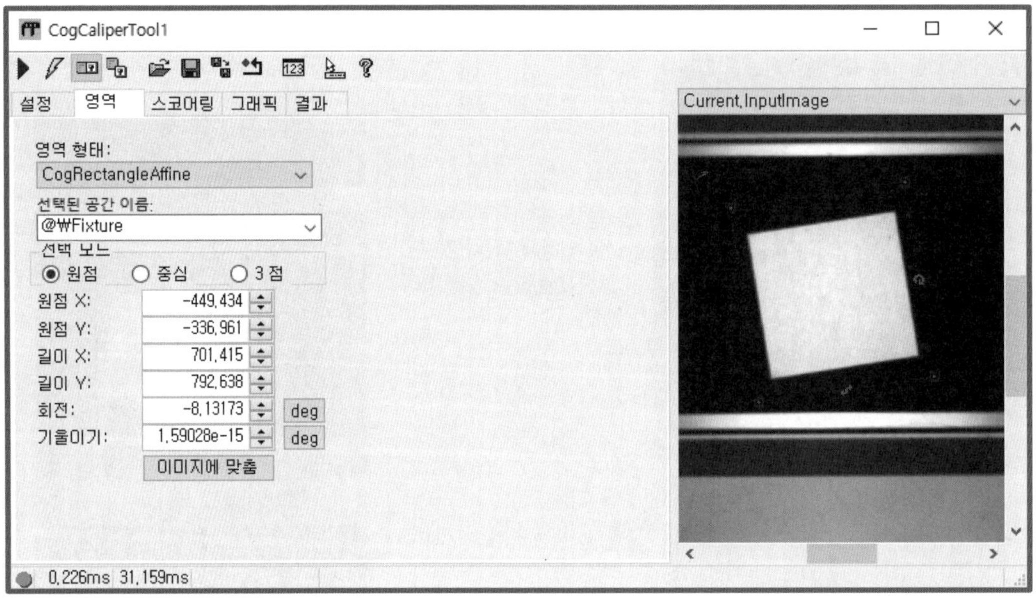

7) CaliperTool의 설정 설정창입니다. 에지쌍을 이용한 길이측정하는 과정을 알수 있습니다.

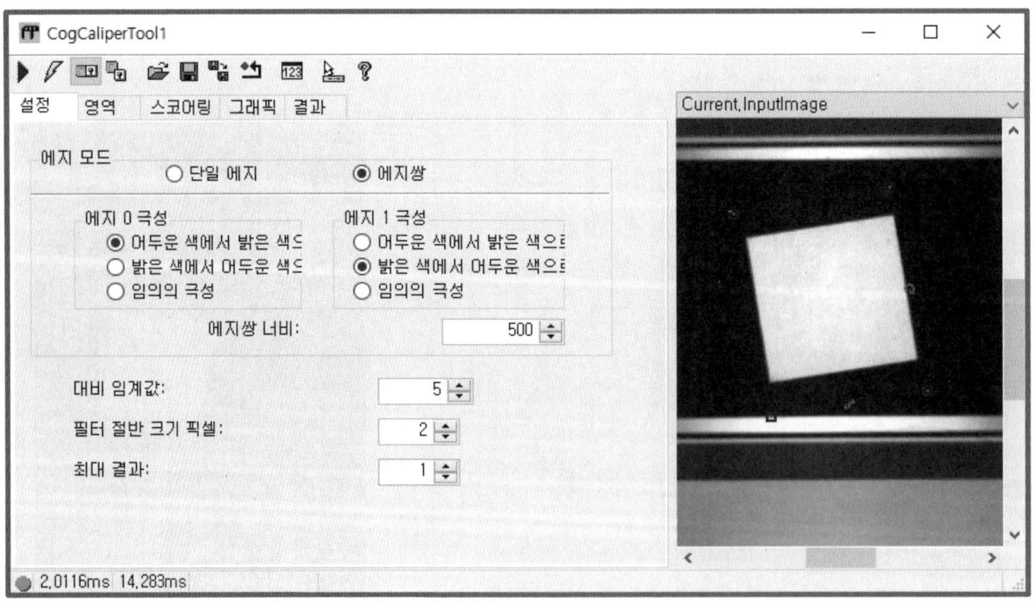

8)−1 CaliperTool의 결과 확인창입니다.

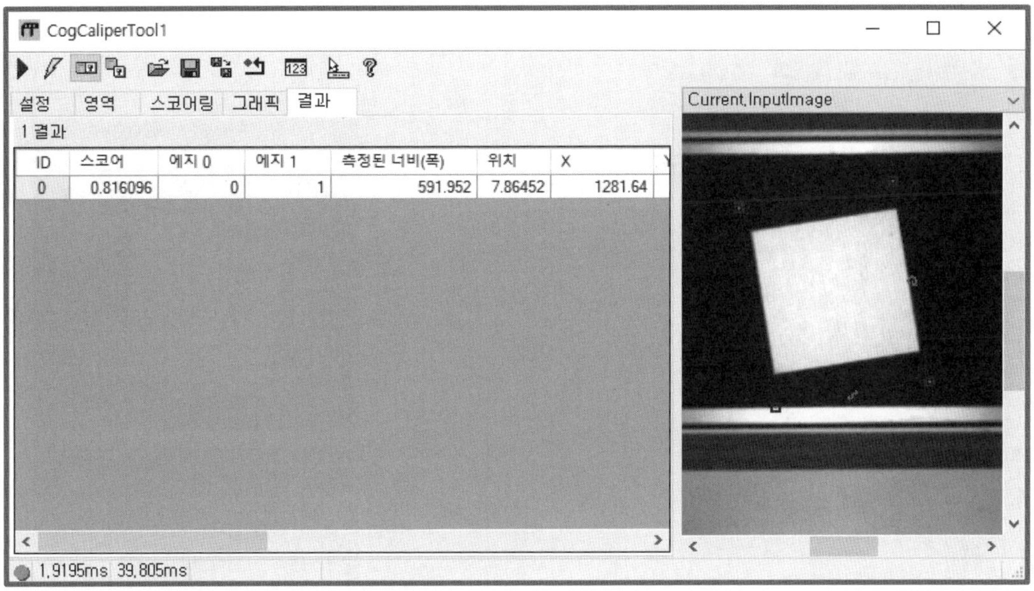

8)−2 CaliperTool의 결과 확인창입니다.

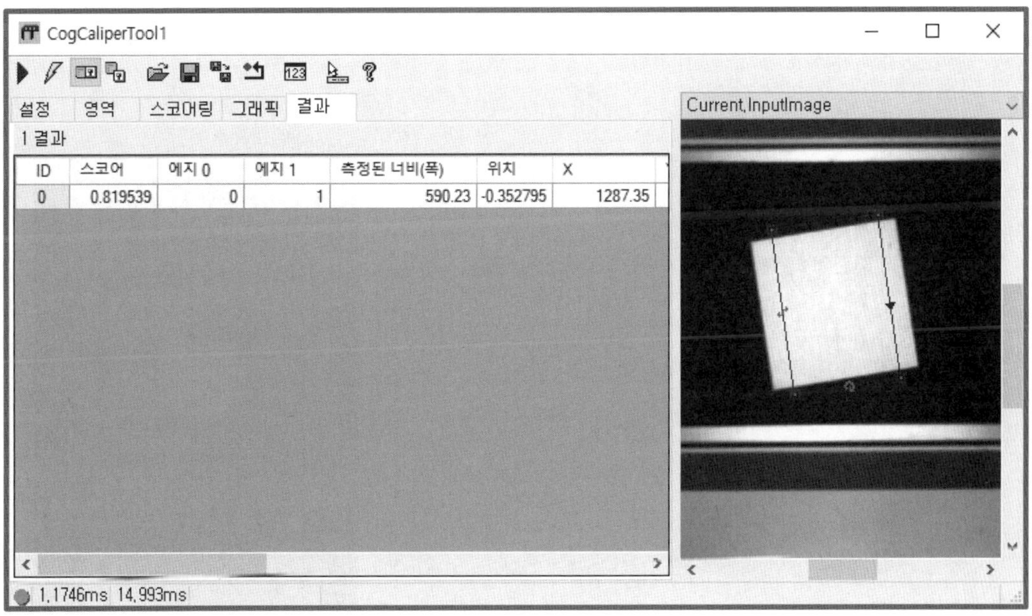

8)-3 CaliperTool의 결과 확인창입니다.

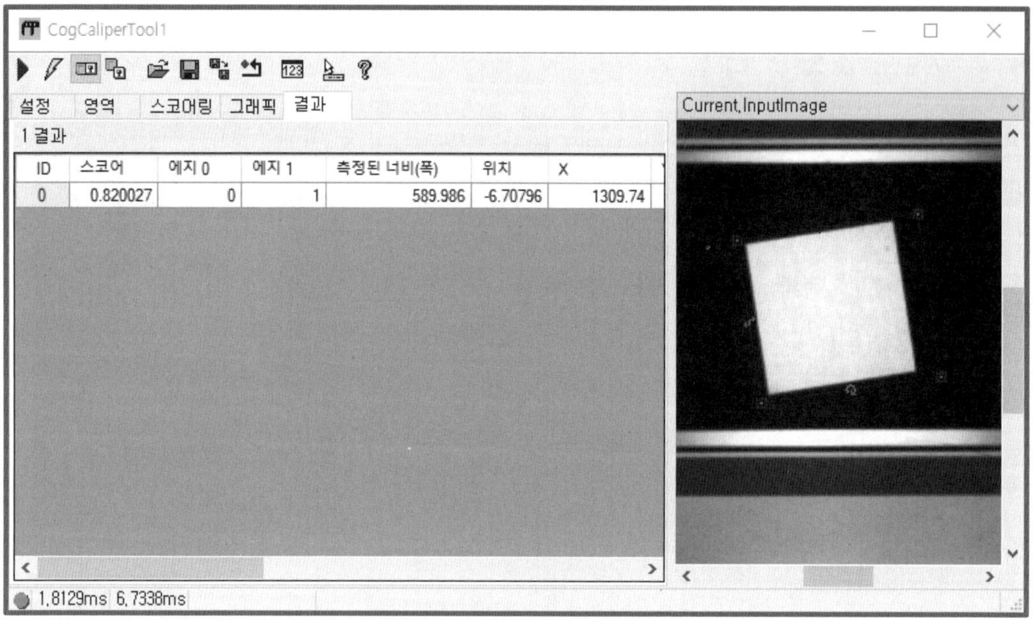

9) CreatGraphicLabelTool의 내용 설정 창입니다.

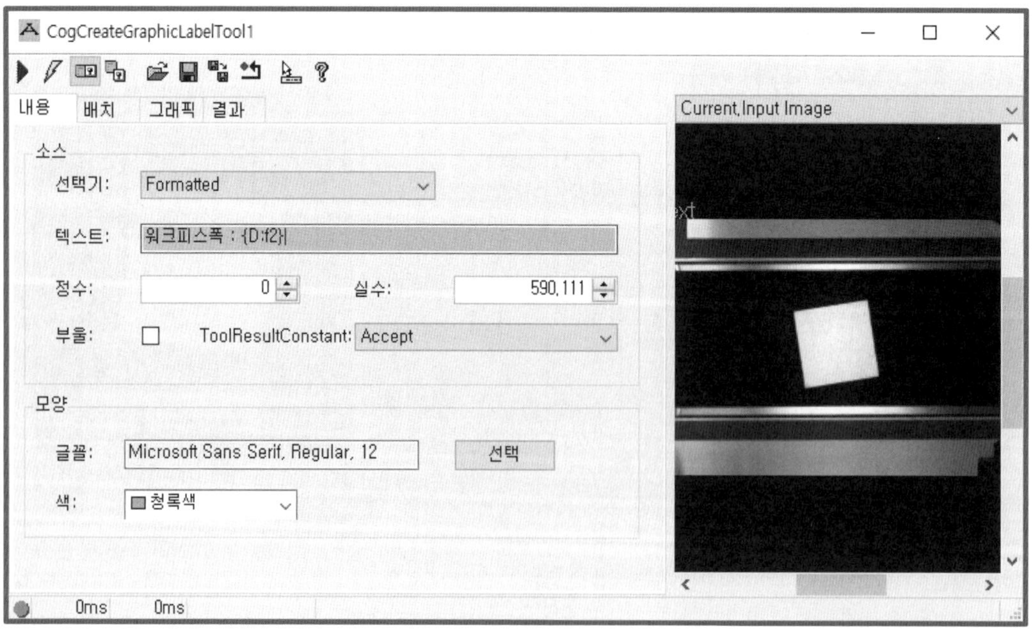

10) CreatGraphicLabelTool의 배치 설정 창입니다.

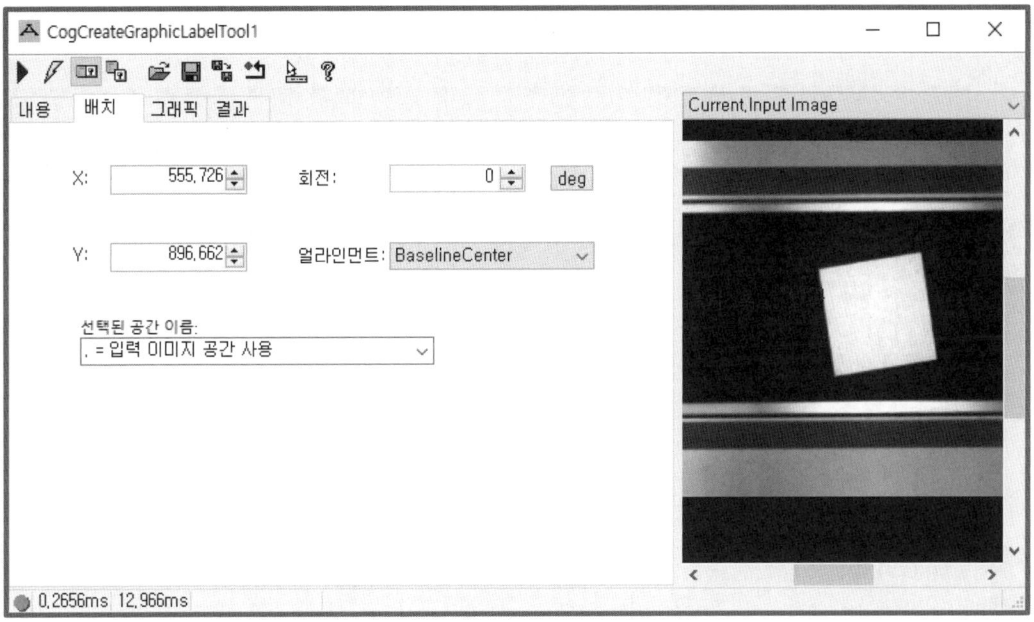

11) 최종 결과 확인창입니다.

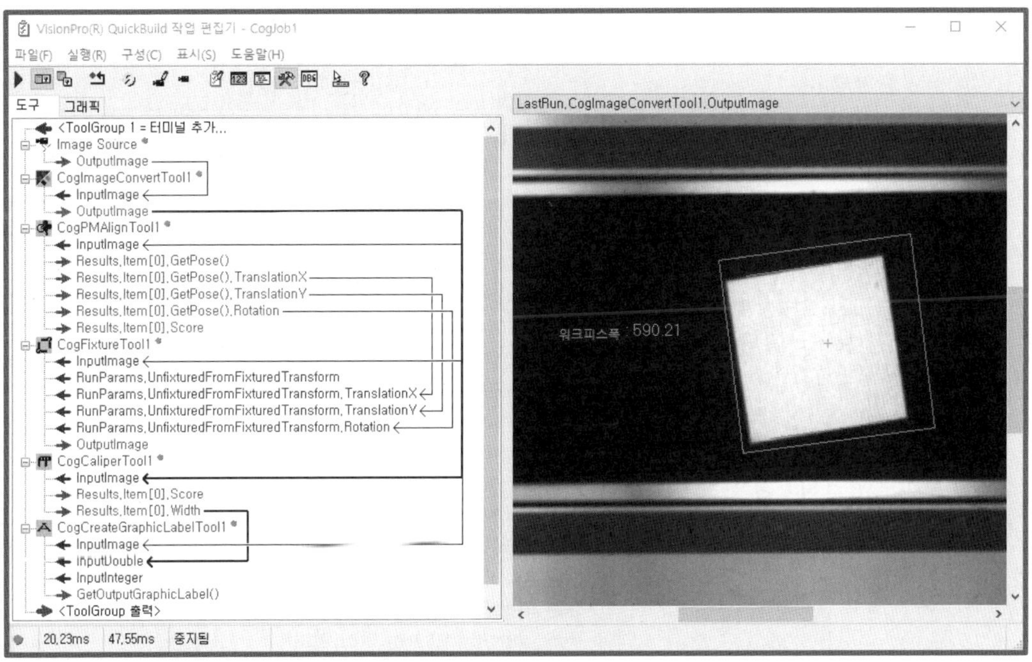

Ex 11 BlobTool을 이용하여 워크피스를 검색

1 개요

이번 장은 머신 비전의 Blob검사의 개념을 알아보고 특정 크기의 워크피스를 분류할 수 있도록 진행하겠습니다.

2 시나리오

이번 챕터의 시나리오는 이미지를 촬상하고 Blob검사를 통해 검출된 블록의 넓이, 높이 필터를 사용하여 일정크기의 워크피스만 분류하는 예제를 진행하겠습니다.

플로우	비전도구 배치
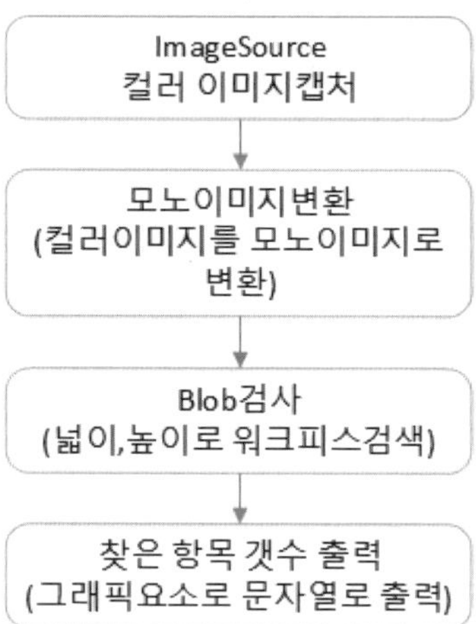	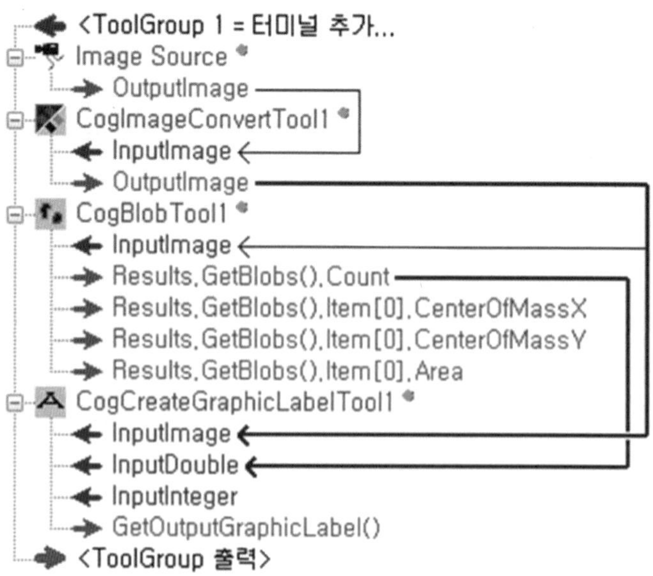

3 비전도구 배치

비전도구는 QuickBuild설명의 Job에 비전도구 추가내용을 참고하여 비전프로 배치표 및 해당표와 같이 순서대로 배치합니다. 이전과는 다르게 CogPMAlineTool과 CogFixtureTool은 사용하지 않습니다. 그만큼 간단한 절차로 워크피스의 갯수를 찾는 작업을 진행할 수 있습니다.

비전명	도구명	비전명	도구명
Image Source	기본도구	워크피스 블랍	
모노 이미지 변환	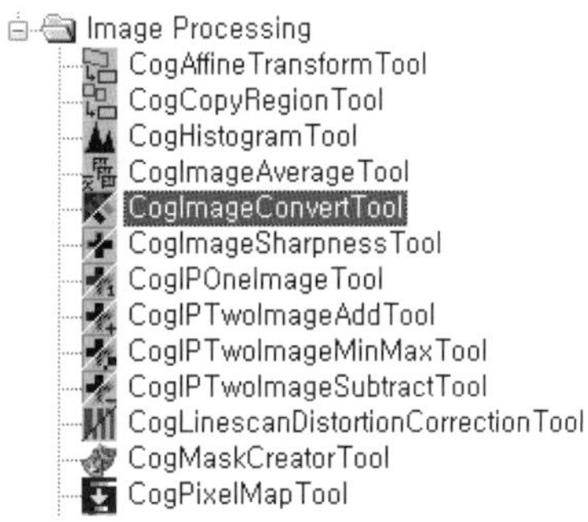	화면 출력	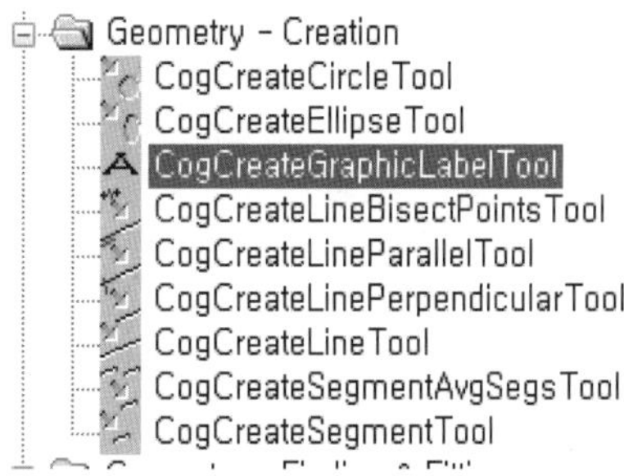

4 비전도구 사용방법

이미지소스 도구는 QuickBuild툴에서만 제공하는 기본 도구이며 파일또는 카메라에서 이미지를 취득하는 역할을 합니다. 다음으로는 앞에서와 마찬가지로 모노이미지 변환절차가 필요합니다. 그리고 바로 CogBlobTool을 실행하면 필요한 작업을 진행합니다.

1) 블록검사

블록검사툴(CogBlobTool)은 하단 이미지와 같이 입력된 이미지를 조건에 맞추어 이치화하고 인접된 픽셀을 연결하여 블록정보를 생성합니다. 생성된 블록정보의 크기나 위치등의 조건을 필터링 하여 최종적으로 블록을 판단하는 검사입니다.

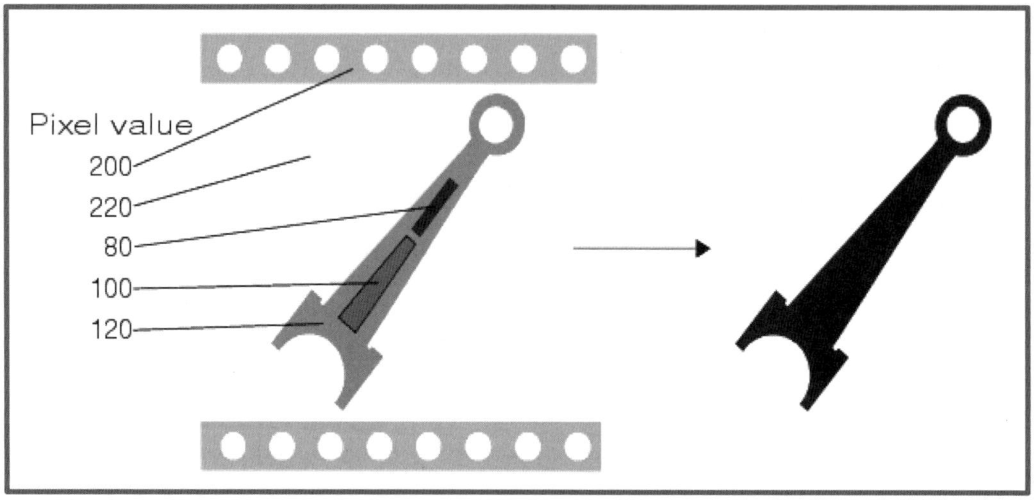

(1) 설정순서

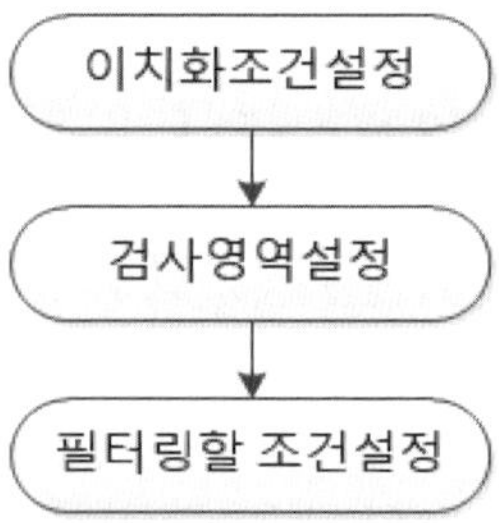

항목	설명
이치화 조건설정	흑,백으로 이치화할 기준값을 설정합니다.
검사영역 설정	블록검사할 영역을 설정합니다.
필터링할 조건설정	검출된 블록의 검출조건을 설정합니다. (크기,위치, 넓이 등을 연산)

(2) 설정방법

- 이미지창의항목을 LastRun.BlobImageUnfiltered로 설정하여 모든 이진이미지를 출력하게 합니다.
- 밝은영역을 블록으로 잡기 위해 세그먼트를 하드임계값(고정)으로 설정하고 극성을 밝은 블락,어두운 배경으로 설정하고 이치화 임계값을 설정합니다. 임계값을 변경하면서 적절한 결과를 얻는것도 중요합니다. 변경 후 실행버튼을 클릭하여 이미지를 확인합니다.

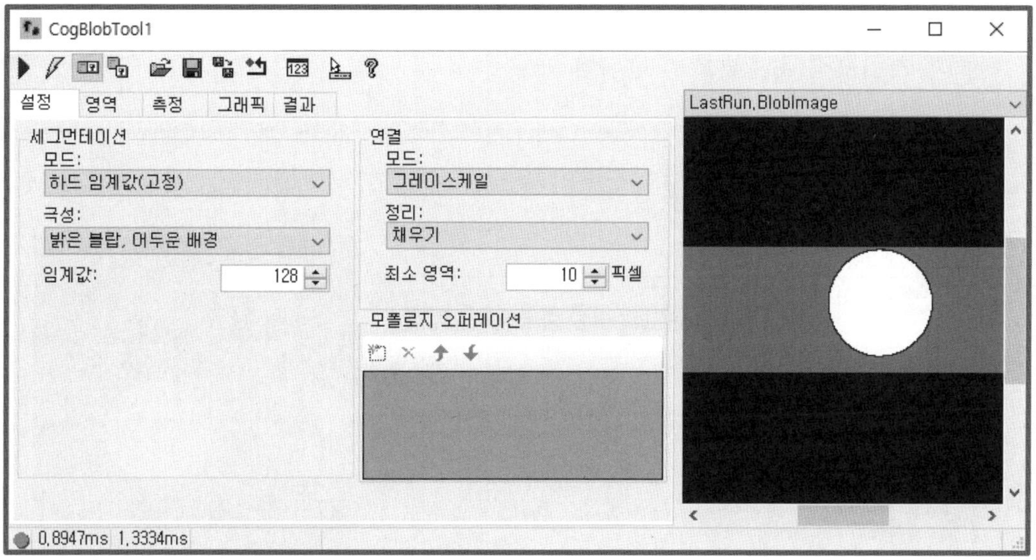

"영역"탭으로 이동하여 이미지보기를 Current.InputImage로 변경 후 영역 형태를 CogRectangle로 설정후 화면에 출력된 ROI을 원하는 위치로 이동하여 검사영역을 설정합니다.

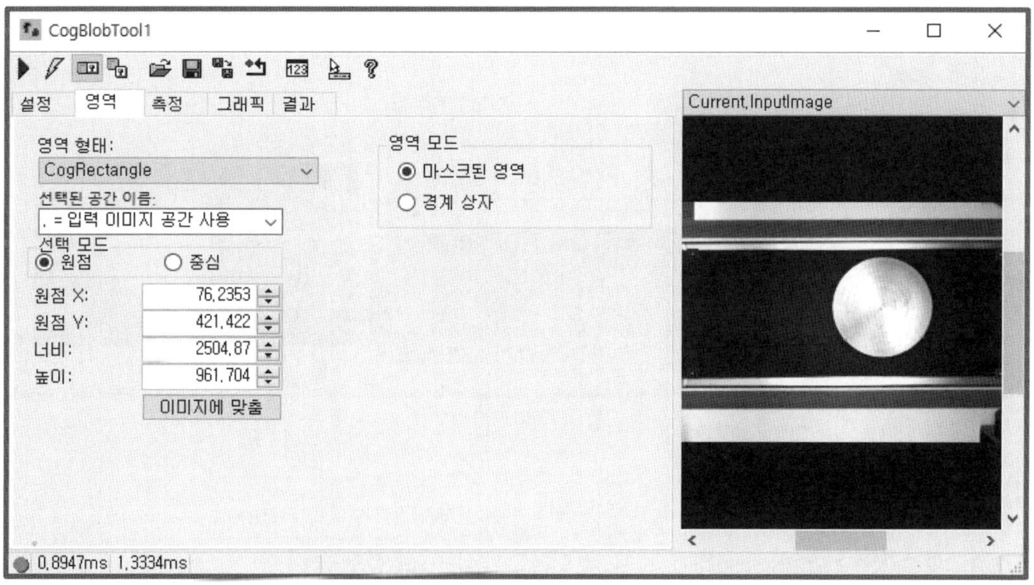

"측정"탭에 이동하여 이미지보기를 LastRun.BlobImage로 변경하여 필터링된 결과가 출력될 수 있게 설정합니다. 다음으로 필터링할 항목을 설정합니다.
다음으로 필터링할 조건을 입력합니다. 조건을 추가하기 위해서는 측정탭 하단의 필터링 추가 설정을 누르면 됩니다. 필터링을 원하는 항목이 있으면 "측정/필터"를 클릭

하여 타입을 필터로 변경하고 적용범위를 입력하여 설정합니다. 설정이 완료되면 실행 버튼을 클릭하여 적용여부를 확인합니다.

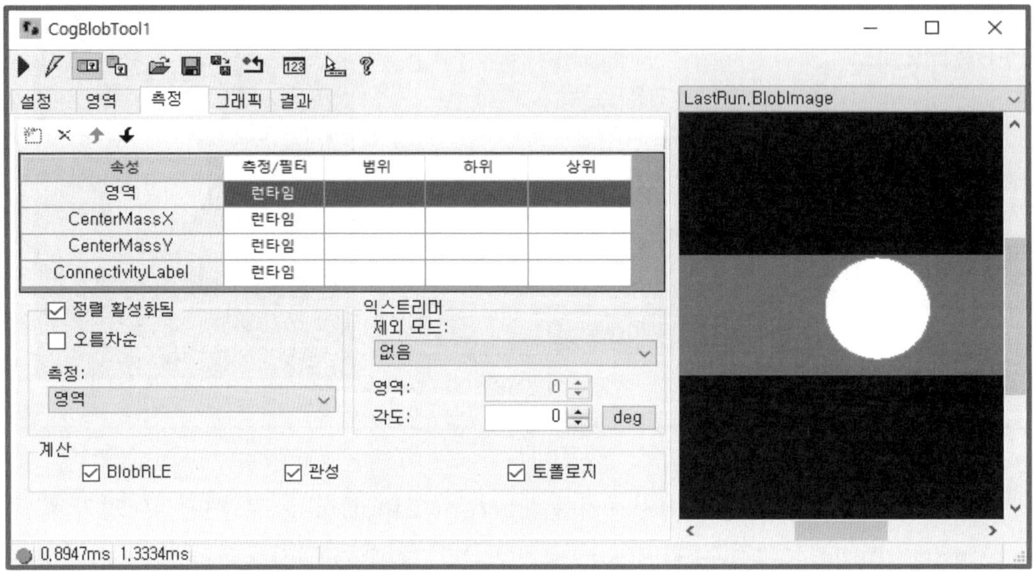

"결과"탭에 이동하여 실행버튼을 클릭하면 검출된 모든 블록 항목을 확인할 수 있습니다.

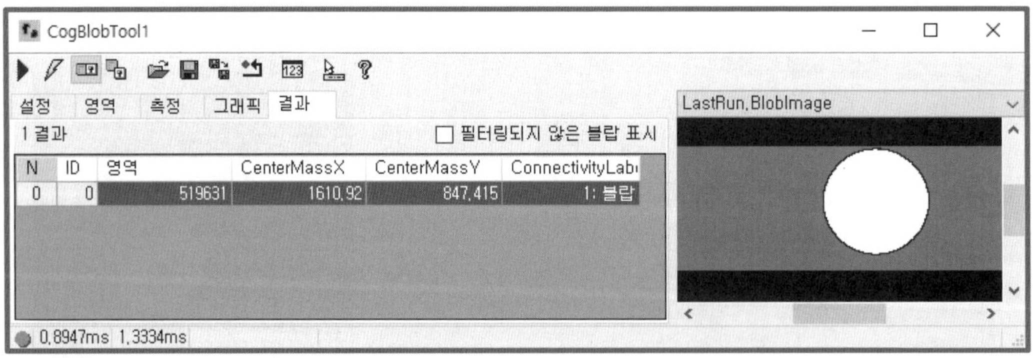

4) 그래픽 라벨 출력

"CogCreateGraphicLabelTool"은 앞에서 여러번 설명했습니다. 참고해서 작성하면 좋을 듯 합니다. 텍스트의 경우 기억하기 어려울수 있으니 한번더 보여드리도록하겠습니다.

입력파라메타	가변문자 출력타입	내용
InputBoolean	{B}	참/거짓에 입력값을 출력합니다.
InputDouble	{D:0.00}	실수형 입력값을 출력합니다. 자리수를 설정이 필요할 시에는 ":0.00"형태로자리수를 입력해주면 됩니다.
InputInteger	{I}	정수형 입력값을 출력합니다.
InputTool ResultConstant	{R}	비전도구의 결과를 출력합니다.
Formatted	없음	입력파라메타를 조합하여 사용자 정의 문자를 만듭니다.

5 검사 결과

– 워크피스의 밝은영역으로 블록검사가 이루어짐을 확인할 수 있습니다.

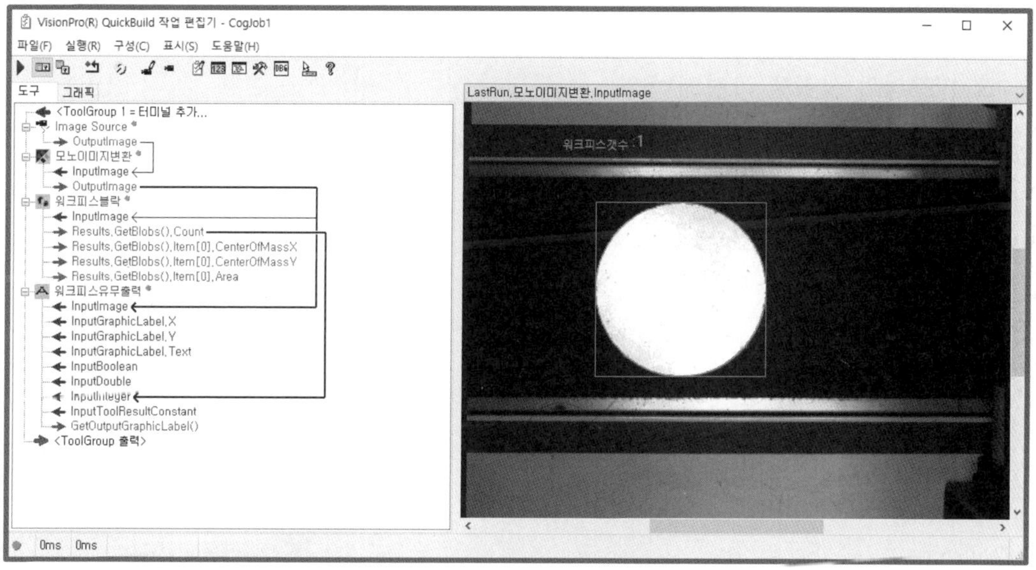

6 BlobTool 사용 간편정리

1) 전체 화면입니다.

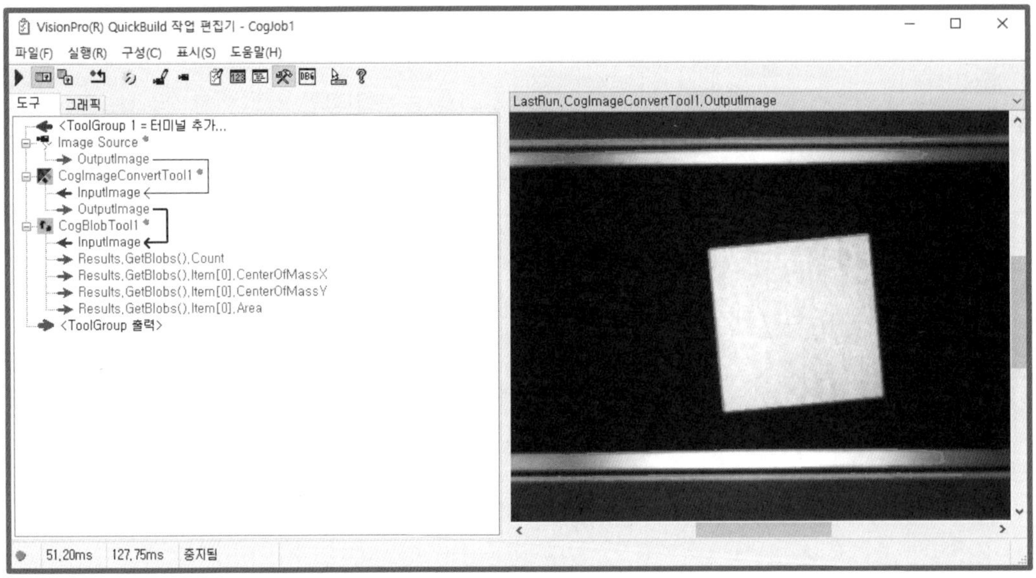

2) BlobTool의 설정탭 화면입니다.

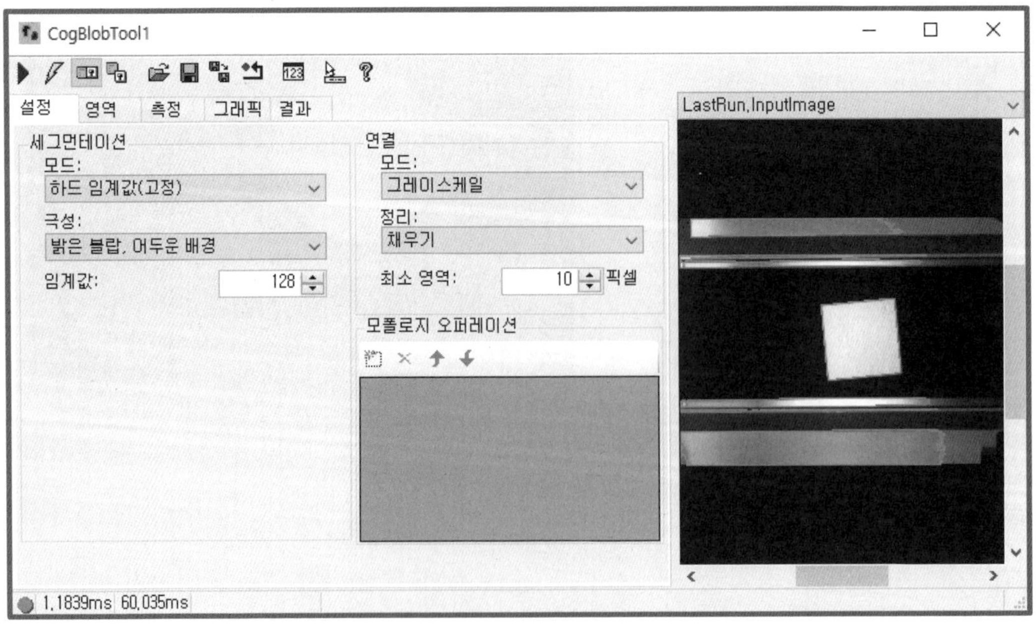

3) BlobTool의 영역탭 화면입니다.

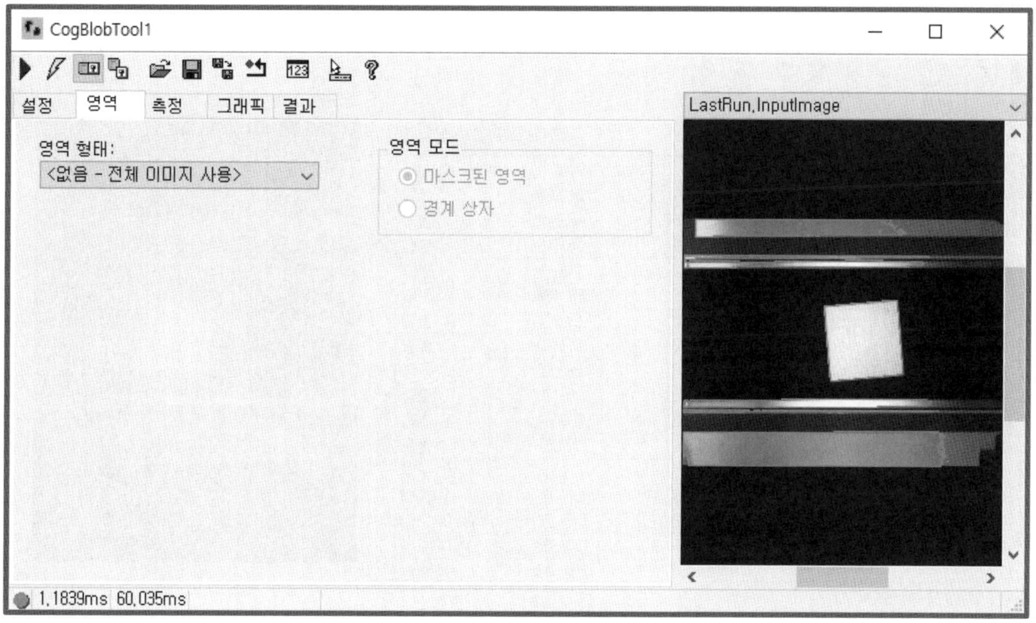

4) BlobTool의 측정탭 화면입니다.

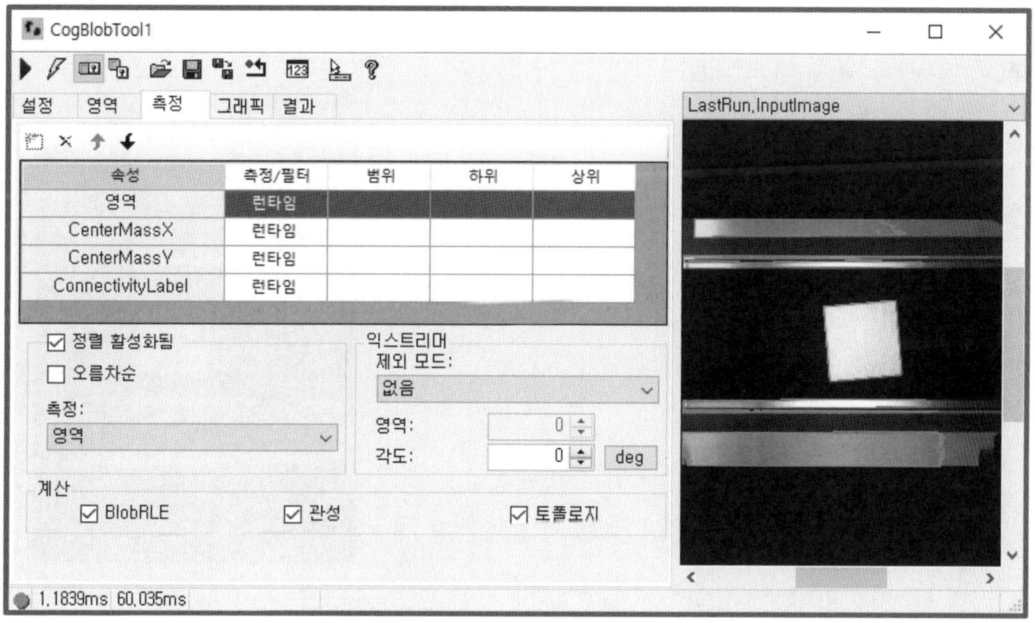

5) BlobTool의 결과탭 화면입니다.

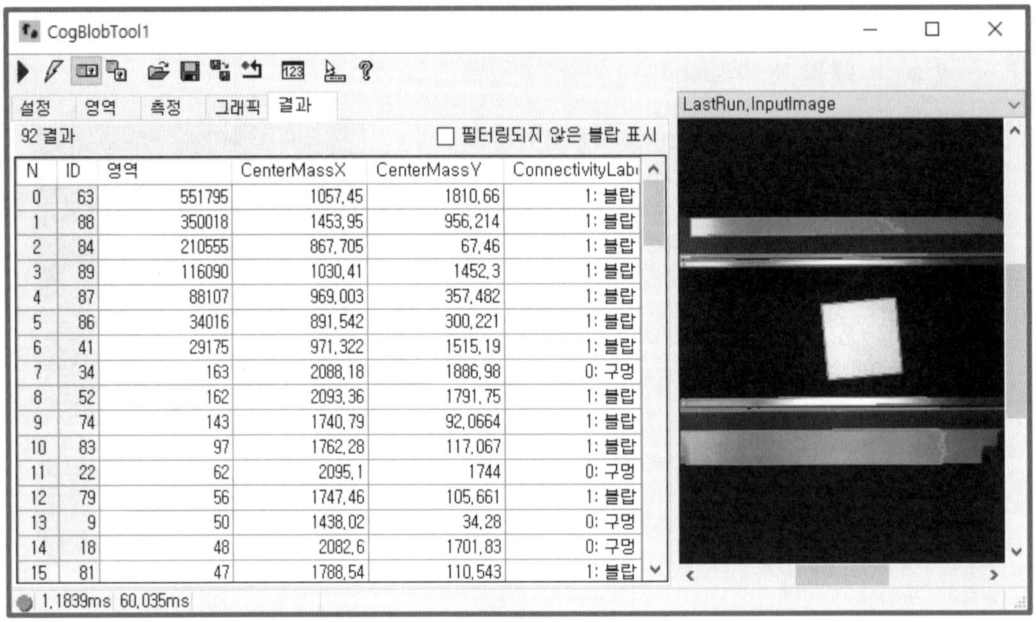

6) BlobTool의 영역탭 영역 설정화면입니다.

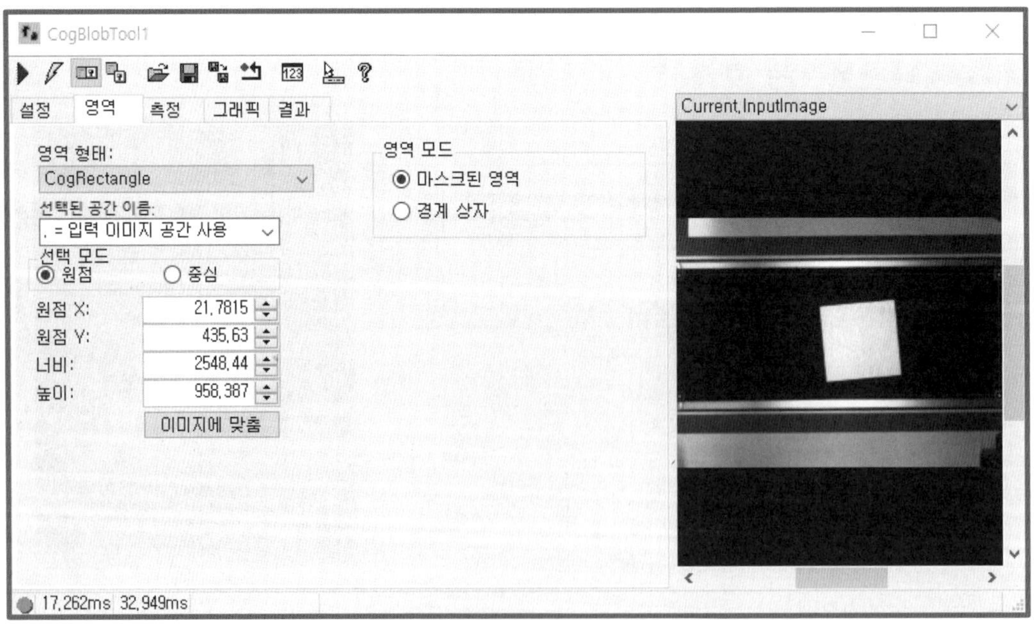

7) BlobTool의 측정탭에서 속성추가 과정 화면입니다. 마우스 화살표의 메뉴를 클릭해서 작업하면 됩니다.

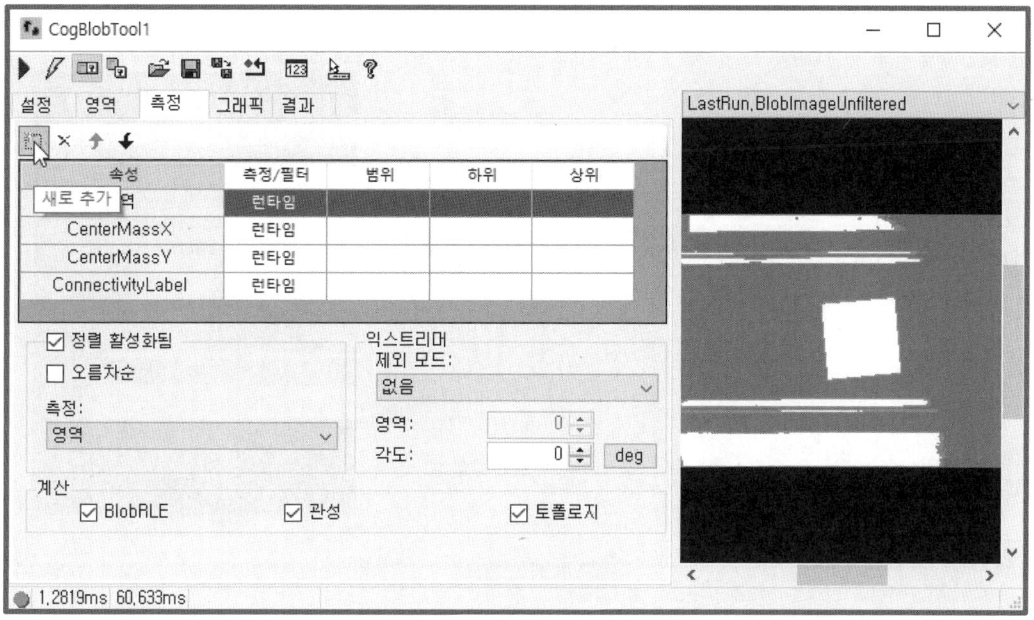

7)-1 두개의 속성을 추가한다.

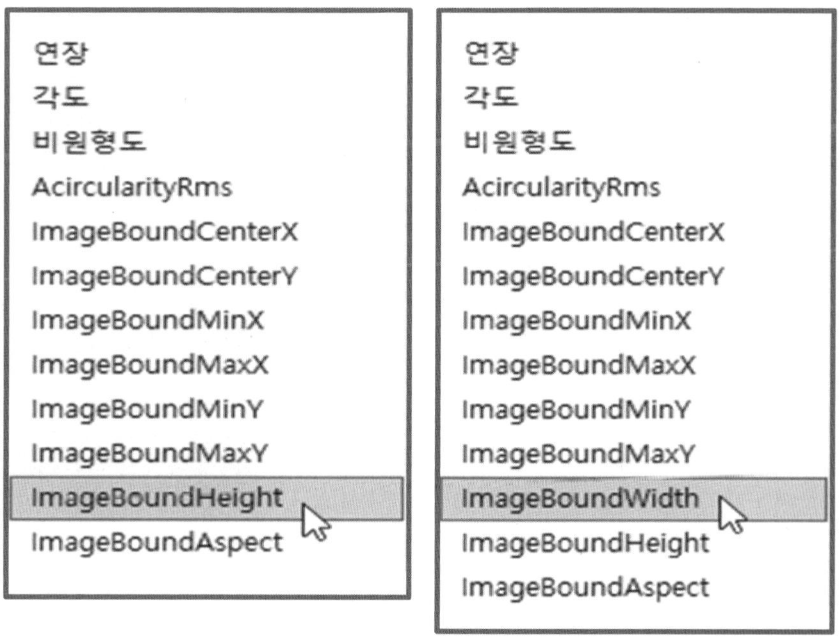

7)-2 추가한 상태의 측정탭 화면입니다.

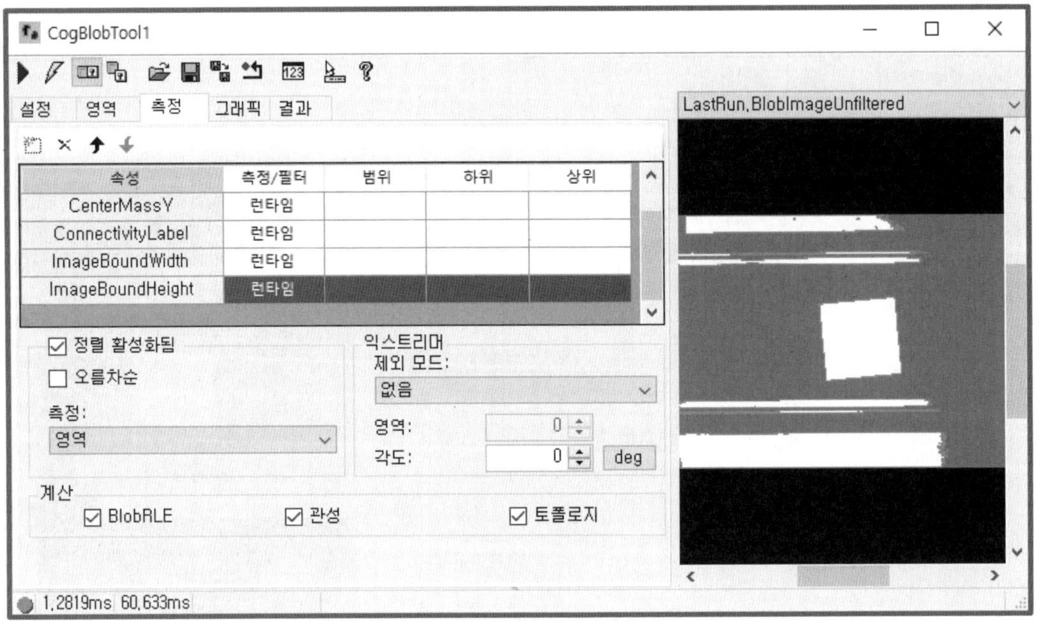

7)-3 런타임을 필터로 선택합니다.

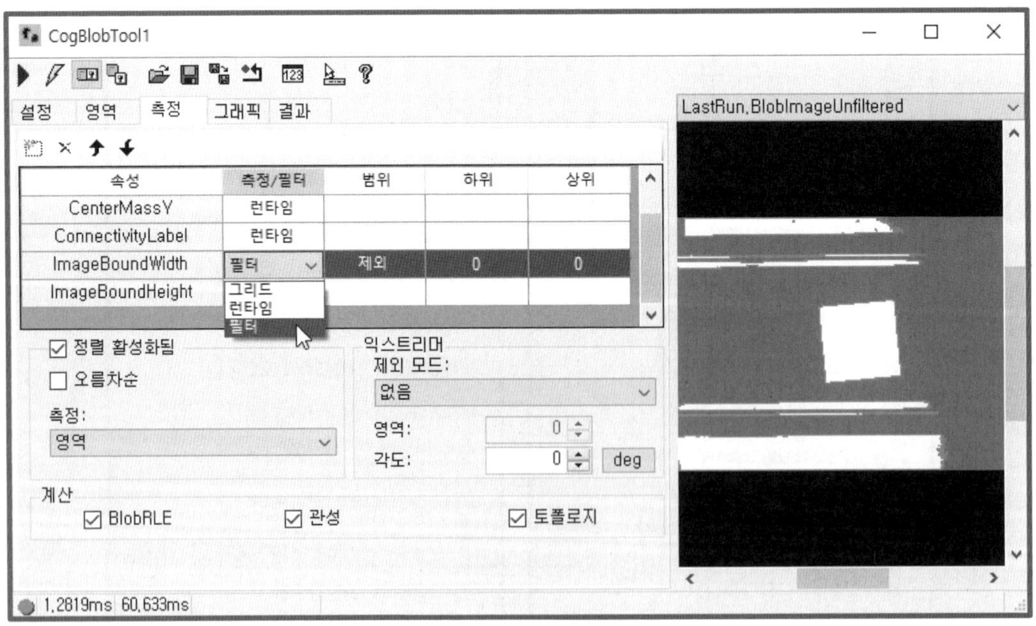

7)-4 범위를 포함으로 선택합니다.

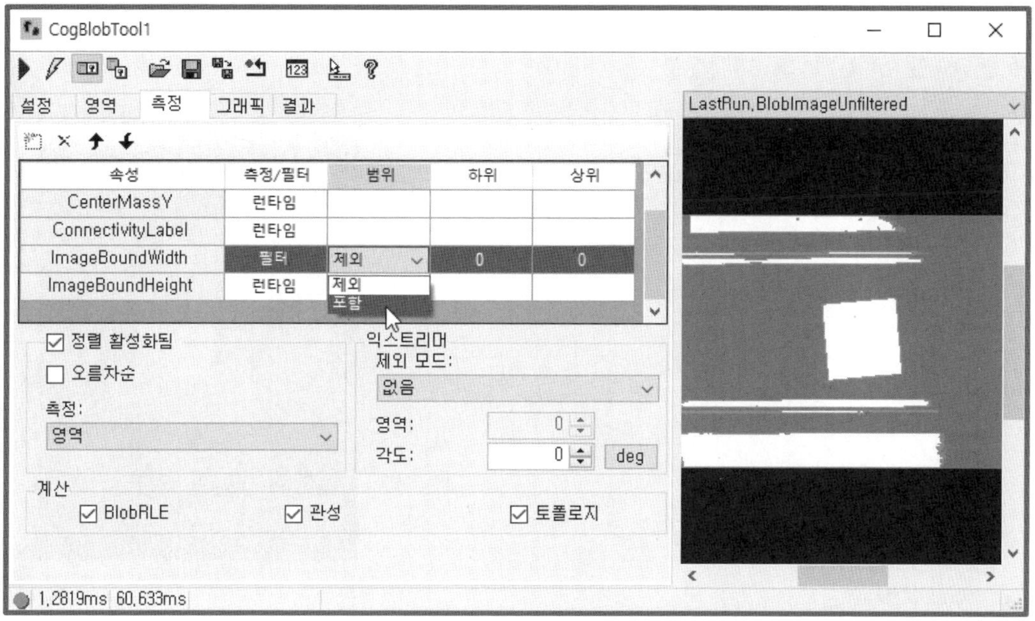

8) BlobTool의 결과탭 화면입니다. 컨베이어 벨트 구간만 검사영역으로 선택한 경우입니다.

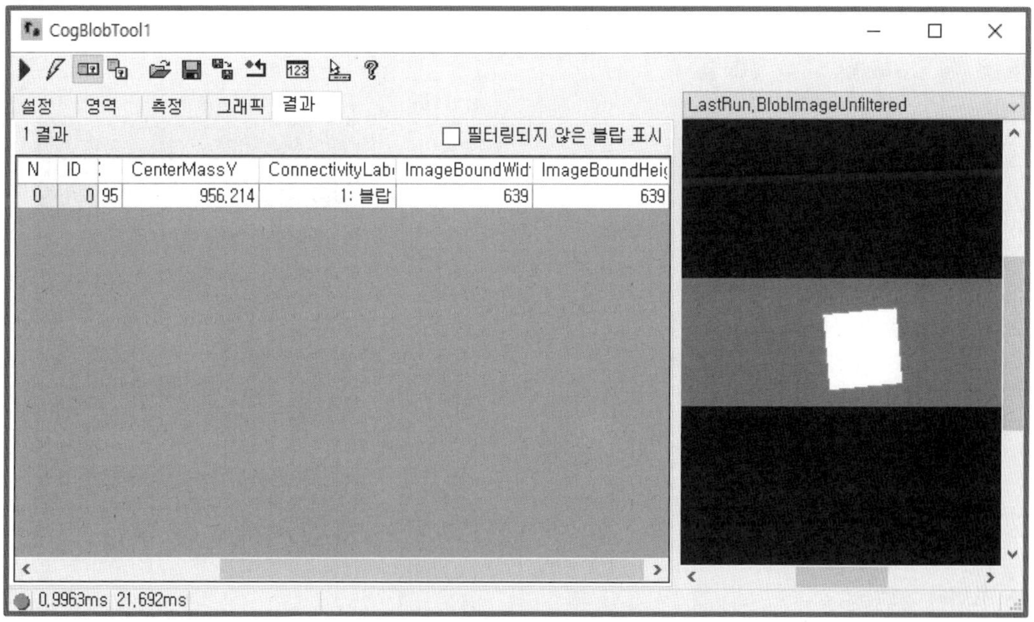

8)-1 영역을 선택 하지 않은 경우의 결과 화면입니다.

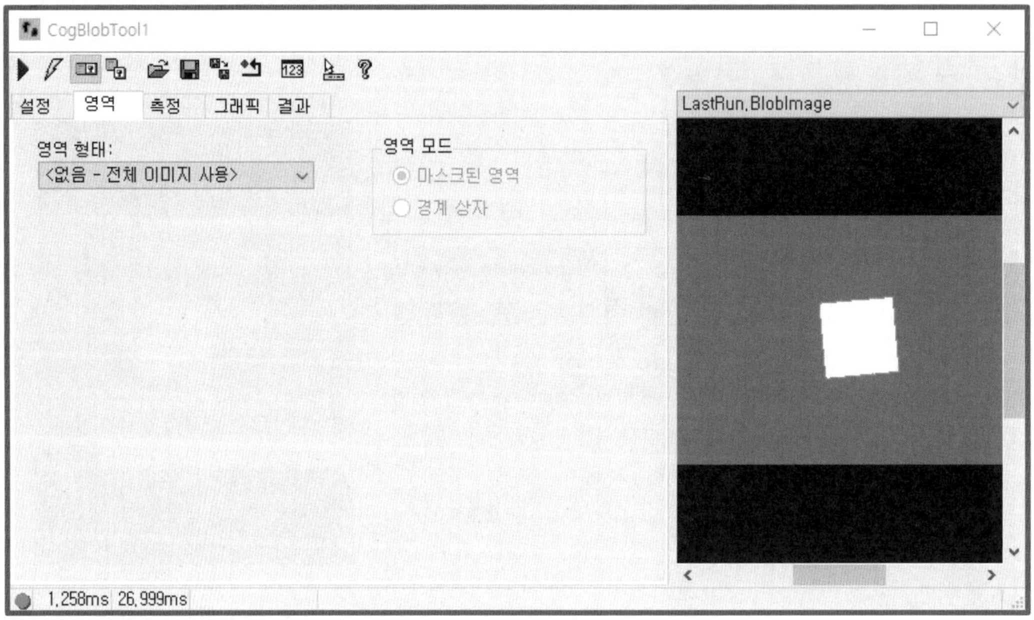

8)-2 출력화면 변경 그림입니다.

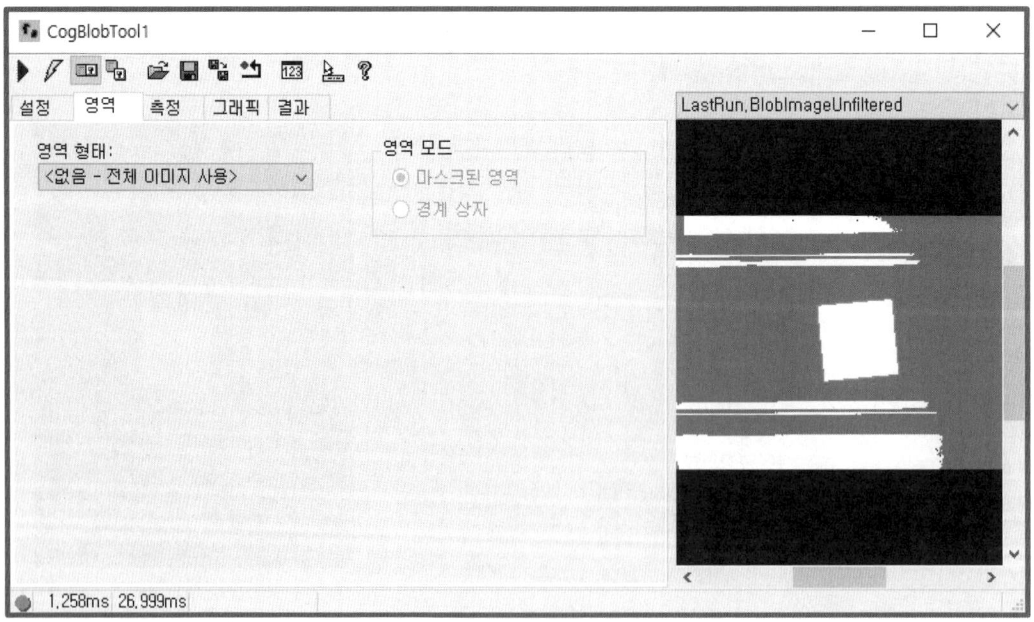

7 BlobTool 사용 두종류 워크피스 구분 작업과정 간편정리

1) 전체 화면입니다. 지금은 동일한 결과물로 출력하고 있습니다. 원형 워크피스와 사각형 워크피스를 구분해서 출력하도록 해보겠습니다.

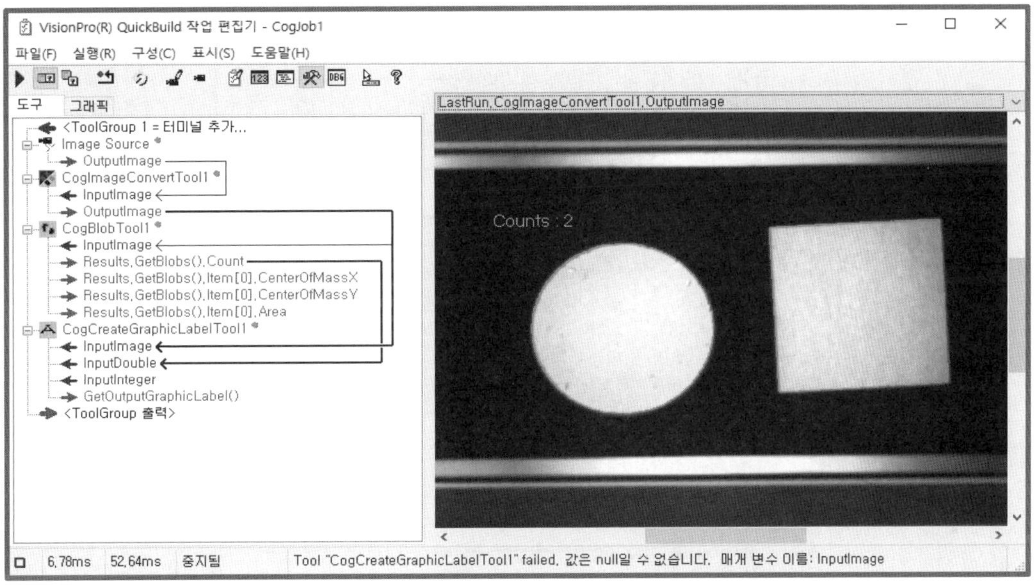

1)-1 구분된 화면입니다.

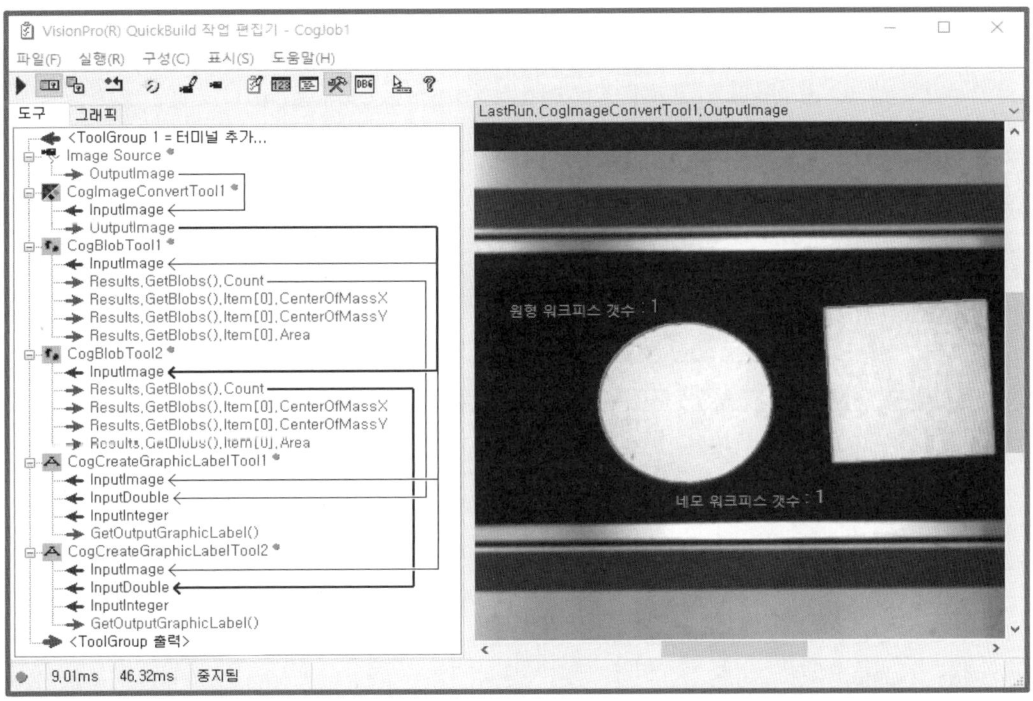

2) 원형 어크피스와 네모 워크피스의 구분을 위한 비전도구 배치그림입니다.

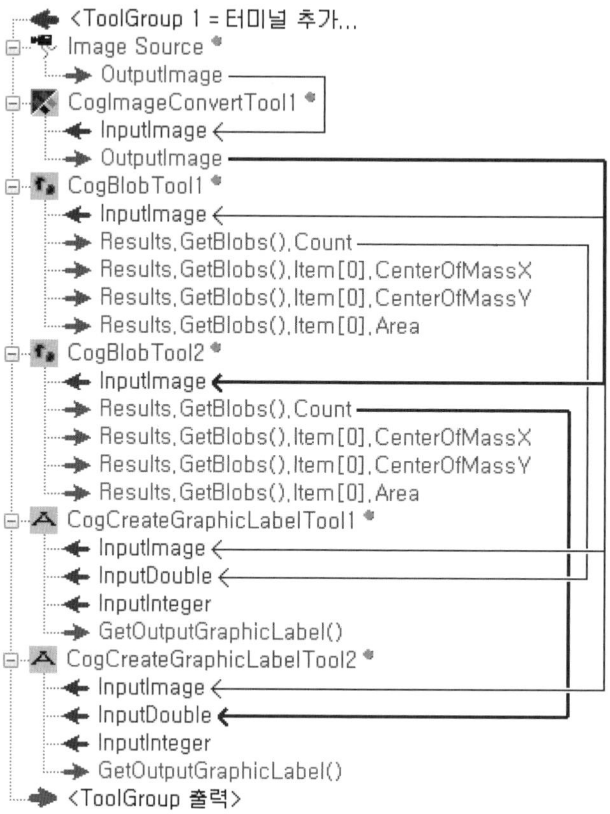

3) BlobTool의 측정탭 화면입니다.

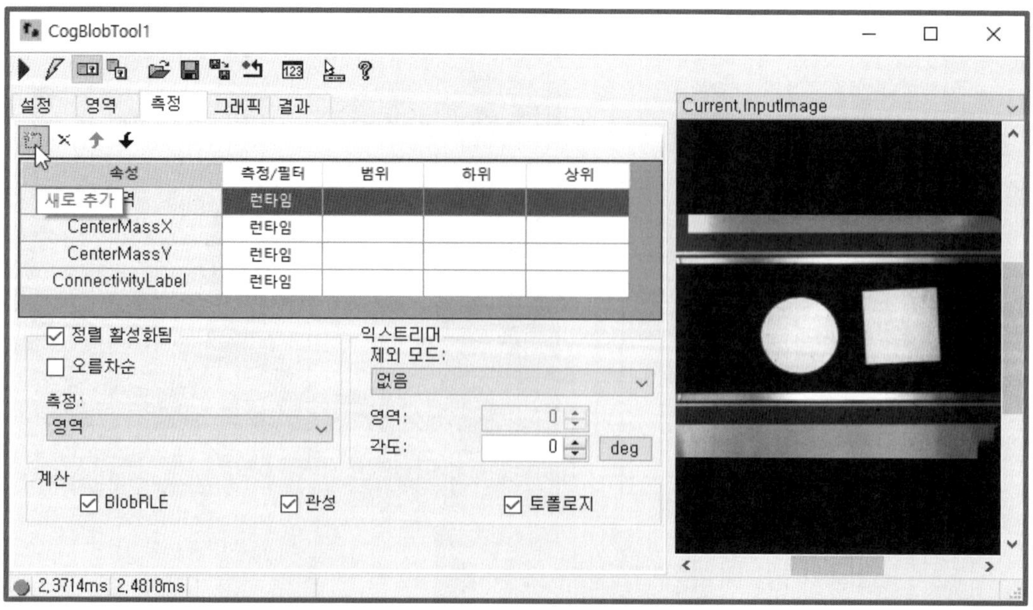

3)-1 측정탭에서 화면과 같이 새로추가를 클릭해고 "비원형도"를 선택해서 추가합니다.

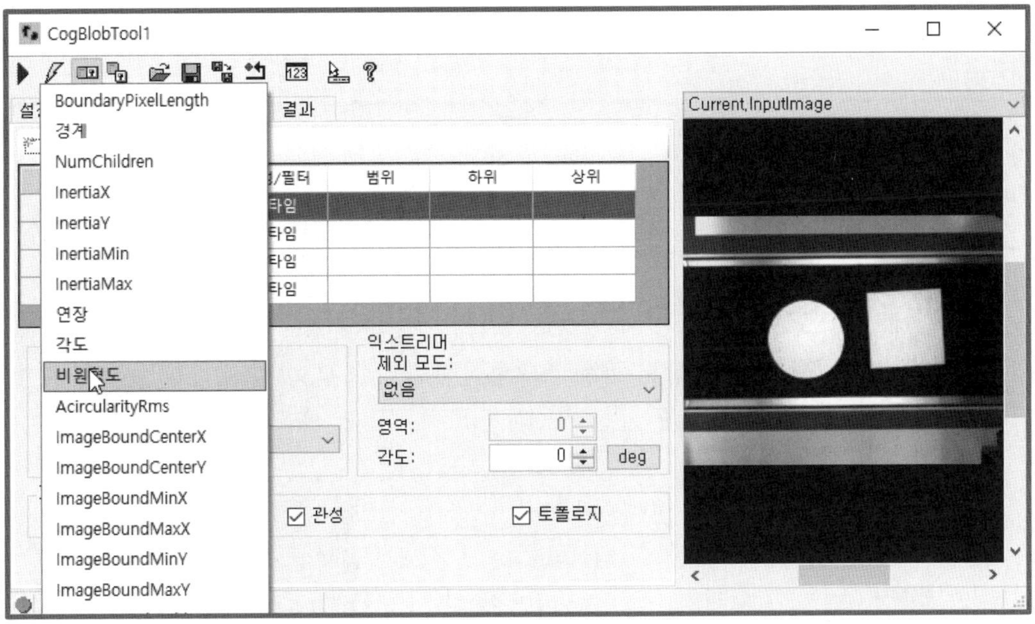

3)-2 "비원형도"선택후 대략적인 값을 찾기위해 결과에서 확인합니다.

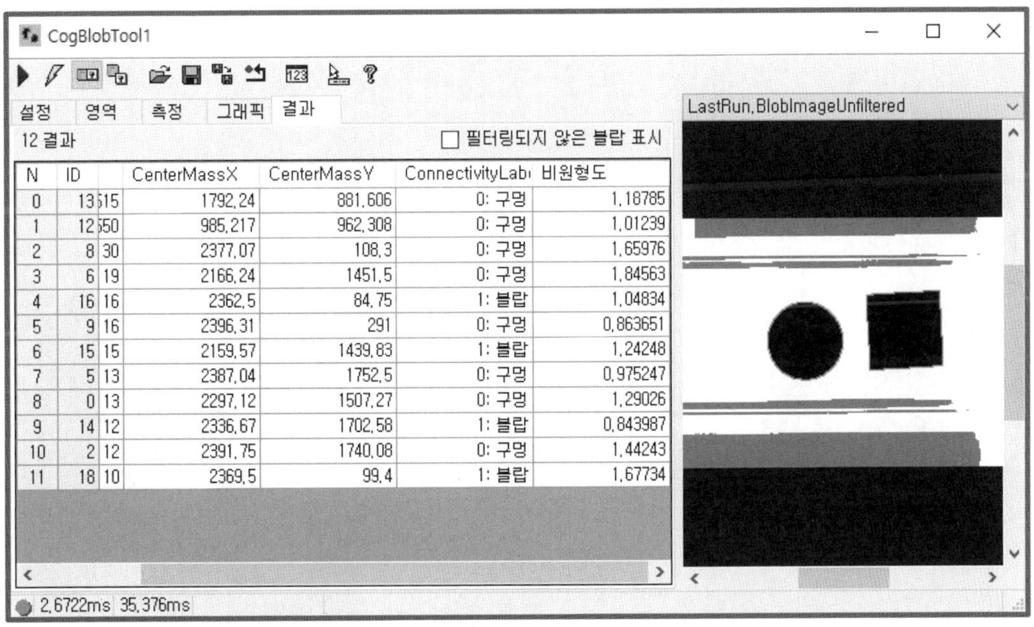

3)-3 측정탭 화면에 나타난 비원형도를 아래화면과 같이 선택합니다. 필터를 선택하고 범위는 포함으로합니다. 그리고 하위를 "1"로 상위를 "1.2로하고 화면을 "LastRun.BlobImage"로해서 확인합니다. 네모와 원형 모두 선택되었습니다.

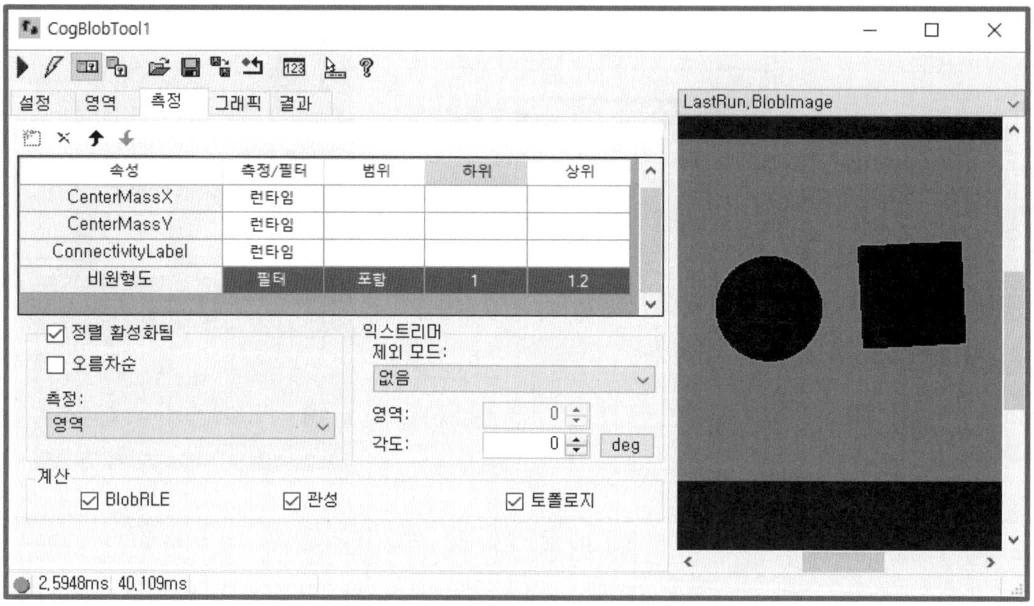

3)-4 하위를 "1.1"로 상위를 "1.2로 설정할 경우 네모의 워크피스만 선택되었습니다. 네모를 선택하기위한 "BlobTool2"는 여기서 얻은 범위를 참고해서 작업하면 원하는 결과를 얻을 수 있습니다.

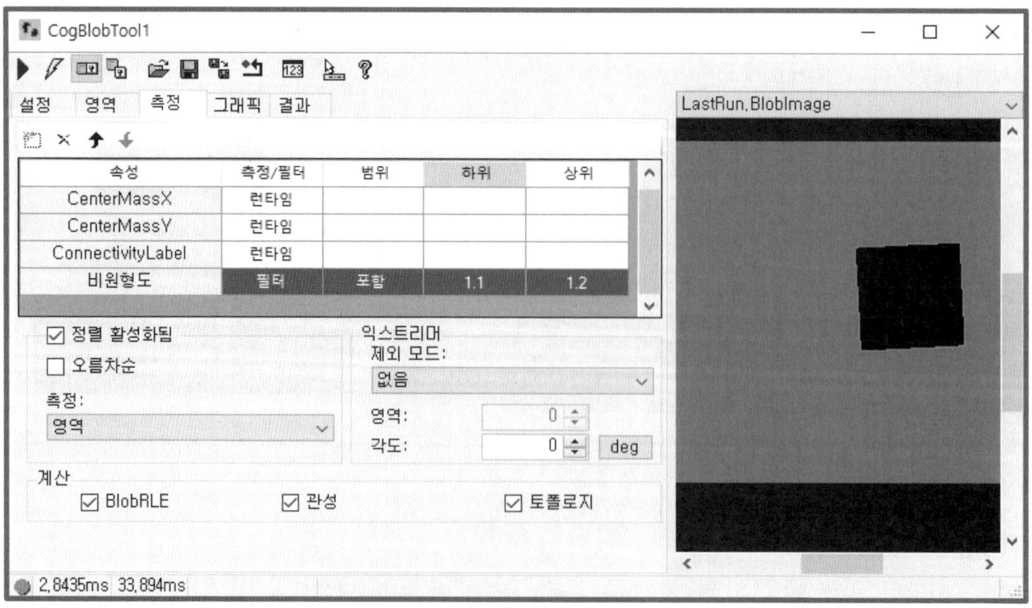

3)-5 하위를 “1”로 상위를 “1.1로 설정할 경우 원형의 워크피스만 선택되었습니다. 원형을 선택하기위한 ”BlobTool1“은 여기서 얻은 범위를 참고해서 작업하면 원하는 결과를 얻을 수 있습니다.

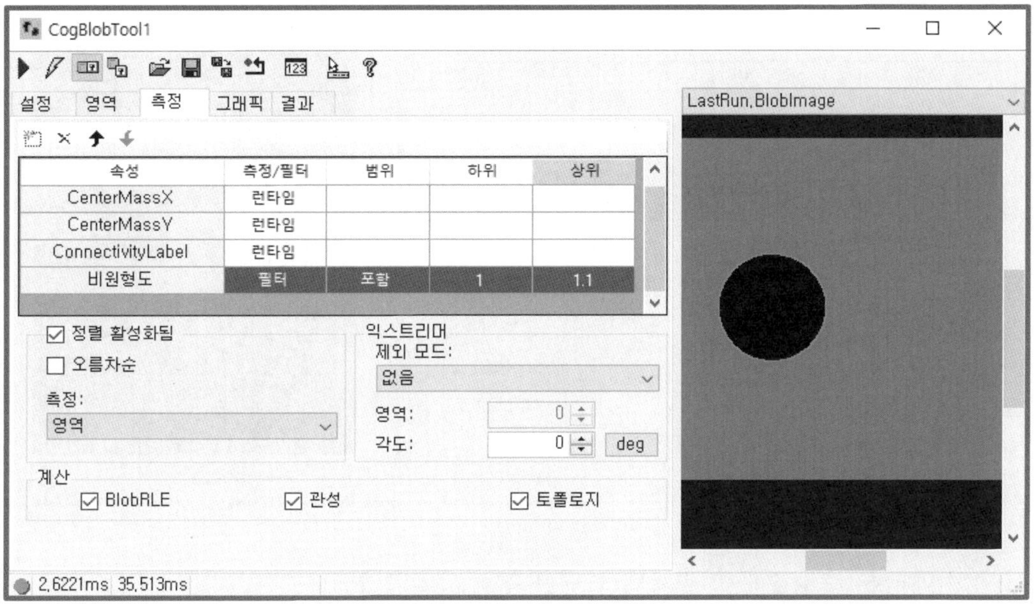

3)-6 이에따른 측정결과를 결과탭 화면을 통해서 확인합니다.

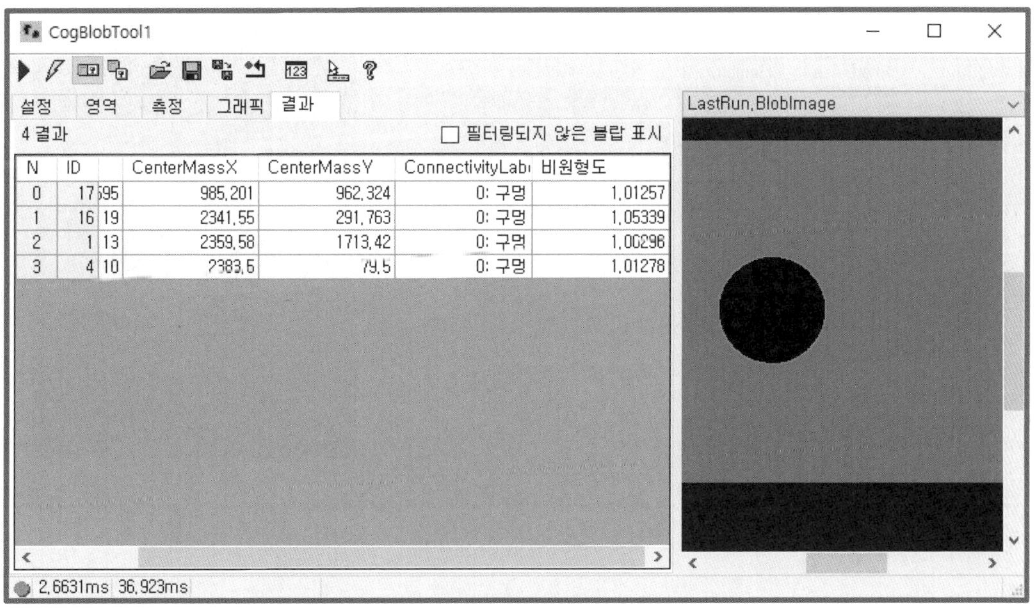

4) BlobTool2를 3)-4에서 얻은 값으로 범위를 아래 화면과 같이 설정합니다.

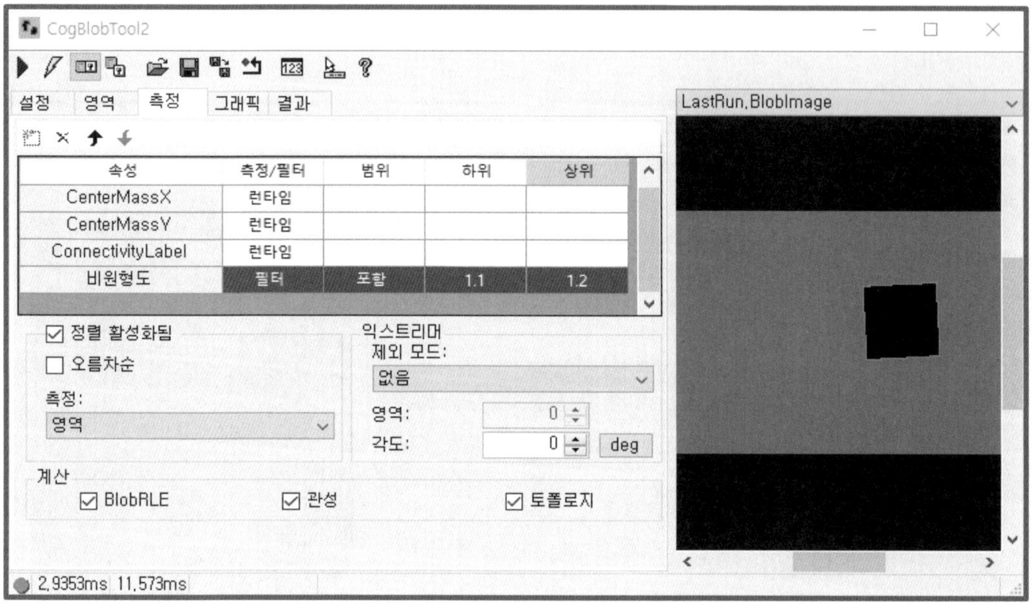

4)-1 이에따른 측정결과를 결과탭 화면을 통해서 확인합니다.

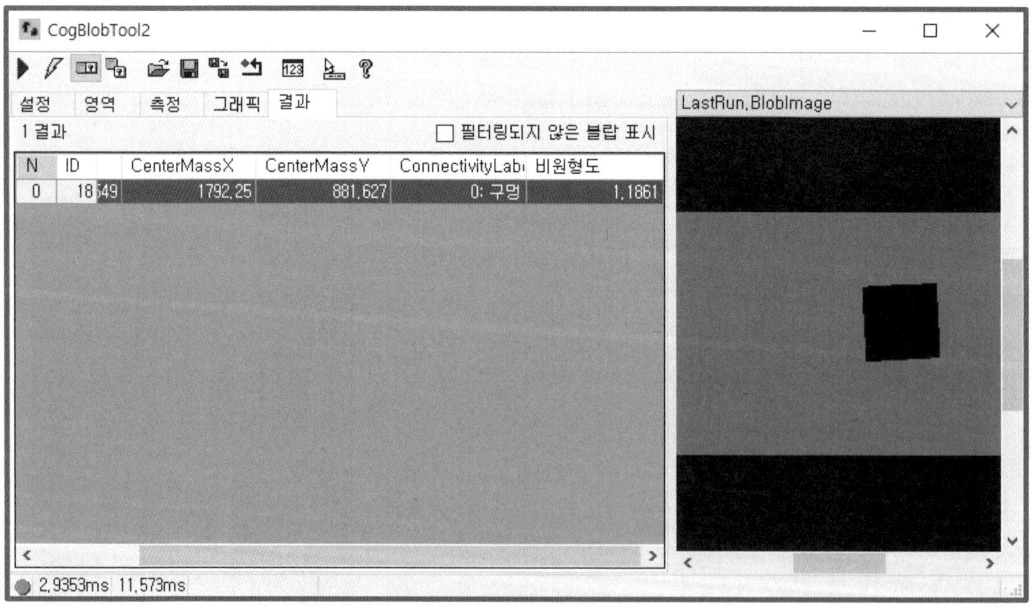

5) BlobTool의 전체 비전도구의 실행결과 화면입니다. 실행할때마다 객수가 재각각 다르게 나타납니다. 따라서 아래 화면과 같이 "ImageBoundWidth" 필터추가 작업이 필요합니다. 원형 워크피스의 경우 "ImageBoundWidth" 필터추가한 결과 정확하게 출력되는 것을 확인할 수 있습니다. 워크피스의 상태에따라 추가로 다른 형태의 필터가 필요한 경우 추가해서 설정하면 됩니다. 본 예제에서는 간단하게 "ImageBoundWidth" 필터만 추가해서 작업합니다.

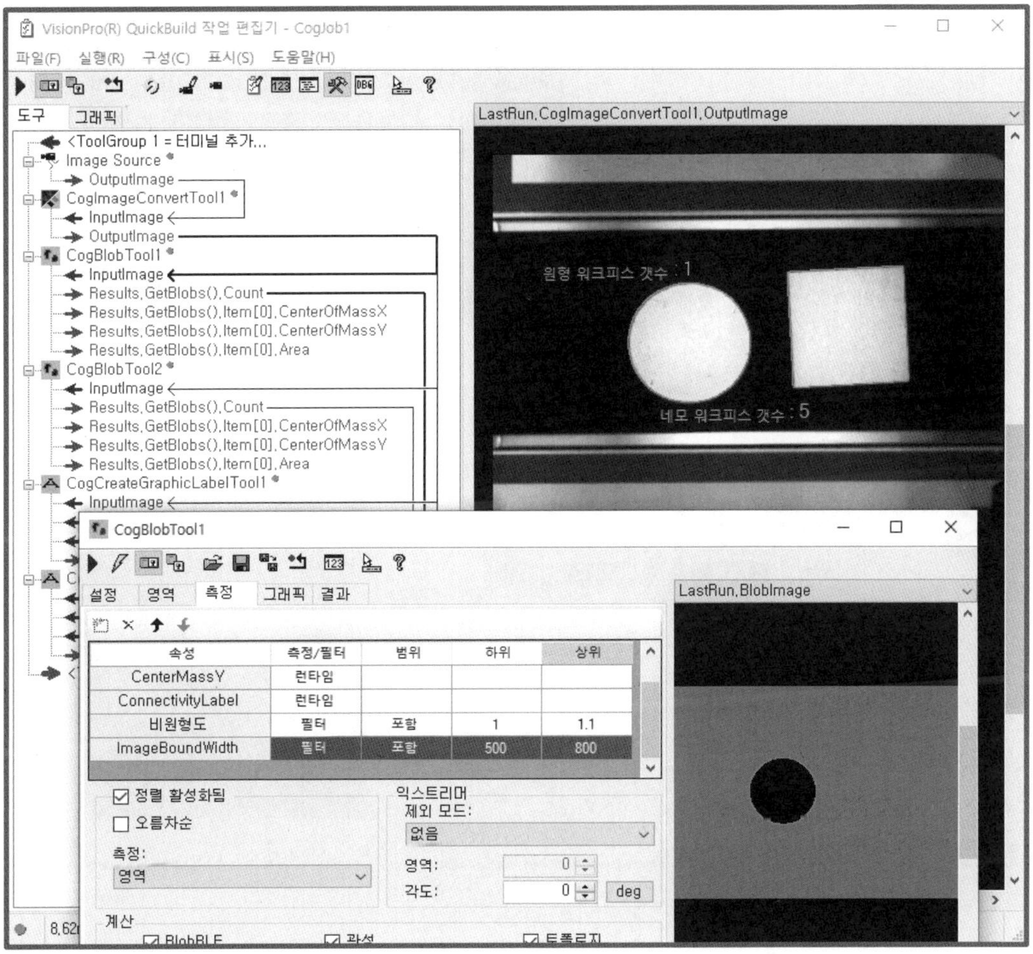

6) 네모형태의 워크피스의 경우도 “ImageBoundWidth” 필터추가해서 적절한 값을 찾은 다음 화면과 같이 입력해줍니다. 원하는 결과를 얻을수 있습니다. 측정탭에서 선택한 필터들은 항상 AND 조건으로 연산됩니다.

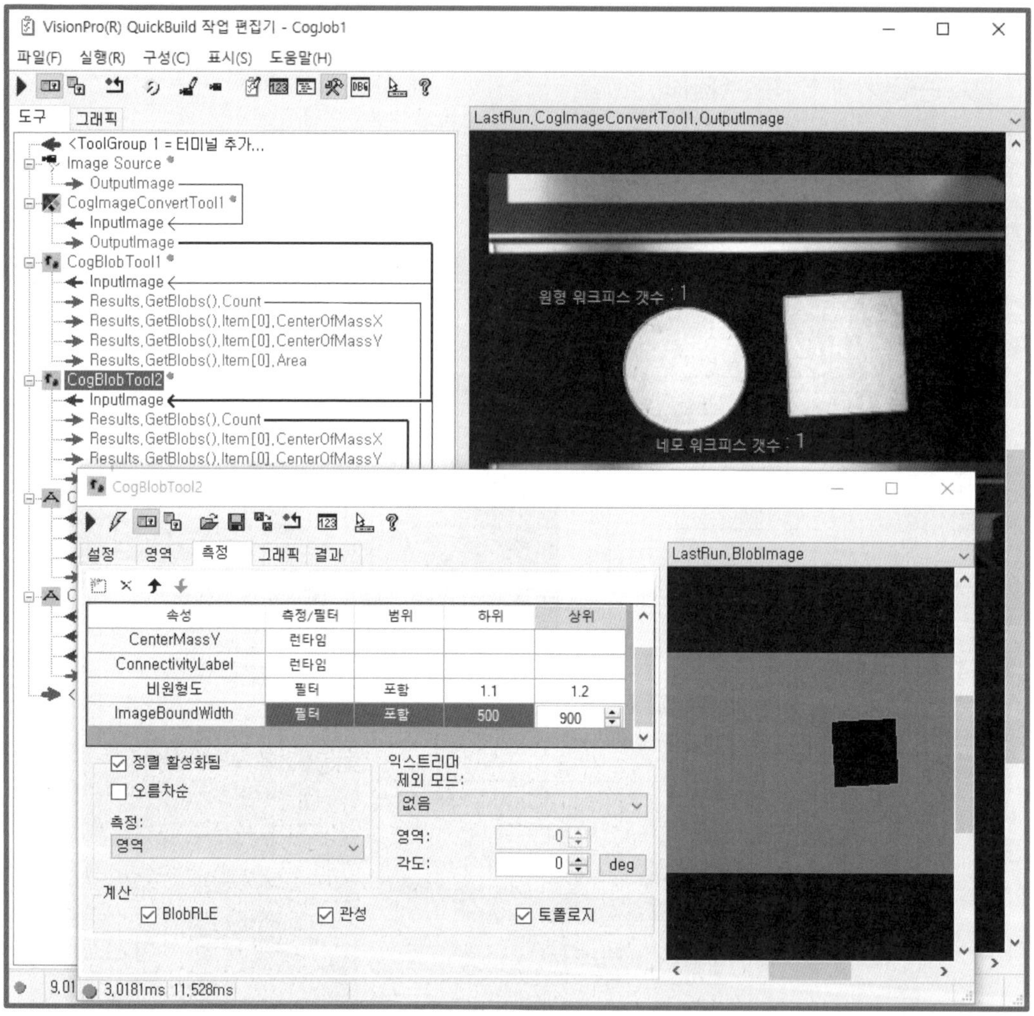

7) 최종 결과입니다.

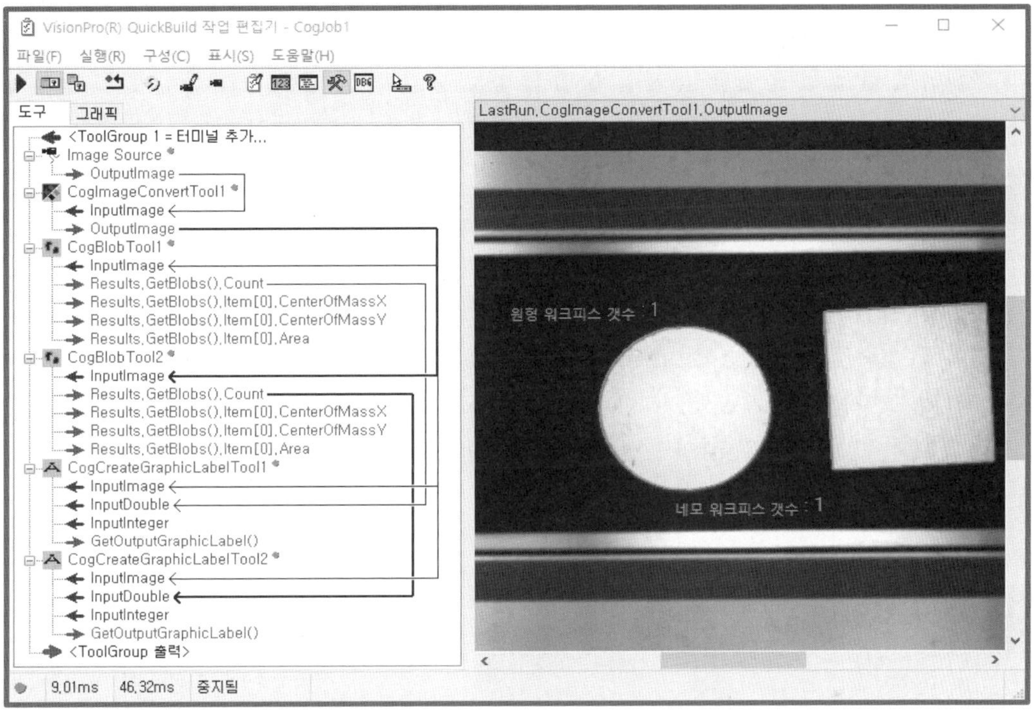

7)-1 원형 워크피스를 2개 공급할 경우에 대한 결과입니다.

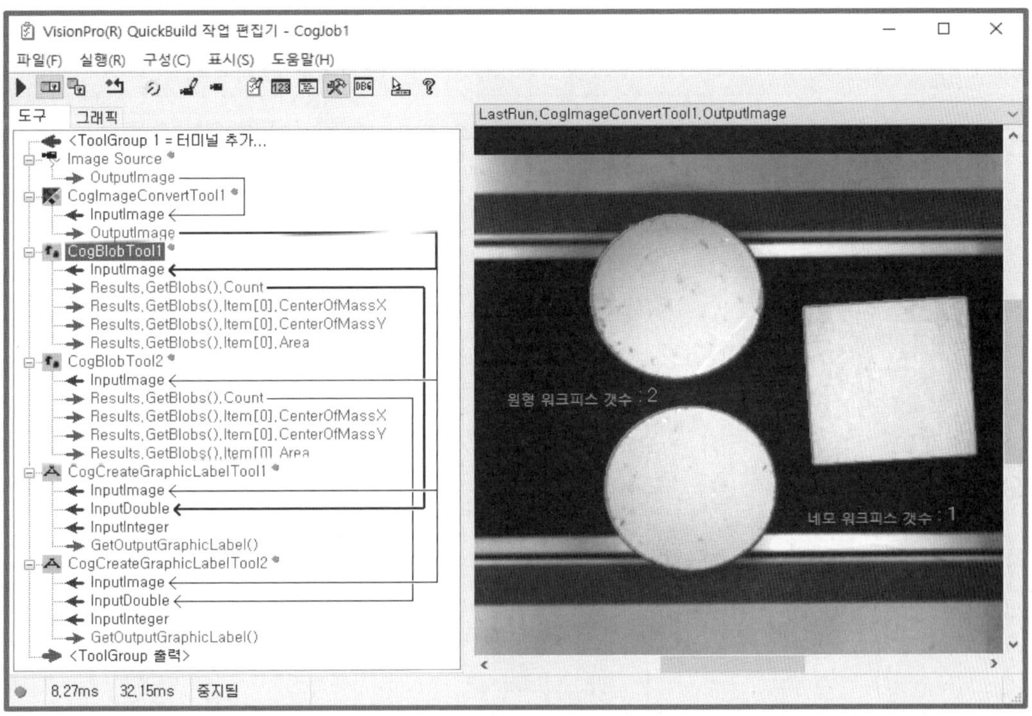

Ex12 ColorSegmenterTool을 이용한 특정색상의 워크피스 검출

1 개요

이번 장은 머신 비전의 컬러분석에 대한 개념을 알아보고 특정색상의 워크피스를 분류할 수 있도록 진행하겠습니다. ColorSegmenterTool은 특정 컬러를 분석해서 워크피스의 형태를 찾아내고 다음단계로 CogBlobTool에 해당 출력을 보내서 워크피스를 검출하는 과정을 진행합니다. CogBlobTool의 절차에앞서 ColorSegmenterTool로 특정컬러의 워크피스를 찾는작업입니다.

2 시나리오

이번 챕터의 시나리오는 이미지를 촬상하고 ColorSegmenterTool을 이용하여 특정색상의 컬러만 백색으로 이진화하여 블록검사를 통해 특정색상의 워크피스만 분류하는 예제를 진행하겠습니다.

플로우	비전도구 배치
ImageSource 컬러 이미지캡처 ↓ 모노이미지변환 (컬러이미지를 모노이미지로 변환) ↓ Blob검사 (넓이,높이로 워크피스검색) ↓ 찾은 항목 갯수 출력 (그래픽요소로 문자열로 출력)	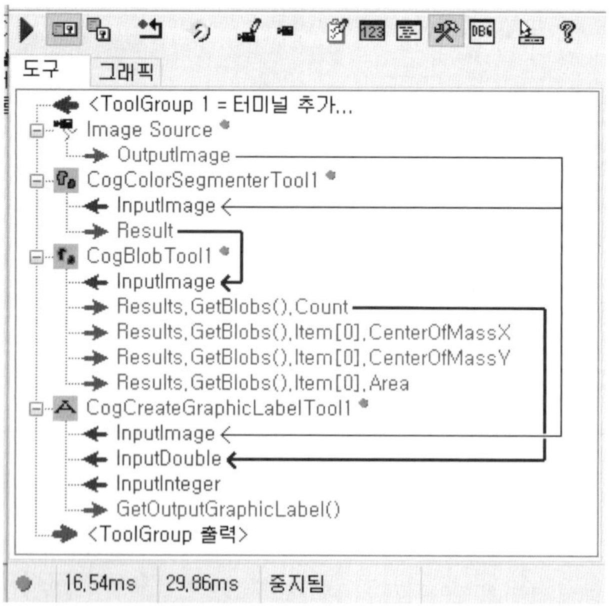

3 비전도구 배치

비전도구는 QuickBuild설명의 Job에 비전도구 추가내용을 참고하여 비전프로 배치표 및 해당표와 같이 순서대로 배치합니다. 기본도구외에 3가지의 비전도구를 이용해서 특정 컬러의 워크피스 검출 작업을 할 수 있습니다.

비전명	도구명	비전명	도구명
Image Source	기본도구	블랍검사	VisionPro 도구 CogAcqFifoTool CogBeadInspectTool CogBlobTool CogCaliperTool
워크피스 찾기	Color CogColorExtractorTool CogColorMatchTool CogColorSegmenterTool CogCompositeColorMatchTool	화면 출력	Geometry - Creation CogCreateCircleTool CogCreateEllipseTool CogCreateGraphicLabelTool

4 비전도구 사용방법

1) 워크피스찾기

ColorSegmenterTool은 특정컬러범위에 속한 픽셀만 이치화(binarization) 하는 비전도구입니다. 하단 이미지와 같이 선택한 좌표계의 입력된 조건에 맞는 픽셀만 백색으로 이치화(binarization)됩니다.

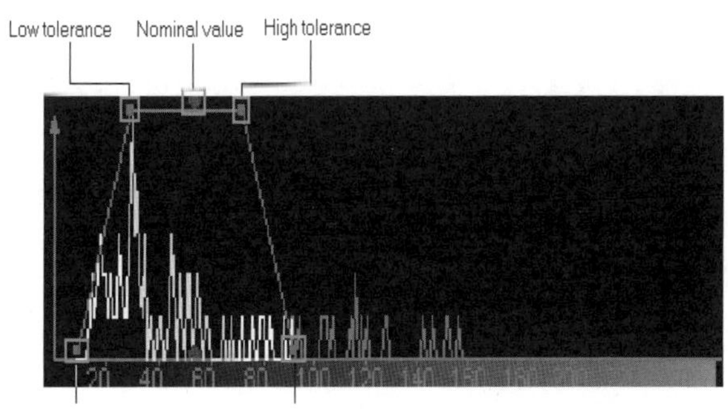

설정순서는 다음과 같습니다.

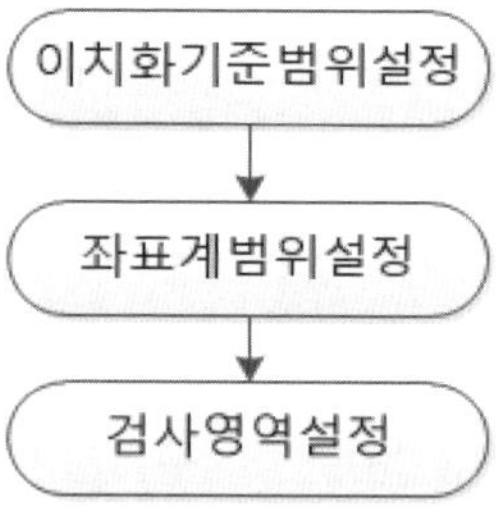

항목	설명
이치화 기준 범위설정	컬러좌표계기준을 설정하기 위한설정이며 검출할 시료의 컬러가 포함될 수 있는 영역을 지정합니다.
좌표계 범위설정	기준좌표와 비교할 최소,최대 범위를 설정 합니다.
검사영역 설정	이치화할 영역범위를 설정합니다.

(1) 설정방법

- 다음 사진은 CogColorSegmenterTool의 첫 화면입니다. CogColorSegmenterTool1을 더블클릭하면 첫 화면을 볼 수 있습니다. 이미지창의항목을 Current.InputImage로 설정합니다.

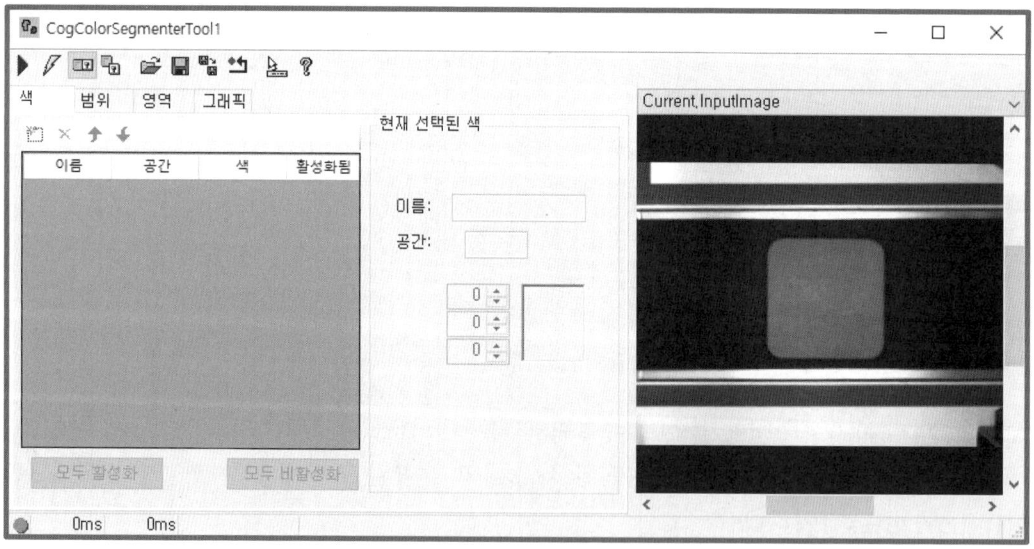

(1)-1 색범위를 추가하기위해서 색탭 하단의 추가아이콘(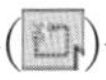)을 클릭하고 "영역선택"을 선택합니다.

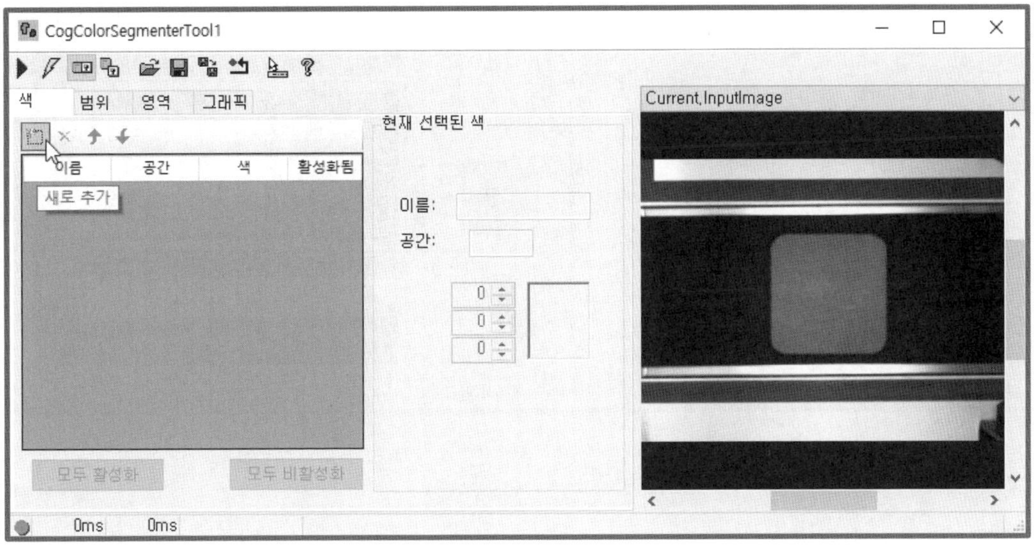

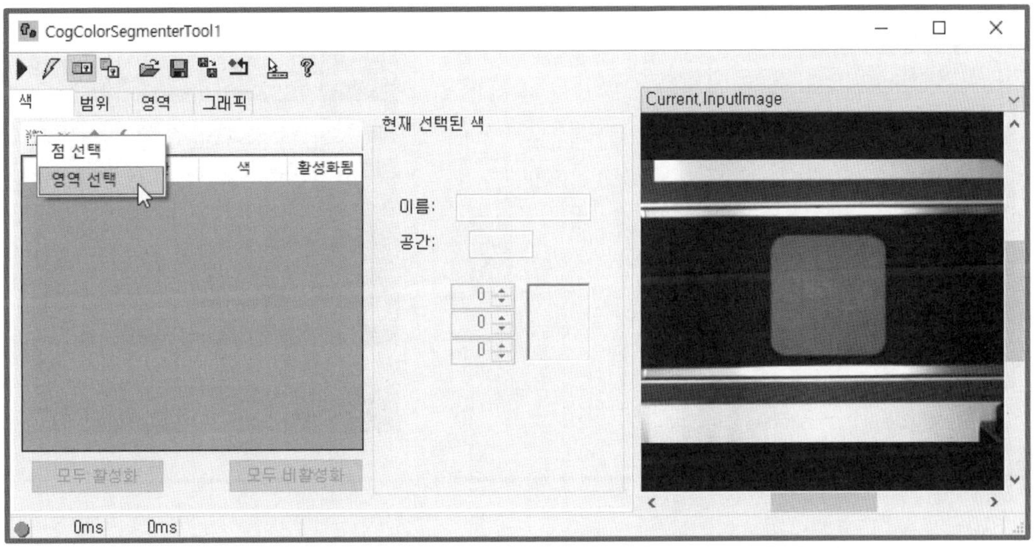

(1)-2 원하는 영역형태를 지정하고 공간을 RGB와 HSI이 두형태를 선택하게되어있는네 여기서는 "HSI" 좌표계로 선택하겠습니다. "HSI"가 보다 편리하기 때문입니다. 이후 해당워크피스의 중심을 선택하여 기준컬러값을 설정후 수용버튼을 클릭합니다. 이때 ROI영역은 굳이 클 필요는 없습니다. 적절하게 워크피스의 영역을 포함하면됩니다. 그림과 같이 영역과 파라메터가 선택되었으면 다음은 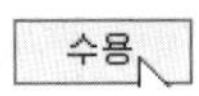 버튼을 클릭해서 다음 작업을 준비합니다.

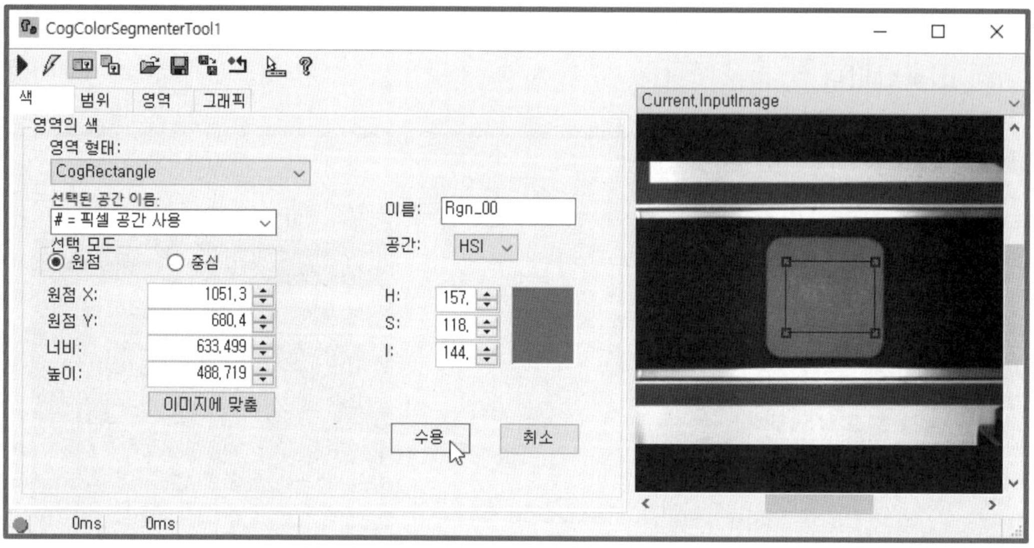

(1)-3 수용버튼 클릭후의 화면입니다.

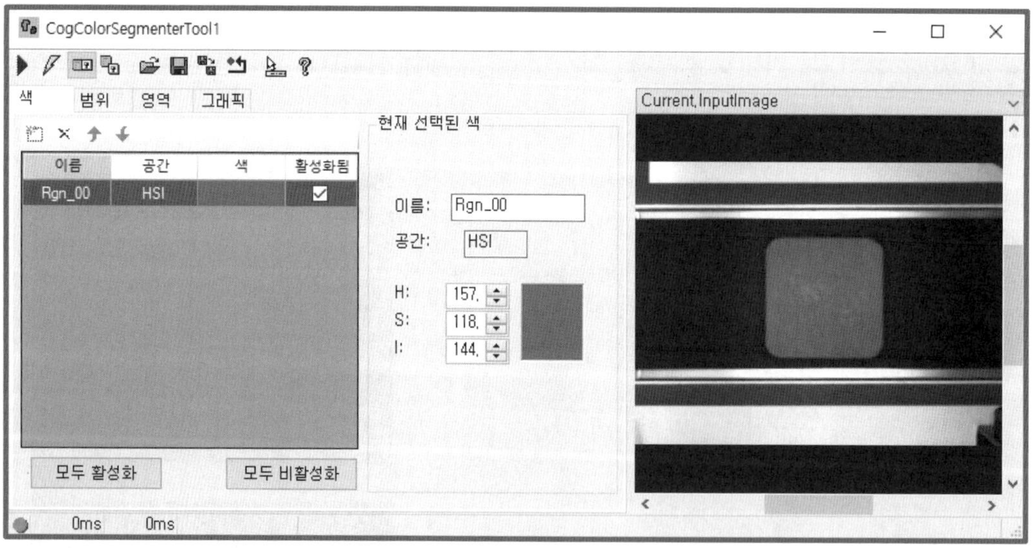

(2) 다음은 "범위"입니다.

- 컬러좌표계의 범위를 선택합니다. 범위 탭으로 이동후 이미지를 LastRun.SegmentImage로 변경하고 변경하고자하는 평면을 선택후 범위를 선택합니다. 이전설명과 같이 HSI 좌표계는 색상,명도,밝기로 이루어져 있고 최소, 최대허용범위를 조정해가면서 설정합니다. 선정된값의 범위를 알고 싶으면 실행버튼을 눌러서 적용된 내용을 확인합니다. "색"탭에서 이름을 선택하고 "범위" 탭을 선택하면 색공간의 범위가 나옵니다. "H"(Hue)라는것은 가시광선의 파장대에따라서 색깔을 0~255까지 나다내는 것입니다. 원하는 색을 선택하고자한다면 그래프 위쪽을 잡아서 적절히 선택해주면됩니다.

"I"(Intensity, 명도)는 밝기를 의미합니다. "S"(Saturation)는 채도 즉 투명도로서 색이 짙은가 옅은가를 나타냅니다. 그림의 평면선택에서 하나씩 선택하면서 최소·최대 허용 범위를 설정하면 됩니다. 그래프의 영역선택을 조절하면서 워크피스가 잡히는지를 확인하면 됩니다. 결과적으로 선택된 색상대에있는 컬러만 블록화를 시키게 됩니다.

(2)-1 범위의 "평면선택"에서 HSI를 순서대로 선택해서 영역을 선택합니다. 먼저 "H"입니다.

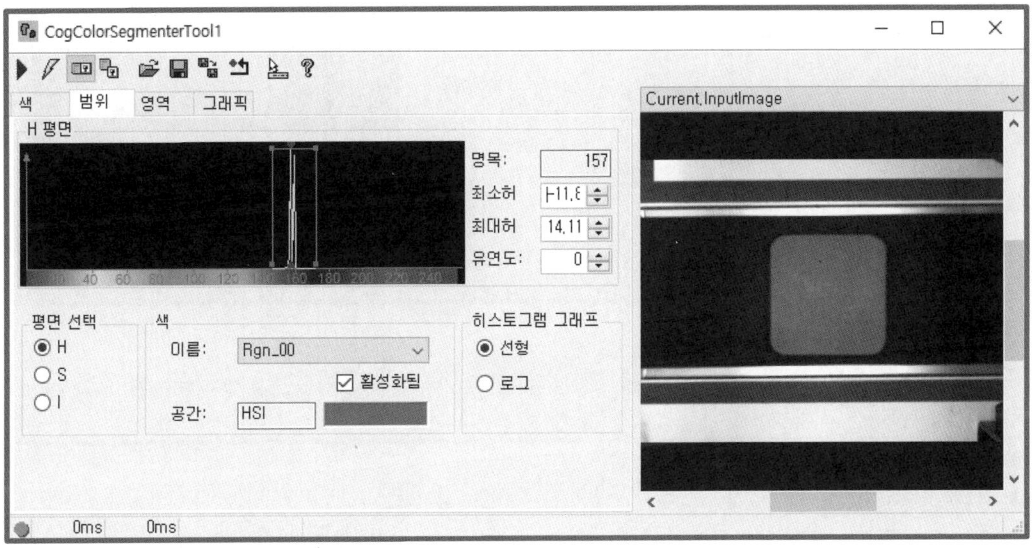

(2)-2 "S"를 선택하고 영역을 조정합니다. 위쪽을 마우스로 잡아서 이동하면 쉽게 조정됩니다.

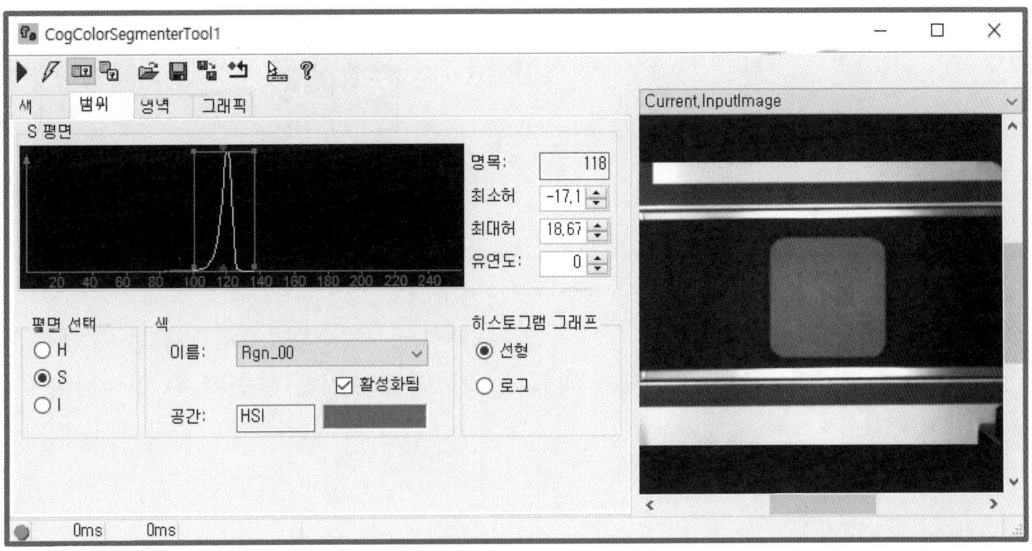

(2)-3 "I"를 선택하고 영역을 조정합니다. 위쪽을 마우스로 잡아서 이동하면 쉽게 조정됩니다.

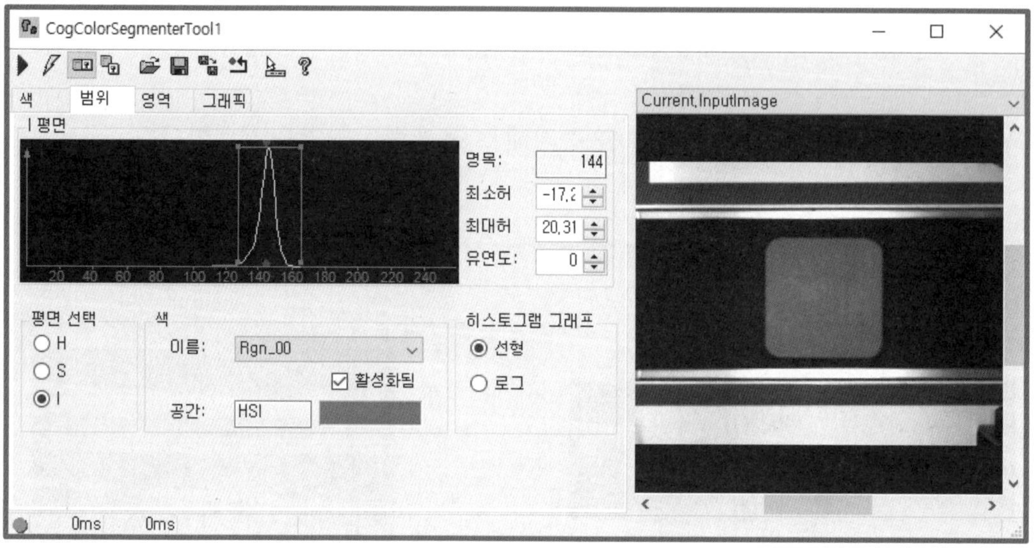

(3) HSI의 영역을 조정하고 결과를 확인합니다. 우측부분이 손실이 조금 발생했습니다.

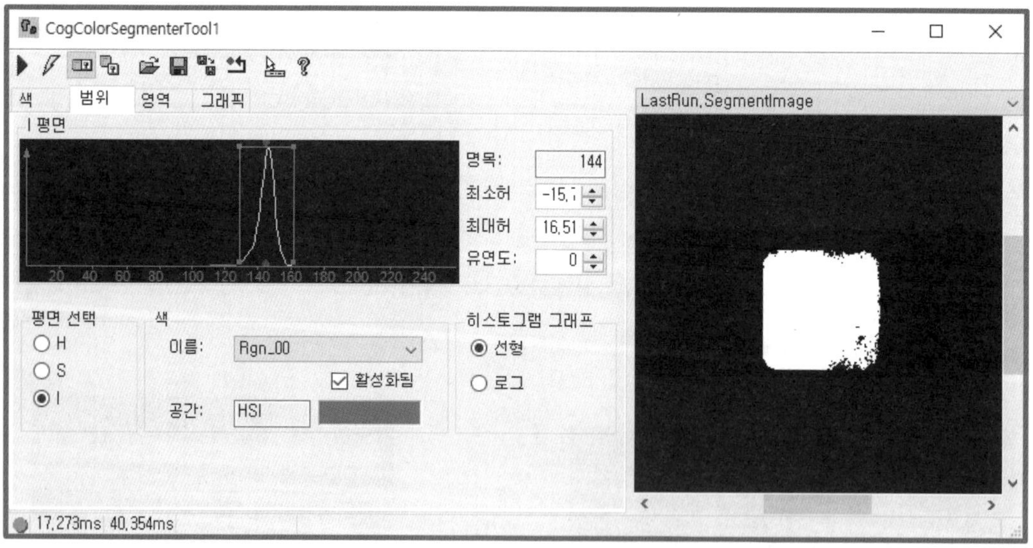

(3)-1 손실된 부분을 찾기위해 "I"영역을 넓혀줍니다. 이런 방법으로 원하는 작업결과를 찾으면 됩니다. 좀더 선명하게 워크피스가 보이는 것을 확인할 수 있습니다.

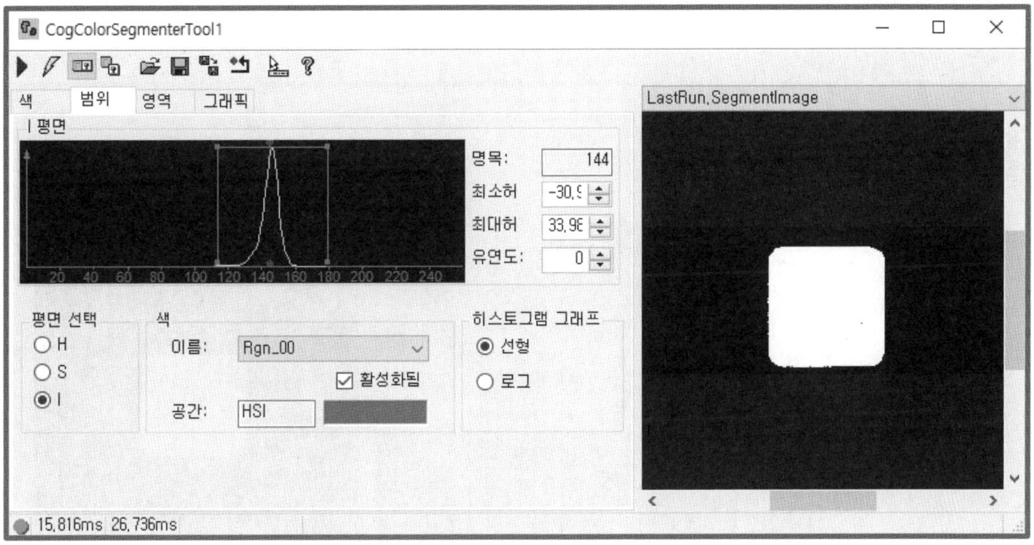

4) 블록검사

블록검사툴(CogBlobTool)은 하단 이미지와 같이 입력된 이미지를 조건에 맞추어 이치화하고 인접된 픽셀을 연결하여 블록정보를 생성합니다. 생성된 블록정보의 크기나 위치등의 조건을 필터링 하여 최종적으로 블록을 판단하는 검사입니다.

설정순서는 다음과 같습니다.

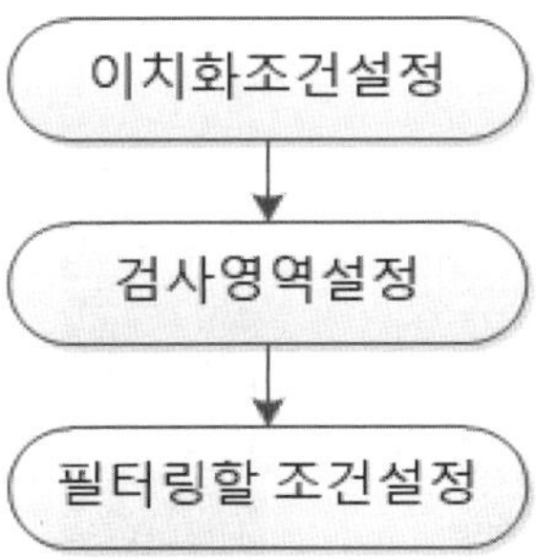

항목	설명
이치화 조건설정	흑,백으로 이치화할 기준값을 설정합니다.
검사영역 설정	블록검사할 영역을 설정합니다.
필터링할 조건설정	검출된 블록의 검출조건을 설정합니다. (크기,위치,넓이 등을 연산)

(1) 설정방법

- 이미지창의항목을 LastRun.BlobImageUnfiltered로 설정하여 모든 이진이미지를 출력하게 합니다.
- 밝은영역을 블록으로 잡기 위해 세그먼트를 하드임계값(고정)으로 설정하고 극성을 밝은블랍,어두운 배경으로 설정하고 이치화 임계값을 설정합니다. 수치를 조정해가면서 선택하면 좋습니다.

– 변경 후 실행버튼을 클릭하여 이미지를 확인합니다.

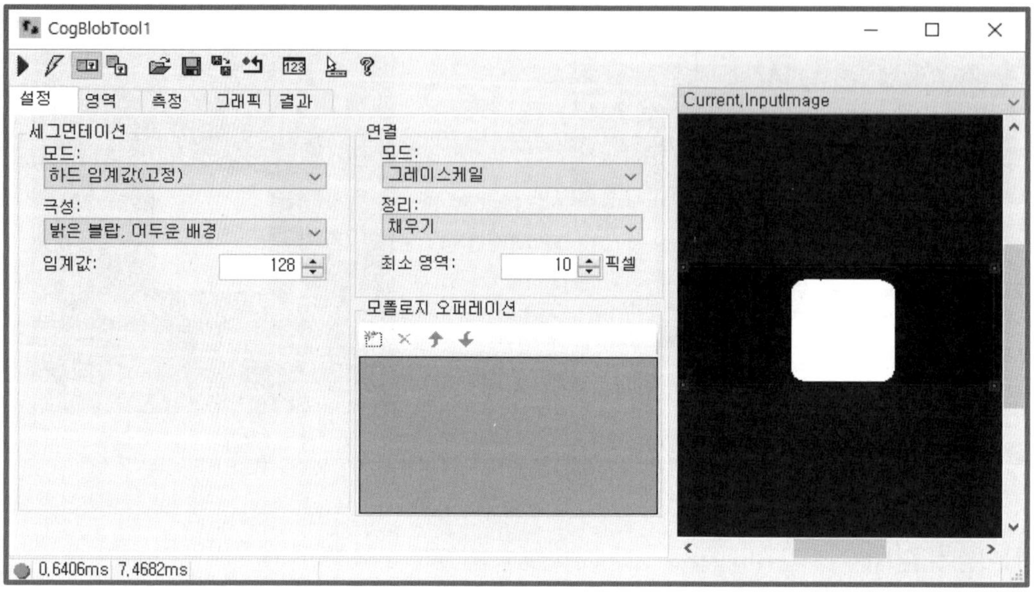

"영역"탭으로 이동하여 이미지보기를 Current.InputImage로 변경 후 영역 형태를 CogRectangle로 설정후 화면에 출력된 ROI를 원하는 위치로 이동하여 검사영역을 설정합니다.

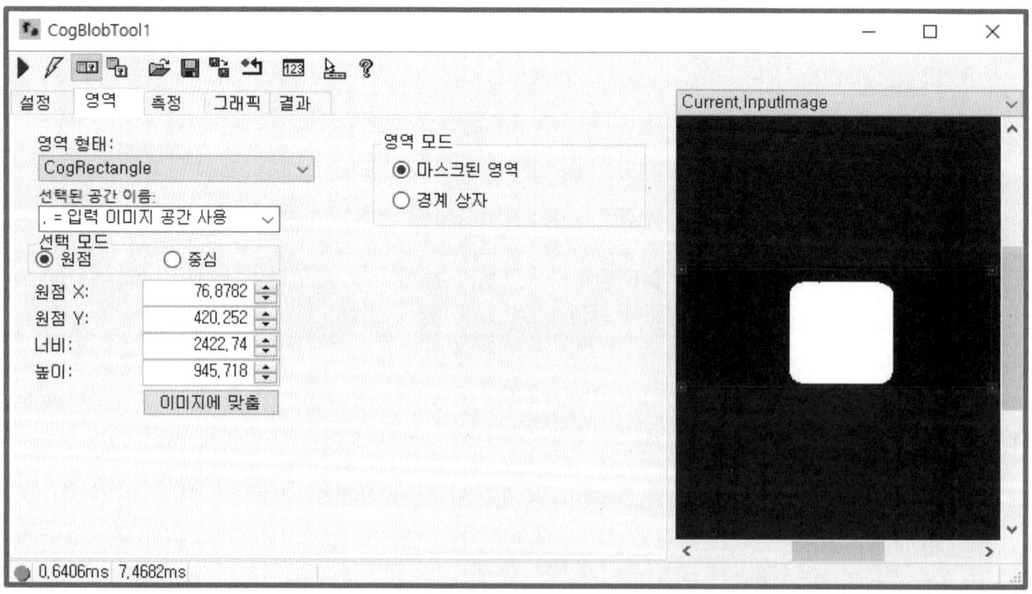

"측정"탭에 이동하여 이미지보기를 LastRun.BlobImage로 변경하여 필터링된 결과가 출력될 수 있게 설정합니다. 다음으로 필터링할 항목을 설정합니다.

다음으로 필터링할 조건을 입력합니다. 조건을 추가하기 위해서는 측정탭 하단의 필터링 추가 설정을 누르면 됩니다. 필터링을 원하는 항목이 있으면 "측정/필터"를 클릭하여 타입을 필터로 변경하고 적용범위를 입력하여 설정합니다. 설정이 완료되면 실행버튼을 클릭하여 적용여부를 확인합니다.

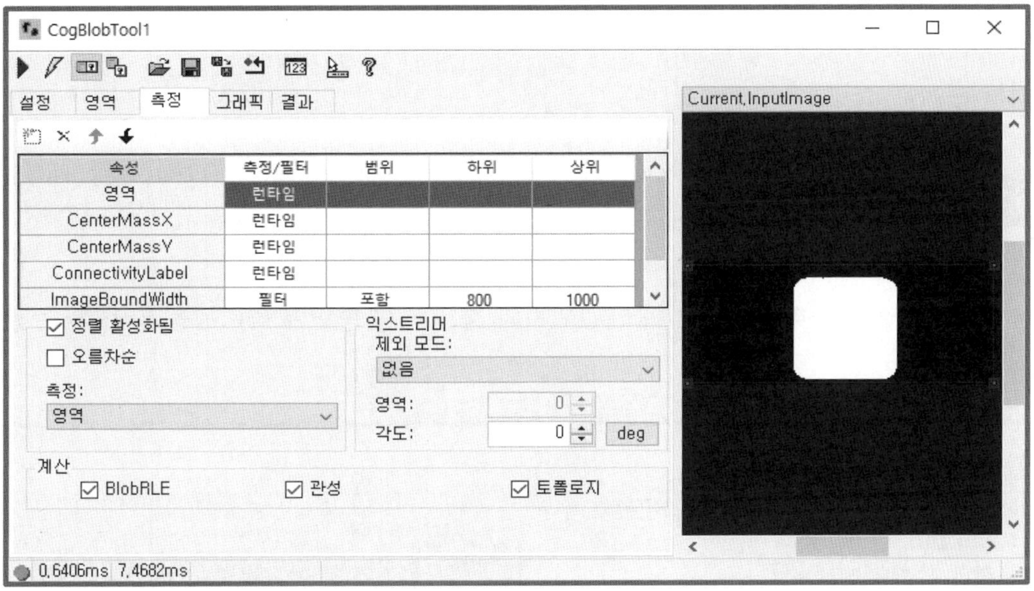

"결과"탭에 이동하여 실행버튼을 클릭하면 검출된 모든 블록 항목을 확인할 수 있습니다.

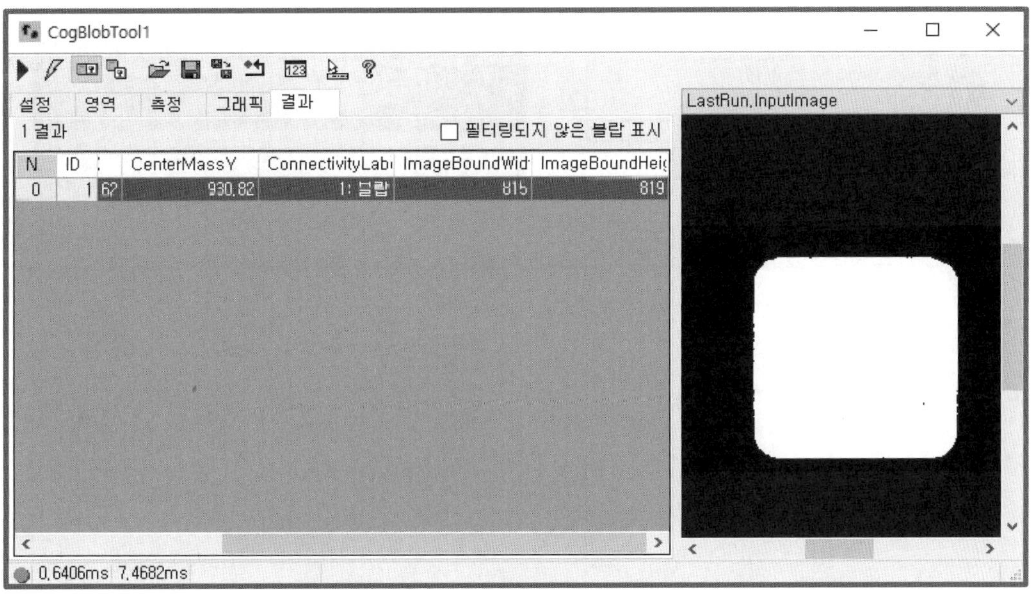

5) 그래픽 라벨 출력

그래픽 라벨 출력은 그림과 같이 특정한 위치에 비전도구의 측정 결과를 화면에 출력하는 역할을 합니다. 비전도구의 결과를 화면에 출력함으로서 사용자는 결과에 대한 판단을 할 수 있게 됩니다. 앞에서 설명한 부분을 참고해서 작성하면 됩니다.

6 검사 결과

- 워크피스를 이동하며 검사하여 패턴위치의 좌표 값이 화면에 출력됨을 확인할 수 있습니다.

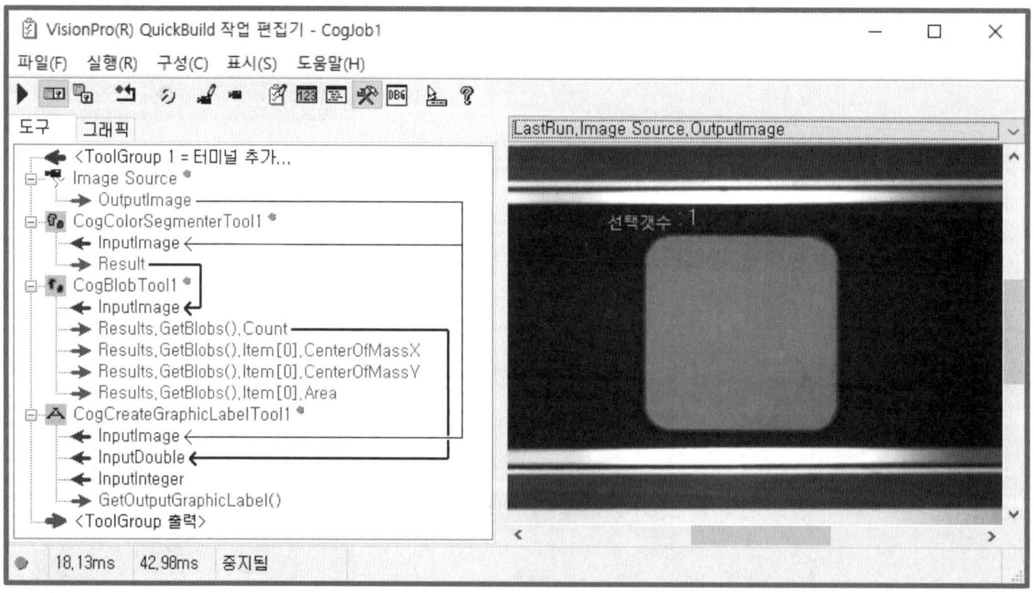

Ex13 ColorMatchTool 활용 컬러매칭을 통한 워크피스 검출

1 개요

이번 장은 머신 비전의 컬러분석에 대한 개념을 알아보고 특정색상의 워크피스의 일치도를 확인할 수 있습니다.

2 시나리오

이번 챕터의 시나리오는 이미지를 촬상하고 ColorMatchTool을 이용하여 워크피스의 색상 일치도를 확인합니다.

플로우	비전도구 배치
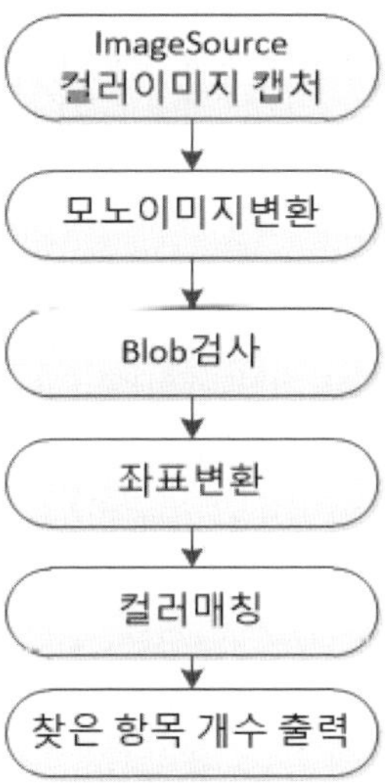	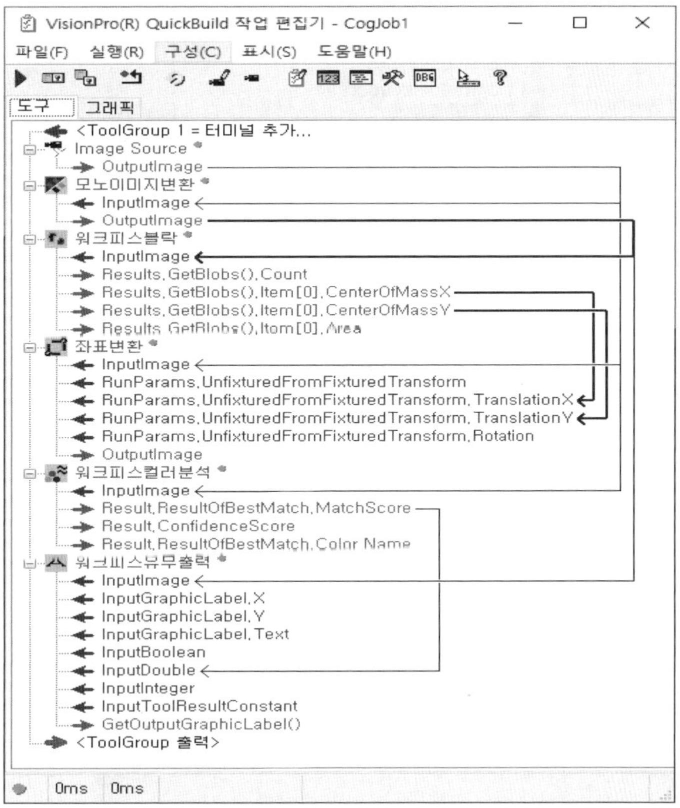

3 비전도구 배치

비전도구는 QuickBuild설명의 Job에 비전도구 추가내용을 참고하여 비전프로 배치표 및 해당표와 같이 순서대로 배치합니다.

비전명	도구명	비전명	도구명
Image Source	기본도구	좌표변환	Calibration & Fixturing CogCalibCheckerboardTool CogCalibImageCorrectorTool CogCalibNPointToNPointTool CogFixtureNPointToNPointTool CogFixtureTool
모노 이미지 변환	Image Processing CogAffineTransformTool CogCopyRegionTool CogHistogramTool CogImageAverageTool CogImageConvertTool CogImageSharpnessTool CogIPOneImageTool CogIPTwoImageAddTool CogIPTwoImageMinMaxTool CogIPTwoImageSubtractTool CogLinescanDistortionCorrectionTool CogMaskCreatorTool CogPixelMapTool	컬러매칭	Color CogColorExtractorTool CogColorMatchTool CogColorSegmenterTool CogCompositeColorMatchTool
워크피스 블랍	CogAcqFifoTool CogBeadInspectTool CogBlobTool CogCaliperTool CogCNLSearchTool CogDataAnalysisTool	화면 출력	Geometry - Creation CogCreateCircleTool CogCreateEllipseTool CogCreateGraphicLabelTool CogCreateLineBisectPointsTool

4 비전도구 사용방법

일부 이전에 사용법을 설명한 부분은 제외하기로합니다.

1) CogBlobTool

이미지소스 도구는 QuickBuild툴에서만 제공하는 기본 도구이며 파일또는 카메라에서 이미지를 취득하는 역할을 합니다. 다음으로는 앞에서와 마찬가지로 모노이미지 변환절차가 필요합니다. 그리고 바로 CogBlobTool을 실행하면 필요한 작업을 진행합니다.

2) CogBlobTool(블록검사)

블록검사툴(CogBlobTool)은 하단 이미지와 같이 입력된 이미지를 조건에 맞추어 이치화하고 인접된 픽셀을 연결하여 블록정보를 생성합니다. 생성된 블록정보의 크기나 위치등의 조건을 필터링 하여 최종적으로 블록을 판단하는 검사입니다.

(1) 설정순서

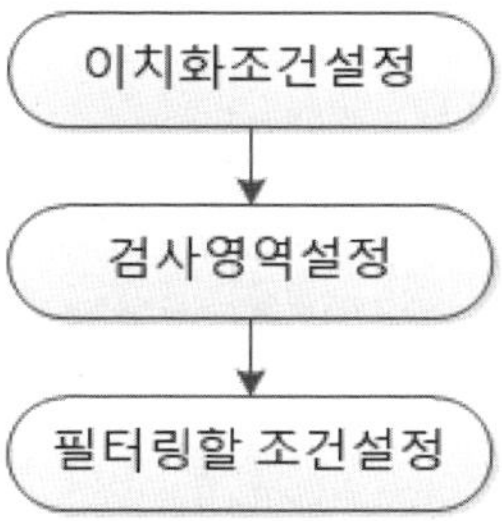

항목	설명
이치화 조건설정	흑,백으로 이치화할 기준값을 설정합니다.
검사영역 설정	블록검사할 영역을 설정합니다.
필터링할 조건설정	검출된 블록의 검출조건을 설정합니다. (크기,위치, 넓이 등을 연산)

(2) 설정방법

- 이미지창의항목을 LastRun.BlobImageUnfiltered로 설정하여 모든 이진이미지를 출력하게 합니다.
- 밝은영역을 블록으로 잡기 위해 세그먼트를 하드임계값(고정)으로 설정하고 극성을 밝은블랍,어두운 배경으로 설정하고 이치화 임계값을 설정합니다. 임계값을 변경하면서 적절한 결과를 얻는것도 중요합니다. 변경 후 실행버튼을 클릭하여 이미지를 확인합니다.

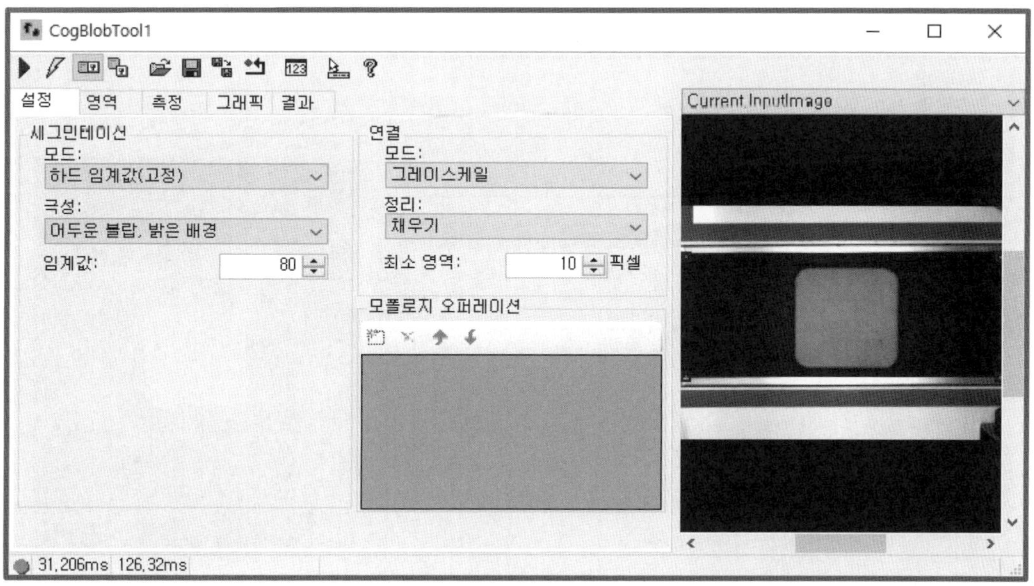

“영역”탭으로 이동하여 이미지보기를 Current.InputImage로 변경 후 영역 형태를 CogRectangle로 설정후 화면에 출력된 ROI을 원하는 위치로 이동하여 검사영역을 설정합니다.

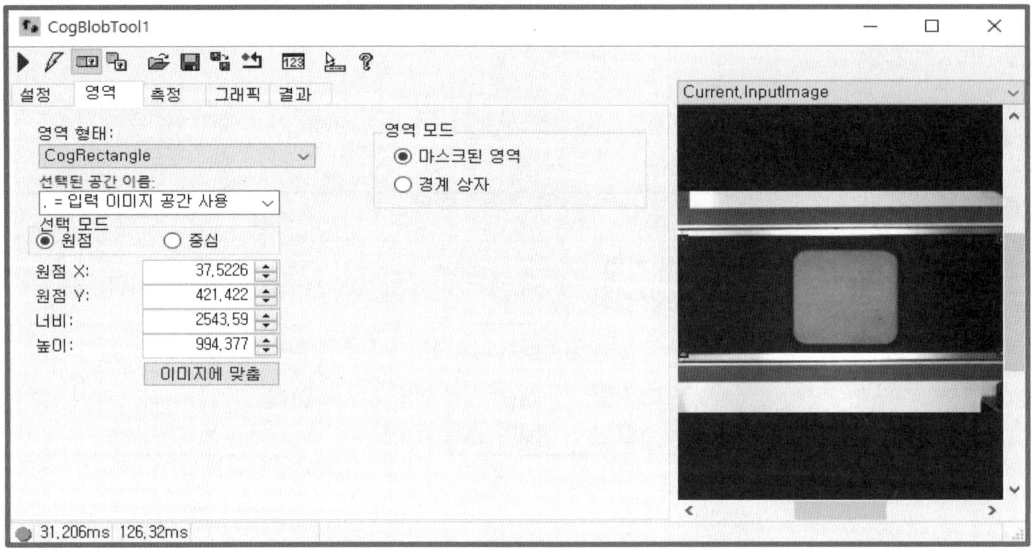

“측정”탭에 이동하여 이미지보기를 LastRun.BlobImage로 변경하여 필터링된 결과가 출력될 수 있게 설정합니다. 다음으로 필터링할 항목을 설정합니다.
다음으로 필터링할 조건을 입력합니다. 조건을 추가하기 위해서는 측정탭 하단의 필터링 추가 설정을 누르면 됩니다. 필터링을 원하는 항목이 있으면 “측정/필터”를 클릭하여 타입을 필터로 변경하고 적용범위를 입력하여 설정합니다. 설정이 완료되면 실행 버튼을 클릭하여 적용여부를 확인합니다.

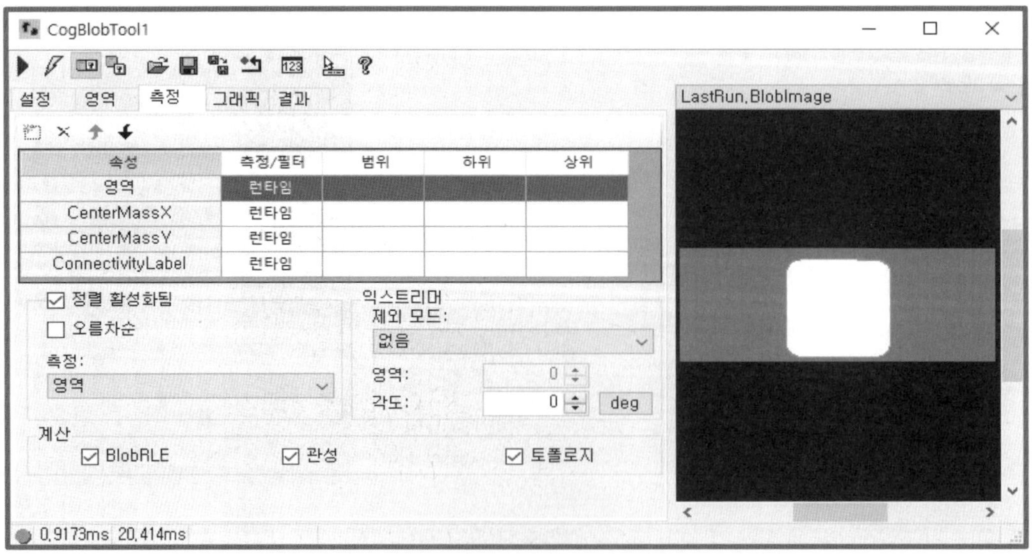

"결과"탭에 이동하여 실행버튼을 클릭하면 검출된 모든 블록 항목을 확인할 수 있습니다.

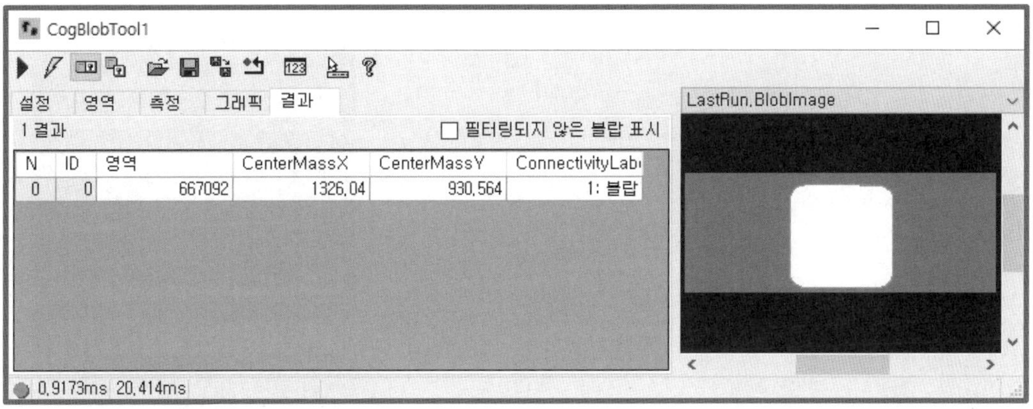

3) FixtureTool

이전에 "FixtureTool"을 사용할때는 CogPMAlignTool의 좌표값과 회전값을 입력받아 사용했습니다. 여기서는 CogBlobTool의 좌표값을 사용합니다. 앞에서도 설명했드시 "FixtureTool" 도구는 원점을 변경하는 툴로서 기본좌표계(0,0)좌표에서 사용자가 원하는 방향의 좌표로 변경할 수 있습니다.

CogFixtureTool을 사용하여 워크피스를 찾아 좌표를 기준좌표로 하여 화면출력요소가 찾은 워크피스를 찾아갈수 있도록 합니다. CogBlobTool의 좌표값을 Fixture도구 입력값에 연결하여 화면과 같이 해당 좌표를 동적으로 설정될수 있게 링크합니다.

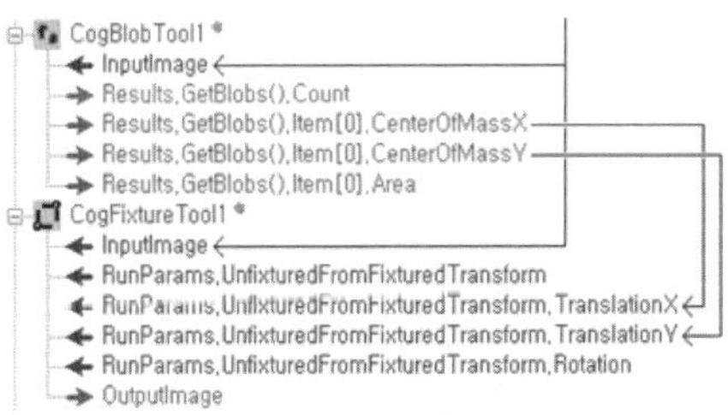

CogFixtureTool 입력파라메타

항목	설명
TranslationX,Y	기준 위치를 설정합니다. 해당 기순위치로 원점(0,0)이 됩니다.

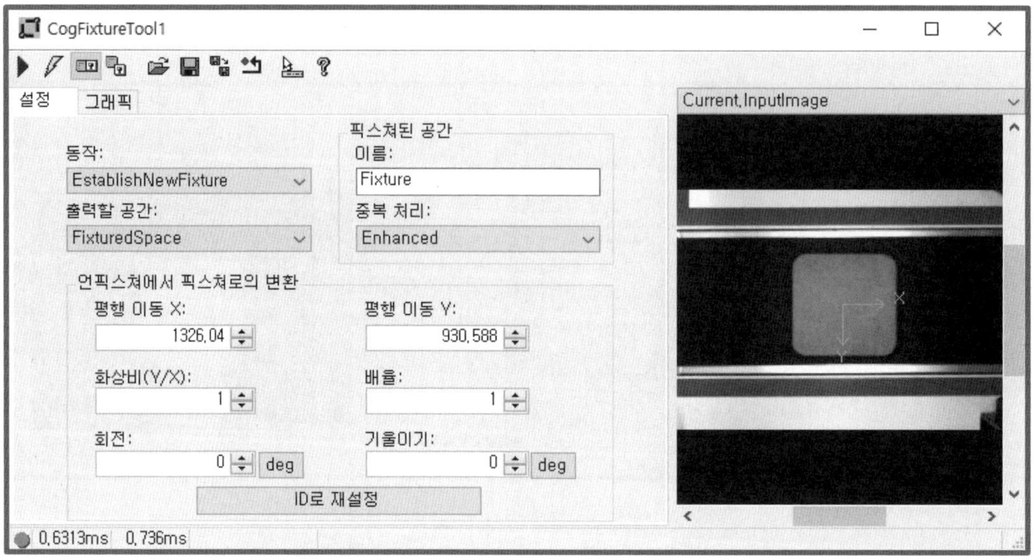

2) ColorMatchTool(워크피스컬러분석)

ColorMatchTool은 설정한 컬러와 그래픽 라벨 출력은 그림과 같이 특정한 위치에 비전 도구의 측정 결과를 화면에 출력하는 역할을 합니다. 비전도구의 결과를 화면에 출력함으로서 사용자는 결과에 대한 판단을 할 수 있게 됩니다.

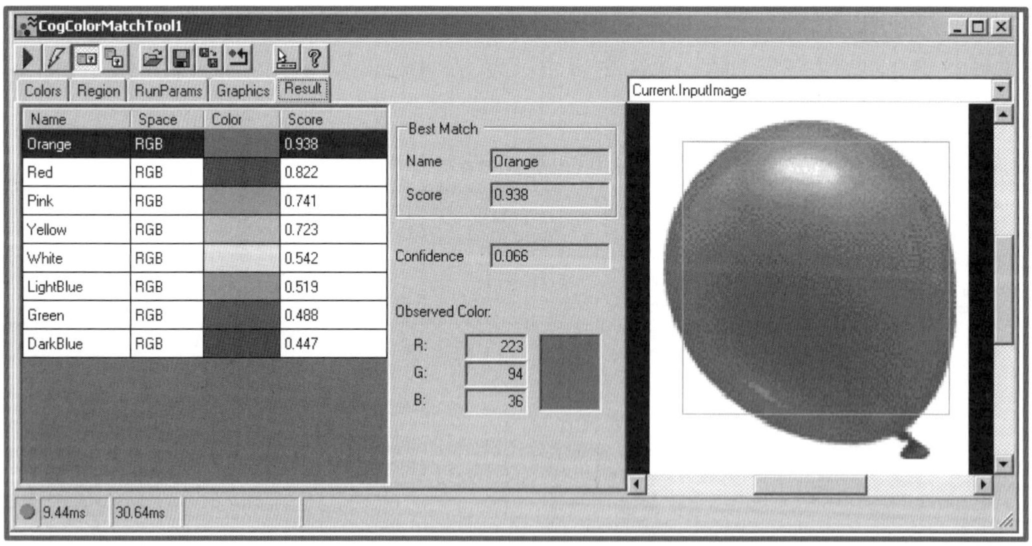

(1) 설정순서

설정순서는 다음과 같습니다.

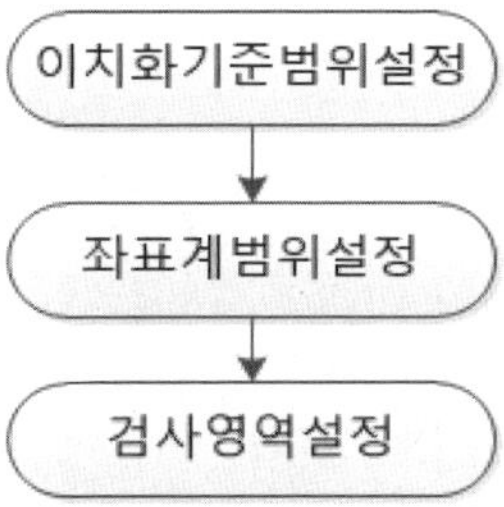

항목	설명
이치화 기준 범위설정	컬러좌표계기준을 설정하기 위한 설정이며 검출할 시료의 컬러가 포함될 수 있는 영역을 지정합니다.
좌표계 범위설정	기준좌표와 비교할 최소, 최대 범위를 설정합니다.
검사영역 설정	이치화할 영역범위를 설정합니다.

(2) 설정방법

– 이미지창의 항목을 Current.InputImage로 설정합니다. 색범위를 추가하기위해서 색탭 하단의 추가아이콘을 누르고 “영역선택” 버튼을 클릭합니다. 색탭 아래 “ ”을 클릭합니다.

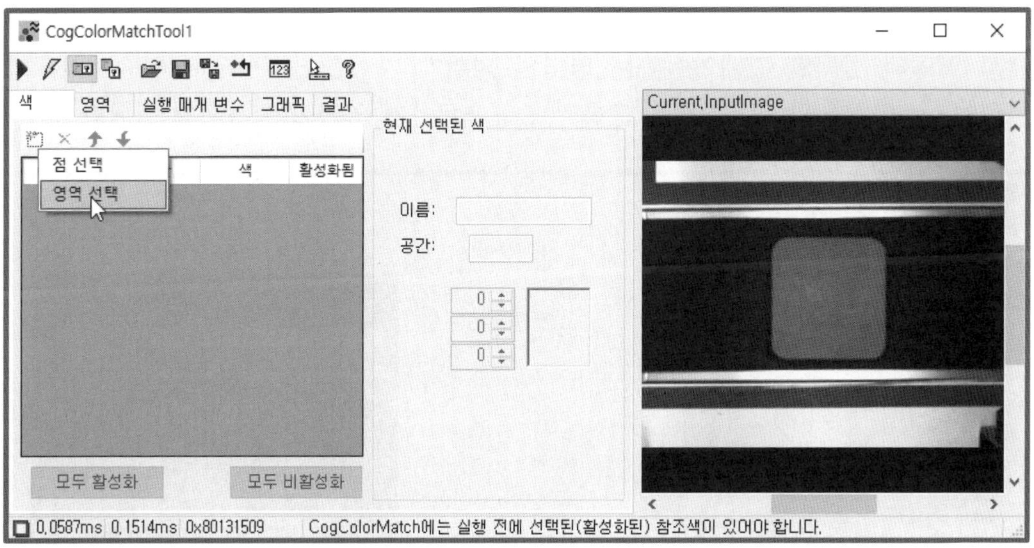

– 원하는 영역형태를 지정하고 “공간”을 HSI로 변경합니다. 이후 해당워크피스의 중심을 선택하여 기준컬러값을 설정 후 “수용”버튼을 클릭합니다.

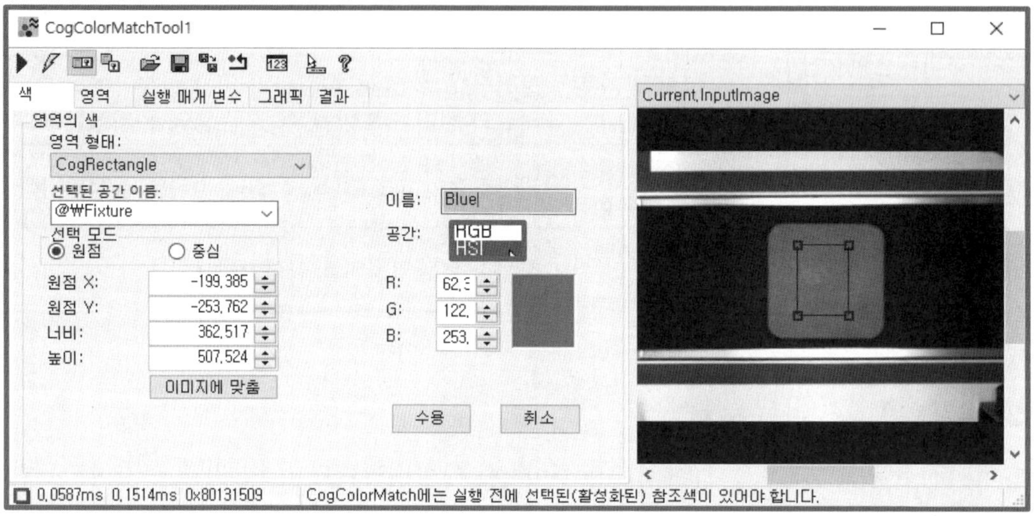

– 다음은 검사할 영역을 선택하기 위해 영역탭으로 이동하여 영역형태를 지정후 화면의 ROI를 검사할 위치로 이동합니다. 여기서 영역은 색깔을 검출하기 위한 곳을 의미하므로 앞에서 선택한 컨베이어와는 영역의 의미에 차이를 둘 필요가 있습니다. 미리 Fixture가 적용되었기에 찾은 블록의 중심으로부터 영역이 설정되게 됩니다.

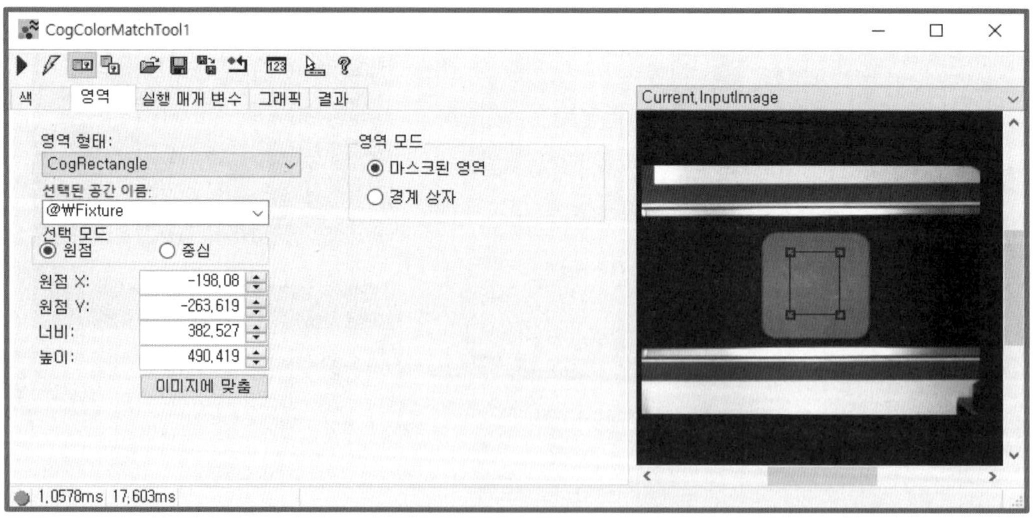

– 결과탭으로 이동하여 실행을하여 스코어를 확인합니다.

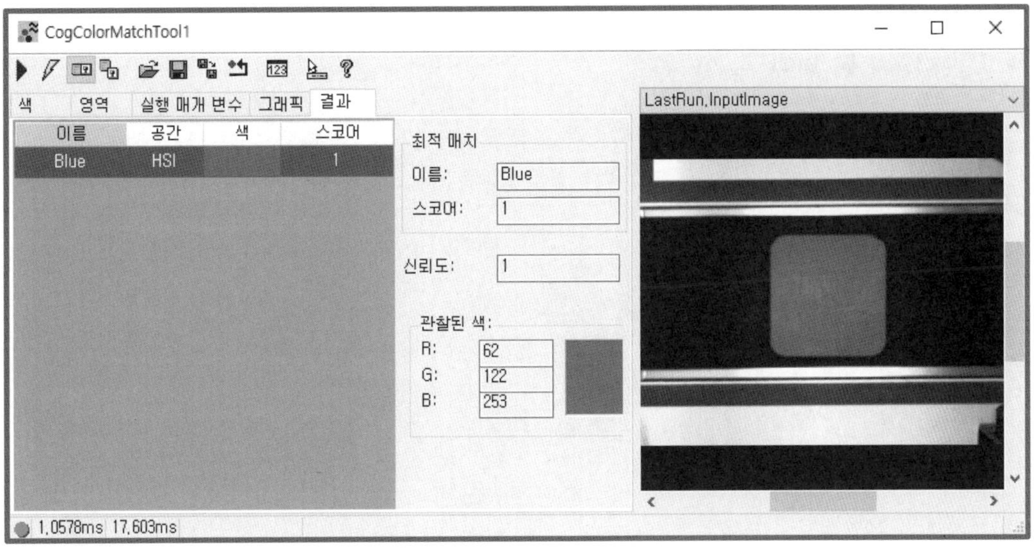

6) 화면에 결과 출력

앞 예제에서도 여러번 했지만 이쯤해서 간단히 소개하도록 하겠습니다. 그래픽 라벨 출력은 그림과 같이 특정한 위치에 비전도구의 측정 결과를 화면에 출력하는 역할을 합니다. 비전도구의 결과를 화면에 출력함으로서 사용자는 결과에 대한 판단을 할 수 있게 됩니다.

(1) 설정방법

그래픽라벨링 도구에 출력할 위치값은 검출된 위치에 따라서 동적으로 변하는데 이유는 FixtureTool에 영향을 받기 때문입니다. 따라서 배치 탭에서 선택된 공간 이름을 Fixture로 선택해야합니다.

CogCreateGraphicLabelTool1 도구를 더블 클릭하여 편집창으로 진입합니다. 편집툴 설정탭의 내용은 다음과 같습니다.

명칭	내용
내용	출력될 텍스트를 설정합니다.
배치	텍스트가 출력될 위치 및 회전각도등을 설정합니다
그래픽	그래픽 출력요소를 설정합니다.
결과	출력된 위치에 대한 결과를 출력합니다.

여기서는 문자열이 출력됩니다. 따라서 **선택기:** InputGraphicLabelText 을 선택합니다. 그 외 다른 부분을 변경할 필요는 없습니다. 다음 그림과 같습니다.

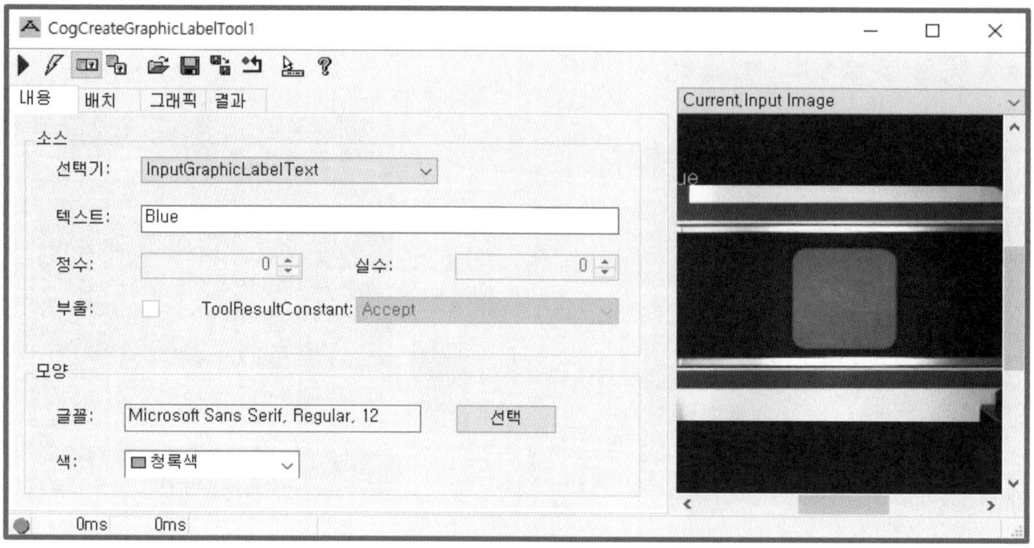

참고로 텍스트의 입력파라메타입니다.

입력파라메타	가변문자 출력타입	내용
InputBoolean	**{B}**	참/거짓에 입력값을 출력합니다.
InputDouble	**{D:0.00}**	실수형 입력값을 출력합니다. 자리수를 설정이 필요할 시에는 ":0.00"형태로자리수를 입력해주면 됩니다.
InputInteger	**{I}**	정수형 입력값을 출력합니다.
InputTool ResultConstant	**{R}**	비전도구의 결과를 출력합니다.
Formatted	없음	입력파라메타를 조합하여 사용자 정의 문자를 만듭니다.

배치탭에서는 출력할 위치를 설정합니다. 화면창에 출력되는 문자를 드래그해서 출력을 원하는 위치를 설정 후 정렬방법을 선택합니다.

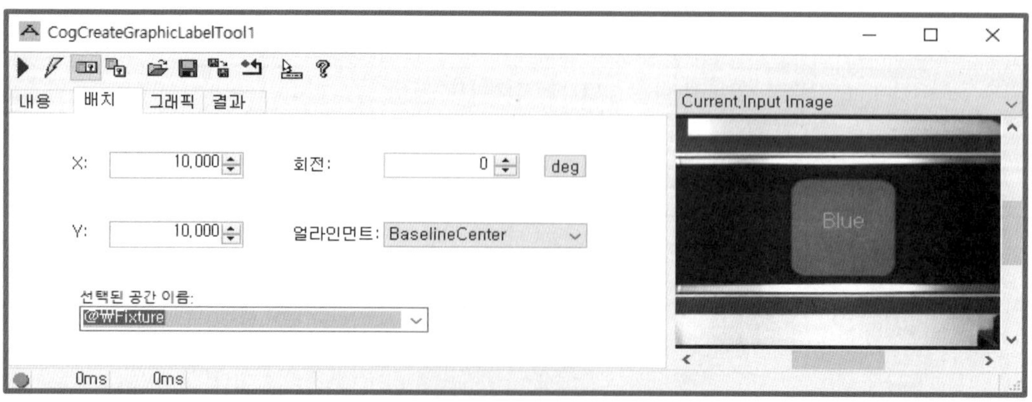

설정이 완료되었으면 디스플레이를 LastRun.Image로 변경한 후 출력결과를 확인하도록 합니다.

7 1차 검사 결과

– 워크피스를 바꿔가며 검사하여 컬러의 결과 값이 화면에 출력됨을 확인할 수 있습니다.

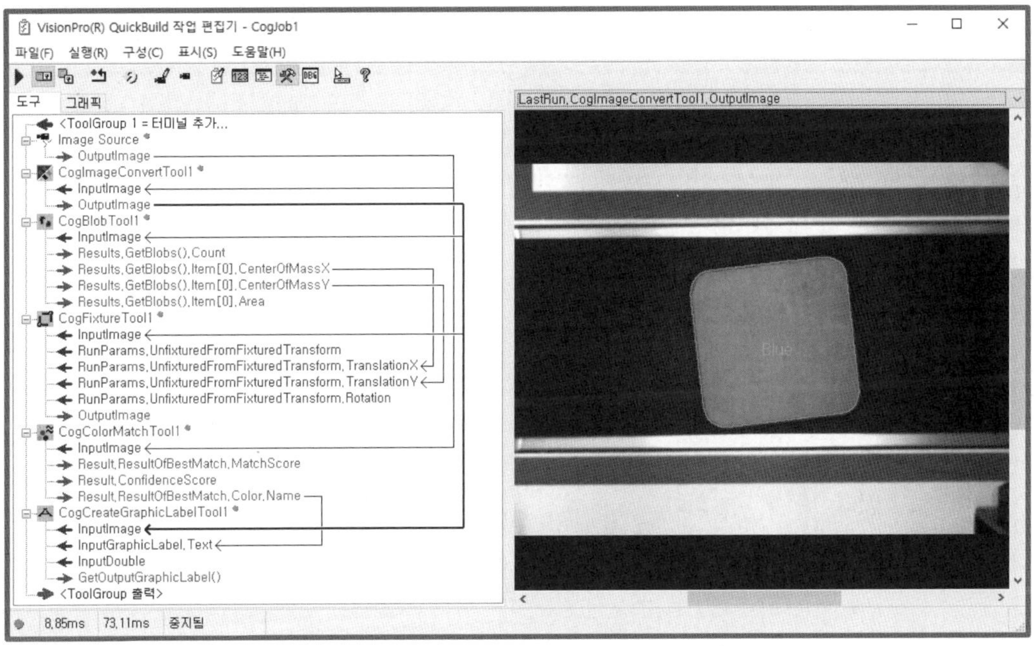

8 워크피스 추가 작업

지금까지 이뤄진 작업에서는 Blue(파랑)에 대한 결과를 나다냈습니나. 이번에는 Red(빨강)를 추가해서 작업을 하도록하겠습니다. Red색의 워크피스로 교체하고 다음 작업을 수행합니다.

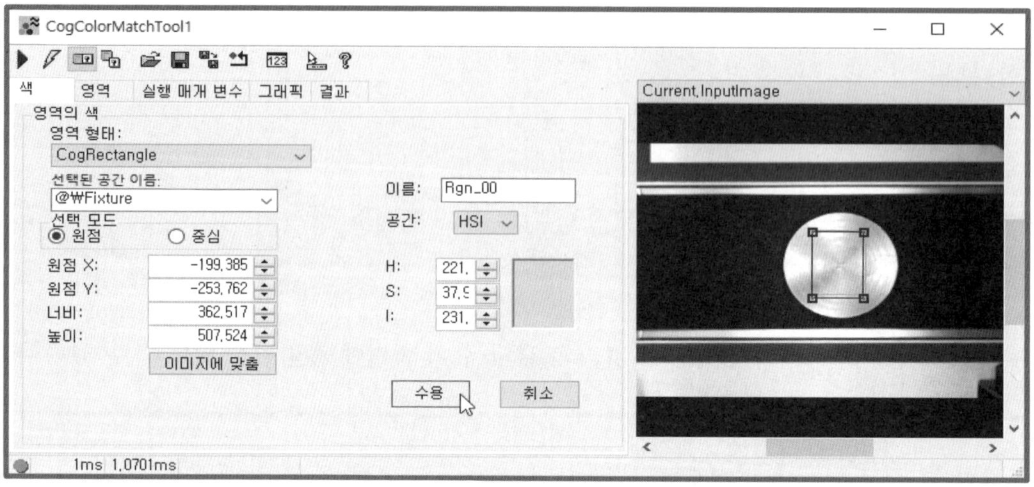

수용 버튼(수용)을 클릭하면 다음과 같은 화면을 확인할 수 있습니다.

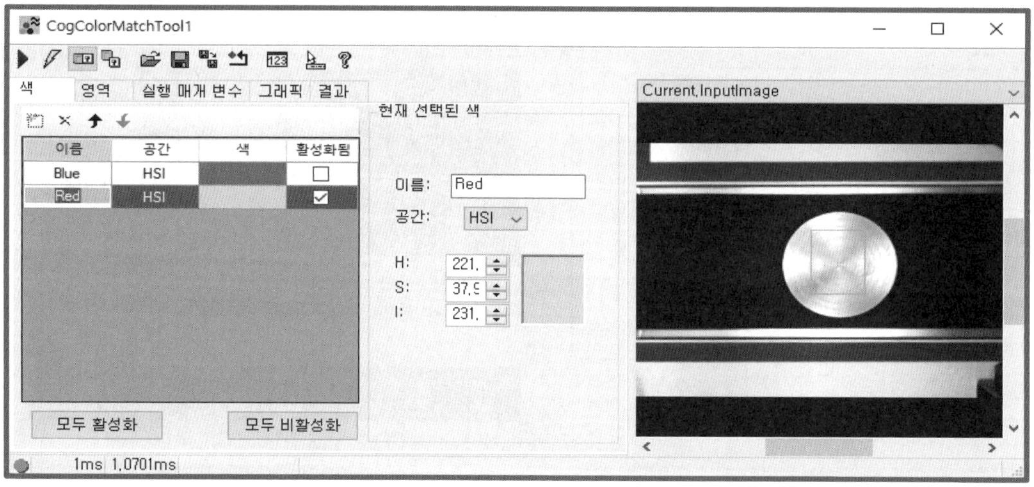

결과 화면에서는 결과값을 확인할 수 있습니다.

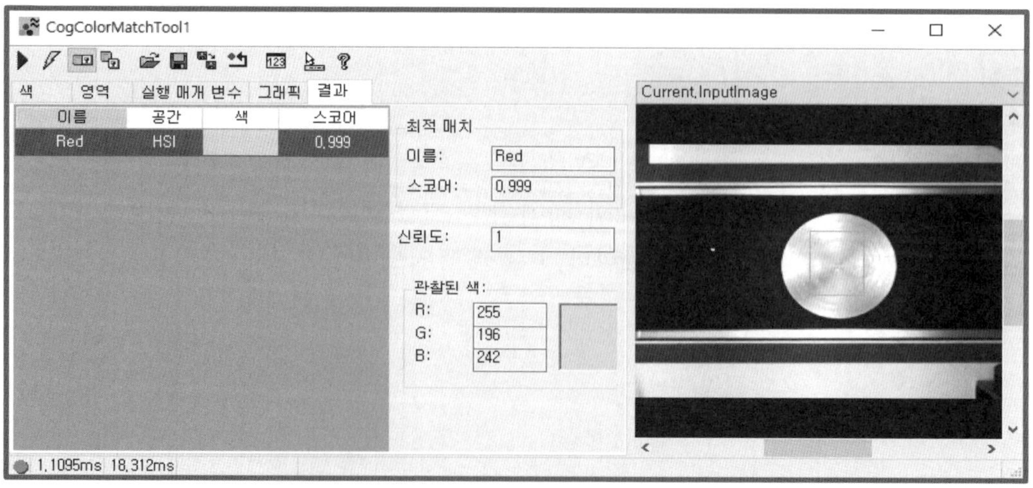

9 최종결과

각 다른 색의 워크피스를 투입했을때에대한 결과는 보여줍니다. 첫 번째는 둥근모양의 Red 색의 워크피스입니다.

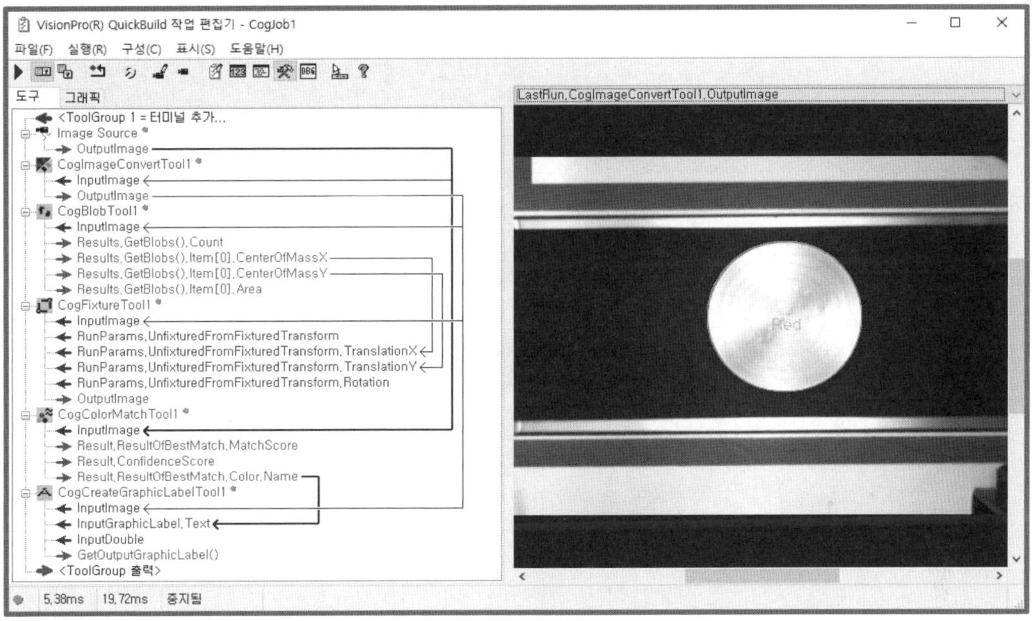

두 번째는 Blue 색의 둥근형 워크피스입니다.

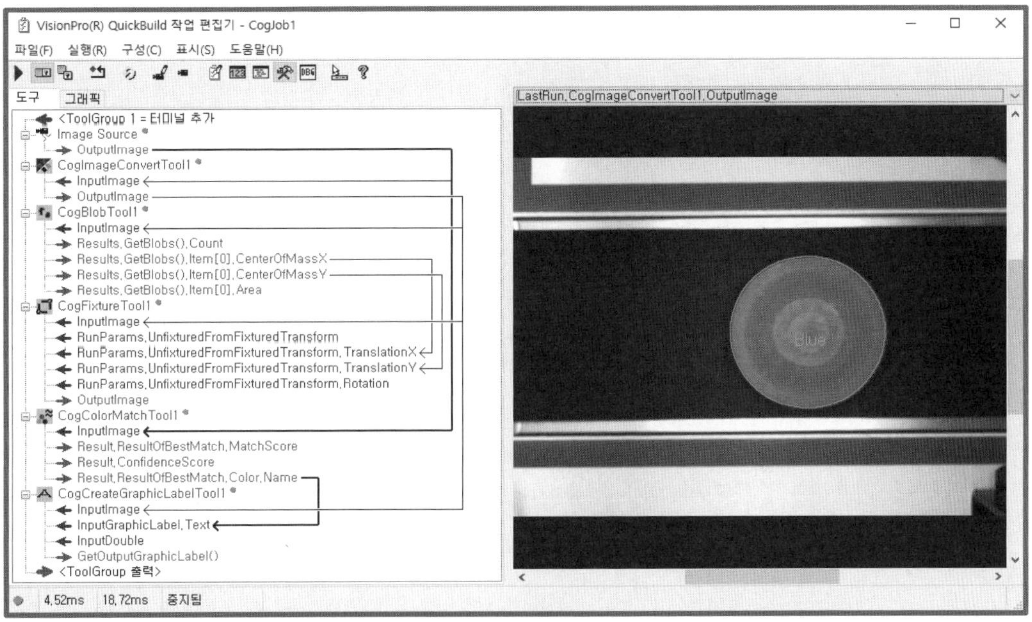

세 번째는 Blue 색의 사각형 워크피스입니다.

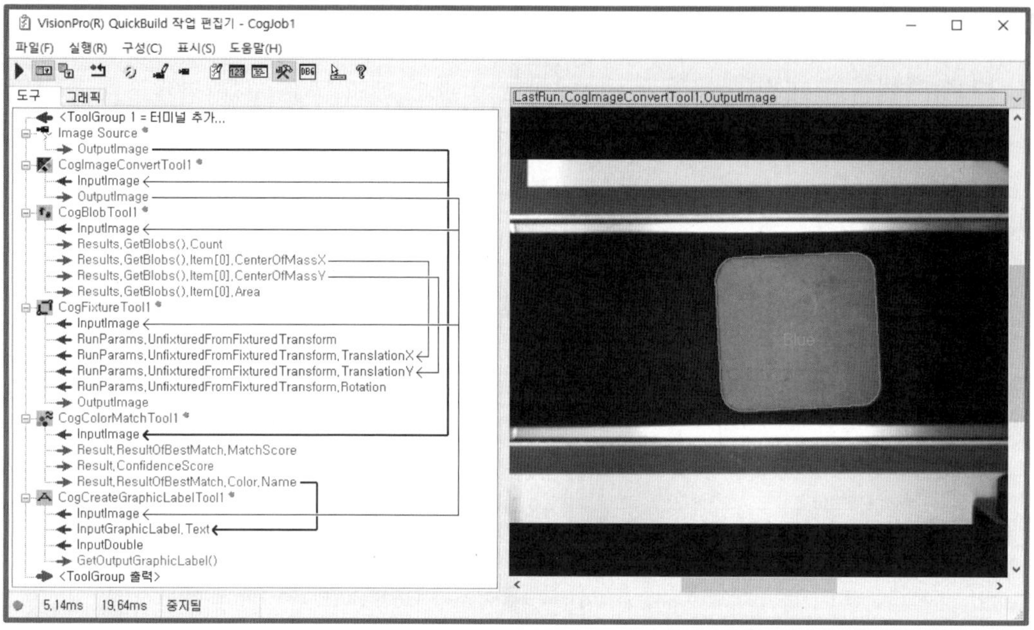

Ex14 IDTool을 사용하여 워크피스내 1D 바코드 검색

1 1D바코드의 개요

1) 바코드의 개요

바코드는 바와 공백을 특정한 형태로 조합하여 문자와 숫자 및 기호등을 표현한 코드를 의미합니다.

2) 바코드의 시스템

바코드 시스템은 바코드가 적용되는 분야에 맞게 만들어진 여러 형태의 심벌 체계와 그 심벌에 맞게 흑과 백의 바코드 라벨을 만들어주는 인쇄 시스템, 바코드를 해독하여 이용할 수 있는 정보를 바꾸어 주는 판독 시스템을 말합니다.

3) 바코드 종류

바코드는 흔히 1D 바코드와 2D 데이터로 분류되며 각각의 바코드 안에 또 다양한 종류의 바코드로 나뉘게 됩니다.

2 시나리오

이번 챕터의 시나리오는 이미지를 촬상하고 워크피스에 붙어 있는 바코드를 리딩하여 결과를 화면에 출력해보도록 하겠습니다.

플로우	비전도구 배치
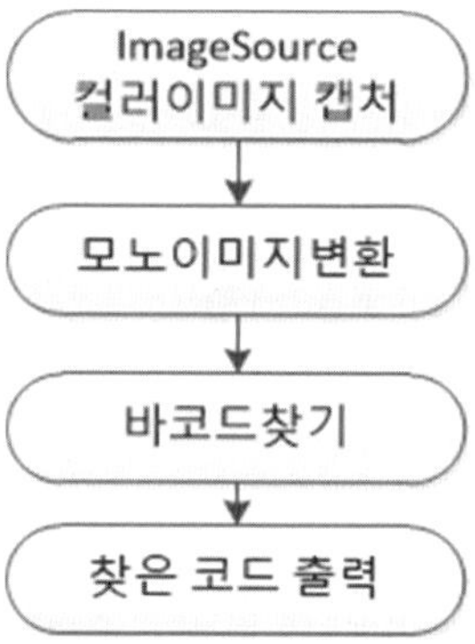	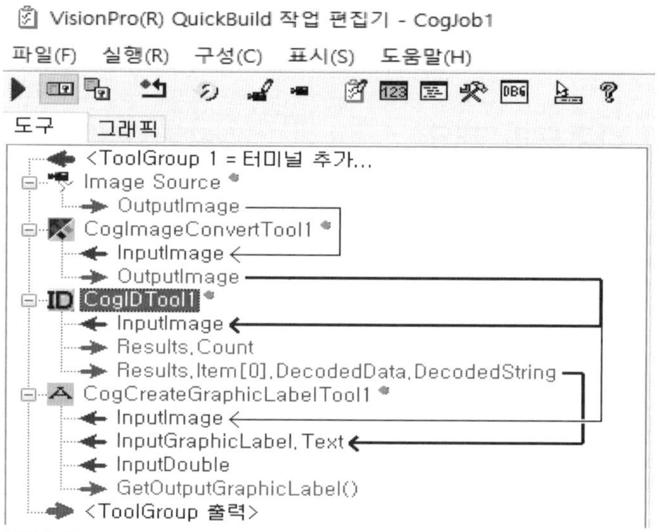

3 비전도구 배치

비전도구는 QuickBuild설명의 Job에 비전도구 추가내용을 참고하여 비전프로 배치표 및 해당표와 같이 순서대로 배치합니다.

비전명	도구명	비전명	도구명
Image Source	기본도구	바코드 찾기	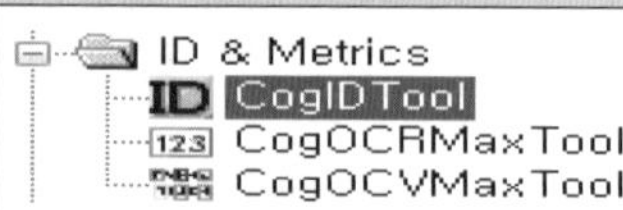
모노 이미지 변환	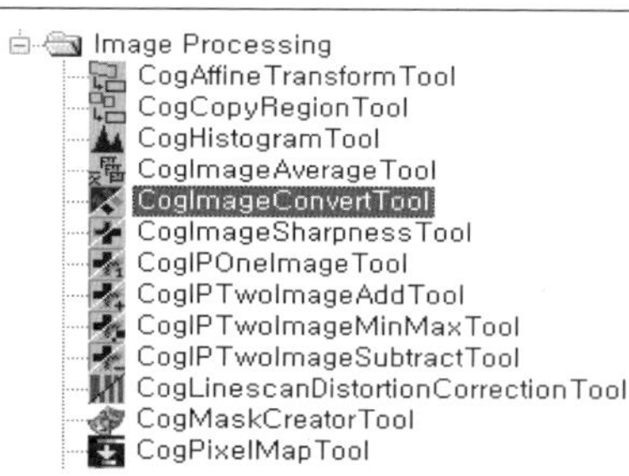	화면 출력	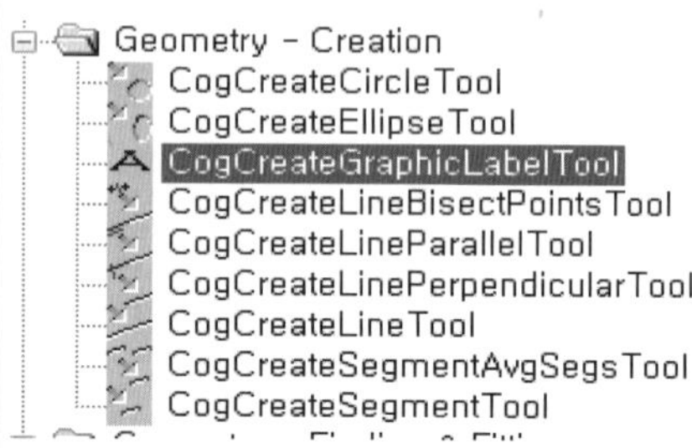

4 비전도구 사용방법

1) 바코드 분석

"CogIdTool"은 선택한 영역내에 설정한 타입의 1D 또는 2D바코드를 리딩하는 도구입니다.

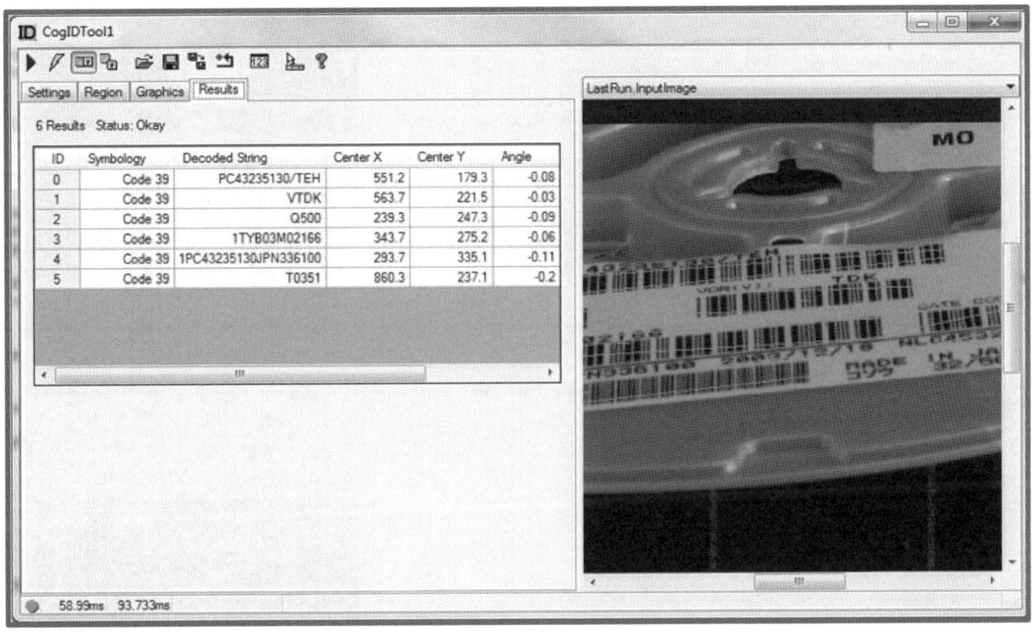

(1) 설정순서

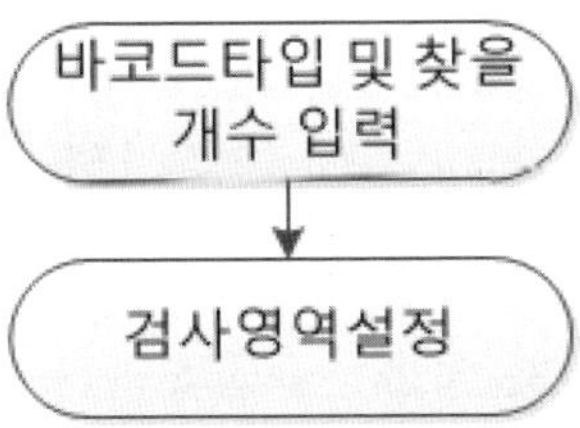

항목	설명
바코드타입	찾을 바코드타입 및 개수, 최소,최대 문자 개수를 입력합니다.
검사영역 설정	이치화할 영역범위를 설정합니다. 컨베이어벨트를 검사영역으로 설정합니다.

(2) 설정방법

- "CogIdTool1"을 더블 클릭해서 이래 화면이 나타나면 이미지창의 항목을 Current.InputImage로 설정합니다. 다음은 찾을 바코드 타입 개수를 입력하고 1d바코드를 리딩하기 위해서는 심볼로지 항목에서 "코드 128" 항목을 체크합니다. 처음 설정된 화면과 수정한 화면을 연속해서 보여줍니다. 최소길이와 최대길이도 필요한 만큼 설정하면 됩니다.

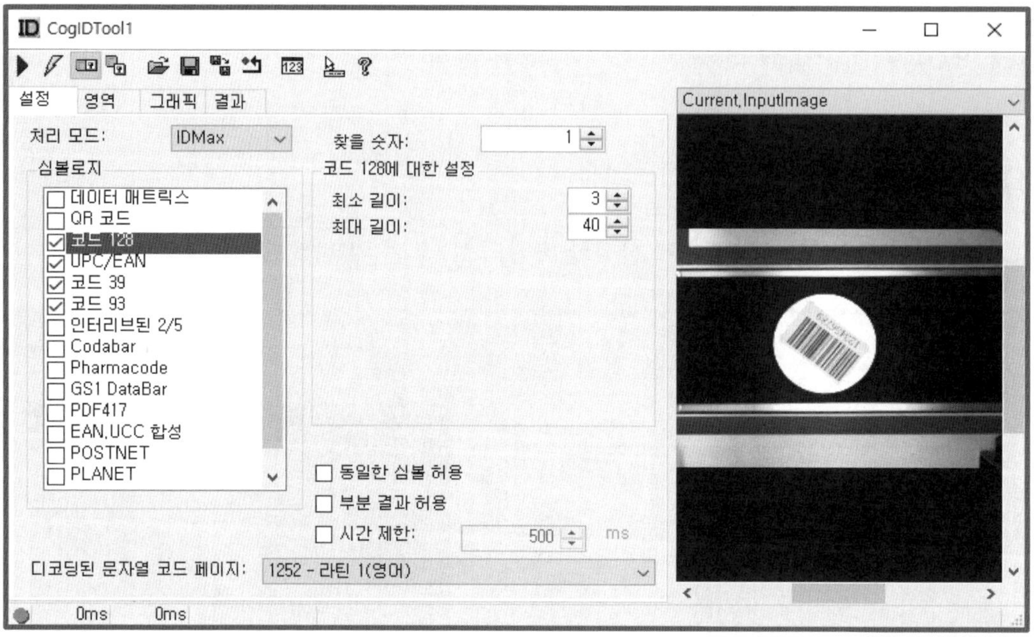

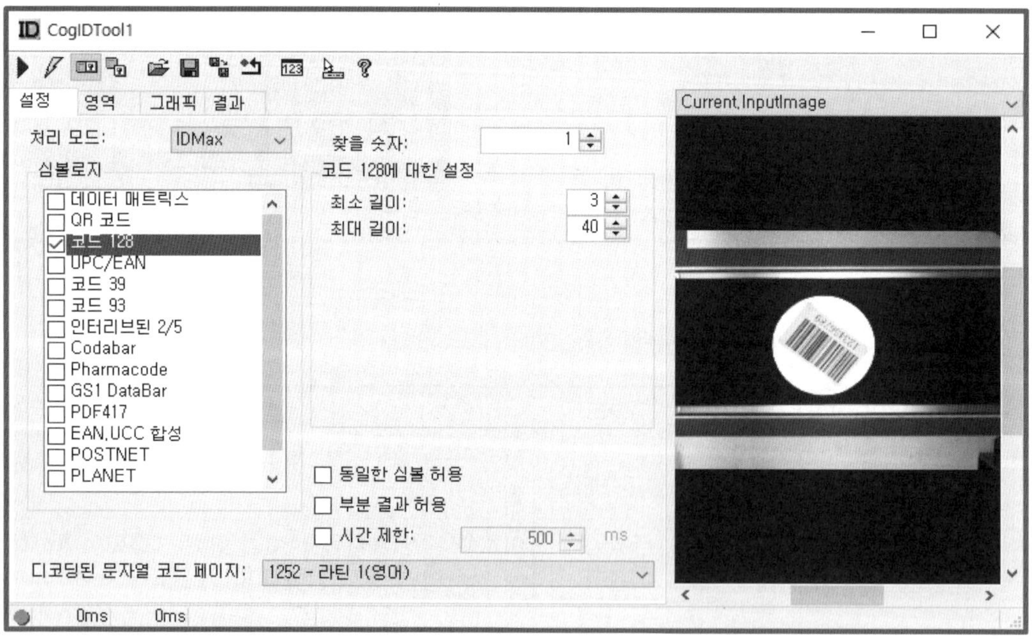

- 바코드를 찾을 위치를 설정합니다. 영역탭에 이동 후 원하는 영역형태를 선택후 화면에 영역을 설정합니다. 바코드를 찾을 영역이 적을수록 검사시간이 빨라집니다. 항상 그렇듯이 영역의 경우 컨베이어벨트 구간만을 선택합니다. 초기 화면과 설정 후 화면을 차례대로 보여줍니다.

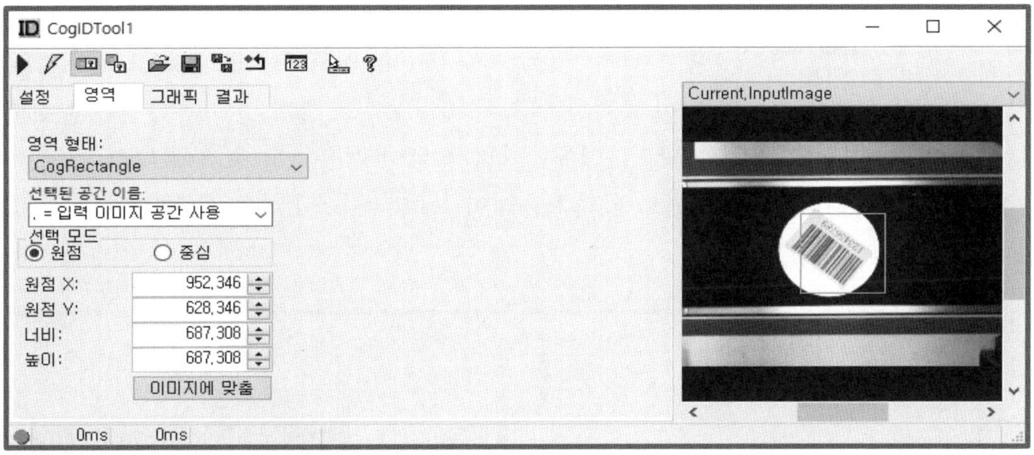

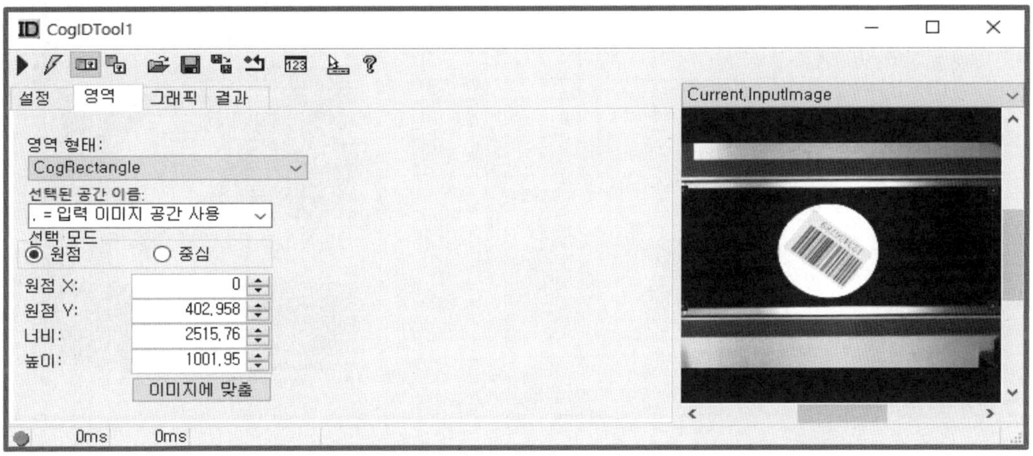

– 결과탭에 이동하여 실행버튼을 클릭하고 결과를 확인합니다. 카메라의 초점이 맞지않을 경우 정상적인 결과를 얻기 힘든 경우가 있습니다. 즉 어두울 경우도 마찬가지입니다. 결과상태를 정상적으로 확인하기 어려울 경우 카메라의 초점이나 조명을 다시한번 점검하실 것을 권장합니다.

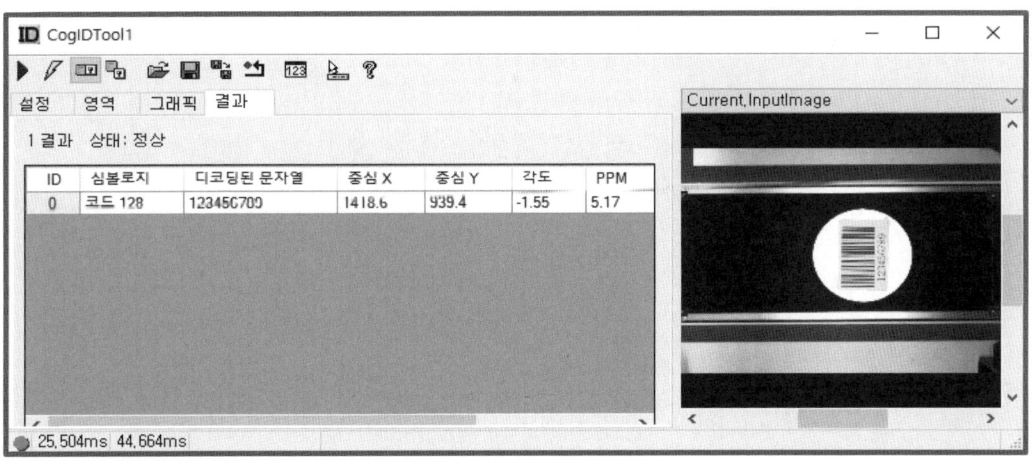

2) 그래픽 라벨 출력

그래픽 라벨 출력은 그림과 같이 특정한 위치에 비전도구의 측정 결과를 화면에 출력하는 역할을 합니다. 비전도구의 결과를 화면에 출력함으로서 사용자는 결과에 대한 판단을 할 수 있게 됩니다. 설정이 완료되었으면 디스플레이를 LastRun.Image로 변경한 후 출력결과를 확인하도록 합니다.

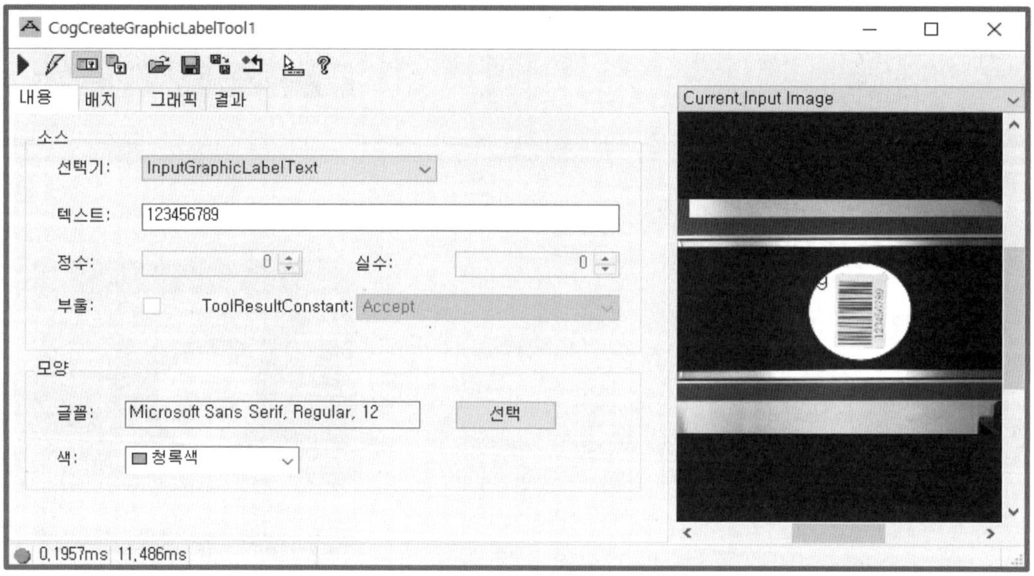

5 검사 결과

워크피스를 바꿔가며 검사하고 리딩된 바코드값을 화면에서 확인하고 검사결과에대해 확인합니다. 바코드는 비교적 간단하게 읽혀짐에 따라 응용도 쉬울 것으로 판단 됩니다.

(1) 바코드값 “123456789”를 읽은 결과입니다.

(2) 바코드값 “246802468”를 읽은 결과입니다.

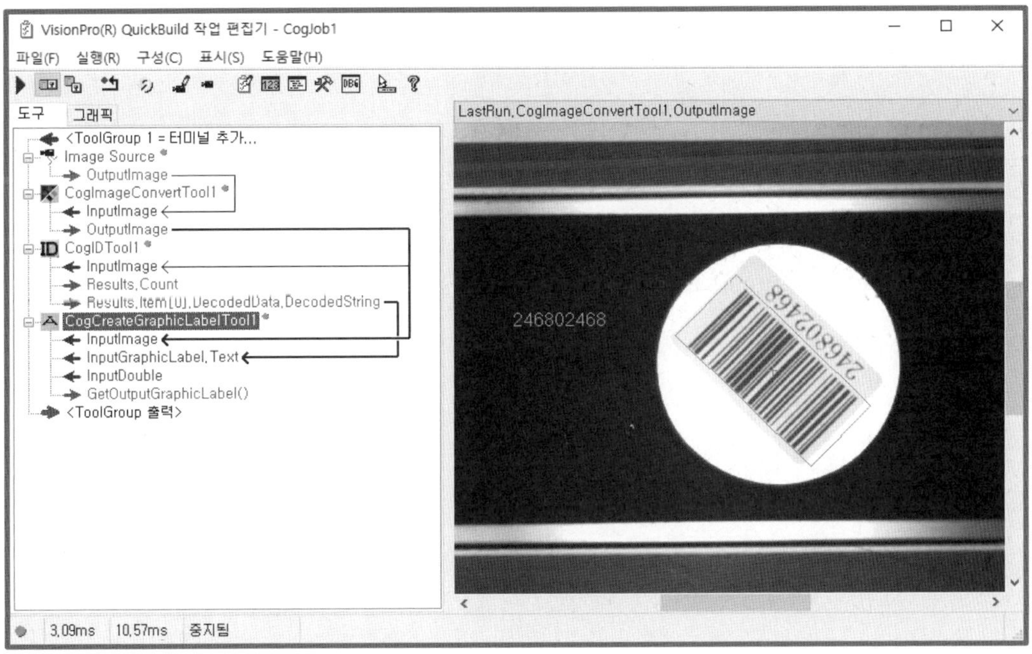

(3) 바코드값 "135791357"를 읽은 결과입니다.

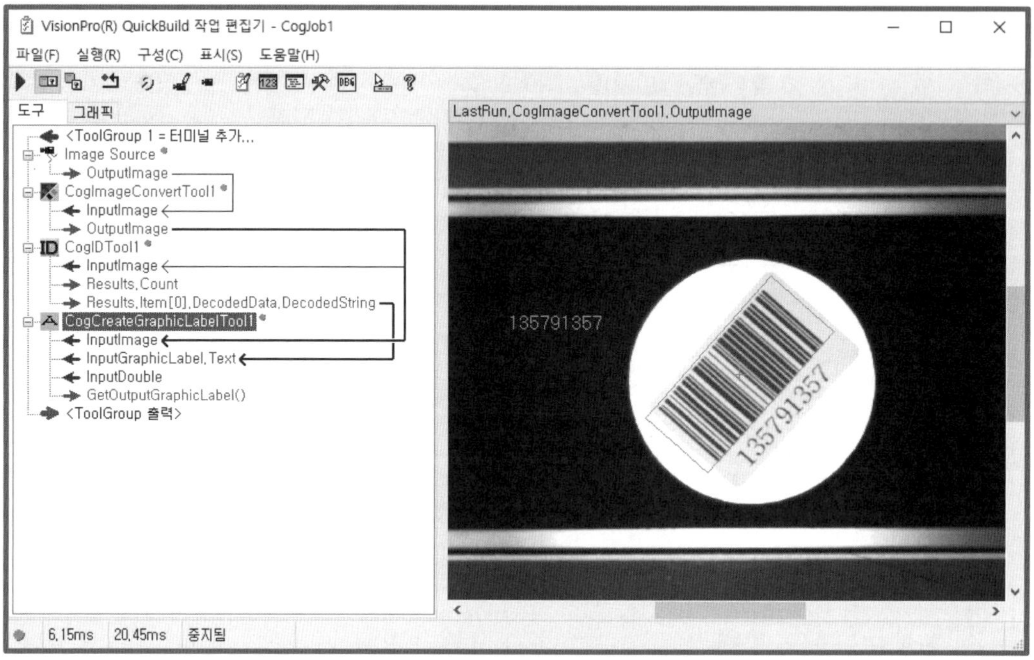

Ex 15 IDTool을 사용하여 워크피스내 2D 데이터를 검색

1 2D바코드의 개요

1) 바코드의 개요

바코드는 바와 공백을 특정한 형태로 조합하여 문자와 숫자 및 기호등을 표현한 코드를 의미합니다.

2) 바코드의 시스템

바코드 시스템은 바코드가 적용되는 분야에 맞게 만들어진 여러 형태의 심벌 체계와 그 심벌에 맞게 흑과 백의 바코드 라벨을 만들어주는 인쇄 시스템, 바코드를 해독하여 이용할 수 있는 정보를 바꾸어 주는 판독 시스템을 말합니다.

3) 바코드 종류

바코드는 흔히 1D 바코드와 2D 데이터로 분류되며 각각의 바코드 안에 또 다양한 종류의 바코드로 나뉘게 됩니다.

2 시나리오

이번 챕터의 시나리오는 이미지를 촬상하고 워크피스에 붙어 있는 바코드를 리딩하여 결과를 화면에 출력해보도록 하겠습니다.

플로우	비전도구 배치
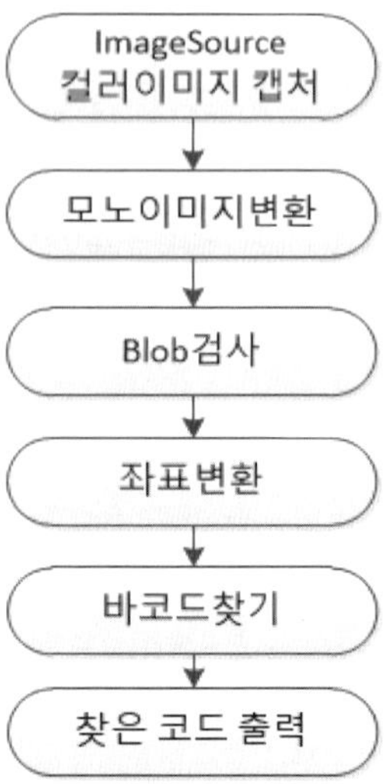	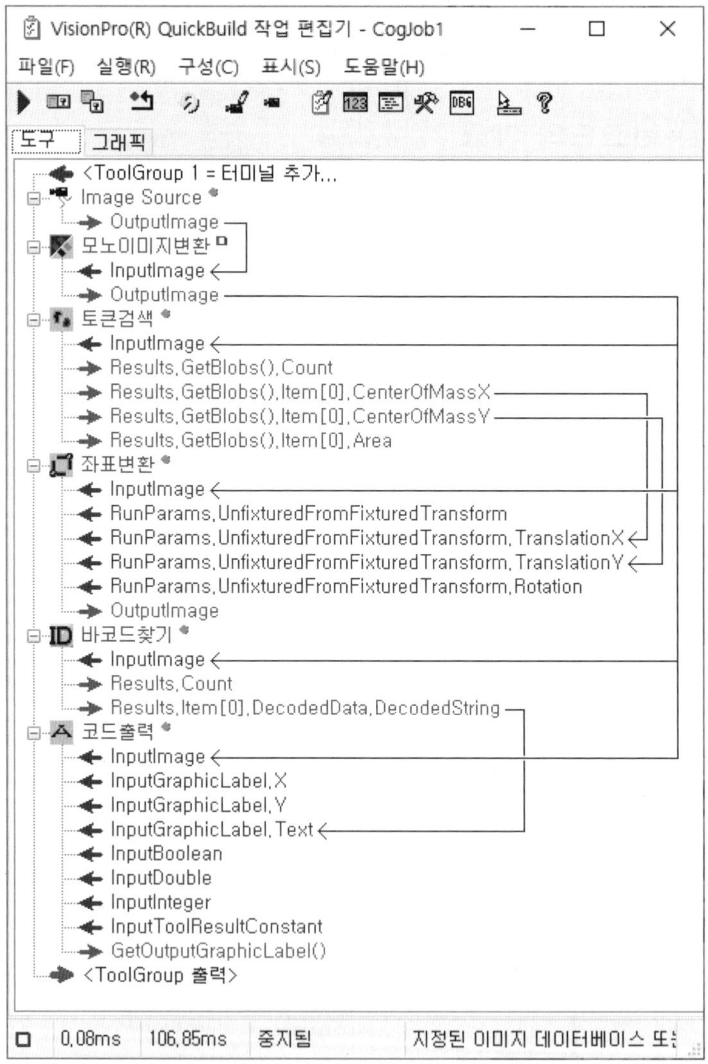

3 비전도구 배치

비전도구는 QuickBuild설명의 Job에 비전도구 추가내용을 참고하여 비전프로 배치표 및 해당표와 같이 순서대로 배치합니다.

비전명	도구명	비전명	도구명
Image Source	기본도구	워크피스 블랍	CogAcqFifoTool CogBeadInspectTool CogBlobTool CogCaliperTool CogCNLSearchTool CogDataAnalysisTool
모노 이미지 변환	Image Processing CogAffineTransformTool CogCopyRegionTool CogHistogramTool CogImageAverageTool CogImageConvertTool CogImageSharpnessTool CogIPOneImageTool CogIPTwoImageAddTool CogIPTwoImageMinMaxTool CogIPTwoImageSubtractTool CogLinescanDistortionCorrectionTool CogMaskCreatorTool CogPixelMapTool	화면 출력	Geometry - Creation CogCreateCircleTool CogCreateEllipseTool CogCreateGraphicLabelTool CogCreateLineBisectPointsTool CogCreateLineParallelTool CogCreateLinePerpendicularTool CogCreateLineTool CogCreateSegmentAvgSegsTool CogCreateSegmentTool
좌표변환	Calibration & Fixturing CogCalibCheckerboardTool CogCalibImageCorrectorTool CogCalibNPointToNPointTool CogFixtureNPointToNPointTool CogFixtureTool	바코드 찾기	ID & Metrics CogIDTool CogOCRMaxTool CogOCVMaxTool

4 비전도구 사용방법

1) 바코드 분석

IdTool은 선택한 영역내에 설정한 타입의 1D또는 2D바코드를 리딩하는 도구입니다.

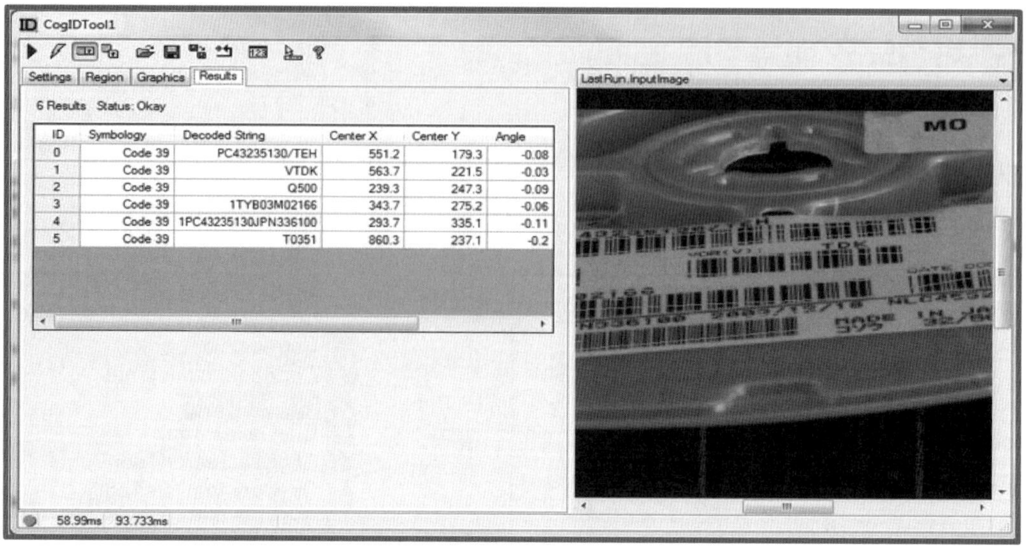

(1) 설정순서

설정순서는 다음과 같습니다.

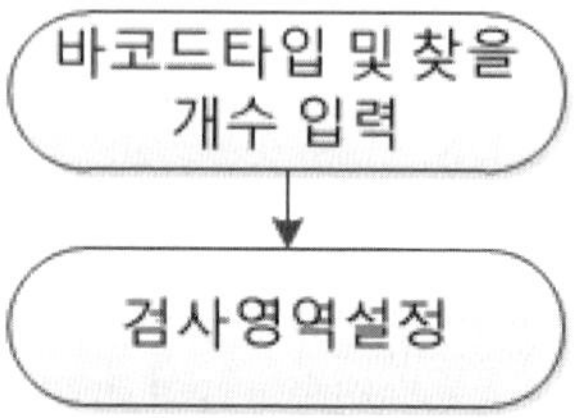

항목	설명
바코드타입	찾을 바코드타입 및 개수, 최소,최대 문자 개수를 입력합니다.
검사영역 설정	이치화할 영역범위를 설정합니다.

(2) 설정방법

- 이미지창의항목을 Current.InputImage로 설정합니다. 찾을 바코드 타입 개수를 입력합니다.
  2D바코드를 찾기위해서는 데이터매트릭스 코드를 설정합니다.

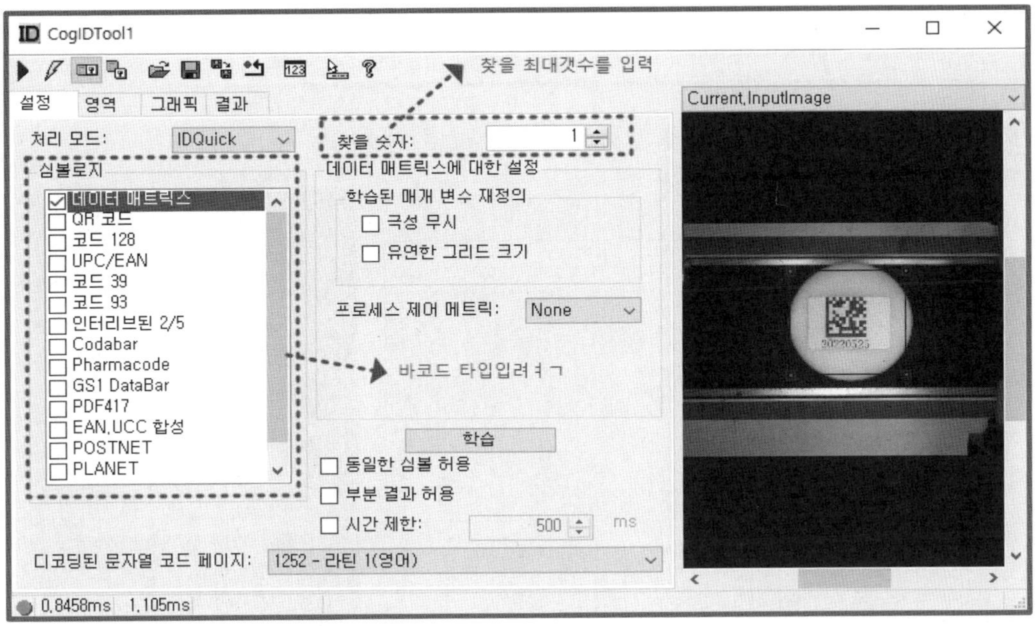

– 바코드를 찾을 위치를 설정합니다. 영역탭에 이동 후 원하는 영역형태를 선택 후 화면에 영역을 설정합니다. 바코드를 찾을 영역이 적을수록 검사시간이 빨라집니다.

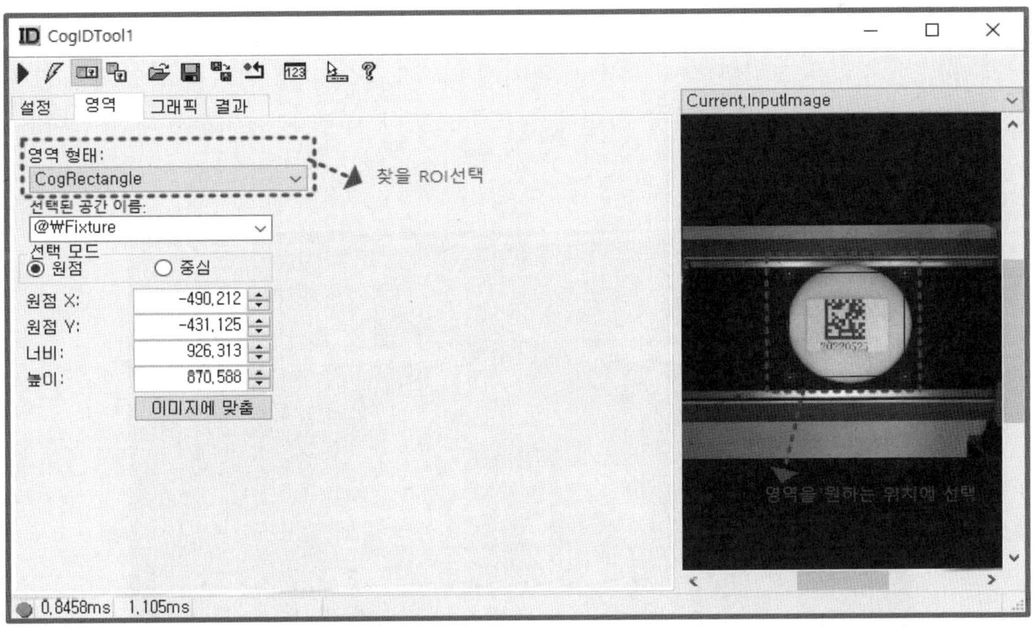

– 결과탭에 이동하여 실행버튼을 클릭하고 결과를 확인합니다.

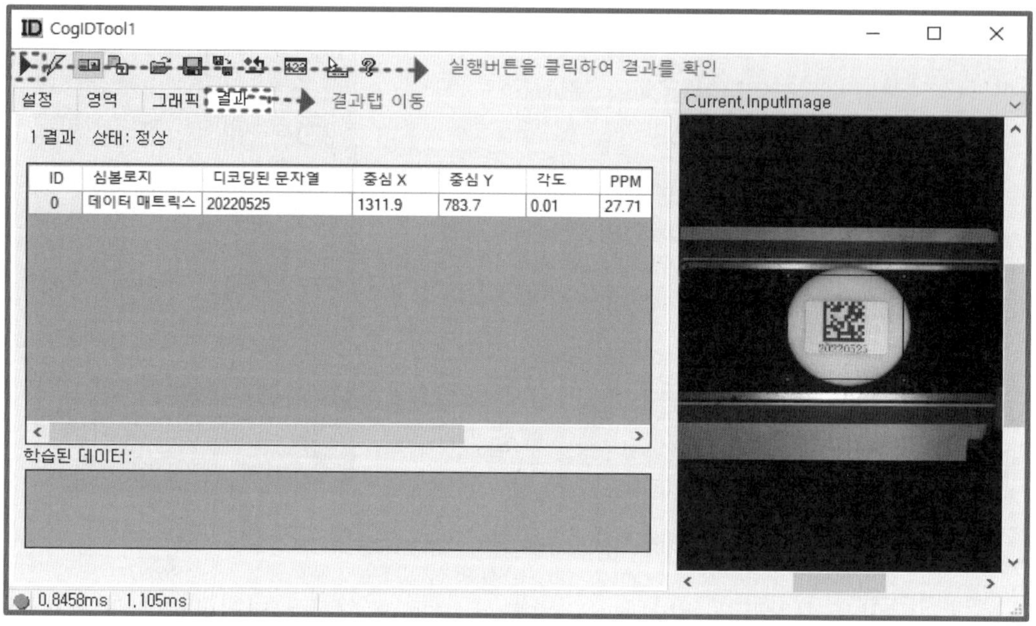

2) 그래픽 라벨 출력

그래픽 라벨 출력은 그림과 같이 특정한 위치에 비전도구의 측정 결과를 화면에 출력하는 역할을 합니다. 비전도구의 결과를 화면에 출력함으로서 사용자는 결과에 대한 판단을 할 수 있게 됩니다.

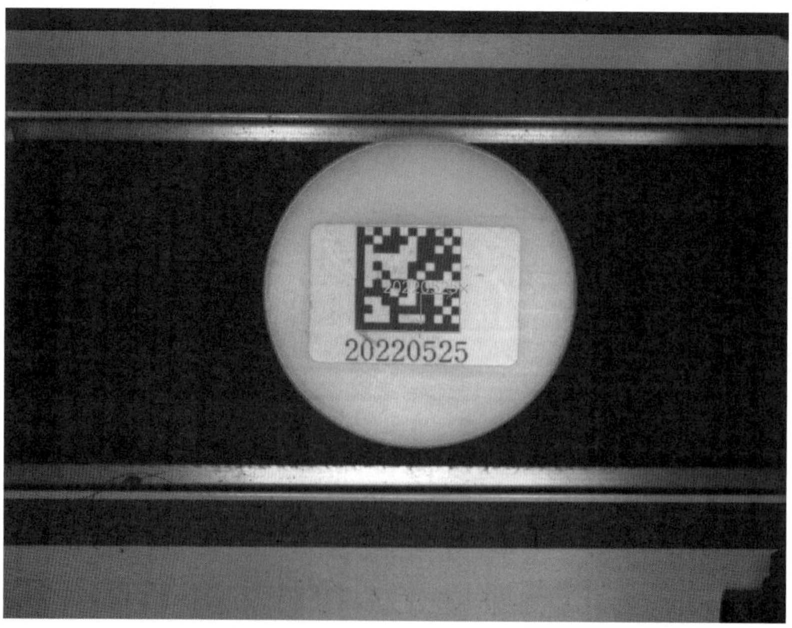

(1) 설정순서

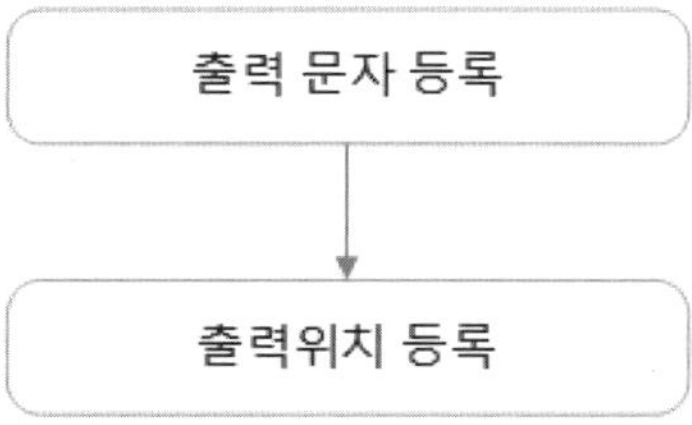

항목	설명
출력문자 등록	출력할 문자열 및 색상정보를 설정합니다.
출력위치 등록	문자열이 출력될 위치를 설정합니다.

(2) 설정방법

- 그래픽라벨링 도구에 출력할 위치값은 검출된 위치에 따라서 동적으로 변하게 됩니다. 그래서 고정된 문자열이 아닌 검사도구에 결과값을 그래픽라벨링 도구 입력 파라메타에 연결해야 합니다.

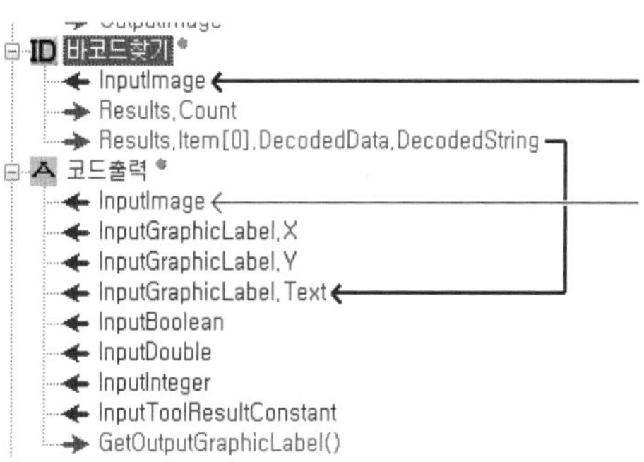

워크피스블랍 출력파라메타

항목	설명
Count	찾은 바코드 갯수
DecodeString	찾은 문자

CogCreateGraphicLabelTool입력파라메타

항목	설명
Label.X,LabelY	화면에 출력할 위치
Text,Boolean ,Double,Integer	포맷에 맞는 입력 받는값 출력타입에 맞게 입력받아야함

워크피스유무 출력도구를 더블 클릭하여 편집창으로 진입합니다. 편집툴 설정탭의 내용은 다음과 같습니다.

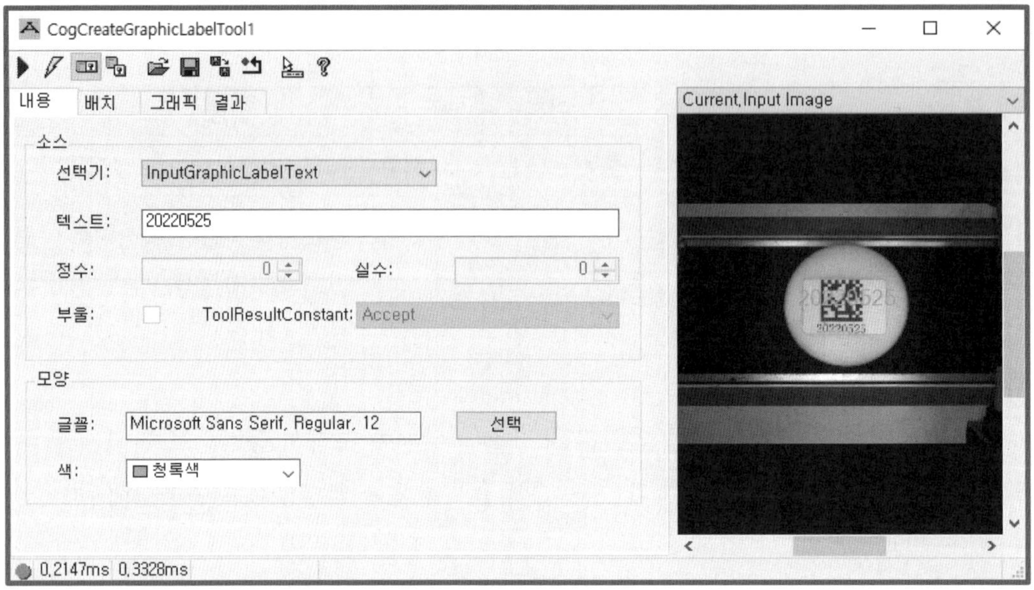

명칭	내용
내용	출력될 텍스트를 설정합니다.
배치	텍스트가 출력될 위치 및 회전각도를 설정합니다
그래픽	그래픽 출력요소를 설정합니다.
결과	출력된 위치에 대한 결과를 출력합니다.

배치탭에 들어가서 출력할 위치 및 출력위치를 설정합니다. 화면창에 출력되는 문자를 드래그해서 출력을 원하는 위치를 설정 후 정렬방법을 선택합니다.

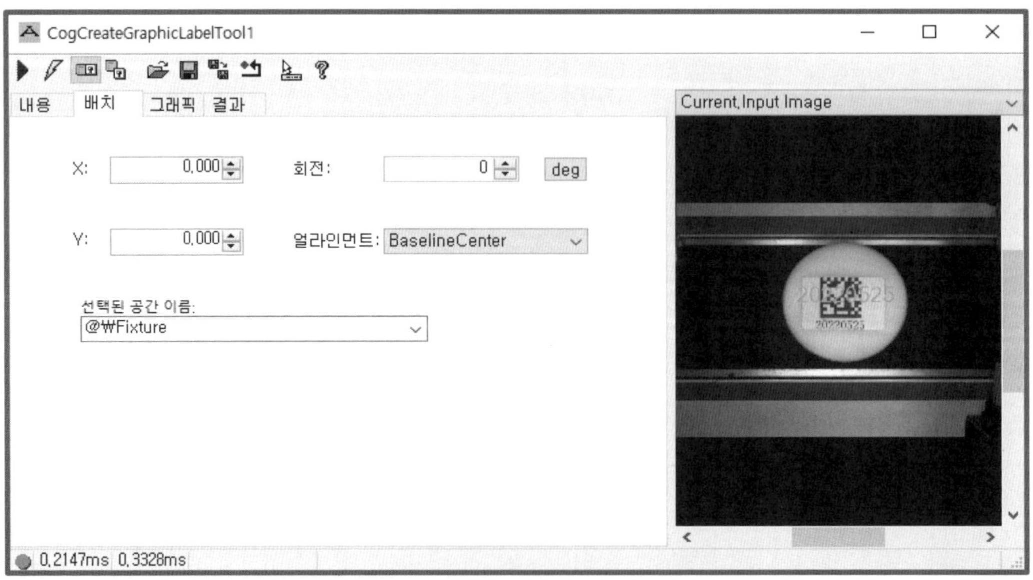

설정이 완료되었으면 디스플레이를 LastRun.Image로 변경한 후 출력결과를 확인하도록 합니다.

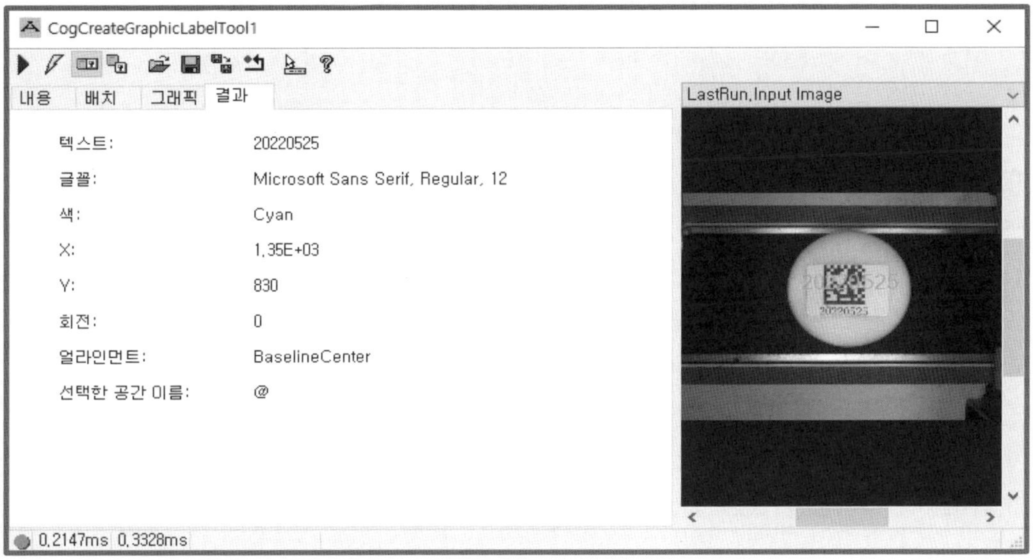

5 검사 결과

– 워크피스를 이동하며 검사하여 리딩된 바코드값이 출력됨을 확인합니다.

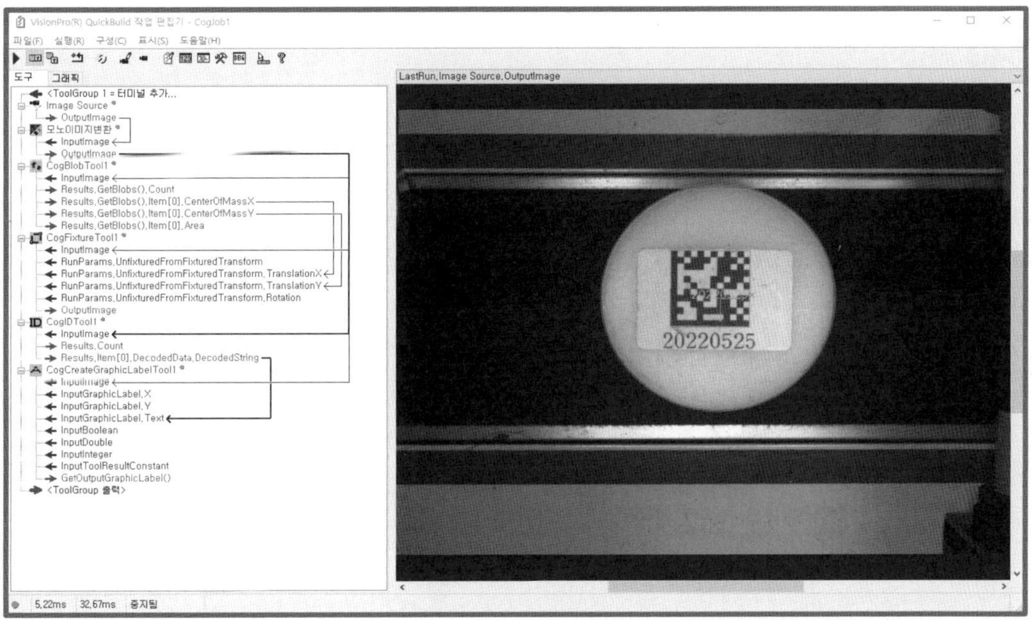

Ex 16 IDTool을 사용하여 워크피스내 QR코드·데이터메트릭스 검색

1 2D 데이터

본 챕터에서는 2D 데이터에 대해서 알아보기로합니다. “CogIDTool” 역시 1개당 하나의 정보만 처리됩니다. “QR 코드” 와 “데이터 매트릭스”에대한 각각의 “CogIDTool”을 사용해서 결과를 확인하는 작업을 진행하도록 합니다. 앞에서도 언급한바와같이 1D 바코드와 2D 데이터로 분류되며 각각의 바코드 안에 또 다양한 종류의 바코드로 나뉘게 됩니다. 본 교재에서 다루는 것은 1D인 “코드 128”과 2D인 “QR 코드” 및 “데이터 매트릭스”에대해 설명합니다.

2 시나리오

이번 챕터에서는 앞선 챕터의 설명과 비슷하지만 차이점이라면 “CogIDTool”가 1,2로 구분되서 각각의 정보를 구분해서 처리한다는 과정입니다. “CogIDTool”은 QR코드를 처리하고, “CogIDTool2”는 데이터 매트릭스를 처리합니다.

플로우	비전도구 배치
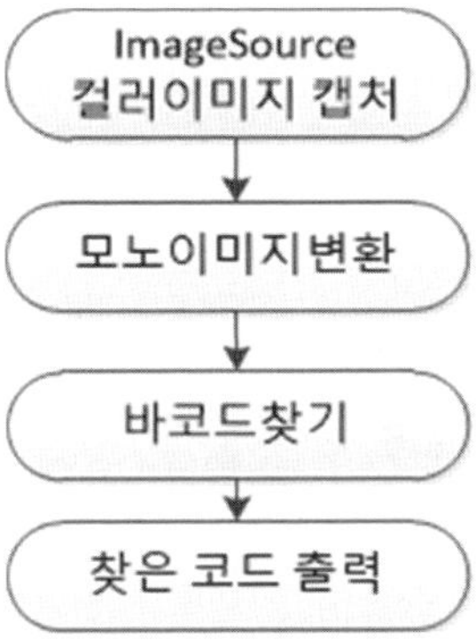	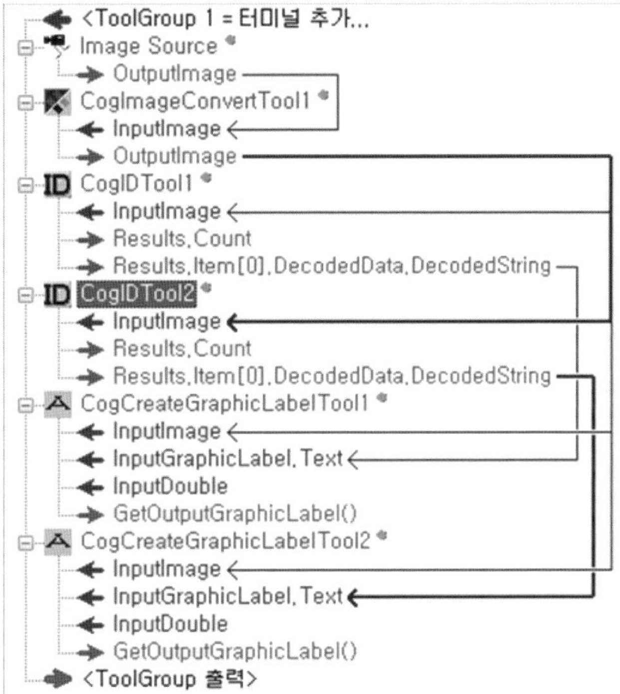

3 비전도구 배치

사용되는 비전도구는 앞절에서 제시한것과 같습니다. 단 두 번의 처리가 필요하기에 좀 복잡해진면은 있습니다.

비전명	도구명	비전명	도구명
Image Source	기본도구	바코드 찾기	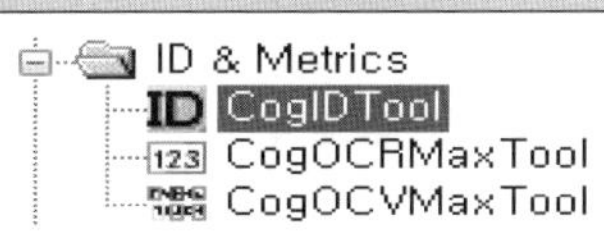
모노 이미지 변환	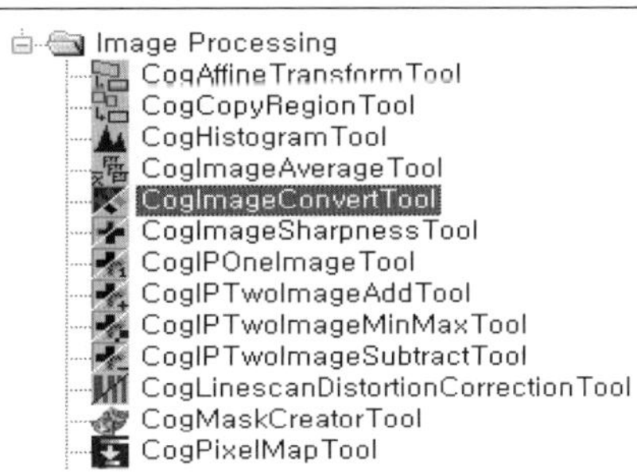	화면 출력	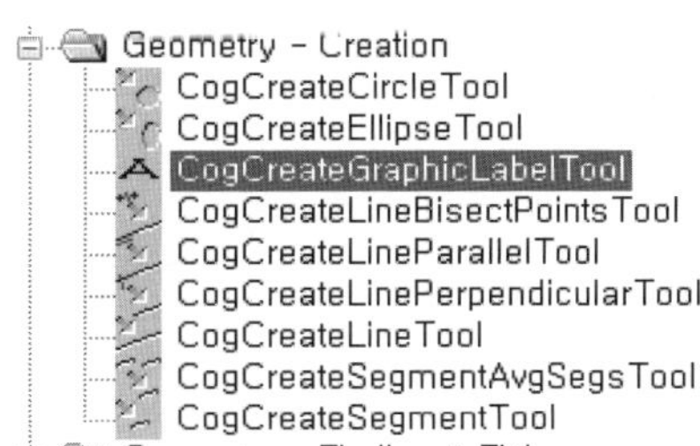

4 비전도구 사용방법

1) "CogIdTool" 바코드 분석

"CogIDTool"은 선택한 영역내에 설정한 타입의 1D 또는 2D바코드를 리딩하는 비전도구입니다.

(1) 설정순서

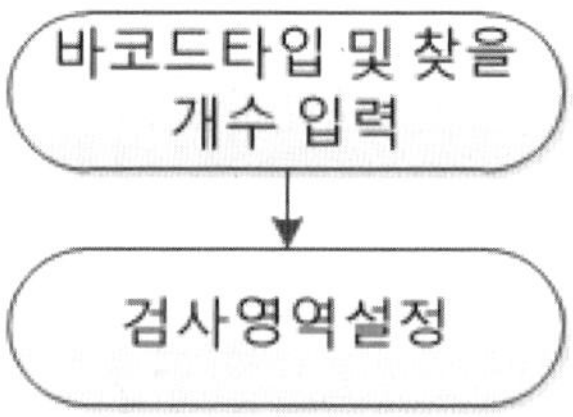

항목	설명
바코드타입	찾을 바코드타입 및 개수, 최소,최대 문자 개수를 입력합니다.
검사영역 설정	이치화할 영역범위를 설정합니다. 컨베이어벨트를 검사영역으로 설정합니다.

(2) CogIdTool1 설정방법

- "CogIdTool1"을 더블 클릭해서 아래 화면이 나타나면 이미지창의 항목을 Current.InputImage로 설정합니다. 다음은 찾을 바코드 타입 개수를 입력하고 2D 데이터의 QR코드를 리딩하기 위해서는 심볼로지 항목에서 "QR 코드" 항목을 체크합니다. 처음 설정된 화면과 수정한 화면을 연속해서 보여줍니다.

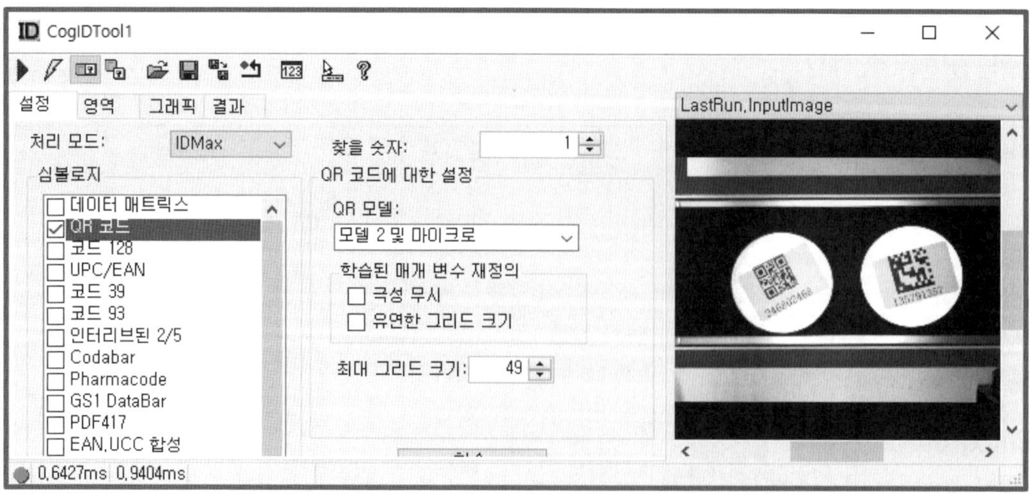

- QR코드를 찾을 위치를 설정합니다. 영역탭에 이동 후 원하는 영역형태를 선택후 화면에 영역을 설정합니다. QR코드를 찾을 영역이 적을수록 검사시간이 빨라집니다. 항상 그렇듯이 영역의 경우 컨베이어벨트 구간만을 선택합니다.

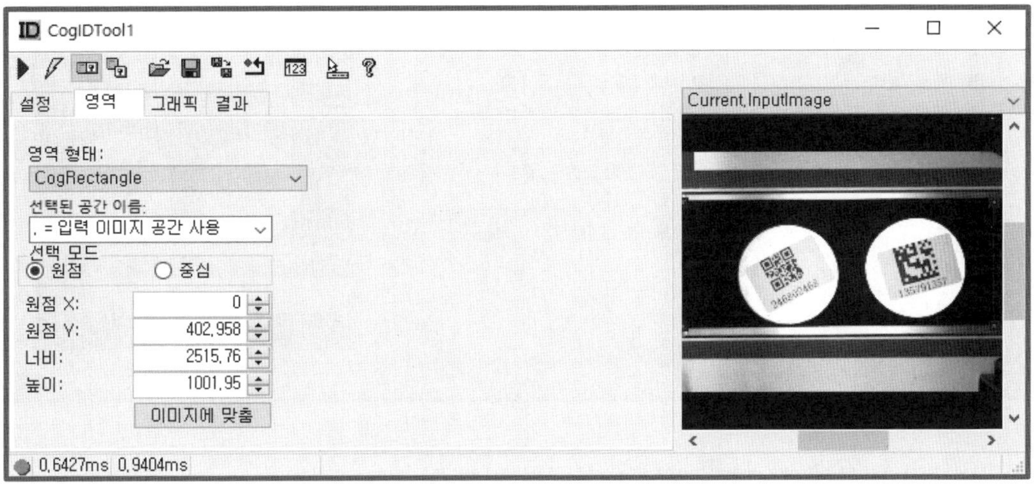

- 결과탭에 이동하여 실행버튼을 클릭하고 결과를 확인합니다. 카메라의 초점이 맞지않을 경우 정상적인 결과를 얻기 힘든 경우가 있습니다. 즉 어두울 경우도 마찬가지입니다. 결과상태를 정상적으로 확인하기 어려울 경우 카메라의 초점이나 조명을 다시한번 점검하실 것을 권장합니다.

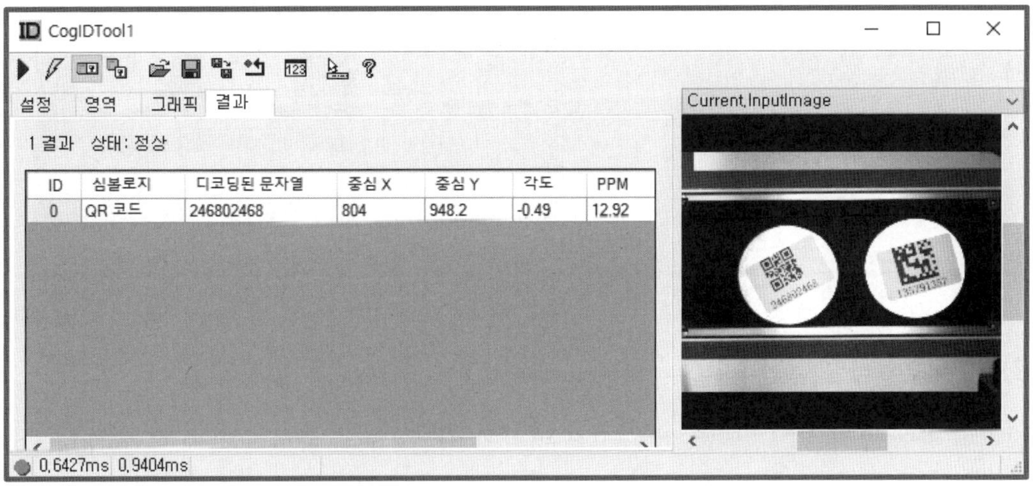

(3) CogIDTool2 설정방법

"CogIdTool1"의 설정방법과 같습니다. 더블클릭해서 화면이 나타나면 아래와 같이 설정합니다. 단 "QR 코드"에서 "데이터 매트릭스"로 심볼로지를 변경하면 됩니다. 영역탭에서의 영역 설정은 동일하게 컨베이어벨트를 선정합니다.

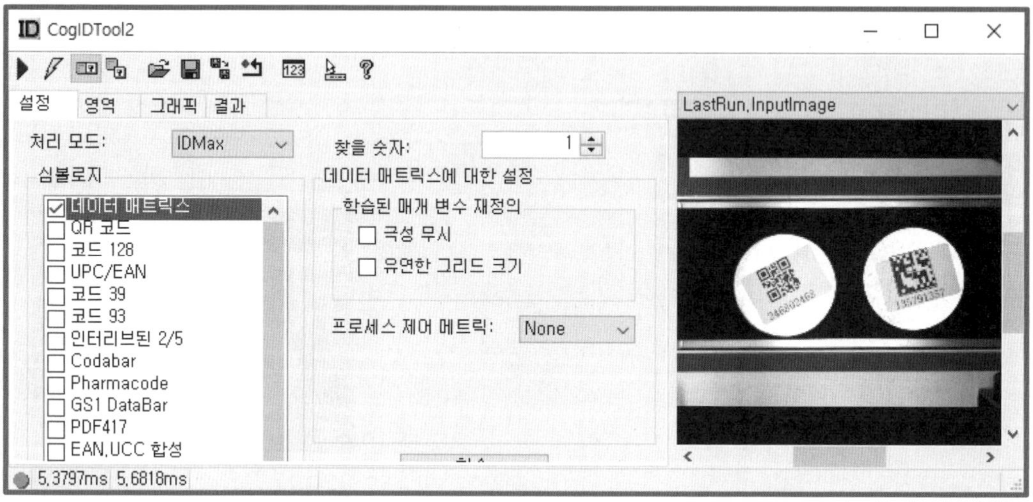

결과탭으로 이동해서 실행후 결과를 확인합니다.

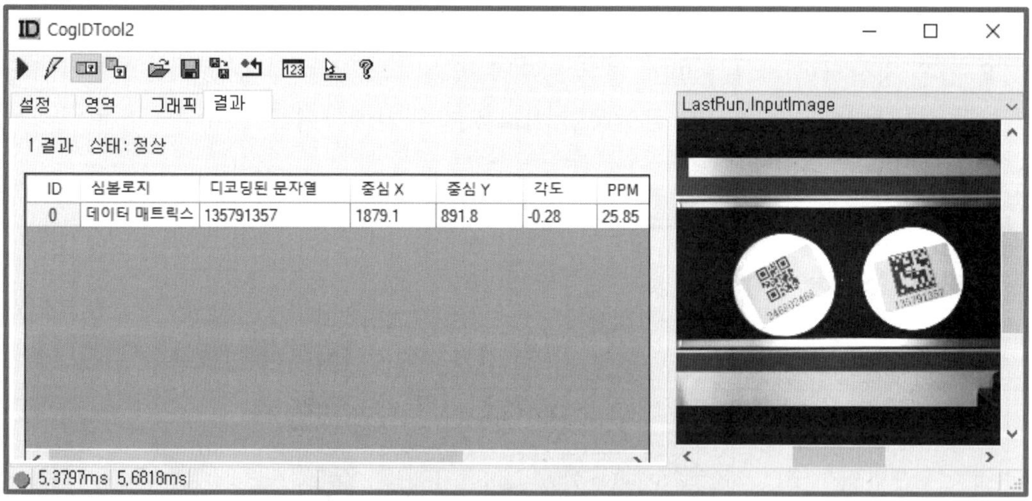

2) 그래픽 라벨 출력

그래픽 라벨 출력은 그림과 같이 특정한 위치에 비전도구의 측정 결과를 화면에 출력하는 역할을 합니다. 비전도구의 결과를 화면에 출력함으로서 사용자는 결과에 대한 판단을 할 수 있게 됩니다. 설정이 완료되었으면 디스플레이를 LastRun.Image로 변경한 후 출력결과를 확인하도록 합니다.

5 검사 결과

워크피스를 바꿔가며 검사하고 리딩된 2D의 데이터 값을 화면에서 확인하고 검사결과에 대해 확인합니다. 2D 데이터 역시 간단하게 읽혀짐에 따라 응용도 쉬울 것으로 판단됩니다.

(1) 2D 데이터값 QR코드 "246802469"와 데이터 매트릭스 "135791357" 읽은 결과입니다.

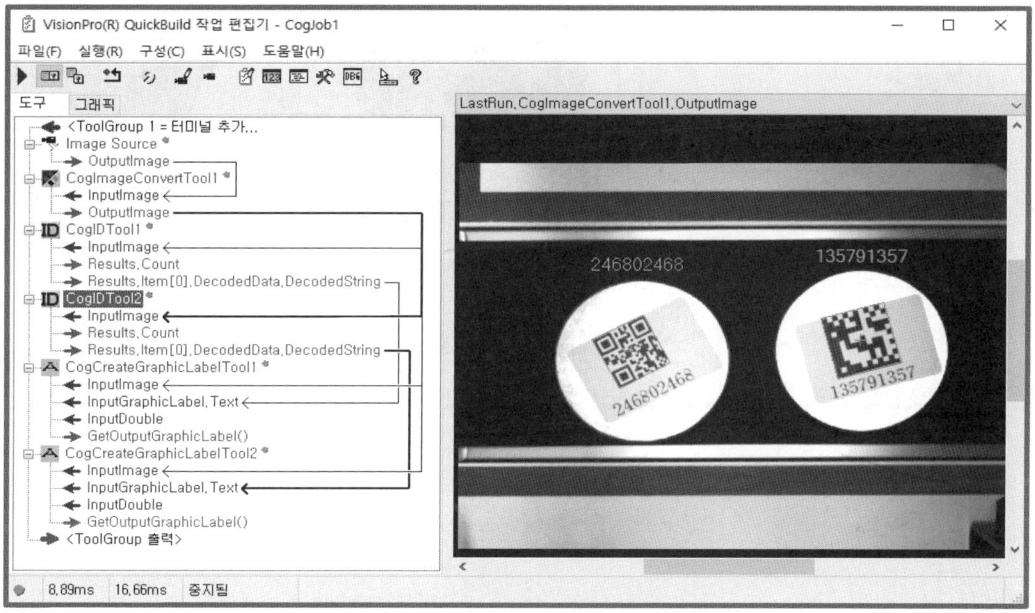

(2) 2D 데이터값 QR코드 "123456789"를 읽은 결과입니다.

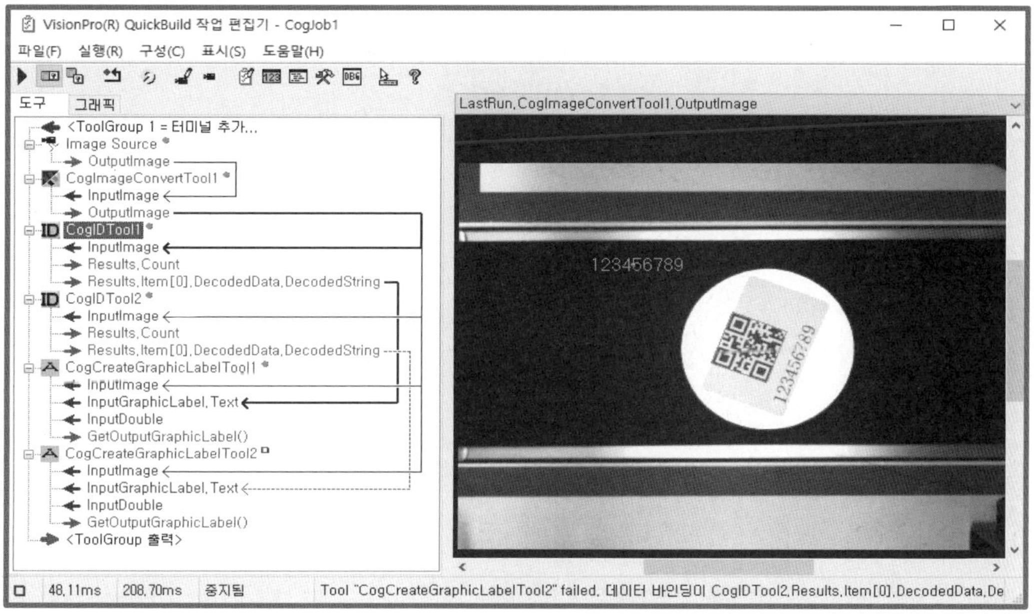

(3) 2D 데이터값 데이터 매트릭스 "123456789"를 읽은 결과입니다.

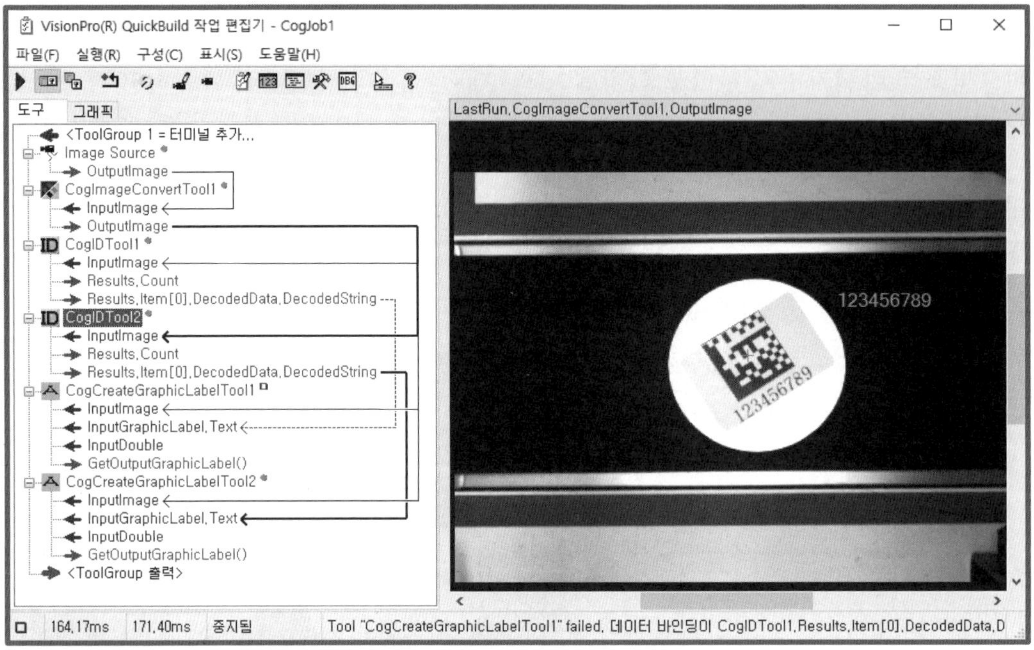

CHAPTER

4

C# WindowsForm 프로그램으로 머신 비전 개발환경 구축

Ex 01) ToolBlock Editor컨트롤 연동
Ex 02) ToolBlockEdit 비전도구 입출력항목연결
Ex 03) 클래스 라이브러리를 생성
Ex 04) ToolBlock 검사루프를 수동으로 실행
Ex 05) 비전도구간 입출력 파라메타 연동
Ex 06) 비전도구 동적 생성하여 제어
Ex 07) 스크립트를 이용하여 비전검사
Ex 08) C# 윈도우폼에 카메라 이미지 취득
Ex 09) 시리얼 통신으로 조명제어
Ex 10) 카메라, 조명을 연동하여 비전검사 시스템 구성
Ex 11) UCI Bus(8비트 컴퓨터 기능) 연동하여 입출력신호(DIO) 제어
Ex 12) Text파일로 이벤트로그 저장
Ex 13) 파일에 장치디바이스 정보 저장
Ex 14) AccessDb를 이용하여 검사결과 저장과 검색
Ex 15) PLC를 연동하여 검사결과 출력
Ex 16) Socket통신을 이용하여 원격지PC에 검사결과 출력하기
Ex 17) MiniMps비전검사 시스템 구성

CHAPTER 4

C# WindowsForm 프로그램으로 머신 비전 개발환경 구축

1 개요

이번 챕터는 VisionPro와 C# WindowsForm을 이용하여 머신 비전 검사시스템에 필요한 기술을 배우고 MiniMps장비와 연동하여 사용할 수 있는 비전시스템을 구축해보도록 하겠습니다.

2 진행 시나리오

이번 챕터의 예제는 진행할 내용의 기초지식을 설명하고 폼을 배치 및 구현할 수 있도록 진행 하겠습니다.

3 C# WindowsForm 실습

이번장을 진행 하기전에 WindowsForm의 기본 사용방법을 배우도록 하겠습니다.

1) 프로젝트 생성

C# WindowsForm앱을 만들어 보도록 하겠습니다.

이전에 설치한 VisualStudio2019를 실행합니다. 화면 오른쪽에 코드를 사용하지 않고 계속(W) 버튼을 클릭하여 Visualstudio2019메인화면에 진입합니다.

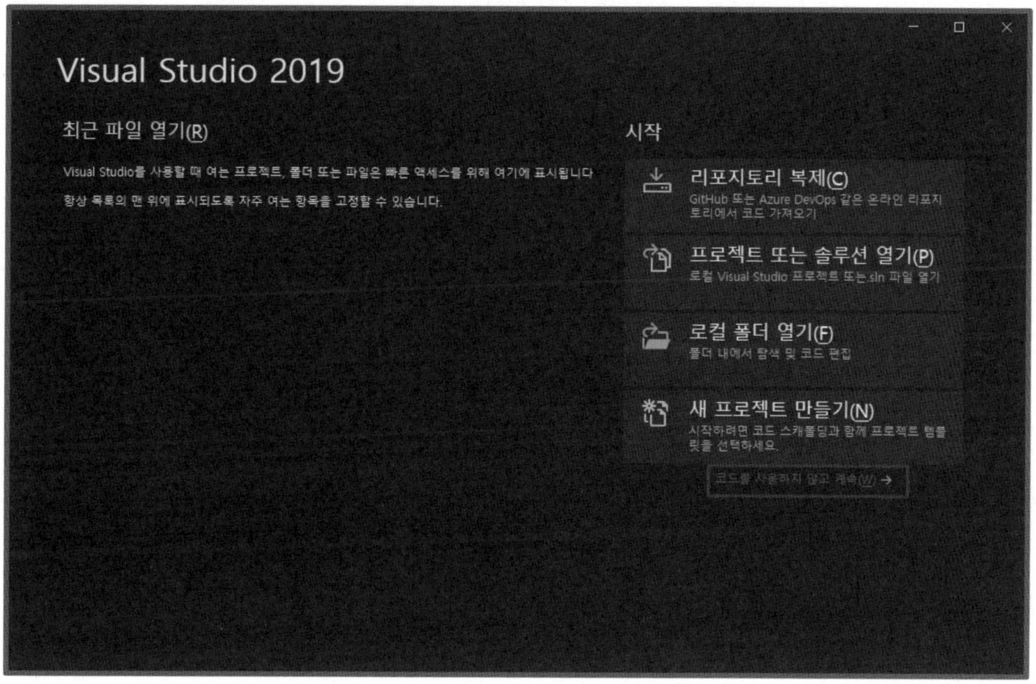

프로젝트 생성을 위해 메뉴의 파일→새로만들기→프로젝트를 클릭하여 "새프로젝트 만들기" 창에 진입합니다.

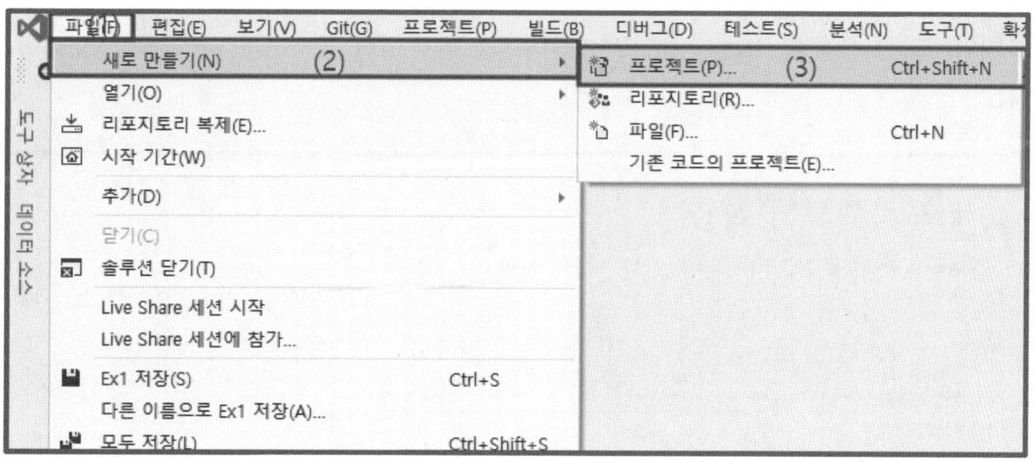

필터를 언어를 "C#", 플래폼을 "Windows", 프로젝트형식을 "데스크톱"으로 선택합니다. 필터링된 목록중 Windows Forms앱(.Net Framework)항목을 클릭후 다음버튼을 클릭합니다.

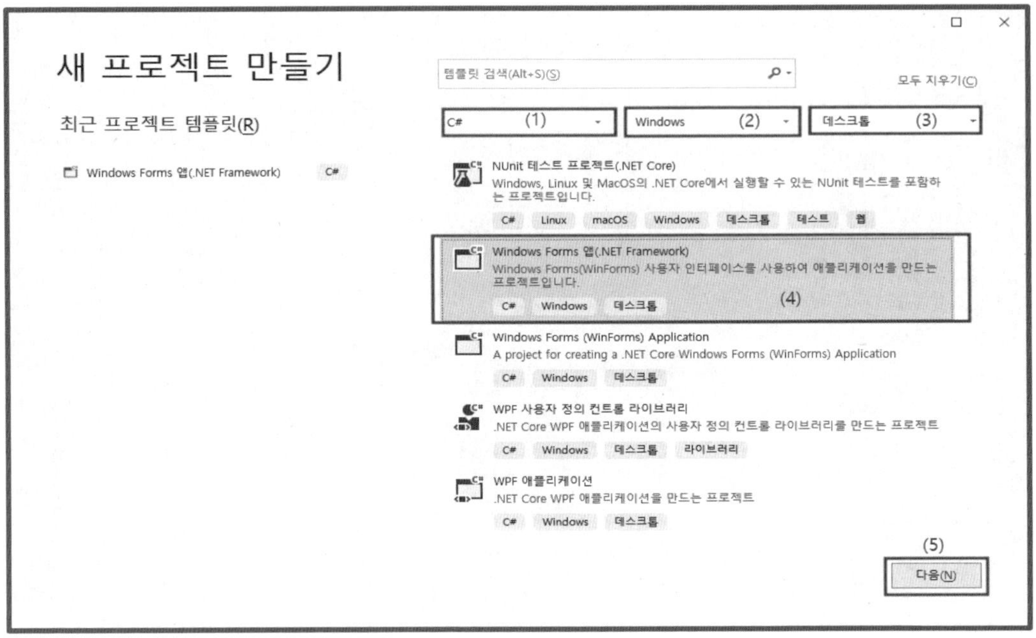

프로젝트를 관리할 폴더위치를 설정하고 솔루션이름과 프로젝트의 이름을 입력하고 프로젝트를 생성합니다.

솔루션 이름은 전체 프로제트그룹의 이름이고 프로젝트이름을 실행파일이 만들어지는 프로젝트의 이름을 이야기 합니다.

프레임워크는 사용할 .NetFrameWork 버전을 나타내며 최소 4.7.2버전을 사용해야 합니다.

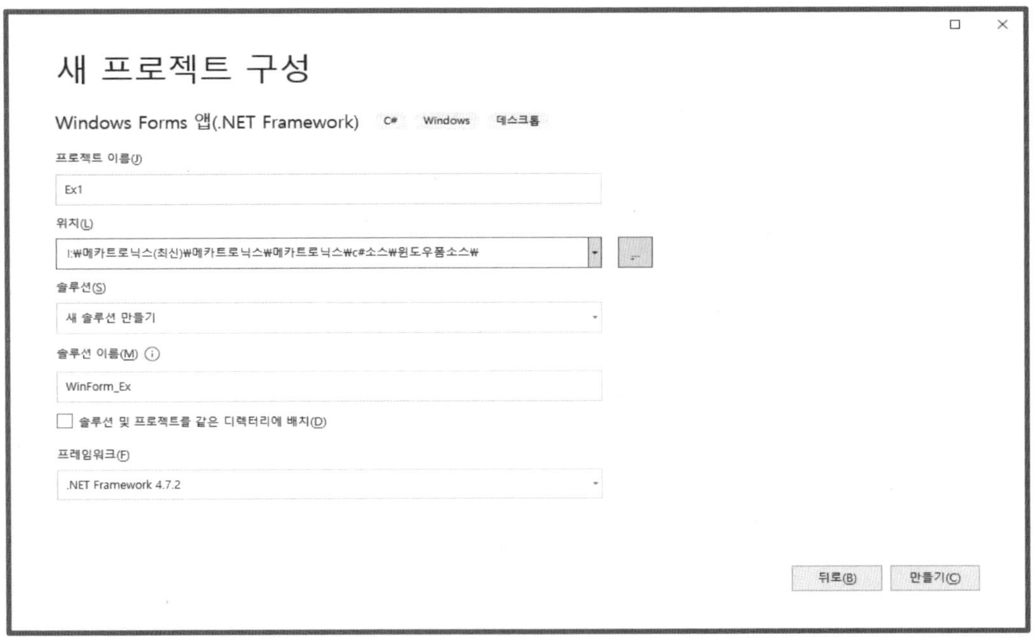

만들기버튼 클릭후 다음과 같이 폼 프로젝트가 생성되었습니다. 우리는 앞으로 해당 폼에 도구를 배치후 작동내용을 프로그램 하여 동작하도록 하겠습니다.

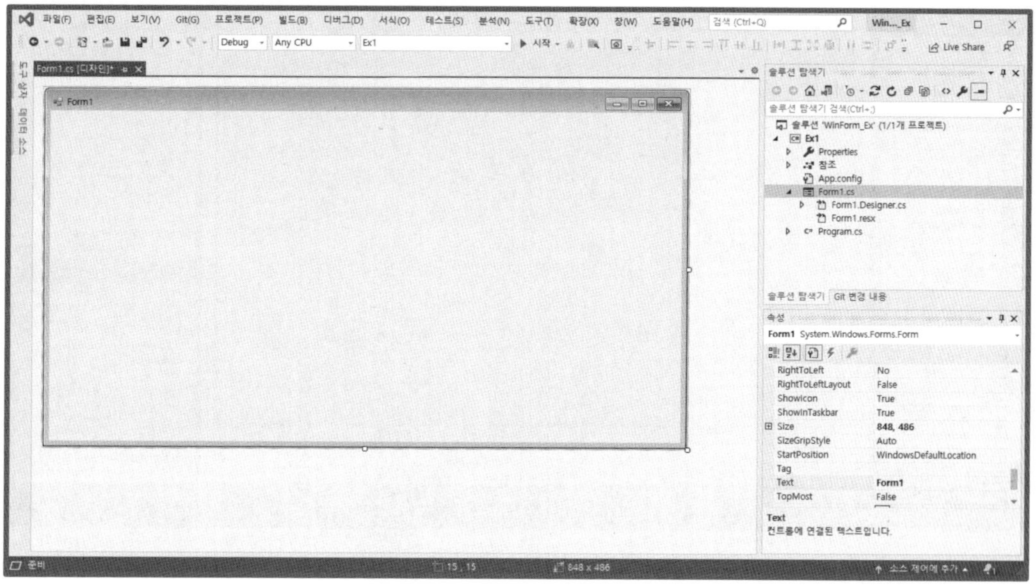

2) 컨트롤을 배치

프로젝트를 생성하면 기본폼이 만들어지고 해당폼을 선택합니다.

해당컨트롤의 코드화면를 진입하기 위해서는 “F7"키를 디자이너화면에 진입하기 위해서는 shift+f7키를 입력합니다.

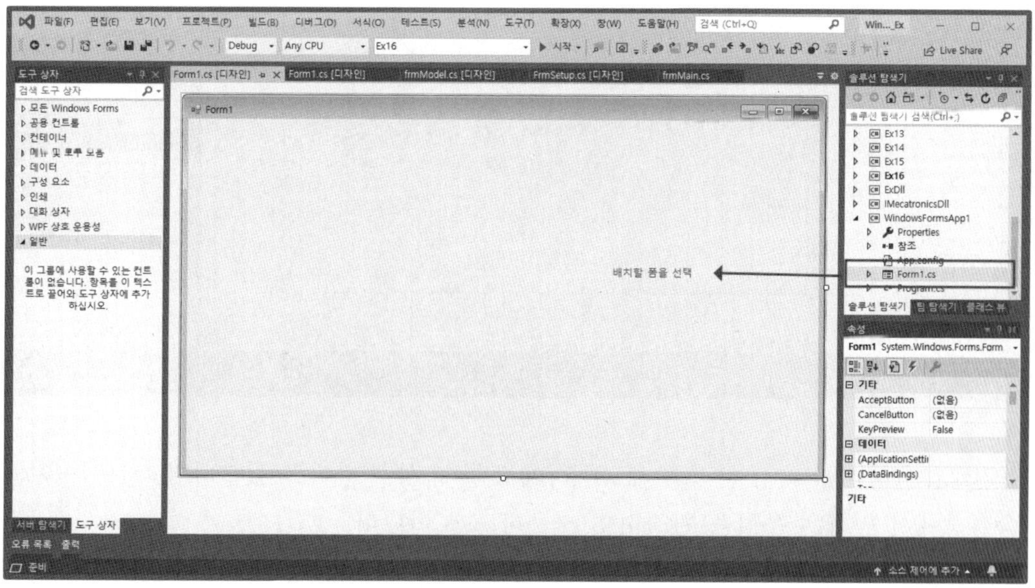

사용할 컨트롤을 배치하기 위해서는 도구상자에서 원하는 컨트롤을 선택하여 배치합니다.

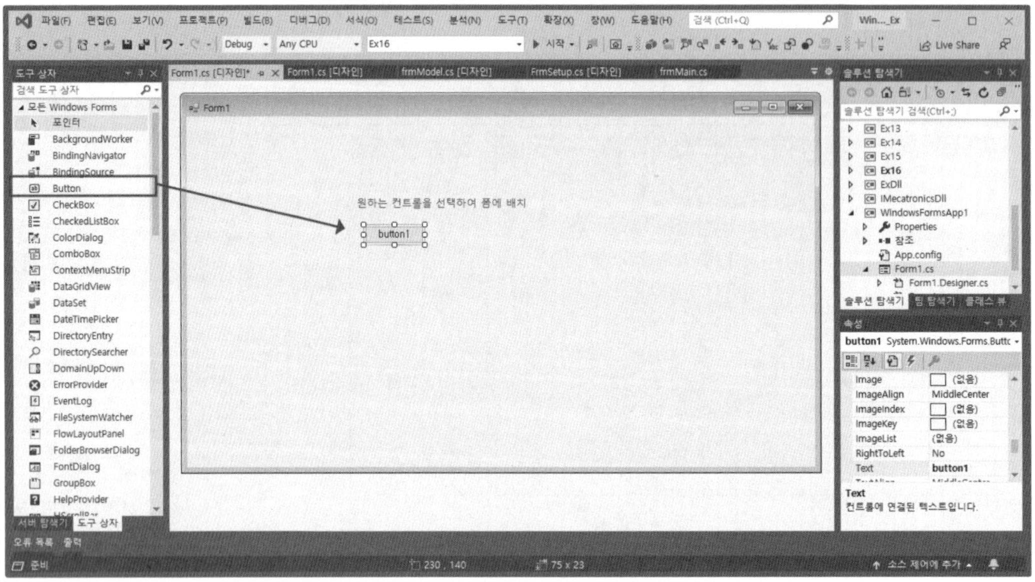

컨트롤의 크기를 변경하기 위해서는 해당 컨트롤을 선택 합니다. 이동가능항목을 선택 후 원하는 크기 및 위치로 이동합니다.

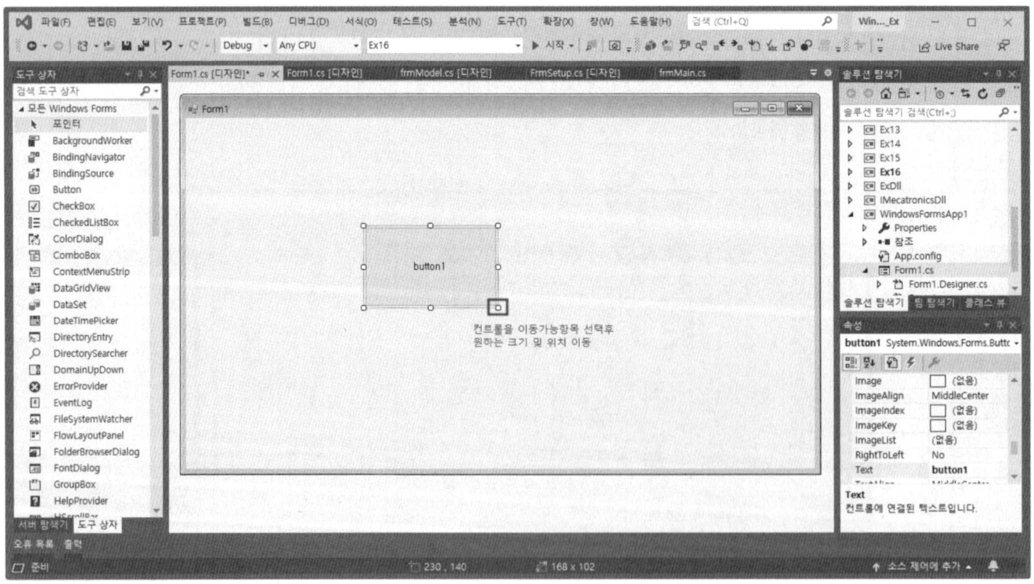

각 컨트롤은 위치, 크기, 문자등 해당동작에 맞는 속성을 가지고 있습니다. 컨트롤을 선택 후 속성창에서 원하는 속성을 변경하여 사용하도록 합니다.

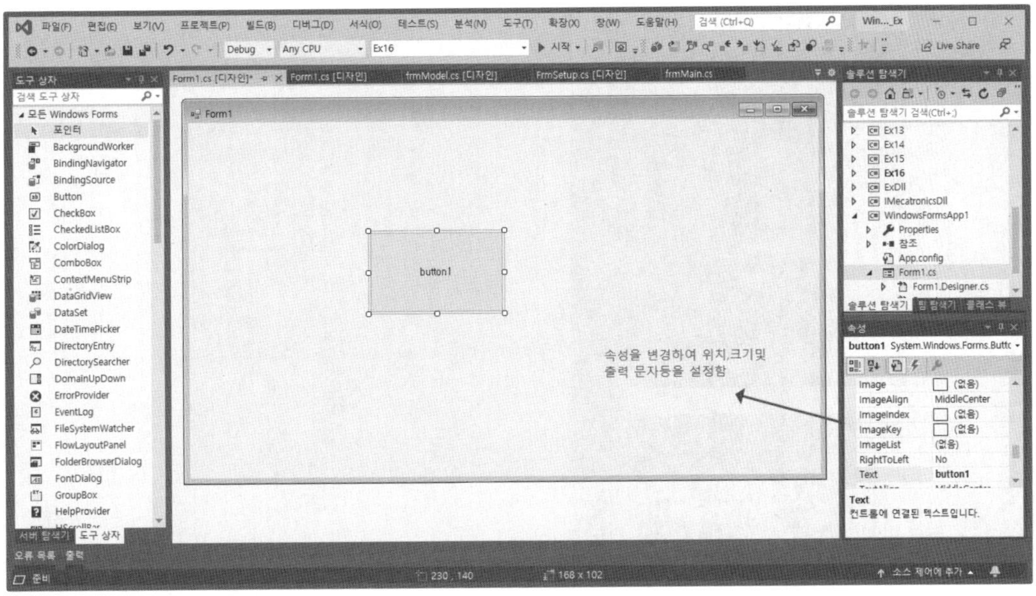

3) 사용자 컨트롤 등록

다음은 Cognex비전도구를 사용하기 위해 도구상자에 비전도구를 추가해보겠습니다. 먼저 추가될 도구상자 그룹을 만들기위해 마우스오른쪽 버튼을 클릭하여 팝업메뉴를 활성화한 후 탭추가 버튼을 누릅니다.

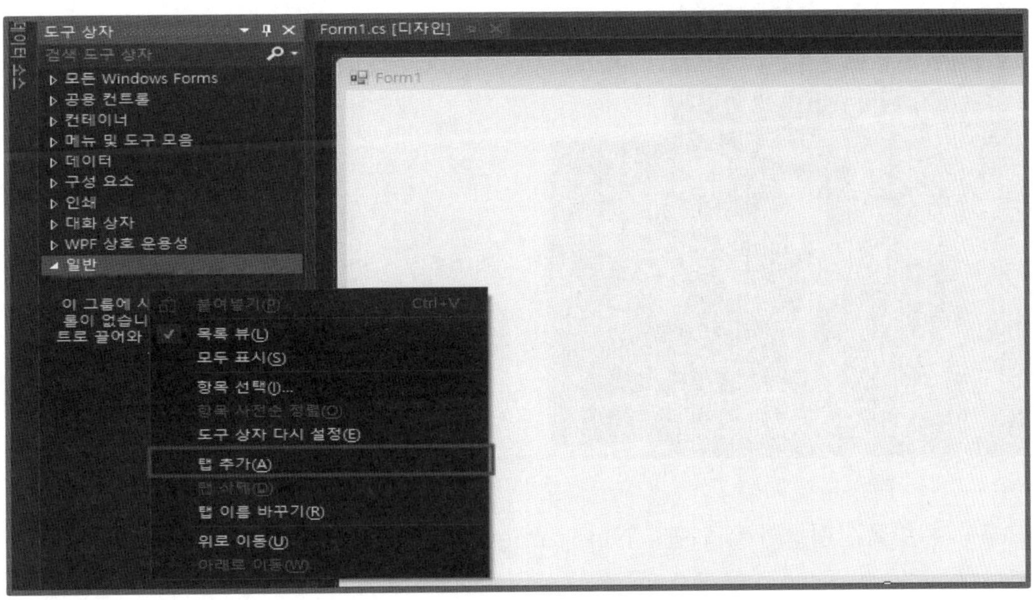

도구상자의 이름을 지정 후 엔터버튼을 누르면 새로운 도구 그룹이 만들어집니다. 여기서는 Cognex라고 이름 붙이도록 하겠습니다.

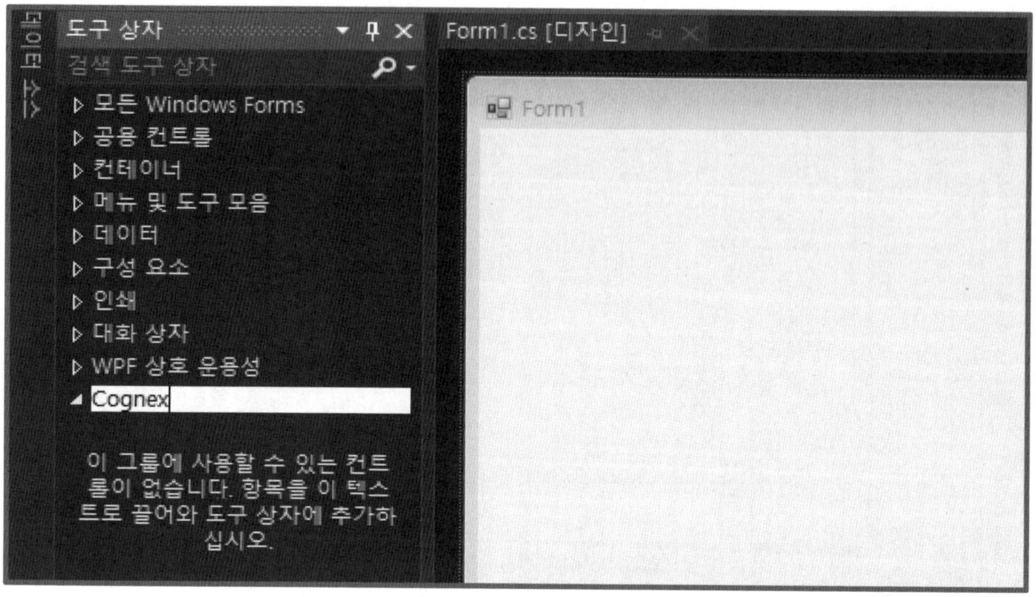

다음은 도구 항목을 추가해보도록 하겠습니다. 도구상자 창에서 추가한 도구 그룹을 선택 후 마우스 오른쪽 버튼을 클릭하여 팝업을 활성화한 후 항목선택을 클릭합니다.

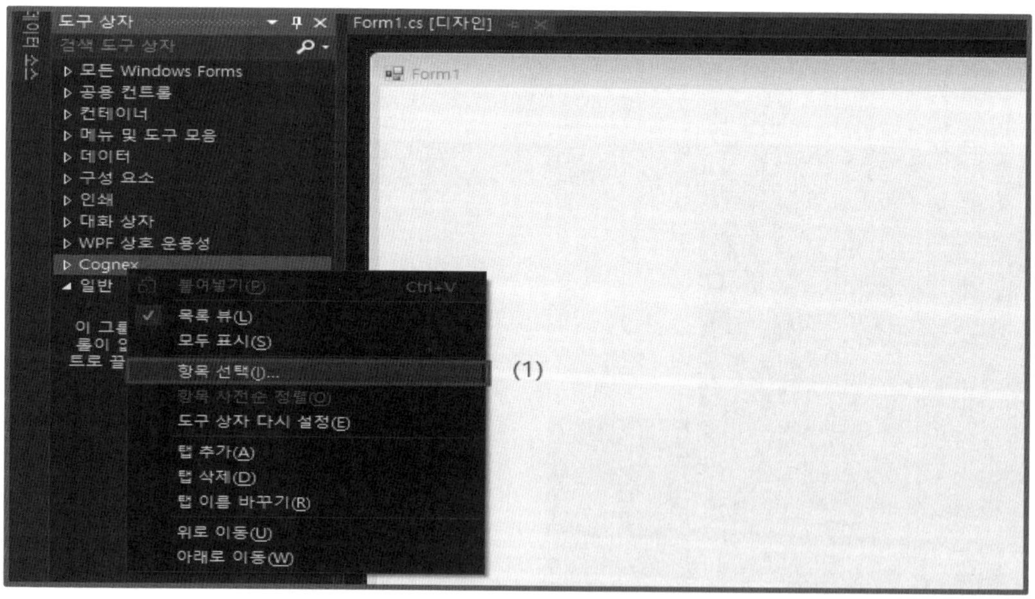

도구상자 항목선택창이 나오면 ".NetFramework"구성요소탭에서 찾아보기 버튼을 클릭합니다.

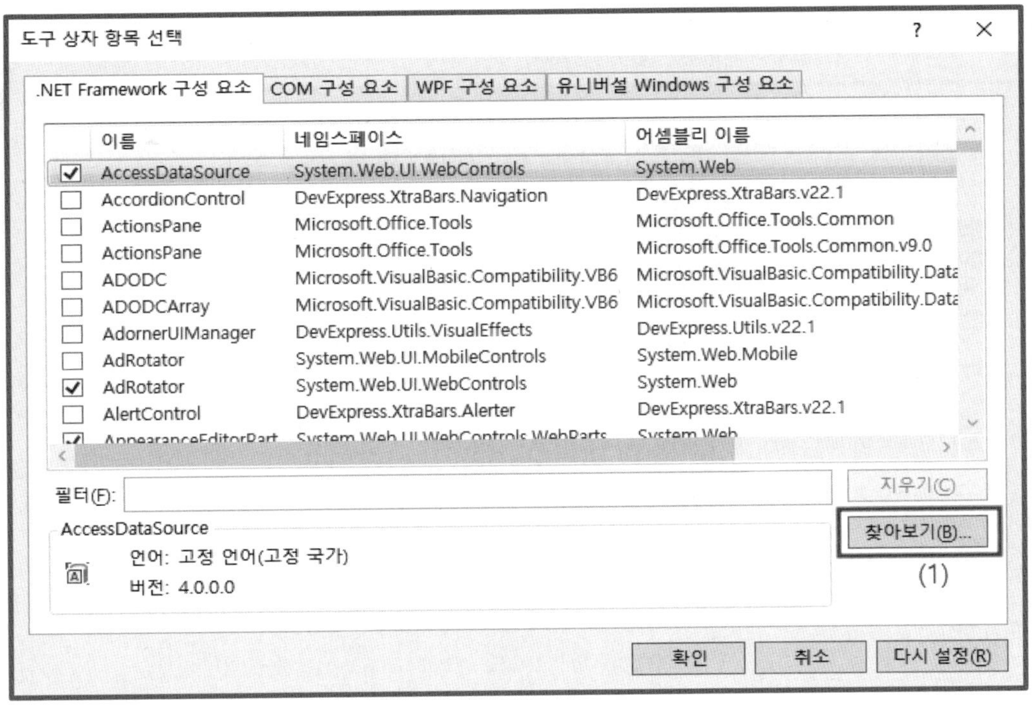

VisionPro가 설치된 32비트 프로그램 폴더로 이동하여 사용할 타입에 맞는 컨트롤DLL을 선택합니다.

해당 소스에서는 ToolBlockEdit컨트롤을 사용하기 위해 ToolGroupControl을 추가합니다.

(기본폴더 : C:₩Program Files (x86)₩Cognex₩VisionPro₩ReferencedAssemblies)

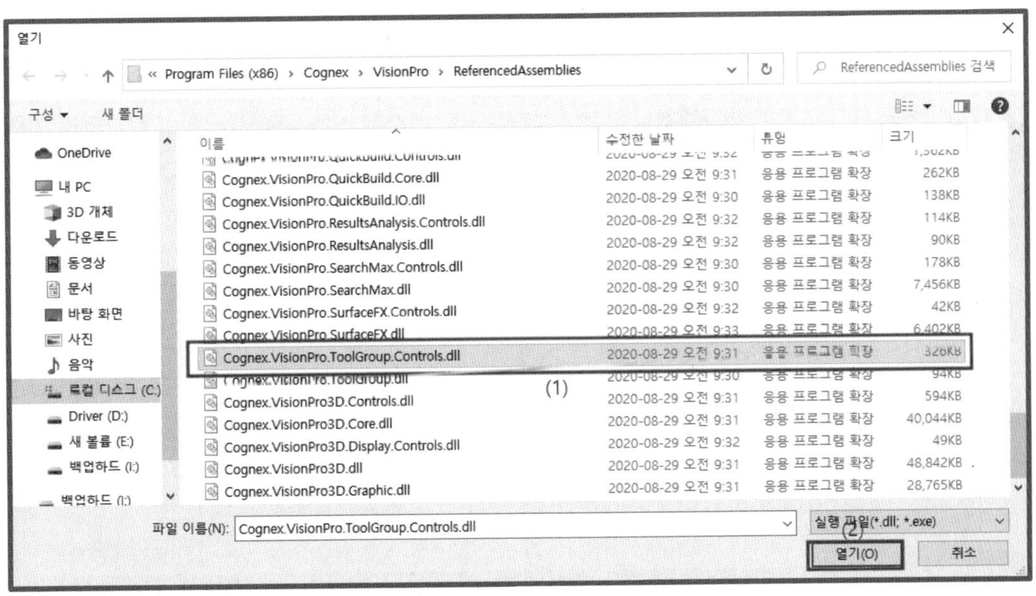

추가될 항목을 확인하고 확인버튼을 클릭하여 컨트롤을 도구상자에 추가합니다.

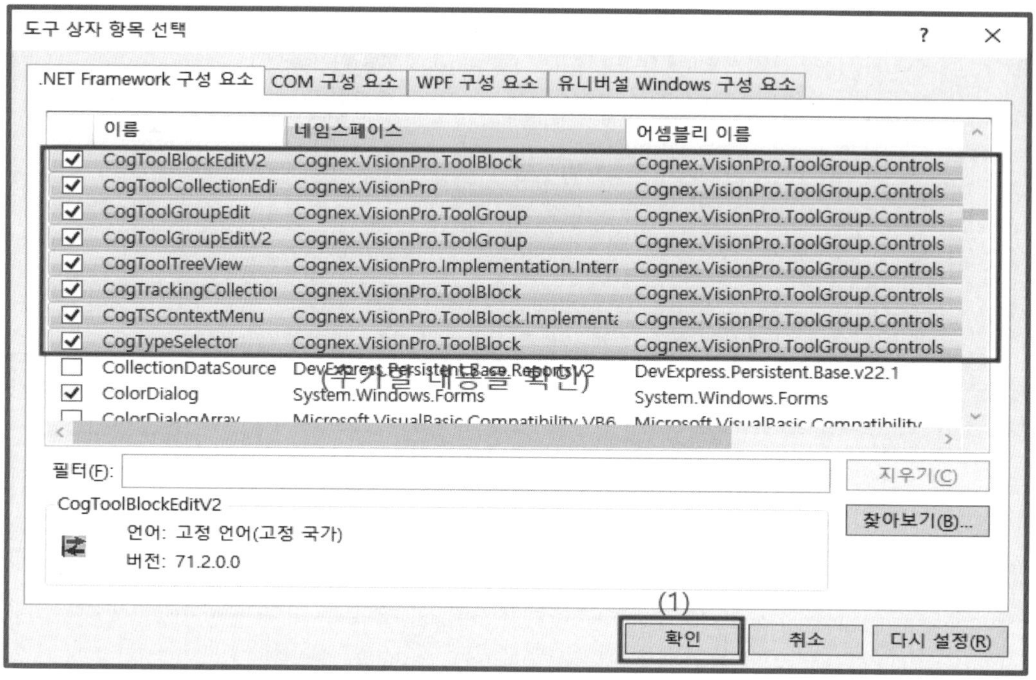

4) 컨트롤에 이벤트 동작 설정

컨트롤은 특정 동작이벤트가 발생하면 사용자가 정의한 코드가 실행될 수 있게 하여 이벤트를 처리합니다. 이벤트를 설정하기 위해서는 설정할 컨트롤을 선택 후 선택창에서 이벤트 탭을 선택 후 추가할 이벤트를 더블클릭하여 이벤트를 생성합니다.

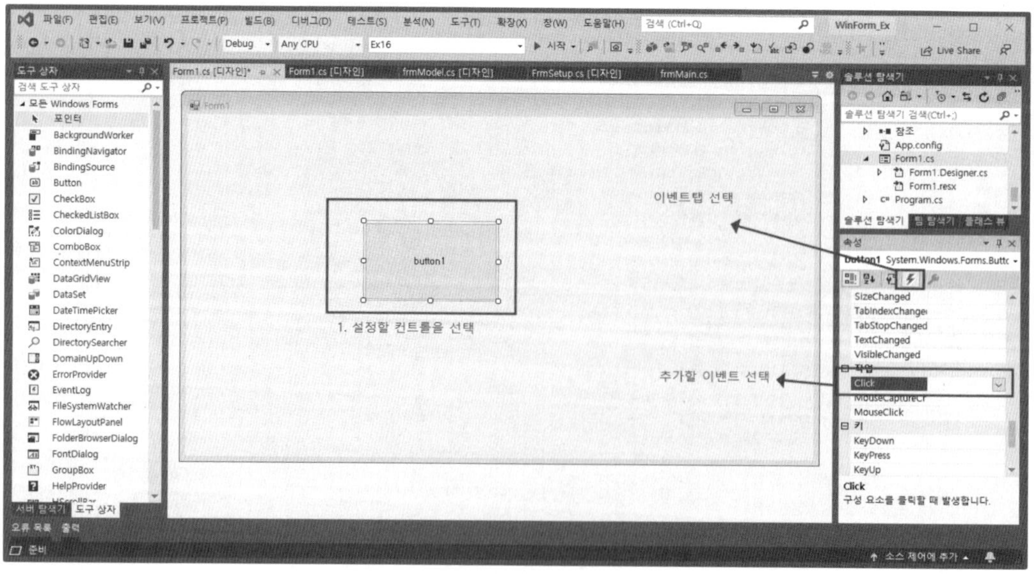

이벤트가 생성되면 코드창으로 진입하고 이벤트메소드가 추가됩니다. 해당메소드에 동작에 대한 코드를 삽입합니다.

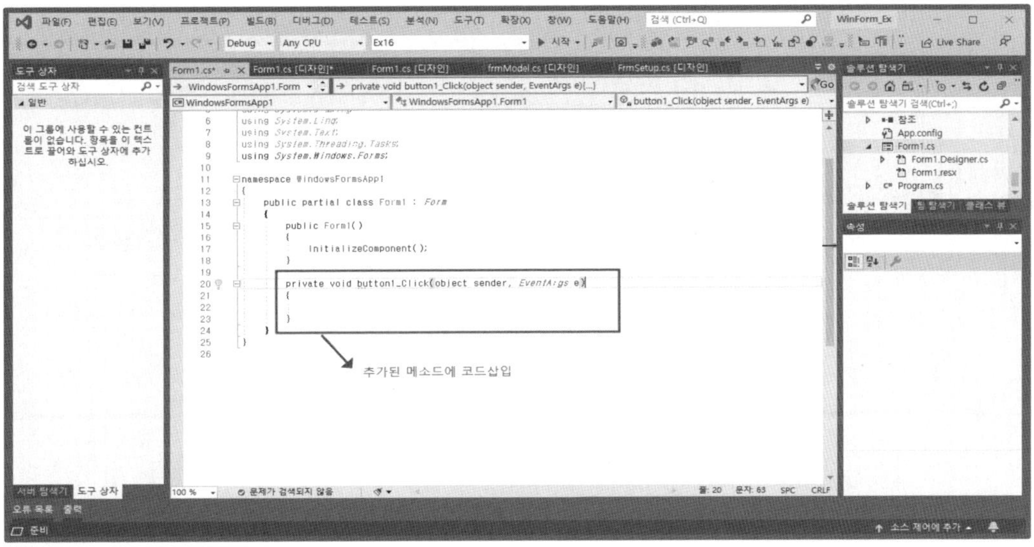

5) 프로그램 디버깅

프로그램을 컴파일 하기 위해서 솔류션 탐색기에서 프로젝트를 선택후 마우스 오른쪽 버튼을 클릭하여 팝업메뉴창을 활성화 한 후 “다시빌드” 메뉴를 클릭합니다.

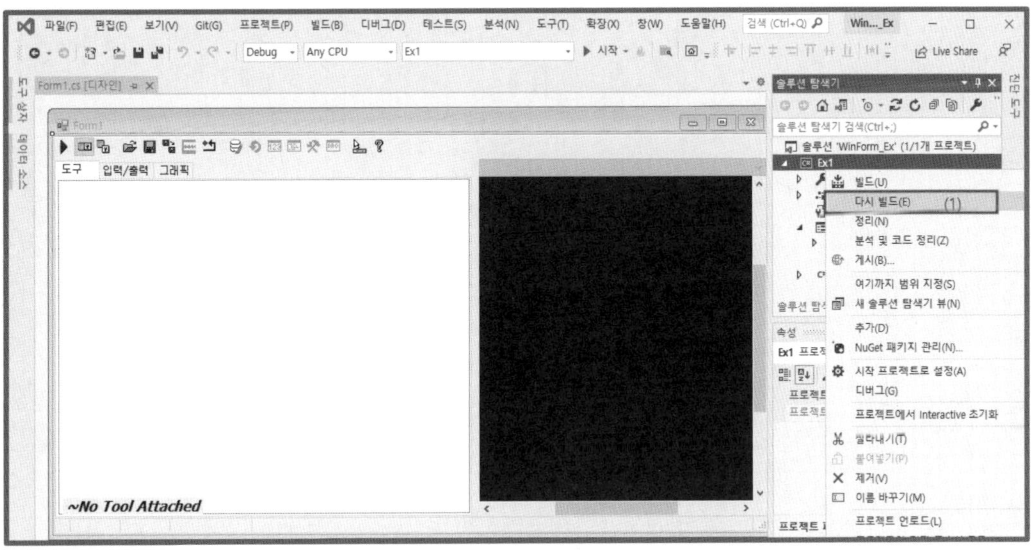

컴파일 완료 후 메뉴→디버그→디버깅시작을 클릭하거나 F5버튼을 눌러서 디버깅을 시작합니다.

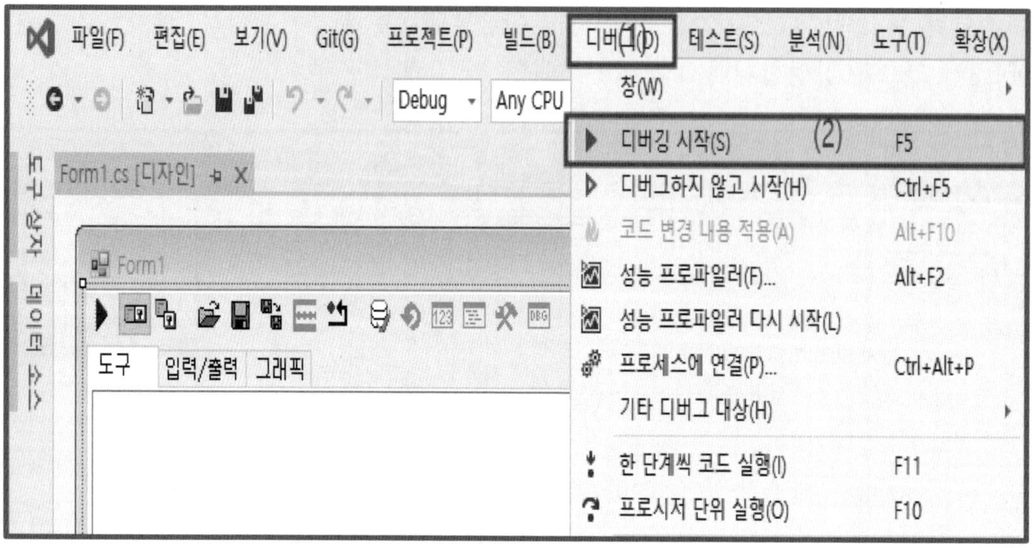
파일(F)
편집(E)
보기(V)
Git(G)
프로젝트(P)
빌드(B)
디버그(D)
(1)
테스트(S)
분석(N)
도구(T)
확장(X)
Debug
Any CPU
Form1.cs [디자인]
도구 상자
데이터 소스
Form1
도구
입력/출력
그래픽
창(W)
디버깅 시작(S)
(2)
F5
디버그하지 않고 시작(H)
Ctrl+F5
코드 변경 내용 적용(A)
Alt+F10
성능 프로파일러(F)...
Alt+F2
성능 프로파일러 다시 시작(L)
프로세스에 연결(P)...
Ctrl+Alt+P
기타 디버그 대상(H)
한 단계씩 코드 실행(I)
F11
프로시저 단위 실행(O)
F10

Ex01 ToolBlock Editor컨트롤 연동

1 개요

이번 챕터는 C# WindowsForm을 이용하여 VisionPro에서 지원하는 UI를 사용하여 비전 검사 프로그램을 만들어 보도록 하겠습니다.

2 C# WindowsForm 앱 생성

C# WindowsForm앱을 만들어 보도록 하겠습니다. 이전에 설치한 VisualStudio2019를 실행합니다. 화면 오른쪽에 코드를 사용하지 않고 계속(W) 버튼을 클릭하여 Visualstudio2019메인화면에 진입합니다.

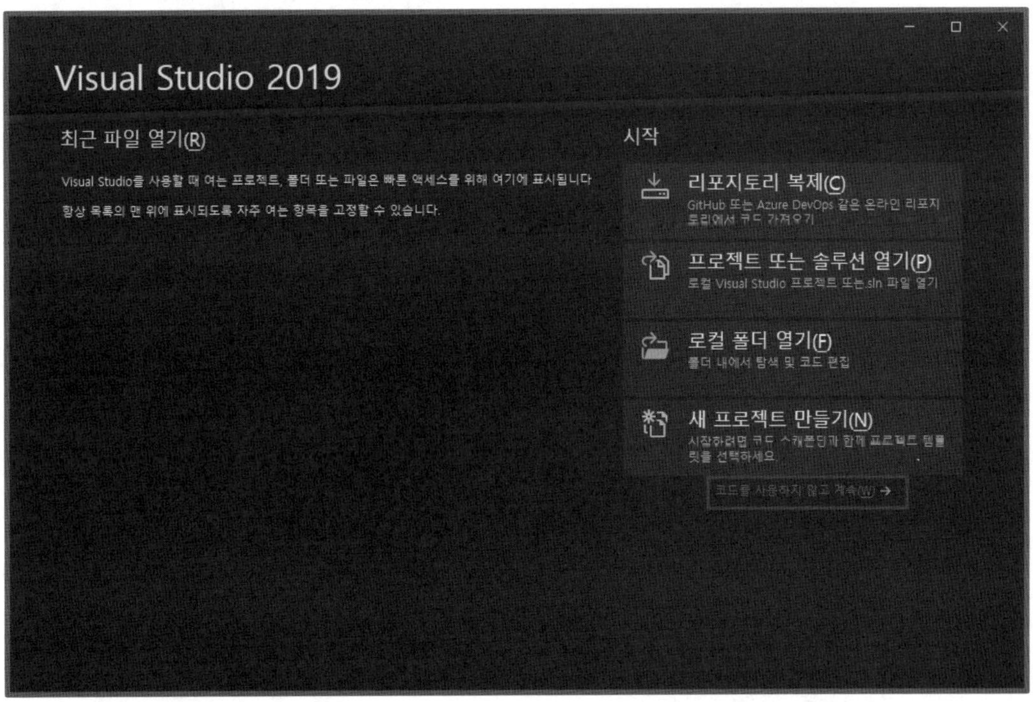

프로젝트 생성을 위해 메뉴의 파일→새로만들기→프로젝트를 클릭하여 "새프로젝트 만들기" 창에 진입합니다.

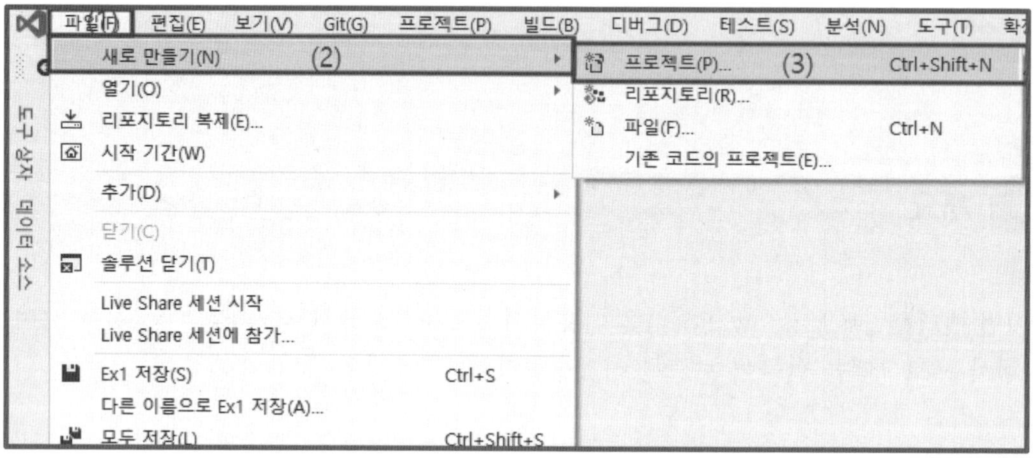

필터를 언어를 "C#", 플래폼을 "Windows", 프로젝트형식을 "데스크톱"으로 선택합니다.

필터링된 목록중 Windows Forms앱(.Net Framework)항목을 클릭후 다음버튼을 클릭합니다.

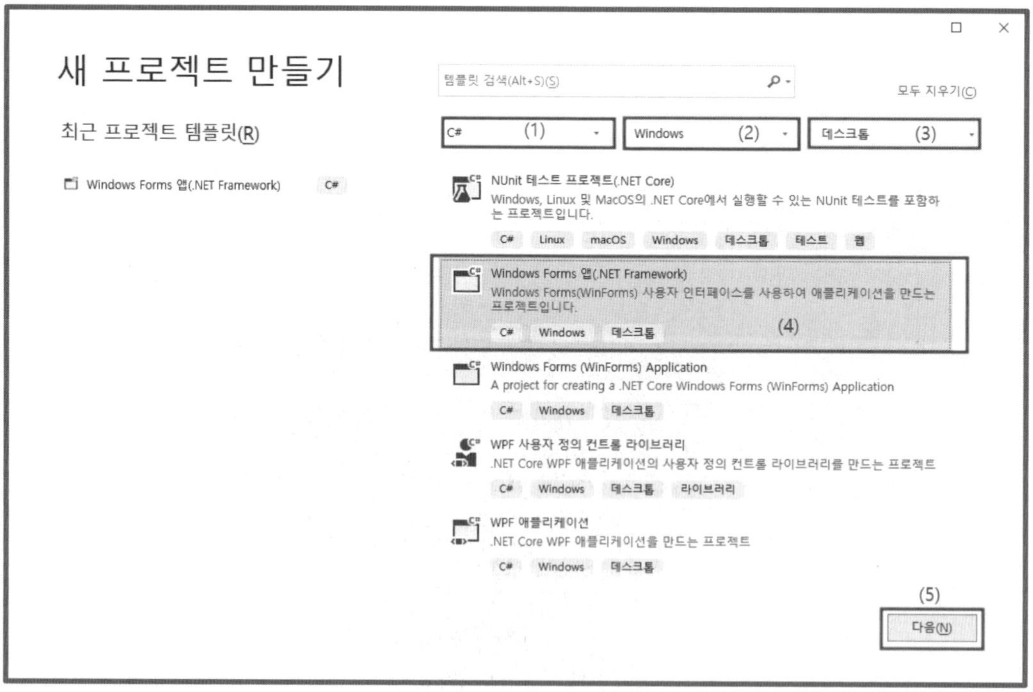

프로젝트를 관리할 폴더위치를 설정하고 솔루션이름은"Ex" 프로젝트이름은"Ex1"을 입력후 만들기 버튼을 클릭합니다.

솔류션 이름은 전체 프로제트그룹의 이름이고 프로젝트이름을 실행파일이 만들어지는 프로젝트의 이름을 이야기 합니다. 프레임워크는 사용할 .NetFrameWork 버전을 나타내며 최소 4.7.2버전을 사용해야 합니다.

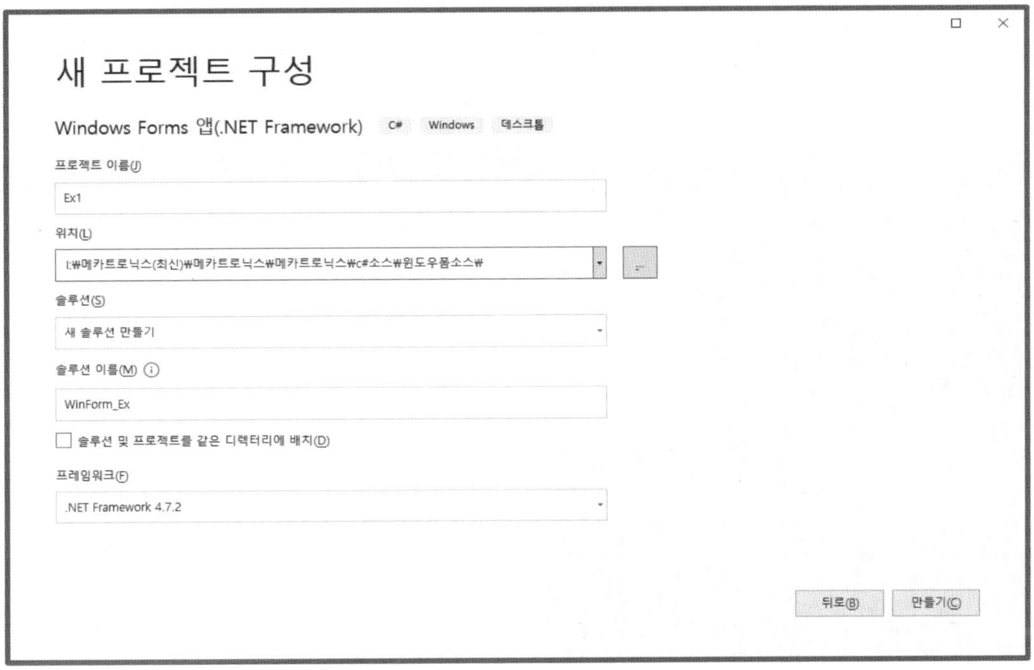

만들기버튼 클릭후 다음과 같이 폼 프로젝트가 생성되었습니다. 우리는 앞으로 해당 폼에 도구를 배치후 작동내용을 프로그램 하여 동작하도록 하겠습니다.

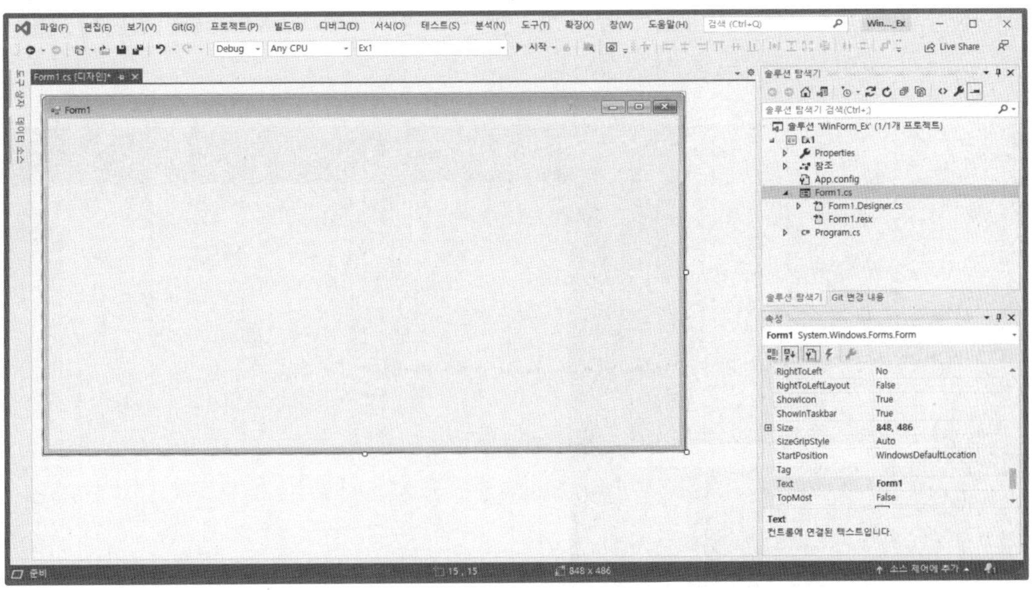

3 도구상자에 COGNEX비전도구 추가

다음은 Cognex비전도구를 사용하기 위해 도구상자에 비전도구를 추가해 보겠습니다. 먼저 추가될 도구상자 그룹을 만들기 위해 마우스오른쪽 버튼을 클릭하여 팝업메뉴를 활성화한 후 탭추가 버튼을 누릅니다.

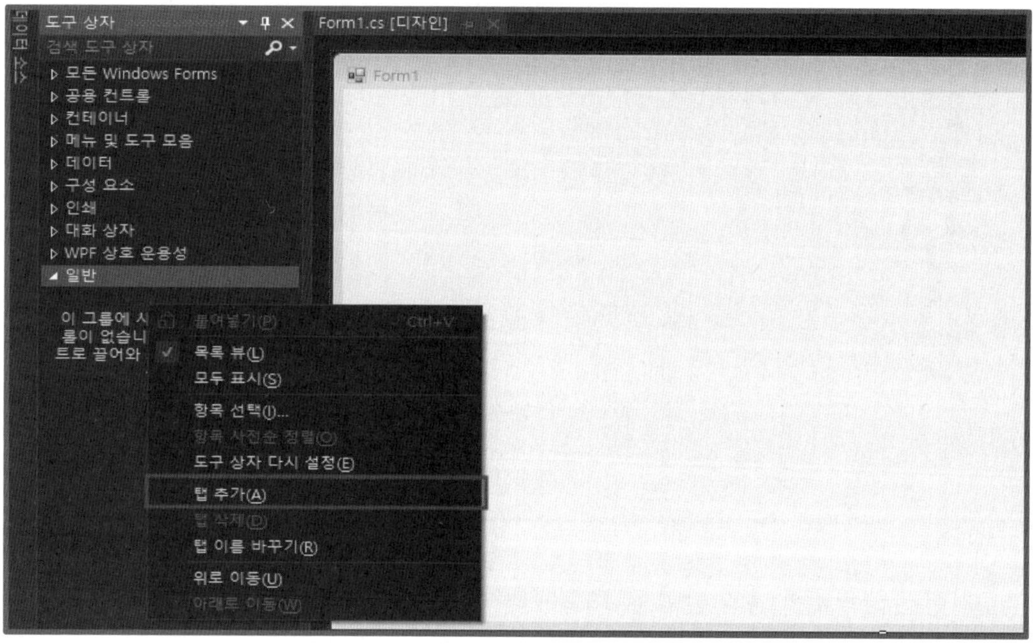

도구상자의 이름을 지정 후 엔터버튼을 누르면 새로운 도구 그룹이 만들어집니다. 여기서는 Cognex라고 이름 붙이도록 하겠습니다.

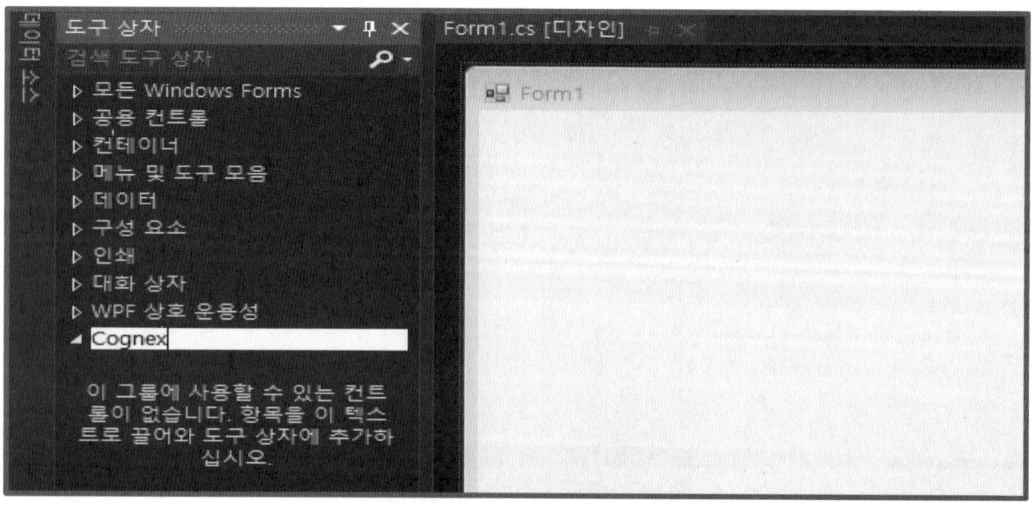

다음은 도구 항목을 추가해보도록 하겠습니다. 도구상자 창에서 추가한 도구 그룹을 선택 후 마우스 오른쪽 버튼을 클릭하여 팝업을 활성화한 후 항목선택을 클릭합니다.

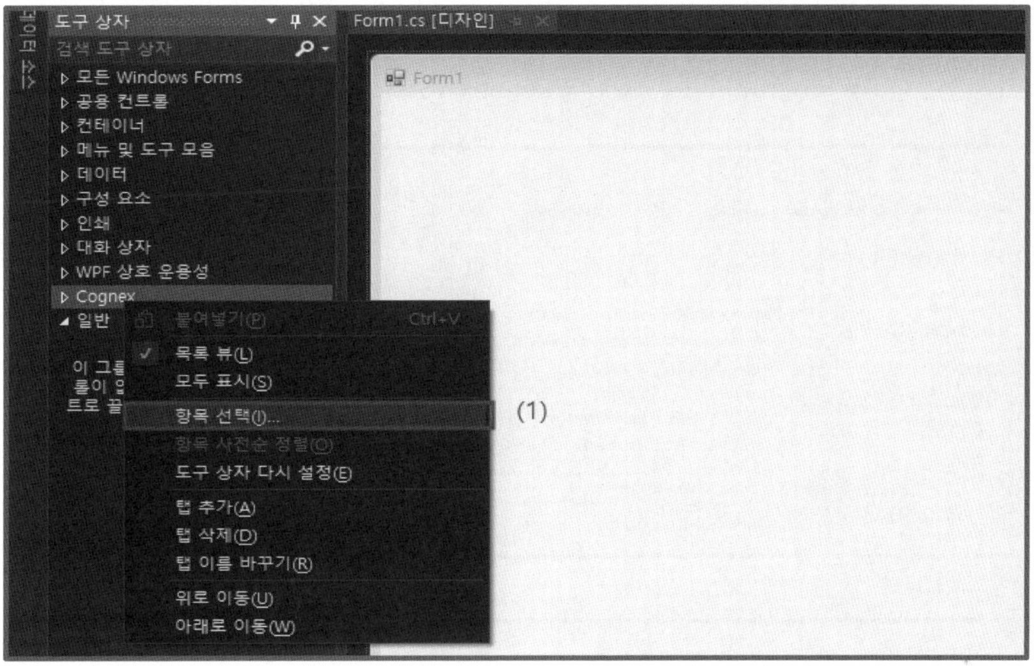

도구상자 항목선택창이 나오면 ".NetFramework"구성요소탭에서 찾아보기 버튼을 클릭합니다.

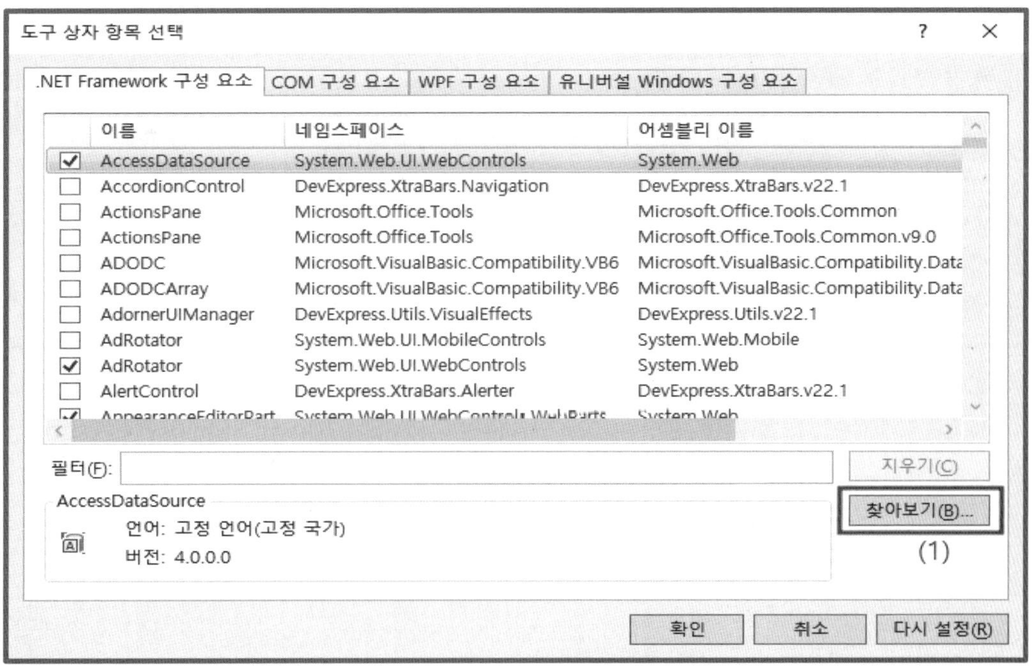

VisionPro가 설치된 32비트 프로그램 폴더로 이동하여 사용할 타입에 맞는 컨트롤DLL을 선택합니다.

해당 소스에서는 ToolBlockEdit컨트롤을 사용하기 위해 ToolGroupControls등 2가지를 추가합니다.

(기본폴더 : C:₩Program Files (x86)₩Cognex₩VisionPro₩ReferencedAssemblies)

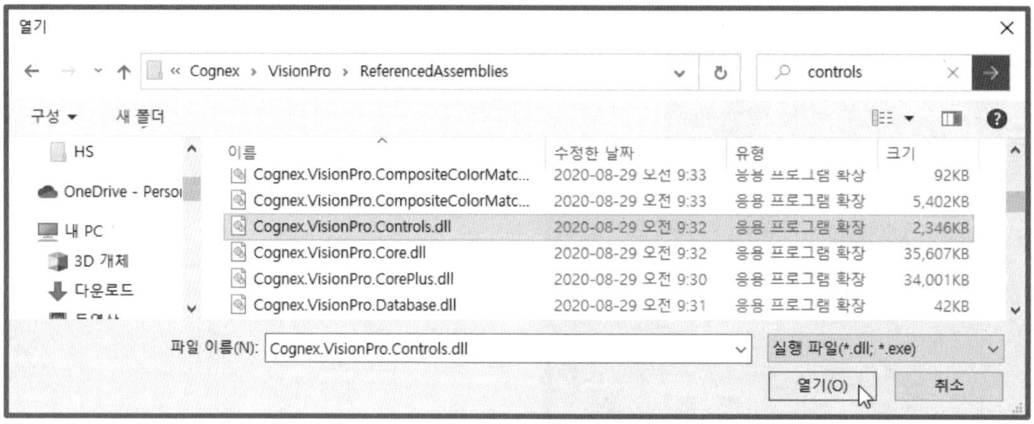

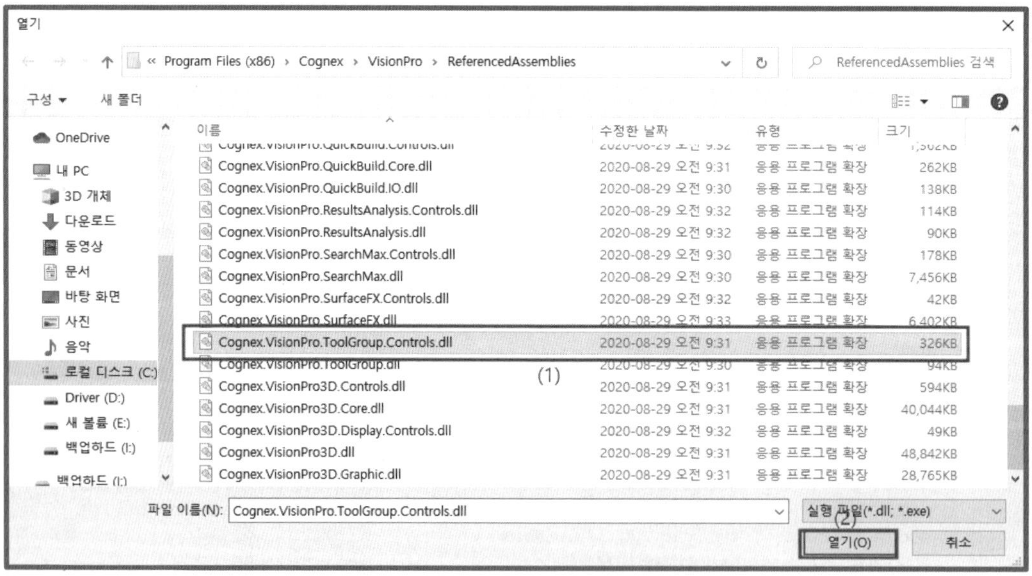

추가될 항목을 확인하고 확인버튼을 클릭하여 컨트롤을 도구상자에 추가합니다.

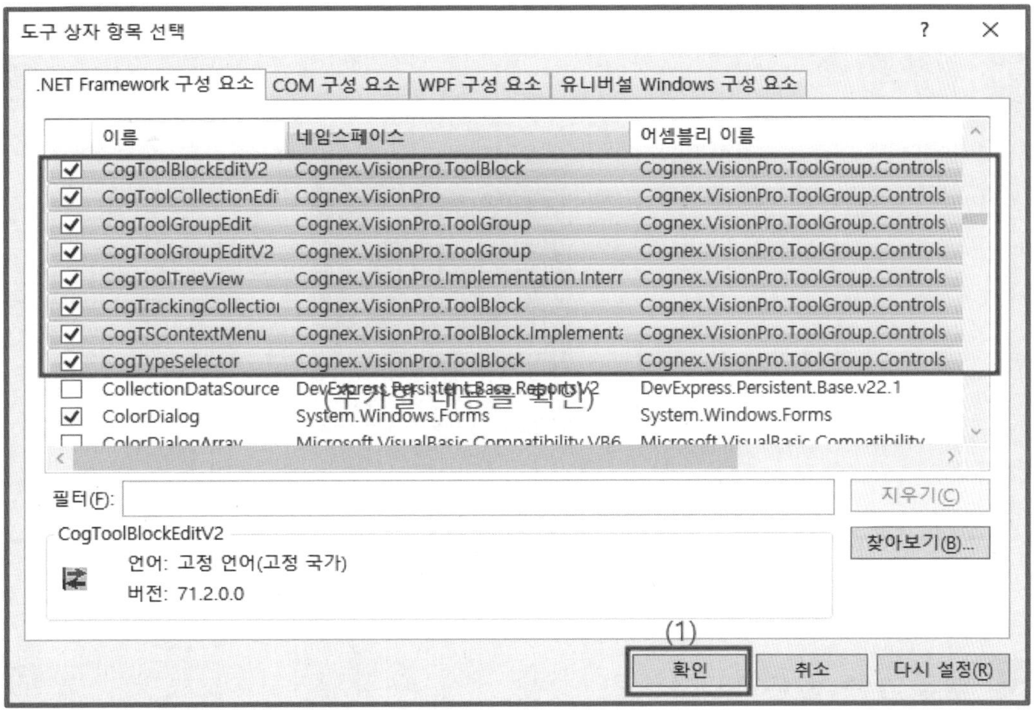

4 비전도구를 Form에 배치

추가된 항목중 "CogToolBlockEditV2"도구를 폼으로 드래그하여 배치합니다. 이후 원하는 크기로 배치합니다.

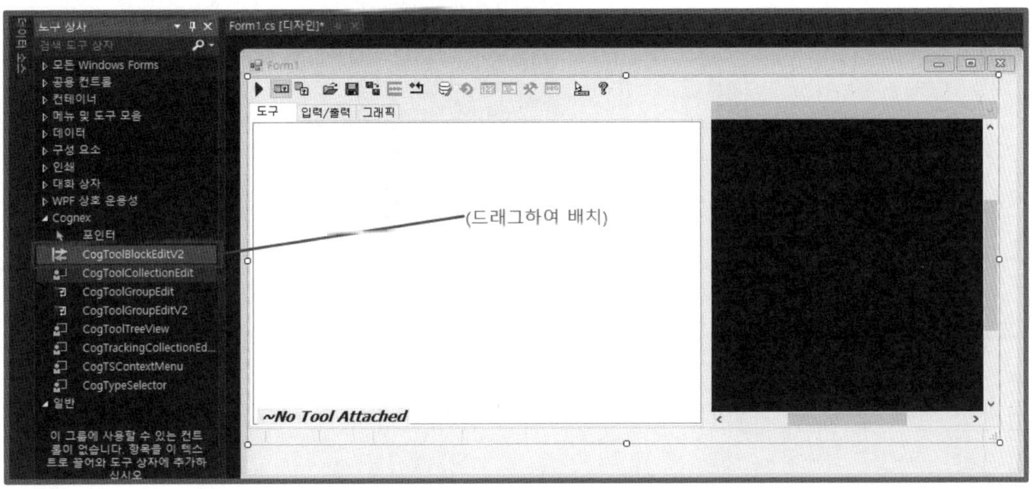

추가된 도구의 크기를 동적으로 설정하고 싶을때는 해당 컨트롤을 선택후 속성창에서 Dock항목을 Fill로 선택합니다.

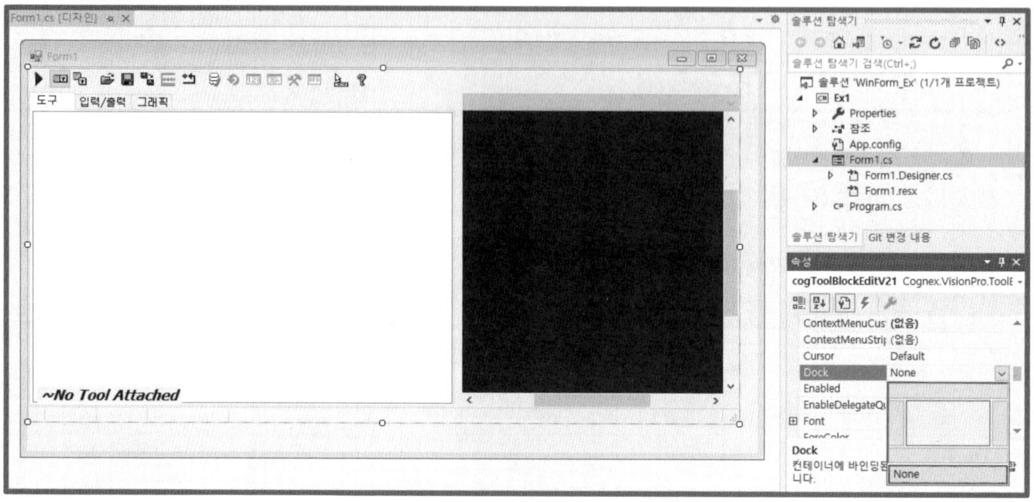

5 프로그램 빌드 및 디버깅

프로그램을 컴파일 하기 위해서 솔루션 탐색기에서 프로젝트를 선택후 마우스 오른쪽 버튼을 클릭하여 팝업메뉴창을 활성화 한 후 "다시빌드" 메뉴를 클릭합니다.

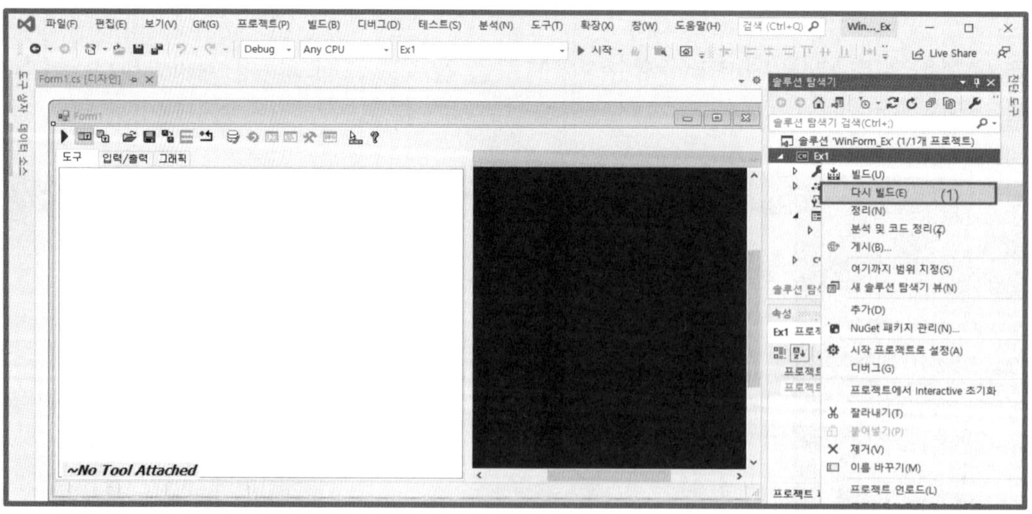

컴파일 완료 후 메뉴→디버그→디버깅시작을 클릭하거나 F5버튼을 눌러서 디버깅을 시작합니다.

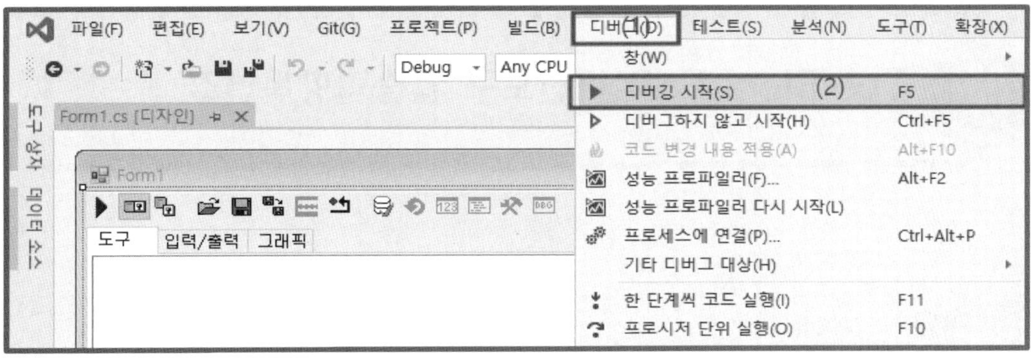

컴파일해서 실행하면 그림과 같이 프로그램이 시작됩니다.

프로그램을 종료하기 위해서는 프로그램을 종료하거나 메뉴→디버그→디버깅중지 또는 Shift+F5버튼을 클릭하여 프로그램을 종료합니다.

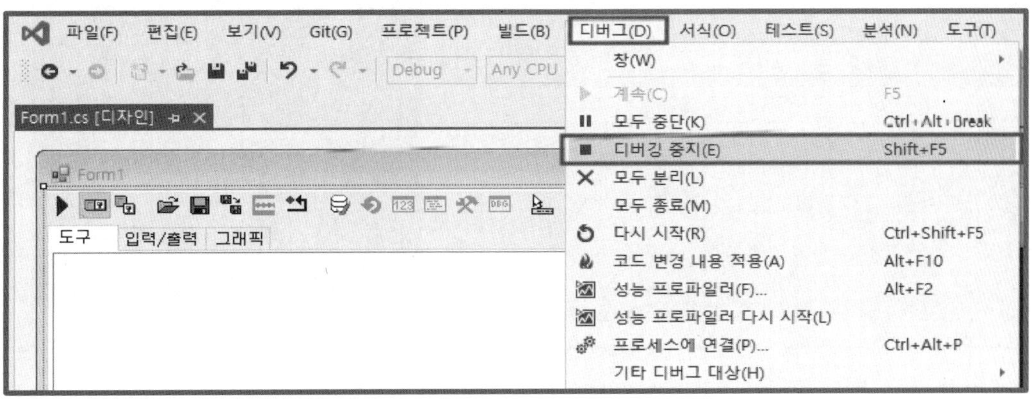

Ex 02 ToolBlockEdit 비전도구 입출력항목연결

1 개요

이번 챕터는 ToolBlock의 입출력 파라메타를 연동해 보도록 하겠습니다. 입출력파라메타는 ToolBlock을 사용하여 비전검사시 외부에서 변수, 이미지등의 입력 정보를 받아 적용하는 예제를 만들어 보도록 하겠습니다.

2 입출력 파라메타 사용법

QuickBuild 비전프로를 프로그램에서 제어할 경우 cogToolBlockEditV2 객체에 미리 작업된 프로젝트를 불러와서 단독으로 비전 검사를 수행합니다. 불러온 cogToolBlockEditV2 객체에 이미지 및 파라메타를 설정하기 위해서는 입출력 파라메타를 사용합니다. cogToolBlockEditV2 창내 "입력/출력"탭에서 입출력 파라메타를 설정할 수 있습니다.

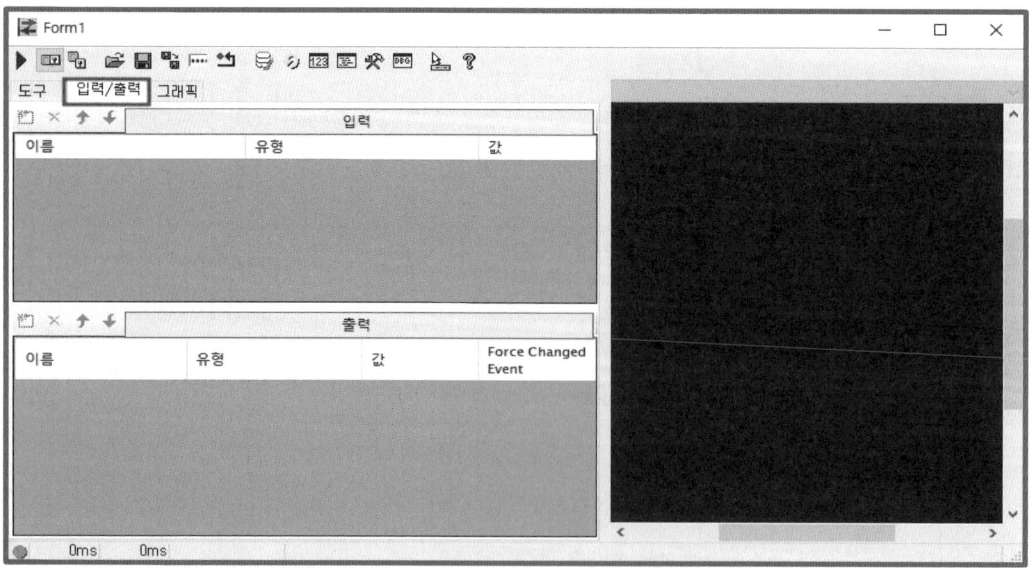

입력 파라메타는 프로그램에서 cogToolBlockEditV2로 이미지 및 숫자, 문자, 자료형을 전달합니다. 출력 파라메타는 cogToolBlockEditV2에서 검사된결과를 프로그램으로 전달합니다.

입출력 파라메타를 추가하는 방법은 좌측의 새로추가 아이콘을 클릭하고, 문자나 숫자인 값을 전달받기 위해서는 시스템 유형을 선택하고, 이미지를 전달받기 위해서는 VisionPro 유형을 선택합니다.

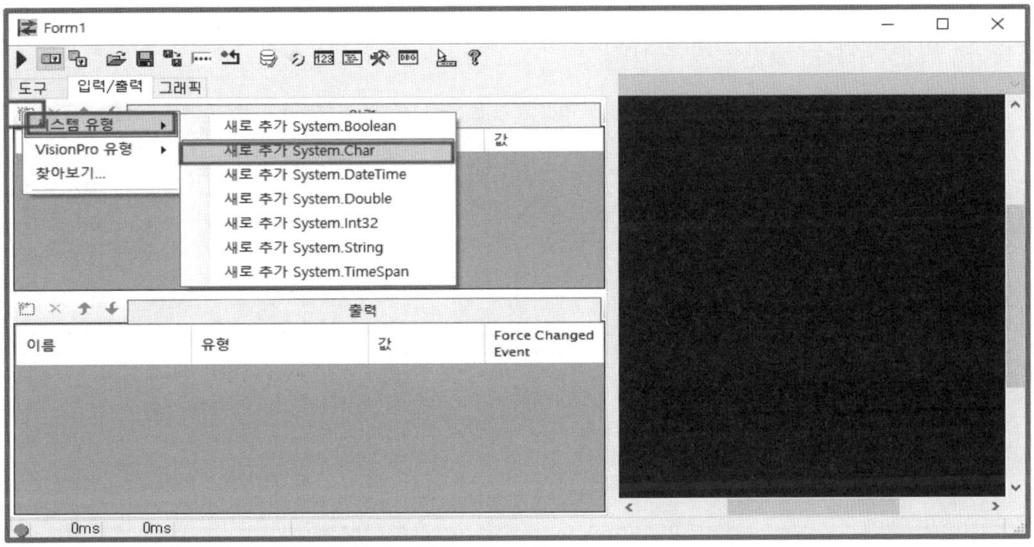

원하는 타입의 항목을 추가 후 초기값과 해당 값에 접근할 수 있는 이름을 설정합니다.

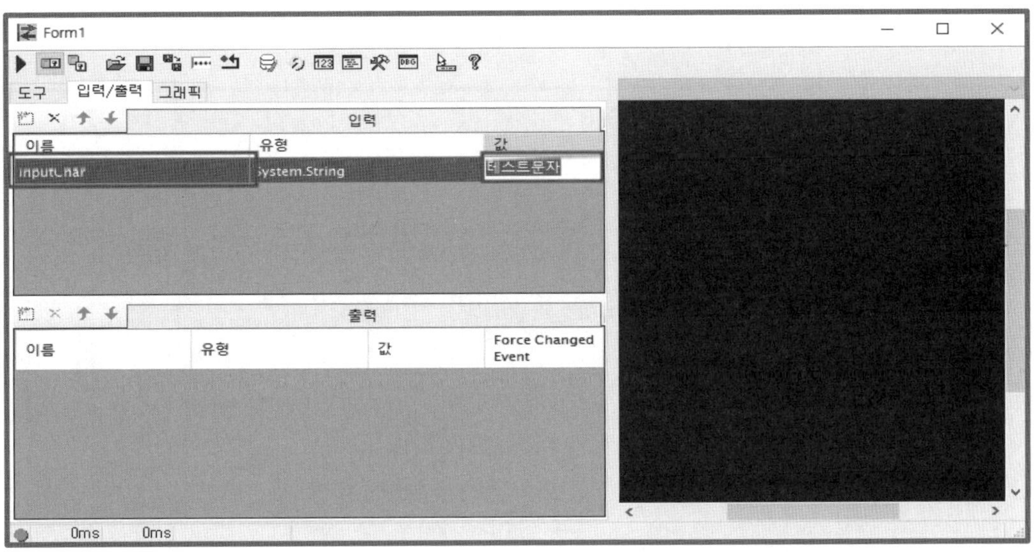

3 C# WindowsForm프로젝트에 cogToolBlockEditV2 컨트롤 추가

이번프로젝트에서는 cogToolBlockEditV2 컨트롤에 값을 확인하고 원하는 값을 설정할 수 있도록 진행해 보도록 하겠습니다.

먼저 현재 솔루션에서 새로운 프로젝트를 만들어 보겠습니다. 순서는 솔루션 탐색기창에서 현재 솔루션 이름트리를 마우스 우클릭하여 팝업을 활성화합니다. 이후 추가→새프로젝트메뉴를 선택하여 프로젝트를 만듭니다.

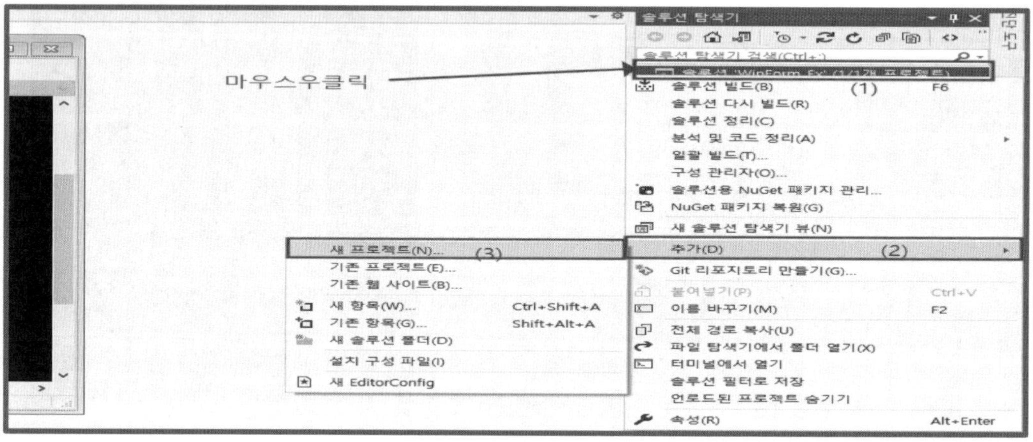

필터를 언어를 "C#", 플래폼을 "Windows", 프로젝트형식을 "데스크톱"으로 선택합니다. 필터링된 목록중 Windows Forms앱(.Net Framework)항목을 클릭후 다음버튼을 클릭합니다.

프로젝트 명은 Ex02로 입력하고 만들기 버튼을 클릭하여 프로젝트를 만듭니다.

추가된 "Ex02"프로젝트의 폼에 "CogToolBlockEditV2" 컨트롤을 배치합니다.

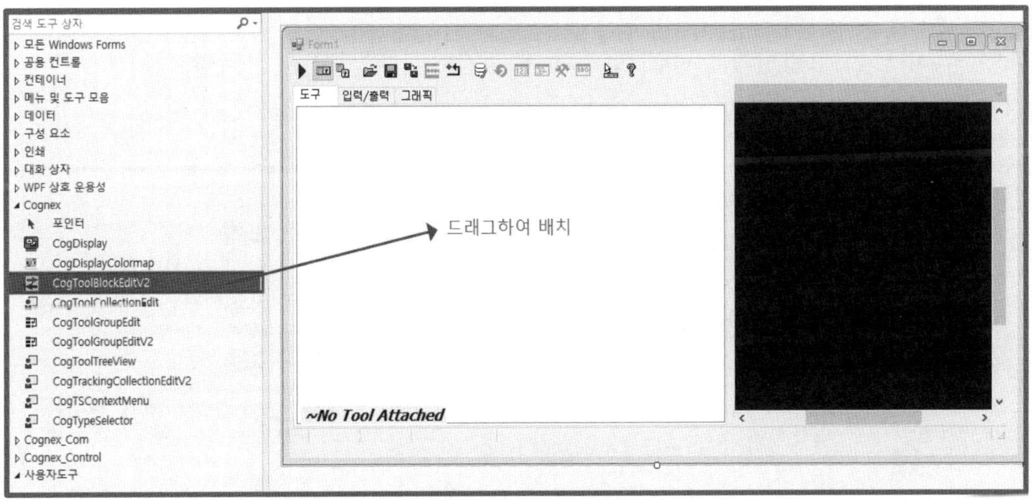

4 입출력 항목을 화면에 출력

다음은 입출력 화면을 추가해 보도록 하겠습니다. 먼저 항목을 출력하기위해 도구상자의 데이터탭 항목안에 DataGridView를 추가합니다.

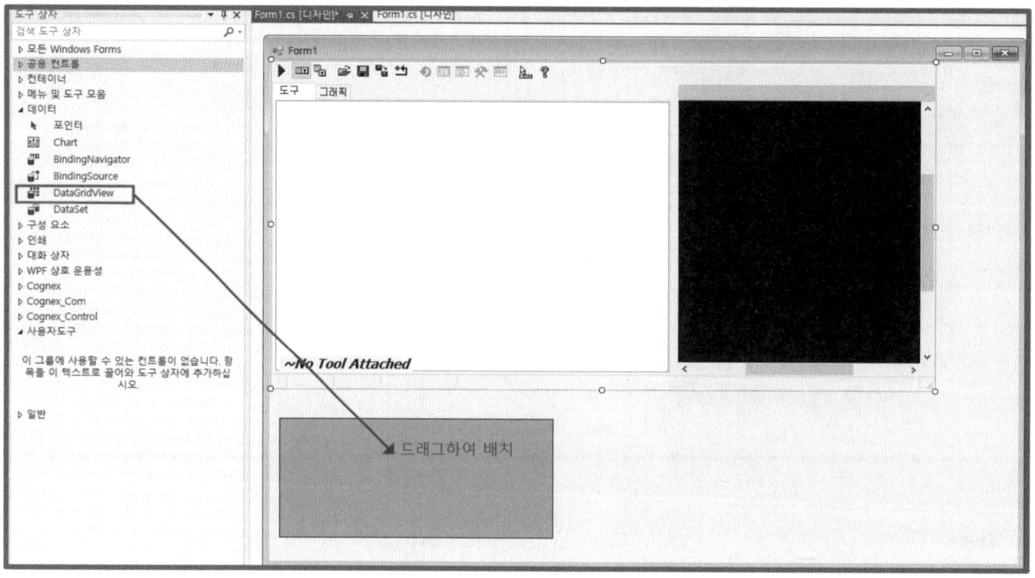

데이트그리드뷰에 열항목을 추가하기 위해 추가한 그리드뷰를 선택합니다.
열편집을 위해 속성창에 Colums 항목을 클릭하여 설정창에 들어갑니다.

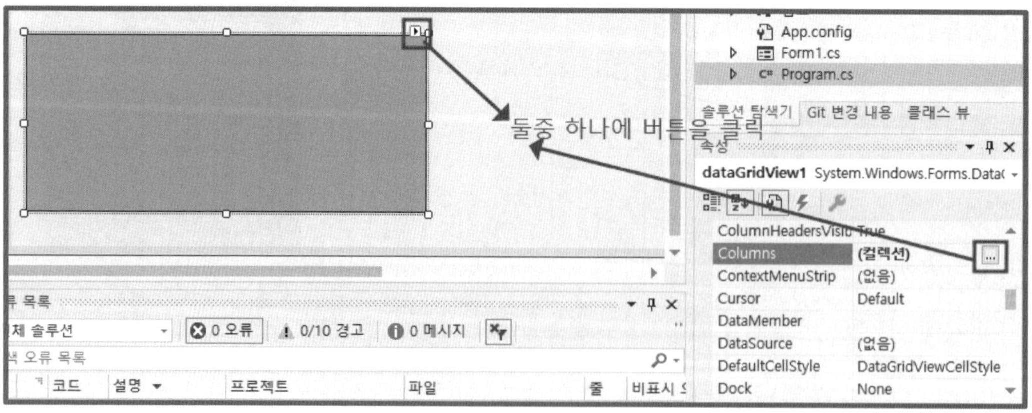

열편집 화면에 활성화되면 하단 왼쪽의 추가버튼을 클릭하여 열추가창이 활성화되면 머리글을 입력후 추가 버튼을 클릭합니다. 추가할 열은 항목, 타입, 데이터 3개입니다.

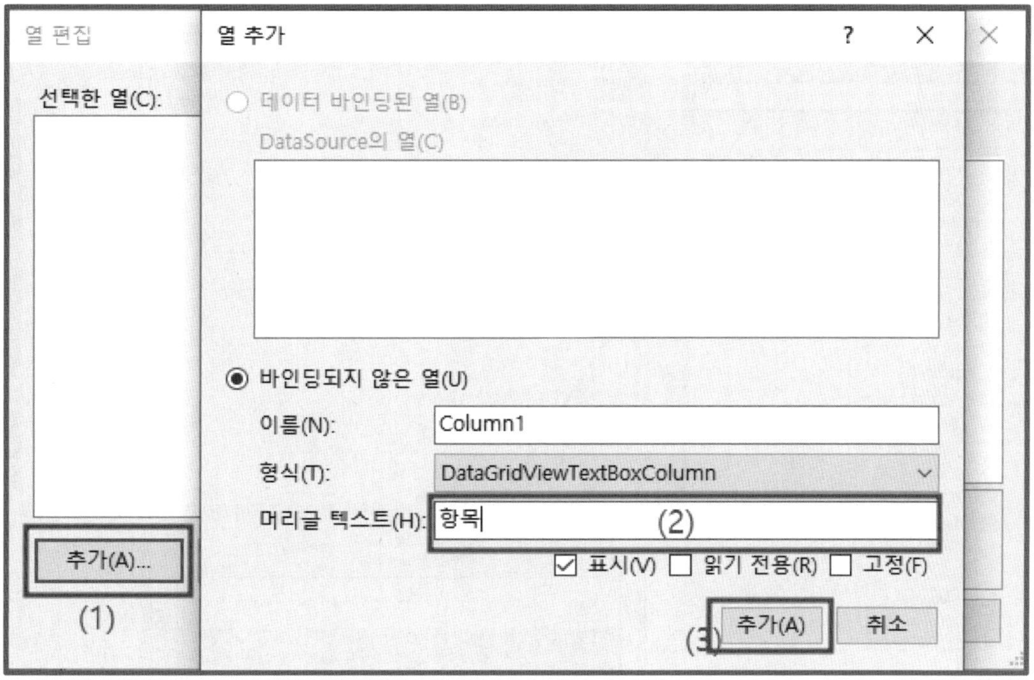

컨트롤 배치 후 열의 넓이를 지정하고 싶을 때는 열 항목을 선택 후 열속성중 레이아웃→ Width의 크기를 조정하여 원하는 크기로 배치합니다.

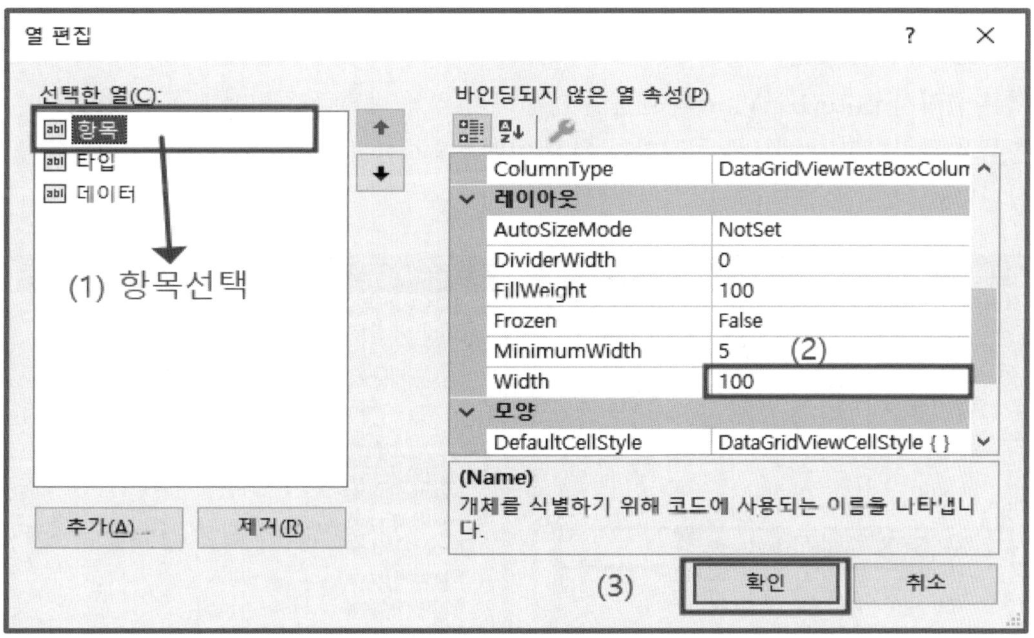

도구창의 항목을 갱신할 수 있도록 버튼을 만들겠습니다. 도구상자의 공용 컨트롤→ Button을 화면에 추가하고 적절한 크기로 조정합니다.

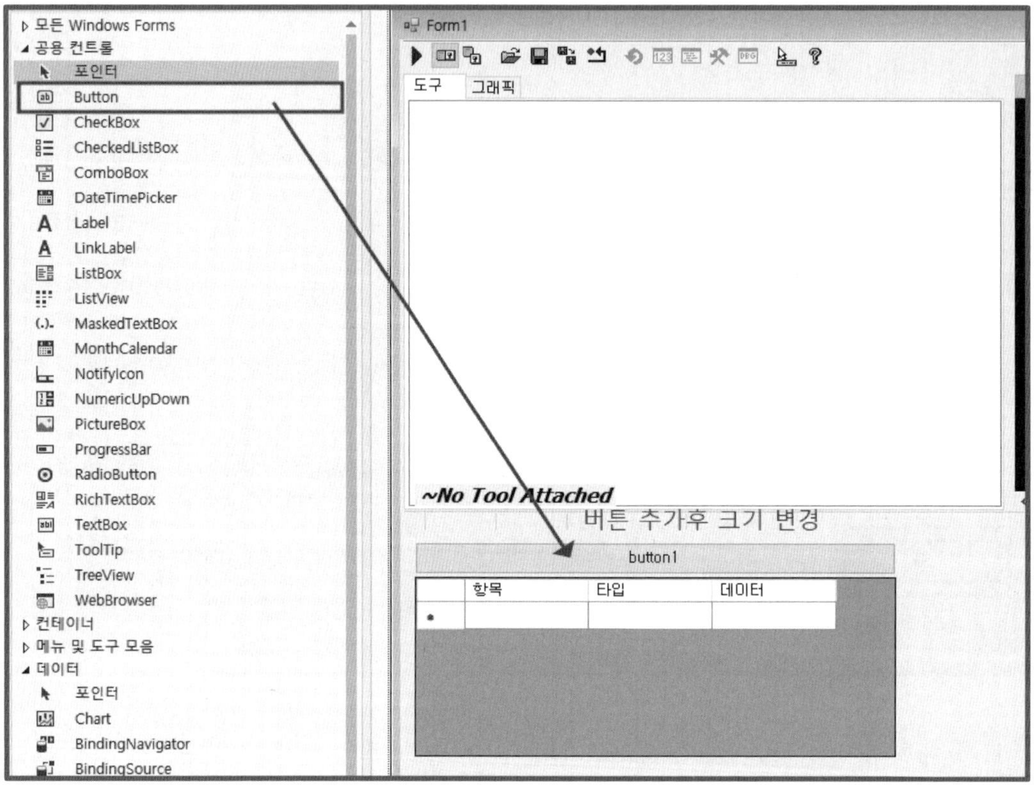

버튼 컨트롤이 선택된 상태에서 속성창의 속성항목을 클릭하고 Text항목 선택 후 이름을 “입력요소 갱신”으로 변경합니다.

버튼 클릭시 DataGridView의 내용을 갱신하기 위해 버튼클릭 이벤트를 설정합니다. 속성항목을 클릭하고 이벤트를 설정하기 위해 이벤트요소를 선택후 MouseClick이벤트를 생성합니다.

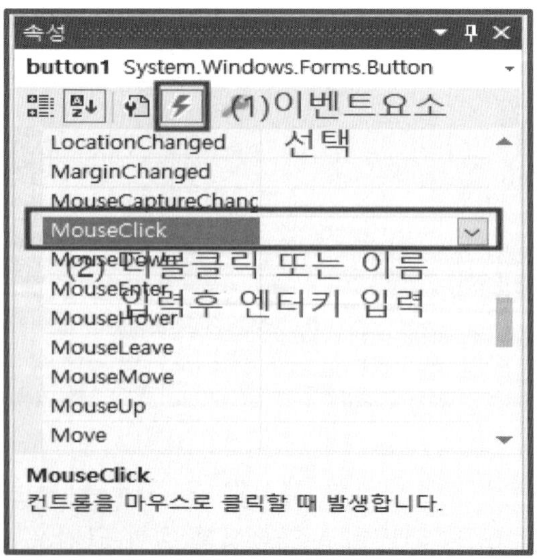

버튼 이벤트에 대한 코드가 생성되면 입력항목내용을 출력할 그리드뷰의 행을 전부 삭제후 입력항목 개수만큼 반복하며 데이터 그리드뷰의 추가합니다. 그리고 "CogToolBlockTerminal"을 사용하기 위해서는 네임스페이스 "using Cognex.VisionPro.ToolBlock;"을 추가해줘야합니다.

```
private void button1_Click(object sender, EventArgs e)
{
    // 모든항목 삭제
    dataGridView1.Rows.Clear();

    // 입력항목 갯수 확인
    int Cnt = cogToolBlockEditV21.Subject.Inputs.Count;

    // 갯수만큼 반복하여 요소를 가져온다.
    for(int Idx = 0; Idx < Cnt; ++Idx)
    {
        CogToolBlockTerminal Temp = cogToolBlockEditV21.Subject.Inputs[Idx];

        dataGridView1.Rows.Add(
            Temp.Name, Temp.ValueType.ToString(),
            (Temp.Value != null) ? Temp.Value.ToString() : "");
    }

}
```

출력항목을 확인하기 화면과 같이 DataGridView와 버튼을 추가하고 버튼 클릭이벤트를 만듭니다.

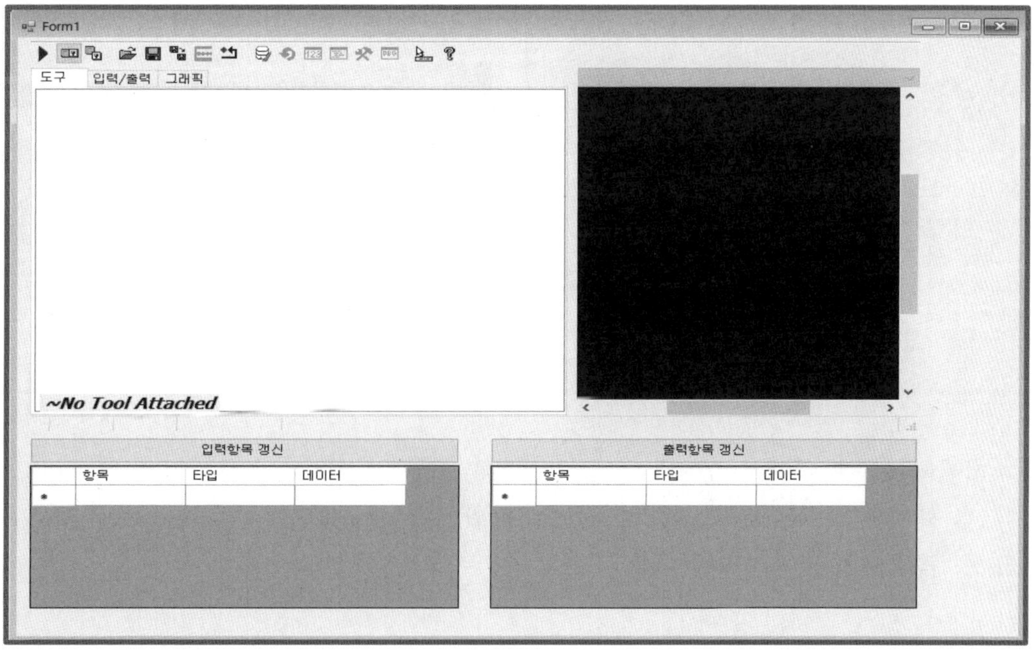

클릭이벤트 코드에 다음과 같이 출력항목의 개수를 확인하고 개수만큼 반복하여 요소를 출력할 수 있도록 합니다.

```
private void button2_Click(object sender, EventArgs e)
{
    // 모든항목 삭제
    dataGridView2.Rows.Clear();

    // 출력항목 갯수 확인
    int Cnt = cogToolBlockEditV21.Subject.Outputs.Count;

    // 갯수만큼 반복하여 요소를 가져온다.
    for (int Idx = 0; Idx < Cnt; ++Idx)
    {
        CogToolBlockTerminal Temp = cogToolBlockEditV21.Subject.Outputs[Idx];

        dataGridView2.Rows.Add(
            Temp.Name, Temp.ValueType.ToString(),
            (Temp.Value != null) ? Temp.Value.ToString() : "");
    }
}
```

다음은 사용할 ToolBlock의 입력항목을 설정할 수 있도록 입력 DataGridView에 셀 더블클릭 이벤트를 추가합니다.

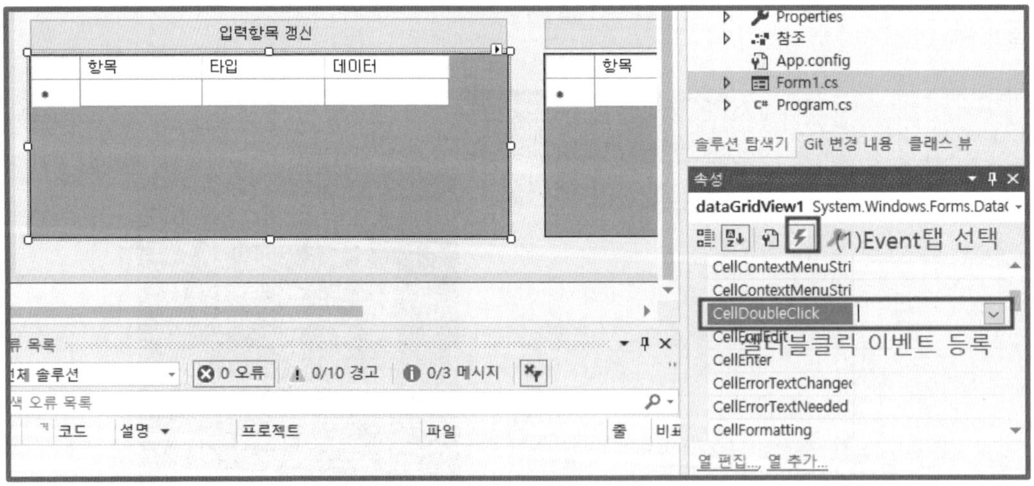

C# 데이터형을 입력할 수 있도록 폼을 만들도록 하겠습니다. 솔루션 탐색기에서 현재 프로젝트를 클릭하고 마우스 오른쪽 버튼을 눌러 팝업을 활성화한 후 추가→양식(Windows Form)을 클릭하여 폼을 추가합니다.

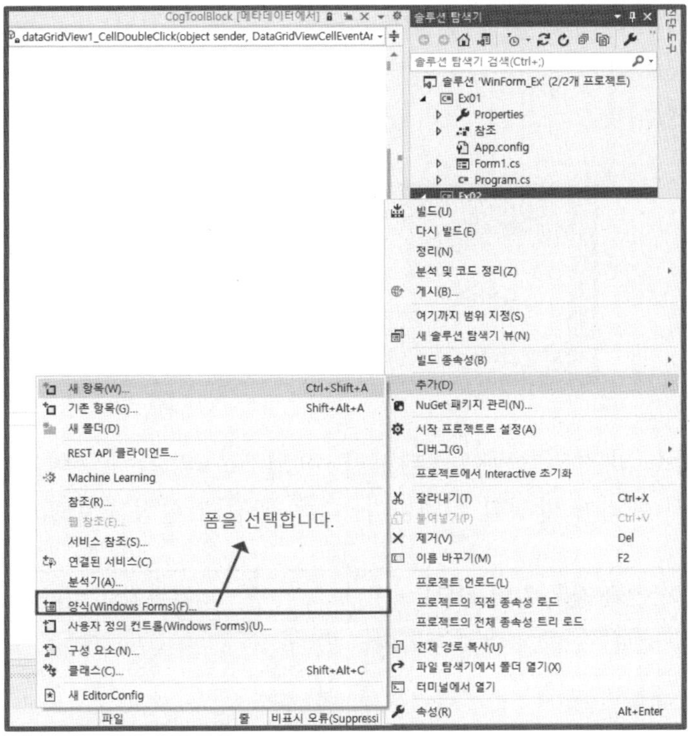

새항목 추가 창이 활성화되면 양식(Form)을 선택 후 이름을 "frmInput"으로 설정하고 추가버튼을 클릭합니다.

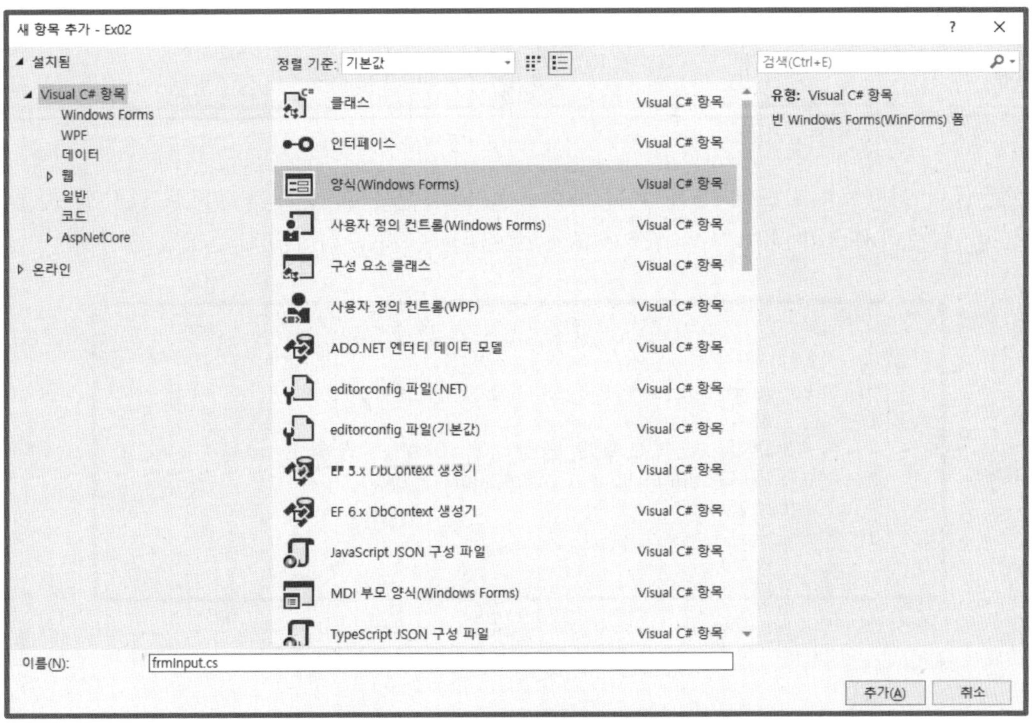

생성된 폼을 선택하고 폼을 화면과 같이 적당한 크기로 조정합니다. 라벨을 추가하고 출력텍스트를 "입력값:"으로 설정, 텍스트 박스추가, 버튼을 추가하고 텍스트를 확인, 버튼클릭 이벤트를 추가합니다.

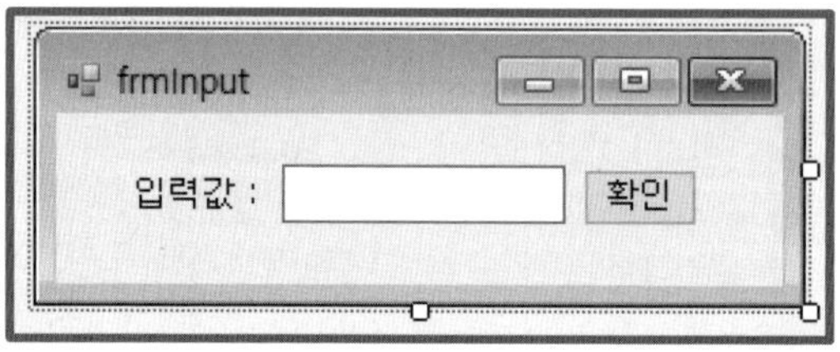

특히 "텍스트 박스"의 경우 속성에서 디자인-Modifiers의 특성 선택을 "Private"로 되어 있다면 컴파일에서 에러가 발생할 것입니다. 다음과 같이 설정을 바꿔줘야합니다.

이전(컴파일이 안될 경우 확인 필요)	이후(수정후 컴파일 재시도)
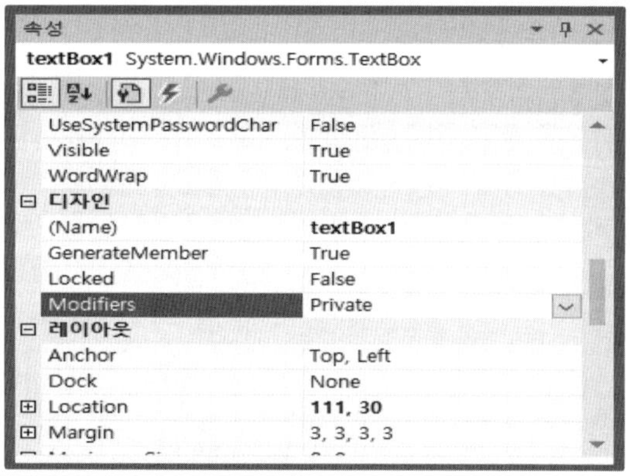	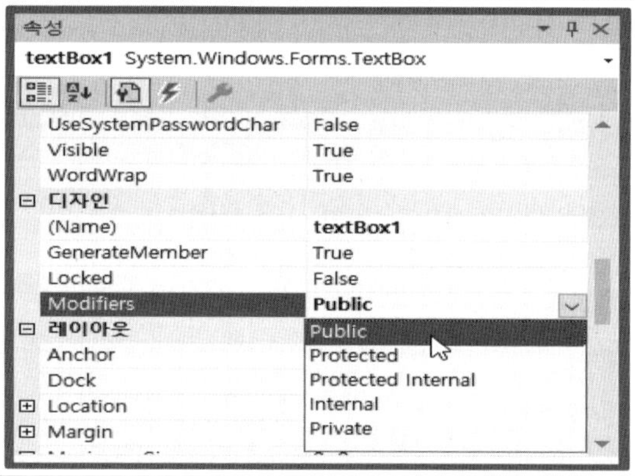

버튼클릭 이벤트메소드에 다음과 같이 버튼을 클릭했을 때 상태를 OK로 설정후 폼을 닫을수 있게 코딩합니다.

```
참조 1개
private void button1_Click(object sender, EventArgs e)
{
    // 버튼을 클릭했을때 폼상태를 OK로 변경하고 닫음
    this.DialogResult = DialogResult.OK;
    Close( );
}
```

입력항목을 출력하는 DataGridView에 항목을 더블클릭했을 때 이벤트가 발생할 수 있도록 이벤트를 등록합니다.

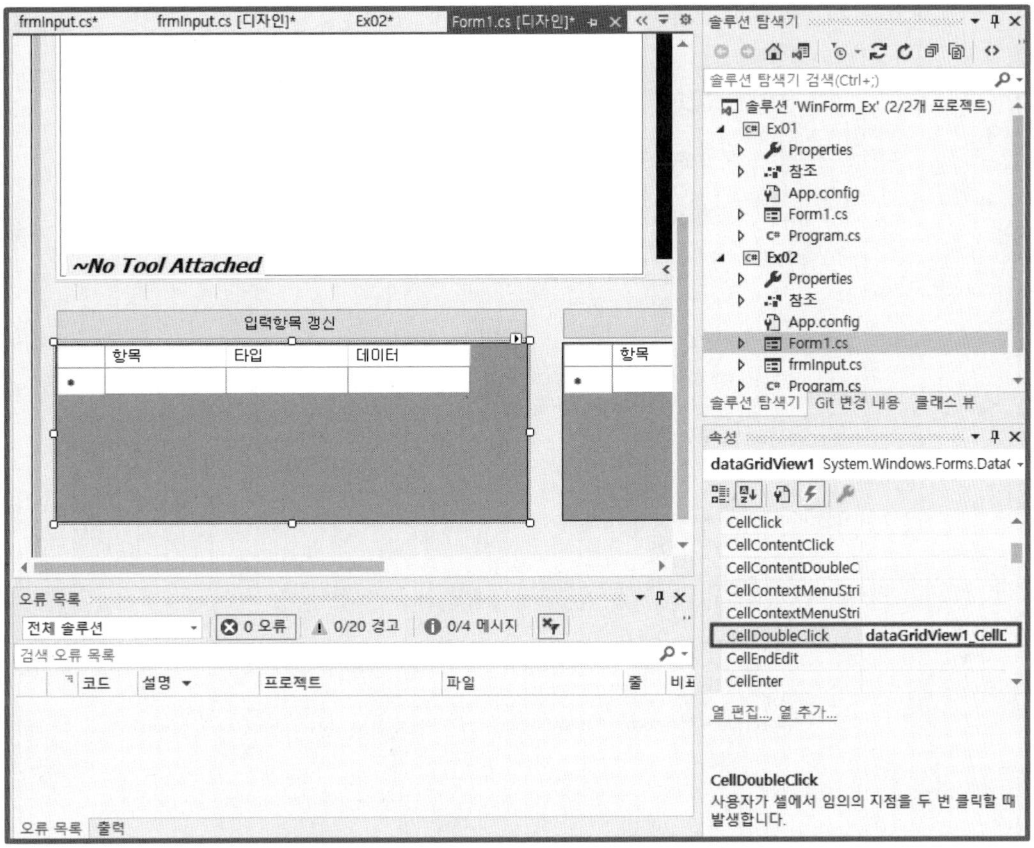

선택된 항목의 타입이 데이터형일때는 입력폼을 활성화합니다.
이미지형일때는 파일 오픈창을 열수 있도록 설정할 수 있게끔 코딩합니다.

```
private void dataGridView1_CellDoubleClick(object sender, DataGridViewCellEventArgs e)
{
    // 범위내의 항목을 선택했는지 유효성 검사
    int Idx = e.RowIndex;
    int Cnt = cogToolBlockEditV21.Subject.Inputs.Count;
    if ( Idx < Cnt )
    {
        // 항목의 객체를 얻어온다.
        CogToolBlockTerminal Temp = cogToolBlockEditV21.Subject.Inputs[Idx];

        // 타입이 시스템형일때
        if (Temp.ValueType.FullName.IndexOf("System") > -1)
        {
            frmInput DlgInput = new frmInput( );
            if (DlgInput.ShowDialog( ) == DialogResult.OK)
            {
                // 문자를 삽입한다.
                Temp.Value = DlgInput.textBox1.Text;
            }
        }
        else // 타입이 이미지 일때
        {
            // 파일 오픈다이얼로그를 생성
            OpenFileDialog ofd = new OpenFileDialog( );
            ofd.Title = "파일오픈";
            ofd.FileName = "test";
            ofd.Filter = "그림 파일 (*.jpg, *.gif, *.bmp) | *.jpg; *.gif; *.bmp; | 모든 파일 (*.*) | *.*";

            //파일 오픈창 로드
            DialogResult dr = ofd.ShowDialog( );
            if (dr == DialogResult.OK)
            {
                // 이미지포맷에 맞는 타입으로 삽입한다.
                if (Temp.ValueType.FullName.IndexOf("8Gray") > -1)
                {
                    Temp.Value = new Cognex.VisionPro.CogImage8Grey(new Bitmap(ofd.FileName));
                }
                else
                {
                    Temp.Value = new Cognex.VisionPro.CogImage24PlanarColor(new Bitmap(ofd.FileName));
                }
            }
        }
    }
}
```

5 프로그램 빌드 및 디버깅

솔류션 탐색기에서 시작 프로젝트를 Ex02로 변경하고 등록정보창의 빌드탭에서 출력위치를 공용 프로젝트 위치로 설정합니다.

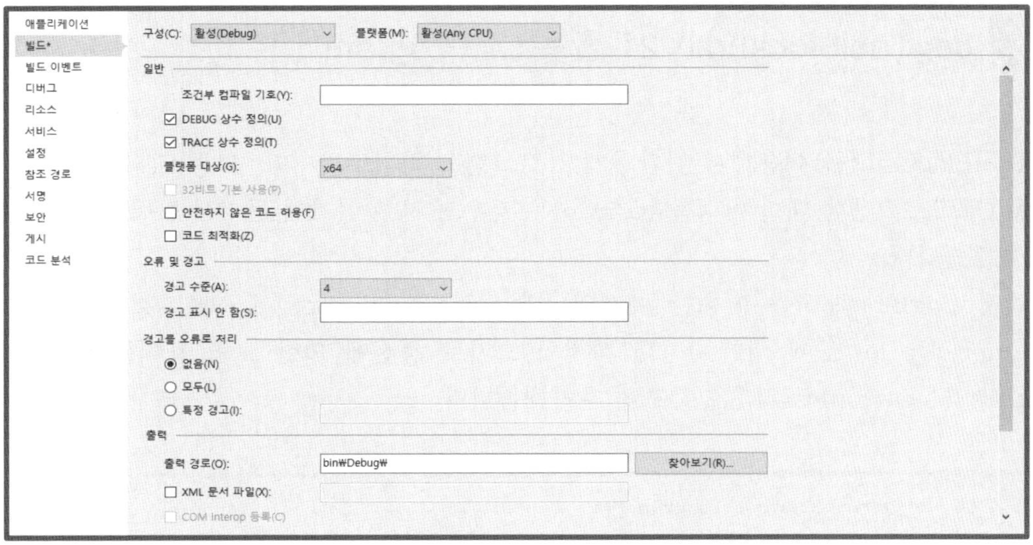

컴파일 완료 후 메뉴→디버그→디버깅시작을 클릭하거나 F5버튼을 눌러서 디버깅을 시작합니다.

DataGridView의 행을 클릭하여 입력다이얼로그에 값을 입력 후 변경됨을 확인합니다.

입력항목 추가 후 입력항목 갱신버튼을 클릭하고 항목이 갱신되는지 확인합니다.

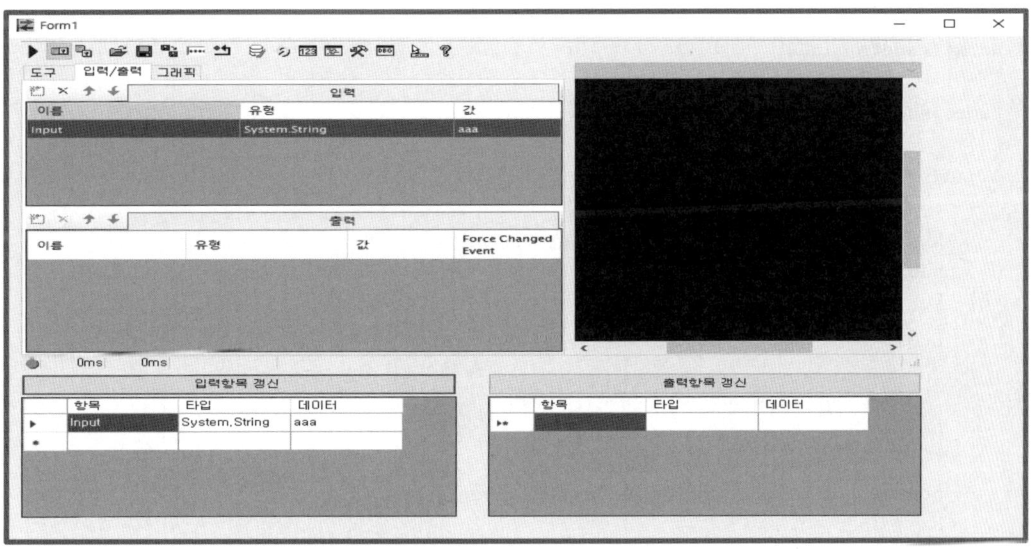

6 cogToolBlockEditV21 활용 C# Program 1

ToolBlockEdit를 이용해서 간단하게 프로그램을 하기로합니다. 보통 Script를 이용할 경우 C# 프로그램에 대한 어려움을 호소하는 경우가 자주 있기에 여기서 한번 만들어 보기로 하겠습니다.

먼저 CogBlobTool을 이용한 예제입니다. 도구는 "listBox"에 의한 결과 리스트와 "numericUpDown"에 의한 0~255까지의 크기로 통신에 의한 조명 제어를 다룹니다. "using IMecatronicsDll;"은 참조에 추가해줍니다.

```
// C#  조명 제어 및 BlobTool  Program 전체

using System;
using System.Collections.Generic;
using System.ComponentModel;
using System.Data;
using System.Drawing;
using System.Linq;
using System.Text;
using System.Threading.Tasks;
using System.Windows.Forms;
using IMecatronicsDll;

namespace EX_1107_01
{
    public partial class Form1 : Form
    {
        LightControl pLightControl = new LightControl();
        public Form1()
        {
            InitializeComponent();

            pLightControl.Connected("COM4", 9600);
        }

        private void button1_Click(object sender, EventArgs e)
        {
            int Cnt = cogToolBlockEditV21.Subject.Outputs.Count;

            listBox1.Items.Clear();

            for(int Idx=0; Idx<Cnt; ++Idx)
            {
                string stmp = string.Format("{0} {1}",
                            cogToolBlockEditV21.Subject.Outputs[Idx].Name,
```

```
                    cogToolBlockEditV21.Subject.Outputs[Idx].Value.ToString());

                listBox1.Items.Add(stmp);
            }
        }

        private void numericUpDown1_ValueChanged(object sender, EventArgs e)
        {
            pLightControl.SetLightValue(0, (int)numericUpDown1.Value);
        }

        private void numericUpDown2_ValueChanged(object sender, EventArgs e)
        {
            pLightControl.SetLightValue(1, (int)numericUpDown2.Value);
        }

        private void button2_Click(object sender, EventArgs e)
        {
            cogToolBlockEditV21.Subject.Run();

            Double Value =
              Convert.ToDouble(cogToolBlockEditV21.Subject.Outputs["Count"].Value.ToString());

            if (Value > 1)
            {
                listBox1.Items.Add(Value);
            }
            else listBox1.Items.Add(Value + 5);
        }
    }
}
```

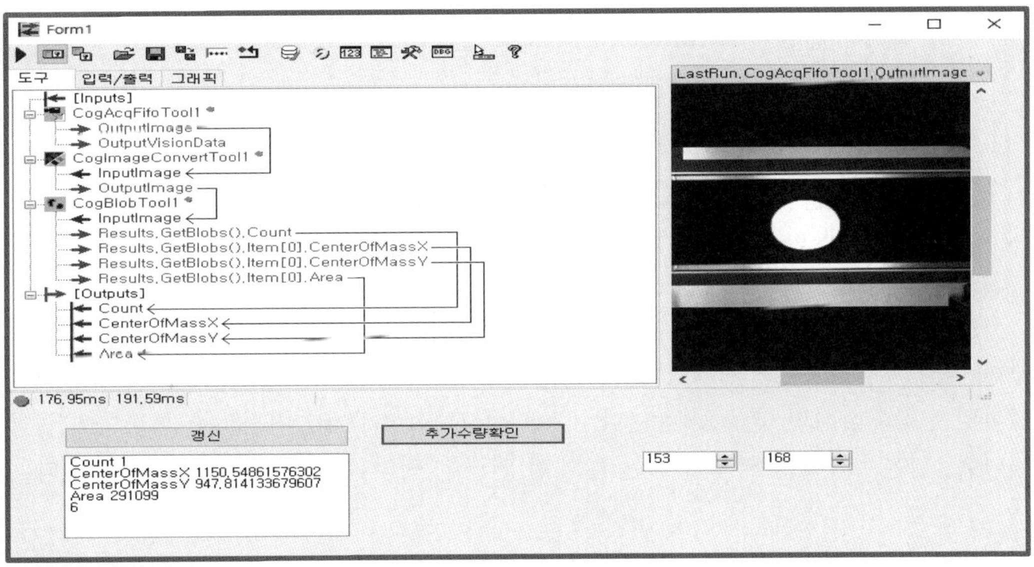

7 cogToolBlockEditV21 활용 C# Program 2

ToolBlockEdit를 이용해서 2번째 프로그램을 간단하게합니다. 비전도구 배치는 아래 사진과 같이 합니다. 추가로 "ColorMatch"를 활용해서 워크피스 Color을 분류하는 작업입니다.

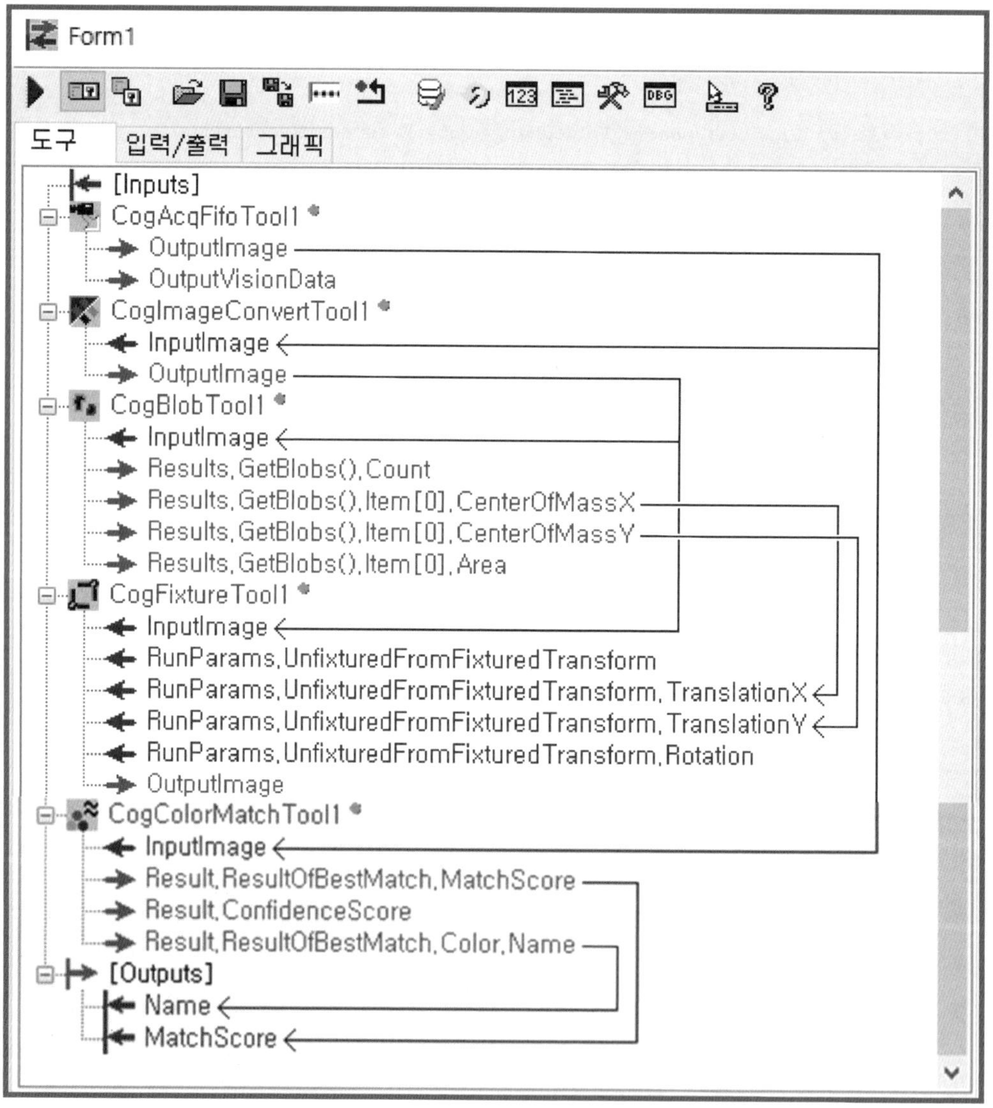

관련 작업을 위한 C# 프로그램입니다. C#에서 다루는 몇가지 편한 예제를 소개합니다. 작업하면서 참고하시면 좋을 듯 합니다. CogColorMatchTool1 비전도구 설정화면은 참고용입니다. 다른 비전도구의 설정치는 앞에서 언급한 탭터를 참고하면 좋을 듯 합니다.

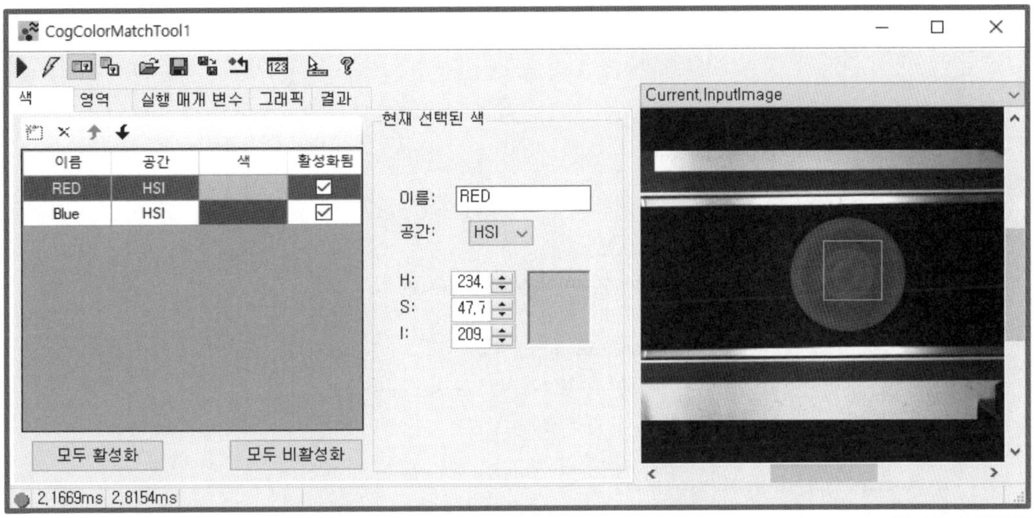

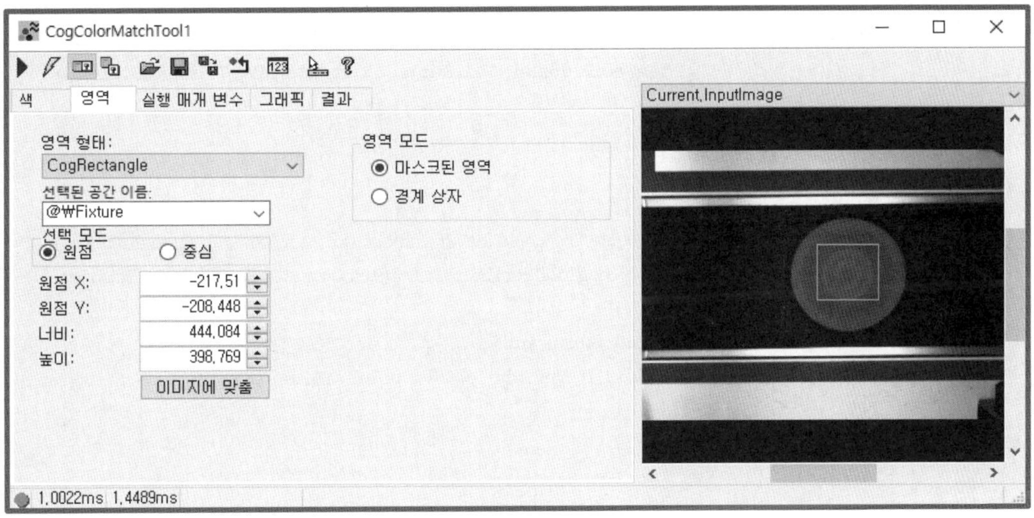


```
///C#  cogColorMatchTool 비전툴 활용 C# Program

using System;
using System.Collections.Generic;
using System.ComponentModel;
using System.Data;
using System.Drawing;
using System.Linq;
using System.Text;
using System.Threading.Tasks;
using System.Windows.Forms;

namespace EX_1107_02
{
```

```
    public partial class Form1 : Form
    {
        public Form1()
        {
            InitializeComponent();
        }

        private void button1_Click(object sender, EventArgs e)
        {
            cogToolBlockEditV21.Subject.Run();
            int Cnt = cogToolBlockEditV21.Subject.Outputs.Count;
            listBox1.Items.Clear();

            for(int Idx=0;Cnt>Idx; ++Idx)
            {
                string stmp = string.Format("{0} {1}", cogToolBlockEditV21.Subject.Outputs[Idx].Name,
                                    cogToolBlockEditV21.Subject.Outputs[Idx].Value.ToString());

                listBox1.Items.Add(stmp);
            }

        //double Value = Convert.ToDouble(cogToolBlockEditV21.Subject.Outputs["Count"].Value.ToString());
        string Cr_stmp = string.Format("{0}",cogToolBlockEditV21.Subject.Outputs["Name"].Value.ToString());

            if (Cr_stmp == "RED") listBox1.Items.Add("워크피스 Color : RED ");
            if (Cr_stmp == "Blue") listBox1.Items.Add("워크피스 Color : Blue ");
        }
    }
}
```

워크피스가 Blue Color인 결과 화면입니다.

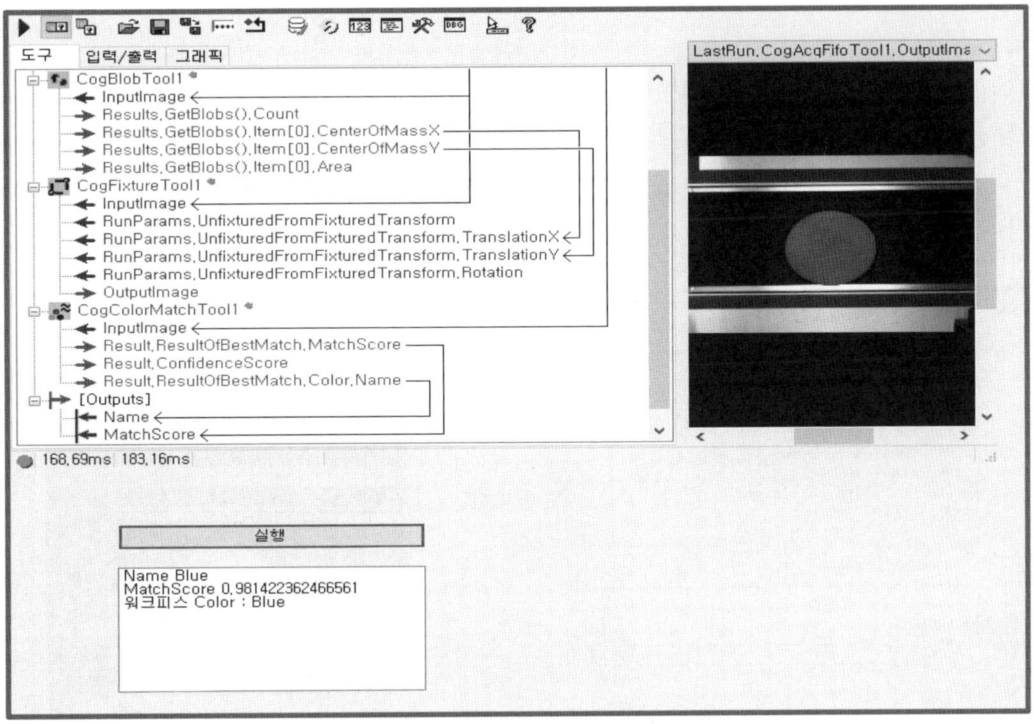

워크피스가 RED Color인 결과 화면입니다.

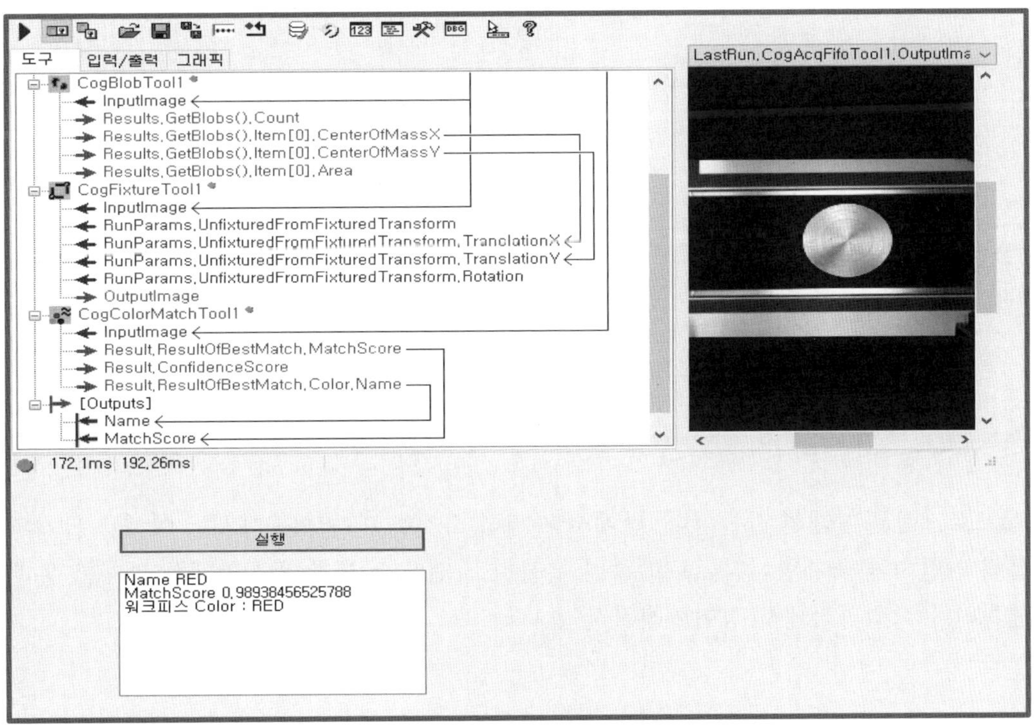

8 cogToolBlockEditV21 활용 C# Program 3

ToolBlockEdit를 이용해서 3번째 프로그램을 간단하게 소개합니다. 비전도구 배치는 아래 사진과 같이 합니다. 여기서는 "IDTool"를 활용해서 워크피스에 프린트되어 있는 Code 128의 형식인 바코드 와 데이터매트릭스 그리고 QR코드를 읽어서 데이터화 하는 작업을 소개합니다.

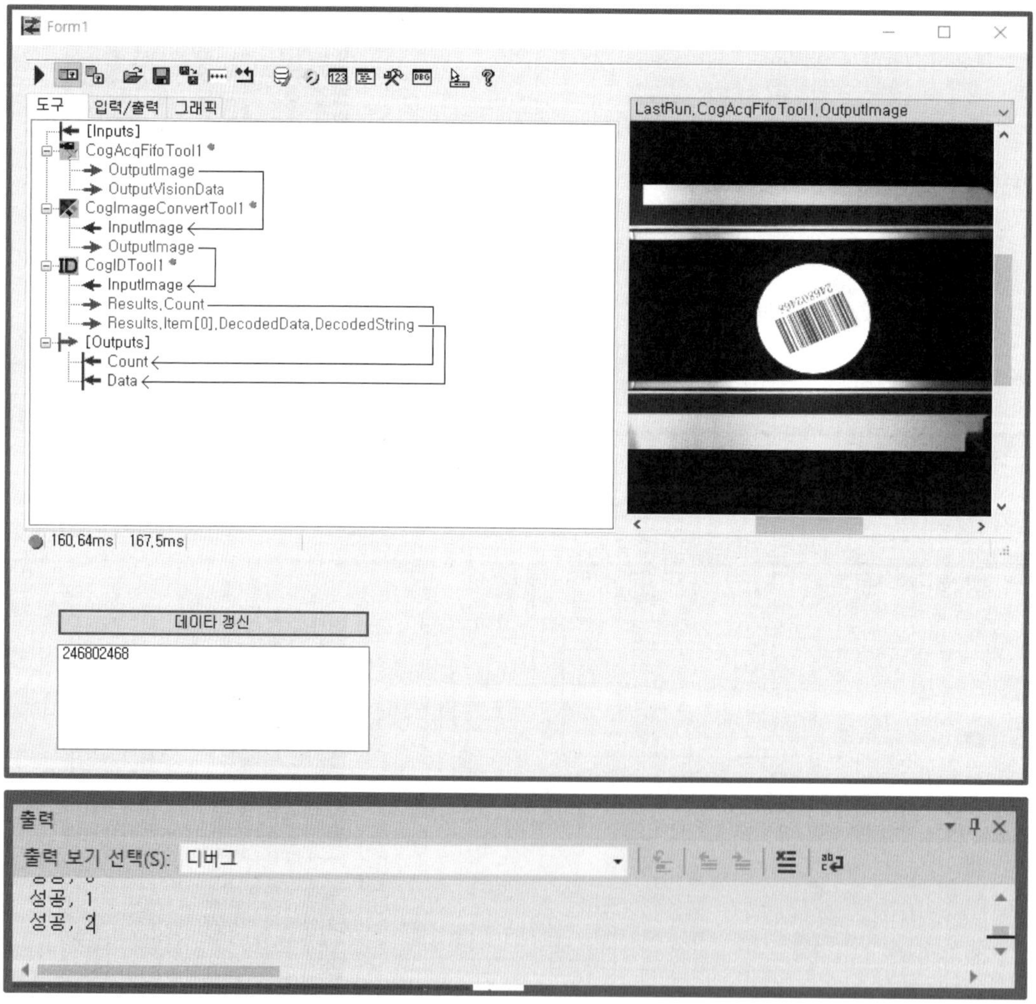

C#프로그램은 아래와 같습니다. 앞에서 자세히 소개한 만큼 이곳에서는 이해를 돕기위해 가급적 간단하게 소개합니다. 또한 좀더 복잡한 작업은 뒷부분에서 소개한 과제를 통해서 화면처리나 작업과정에서 경험하게될것입니다.

```
namespace IDTOOLC__1117_01
{
    참조 3개
    public partial class Form1 : Form
    {
        int i = 0;
        참조 1개
        public Form1()
        {
            InitializeComponent();
        }

        참조 1개
        private void button1_Click(object sender, EventArgs e)
        {
            cogToolBlockEditV21.Subject.Run();

            int Cnt = cogToolBlockEditV21.Subject.Outputs.Count;

            listBox1.Items.Clear();

            string DValue = cogToolBlockEditV21.Subject.Outputs["Data"].Value.ToString();

            if (DValue == "246802468")
            {
                Console.WriteLine("성공, {0}", i++);
                listBox1.Items.Add(DValue);
            }
            else
            {
                Console.WriteLine("성공, {0}", i--);
                listBox1.Items.Add(DValue);
            }
        }
    }
}
```

전체 프로그램입니다.

```
using System;
using System.Collections.Generic;
using System.ComponentModel;
using System.Data;
using System.Drawing;
using System.Linq;
using System.Text;
using System.Threading.Tasks;
using System.Windows.Forms;

namespace IDTOOLC__1117_01
{
   public partial class Form1 : Form
   {
      int i = 0;
      public Form1()
      {
```

```
            InitializeComponent();


        }

        private void button1_Click(object sender, EventArgs e)
        {
            cogToolBlockEditV21.Subject.Run();

            int Cnt = cogToolBlockEditV21.Subject.Outputs.Count;

            listBox1.Items.Clear();

            string DValue = cogToolBlockEditV21.Subject.Outputs["Data"].Value.ToString();

            if (DValue == "246802468")
            {
                Console.WriteLine("성공, {0}", i++);
                listBox1.Items.Add(DValue);
            }
            else
            {
                Console.WriteLine("성공, {0}", i--);
                listBox1.Items.Add(DValue);
            }
        }
    }
}
```

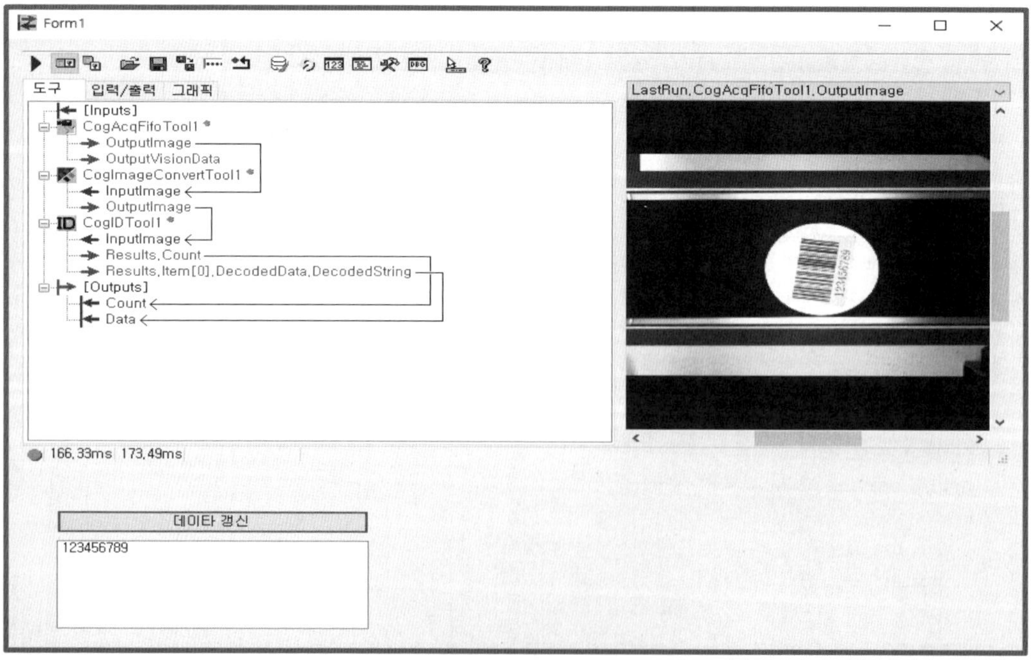

다음 사진은 QR코드 설정입니다.

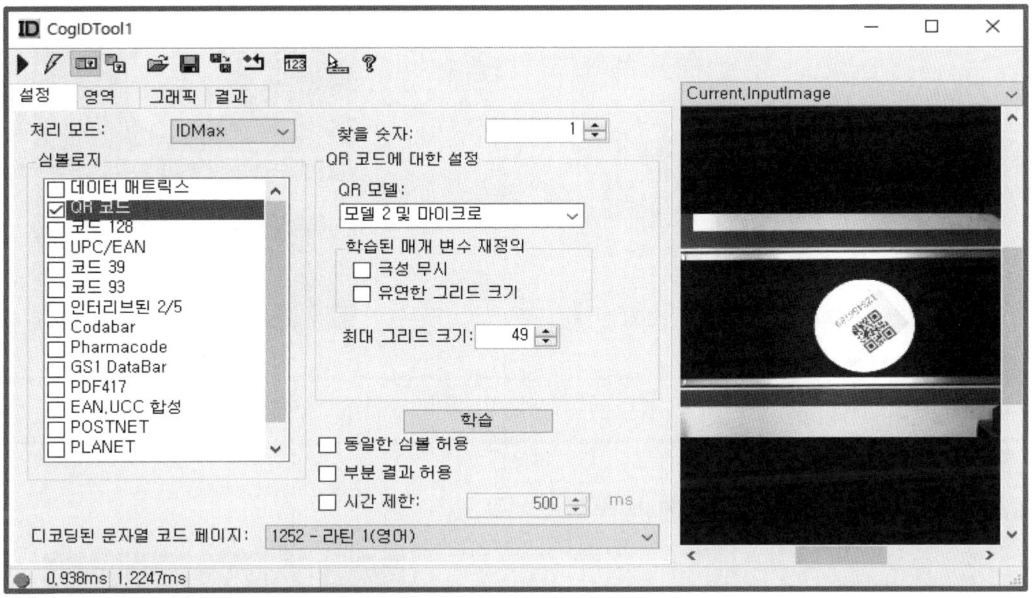

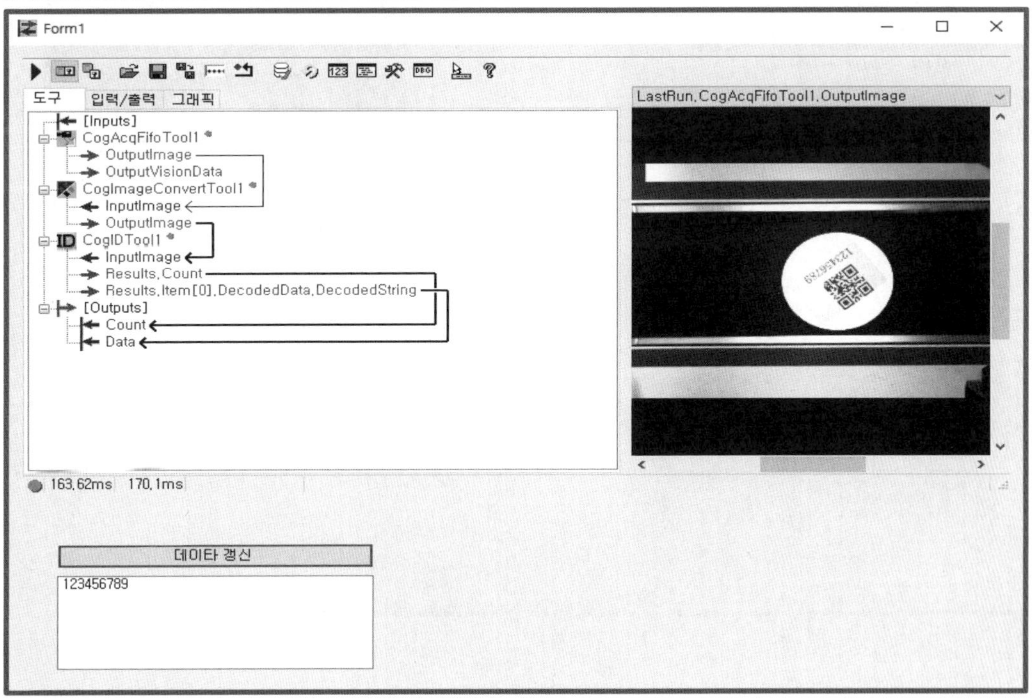

다음은 데이터매트릭스입니다.

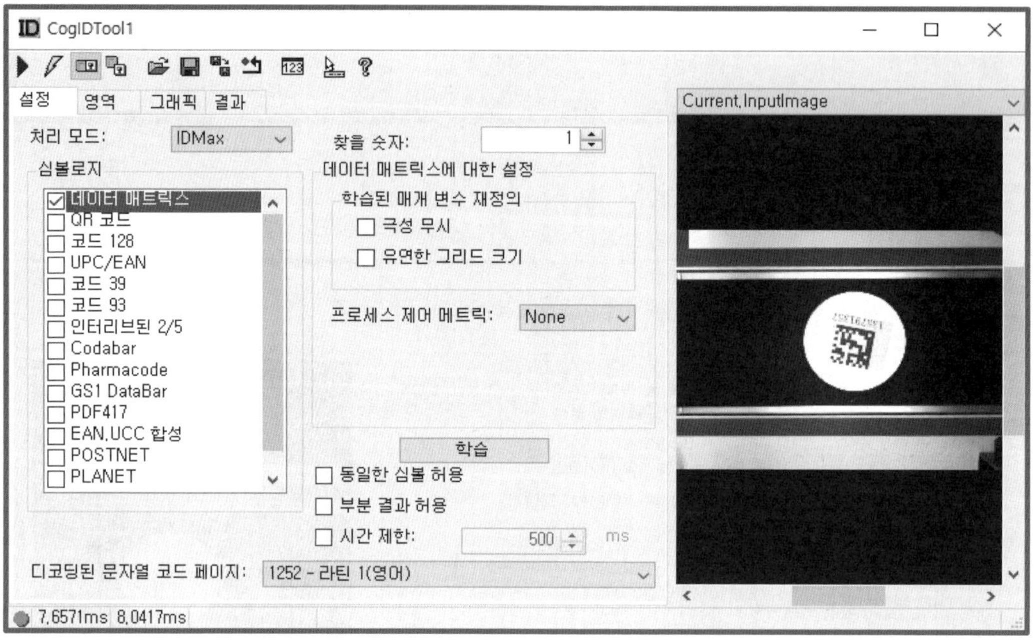

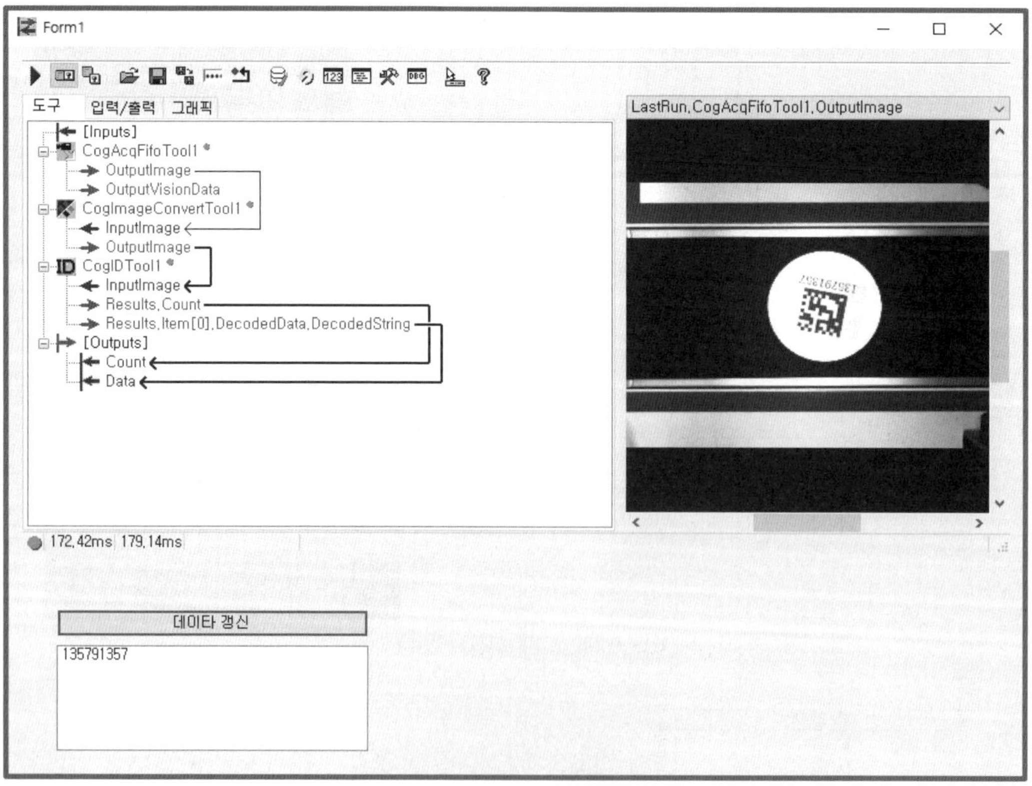

9 cogToolBlockEditV21 활용 ID Data 비교 프로그램

ToolBlockEdit를 이용해서 3번째 프로그램에서 소개한 부분에서 바코드 128(QR코드, 데이터매트릭스)의 자릿수 비교를 통해서 워크피스를 분류하기위한 작업을 하겠습니다. 바코드 데이터는 TEXT 형태로 입력됩니다. 이런점을 감안해서 작업하시면 됩니다. 앞의 2자리 비교를 통한 분류 전체 프로그램입니다. "문자열 추출 메서드"를 사용해서 비교합니다.

"if (DValue.Substring(0, 2) == CopVal.Substring(0,2))"

위의 문장이 핵심 부분입니다. 숫자 "0"은 시작하는 문자열의 처음 위치이고, "2"는 시작위치부터 두자리를 추출 한다는 의미입니다. 참고로 특정 문자열이 포함되어 있는지에대해 체크하는 메서드인 "Contain", 대소문자를 구분하여 문자열을 비교하는 "Equal", 문자열을 연결하는 "Concat"이 있습니다.

```
using System;
using System.Collections.Generic;
using System.ComponentModel;
using System.Data;
using System.Drawing;
using System.Linq;
using System.Text;
using System.Threading.Tasks;
using System.Windows.Forms;

namespace IDTOOLC__1117_01
{
    public partial class Form1 : Form
    {
        int i = 0;
        public Form1()
        {
            InitializeComponent();
        }

        private void button1_Click(object sender, EventArgs e)
        {

            try
            {
                cogToolBlockEditV21.Subject.Run();

                int Cnt = cogToolBlockEditV21.Subject.Outputs.Count;
                string CopVal = "890000";

                listBox1.Items.Clear();
```

```
            string DValue = cogToolBlockEditV21.Subject.Outputs["Data"].Value.ToString();

            if (DValue.Substring(0, 2) == CopVal.Substring(0,2))
            {
                Console.WriteLine("성공, {0}", i++);
                listBox1.Items.Add(DValue);
            }
            else
            {
                Console.WriteLine("다름, {0}", i--);
                listBox1.Items.Add(DValue);
            }
        }
        catch(Exception)
        {

        }
    }
  }
}
```

```
private void button1_Click(object sender, EventArgs e)
{

    try
    {
        cogToolBlockEditV21.Subject.Run();

        int Cnt = cogToolBlockEditV21.Subject.Outputs.Count;
        string CopVal = "890000";

        listBox1.Items.Clear();

        string DValue = cogToolBlockEditV21.Subject.Outputs["Data"].Value.ToString();

        if (DValue.Substring(0, 2) == CopVal.Substring(0,2))
        {
            Console.WriteLine("성공, {0}", i++);
            listBox1.Items.Add(DValue);
        }
        else
        {
            Console.WriteLine("다름, {0}", i--);
            listBox1.Items.Add(DValue);
        }
    }
    catch(Exception)
    {

    }
}
```

같은 바코드의 입력으로 성공 메시지를 출력했습니다.

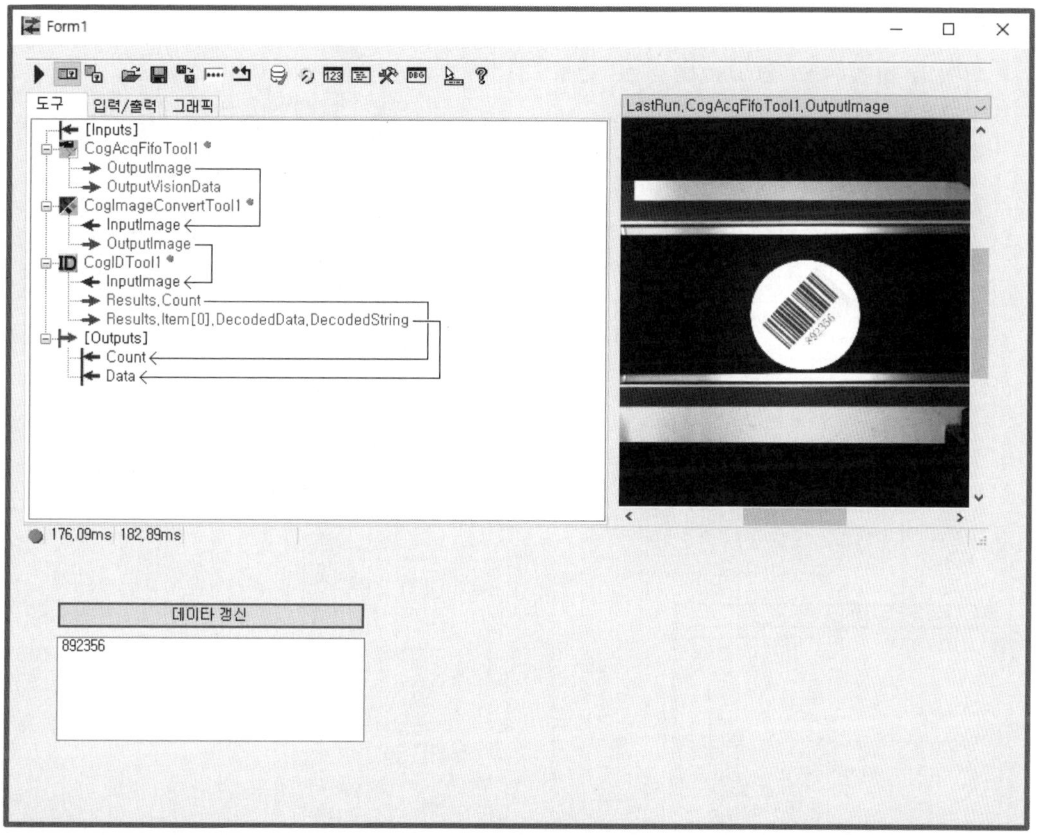

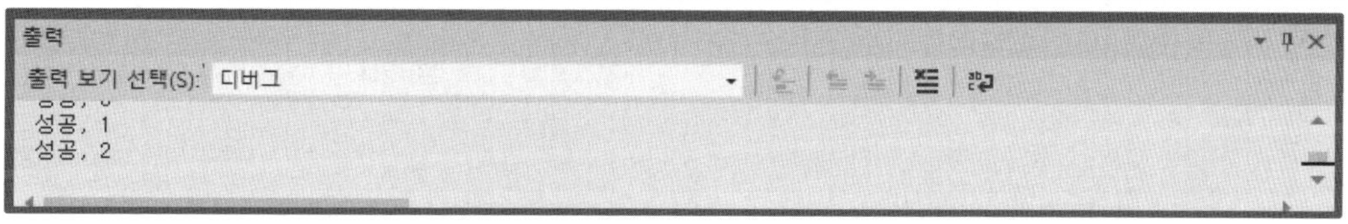

다른 바코드 입력에 따른 "다름"을 출력한 경우입니다.

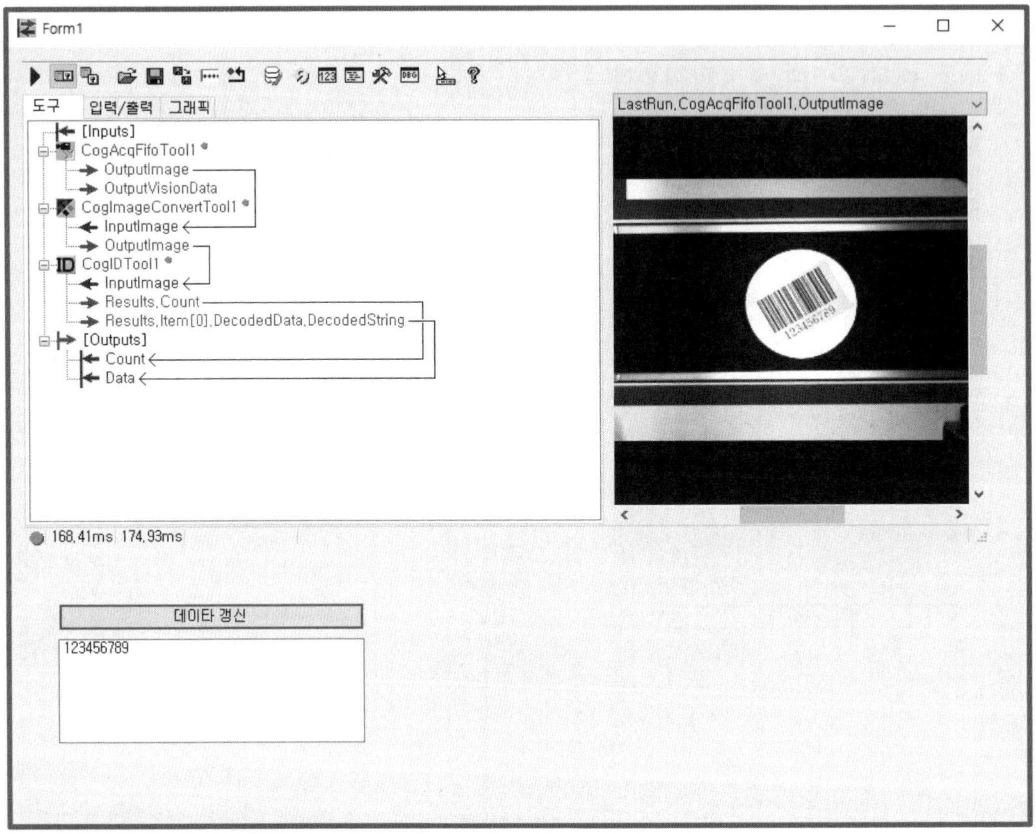

약간 변경하여 5비트까지 비교해 보았습니다. 참고하시면 좋을 듯합니다.

```
private void button1_Click(object sender, EventArgs e)
{
    try
    {
        cogToolBlockEditV21.Subject.Run();

        int Cnt = cogToolBlockEditV21.Subject.Outputs.Count;
        string CopVal = "892710";

        listBox1.Items.Clear();

        string DValue = cogToolBlockEditV21.Subject.Outputs["Data"].Value.ToString();

        if (DValue.Substring(0,5) == CopVal.Substring(0,5))
        {
            Console.WriteLine("성공, {0}", i++);
            listBox1.Items.Add(DValue);
        }
        else
        {
            Console.WriteLine("다름, {0}", i--);
            listBox1.Items.Add(DValue);
        }
    }
    catch(Exception)
    {

    }
}
```

비트를 비교하여 다름에따라 다름 메시지를 출력하였습니다.

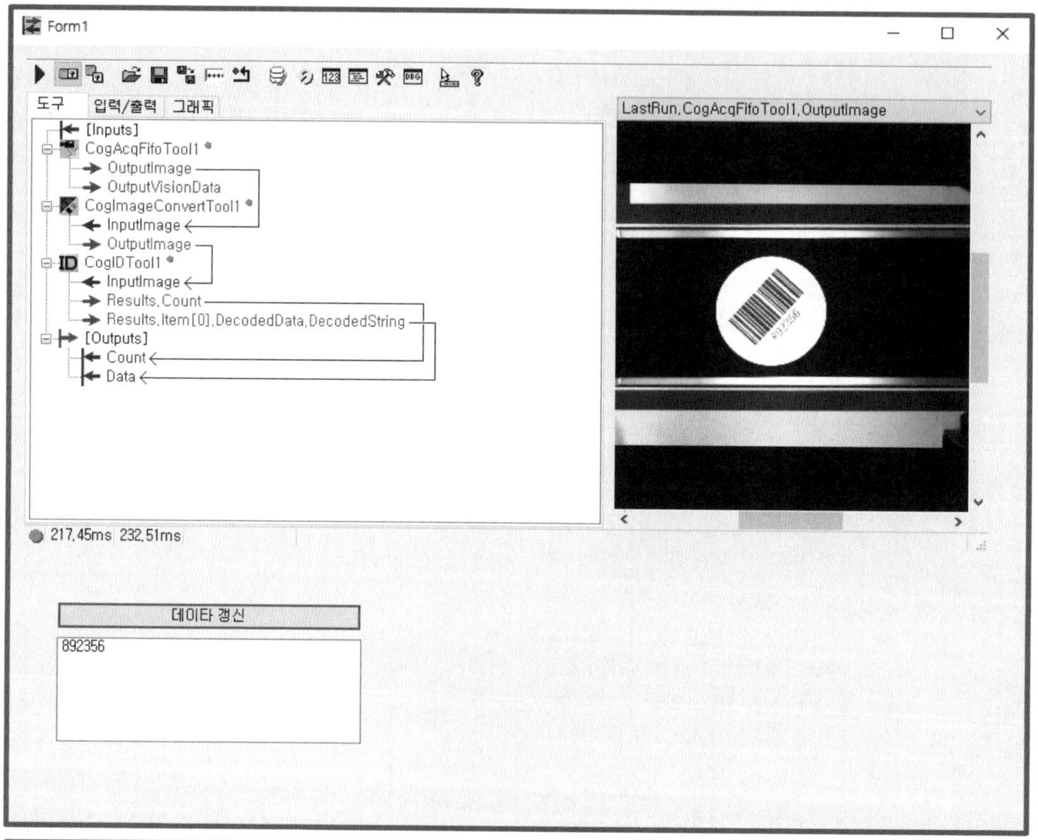

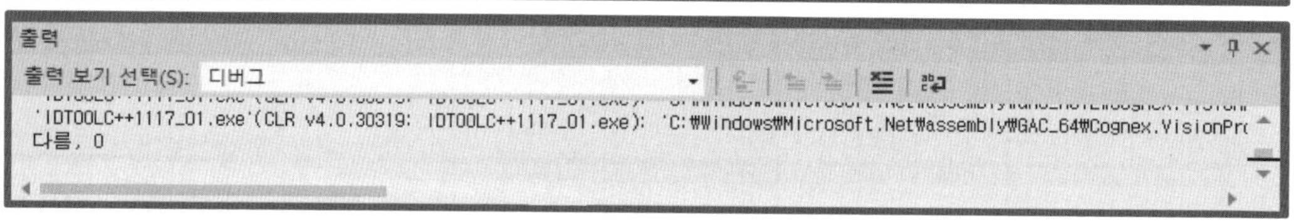

비트를 비교하여 같음에따라 성공 메시지를 출력하였습니다.

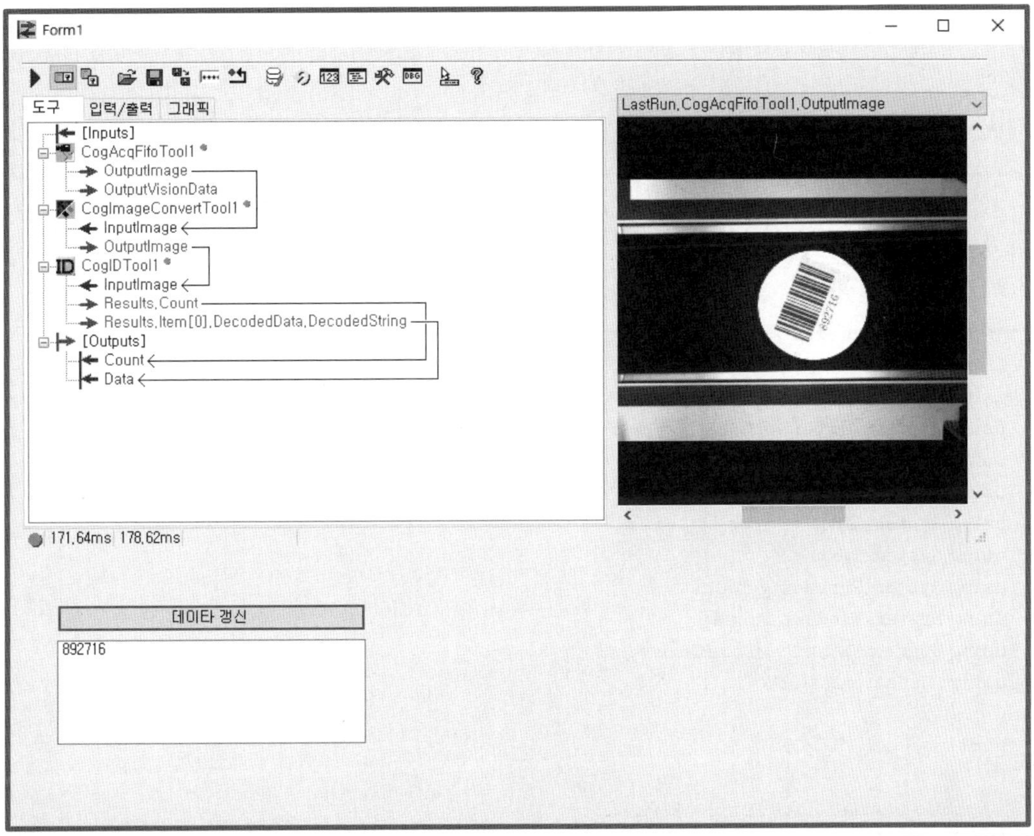

10 cogToolBlockEditV21 활용 *.vpp 파일 자동로드

ToolBlockEdit를 C# 프로그램 작업을 하고 다시 빌드하면서 필요한 *.vpp 파일을 로드해야 합니다. 이런 번거로움을 해결하도록 하겠습니다. 즉 vpp 프로그램을 로드해서 작업이 가능하도록 하는 작업입니다. 물론 처음 한번은 작성하여서 저장해야합니다. 앞에서 작업한 프로그램에 파일 로드 부분만 추가하였습니다. 프로그램 중 아래와 같이 쓰여진 부분이 여기서는 주요 기능입니다. 한 줄로 표기하면 너무 적어져서 읽기가 어려워 두 줄로 표기했습니다.

```
cogToolBlockEditV21.Subject =
(CogToolBlock)Cognex.VisionPro.CogSerializer.LoadObjectFromFile("D:₩₩ColerMatch.vpp");

cogToolBlockEditV21.Subject =
(CogToolBlock)Cognex.VisionPro.CogSerializer.LoadObjectFromFile("D:₩₩ColerMatch.vpp");
```

다음은 전체 프로그램입니다.

```
using System;
using System.Collections.Generic;
using System.ComponentModel;
using System.Data;
using System.Drawing;
using System.Linq;
using System.Text;
using System.Threading.Tasks;
using System.Windows.Forms;
using Cognex.VisionPro.ToolBlock;
using IMecatronicsDll;

namespace EX_1107_03
{
    public partial class Form1 : Form
    {
        public UCIBus pIoDevice = new UCIBus();
        public LightControl pLightCon = new LightControl();
        public Form1()
        {
            InitializeComponent();

            pIoDevice.UCIDrvInit();
            pIoDevice.Outputb(3, 0x90);
            pLightCon.Connected("COM4", 9600);

            cogToolBlockEditV21.Subject = (CogToolBlock)Cognex.VisionPro.
                        CogSerializer.LoadObjectFromFile("D:₩₩ColerMatch.vpp");

        }

        private void button1_Click(object sender, EventArgs e)
        {
            cogToolBlockEditV21.Subject.Run();
            int Cnt = cogToolBlockEditV21.Subject.Outputs.Count;

            listBox1.Items.Clear();
```

```
        for(int Idx=0; Idx<Cnt; ++Idx)
        {
      string stmp = string.Format("{0} {1}", cogToolBlockEditV21.Subject.Outputs[Idx].Name,
              cogToolBlockEditV21.Subject.Outputs[Idx].Value.ToString());

            listBox1.Items.Add(stmp);
        }
    }

    private void numericUpDown2_ValueChanged(object sender, EventArgs e)
    {
        pLightCon.SetLightValue(0, (int)numericUpDown2.Value);
    }

    private void numericUpDown1_ValueChanged(object sender, EventArgs e)
    {
        pLightCon.SetLightValue(1, (int)numericUpDown1.Value);
    }
  }
}
```

다음 화면은 프로그램을 컴파일하면 바로 로드되서 동작하는 화면입니다. Blue 색인 워크피스 투입시 결과입니다.

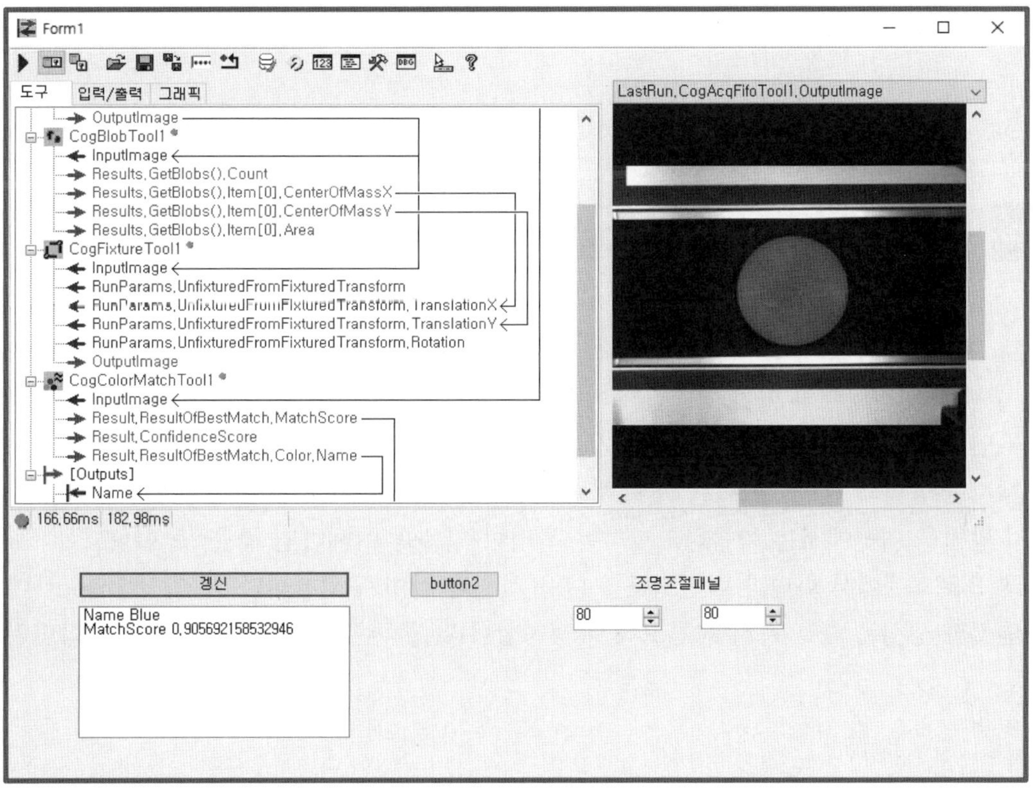

RED 색인 워크피스 투입시 결과입니다.

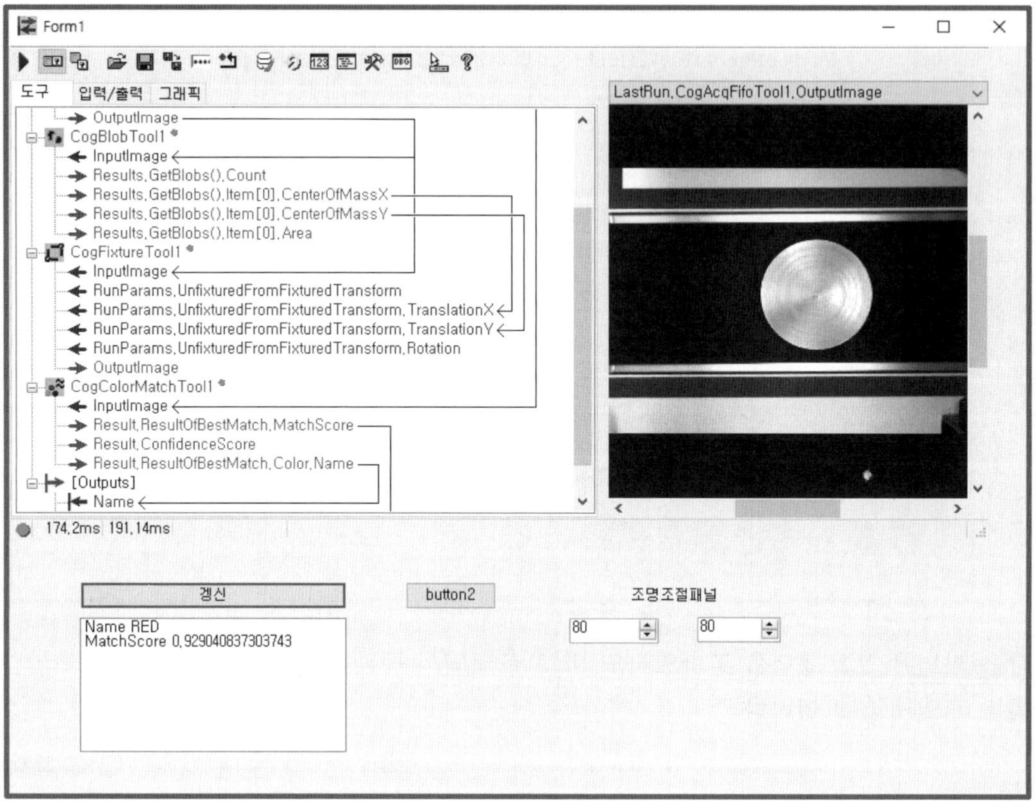

11 C# 프로그램에서 cogToolBlockEditV21 으로 파라메터 입력

C# 프프로그램 코딩을 이용해서 ToolBlockEdit로의 파라메터를 전달하는 작업을 합니다. 출력을 연결할때와 마찬가지로 코딩하면 되지만 더 살펴봐야할 작업이 있습니다. 파라메터 입력의 경우 실행화면에서 직접 값을 타이핑하여 입력할 수도 있습니다. 그리고 여기서 제시한 방법과 같이 C#프로그램에서 값을 대입해서 입력해주는 방법이 있습니다. 이 두가지 방법을 이곳에서는 학습하고자하는 목적이 있음을 이해하면 좋을 듯 합니다.

C# 프로그램에서 화면과 비전도구를 다음 화면과 같이 구성합니다. 여기서 "Input"에대한 연결과 생성은 다음 순서를 참고해서 작성합니다. 물론 아래 화면은 최종 실행화면입니다.

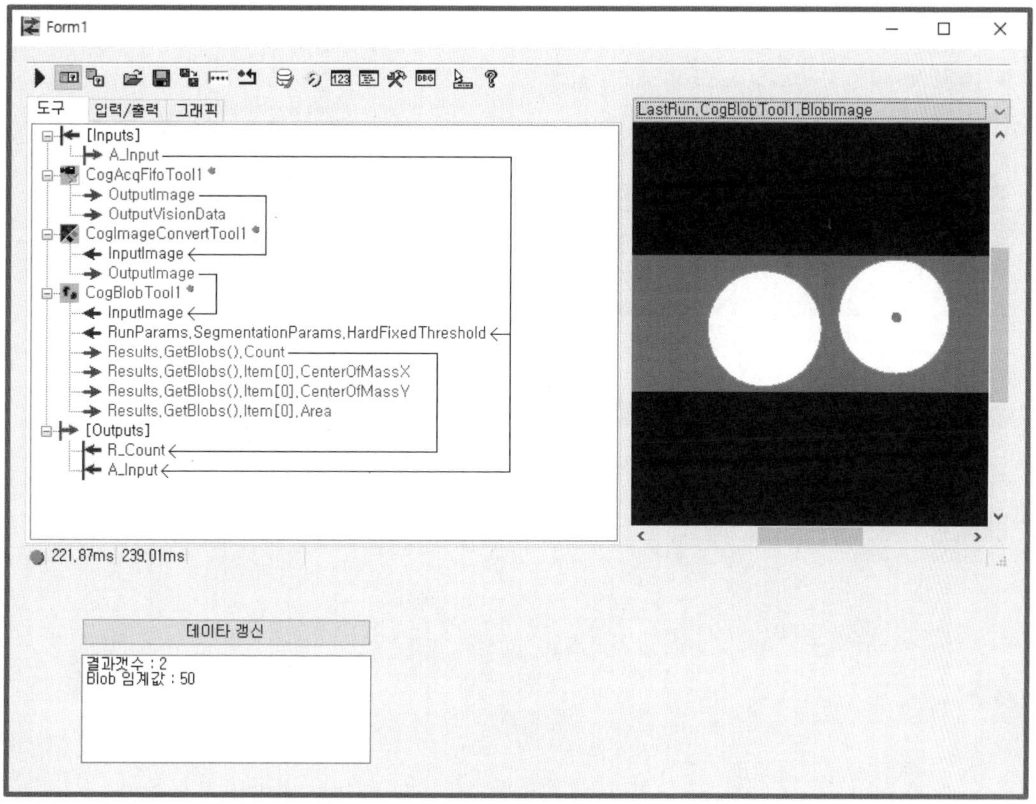

아래는 입력과 출력 화면입니다. 표의 순서대로 작업하면 됩니다.

1 선택	2 클릭	3 선택 · 클릭(맞는 유형 선택)
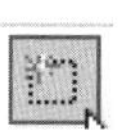	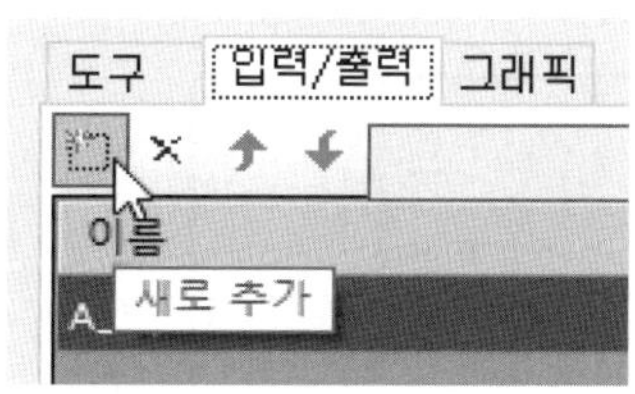	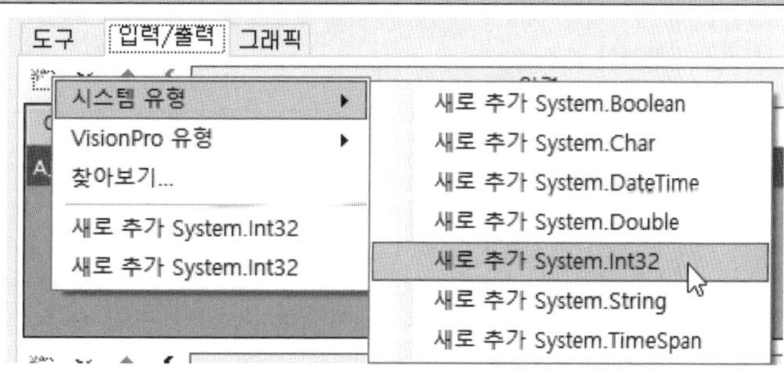

이름 칸을 클릭하여 파라메터의 이름을 아래의 화면과 같이 작성하면 됩니다.

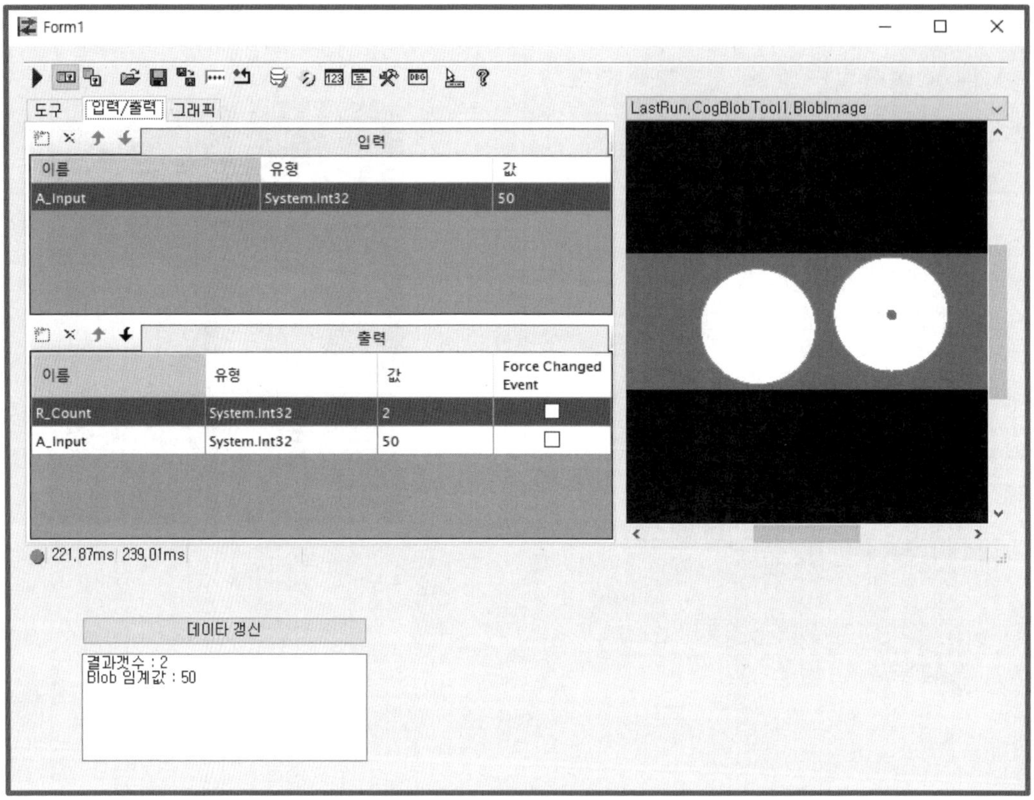

입력을 연결하기위해서는 CogBlobTool을 클릭하고 오른쪽 마우스를 클릭하면 터미널 추가 화면이 아래 화면과 같이 나타납니다. 여기서 터미널 추가를 선택하고 다음 작업을 진행합니다.

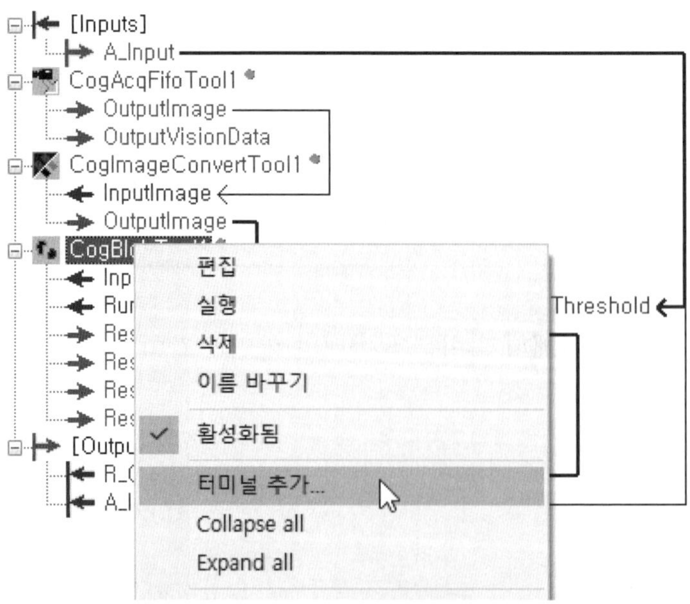

터미널 추가를 선택하면 아래와 같은 화면이 나오는데 여기서 보기의 선택부분을 일반에서 화면과 같이 "모두(필터링 안 함)"으로 변경합니다.

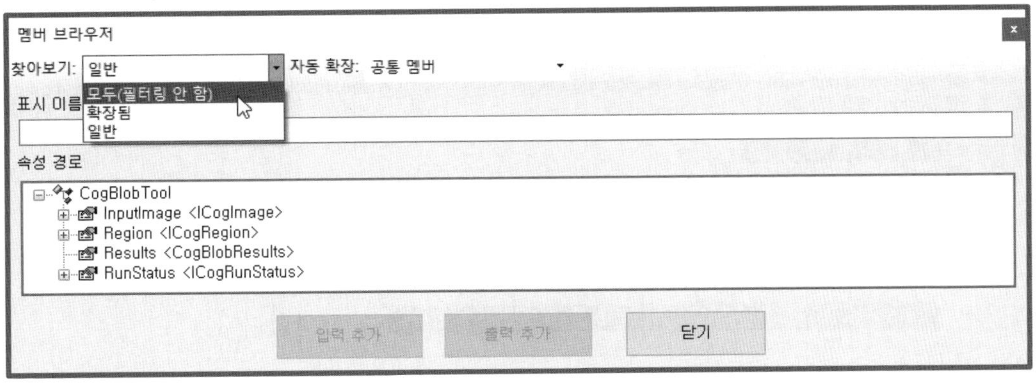

아래 화면과 같이 모두 화면에 출력됨을 확인할 수 있습니다.

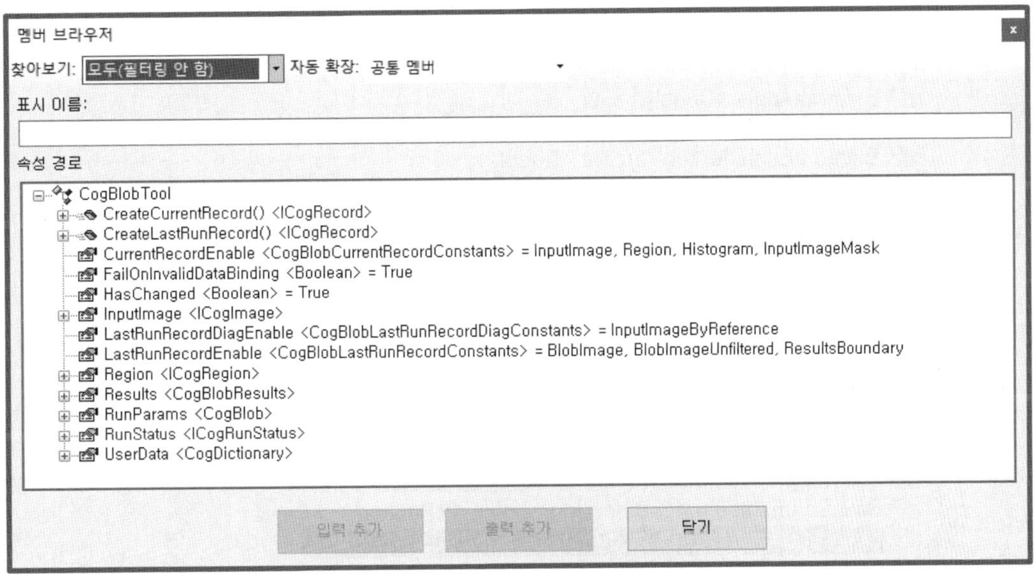

여기서 **RunParams <CogBlob>**의 더하기 부분을 클릭합니다. 거의 모든 VisionPro의 입력 파라메터들은 각 비전도구의 "RunParams"에서 확인할 수 있습니다.

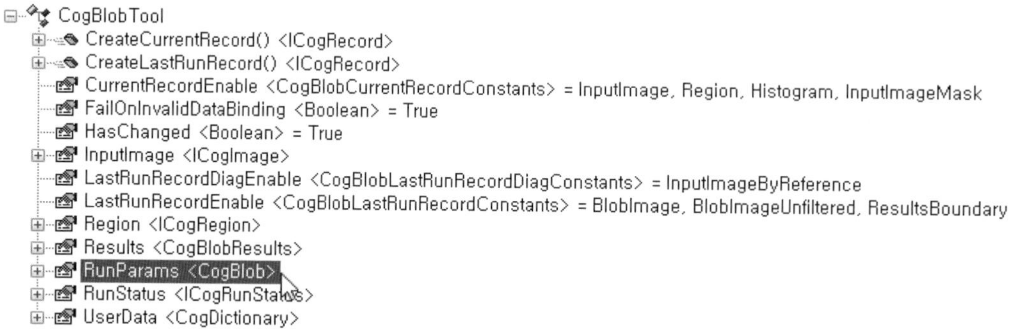

다음은 SegmentationParams <CogBlobSegmentationParams>을 선택합니다.

다음은 HardFixedThreshold <Int32> = 50을 선택합니다. "HardFixedThreshold"가 BlobTool의 임계값입니다. 앞에서도 언급했드시 임계값은 8비트로서 0~255까지입니다.

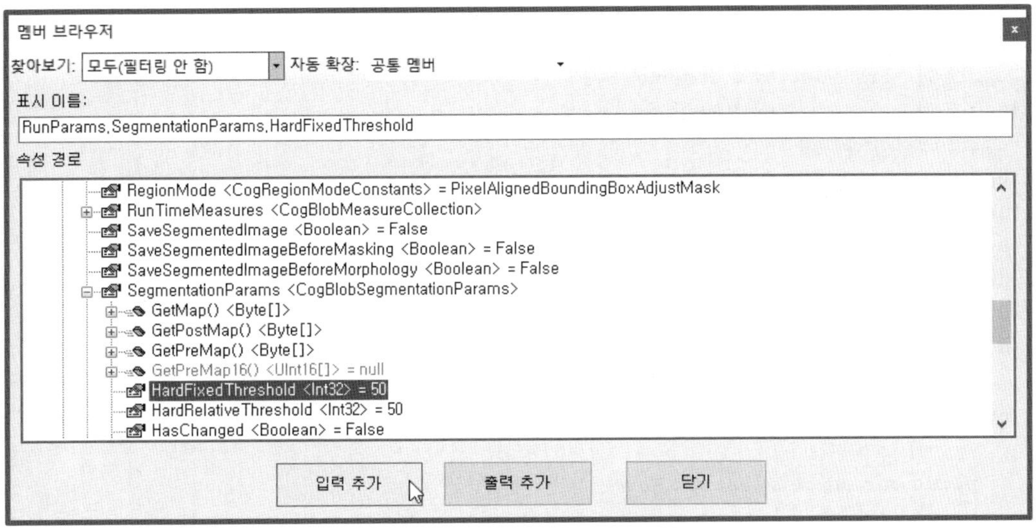

선택했으면 다음음은 "입력 추가"를 클릭하고 "닫기"를 클릭하여 본 화면으로 나오면 다음 화면을 확인할 수 있습니다. 입출력 연결은 화면에서 보여준것과 같이 합니다.

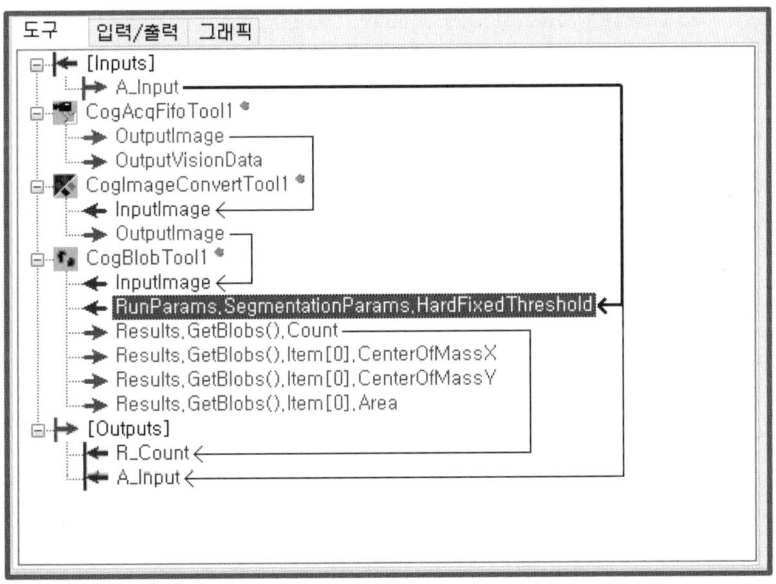

다음은 전체프로그램입니다. 전체 구성을 이해했다면 보다 쉽게 접근할 수 있을 것으로로 봅니다. 최종 결과는 앞에서 보여준 화면과 같습니다.

프로그램에서 "cogToolBlockEditV21.Subject.Inputs["A_Input"].Value=50;"이 임계값과 연결됩니다. 여기서는 직접 대입하는 형태로 값을 입력했습니다. 다음절에서 소개하는 TextBox를 이용해서 입력하는 방법을 사용하면 보다쉽게 키보드를 통해서 값을 받아들일 수 있습니다.

```
using System;
using System.Collections.Generic;
using System.ComponentModel;
using System.Data;
using System.Drawing;
using System.Linq;
using System.Text;
using System.Threading.Tasks;
using System.Windows.Forms;
using Cognex.VisionPro.ToolBlock;

namespace EX1102_03
{
   public partial class Form1 : Form
   {
      public Form1()
      {
         InitializeComponent();
      }

      private void button1_Click(object sender, EventArgs e)
      {
         cogToolBlockEditV21.Subject.Run();
         int Cnt =cogToolBlockEditV21.Subject.Outputs.Count;

         //Blob 임계값을 직접입력합니다.
         cogToolBlockEditV21.Subject.Inputs["A_Input"].Value=50;

         listBox1.Items.Clear();

         Double RC_Value = Convert.ToDouble(cogToolBlockEditV21.Subject.
                                  Outputs["R_Count"].Value.ToString());
         Double OA_Input = Convert.ToDouble(cogToolBlockEditV21.Subject.
                                  Outputs["A_Input"].Value.ToString());

         listBox1.Items.Add("결과갯수 : "+ RC_Value);
         listBox1.Items.Add("Blob 임계값 : " + OA_Input);
      }
   }
}
```

12 TextBox를 이용한 Input 파라메터 입력

앞절에서 사용한 기능에 추가로 textBox 기능만을 추가해서 임계값을 키보드를 이용해서 입력하는 방법을 소개하도록 하겠습니다. 추가적인 C#프로그램 도구는 label, textBox 그리고 Button입니다. 굳이 Button을 사용하는 이유는 이벤트 발생을 유도하기 위해서입니다. 주로 사용하는 방법이여서 소개합니다. textBox의 값을 가져오기위해서는 "textBox1.Text"와 같은 형식을 사용합니다. 참고로 Blob 비전툴의 임계값은 0~255까지 사용할 수 있습니다.

```
private void button2_Click(object sender, EventArgs e)
        {
           cogToolBlockEditV21.Subject.Inputs["A_Input"].Value =
                                                Convert.ToInt32(textBox1.Text);
        }
```

실행이후 전체 화면입니다.

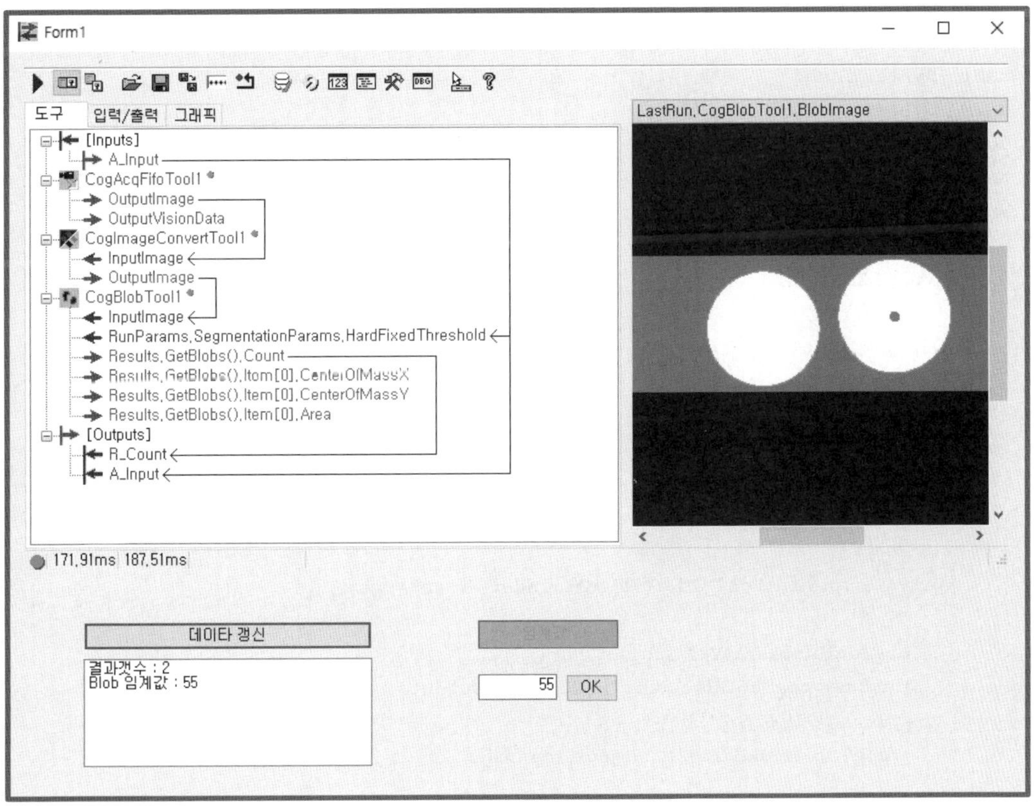

label, textBox 그리고 Button의 속성입니다. 사용하는 절차에 대해서는 자세히 소개하지 않았습니다. 참고해서 작성하세요.

label	textBox	Button
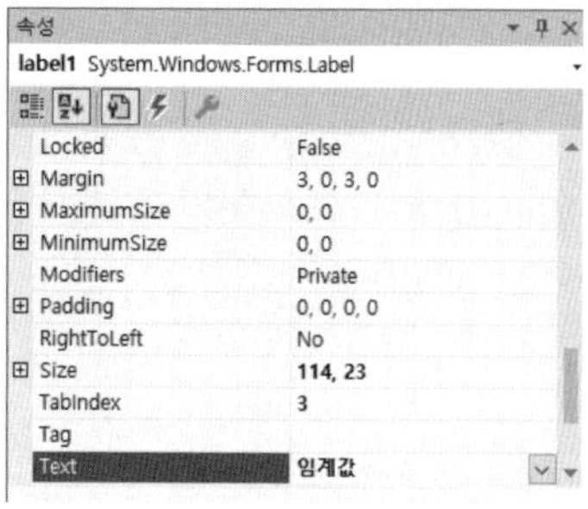	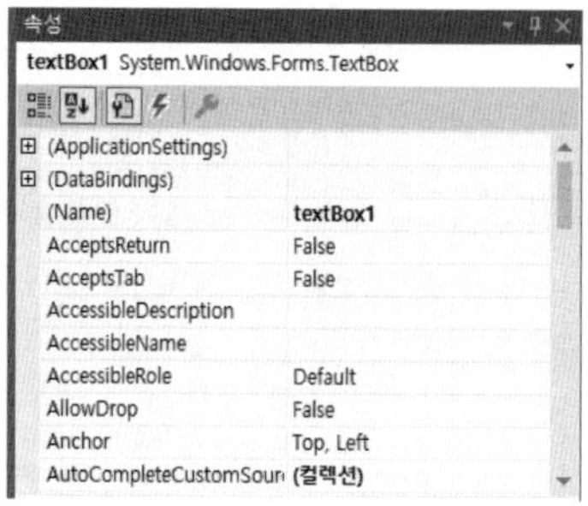	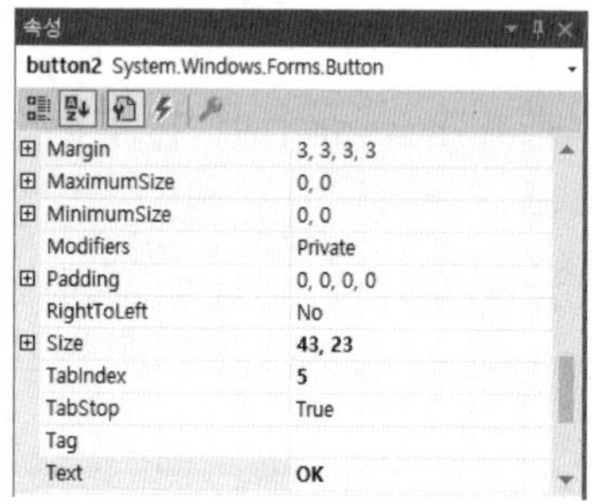

전체 프로그램입니다. 아래부분에서 “button2” 부분을 참고하면 쉽게 이해할 수 있을 것입니다.

```
using System;
using System.Collections.Generic;
using System.ComponentModel;
using System.Data;
using System.Drawing;
using System.Linq;
using System.Text;
using System.Threading.Tasks;
using System.Windows.Forms;
using Cognex.VisionPro.ToolBlock;

namespace EX1102_03
{
   public partial class Form1 : Form
   {
      public Form1()
      {
         InitializeComponent();
      }

      private void button1_Click(object sender, EventArgs e)
      {
         cogToolBlockEditV21.Subject.Run();
         int Cnt =cogToolBlockEditV21.Subject.Outputs.Count;
         //Blob 임계값을 직접입력한다.
         //cogToolBlockEditV21.Subject.Inputs["A_Input"].Value=50;
```

```
            listBox1.Items.Clear();

            Double RC_Value =
Convert.ToDouble(cogToolBlockEditV21.Subject.Outputs["R_Count"].Value.ToString());
            Double OA_Input =
Convert.ToDouble(cogToolBlockEditV21.Subject.Outputs["A_Input"].Value.ToString());

            listBox1.Items.Add("결과갯수 : "+ RC_Value);
            listBox1.Items.Add("Blob 임계값 : " + OA_Input);
        }

        private void textBox1_TextChanged(object sender, EventArgs e)
        {

        }

        private void button2_Click(object sender, EventArgs e)
        {
            cogToolBlockEditV21.Subject.Inputs["A_Input"].Value =
                                                Convert.ToInt32(textBox1.Text);
        }
    }
}
```

Ex03 클래스 라이브러리를 생성

1 개요

이번 챕터는 예제를 진행하면서 자주 사용하는 기능을 라이브러리로 만들어 재사용할 수 있도록 DLL을 만들어 보고 예제에 적용하여 사용해보도록 하겠습니다.

2 라이브러리(DLL)이란?

라이브러리란 소프트웨어 개발에서 자주 쓰고 기초적인 함수들을 중복으로 개발하는 것을 피하기 위해 표준화된 함수 및 데이터 타입을 만들어서 모아 놓은 것을 이야기하며 자주 사용되는 표준적인 함수 및 윈도우폼을 매번 직접 작성해서 사용하는 것은 지나치게 시간 소모적이므로 표준화할 수 있는 함수를 미리 만들어서 모아 놓은 것을 이야기합니다.

라이브러리를 한 번 구축해 놓기만 하면 다시 만들 필요 없이 불러서 사용할 수 있으므로 개발 속도가 빨라지고 신뢰성도 확보할 수 있습니다.

3 라이브러리사용방법

라이브러리 사용방법을 설명하기 위해 VisionPro의 Blob 라이브러리를 가져와서 사용하는 방법으로 설명하겠습니다.

먼저 추가할 프로젝트에서 참조항목을 마우스 우클릭하여 팝업을 활성화하고 “참조 추가” 버튼을 클릭합니다.

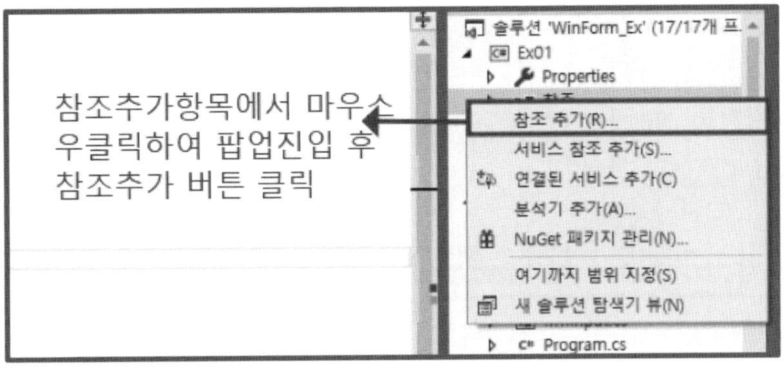

VisionPro설치위치로 이동 후 ReferencedAssemblies폴더의 Cognex.VisionPro.Blob.dll을 추가합니다.

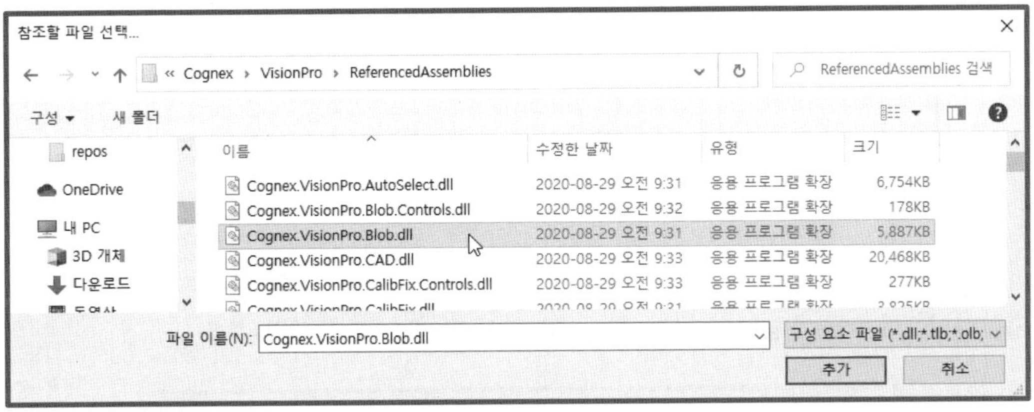

사용할 라이브러리 네임스페이스를 추가하고 비전도구 클래스형 객체를 생성하여 사용합니다.

4 라이브러리 프로젝트 제작

```
using System;
using System.Collections.Generic;
using System.ComponentModel;
using System.Data;
using System.Drawing;
using System.Linq;
using System.Text;
using System.Threading.Tasks;
using System.Windows.Forms;
using Cognex.VisionPro.Blob; //사용할 라이브러리 네임스페이스 추가

namespace Ex1
{
    참조 3개
    public partial class Form1 : Form
    {
        참조 1개
        public Form1()
        {
            InitializeComponent();

            // Blob비전도구 클래스형 객체를 생성
            CogBlobTool Temp = new CogBlobTool();

        }
    }
}
```

라이브러리를 생성하기 위해서 솔루션 항목에서 마우스 오른쪽 버튼을 클릭하여 팝업을 호출합니다. 이후 추가항목을 클릭하고 새프로젝트 생성을 클릭합니다.

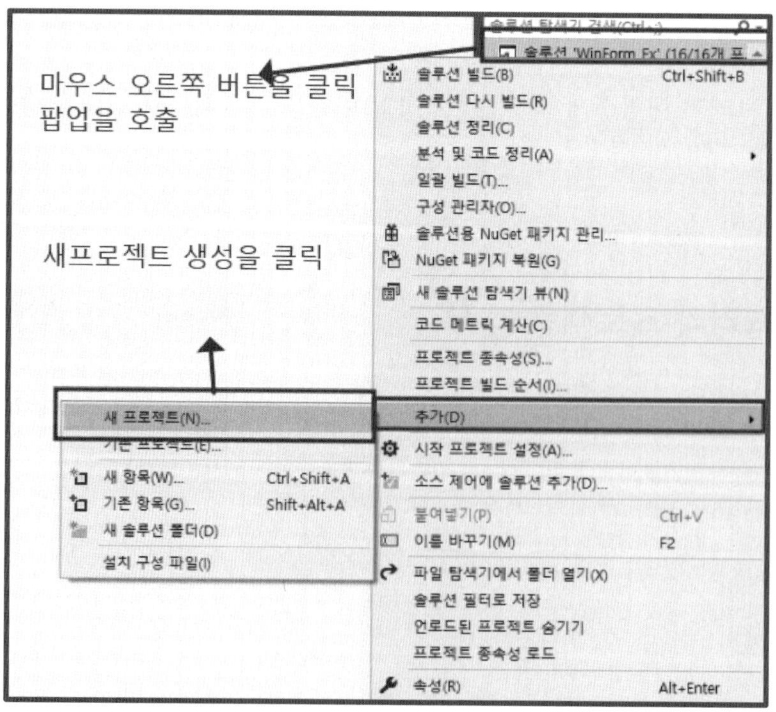

프로젝트를 C# Windows 라이브러리항목을 선택하고 클래스라이브러리(.Net Frmaework)로 생성합니다.

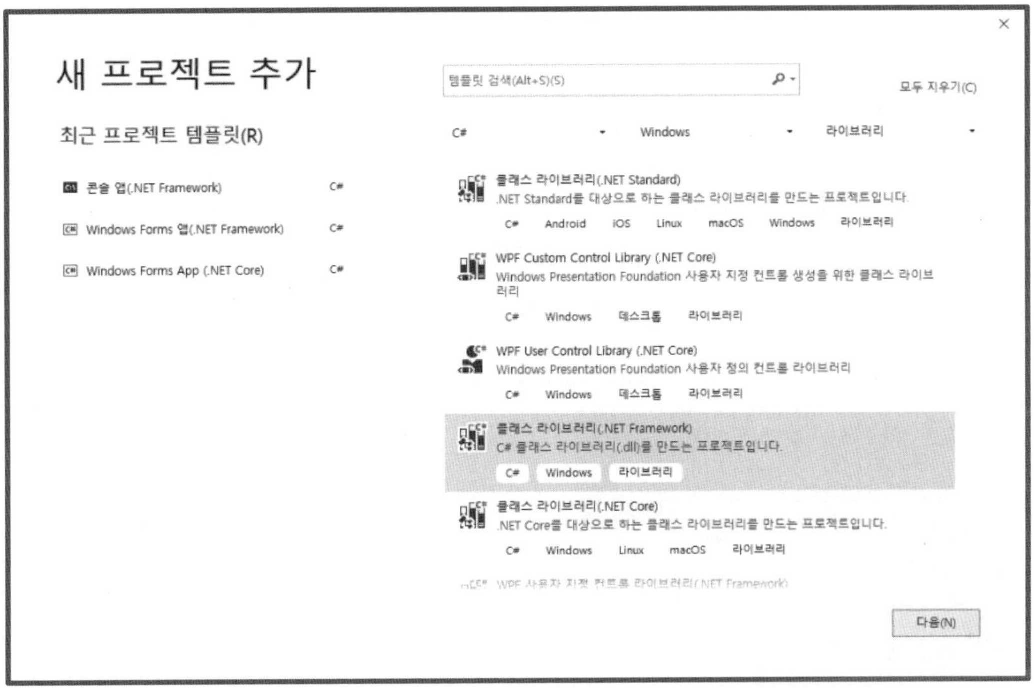

2번 예제에서 진행했던 ToolBlock창의 입출력 항목을 추가하는 Form을 생성된 라이브러리 프로젝트에 삽입하겠습니다. 먼저 Ex02폴더의 Form1, frmInput 폼을 복사합니다.

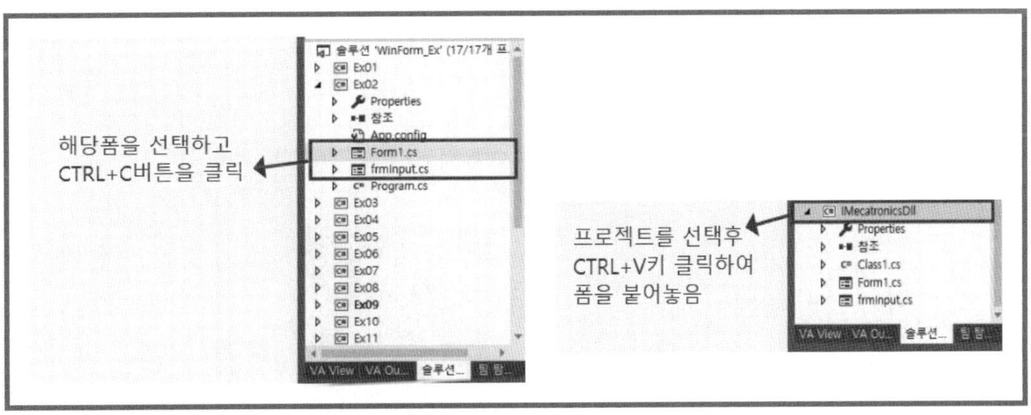

복사된 "Form1"폼을 클릭하면 다음과 같이 해당 프로젝트에 "Cognex ToolBlock"라이브러리가 추가되어있지 않아 디자이너 화면에 ToolBlock을 사용하는 컨트롤을 불러올 수 없다는 에러창이 출력됩니다.

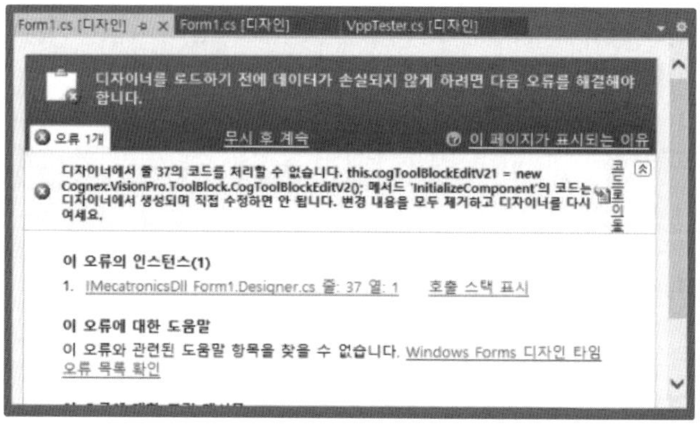

화면을 출력하기 위해서 Cognex관련 모든 라이브러리 DLL을 추가합니다.

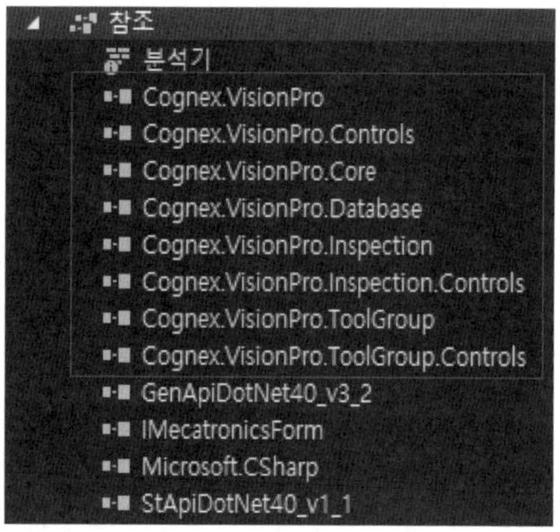

Cognex.VisionPro관련 라이브러리 가져옴

정상적으로 라이브러리가 등록되면 다음과 같이 복사된 "Form1"폼이 정상적으로 로드됨을 확인할 수 있습니다.

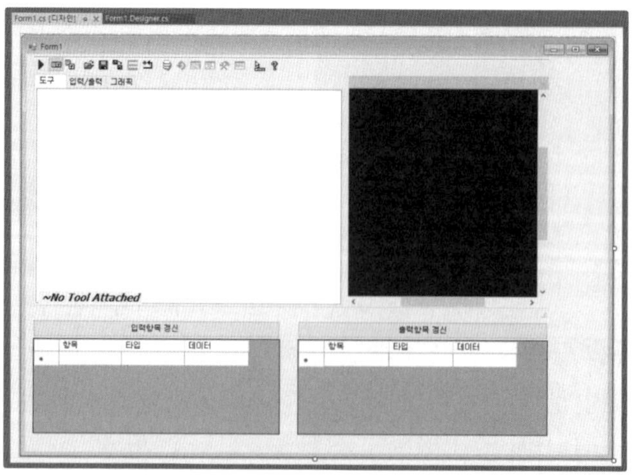

다음은 복사한 폼(Form1, frmInput)의 네임스페이스가 현재 프로젝트의 기본네임스페이스와 다르기에 복사한 폼(Form1, frmInput)의 네임스페이스를 기본 네임스페이스("IMecatronicsDll") 이름으로 변경하겠습니다.

먼저 폼항목의 전체요소를 활성화 후 디자이너.cs파일과 폼.cs파일에서 코드화면으로 이동합니다.

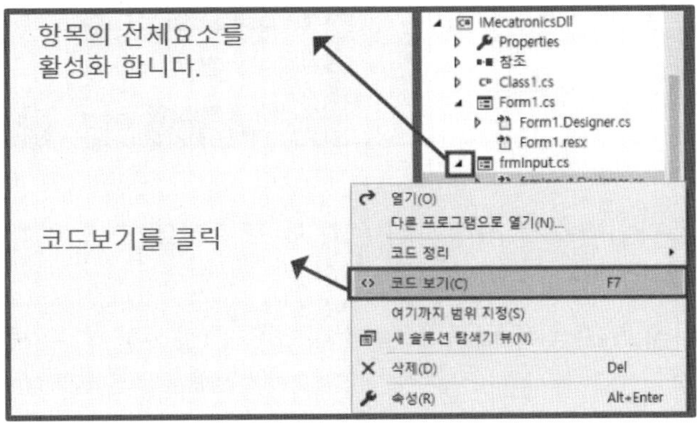

기존 "Ex02"였던 네임스페이스를 기본 네임스페이스로 변경합니다.

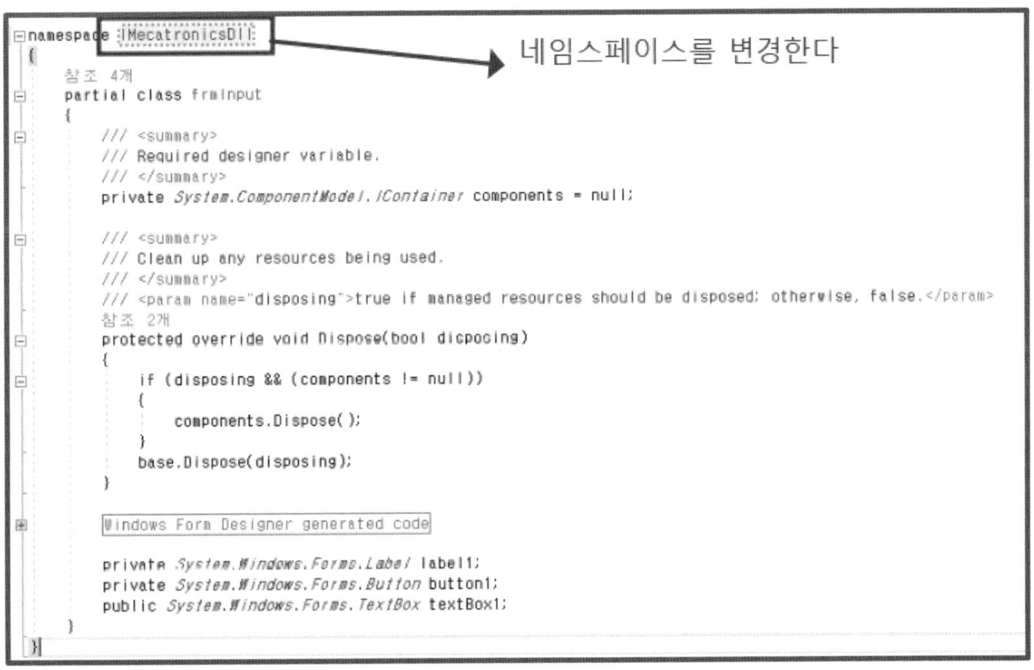

Form1이름을 VppTester로 변경해보도록 하겠습니다. 변경할 폼을 선택 후 F2키를 눌러 편집화면에 진입합니다. 변경할 이름 "VppTester"를 입력 후 엔터키를 눌러 변경해 줍니다.

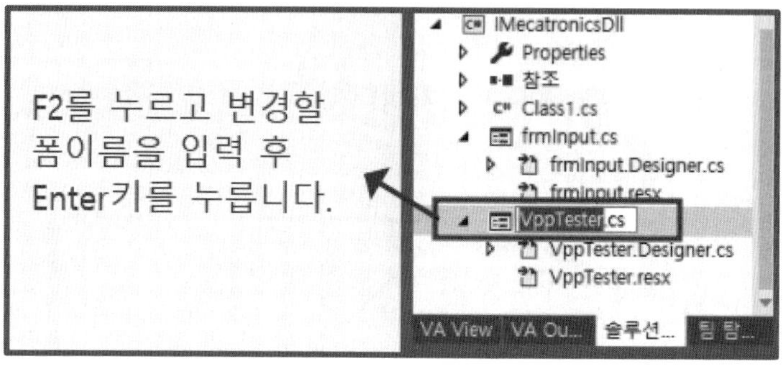

해당 프로젝트의 컴파일환경을 설정하기 위해서 프로젝트 출력 위치를 설정하도록 하겠습니다.

프로젝트 항목에 마우스 오른쪽 버튼을 눌러 팝업을 활성화한 후 등록정보 버튼을 클릭합니다.

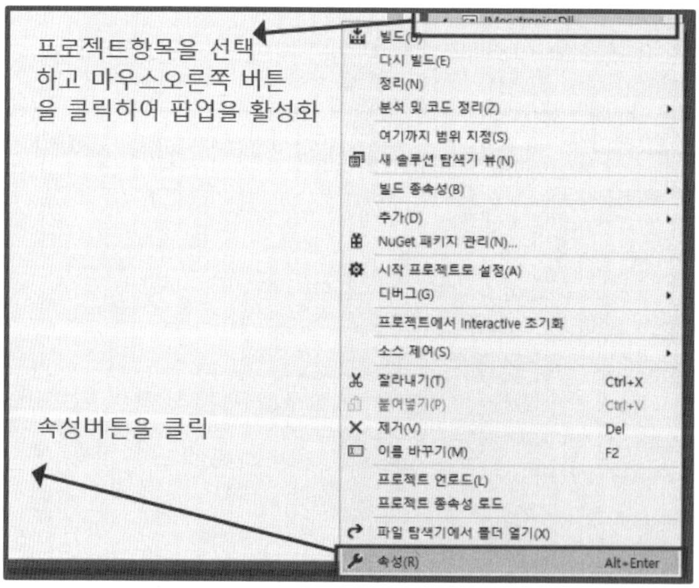

빌드탭에 이동하여 dll파일이 출력될 위치를 설정합니다. 해당 출력경로에 DLL파일이 생성 됩니다. 사용할 프로젝트에 해당 폴더로 출력된 dll을 참조에 추가하여 사용합니다.

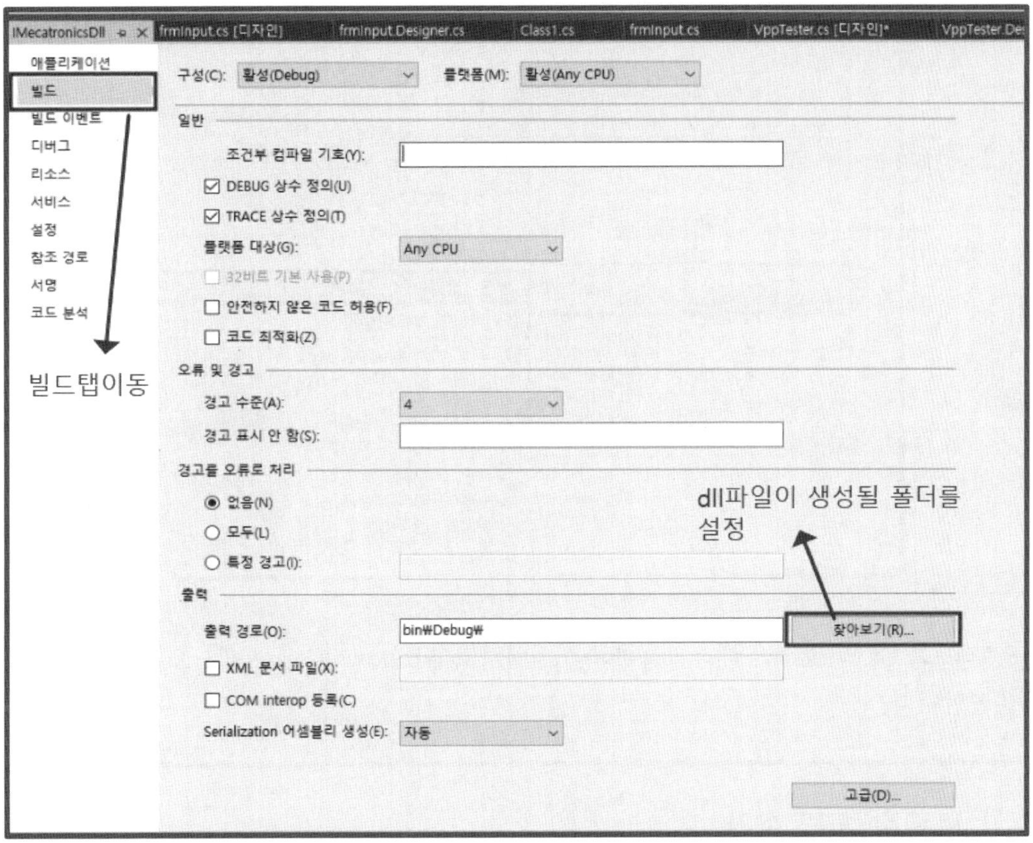

5 신규프로젝트에 생성한 dll을 연결하여 사용

신규프로젝트에 생성한 IMecatronics.dll을 연결하여 "VppTester"폼을 사용해 보도록 하겠습니다.

솔류션 탐색기에서 마우스 오른쪽 버튼을 클릭하여 팝업을 활성화 합니다. 추가→새 프로젝트 버튼을 클릭하여 새로운 프로젝트를 생성합니다.

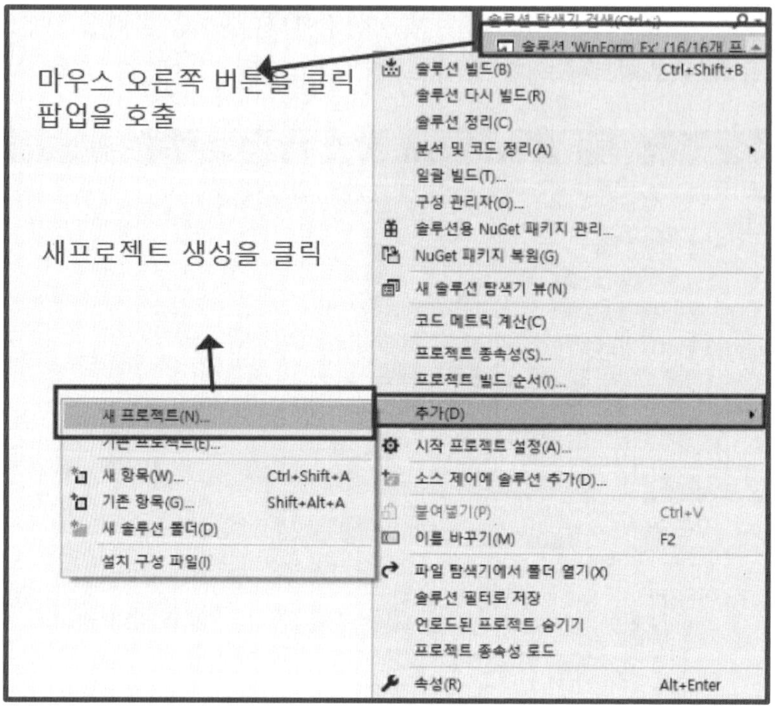

프로젝트를 C# Windows 데스크톱항목을 선택하고 Windows Forms 앱(.Net Frmaework)로 생성합니다.

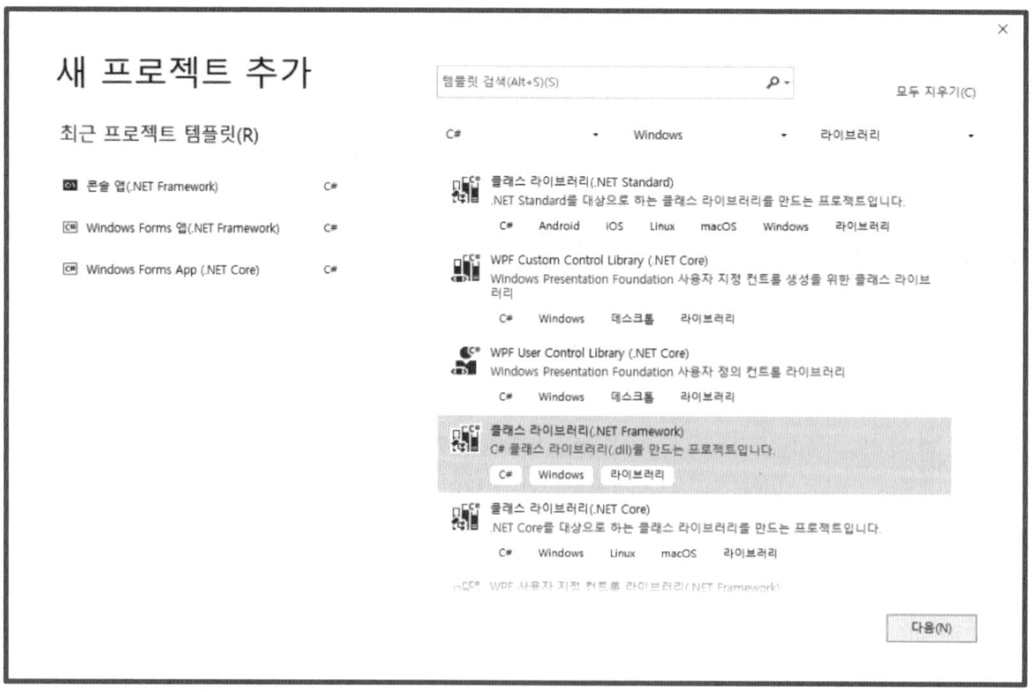

프로젝트이름을 "ExDll"로 생성합니다.

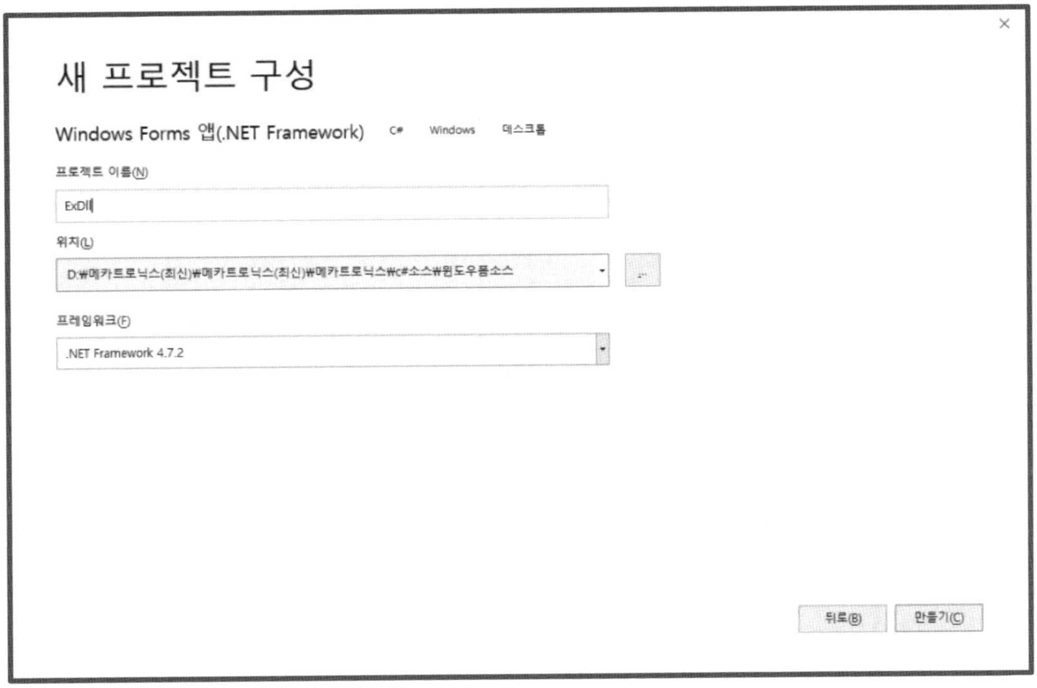

시작폼에 버튼을 생성하고 Vpp에디터라고 이름을 설정합니다.
버튼 이벤트를 설정한 후 Click이벤트를 추가합니다.

미리 설정된 네임스페이스를 선언해주고 이벤트 메소드에 폼의객체를 생성하고 화면에 출력합니다.

```
using System.Linq;
using System.Text;
using System.Threading.Tasks;
using System.Windows.Forms;
using IMecatronicsDll; // 추가한 DLL의NameSpace를 설정

namespace ExDll
{
    참조 3개
    public partial class Form1 : Form
    {
        참조 1개
        public Form1()
        {
            InitializeComponent();
        }

        참조 1개
        private void button1_Click(object sender, EventArgs e)
        {
            // DLL에 설정된폼의 객체를 생성하고 화면을 출력
            frmVppTester Temp = new frmVppTester();
            Temp.Visible = true;
        }
    }
}
```

해당프로젝트의 컴파일환경을 설정하기 위해서 프로젝트 출력 위치를 설정하도록 하겠습니다.

프로젝트 항목에 마우스 오른쪽 버튼을 눌러 팝업을 활성화한 후 등록정보 버튼을 클릭합니다.

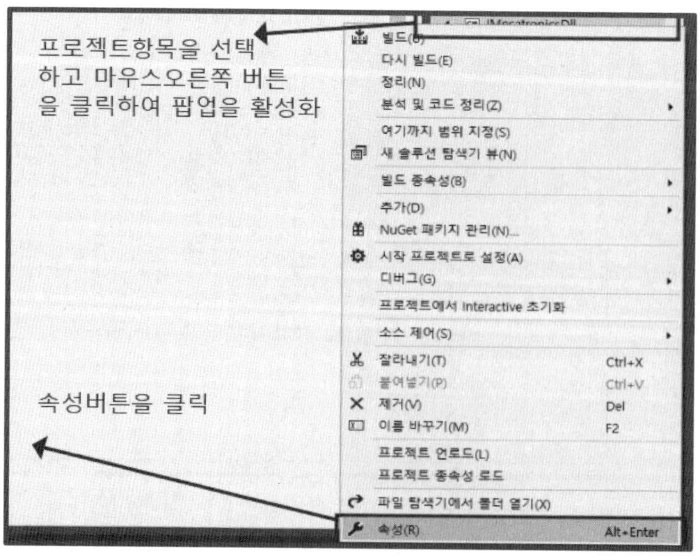

빌드탭에 이동하여 출력위치를 공용위치로 설정합니다.

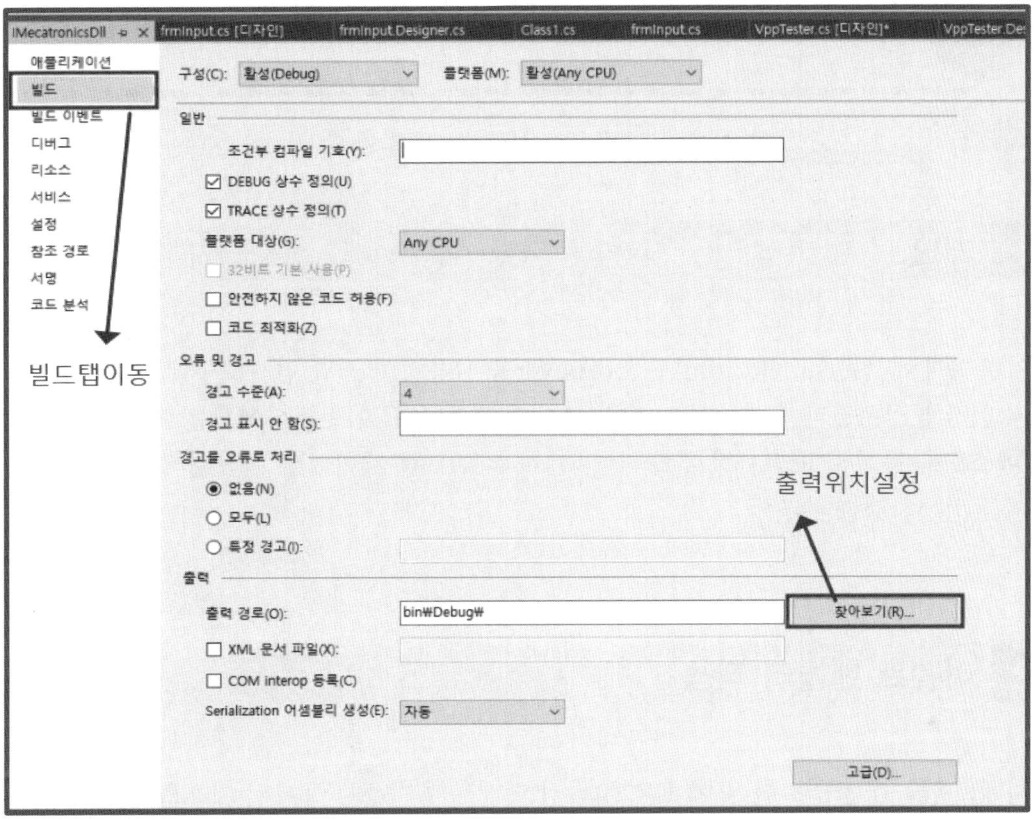

키보드 "F5"버튼을 눌러 프로그램을 디버깅모드로 실행하여 버튼을 클릭하면 Dll에 포함된 폼이 실행됨을 확인할 수 있습니다.

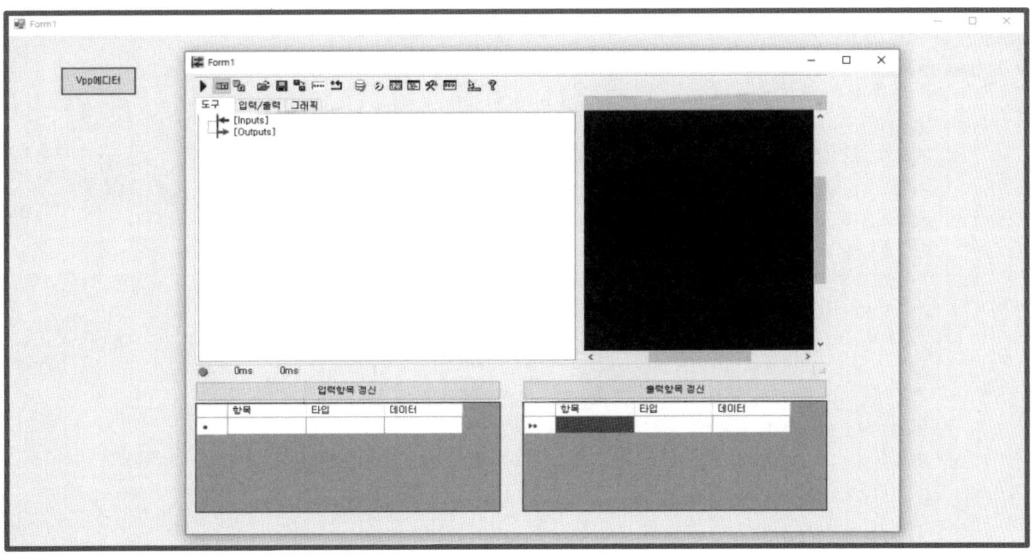

Ex 04 ToolBlock 검사루프를 수동으로 실행

1 개요

기존 예제에서는 QuickBuild나 ToolBlock을 사용하여 개별 검사도구에 대한 판정은 하였지만 전체 검사결과에 대하여 판정을 하지 않았습니다. 이번챕터에서는 이벤트핸들에 호출 메소드를 등록하여 검사전 루프제어, 검사후 루프를 제어하여 원하는 결과를 연산하는 예제를 진행하겠습니다.

2 이벤트 핸들러 적용

이벤트 핸들러는 컨트롤 및 객체에서 특정 이벤트가 발생시 등록된 메소드를 실행하는 역할을 합니다.

이벤트핸들러는 그림과 같이 델리게이트를 이용하여 정의된 것을 발생시 호출해주는 역할을 합니다.

```
namespace System
{
    //
    // 요약:
    //     이벤트 데이터가 없는 이벤트를 처리할 메서드를 나타냅니다.
    //
    // 매개 변수:
    //   sender:
    //     이벤트 소스입니다.
    //
    //   e:
    //     이벤트 데이터가 포함되지 않은 개체입니다.
    [ComVisible(true)]
    public delegate void EventHandler(object sender, EventArgs e);
}
```

사용방법은 이벤트 핸들러형으로 변수를 선언하고 해당변수에 이벤트핸들러 원형에 맞는 메소드를 등록해주고 이벤트함수를 실행하면 콜백 이벤트가 발생합니다.

변수의 선언의 다음과 같이 event EventHandler형으로 선언합니다.

```
public event EventHandler Ran;
public event EventHandler Running;
```

해당 이벤트핸들러형의 메소드를 정의하고 해당메서드를 += 연산자로 변수에 대입하여 사용합니다.

```
참조 1개
private void cogToolBlockEditV21_SubjectChanged(object sender, EventArgs e)
{
    cogToolBlockEditV21.Subject.Running += SubjectRunning;
}

참조 1개
public void SubjectRunning(object sender, EventArgs e)
{
}
```

3 예제 프로젝트 생성

현재 솔루션에서 Ex03으로 프로젝트를 생성합니다. 생성과정은 이전 예제와 같습니다. 생성된 폼에 CogToolBlockEditV2 도구를 등록합니다.

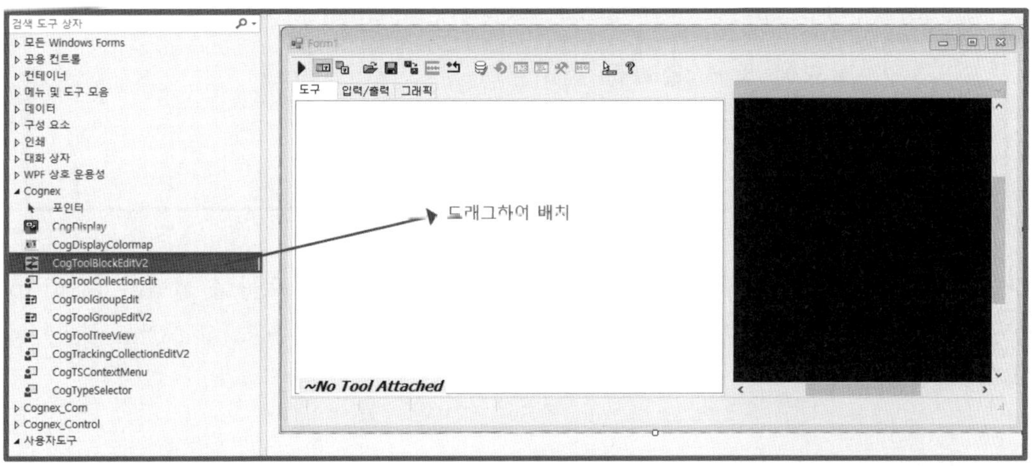

코드보기에 들어가서 검사시작전 핸들러를 정의하고 검사시작시 해당툴블록내 모든 비전 도구들을 실행할 수 있도록 코딩합니다.

```
public void SubjectRunning(object sender, EventArgs e)
{
    // 검사객체의 주소를 담은 변수를 만들어 대입해줌
    CogToolBlock ToolBlock = cogToolBlockEditV21.Subject;

    // 툴을 실해아면 받을 결과변수를 선언
    string message = "";
    CogToolResultConstants result = CogToolResultConstants.Error;

    // 툴블록의 모든 비전도구수만큼 루프를 반복한다.
    foreach (ICogTool tool in ToolBlock.Tools)
    {
        try
        {
            // 현재툴을 실행하고 상태와 메세지를 확인
            ToolBlock.RunTool(tool, ref message, ref result);
        }
        catch(Exception Ex)
        {
        }
    }
}
```

이벤트 완료시 호출하는 메소드를 만듭니다.

```
참조 1개
public void SubjectRan(object sender, EventArgs e)
{
    // 필요에 맞게 결과를 받아온다.

}
```

다음은 이벤트 핸들러 등록하도록 하겠습니다. ToolBlock 컨트롤을 선택후 ToolBlock 항목을 불러올 때 이벤트를 받기 위해 이벤트항목을 선택후 기타→SubjectChange를 등록합니다.

추가한 이벤트에 메소드를 등록합니다. 이후 프로그램이 실행되면 해당 메소드가 호출됩니다.

```
참조 1개
private void cogToolBlockEditV21_SubjectChanged(object sender, EventArgs e)
{
    // 검사중 호출되는 메소드
    cogToolBlockEditV21.Subject.Running += SubjectRunning;

    // 검사후 호출되는 메소드
    cogToolBlockEditV21.Subject.Ran += SubjectRan;
}
```

Vpp를 가져(오픈)오면 호출 이벤트가 발생해서 실행되고, 검사버튼을 눌렀을 때 호출되는 이벤트 핸들러를 등록하는 것입니다.

Running은 실행하는 중에 호출하는것이고, Ran은 실행을 마치고 호출하는것입니다.

Vpp가 변경 되면 툴그룹에 대한 이벤트 핸들러는 다시 등록을 해주는 것입니다.

메소드 호출을 테스트해보기 위해 리스트박스를 추가하고 실행시 이벤트발생내용을 출력하겠습니다.

디자인모드에서 리스트박스 컨트롤을 폼에 추가합니다.

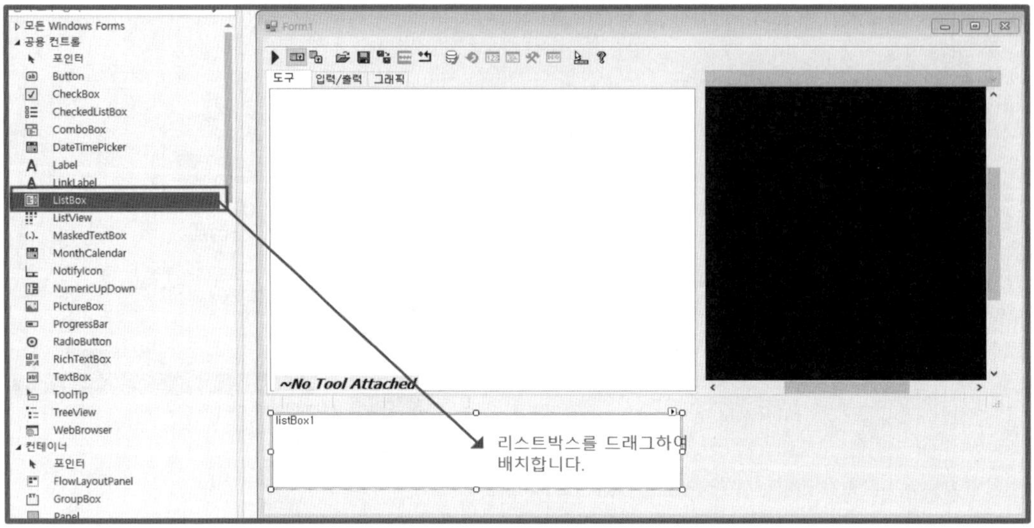

검사 종료시 호출되는 메소드 이벤트에 "비전검사 시작이벤트 발생" 메시지가 출력될 수 있도록 추가합니다.

```
public void SubjectRunning(object sender, EventArgs e)
{
    if (this.InvokeRequired)
    {
        this.Invoke(new MethodInvoker(delegate ()
        {
            listBox1.Items.Add("비전검사 시작이벤트 발생");
        }));
    }
    else
    {
        listBox1.Items.Add("비전검사 시작이벤트 발생");
    }

    // 검사객체의 주소를 담은 변수를 만들어 대입해줌
    CogToolBlock ToolBlock = cogToolBlockEditV21.Subject;

    // 툴을 실해아면 받을 결과변수를 선언
    string message = "";
    CogToolResultConstants result = CogToolResultConstants.Error;

    // 툴블록의 모든 비전도구수만큼 루프를 반복한다.
    foreach (ICogTool tool in ToolBlock.Tools)
    {
        try
        {
            // 현재툴을 실행하고 상태와 메세지를 확인
            ToolBlock.RunTool(tool, ref message, ref result);
        }
        catch(Exception Ex)
        {
        }
    }
}
```

5 프로그램 빌드 및 디버깅

솔류션 탐색기에서 시작 프로젝트를 Ex03로 변경하고 등록정보창의 빌드탭에서 출력위치를 공용 프로젝트 위치로 설정합니다.

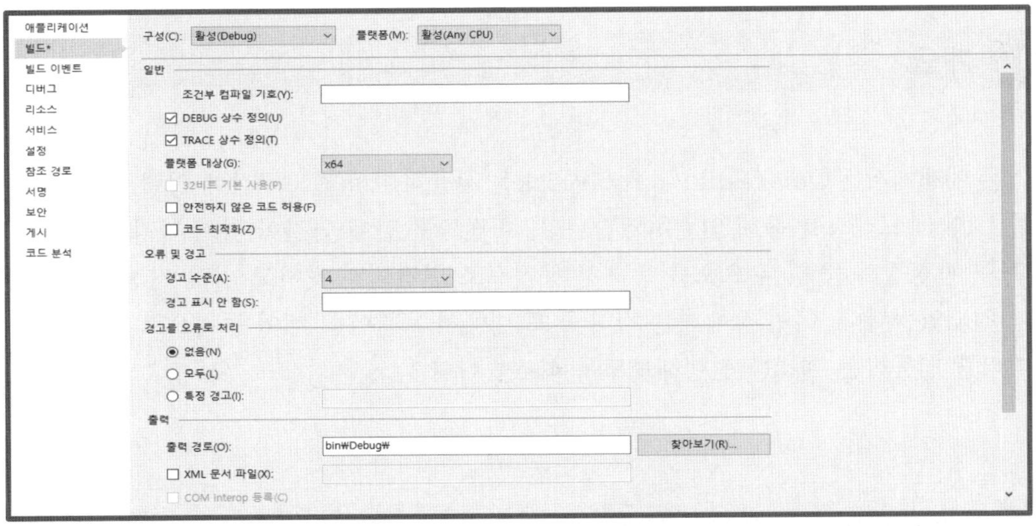

컴파일 완료 후 메뉴→디버그→디버깅시작을 클릭하거나 F5버튼을 눌러서 디버깅을 시작합니다. 해당 메시지가 제대로 출력되는지 확인합니다.

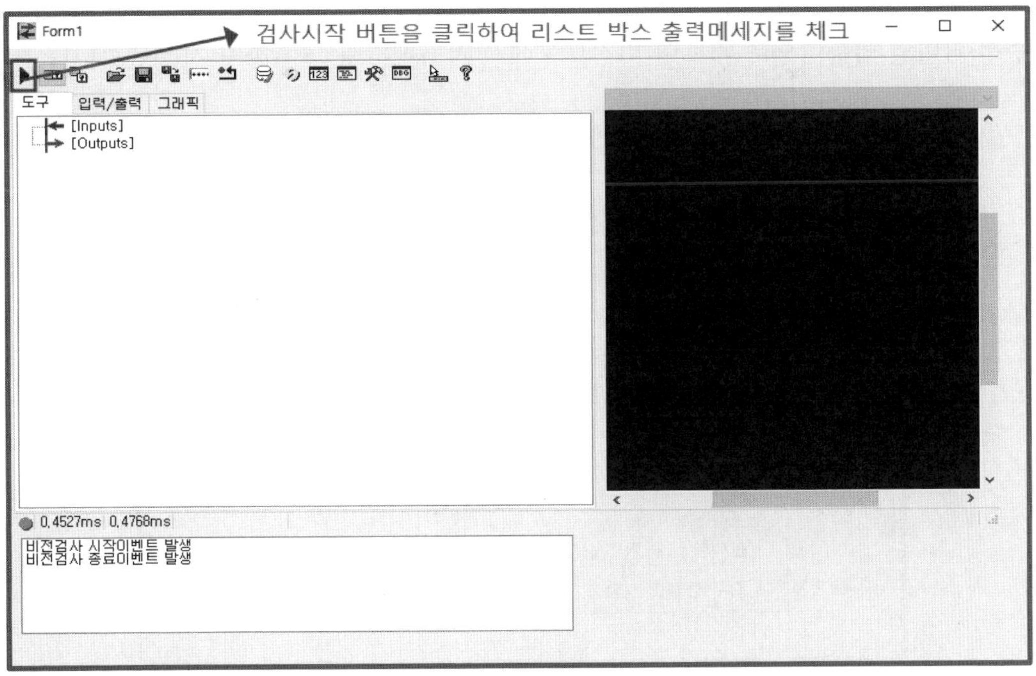

Ex05 비전도구간 입출력 파라메타 연동

1 개요

기존 예제에서는 QuickBuild나 ToolBlock을 사용하여 비전도구간에 입력, 출력 파라메타를 UI에서 드래그를 통해 연결하였습니다. 비전도구 간에 연결이 입력 파라미터 또는 비전 도구 판정결과 등 다른 요소를 통해서 동적으로 변경되지 못하고 미리 지정한 동작으로만 연결되었습니다. 이번 장에서는 검사 루프 내에서 흐름에 맞추어 동적으로 도구 간의 파라미터를 연동하는 예제를 진행해보도록 하겠습니다..

2 C#에서의 비전도구 클래스 사용방법

각 비전도구는 C# 프로그램 내에서는 고유한 구조의 클래스로 되어 있습니다. 구조의 확인을 위해 QutickBuild에서 입출력 터미널을 추가하기 위해 맴버 브라우저를 활성화하고 변수를 터미널 입출력으로 내보내 비전도구에서 파라메타를 연결하여 사용했습니다.

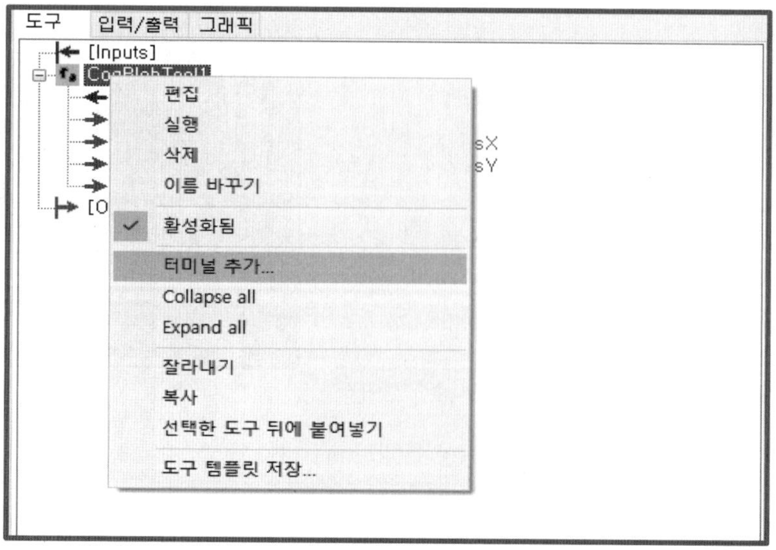

맴버브라우저의 찾아보기에서 모두(필터링 안함)을 클릭하면 클래스 원형의 내용을 확인할 수 있습니다.

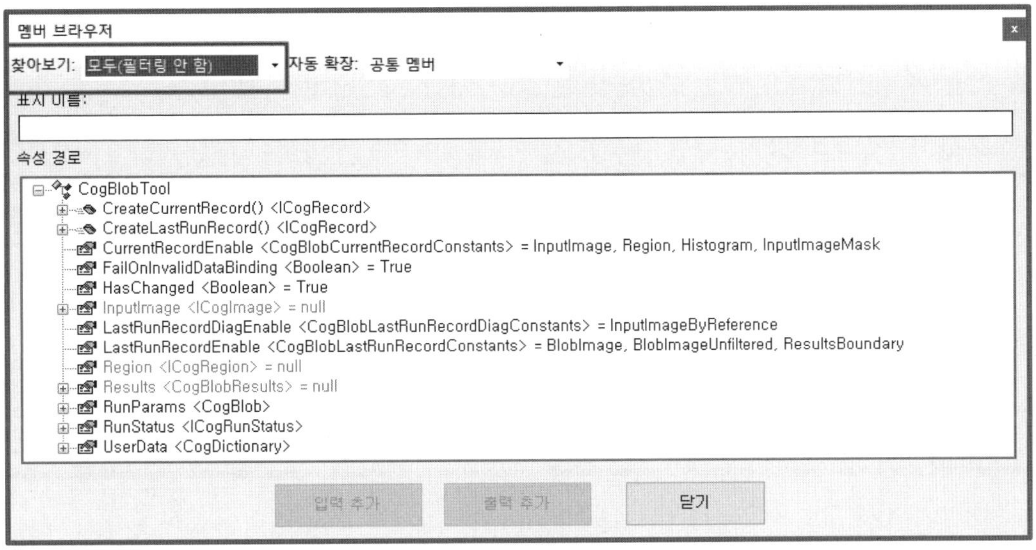

해당도구의 사용방법은 비전도구 편집창에서 "?"단축메뉴를 선택해서 인터페이스를 선택하면 아래 그림과 같이 각 함수, 변수별로 설명을 확인할 수 있습니다.

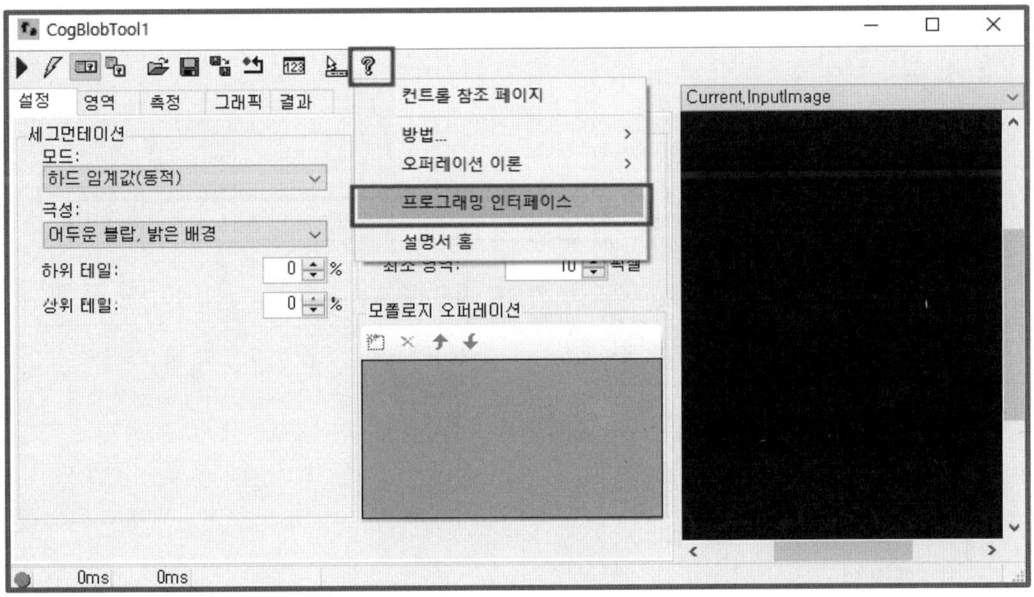

Cognex.VisionPro.Blob Namespace — Cognex VisionPro 9.6 SR2

Classes

Class	Description
CogBlob	Class for configuring and performing blob analysis. The blob run-time parameters include, but are not limited to, settings for segmentation, connectivity, morphology, masking, filtering, and sorting.
CogBlobMeasure	Class indicating how a specified measure will be used during execution of blob analysis. Blob measures can either be used as filter criteria or precomputed such that the time required to calculate the measure is part of the blob analysis execution time.
CogBlobMeasureCollection	A collection indicating how the specified measures will be used during execution of blob analysis. Blob measures can either be used as filter criteria or precomputed such the time required to calculate the measure is part of the blob execution time.
CogBlobMorphologyCollection	A collection of CogBlobMorphologyConstants indicating which morphology operations are to be performed on the segmented image. The operations are performed in the order in which they are added to the collection. Operations can be added multiple times.
CogBlobResult	Class for a single blob result. Provides information for an individual feature found during blob analysis. Features include both blobs and holes within blobs.
CogBlobResultCollection	A collection of blob results.
CogBlobResults	Class which provides access to all of the results of a blob analysis. Includes access to filtered and unfiltered collections of CogBlobResult objects. Also provides access to intermediate and result images of the blob analysis.
CogBlobScene	For Cognex Internal use only.
CogBlobSegmentationParams	Class which holds image segmentation parameters. Blob analysis provides numerous methods of segmenting an image into object and background pixels. The primary interface of this class allows the user to select and configure the method of segmentation.
CogBlobTool	This is the class for the CogBlobTool. The CogBlobTool encapsulates all of the classes required to perform a blob analysis inspection.

Enumerations

Enumeration	Description
CogBlobAxisConstants	Enumeration of axes that can be selected for the median & bounding box measures.
CogBlobConnectivityCleanupConstants	Enumeration of blob connectivity cleanup types.
CogBlobConnectivityModeConstants	Enumeration of connectivity modes.
CogBlobCurrentRecordConstants	Enumeration of data that can be provided in the Tool's CurrentRecord.
CogBlobExtremaExcludeConstants	Enumeration indicates which, or none, exclude area property is used to indicate the amount of feature to exclude for the median and bounding box measures.
CogBlobFilterModeConstants	Enumeration indicating how the filter range is to be interpreted.
CogBlobLabelConstants	Enumeration of blob grey scale label constants. The Label property of CogBlobResult returns a value which indicate that the feature is either a blob or a hole when performing grey scale connectivity.
CogBlobLastRunRecordConstants	Enumeration of Non-Diagnostic data that can be provided in the Tool's LastRunRecord.
CogBlobLastRunRecordDiagConstants	Enumeration of Diagnostic data that can be provided in the Tool's LastRunRecord.
CogBlobMeasureConstants	Enumeration of the various measurements that can be performed on a specified blob. Measurements can be obtained by calling the Measure property of a blob result. Measurements can also be used to specify blob

ToolBlock내의 비전도구를 사용하기 위해서는 비전도구 클래스형 객체변수를 만들고 ToolBlock.Tool["도구이름"]으로 객체주소를 얻어오고 형변환을 하여 주소를 얻어옵니다.

```
// 툴블록의 모든 비전도구수만큼 루프를 반복한다.
foreach (ICogTool tool in ToolBlock.Tools)
{
    try
    {
        // 해당툴이 실행되기전에 파라메타를 연결한다.
        if( tool.Name == "CogImageConvertTool1")
        {
            // 해당그룹의 주소를 얻어온다.
            CogAcqFifoTool Temp1 = (CogAcqFifoTool)ToolBlock.Tools["CogAcqFifoTool1"];
            CogImageConvertTool Temp2 = (CogImageConvertTool)tool;

            // 취득된 이미지를 이미지컨버터툴의 입력이미지로 연결
            Temp2.InputImage = Temp1.OutputImage;
        }
        // 현재툴을 실행하고 상태와 메세지를 확인
        ToolBlock.RunTool(tool, ref message, ref result);
    }
    catch (Exception Ex)
    {
    }
}
```

툴블럭안에 도구이름으로 비전도구를 찾음

3 예제 프로젝트 생성

현재 솔루션에서 Ex04으로 프로젝트를 생성합니다. 생성된 폼에 CogToolBlockEdit 도구를 등록합니다.

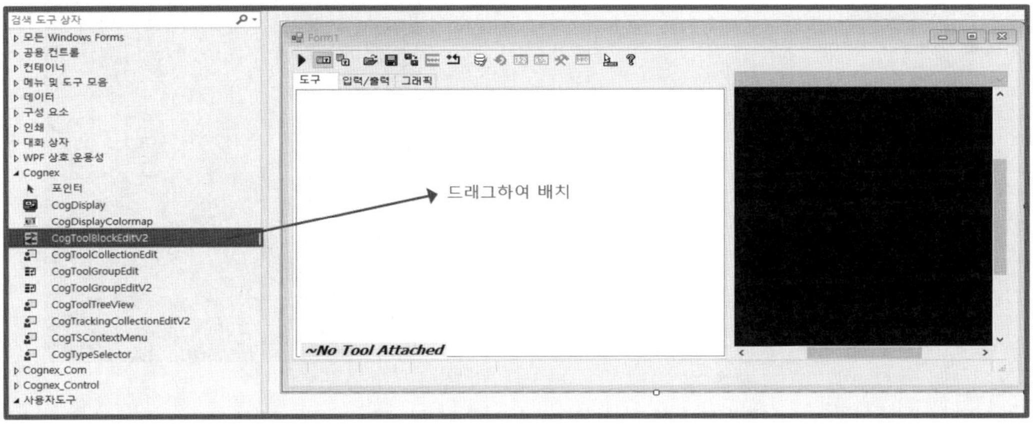

코드보기에 들어가서 검사 시작전 핸들러를 정의하고 검사 시작 시 해당 도구 블록 내 모든 비전 도구들을 실행할 수 있도록 코딩합니다.

```
참조 1개
public Form1()
{
    InitializeComponent();

    // 검사중 호출되는 메소드
    cogToolBlockEditV21.Subject.Running += SubjectRunning;

    // 검사후 호출되는 메소드
    cogToolBlockEditV21.Subject.Ran += SubjectRan;
}

참조 1개
public void SubjectRan(object sender, EventArgs e)
{
}

참조 1개
public void SubjectRunning(object sender, EventArgs e)
{
    // 검사객체의 주소를 담은 변수를 만들어 대입해줌
    CogToolBlock ToolBlock = cogToolBlockEditV21.Subject;

    // 툴을 실해아면 받을 결과변수를 선언
    string message = "";
    CogToolResultConstants result = CogToolResultConstants.Error;

    // 툴블록의 모든 비전도구수만큼 루프를 반복한다.
    foreach (ICogTool tool in ToolBlock.Tools)
    {
        try
        {
            // 현재툴을 실행하고 상태와 메세지를 확인
            ToolBlock.RunTool(tool, ref message, ref result);
        }
        catch (Exception Ex)
        {
        }
    }
}
```

프로그램을 실행하여 CogAcqFifoTool과 CogImageConverTool배치하고 블록을 저장합니다.

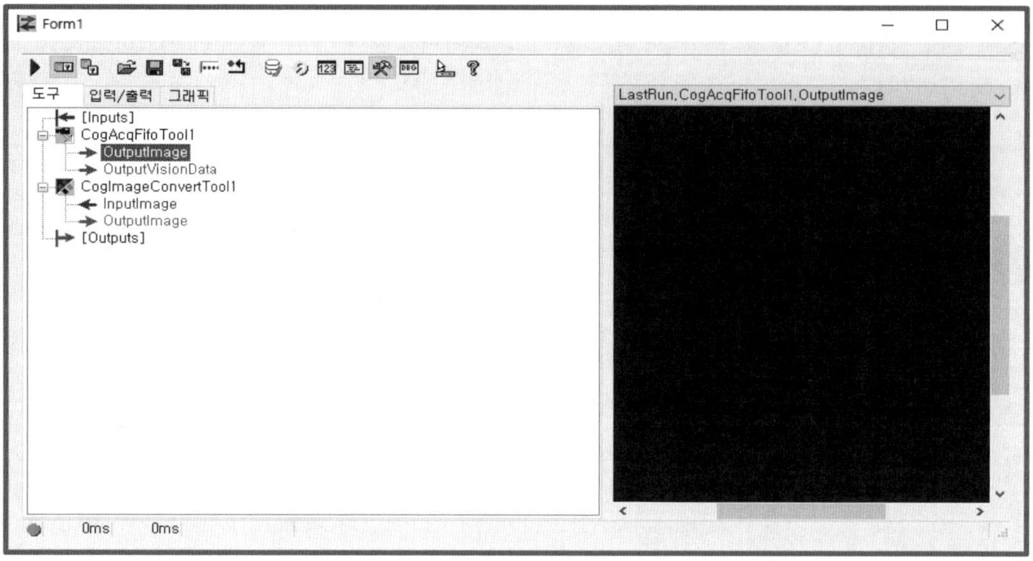

검사 후 호출되는 메소드에 이미지 컨버터툴이 시작되기 전에 취득된 이미지를 연결할 수 있도록 코딩합니다.

```
참조 1개
public void SubjectRunning(object sender, EventArgs e)
{
    // 검사객체의 주소를 담은 변수를 만들어 대입해줌
    CogToolBlock ToolBlock = cogToolBlockEditV21.Subject;

    // 툴을 실해아면 받을 결과변수를 선언
    string message = "";
    CogToolResultConstants result = CogToolResultConstants.Error;

    // 툴블록의 모든 비전도구수만큼 루프를 반복한다.
    foreach (ICogTool tool in ToolBlock.Tools)
    {
        try
        {
            // 해당툴이 실행되기전에 파라메타를 연결한다.
            if( tool.Name == "CogImageConvertTool1")
            {
                // 해당그룹의 주소를 얻어온다.
                CogAcqFifoTool Temp1 = (CogAcqFifoTool)ToolBlock.Tools["CogAcqFifoTool1"];
                CogImageConvertTool Temp2 = (CogImageConvertTool)ToolBlock.Tools["CogAcqFifoTool1"];

                // 취득된 이미지를 이미지컨버터툴의 입력이미지로 연결
                Temp2.InputImage = Temp1.OutputImage;

            }

            // 현재툴을 실행하고 상태와 메세지를 확인
            ToolBlock.RunTool(tool, ref message, ref result);
        }
        catch (Exception Ex)
        {
        }
    }
}
```

5 프로그램 빌드 및 디버깅

솔류션 탐색기에서 시작 프로젝트를 Ex04로 변경하고 등록정보창의 빌드탭에서 출력위치를 공용 프로젝트 위치로 설정합니다.

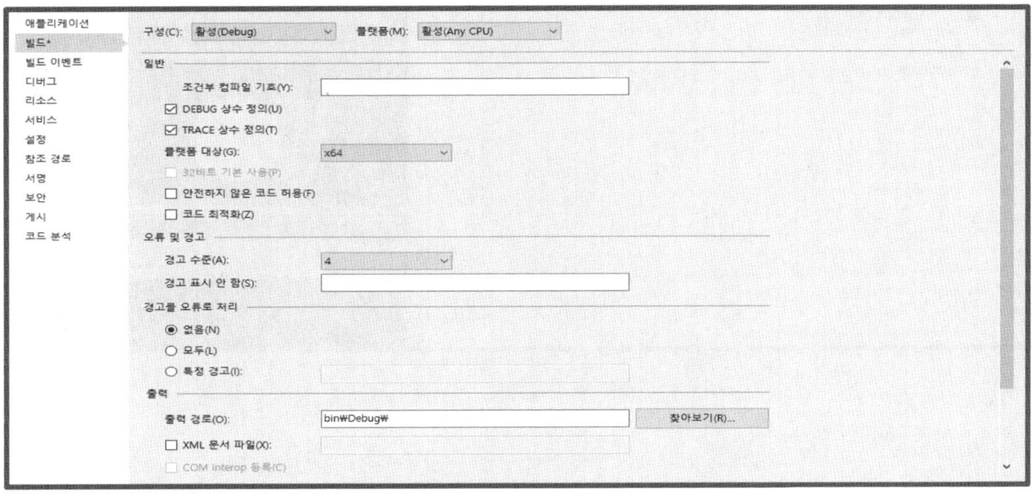

컴파일 완료 후 프로그램을 실행하고 이미 생성한 Vpp파일을 불러오고 검사를 실행하여 비전도구에서 입력 이미지가 연결되었는지 확인합니다. 다시한번 언급하면, “CogAcqFifoTool1”와 “CogImageConverTool1”은 Vision 도구로부터 불러와서 배치하고 신호선 연결은 하지 않습니다. 본 예제에서는 신호선 연결을 Script로 해결한 경우입니다. 아래 사진은 “CogAcqFifoTool1”의 출력 신호입니다.

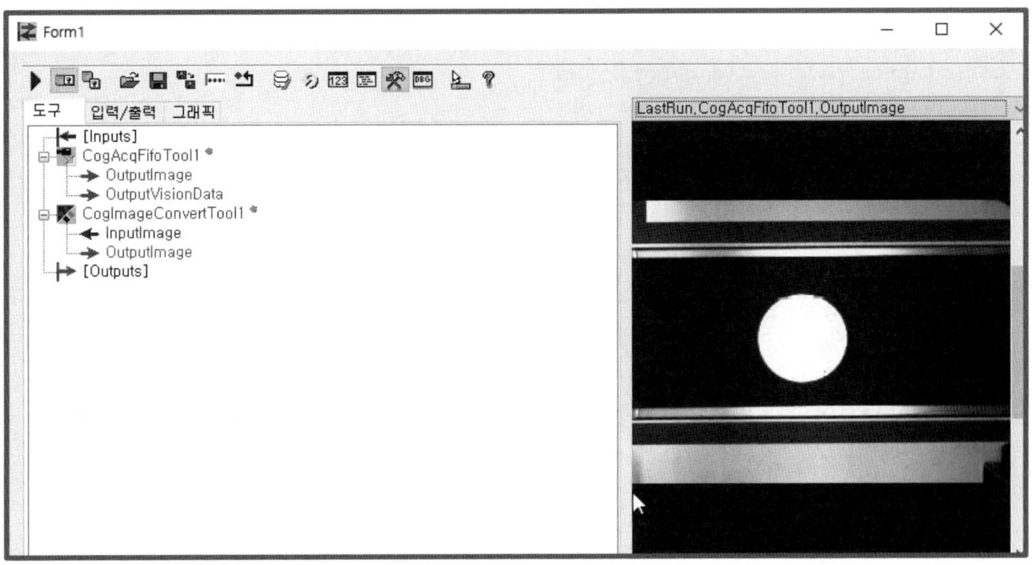

아래사진은 “CogImageConverTool1” 출력사진입니다.

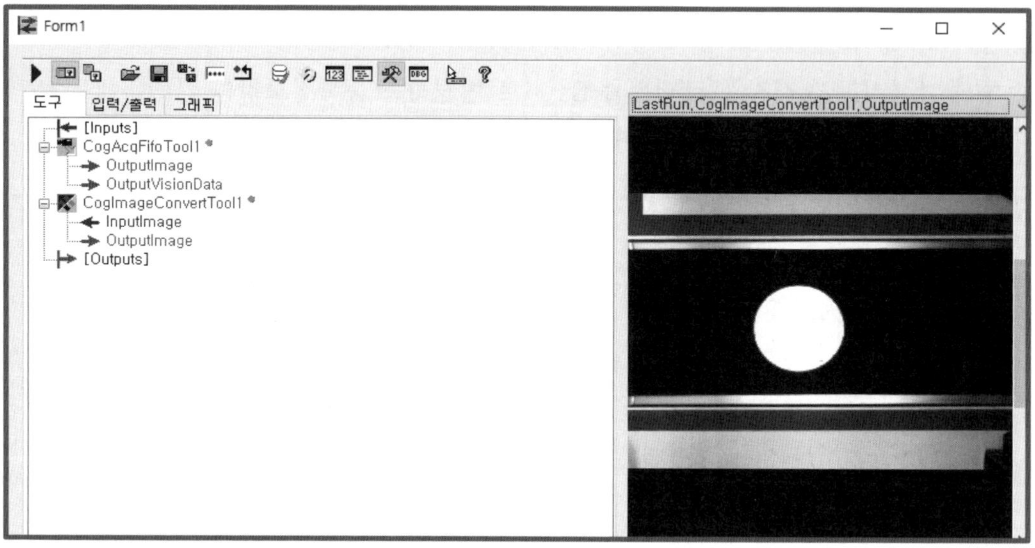

6 전체 프로그램

Form.cs 프로그램입니다. 예제 작성시 참고해서 작업하시면 편리하리라 봅니다.

```
//Form1.cs  Program

using Cognex.VisionPro;
using Cognex.VisionPro.ImageProcessing;
using Cognex.VisionPro.ToolBlock;
using System;
using System.Collections.Generic;
using System.ComponentModel;
using System.Data;
using System.Drawing;
using System.Linq;
using System.Text;
using System.Threading.Tasks;
using System.Windows.Forms;

namespace Ex04
{
```

```
public partial class Form1 : Form
{
    public Form1()
    {
        InitializeComponent();

        // 검사중 호출되는 메소드
        cogToolBlockEditV21.Subject.Running += SubjectRunning;
        cogToolBlockEditV21.Subject.Ran += SubjectRan;
    }

    private void cogToolBlockEditV21_SubjectChanged(object sender, EventArgs e)
    {
        // 검사중 호출되는 메소드
        cogToolBlockEditV21.Subject.Running += SubjectRunning;
        cogToolBlockEditV21.Subject.Ran += SubjectRan;
    }

    public void SubjectRan(object sender, EventArgs e)
    {
    }

    public void SubjectRunning(object sender, EventArgs e)
    {

        // 검사객체의 주소를 담은 변수를 만들어 대입해줌
        CogToolBlock ToolBlock = cogToolBlockEditV21.Subject;

        // 툴을 실행하면 받을 결과변수를 선언
        string message = "";
        CogToolResultConstants result = CogToolResultConstants.Error;

        // 툴블록의 모든 비전도구수만큼 루프를 반복한다.
        foreach (ICogTool tool in ToolBlock.Tools)
        {
            try
            {
                // 해당툴이 실행되기전에 파라메타를 연결한다.
                if( tool.Name == "CogImageConvertTool1")
                {
                    // 해당그툴의 주소를 얻어온다.
                    CogAcqFifoTool Temp1 =
                        (CogAcqFifoTool)ToolBlock.Tools["CogAcqFifoTool1"];
                    CogImageConvertTool Temp2 = (CogImageConvertTool)tool;

                    // 취득된 이미지를 이미지컨버터툴의 입력이미지로 연결
```

```
                    Temp2.InputImage = Temp1.OutputImage;

                }

                // 현재툴을 실행하고 상태와 메세지를 확인
                ToolBlock.RunTool(tool, ref message, ref result);
            }
            catch (Exception Ex)
            {
            }
        }
    }

  }
}
```

Program.cs입니다.

```
// Program.cs

using System;
using System.Collections.Generic;
using System.Linq;
using System.Threading.Tasks;
using System.Windows.Forms;

namespace Ex04
{
    static class Program
    {
        /// <summary>
        /// 해당 애플리케이션의 주 진입점입니다.
        /// </summary>
        [STAThread]
        static void Main()
        {
            Application.EnableVisualStyles();
            Application.SetCompatibleTextRenderingDefault(false);
            Application.Run(new Form1());
        }
    }
}
```

Ex06 비전도구 동적 생성하여 제어

1 개요

머신 비전 검사를 진행하다보면 여러 조건으로 검사시료에 따라서 비전도구들이 동적으로 추가되어야 할 때가 있습니다. 이번 챕터는 C#프로그램 코드내에서 비전검사 도구를 동적 생성하고 사용해보는 예제를 진행하겠습니다

2 예제 프로젝트 생성

현재 솔루션에서 Ex05으로 프로젝트를 생성합니다. 생성된 폼에 CogToolBlockEditV2 도구를 등록합니다.

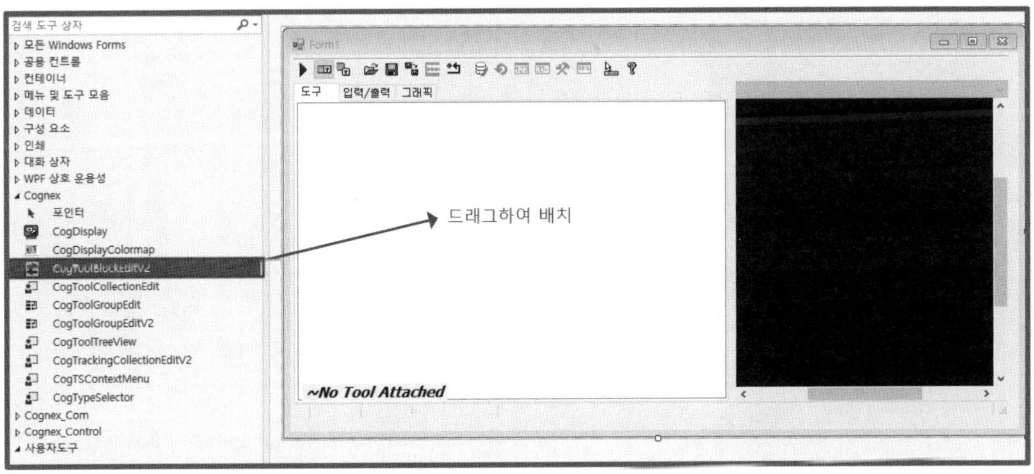

코드보기에 들어가서 검사 시작전 핸들러를 정의하고 검사 시작 시 해당 도구 블록 내 모든 비전도구들을 실행할 수 있도록 코딩합니다.

```
using Cognex.VisionPro;
using Cognex.VisionPro.ImageProcessing;
using Cognex.VisionPro.ToolBlock;
using System;
using System.Windows.Forms;

namespace Ex05
{
    public partial class Form1 : Form
    {
        public Form1()
        {
            InitializeComponent();
            // 검사중 호출되는 메소드
            cogToolBlockEditV21.Subject.Running += SubjectRunning;

            // 검사후 호출되는 메소드
            cogToolBlockEditV21.Subject.Ran += SubjectRan;
        }


        public void SubjectRan(object sender, EventArgs e)
        {
        }
```

Vpp가 실행될 때 모든 도구를 삭제하고 이미지취득툴과 이미지 컨버터툴을 만들고 해당 도구의 입출력 이미지를 연결합니다.

```
public void SubjectRunning(object sender, EventArgs e)
{
    // 검사객체의 주소를 담은 변수를 만들어 대입해줌
    CogToolBlock ToolBlock = cogToolBlockEditV21.Subject;

    // 툴을 실해아면 받을 결과변수를 선언
    string message = "";
    CogToolResultConstants result = CogToolResultConstants.Error;

    // 비전도구들을 전부 제거
    ToolBlock.Tools.Clear();

    // GigE카메라 촬상도구를 만든후 리스트에 추가한다.
    CogAcqFifoTool Temp = new CogAcqFifoTool();
    Temp.Name = "CogAcqFifoTool1";
    ToolBlock.Tools.Add(Temp);

    // 이미지 컨버터툴을 만든후 리스트에 추가한다.
    CogImageConvertTool Temp2 = new CogImageConvertTool();
    Temp2.Name = "CogImageConvertTool1";
    ToolBlock.Tools.Add(Temp2);

    // 툴블록의 모든 비전도구수만큼 루프를 반복한다.
    foreach (ICogTool tool in ToolBlock.Tools)
    {
        try
        {
            // 해당툴이 실행되기전에 파라메타를 연결한다.
            if (tool.Name == "CogImageConvertTool1")
            {
                // 해당그룹의 주소를 얻어온다.
                CogAcqFifoTool Temp1 = (CogAcqFifoTool)ToolBlock.Tools["CogAcqFifoTool1"];
               // 취득된 이미지를 이미지컨버터툴의 입력이미지로 연결
                Temp2.InputImage = Temp1.OutputImage;
            }

            // 현재툴을 실행하고 상태와 메세지를 확인
            ToolBlock.RunTool(tool, ref message, ref result);
        }
        catch (Exception Ex)
        {
        }
    }
}
```

5 프로그램 빌드 및 디버깅

솔류션 탐색기에서 시작 프로젝트를 Ex04로 변경하고 등록정보창의 빌드탭에서 출력위치를 공용 프로젝트 위치로 설정합니다.

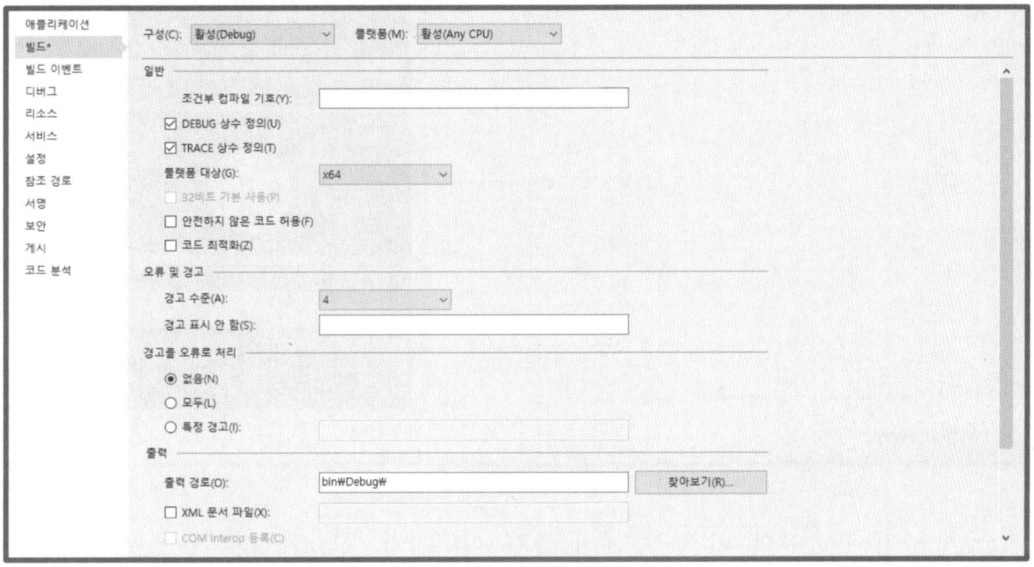

컴파일 완료하면 아래 사진과 같은 화면이 나타납니다.

컴파일후 "cogToolBlockEdit21"에 의해 생성된 "Form1"의 화면에서 " ▶ "을 클릭해서 실행하면 프로그램에서 Vision도구를 불러오고 검사를 실행합니다.

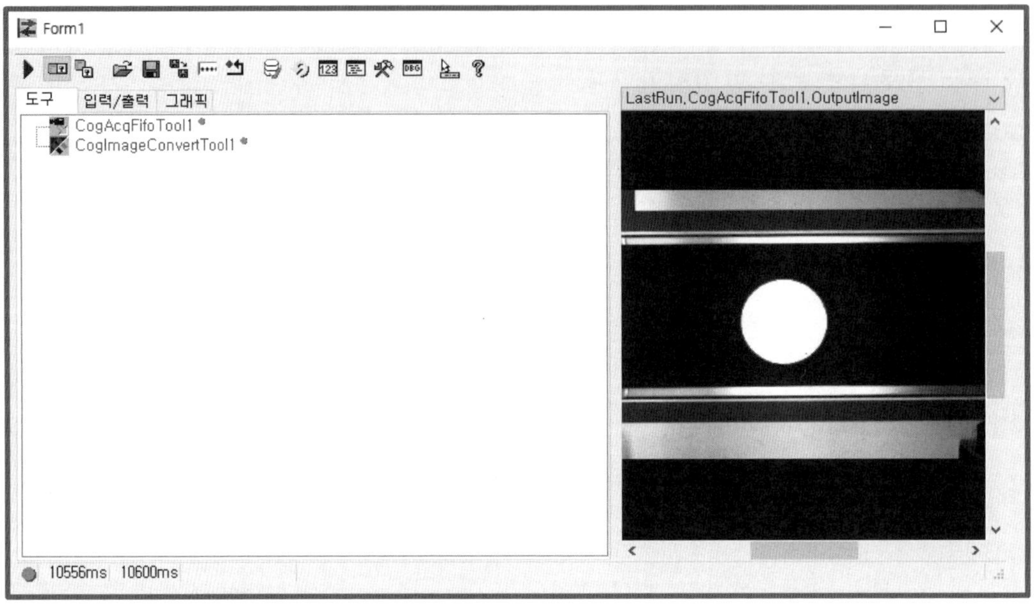

"CogAcqFifoTool1"의 비전도구에서 출력 이미지가 "CogImageConverterTool1"의 비전도구 입력으로 연결되어 "CogImageConverterTool1"의 비전도구의 출력이 정상적으로 나오는지 확인합니다.

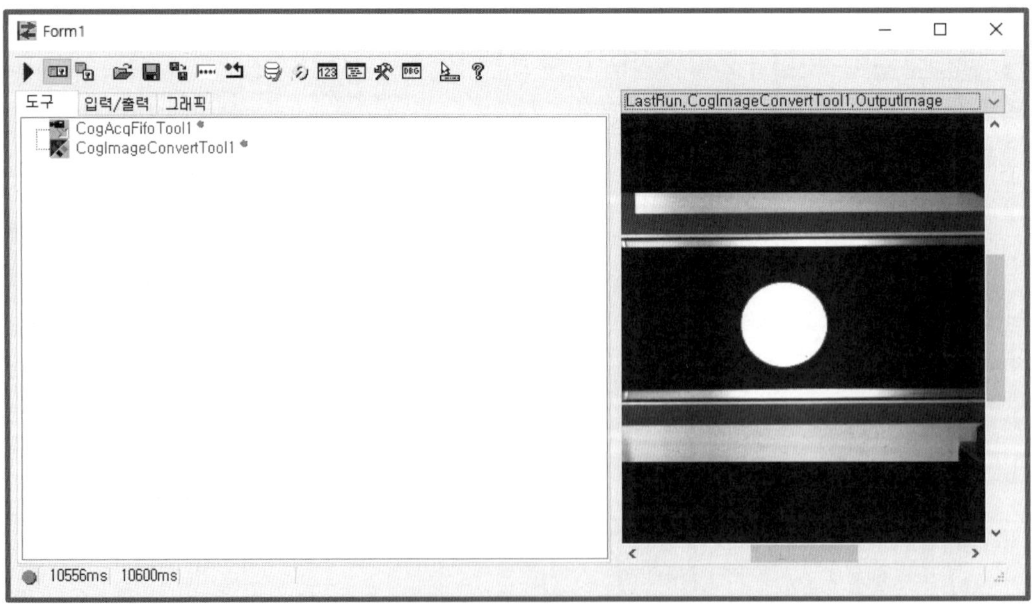

6 전체 프로그램

Form1.cs 프로그램입니다.

```
//Form1.cs

using Cognex.VisionPro;
using Cognex.VisionPro.ImageProcessing;
using Cognex.VisionPro.ToolBlock;
using System;
using System.Windows.Forms;

namespace Ex05
{
   public partial class Form1 : Form
   {
      public Form1()
      {
         InitializeComponent();
         // 검사중 호출되는 메소드
         cogToolBlockEditV21.Subject.Running += SubjectRunning;

         // 검사후 호출되는 메소드
         cogToolBlockEditV21.Subject.Ran += SubjectRan;
      }


      public void SubjectRan(object sender, EventArgs e)
      {
      }

      public void SubjectRunning(object sender, EventArgs e)
      {
         // 검사객체의 주소를 담은 변수를 만들어 대입해줌
         CogToolBlock ToolBlock = cogToolBlockEditV21.Subject;

         // 툴을 실해아면 받을 결과변수를 선언
         string message = "";
         CogToolResultConstants result = CogToolResultConstants.Error;

         // 비전도구들을 전부 제거
         ToolBlock.Tools.Clear();

         // GigE카메라 찰상도구를 만든후 리스트에 추가한다.
```

```
            CogAcqFifoTool Temp = new CogAcqFifoTool();
            Temp.Name = "CogAcqFifoTool1";
            ToolBlock.Tools.Add(Temp);

            // 이미지 컨버터툴을 만든후 리스트에 추가한다.
            CogImageConvertTool Temp2 = new CogImageConvertTool();
            Temp2.Name = "CogImageConvertTool1";
            ToolBlock.Tools.Add(Temp2);

            // 툴블록의 모든 비전도구수만큼 루프를 반복한다.
            foreach (ICogTool tool in ToolBlock.Tools)
            {
                try
                {
                    // 해당툴이 실행되기전에 파라메타를 연결한다.
                    if (tool.Name == "CogImageConvertTool1")
                    {
                        // 해당그룹의 주소를 얻어온다.
                        CogAcqFifoTool Temp1 =
                                (CogAcqFifoTool)ToolBlock.Tools["CogAcqFifoTool1"];
                       // 취득된 이미지를 이미지컨버터툴의 입력이미지로 연결
                        Temp2.InputImage = Temp1.OutputImage;
                    }

                    // 현재툴을 실행하고 상태와 메세지를 확인
                    ToolBlock.RunTool(tool, ref message, ref result);
                }
                catch (Exception Ex)
                {
                }
            }
        }
    }
}
```

Program.cs 프로그램입니다.

```
// Program.cs

using System;
using System.Collections.Generic;
using System.Linq;
using System.Threading.Tasks;
using System.Windows.Forms;
```

```
namespace Ex05
{
    static class Program
    {
        /// <summary>
        /// 해당 애플리케이션의 주 진입점입니다.
        /// </summary>
        [STAThread]
        static void Main()
        {
            Application.EnableVisualStyles();
            Application.SetCompatibleTextRenderingDefault(false);
            Application.Run(new Form1());
        }
    }
}
```

7 BlobTool 추가 및 설정파라메터 불러오고 저장하기

VisionPro를 사용하는 방법은 몇가지 편리한 형태로 할 수 있습니다. 본 챕터에서 하는 방법에서 좀더 자유스럽게 할 수 있는 부분을 소개합니다. BlobTool을 추가하고 BlobTool에서 설정한 파라메터를 불러와서 사용하는 방법입니다. 하나하나 프로그램에서 설정하여 사용하는 방법도 있겠으나 운영중 필요한 변경파라메터를 저장하고 사용할 수 있는 방법을 보여줍니다.

[전체 프로그램입니다.]

```
using System;
using System.Collections.Generic;
using System.ComponentModel;
using System.Data;
using System.Drawing;
using System.Linq;
using System.Text;
using System.Threading.Tasks;
using System.Windows.Forms;
using Cognex.VisionPro;
```

```
using Cognex.VisionPro.ImageProcessing;
using Cognex.VisionPro.ToolBlock;
using Cognex.VisionPro.Blob;

namespace ex05_01
{
    public partial class Form1 : Form
    {
        public Form1()
        {
            InitializeComponent();
            // 검사중 호출되는 메소드
            cogToolBlockEditV21.Subject.Running += SubjectRunning;

            // 검사후 호출되는 메소드
            cogToolBlockEditV21.Subject.Ran += SubjectRan;
            cogToolBlockEditV21.Subject.Run();
        }

        public void SubjectRan(object sender, EventArgs e)
        {
        }

        public void SubjectRunning(object sender, EventArgs e)
        {
            // 검사객체의 주소를 담은 변수를 만들어 대입해줌
            CogToolBlock ToolBlock = cogToolBlockEditV21.Subject;

            // 툴을 실행하여 받을 결과변수를 선언
            string message = "";
            CogToolResultConstants result = CogToolResultConstants.Error;

            // 비전도구들을 전부 제거
            ToolBlock.Tools.Clear();

            // GigE카메라 촬상도구를 만든후 리스트에 추가한다.
            CogAcqFifoTool Temp = new CogAcqFifoTool();
            Temp.Name = "CogAcqFifoTool1";
            ToolBlock.Tools.Add(Temp);

            // 이미지 컨버터툴을 만든후 리스트에 추가한다.
            CogImageConvertTool Temp2 = new CogImageConvertTool();
            Temp2.Name = "CogImageConvertTool1";
            ToolBlock.Tools.Add(Temp2);

            // Blob 툴을 만든후 리스트에 추가한다.
```

```
        // 불러오기
        CogBlobTool                                   Temp3                                    =
(CogBlobTool)CogSerializer.LoadObjectFromFile("D:/HS/Blob/Blob.vpp");
        string Root = Application.StartupPath;
        Temp3.Name = "CogBlobTool1";
        ToolBlock.Tools.Add(Temp3);

        // 툴블록의 모든 비전도구수만큼 루프를 반복한다.
        foreach (ICogTool tool in ToolBlock.Tools)
        {
            try
            {
                // 해당툴이 실행되기전에 파라메타를 연결한다.
                if (tool.Name == "CogImageConvertTool1")
                {
                    // 해당그룹의 주소를 얻어온다.
                    CogAcqFifoTool Temp1 = (CogAcqFifoTool)ToolBlock.Tools["CogAcqFifoTool1"];
            CogImageConvertTool Temp12 = (CogImageConvertTool)ToolBlock.Tools["CogImageConvertTool1"];
                    // 취득된 이미지를 이미지컨버터툴의 입력이미지로 연결
                    Temp2.InputImage = Temp1.OutputImage;
                    Temp12.Run();
                    Temp3.InputImage = Temp12.OutputImage;
                }
                // 현재툴을 실행하고 상태와 메세지를 확인
                ToolBlock.RunTool(tool, ref message, ref result);
            }
            catch (Exception Ex)
            {
            }
        }
    }

    private void button1_Click(object sender, EventArgs e)
    {
        // 파라메터 불러오기
        CogBlobTool Temp3 = (CogBlobTool)cogToolBlockEditV21.Subject.Tools["CogBlobTool1"];
        // 저장하기
        CogSerializer.SaveObjectToFile(Temp3, "D:/HS/Blob/Blob.vpp");
    }
  }
}
```

프로그램 실행후 처음에는 ObjectFrom File이 없을 것입니다. 따라서 실행하여 다음과 같은 화면이 출력되면 CogBlobTool을 더블클릭하여 파라메터를 설정하고 프로그램에서 제시한 파일명으로 저장해야합니다. 그러면 다음 부터는 설정되어 저장된 파라메터를 바로

사용할 수 있습니다. 또한 저장 버튼을 클릭하면 현재 설정된 파라메터가 자동으로 저장됩니다.

1) 전체 화면입니다.

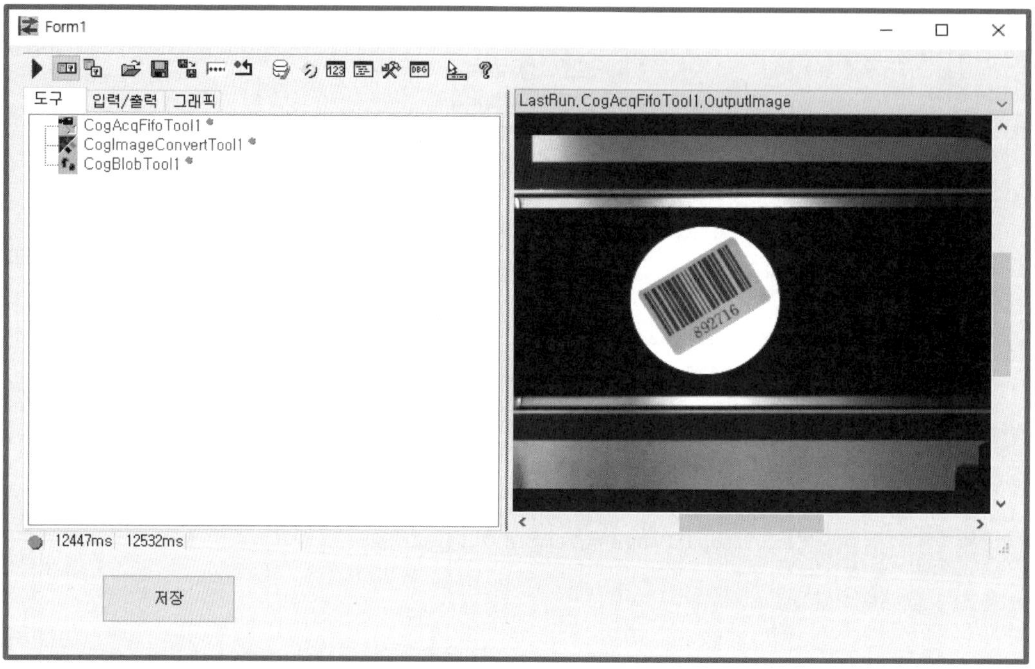

2) 설정 탭 화면입니다.

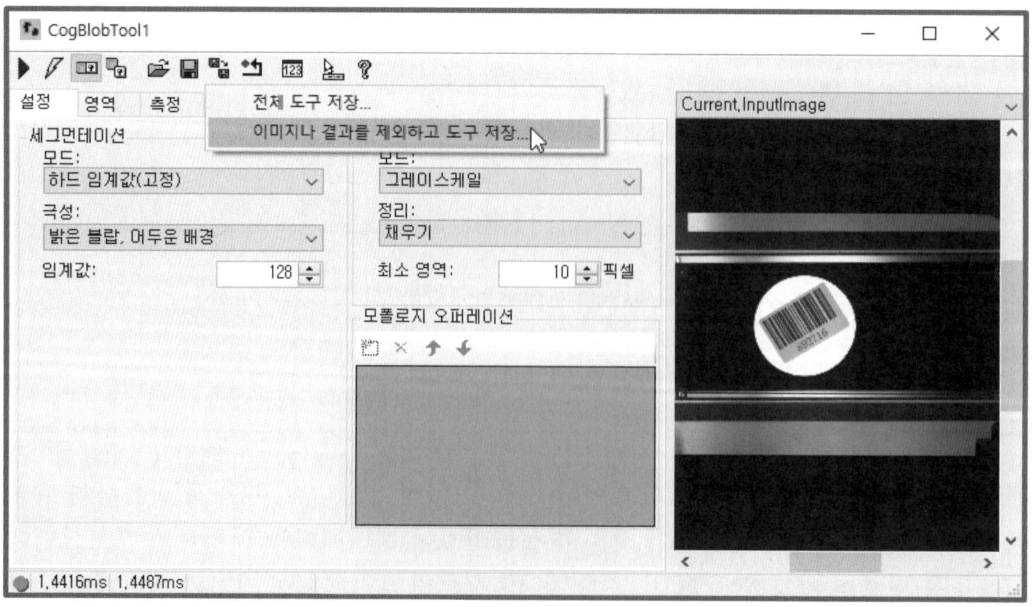

3) 측정탭 화면입니다. 사용방법은 QuickBuild에서 설명한 부분을 참고하시면 됩니다.

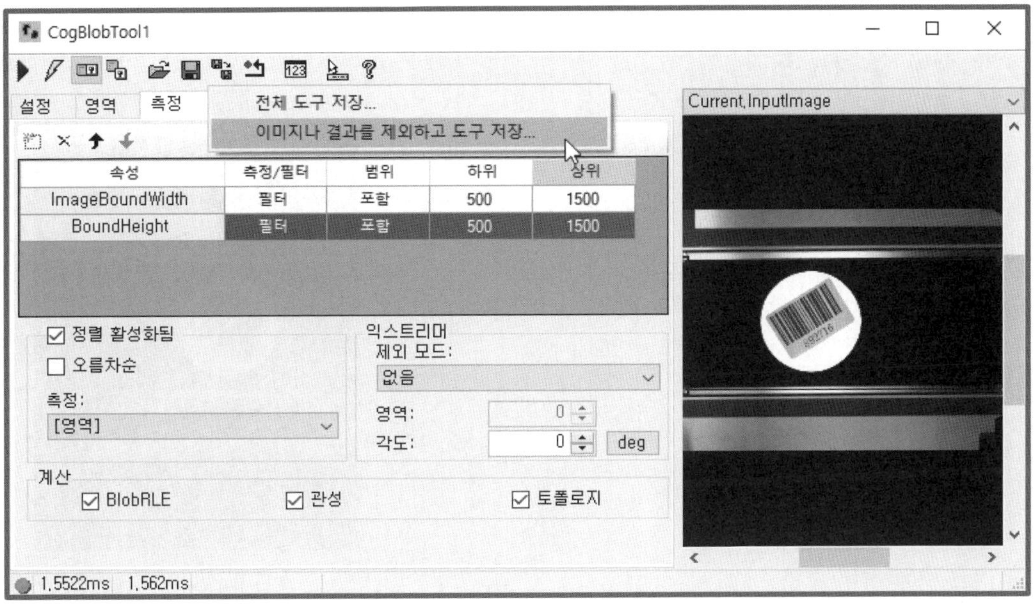

4) 결과탭 화면입니다.

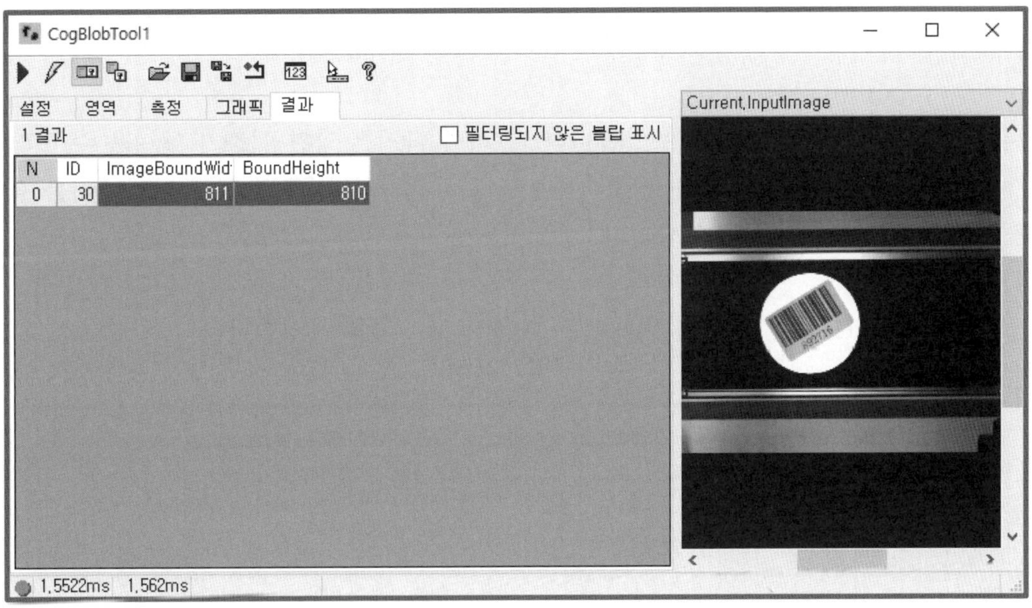

5) 영역탭 화면입니다.

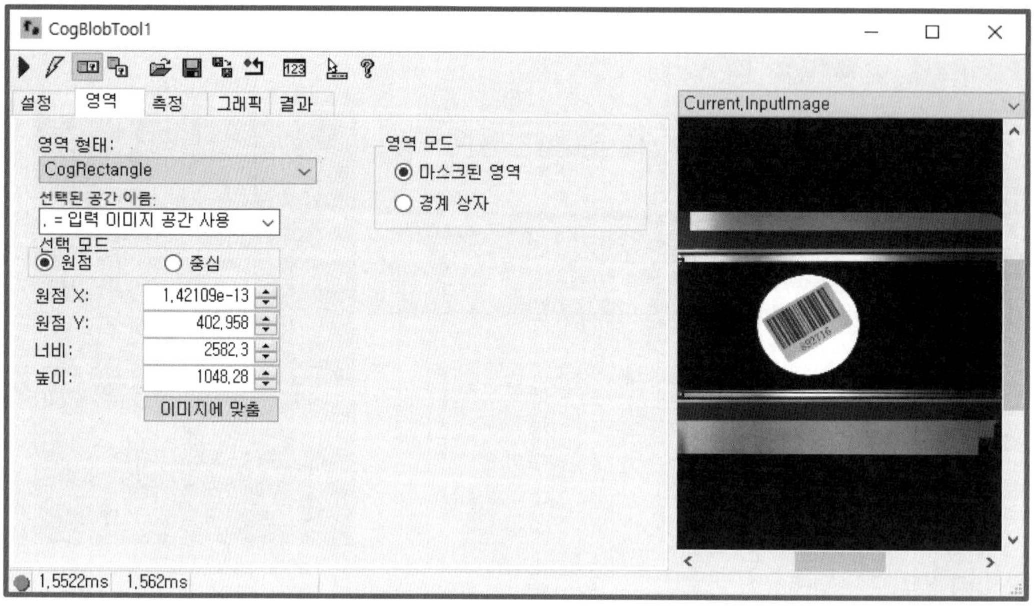

8 ColorMatchTool 추가 및 설정파라메터 불러오고 저장하기

7절에서 BlobTool을 추가해 보았습니다. 그러나 아직은 약간 이해가 어려울 수 있어서 추가로 하나의 Tool을 더 추가해서 처리해보도록 하겠습니다. 또한 처음 파라메터를 설정하는 방법에 대해서도 소개하겠습니다.

1) ColorMatchTool 추가하기 위해서는 다음 프로그램을 작성합니다.

```
① //CogColorMatchTool Temp5 = (CogColorMatchTool)CogSerializer.LoadObjectFromFile("D:/HS/231125/ColorMatch.vpp");
②        CogColorMatchTool Temp5 = new CogColorMatchTool();
③        Temp5.Name = "CogColorMatchTool1";
④        ToolBlock.Tools.Add(Temp5);
```

처음에는 ②③④번줄 프로그램만 필요합니다. 이렇게해서 컴파일을 실행합니다. 그러면 아래 화면이 나타납니다. "CogColorMatchTool1"이 빨간색으로 표시될 것입니다. 파라메터가 설정되어있지 않기 때문에 나타나는 상황입니다. 설정후에는 ②번을 컴파일되지않게 하고 ①번을 포함해서 파라메터를 업로드해서 설정하고 실행하면 됩니다. 즉 두 번째 프로그램부터는 ①③④줄 프로그램만 실행합니다.

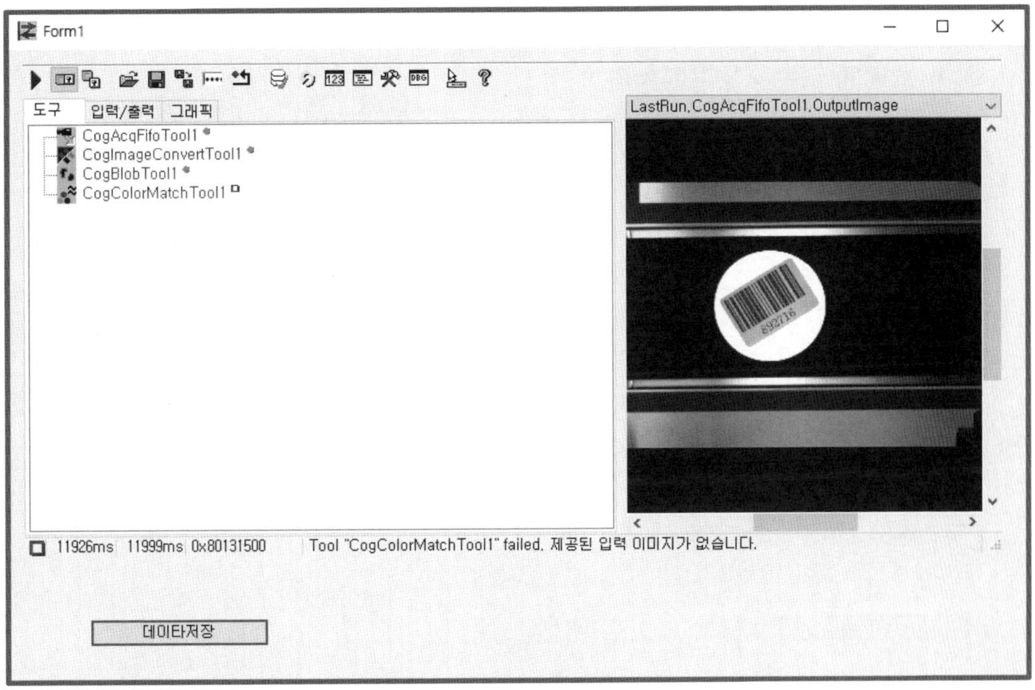

화면에서 CogColorMatchTool1 을 더블클릭하여 다음 화면과 같이 파라메터를 설정합니다.

2) 색탭 설정하는 화면입니다. 나머지 설정부분은 QuickBuild에서 소개한 부분을 참고하시기 바랍니다.

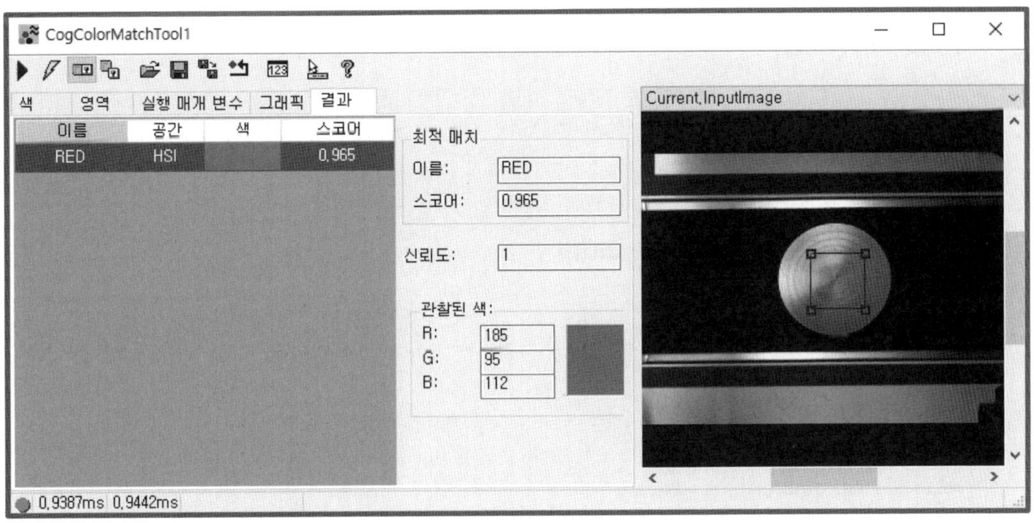

3) 컴파일후 최종 화면입니다.

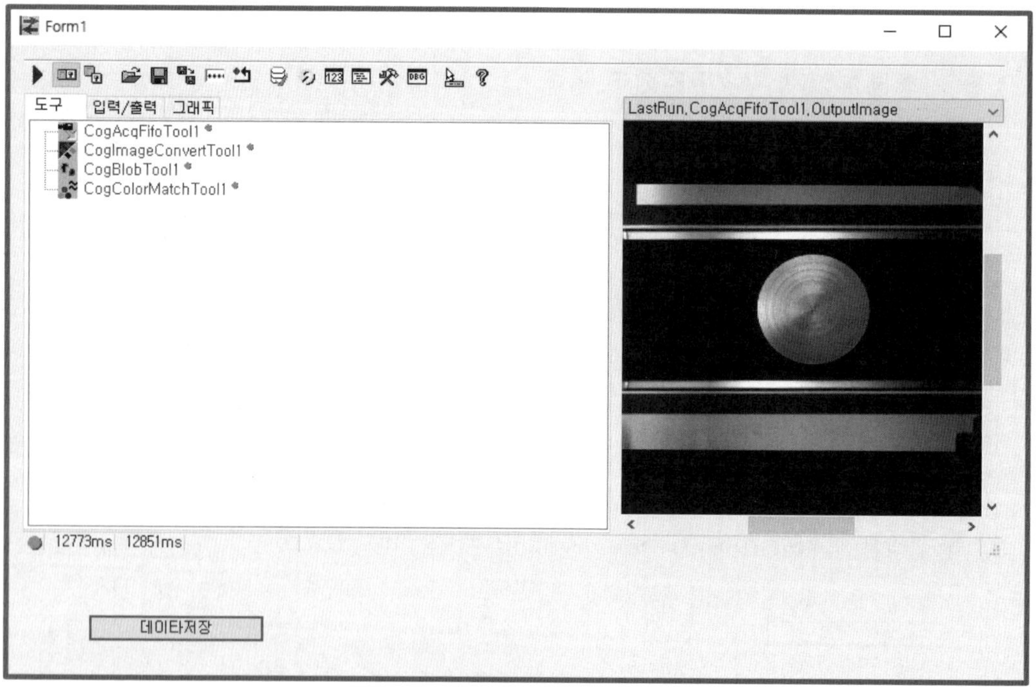

4) 전체 프로그램입니다.

```
using System;
using System.Collections.Generic;
using System.ComponentModel;
using System.Data;
using System.Drawing;
using System.Linq;
using System.Text;
using System.Threading.Tasks;
using System.Windows.Forms;
using Cognex.VisionPro;
using Cognex.VisionPro.ImageProcessing;
using Cognex.VisionPro.ToolBlock;
using Cognex.VisionPro.Blob;
using Cognex.VisionPro.ColorMatch;

namespace Blob_G_1128
{
   public partial class Form1 : Form
   {
```

```
public Form1()
{
    InitializeComponent();
    cogToolBlockEditV21.Subject.Running += SubjectRunning;
    cogToolBlockEditV21.Subject.Ran += SubjectRan;
    cogToolBlockEditV21.Subject.Run();
}

public void SubjectRan(object sender, EventArgs e)
{
}
public void SubjectRunning(object sender, EventArgs e)
{
    CogToolBlock ToolBlock = cogToolBlockEditV21.Subject;
    string message = "";
    CogToolResultConstants result = CogToolResultConstants.Error;
    ToolBlock.Tools.Clear();

    CogAcqFifoTool Temp = new CogAcqFifoTool();
    Temp.Name = "CogAcqFifoTool1";
    ToolBlock.Tools.Add(Temp);

    CogImageConvertTool Temp2 = new CogImageConvertTool();
    Temp2.Name = "CogImageConvertTool1";
    ToolBlock.Tools.Add(Temp2);

    CogBlobTool Temp3 = (CogBlobTool)CogSerializer.LoadObjectFromFile("D:/HS/231125/Blob/Blob.vpp");
    string Root = Application.StartupPath;
    Temp3.Name = "CogBlobTool1";
    ToolBlock.Tools.Add(Temp3);

CogColorMatchTool Temp5 = (CogColorMatchTool)CogSerializer.LoadObjectFromFile("D:/HS/231125/ColorMatch.vpp");
    //string Root = Application.StartupPath;
    //CogColorMatchTool Temp5 = new CogColorMatchTool();
    Temp5.Name = "CogColorMatchTool1";
    ToolBlock.Tools.Add(Temp5);

    foreach (ICogTool tool in ToolBlock.Tools)
    {
        try
        {   // 해당툴이 실행되기전에 파라메타를 연결한다.
            if (tool.Name == "CogImageConvertTool1")
            {
                // 해당그룹의 주소를 얻어온다.
                CogAcqFifoTool Temp1 = (CogAcqFifoTool)ToolBlock.Tools["CogAcqFifoTool1"];
              CogImageConvertTool Templ2 = (CogImageConvertTool)ToolBlock.Tools["CogImageConvertTool1"];
```

```
                Temp2.InputImage = Temp1.OutputImage;
                Temp12.Run();

                Temp3.InputImage = Temp12.OutputImage;
                Temp5.InputImage = (CogImage24PlanarColor)Temp1.OutputImage;
            }
            // 현재툴을 실행하고 상태와 메세지를 확인
            ToolBlock.RunTool(tool, ref message, ref result);
        }
        catch (Exception Ex)
        {
        }
    }
}

private void button1_Click(object sender, EventArgs e)
{
    CogBlobTool Temp3 =(CogBlobTool)cogToolBlockEditV21.Subject.Tools["CogBlobTool1"];//불러오기
    CogSerializer.SaveObjectToFile(Temp3, "D:/HS/231125/Blob/Blob.vpp");// 저장하기

    CogColorMatchTool Temp5 = (CogColorMatchTool)cogToolBlockEditV21.Subject.Tools["CogColorMatchTool1"];
    CogSerializer.SaveObjectToFile(Temp5, "D:/HS/231125/Blob/ColorMatch.vpp");// 저장하기
}
    }
}
```

"string Root = Application.StartupPath;"는 실행할 파일이 있는 폴더 즉 파일이 있는 절대경로를 가리킵니다. "foreach (ICogTool tool in ToolBlock.Tools)"에서 "foreach()" 문은 C#에서 쓰는 배열 문들을 카운터 하지않고 처음부터 끝까지 반목할 수 있도록 실행하는 문입니다. "ToolBlock.Tools"는 비전도구 배열 리스트인데 배열을 처음부터 끝까지 실행하도록 합니다. "ICogTool tool"은 인터페이스로 만드는것이며 받아올수는 있지만 사용하려면 반드시 형변환을 해줘야합니다. foreach loop 는 단일 스레드에서 실행되며 처리는 하나씩 순차적으로 발생합니다. foreach loop 는 C#의 기본 기능이며 실행은 대부분의 경우 Parallel.Foreach 보다 느립니다. Parallel.ForEach 루프를 사용하려면 using 지시문에서 System.Threading.Tasks 네임스페이스 를 가져와야 합니다. 이들 loop문은 어떠한 규모의 데이터나 프로세스를 처리하는가에 따라서 적절하게 활용하는 것이 중요합니다.

foreach loop문에 대한 추가적인 설명으로 좀더 편한 이해를 돕고자 합니다. 예문과 내용을 참고하시면 좋을 듯 합니다. 먼저 List를 이용한 for 문입니다. for 문은 자주 사용했으니 이해가 편할 것입니다. 좀 더 쉽게 이해할 수 있기를 기대합니다.

```
static void Main(string[] args)
    {
        List<int> Tests = new List<int>() { 1, 2, 3, 4, 5, 6, 7, 8, 9, 10, 11 };
        for (int i = 0; i < Tests.Count; i++)
        {
            Tests[i] *= 2;
            Console.WriteLine(Tests[i]);
        }
        Console.ReadKey();
    }
```

실행 결과입니다. 이해하는데 큰 어려움은 없을 듯 합니다. 단 List에 대한 이해가 필요합니다.

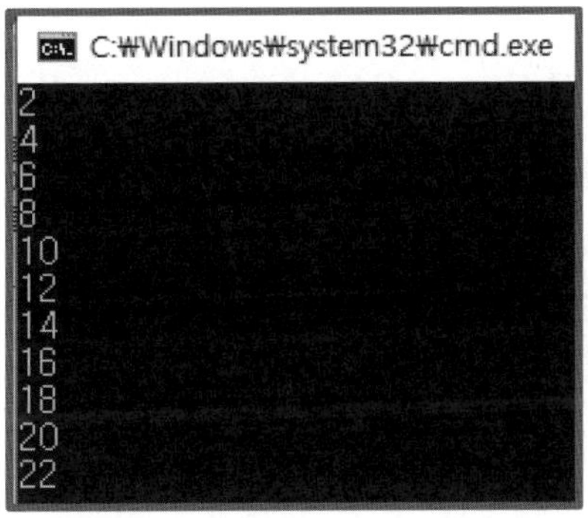

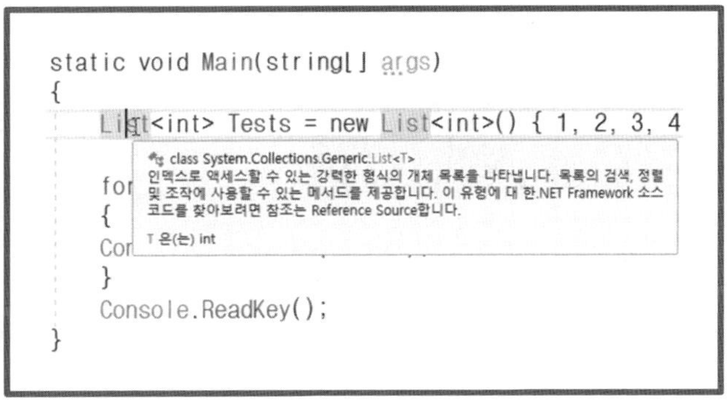

다음은 foreach loop 문을 이용한 같은 예제입니다.

```
using System;
using System.Collections.Generic;  //List 사용시 필요함
using System.Linq;
using System.Text;
using System.Threading.Tasks;

namespace foreach_202311
{
    class Program
    {
        static void Main(string[] args)
        {
            List<int> Tests = new List<int>() { 1, 2, 3, 4, 5, 6, 7, 8, 9, 10, 11 };

            foreach (int Test in Tests)
```

```
            {
                Console.WriteLine(Test*2);
            }
            Console.ReadKey();
        }
    }
}
```

다음은 결과입니다. 아래 화면은 인덱스의 시작과 반복변수에 대한 설명이 추가되어 있습니다.

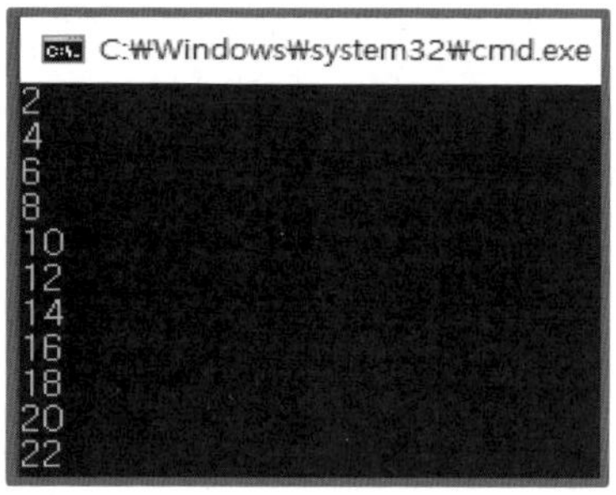

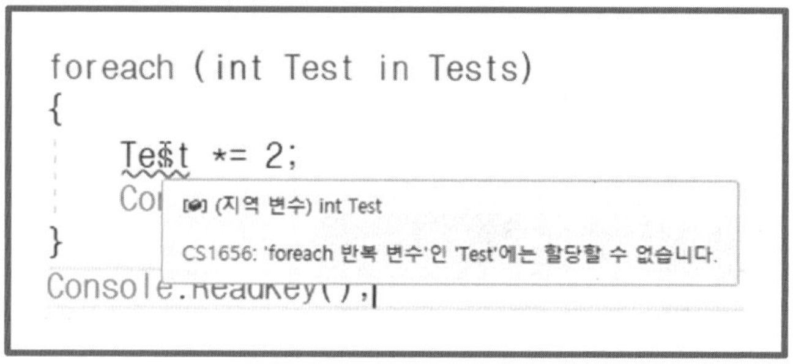

5) 추가된 참조 화면입니다. 많아서 보이지 않은 부분도 있습니다. Cognex.VisionPro에서 제공한 모든 dll 파일을 참조하면 편리하게 사용할 수 있습니다.

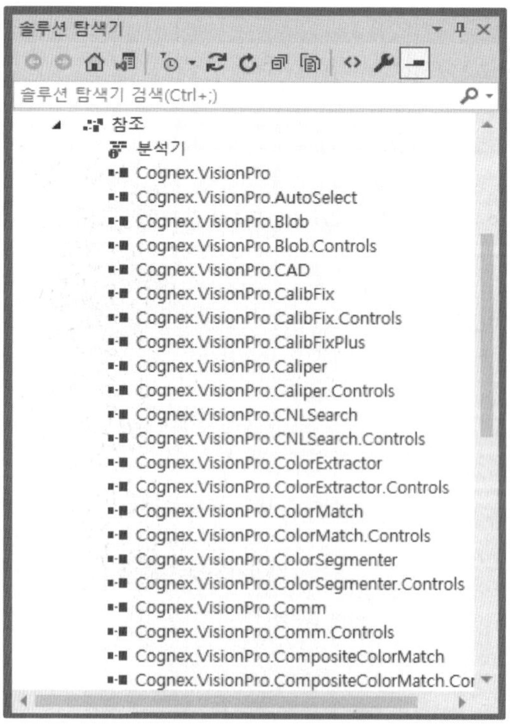

9 출력 데이터 받아오기

8절에서 ColorMatchTool을 추가하여 작업해 보았습니다. 여기서는 BlobTool과 ColorMatchTool에 대한 결과 데이터를 받아오는 작업을 해보겠습니다. 결과에 대한 가공은 "2. ToolBlockEditor 비전도구 입출력항목연결"에서 소개한 부분을 참고해서 작업하도록 합니다. 먼저 프로그램 추가부분입니다. 8절의 프로그램에서 "파라메터 저장" 버튼에 관련 작업을 추가했습니다.

```
private void button1_Click(object sender, EventArgs e)
{
        listBox1.Items.Clear();
        CogBlobTool Temp3 = (CogBlobTool)cogToolBlockEditV21.Subject.Tools["CogBlobTool1"];// 불러오기
        CogSerializer.SaveObjectToFile(Temp3, "D:/HS/231125/Blob/Blob.vpp");// 저장하기
        int Value = Temp3.Results.GetBlobs().Count;
        listBox1.Items.Add(Value);

    CogColorMatchTool Temp5 = (CogColorMatchTool)cogToolBlockEditV21.Subject.Tools["CogColorMatchTool1"];
        CogSerializer.SaveObjectToFile(Temp5, "D:/HS/231125/Blob/ColorMatch.vpp");// 저장하기
        string Stmp = Temp5.Result.ResultOfBestMatch.Color.Name;
        listBox1.Items.Add(Stmp);
    }
```

프로그램 화면 캡쳐본입니다. 프로그램을 통해서 결과값을 갖어올 때 하는 방법을 참고한다면 어떤 Tool의 경우도 어렵지 않게 받아올 수 있을 것입니다. 특히 아래 그림에서 보여준 멤버브라우저를 확인하면 어렵지 않을 것으로 생각됩니다.

```
private void button1_Click(object sender, EventArgs e)
{
    listBox1.Items.Clear();
    CogBlobTool Temp3 = (CogBlobTool)cogToolBlockEditV21.Subject.Tools["CogBlobTool1"];// 불러오기
    CogSerializer.SaveObjectToFile(Temp3, "D:/HS/231125/Blob/Blob.vpp");// 저장하기
    int Value = Temp3.Results.GetBlobs().Count;
    listBox1.Items.Add(Value);

    CogColorMatchTool Temp5 = (CogColorMatchTool)cogToolBlockEditV21.Subject.Tools["CogColorMatchTool1"];
    CogSerializer.SaveObjectToFile(Temp5, "D:/HS/231125/Blob/ColorMatch.vpp");// 저장하기
    string Stmp = Temp5.Result.ResultOfBestMatch.Color.Name;
    listBox1.Items.Add(Stmp);
}
```

결과값을 받아올 때 사용되는 경로 및 클래스입니다. 각 Tool의 터미널 추가 메뉴에서 확

인할 수 있습니다. 터미널 추가 메뉴를 확인하기 위해서는 일단 컴파일을 한다음 해당 Tool을 선택하고 마우스 오른쪽을 클릭해서 확인 해야합니다.

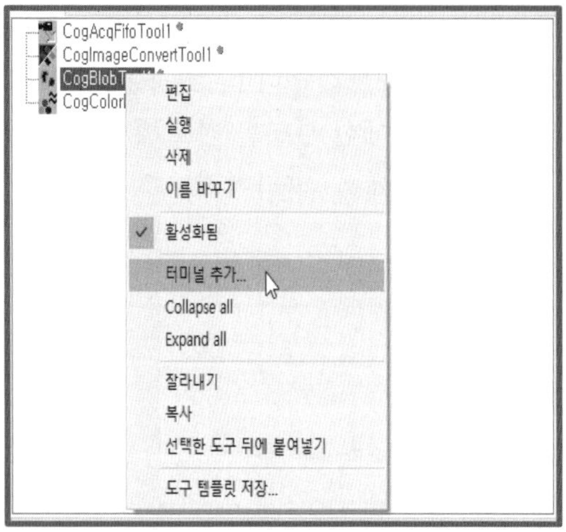

CogBlobTool 설정탭 화면입니다.

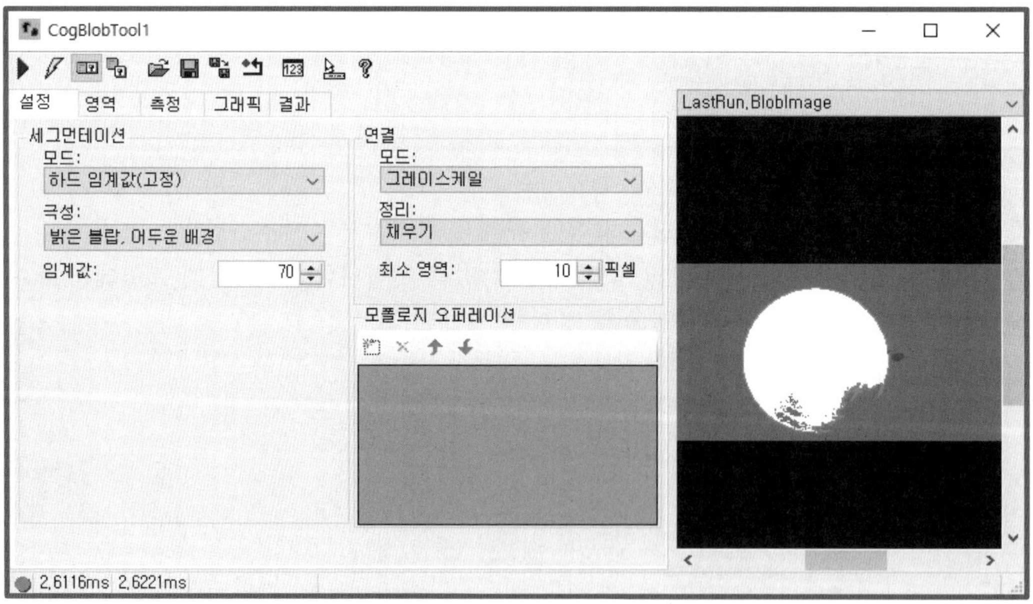

CogColorMatchTool 색탭 설정 화면입니다.

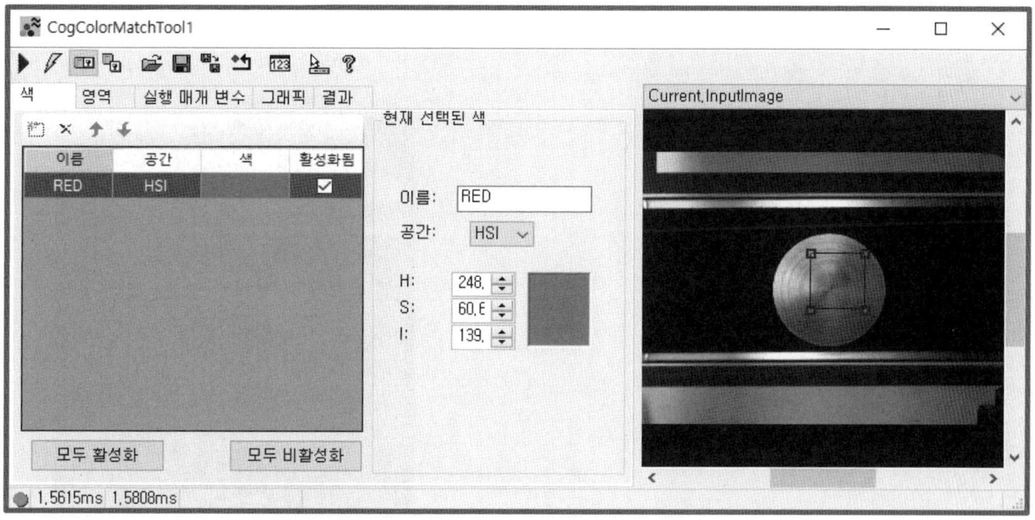

1개의 워크피스를 공급한 경우의 최종결과 화면입니다.

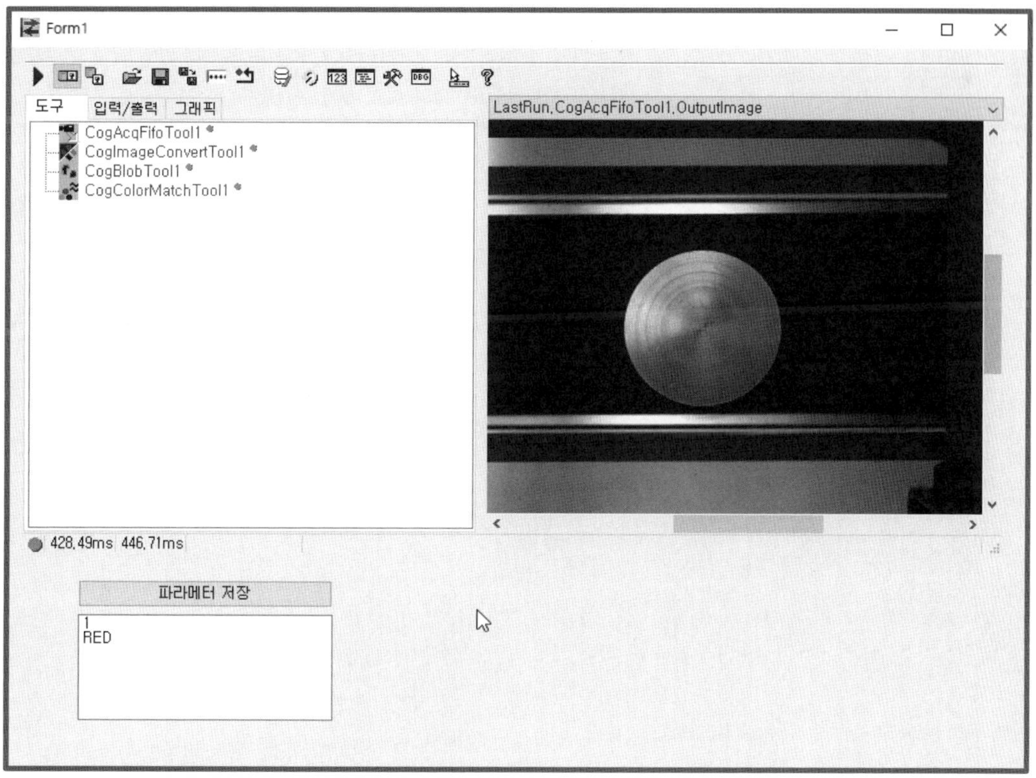

2개의 워크피스를 공급한 경우의 최종결과 화면입니다.

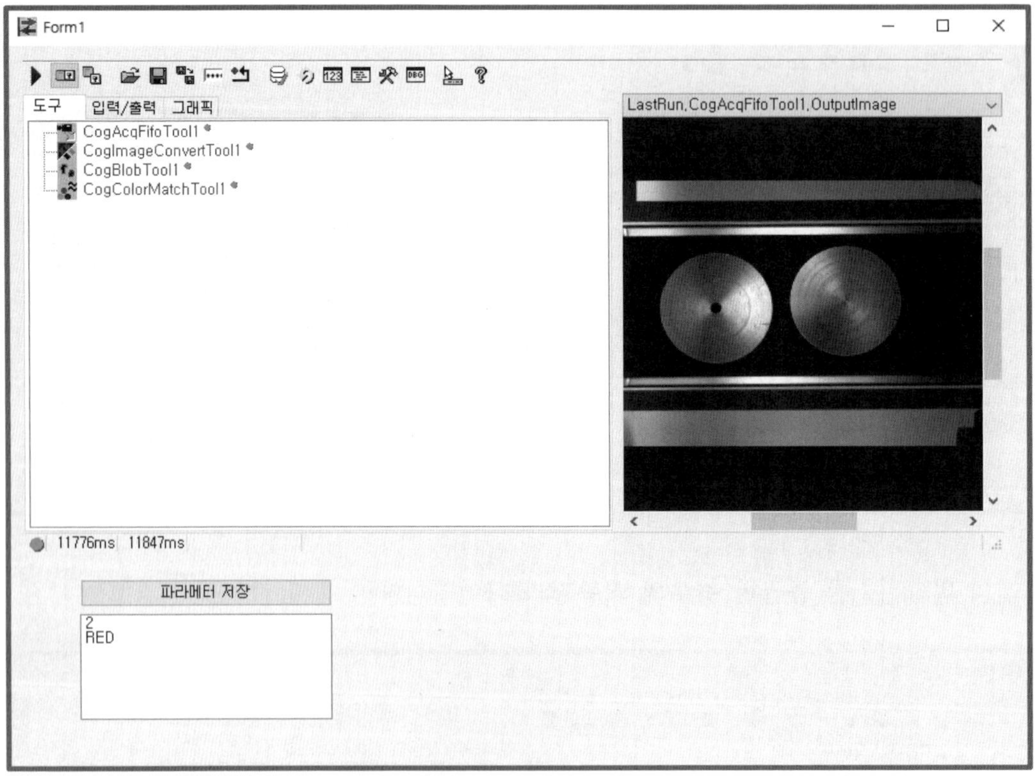

Ex07 스크립트를 이용하여 비전검사

1 개요

비전프로의 장점은 프로그램 내에서 미리 제작된 비전도구툴 파일을 로드하여 여러 가지 비전 동작을 사용할 수 있습니다. CogToolBlockEdit컨트롤을 이용하여 개발하면 분기에 맞추어 동작을 할 수 없고 프로그램내 직접 코드로 제어하면 비전동작의 수정시 프로그램을 변경해서 배포해야하는 상황이 발생합니다. 비전프로에서는 C#스크립트를 지원하여 검사 시작시 저장한 스크립트가 실행하여 프로그램에서 제어하는 것처럼 연산을 수행하고 출력 파라메타를 통해서 결과를 출력할 수 있습니다.

이번 챕터는 C#스크립트를 이용하여 ToolBlock객채에서 검사함수를 호출시 출력파라메타로 결과를 내보내는 예제를 진행하겠습니다.

2 스크립트란?

스크립트(Script) 언어란 소스 코드를 컴파일(Compile)하지 않고도 실행할 수 있는 프로그래밍 언어를 말합니다.

예를 들어 C나 비주얼베이직, 자바같은 경우는 작성한 소스를 컨파일러를 통해 기계어 코드로 변경해야 사용자가 실행할 수 있는 실행 파일이 얻어지는데 비해 스크립트 언어는 별도의 컴파일 없이 내장된 번역기에 의해 번역되므로 바로 실행될 수 있습니다.

우리가 사용하는 C#언어도 .NET Framework의 가상머신내에서 OS위에 있는 .NET Framework에서 작동하게 해주는 것이라고 보면 됩니다.

스크립트 언어는 소스를 작성한 후 컴파일 과정 없이 바로 실행하여 결과를 확인할 수 있다는 장점이 있는 반면에 번역 과정을 거쳐야 하기 때문에 다소 느리다는 단점이 있지만 최신 시스템의 프로세서의 속도가 월등하게 상승했기에 문제 없이 사용할 수 있습니다.

VisionPro에서 제공하는 C#스크립트는 C#과 동일한 구조로 되어 있으며 기존 이벤트 핸들러 연결을 통해 비전검사를 시작할 때 호출되는 “GroupRun”메소드에 코드를 입력하여 사용합니다.

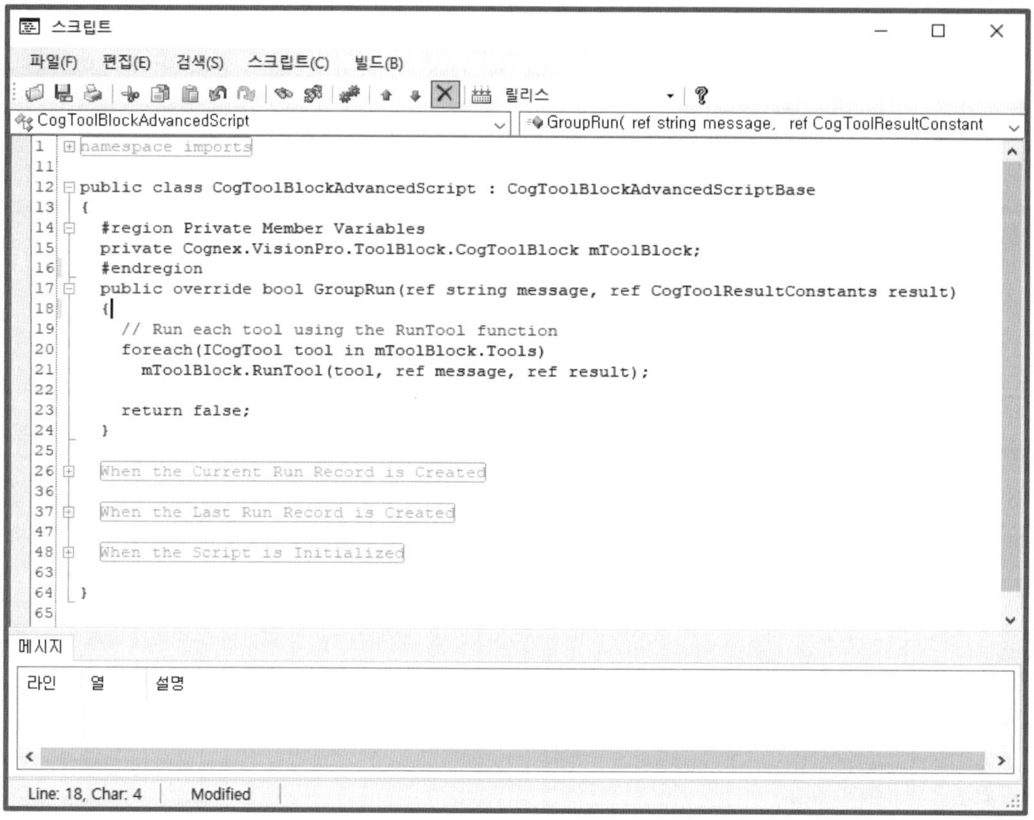

3 예제 프로젝트 생성

현재 솔루션에서 Ex06으로 프로젝트를 생성합니다. 생성된 폼에 CogToolBlockEdit 도구를 등록합니다.

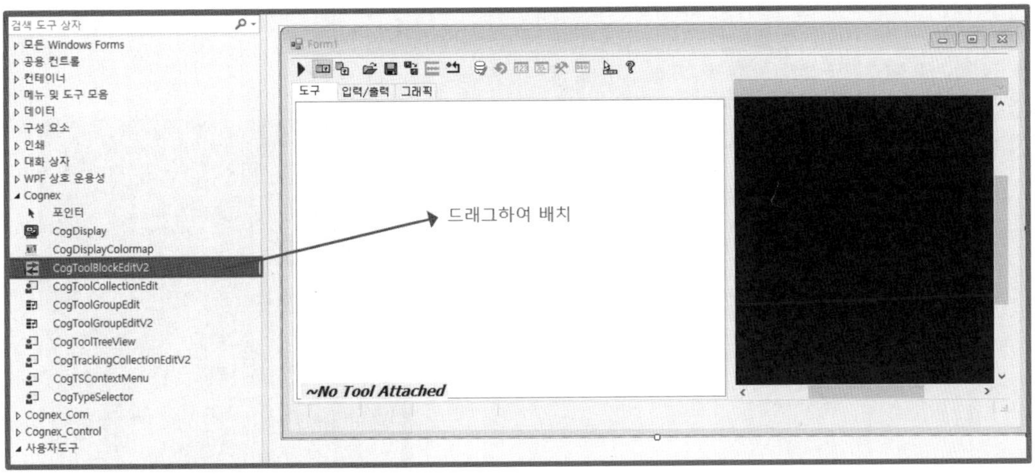

프로젝트를 실행하고 실행된 프로그램에서 스크립트 에디터 실행버튼을 클릭합니다.

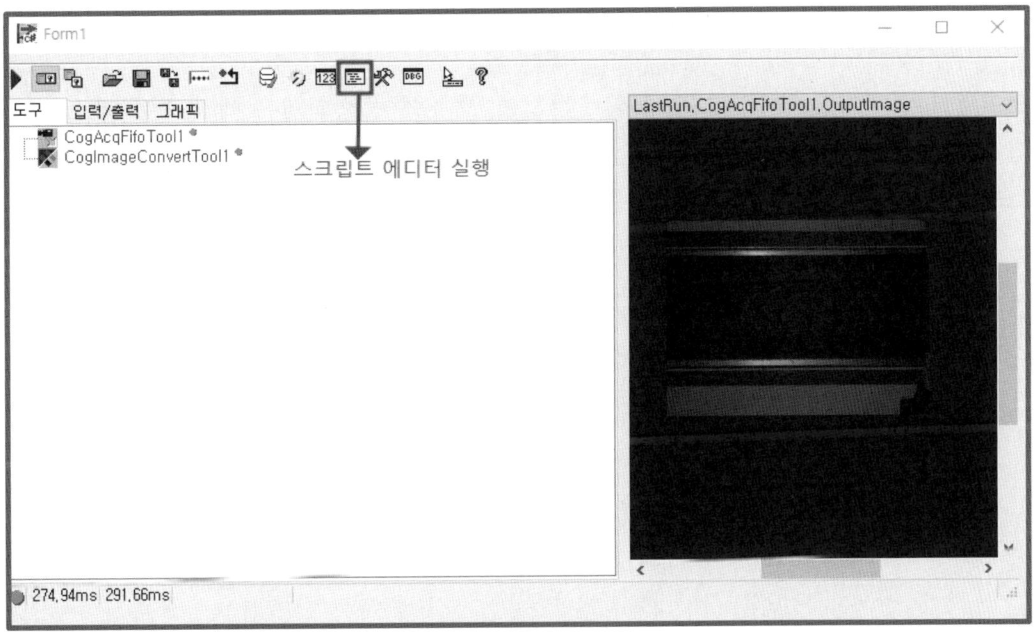

다음과 같이 어떤타입의 스크립트방식을 사용할지 나오게 되면 C# Advanced Script를 클릭해줍니다.

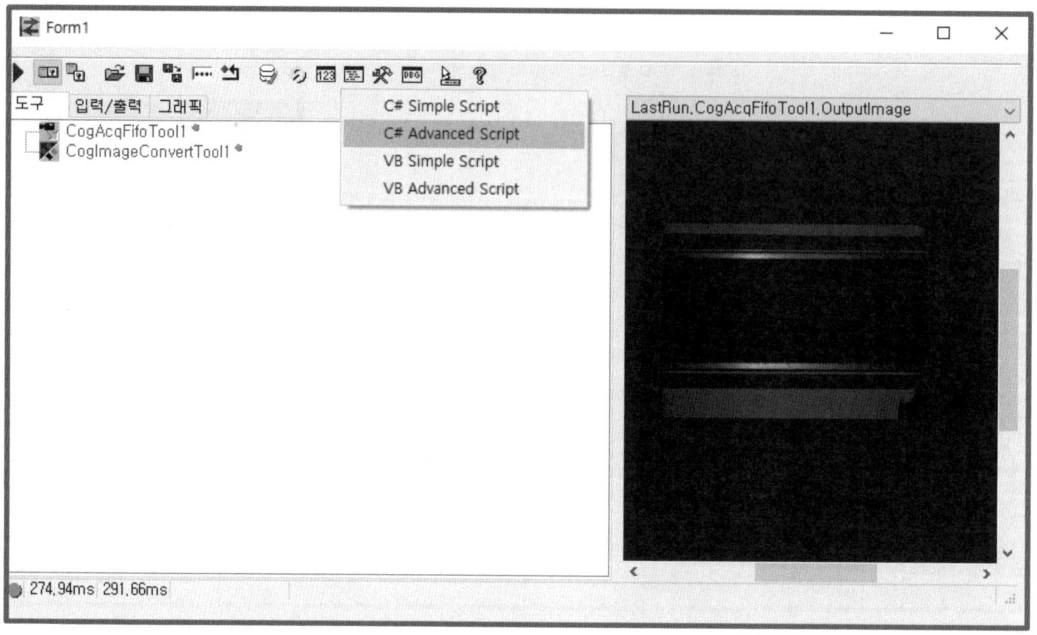

스크립트는 네임스페이스정의, 맴버변수정의, Vpp가 실행되었을 때 호출할 매소드로 되어있습니다.

스크립트작업은 실행되었을 때 호출될 메소드에 동작을 정의하게 됩니다.

스크립트

파일(F) 편집(E) 검색(S) 스크립트(C) 빌드(B)

릴리스

CogToolBlockAdvancedScript | GroupRun(ref string message, ref CogToolResultConstants result)

```
#region namespace imports
using System;
using System.Collections;
using System.Drawing;
using System.IO;
using System.Windows.Forms;
using Cognex.VisionPro;
using Cognex.VisionPro.ToolBlock;
using Cognex.VisionPro3D;
using Cognex.VisionPro.ImageProcessing;
#endregion

public class CogToolBlockAdvancedScript : CogToolBlockAdvancedScriptBase
{
  #region Private Member Variables
  private Cognex.VisionPro.ToolBlock.CogToolBlock mToolBlock;
  #endregion

  public override bool GroupRun(ref string message, ref CogToolResultConstants result)
  {
    // 비전도구들을 전부 제거
    mToolBlock.Tools.Clear();

    // GigE카메라 촬상도구를 만든후 리스트에 추가한다.
    CogAcqFifoTool Temp = new CogAcqFifoTool();
    Temp.Name = "CogAcqFifoTool1";
    mToolBlock.Tools.Add(Temp);

    // 이미지 컨버터툴을 만든후 리스트에 추가한다.
    CogImageConvertTool Temp2 = new CogImageConvertTool();
    Temp2.Name = "CogImageConvertTool1";
    mToolBlock.Tools.Add(Temp2);

    // 툴블록의 모든 비전도구수만큼 루프를 반복한다.
    foreach (ICogTool tool in mToolBlock.Tools)
    {
      try
      {
        // 해당툴이 실행되기전에 파라메타를 연결한다.
        if (tool.Name == "CogImageConvertTool1")
        {
          // 해당그룹의 주소를 얻어온다.
          CogAcqFifoTool Temp1 = (CogAcqFifoTool)mToolBlock.Tools["CogAcqFifoTool1"];
          // 취득된 이미지를 이미지컨버터툴의 입력이미지로 연결
          Temp2.InputImage = Temp1.OutputImage;
        }

        // 현재툴을 실행하고 상태와 메세지를 확인
        mToolBlock.RunTool(tool, ref message, ref result);
      }
      catch (Exception Ex)
      {
      }
    }


    return false;
  }

  When the Current Run Record is Created
```

네임스페이스 등록

맴버변수

실행되었을때 호출될 메소드

메시지

라인 열 설명

Line: 25, Char: 46 Modified

5장의 동적으로 비전도구를 생성하는 코드를 옮겼습니다. 이전 코드와 다른점은 비전블럭의 객체는 미리 정의된 맴버 변수로 사용해야 합니다.

```
public override bool GroupRun(ref string message, ref CogToolResultConstants result)
{
  // 비전도구들을 전부 제거
  mToolBlock.Tools.Clear();

  // GigE카메라 촬상도구를 만든후 리스트에 추가한다.
  CogAcqFifoTool Temp = new CogAcqFifoTool();
  Temp.Name = "CogAcqFifoTool1";
  mToolBlock.Tools.Add(Temp);

  // 이미지 컨버터툴을 만든후 리스트에 추가한다.
  CogImageConvertTool Temp2 = new CogImageConvertTool();
  Temp2.Name = "CogImageConvertTool1";
  mToolBlock.Tools.Add(Temp2);

  // 툴블록의 모든 비전도구수만큼 루프를 반복한다.
  foreach (ICogTool tool in mToolBlock.Tools)
  {
    try
    {
      // 해당툴이 실행되기전에 파라메타를 연결한다.
      if (tool.Name == "CogImageConvertTool1")
      {
        // 해당그룹의 주소를 얻어온다.
        CogAcqFifoTool Temp1 = (CogAcqFifoTool)mToolBlock.Tools["CogAcqFifoTool1"];
        // 취득된 이미지를 이미지컨버터툴의 입력이미지로 연결
        Temp2.InputImage = Temp1.OutputImage;
      }

      // 현재툴을 실행하고 상태와 메세지를 확인
      mToolBlock.RunTool(tool, ref message, ref result);
    }
    catch (Exception Ex)
    {
    }
  }


  return false;
}
```

스크립트 작성을 마무리하면 빌드버튼을 눌러 스크립트에 문제가 없는지 확인 후 스크립트 편집을 종료합니다.

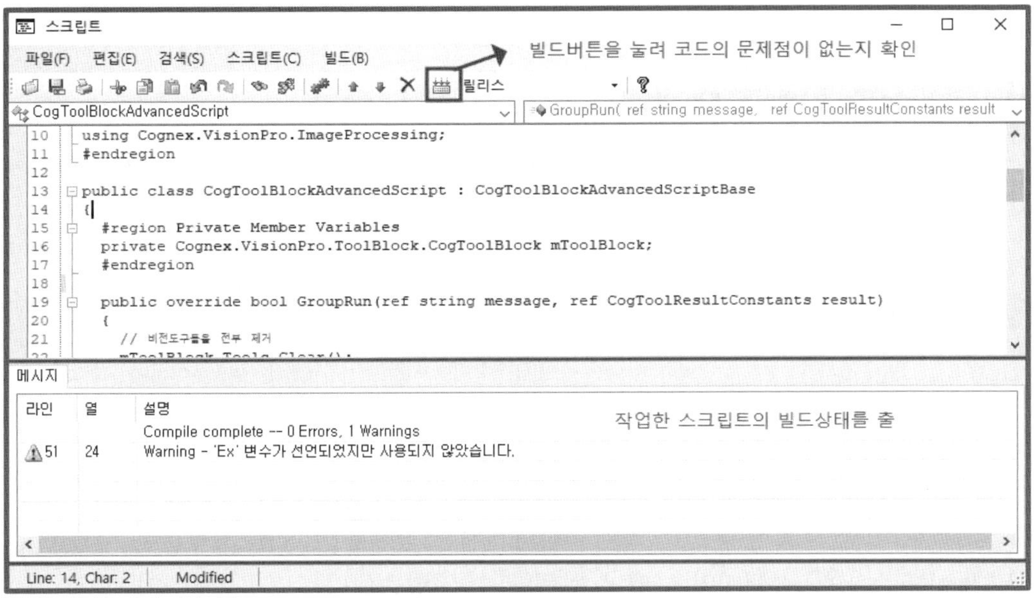

프로젝트를 실행하면 화면과 같이 스크립트로 지정한 작업이 실행됨을 확인할 수 있습니다.

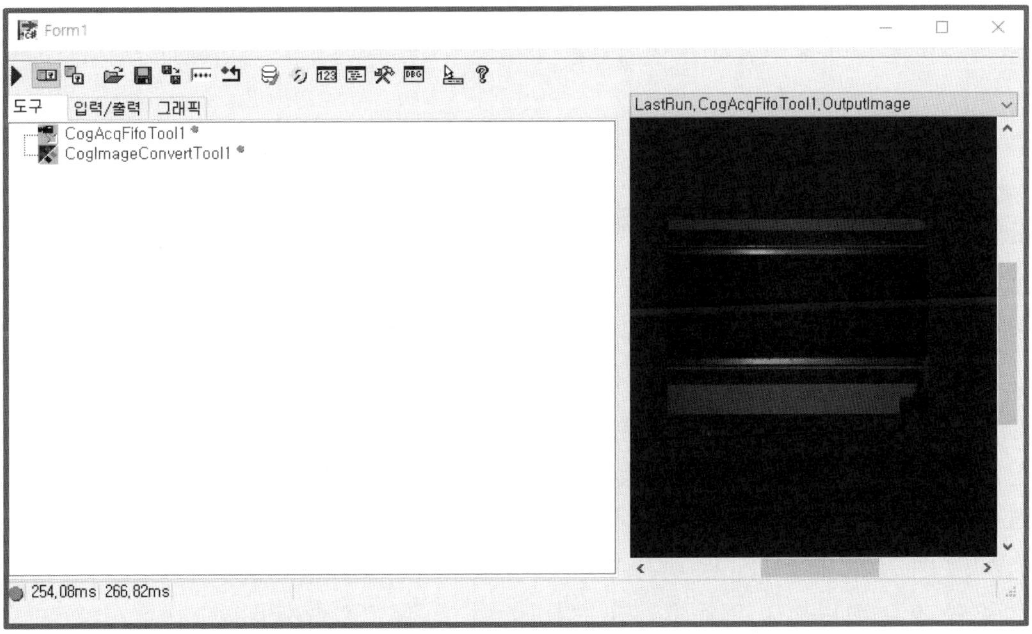

Ex 08 C# 윈도우폼에 카메라 이미지 취득

1 개요

VisionPro에서는 GigE타입의 카메라의 이미지를 받아오기 위해서는 "CogAcqFifoTool" 비전도구를 이용해서 GigE표준타입의 공통 인터페이스를 통해 이미지를 취득할 수 있으나 공통 인터페이스만 사용하다 보니 카메라회사에서 제공하는 비표준 기능들은 사용하지 못하고 "ToolGroup"이 실행되었을 때만 취득할 수 있었습니다.

비전 시스템을 인터페이스를 개발할 때 검사를 하지 않는 상황에서도 화면을 취득 또는 연속으로 취득해야 할 상황이 생깁니다.

이번 챕터는 C#윈도우 폼에 산업용 카메라를 연동하여 이미지를 취득하고 입력 파라메타를 통해서 비전도구에 전달하여 이미지를 검사할 수 있는 예제를 진행하겠습니다.

2 카메라뷰어를 통한 카메라 사용 방법

카메라 장비를 사용하기 위해서 대부분의 카메라메이커 회사에서는 카메라를 제어할 수 있는 카메라 뷰어프로그램과 프로그램에서 제어할 수 있는 SDK를 제공합니다. 카메라 뷰어를 통해 카메라의 제어방법을 설명하겠습니다.

산업용 카메라는 대체적으로 카메라 연결 → 스트리밍시작 → 취득시작 → 취득종료 → 스트리밍종료 → 연결해제 순으로 실행이 되며 카메라 파라메타 노드변경을 통해 취득방법, 노출시간, 게인이 제어되게 됩니다. 먼저 예제에서 사용할 Sentech사의 GigE카메라뷰어는 다음과 같은 화면으로 구성되어 있습니다.

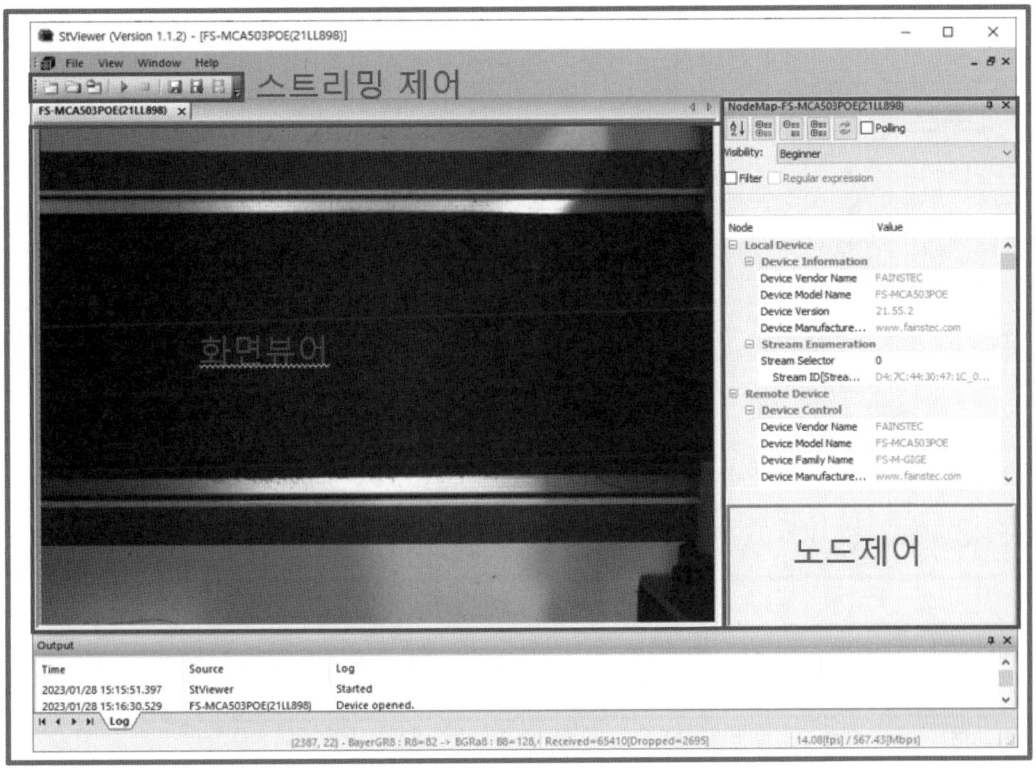

먼저 카메라의 연결을 알아보도록 하겠습니다. 연결은 사용하고자 하는 카메라를 연결합니다. Ctrl+O버튼을 클릭또는, 파일→카메라열기 메뉴선택 또는 프로그램 상단의 카메라 열기버튼을 클릭합니다.

모든 디바이스장비에 연결된 카메라가 나오고 연결을 원하는 카메라를 선택하고 OK버튼을 클릭합니다.

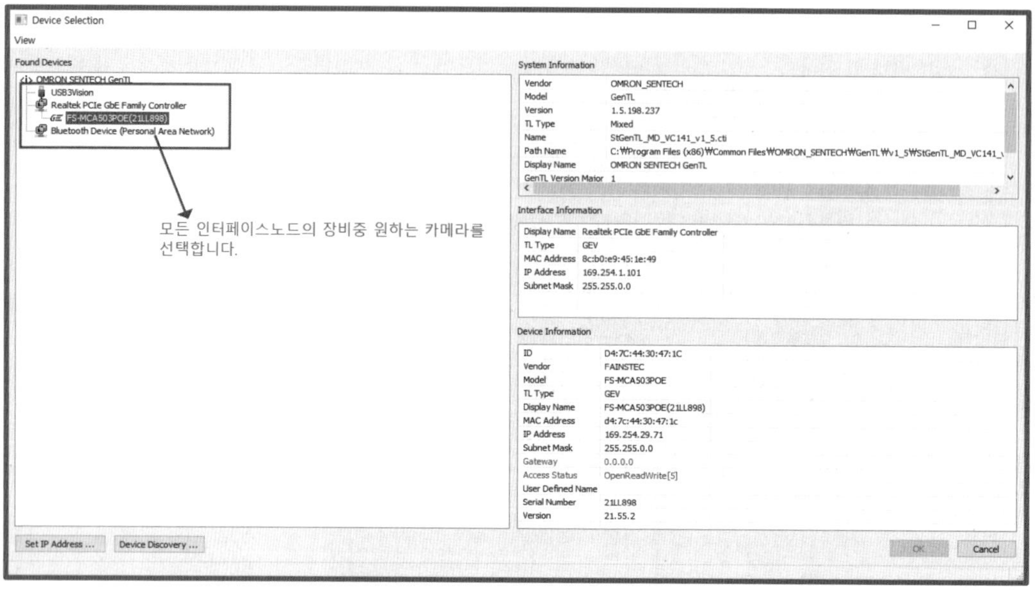

연결이 완료된 후에는 노드정보에 해당카메라의 정보들이 출력됩니다.

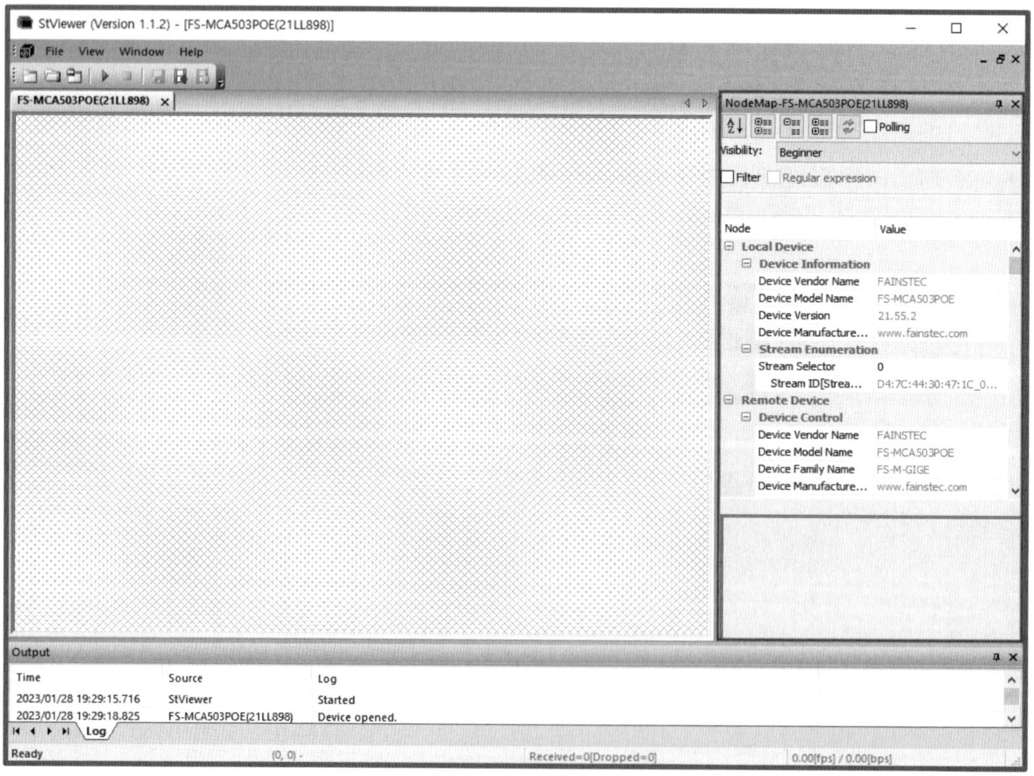

이미지를 취득하기 위해서는 스트리밍을 시작해야 합니다. 또한 이미지취득종료시에는 스트리밍을 종료해야 합니다. 메뉴의 Start Acqusition, Stop Acqusition을 선택하거나 숏아이콘을 선택하여 스트리밍을 조정합니다.

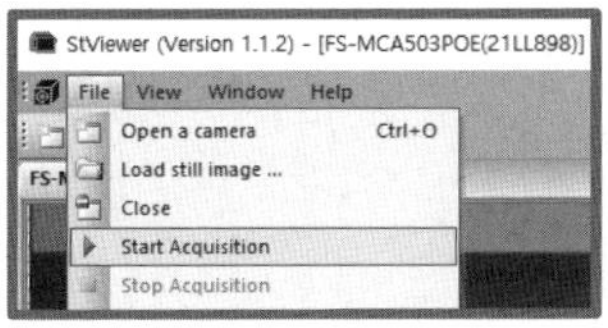

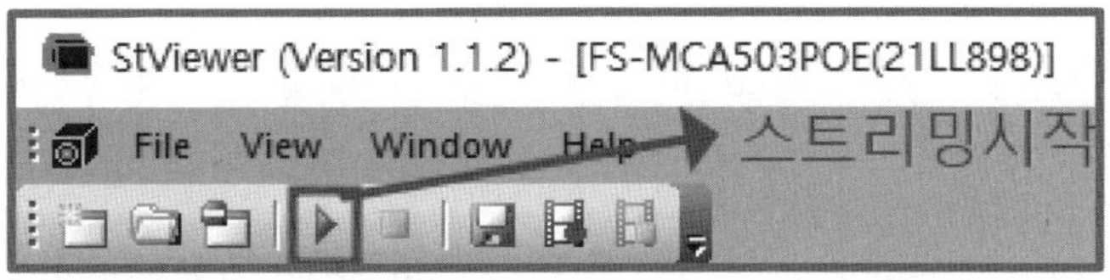

카메라에서 취득모드는 SingleFrame, MultiFrame, Continue 모드가 있으며 Single, MultiFrame은 정해진 취득카운터가 끝나면 취득이 종료됩니다. 카메라 → RemoteControl → AcquistionControl노드에 속해 있으며 트리거모드, 노출시간 등이 해당노드에 포함되어 있습니다.

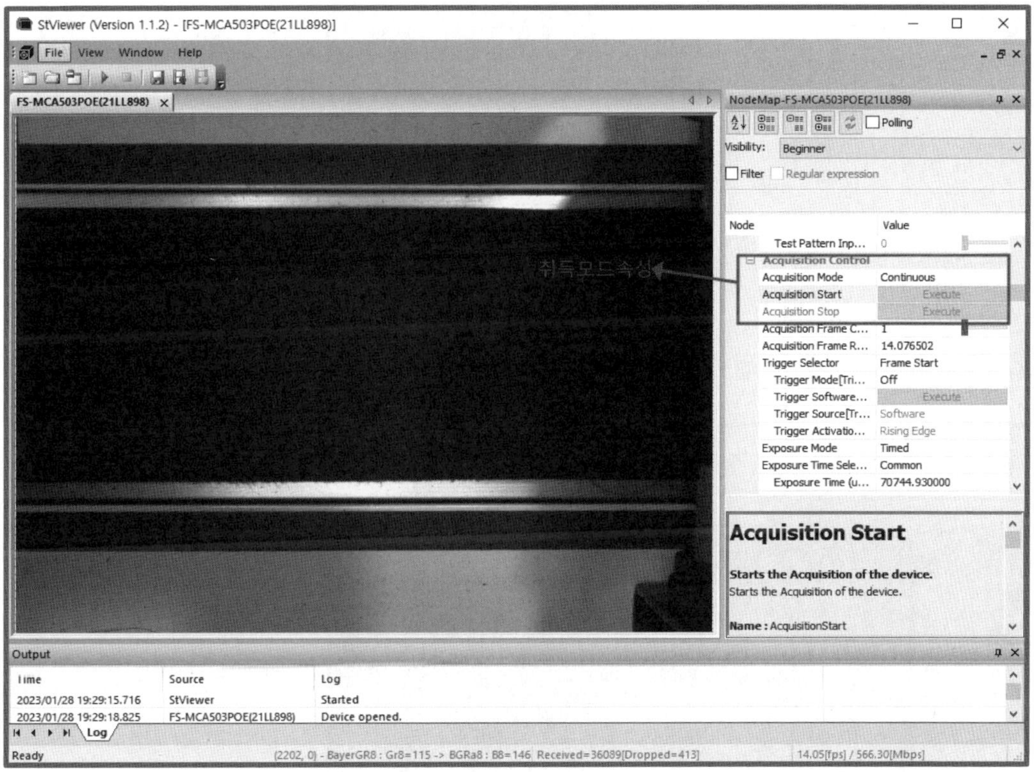

카메라의 노출시간은 1장을 촬영하는데 조리개가 열려있는 시간입니다. 시간은 짧을수록 이미지가 어두워지지만 취득시간이 짧아져 더 많은 이미지를 찰상할 수 있게 됩니다.

카메라 → RemoteControl → AcquistionControl → ExposureTime노드에서 설정합니다.

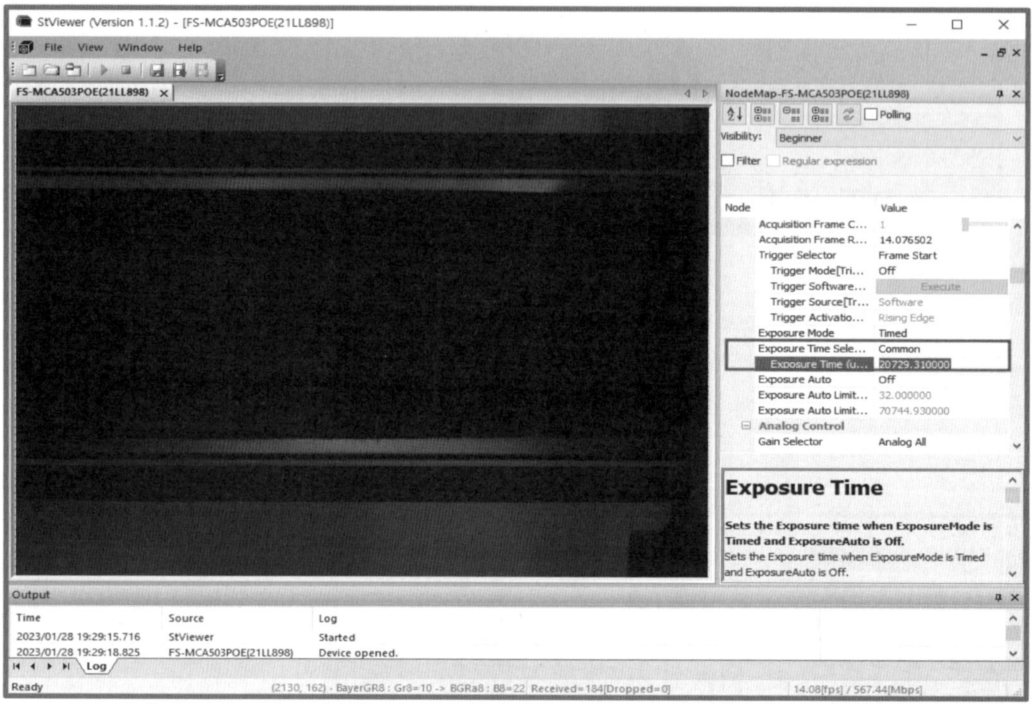

트리거모드는 스마트폰카메라 또는 일반카메라 셔터를 누르는 것과 같이 사용자가 원하는 시점에 이미지를 찰상하기 위해 사용합니다. 소프트웨어 트리거 사용방법은 Trigger Mode Node를 ON으로 변경 후 원하는 타이밍에 Trigger Software노드를 실행하여 사용합니다.

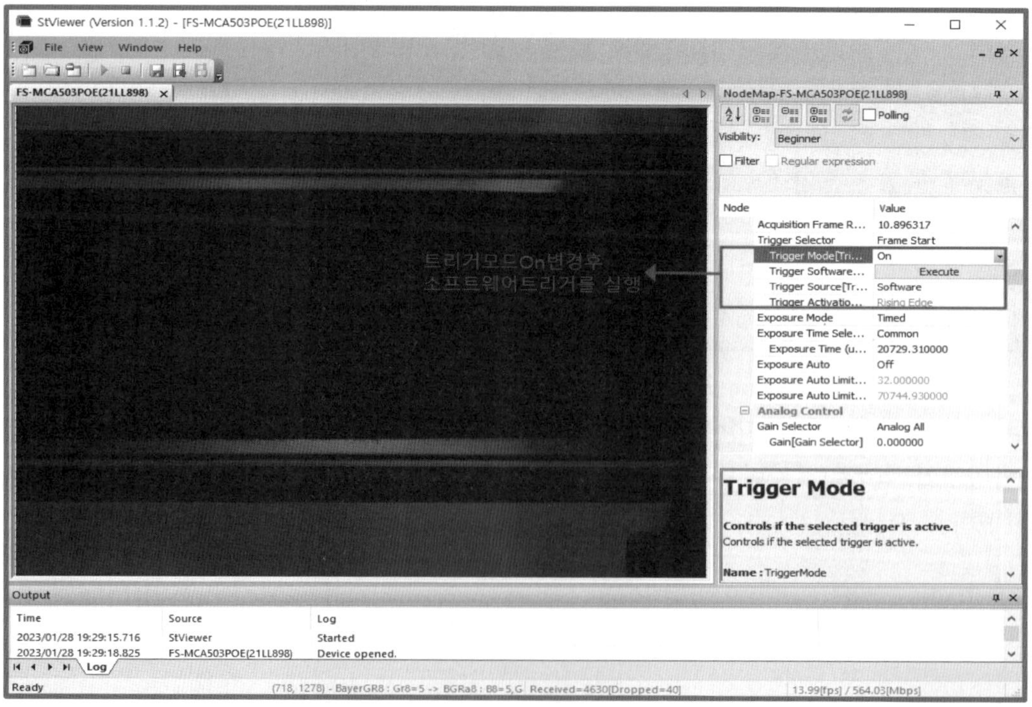

SDK에서 노드를 하는 방법은 생성한 CameraDevice에서 Tree형태의 노드를 검색하여 해당 노드를 정해진 규칙에 맞게 값을 읽고 변경합니다.

노드의 사용방법은 원하는 노드를 선택하고 노드창 아래 도움말을 참조하여 사용합니다.

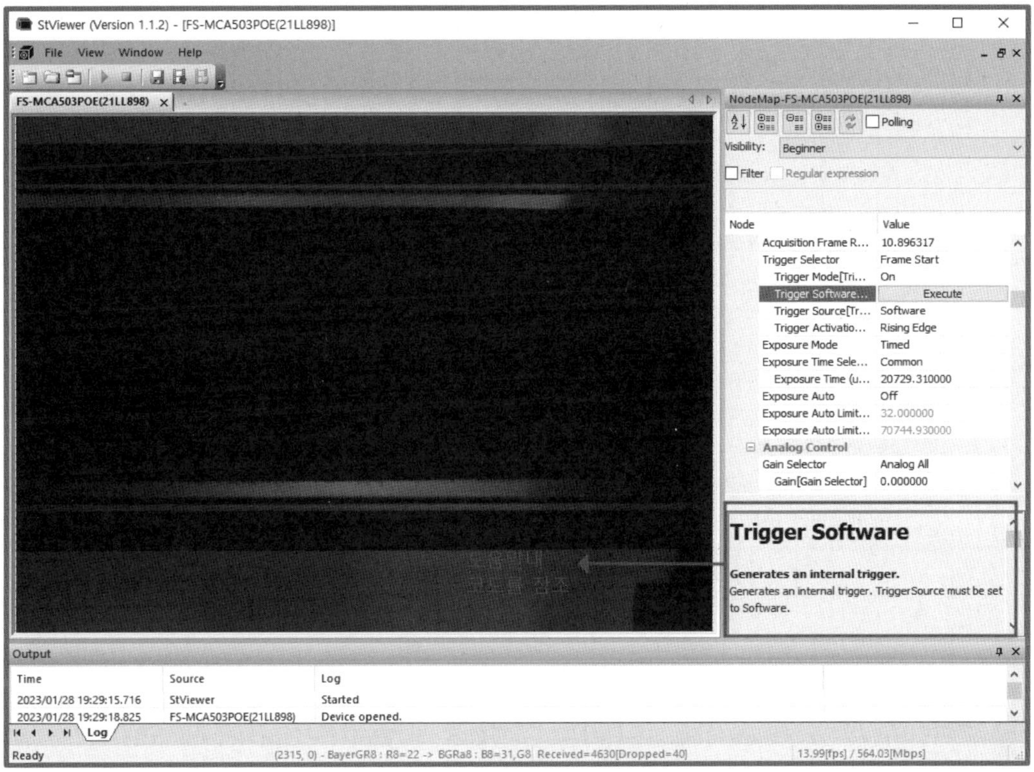

도움말의 크게 노드의 역할, 접근방법, 코드사용방법으로 나눌 수 있습니다.

해당 사용방법을 분석하여 추가하고자 하는 동작에 맞추어 프로그램을 동작을 구현합니다.

Trigger Software
Generates an internal trigger.
Generates an internal trigger. TriggerSource must be set to Software.

Name : TriggerSoftware
Name Space : Standard
Interface Type : ICommand
Access Mode : Write Only
Is Access Mode Cacheable : Yes
Visibility : Beginner
Caching Mode : Write to register, write to cache on read
Is Streamable : No
C++ sample code :

```
//Selector
GenApi::CEnumerationPtr pTriggerSelector(pINodeMap→GetNode("TriggerSelector"));
GenApi::CEnumEntryPtr pFrameStart = pTriggerSelector→GetEntryByName("FrameStart");
int64_t iFrameStartValue = pFrameStart→GetValue();
pTriggerSelector→SetIntValue(iFrameStartValue);

//Retrieves the node from the central map by Name
GenApi::CNodePtr pINode(pINodeMap→GetNode("TriggerSoftware"));

//Checks if a node is writable
bool isWritable = GenApi::IsWritable(pINode);
//Checks if a node is readable
bool isReadable = GenApi::IsReadable(pINode);
//Checks if a node is available
bool isAvailable = GenApi::IsAvailable(pINode);

//SmartPointer for ICommand interface pointer
GenApi::CCommandPtr pICommand(pINode);
//Execute the command
pICommand→Execute();
```

3 카메라에서 제공하는 라이브러리를 이용하여 이미지 취득

산업용 카메라를 프로그램에서 제어하기 위해서는 각 메이커회사의 SDK의 예제 프로그램을 분석하여 필요한 동작을 수행할 클래스를 만들어서 사용합니다. 추후 사용할 카메라 SDK에 따라 사용 방법이 달라집니다. 이전에 생성한 "IMecatronicsDll"프로젝트에 SentechGigE카메라를 제어하는 클래스를 추가해보도록 하겠습니다. 먼저 참조의 SentechGigE카메라의 라이브러리 DLL파일을 추가합니다.

DLL의 위치는 SDK를 설치 후 "C:₩Program Files₩Common Files₩OMRON_SENTECH₩StApi₩v1_1"폴더에 "GenApiDotNet40_v3_2.dll"파일과 "StApiDotNet40_v1_1" 파일을 추가합니다.

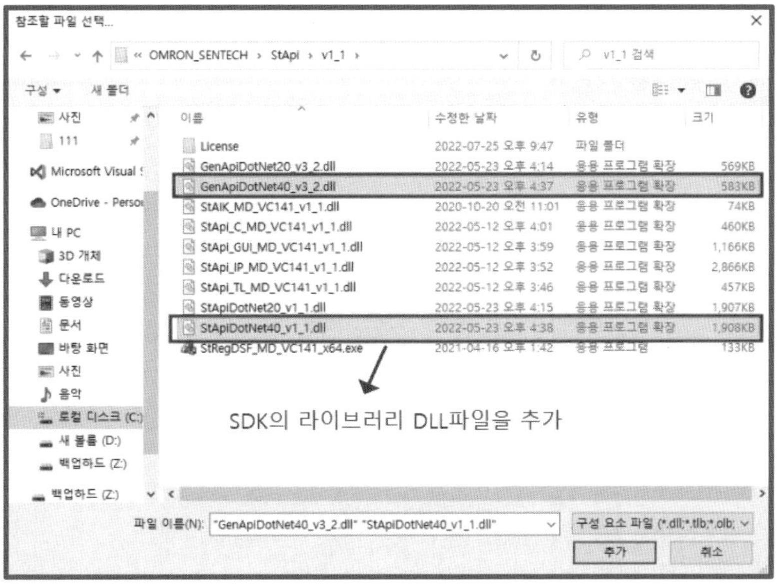

클래스를 추가하기 위해 IMecatronicsDll 프로젝트를 선택하고 마우스 오른쪽 버튼을 클릭하여 팝업 메뉴에 진입합니다. 추가→클래스 버튼을 클릭합니다.

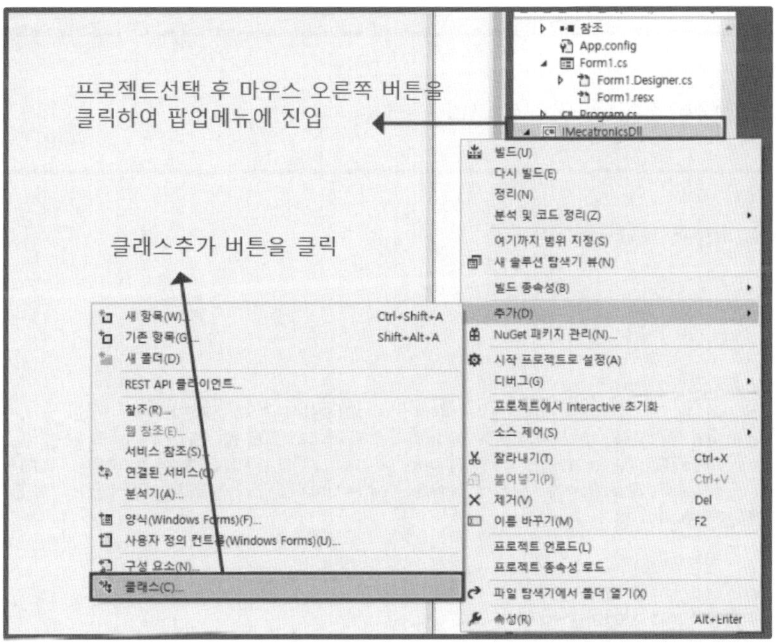

클래스이름을 “SentechCamera”로 설정하고 추가 버튼을 클릭합니다.

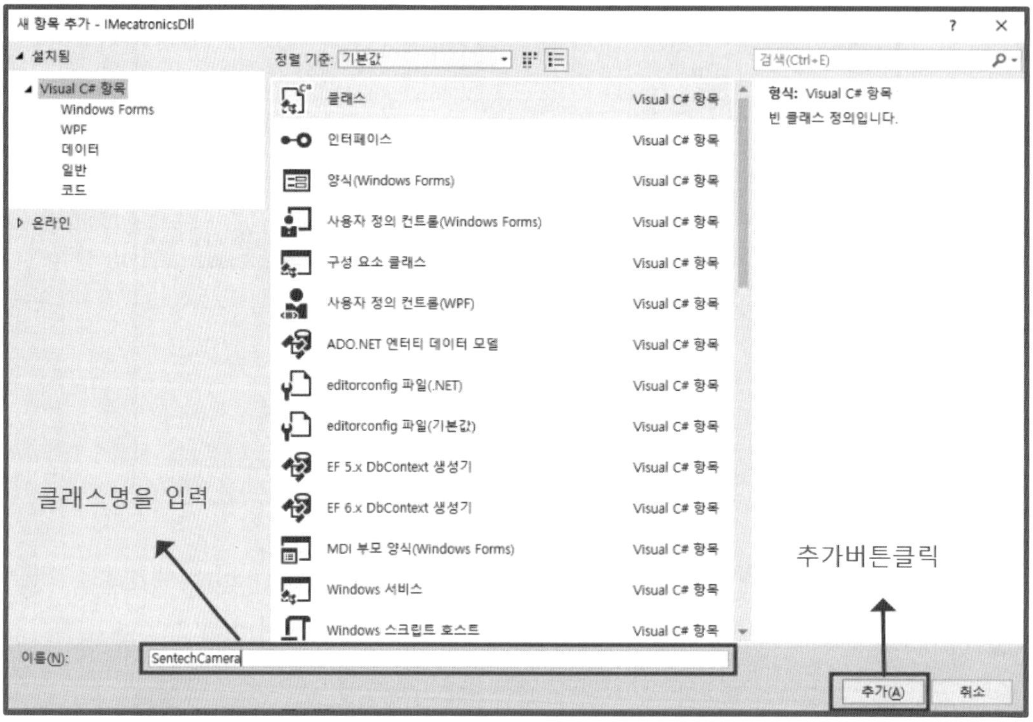

먼저 사용할 맴버변수를 선언해줍니다.

```
namespace IMecatronicsDll
{
    참조 3개
    public class SentechCamera
    {
        //
        CStApiAutoInit api = null;
        private CStSystem system = null; // 디바이스 시스템생성
        public CStDevice device = null; // 카메라 전체를 제어하는 객체변수
        private CStDataStream dataStream = null; // 카메라화면을 받는 객체변수
        CStPixelFormatConverter m_Converter = null; // 이미지 컨버팅 객체변수
        Mutex m_Mutex = null;

        // 기본정보
        public int Width = 0;
        public int Height = 0;

        // 받은 이미지를 저장하는 변수
        public Bitmap[] pImage = null;
        public int ImagePos = 0;
        public int UpdatePos = 0;
        public int UpdateImage = 0;
```

카메라 장비를 사용하기 위해서 Sentech 라이브러리에서 제공하는 ApiAutoInit()객체를 생성해줍니다. 그리고 시스템객체를 생성해줍니다.

```
public void Init()
{
    try
    {
        api = new CStApiAutoInit(); // API를 Init
        system = new CStSystem(); // 디바이스 시스템생성


        //
        m_Converter = new CStPixelFormatConverter();
        m_Converter.DestinationPixelFormat = eStPixelFormatNamingConvention.BGR8;
    }
    catch (System.Exception Ex)
    {
    }
}
```

카메라에 연결하기 위해서는 연결할 카메라의 이름을 알아야 합니다. 메소드를 호출하면 모든 인터페이스의 카메라 이름을 얻어옵니다.

```
public void GetNumCamera(ref List<string> aInfo)
{
    try
    {
        uint Cnt1 = system.InterfaceCount;
        for (uint Idx1 = 0; Idx1 < Cnt1; ++Idx1)
        {
            IStInterface pInterface = system.GetIStInterface(Idx1);

            pInterface.UpdateDeviceList();
            uint Cnt2 = pInterface.DeviceCount;
            for (uint Idx2 = 0; Idx2 < Cnt2; ++Idx2)
            {
                IStDeviceInfo Info = pInterface.GetIStDeviceInfo(Idx2);

                aInfo.Add(Info.DisplayName);
            }
        }
    }
    catch (System.Exception Ex)
    {
    }
}
```

다음은 연결 메소드입니다. 해당 디바이스 이름과 같이 연결하고 취득인터페이스를 시작합니다.

```
public bool Connected(string aDeviceName)
{
    try
    {
        uint Cnt1 = system.InterfaceCount;
        for (uint Idx1 = 0; Idx1 < Cnt1; ++Idx1)
        {
            IStInterface pInterface = system.GetIStInterface(Idx1);

            uint Cnt2 = pInterface.DeviceCount;
            for (uint Idx2 = 0; Idx2 < Cnt2; ++Idx2)
            {
                IStDeviceInfo Info = pInterface.GetIStDeviceInfo(Idx2);
                if (Info.DisplayName == aDeviceName)
                {
                    device = pInterface.CreateStDevice(Info.ID);
                    dataStream = device.CreateStDataStream( );

                    object[] param = { this };
                    dataStream.RegisterCallbackMethod(OnCallback, param);          // 콜백 메세지 등록

                    device.StartEventAcquisitionThread( );

                    return true;
                }
            }
        }

        return true;
    }
    catch (System.Exception Ex)
    {
    }

    return false;
}
```

연결을 종료할때는 취득을 멈추고 미리 생성한 장치객체를 제거합니다.

```
public void DisConnected( )
{
    try
    {
        // 장치를 제거
        AcquisitionStop( );
        if (dataStream != null) { dataStream.Dispose( ); dataStream = null; }
        if (device != null){device.StopEventAcquisitionThread( ); device.Dispose( ); device = null; }
    }
    catch (System.Exception Ex)
    {
    }
}
```

취득시작 메소드를 호출하면 데이터스트리밍과 디바이스에 취득을 시작합니다.

```
public void StartAcquisition()
{
    try
    {
        // 취득시작
        dataStream.StartAcquisition();
        device.AcquisitionStart();
    }
    catch (System.Exception Ex)
    {
    }
}
```

취득종료 메소드를 호출하면 취득시작에 역순으로 취득을 멈춥니다.

```
public void AcquisitionStop()
{
    try
    {
        //
        if (device != null) { device.AcquisitionStop(); }
        if (dataStream != null) { dataStream.StopAcquisition(); }       // 스탑

    }
    catch (System.Exception Ex)
    {
    }
}
```

다음은 노드를 제어하기 위한 소스입니다.

```
참조 0개
public void SetEnumNode(string aNode, string aMode)
{
    try
    {
        if (device != null)
        {
            INodeMap nodeMap = device.GetRemoteIStPort().GetINodeMap();

            IEnum nodeAcquisitionMode = nodeMap.GetNode<IEnum>(aNode);
            if (nodeAcquisitionMode != null)
            {
                nodeAcquisitionMode.StringValue = aMode;
            }
        }
    }
    catch (System.Exception Ex)
    {
    }
}

참조 0개
public bool GetEnumNode(string aNode, ref string aValue)
{

    try
    {
        if (device != null)
        {
            INodeMap nodeMap = device.GetRemoteIStPort().GetINodeMap();

            IEnum nodeAcquisitionMode = nodeMap.GetNode<IEnum>(aNode);
            if (nodeAcquisitionMode != null)
            {
                aValue = nodeAcquisitionMode.StringValue;
            }
        }

        return true;
    }
    catch (System.Exception Ex)
    {
    }

    return false;
}
```

다음은 숫자형 노드를 제어하는 코드입니다. 노드맵리스트에서 원하는 노드의 값을 변경합니다.

```
참조 0개
public void SetFloatNode(string aMode, double aValue)
{
    try
    {
        if (device != null)
        {
            INodeMap nodeMap = device.GetRemoteIStPort().GetINodeMap();

            IFloat nodeGain = nodeMap.GetNode<IFloat>(aMode);
            if (nodeGain != null)
            {
                nodeGain.SetValue(aValue, true);
            }
        }

    }
    catch (System.Exception Ex)
    {
    }
}

참조 0개
public bool GetFloatNode(string aNode, ref double aMin, ref double aMax, ref double Value)
{
    try
    {
        if (device != null)
        {
            INodeMap nodeMap = device.GetRemoteIStPort().GetINodeMap();

            IFloat nodeGain = nodeMap.GetNode<IFloat>(aNode);
            if (nodeGain != null)
            {
                aMin = nodeGain.Minimum;
                aMax = nodeGain.Maximum;
                Value = nodeGain.Value;
            }
        }

        return true;
    }
    catch (System.Exception Ex)
    {
    }

    return false;
}
```

다음은 노드의 커맨드 명령을 실행하는 메소드입니다.

```
참조 0개
public void CommandExcute(string aNode)
{
    try
    {
        if (device != null)
        {
            INodeMap nodeMap = device.GetRemoteIStPort( ).GetINodeMap( );

            ICommand nodeTriggerSoftware = nodeMap.GetNode<ICommand>(aNode);
            if (nodeTriggerSoftware != null)
            {
                nodeTriggerSoftware.Execute( );
            }
        }

    }
    catch (System.Exception Ex)
    {
    }
}
```

다음은 새로운 이미지가 들어왔을 때 저장하는 코드입니다. 먼저 이미지버퍼가 만들어지지 않았거나 이미지크기가 달라졌을 경우 새로운 이미지 버퍼를 만듭니다.

```
static void OnCallback( IStCallbackParamBase paramBase, object[] param)
{
    if (paramBase.CallbackType == eStCallbackType.TL_DataStreamNewBuffer)
    {
        IStCallbackParamGenTLEventNewBuffer callbackParam = paramBase as IStCallbackParamGenTLEventNewBuffer;

        if (callbackParam != null)
        {
            try
            {
                IStDataStream dataStream = callbackParam.GetIStDataStream( );

                using (CStStreamBuffer streamBuffer = dataStream.RetrieveBuffer(0))
                {
                    if (streamBuffer.GetIStStreamBufferInfo( ).IsImagePresent)
                    {
                        SentechCamera pOwner = (SentechCamera)param[0];
                        IStImage stImage = streamBuffer.GetIStImage( );
                        bool isColor = CStApiDotNet.GetIStPixelFormatInfo(stImage.ImagePixelFormat).IsColor;

                        // 이미지 확인
                        if (pOwner.pImage == null ||
                            (pOwner.Width != stImage.ImageWidth && pOwner.Height != stImage.ImageHeight))
                        {
                            pOwner.Width = (int)stImage.ImageWidth;
                            pOwner.Height = (int)stImage.ImageHeight;

                            //
                            pOwner.pImage = new Bitmap[10];
                            for (int Idx = 0; Idx < 10; ++Idx)
                            {
                                pOwner.pImage[Idx] = new Bitmap(
                                    (int)stImage.ImageWidth, (int)stImage.ImageHeight, PixelFormat.Format24bppRgb);
                            }
                        }
```

메모리 오류를 방지하기위해 Mutex락을 걸고 비트맵데이터를 현재 이미지 버퍼에 복사합니다.

```
                        // 이미지 컨버팅 실시
                        using (CStImageBuffer imageBuffer = CStApiDotNet.CreateStImageBuffer())
                        {
                            //
                            //if( pOwner.UpdateImage == 0 )
                            {
                                pOwner.m_Mutex.WaitOne();
                                pOwner.m_Converter.Convert(stImage, imageBuffer);

                                // Lock the bits of the bitmap.
                                int TmpIdx = (pOwner.ImagePos + 1) % 10;
                                BitmapData bmpData = pOwner.pImage[TmpIdx].LockBits(
                                    new Rectangle(0, 0, pOwner.Width, pOwner.Height),
                                    ImageLockMode.WriteOnly, PixelFormat.Format24bppRgb);

                                try
                                {
                                    // Place the pointer to the buffer of the bitmap.
                                    IntPtr ptrBmp = bmpData.Scan0;
                                    byte[] imageData = imageBuffer.GetIStImage().GetByteArray();
                                    Marshal.Copy(imageData, 0, ptrBmp, imageData.Length);
                                    pOwner.pImage[TmpIdx].UnlockBits(bmpData);

                                }
                                catch (System.Exception ex)
                                {
                                    pOwner.pImage[TmpIdx].UnlockBits(bmpData);
                                }
                                pOwner.ImagePos = TmpIdx;
                                pOwner.UpdateImage = 1;

                                pOwner.m_Mutex.ReleaseMutex();
                            }
                        }
                    }
                    else
                    {
                    }
                }
            }
            catch (System.Exception Ex)
            {
            }
        }
    }
}
```

전체소스는 다음과 같습니다.

```
using Sentech.GenApiDotNET;
using Sentech.StApiDotNET;
using System;
using System.Collections.Generic;
using System.Drawing;
using System.Drawing.Imaging;
```

```
using System.Linq;
using System.Runtime.InteropServices;
using System.Text;
using System.Threading;
using System.Threading.Tasks;

namespace IMecatronicsDll
{
    public class SentechCamera
    {
        //
        CStApiAutoInit api = null;
        private CStSystem system = null; // 디바이스 시스템생성
        public CStDevice device = null; // 카메라연결(첫번째 카메라)
        private CStDataStream dataStream = null;
        CStPixelFormatConverter m_Converter = null;
        Mutex m_Mutex = null;

        // 기본정보
        public int Width = 0;
        public int Height = 0;

        //
        public Bitmap[] pImage = null;
        public int ImagePos = 0;
        public int UpdatePos = 0;
        public int UpdateImage = 0;

        // Method for handling callback action
        static void OnCallback(IStCallbackParamBase paramBase, object[] param)
        {
            // Check callback type. Only NewBuffer event is handled in here
            if (paramBase.CallbackType == eStCallbackType.TL_DataStreamNewBuffer)
            {
                // In case of receiving a NewBuffer events:
            // Convert received callback parameter into IStCallbackParamGenTLEventNewBuffer for acquiring additional information.
                IStCallbackParamGenTLEventNewBuffer callbackParam = paramBase as IStCallbackParamGenTLEventNewBuffer;

                if (callbackParam != null)
                {
                    try
                    {
                        // Get the IStDataStream interface object from the received callback parameter.
                        IStDataStream dataStream = callbackParam.GetIStDataStream();

                        // Retrieve the buffer of image data for that callback indicated there is a buffer received.
                        using (CStStreamBuffer streamBuffer = dataStream.RetrieveBuffer(0))
                        {
                            // Check if the acquired data contains image data.
```

```
                if (streamBuffer.GetIStStreamBufferInfo().IsImagePresent)
                {
                    SentechCamera pOwner = (SentechCamera)param[0];

                    // If yes, we create a IStImage object for further image handling.
                    IStImage stImage = streamBuffer.GetIStImage();


                    bool isColor = CStApiDotNet.GetIStPixelFormatInfo(stImage.ImagePixelFormat).IsColor;



                    // 이미지 확인
                    if (pOwner.pImage == null
                || (pOwner.Width != stImage.ImageWidth && pOwner.Height != stImage.ImageHeight))
                    {
                        pOwner.Width = (int)stImage.ImageWidth;
                        pOwner.Height = (int)stImage.ImageHeight;

                        //
                        pOwner.pImage = new Bitmap[10];
                        for (int Idx = 0; Idx < 10; ++Idx)
                        {
                            pOwner.pImage[Idx] =
new Bitmap((int)stImage.ImageWidth, (int)stImage.ImageHeight, PixelFormat.Format24bppRgb);
                        }
                    }


                    // 이미지 컨버팅 실시
                    using (CStImageBuffer imageBuffer = CStApiDotNet.CreateStImageBuffer())
                    {
                        //
                        //if( pOwner.UpdateImage == 0 )
                        {
                            pOwner.m_Mutex.WaitOne();
                            pOwner.m_Converter.Convert(stImage, imageBuffer);

                            // Lock the bits of the bitmap.
                            int TmpIdx = (pOwner.ImagePos + 1) % 10;
                            BitmapData bmpData = pOwner.pImage[TmpIdx].LockBits(new Rectangle(0, 0,
pOwner.Width, pOwner.Height), ImageLockMode.WriteOnly, PixelFormat.Format24bppRgb);

                            try
                            {
                                // Place the pointer to the buffer of the bitmap.
                                IntPtr ptrBmp = bmpData.Scan0;
                                byte[] imageData = imageBuffer.GetIStImage().GetByteArray();
                                Marshal.Copy(imageData, 0, ptrBmp, imageData.Length);
```

```
                        pOwner.pImage[TmpIdx].UnlockBits(bmpData);

                    }
                    catch (System.Exception ex)
                    {
                        pOwner.pImage[TmpIdx].UnlockBits(bmpData);
                    }
                    pOwner.ImagePos = TmpIdx;
                    pOwner.UpdateImage = 1;

                    pOwner.m_Mutex.ReleaseMutex();
                }
            }

        }
        else
        {
        }
    }
}
catch (System.Exception Ex)
{
}
}
}
}


public SentechCamera()
{
    m_Mutex = new Mutex();
}

public void Dispose()
{
    DisConnected();

    if (m_Mutex != null)
    {
        m_Mutex.Close();
        m_Mutex = null;
    }
}

public bool IsConnect()
{
    try
    {
        if( device != null )
```

```
        {
            if (device.IsDeviceLost == true)
            {
                device.Dispose();
                device = null;
            }
            else
            {
                return true;
            }
        }

    }
    catch(Exception Ex)
    {
    }

    return false;
}

public void Init()
{
    try
    {
        api = new CStApiAutoInit(); // API를 Init
        system = new CStSystem(); // 디바이스 시스템생성


        //
        m_Converter = new CStPixelFormatConverter();
        m_Converter.DestinationPixelFormat = eStPixelFormatNamingConvention.BGR8;
    }
    catch (System.Exception Ex)
    {
    }
}

public void GetNumCamera(ref List<string> aInfo)
{
    try
    {
        uint Cnt1 = system.InterfaceCount;
        for (uint Idx1 = 0; Idx1 < Cnt1; ++Idx1)
        {
            IStInterface pInterface = system.GetIStInterface(Idx1);

            pInterface.UpdateDeviceList();
            uint Cnt2 = pInterface.DeviceCount;
            for (uint Idx2 = 0; Idx2 < Cnt2; ++Idx2)
```

```
                {
                    IStDeviceInfo Info = pInterface.GetIStDeviceInfo(Idx2);

                    aInfo.Add(Info.DisplayName);
                }
            }
        }
        catch (System.Exception Ex)
        {
        }
    }

    public void DeInit()
    {
        try
        {
            AcquisitionStop();
            DisConnected();
            system.Dispose();

        }
        catch (System.Exception Ex)
        {
        }
    }

    public bool Connected(string aDeviceName)
    {
        try
        {
            uint Cnt1 = system.InterfaceCount;
            for (uint Idx1 = 0; Idx1 < Cnt1; ++Idx1)
            {
                IStInterface pInterface = system.GetIStInterface(Idx1);

                uint Cnt2 = pInterface.DeviceCount;
                for (uint Idx2 = 0; Idx2 < Cnt2; ++Idx2)
                {
                    IStDeviceInfo Info = pInterface.GetIStDeviceInfo(Idx2);
                    if (Info.DisplayName == aDeviceName)
                    {
                        device = pInterface.CreateStDevice(Info.ID);
                        dataStream = device.CreateStDataStream();

                        object[] param = { this };
                        dataStream.RegisterCallbackMethod(OnCallback, param);        // 콜백 메세지 등록

                        device.StartEventAcquisitionThread();
```

```
                    return true;
                }
            }
        }

        return true;
    }
    catch (System.Exception Ex)
    {
    }

    return false;
}

public void DisConnected()
{
    try
    {
        // 장치를 제거
        AcquisitionStop();
        if (dataStream != null) { dataStream.Dispose(); dataStream = null; }
        if (device != null){device.StopEventAcquisitionThread();device.Dispose();device = null;}
    }
    catch (System.Exception Ex)
    {
    }
}

public bool IsImageUpdate()
{
    try
    {
        if( UpdateImage == 1)
        {
            return true;
        }
    }
    catch(Exception Ex)
    {
    }

    return false;
}

public Bitmap GetLastImage()
{
    try
    {
        if (pImage != null)
```

```
            {
                UpdatePos = ImagePos;
                return pImage[ImagePos];
            }

        }
        catch (System.Exception Ex)
        {
        }

        return null;
    }


    public void StartAcquisition()
    {
        try
        {
            // 취득시작
            dataStream.StartAcquisition();
            device.AcquisitionStart();
        }
        catch (System.Exception Ex)
        {
        }
    }

    public void SetAcquisitionMode(string aMode)
    {
        try
        {
            if (device != null)
            {
                INodeMap nodeMap = device.GetRemoteIStPort().GetINodeMap();

                IEnum nodeAcquisitionMode = nodeMap.GetNode<IEnum>("AcquisitionMode");
                if (nodeAcquisitionMode != null)
                {
                    nodeAcquisitionMode.StringValue = aMode;
                }
            }

        }
        catch (System.Exception Ex)
        {
        }
    }
```

```
public void SetEnumNode(string aNode, string aMode)
{
    try
    {
        if (device != null)
        {
            INodeMap nodeMap = device.GetRemoteIStPort().GetINodeMap();

            IEnum nodeAcquisitionMode = nodeMap.GetNode<IEnum>(aNode);
            if (nodeAcquisitionMode != null)
            {
                nodeAcquisitionMode.StringValue = aMode;
            }
        }
    }
    catch (System.Exception Ex)
    {
    }
}

public bool GetEnumNode(string aNode, ref string aValue)
{

    try
    {


        if (device != null)
        {
            INodeMap nodeMap = device.GetRemoteIStPort().GetINodeMap();

            IEnum nodeAcquisitionMode = nodeMap.GetNode<IEnum>(aNode);
            if (nodeAcquisitionMode != null)
            {
                aValue = nodeAcquisitionMode.StringValue;
            }
        }

        return true;
    }
    catch (System.Exception Ex)
    {
    }

    return false;
}

public void SetFloatNode(string aMode, double aValue)
{
```

```
    try
    {
        if (device != null)
        {
            INodeMap nodeMap = device.GetRemoteIStPort().GetINodeMap();

            IFloat nodeGain = nodeMap.GetNode<IFloat>(aMode);
            if (nodeGain != null)
            {
                nodeGain.SetValue(aValue, true);
            }
        }
    }
    catch (System.Exception Ex)
    {
    }
}

public bool GetFloatNode(string aNode, ref double aMin, ref double aMax, ref double Value)
{
    try
    {


        if (device != null)
        {
            INodeMap nodeMap = device.GetRemoteIStPort().GetINodeMap();

            IFloat nodeGain = nodeMap.GetNode<IFloat>(aNode);
            if (nodeGain != null)
            {
                aMin = nodeGain.Minimum;
                aMax = nodeGain.Maximum;
                Value = nodeGain.Value;
            }
        }

        return true;
    }
    catch (System.Exception Ex)
    {
    }

    return false;
}


// Grab
public void CommandExcute(string aNode)
```

```
        {
            try
            {
                if (device != null)
                {
                    INodeMap nodeMap = device.GetRemoteIStPort().GetINodeMap();

                    ICommand nodeTriggerSoftware = nodeMap.GetNode<ICommand>(aNode);
                    if (nodeTriggerSoftware != null)
                    {
                        nodeTriggerSoftware.Execute();
                    }
                }

            }
            catch (System.Exception Ex)
            {
            }
        }
        public void AcquisitionStop()
        {
            try
            {
                //
                if (device != null) { device.AcquisitionStop(); }
                if (dataStream != null) { dataStream.StopAcquisition(); }      // 스탑

            }
            catch (System.Exception Ex)
            {
            }
        }
    }
}
```

4 예제 프로젝트 생성

현재 솔루션에서 Ex07으로 프로젝트를 생성하고 IMecatronicsDll라이브러리를 추가합니다.

생성된 툴에 CogRecordsDisplay컨트롤을 추가합니다.

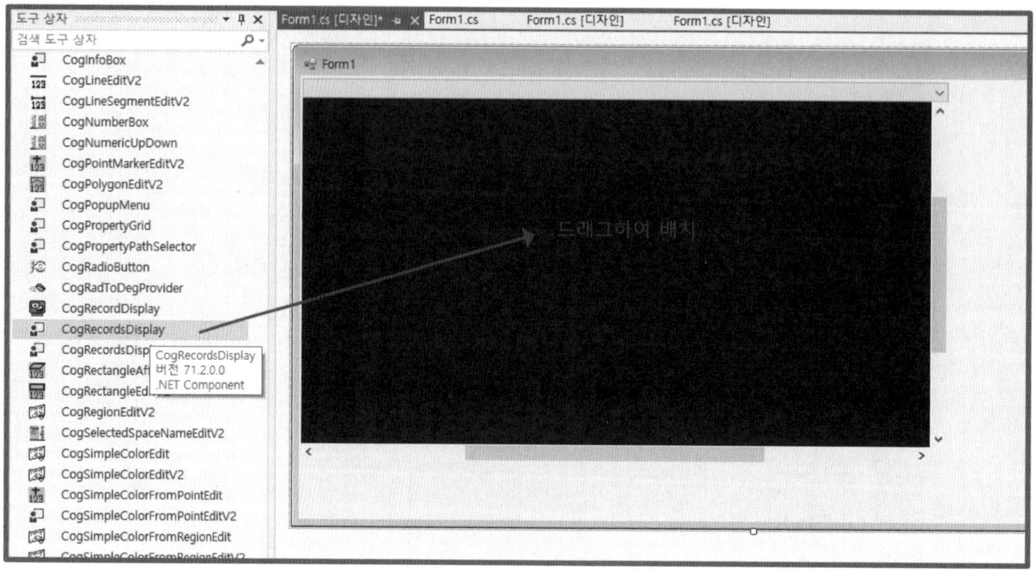

카메라의 제어할 컨트롤을 설정합니다.

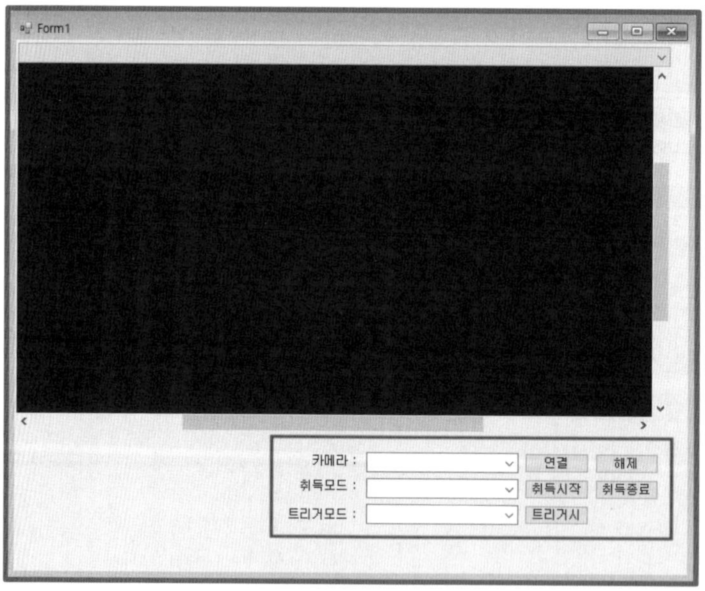

배치할 컨트롤과 역할은 아래표와 같습니다.

컨트롤타입	Name	위치	사이즈	텍스트
CogRecordsDisplay	cogRecordsDisplay1	2, 3	649, 387	
Label	label1	297, 413	49, 12	카메라
Label	label2	285, 438	61, 12	취득모드
Label	label3	273, 467	73, 12	트리거모드
ComboBox	cbCameraList	353, 410	150, 20	
ComboBox	cbAcqMode	353, 436	150, 20	
ComboBox	cbTriggerMode	353, 462	150, 20	
Button	Button1	509, 410	63, 20	연결
Button	Button2	578, 410	63, 20	해제
Button	Button3	509, 436	63, 20	취득시작
Button	Button4	578, 436	63, 20	취득종료
Button	Button5	509, 462	63, 20	트리거시작

다음으로 시작폼의 맴버변수로 카메라객체를 선언하고 생성자에서 객체를 생성합니다.

```
using System;
using System.Collections.Generic;
using System.ComponentModel;
using System.Data;
using System.Drawing;
using System.Linq;
using System.Text;
using System.Threading.Tasks;
using System.Windows.Forms;
using IMecatronicsForm;

namespace Ex07
{
    참조 3개
    public partial class Form1 : Form
    {
        SentechCamera pCamera = null;

        참조 1개
        public Form1()
        {
            InitializeComponent();

            // 카메라객체 생성
            pCamera = new SentechCamera();



        }
    }
}
```

카메라 장치의 정보를 알기 위해 카메라를 연결하고 리스트를 받아옵니다.

```
//
List<string> stlList = new List<string>();

pCamera.Init();
pCamera.GetNumCamera(ref stlList);
for( int Idx = 0; Idx < stlList.Count; ++Idx)
{
    cbCameraList.Items.Add(pCamera);
}
```

연결버튼을 더블클릭하여 클릭이벤트를 선언하고 콤보박스에 선택된 이름으로 연결을 시도합니다.

연결을 성공하면 취득모드와 트리거모드의 엔트리를 받아 콤보박스 아이템에 추가합니다.

```
참조 1개
private void button1_Click(object sender, EventArgs e)
{
    if( pCamera.Connected(cbCameraList.Text) == true)
    {
        cbAcqMode.Items.Clear();
        cbTriggerMode.Items.Clear();

        string ItemName = "";
        List<string> stlList = new List<string>();

        // 취드모드의 항목을 얻어온다.
        pCamera.GetEnumNodeEntry("AcquisitionMode", ref stlList, ref ItemName);
        for( int Idx = 0; Idx < stlList.Count; ++Idx)
        {
            cbAcqMode.Items.Add(stlList[Idx]);
            if( cbAcqMode.Items[Idx].ToString() == ItemName)
            {
                cbAcqMode.SelectedIndex = Idx;
            }
        }

        // 트리거모드의 항목을 얻어온다.
        pCamera.GetEnumNodeEntry("TriggerMode", ref stlList, ref ItemName);
        for (int Idx = 0; Idx < stlList.Count; ++Idx)
        {
            cbTriggerMode.Items.Add(stlList[Idx]);
            if (cbTriggerMode.Items[Idx].ToString() == ItemName)
            {
                cbTriggerMode.SelectedIndex = Idx;
            }
        }
    }
}
```

연결종료버튼을 더블클릭하여 클릭이벤트를 선언하고 카메라장치 연결을 끊고 취득,트리거모드를 초기화 합니다.

```
참조 1개
private void button2_Click(object sender, EventArgs e)
{
    // 연결을 종료하고 취득,트리거모드를 초기화 한다.
    pCamera.DisConnected( );
    cbAcqMode.Items.Clear( );
    cbTriggerMode.Items.Clear( );
}
```

취득모드 콤보박스를 더블클릭하여 셀렉트인덱스이벤트를 선언합니다.
카메라가 열결되었을 때 취득모드를 현재선택된 콤보박스의 내용으로 변경합니다.

```
// 취득모드 변경
참조 1개
private void cbAcqMode_SelectedIndexChanged(object sender, EventArgs e)
{
    if( pCamera.IsConnected( ) == true)
    {
        pCamera.SetEnumNode("AcquisitionMode", cbAcqMode.Text);
    }
}
```

트리거모드 콤보박스를 더블클릭하여 셀렉트인덱스이벤트를 선언합니다.
카메라가 연결되었을 때 트리거모드를 현재선택된 콤보박스의 내용으로 변경합니다.

```
// 트리거모드변경
참조 1개
private void cbTriggerMode_SelectedIndexChanged(object sender, EventArgs e)
{
    if (pCamera.IsConnected( ) == true)
    {
        pCamera.SetEnumNode("TriggerMode", cbTriggerMode.Text);
    }
}
```

취득시작버튼을 더블클릭하여 클릭이벤트를 선언하고 카메라가 연결되었을 때 취득을 시작할 수 있도록 합니다. 취득이 시작되면 취득모드를 변경할 수 없도록 합니다.

```
// 취득시작
참조 1개
private void button3_Click(object sender, EventArgs e)
{
    // 연결되었을때만 실행
    if (pCamera.IsConnected( ) == true)
    {
        // 취득을멈추고 취득모드 변경못하게함
        pCamera.StartAcquisition( );
        cbAcqMode.Enabled = false;
    }
}
```

취득종료버튼을 더블클릭하여 클릭이벤트를 선언하고 카메라가 연결되었을 때 취득이 종료될 수 있도록 합니다. 취득이 종료되면 취득모드를 변경할 수 있도록 합니다.

```
// 취득종료
참조 1개
private void button4_Click(object sender, EventArgs e)
{
    // 연결되었을때만 실행
    if (pCamera.IsConnected( ) == true)
    {
        // 취득을멈추고 취득모드 변경가능하게 함
        pCamera.AcquisitionStop( );
        cbAcqMode.Enabled = true;
    }
}
```

트리거버튼을 더블클릭하여 클릭이벤트를 선언하고 카메라가 연결되었을 때 트리거소프트웨어 노드에 실행 명령을 내릴 수 있도록 합니다.

```
// 트리거 실행
참조 1개
private void button5_Click(object sender, EventArgs e)
{
    // 연결되었을때만 실행
    if (pCamera.IsConnected( ) == true)
    {
        // 취득을멈추고 취득모드, 트리거모드를 변경가능하게 함
        pCamera.CommandExcute("TriggerSoftware");
    }
}
```

취득모드, 트리거 모드 콤보박스를 변경시 카메라가 연결되었을 때 선택된 문자열로 노드가 변경되게 합니다.

```
// 취득모드 변경
참조 1개
private void cbAcqMode_SelectedIndexChanged(object sender, EventArgs e)
{
    if( pCamera.IsConnected( ) == true)
    {
        pCamera.SetEnumNode("AcquisitionMode", cbAcqMode.Text);
    }
}

// 트리거모드변경
참조 1개
private void cbTriggerMode_SelectedIndexChanged(object sender, EventArgs e)
{
    if (pCamera.IsConnected( ) == true)
    {
        pCamera.SetEnumNode("TriggerMode", cbTriggerMode.Text);
    }
}
```

이벤트연결이 마무리 되었으면 디자이너로 이동해 도구상자의 타이머를 추가합니다. 타이머가 작동할 수 있도록 반복시간과 동작 이벤트를 추가합니다.

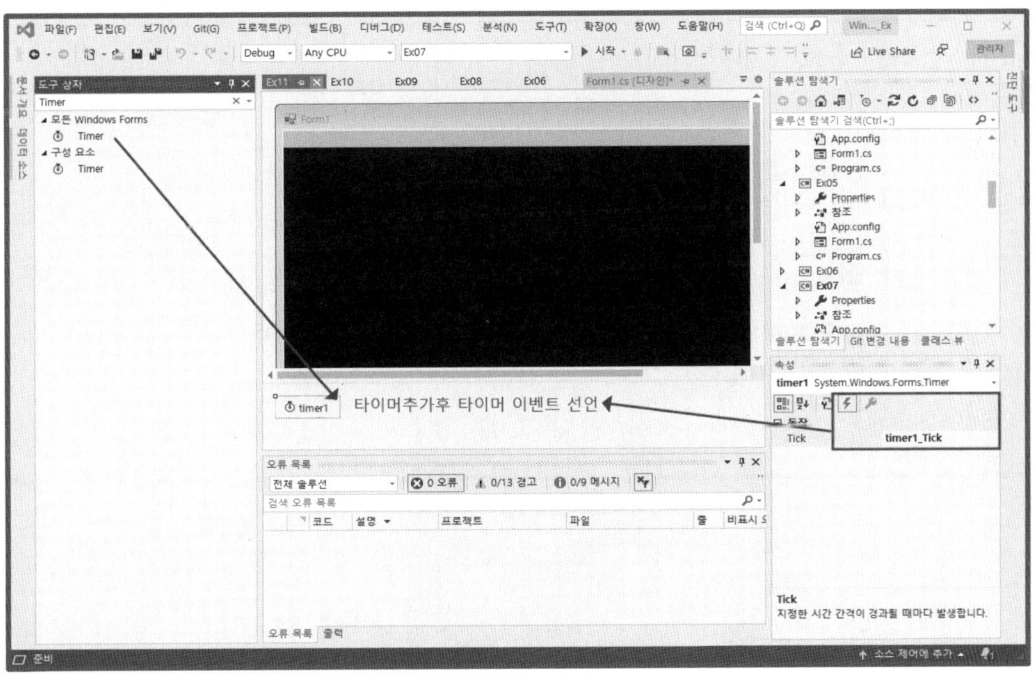

생성자에서 타이머를 시작해줍니다.

```
참조 1개
public Form1()
{
    InitializeComponent();

    // 카메라객체 생성
    pCamera = new SentechCamera();

    //
    List<string> stlList = new List<string>();

    pCamera.Init();
    pCamera.GetNumCamera(ref stlList);
    for( int Idx = 0; Idx < stlList.Count; ++Idx)
    {
        cbCameraList.Items.Add(stlList[Idx]);
    }

    // 타이머를 시작함
    timer1.Start();

}
```

타이머이벤트에 카메라가 연결되었고 카메라이미지가 취득되었을 때 새로운 이미지를 받아오도록 프로그램 합니다.

```
참조 1개
private void timer1_Tick(object sender, EventArgs e)
{
    // 카메라가 연결되었을때
    if( pCamera.IsConnected() == true)
    {
        //카메라이미지가 취득되었을때 새로운이미지를 화면에 업데이트
        if( pCamera.UpdateImage == 1)
        {
            cogRecordsDisplay1.Display.Image = new CogImage24PlanarColor(pCamera.GetLastImage());
        }
    }
}
```

5 프로그램 빌드 및 디버깅

프로그램을 컴파일 하기 위해서 솔류션 탐색기에서 프로젝트를 선택후 마우스 오른쪽 버튼을 클릭하여 팝업메뉴창을 활성화 한 후 “다시빌드” 메뉴를 클릭합니다.

컴파일해서 실행하면 그림과 같이 프로그램이 시작됩니다. 프로그램을 시작하여 카메라를 연결하고 이미지 취득여부를 확인합니다.

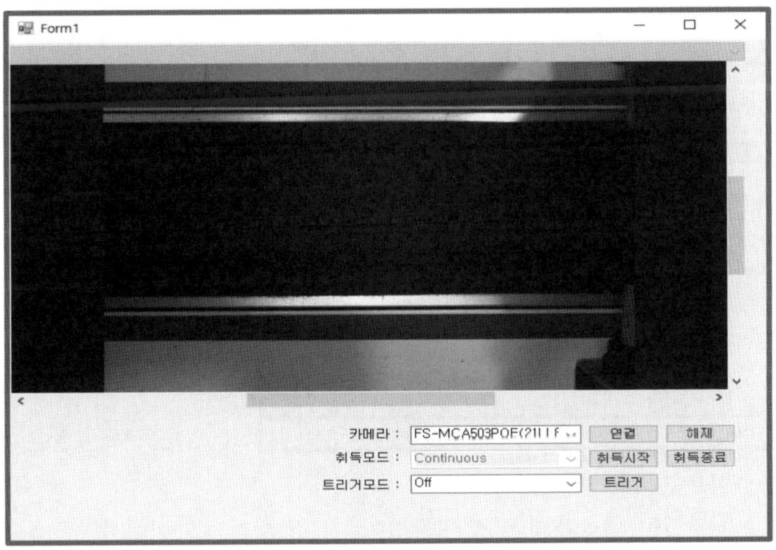

Ex09 시리얼 통신으로 조명제어

1 개요

머신 비전시스템은 카메라, 조명, 비전라이브러리, 입출력장비 등 장비들을 시리얼통신 이더넷통신 등등 이기종통신으로 제어해야 하는 상황들이 발생합니다.

이번 챕터는 시리얼통신으로 조명장비를 제어해 보도록 하겠습니다.

2 IMecatronicsDll 라이브러리에 조명을 컨트롤 클래스 추가

조명을 제어하기 위해서 IMecatronicsDll 프로젝트에 "LightControl"클래스를 추가합니다.

추가한 클래스에 시리얼통신을 사용하기 위해서는 System.IO.Port를 임포트하고 SerialPort객체를 생성합니다.

```
using System;
using System.Collections.Generic;
using System.IO.Ports;
using System.Linq;
using System.Text;
using System.Threading.Tasks;

namespace IMecatronicsDll
{
    참조 1개
    public class LightControl
    {
        // 시리얼 자원
        public byte[] ReadBuffer = new byte[1024];
        public SerialPort sp = new SerialPort();          // 시리얼포트
        public string PortName;
        public int BaudRate;

        public int LightValue = -1;
```

시리얼 장비를 연결할 때는 생성한 시리얼 포트에 포트 명과 BaudRate를 입력 후 연결 메소드를 호출합니다.

연결이 안 되었을 경우는 예외처리가 되며 연결 후에는 리시브 데이터가 발생했을 때 호출할 이벤트 핸들러를 연결합니다.

```
public bool Connected(string aComPort, int aBaud)
{
    try
    {
        DisConnect();

        // 포트
        PortName = aComPort;
        BaudRate = aBaud;

        // 시리얼포트객체를 생성하고 포트와 Baud를 입력
        sp = new SerialPort();
        sp.PortName = PortName;
        sp.BaudRate = BaudRate;

        // 연결하고 데이터리시브가 발생했을때 호출될 이벤트핸들러를 만든다.
        sp.Open();
        sp.DataReceived += new SerialDataReceivedEventHandler(SerialPort1_DataReceived);

        // 첫번째 채널의 조명값을 받아와지면 성공의로 반환한다.
        int Value = -1;
        if (GetLightValue(1, ref Value) == true)
        {
            return true;
        }
    }
    catch (Exception ex)
    {

    }

    return false;
}
```

접속 종료할 때 Close()메소드를 호출하여 종료합니다.

```
// 접속 종료
참조 3개
public void DisConnect( )
{
    try
    {
        sp.Close( );
    }
    catch (Exception ex)
    {

    }
}
```

데이터를 전송시에는 byte배열로 데이터를 전송합니다. 전송방식은 동기전송을 사용하고 있습니다.

```
//
참조 2개
public void SendData(byte[] Data, int aLength)
{
    try
    {
        // 연결되어있으면
        if (IsConnected( ) == true)
        {
            sp.Write(Data, 0, aLength);
        }
    }
    catch (Exception ex)
    {
        DisConnect( );
        //Connected( );
    }
}
```

데이터를 받았을때는 이벤트 핸들러가 호출되고 데이터 길이만큼 문자열 데이터로 변경하여 사용합니다.

```
// 데이터를 받았을때
참조 1개
private void SerialPort1_DataReceived(object sender, SerialDataReceivedEventArgs e)
{
    try
    {

        // 들어온 만큼 읽음
        int Size = sp.BytesToRead;
        sp.Read(ReadBuffer, 0, Size);

        if (Size > 2)
        {
            string Data = Encoding.Default.GetString(ReadBuffer, 0, Size);
            LightValue = Convert.ToInt32(Data);
        }
    }
    catch (Exception ex)
    {
        DisConnect( );
    }
}
```

조명을 컨트롤하기위해 정해진 프로토콜로 데이터를 가공해서 전송해줍니다.

```
참조 0개
public void SetLightValue(int Idx, int aValue)
{
    try
    {
        if (IsConnected( ) == false) { return; }
        //
        LightValue = aValue;

        // 정해진프로토콜대로 데이터를 가공하여 전송한다.
        string Stmp = string.Format("L{0}{1:D3}{2}{3}", Idx+1, aValue, (char)0x0d, (char)0x0a);

        byte[] Data = new byte[Stmp.Length];
        for (int Index = 0; Index < Stmp.Length; ++Index)
        {
            Data[Index] = (byte)Stmp[Index];
        }
        SendData(Data, Data.Length);
    }
    catch (Exception Ex)
    {

    }
}
```

조명의 현재 설정값을 받기위한 메소드를 만듭니다.

```
참조 1개
public bool GetLightValue(int Idx, ref int aValue)
{
    try
    {
        if (IsConnected() == false) { return false; }

        //
        LightValue = -1;

        // 정해진프로토콜로 가공하여 데이터를 전송한다.
        string Stmp = string.Format("R{0}{1}{2}", Idx, (char)0x0d, (char)0x0a);

        byte[] Data = new byte[Stmp.Length];
        for (int Index = 0; Index < Stmp.Length; ++Index)
        {
            Data[Index] = (byte)Stmp[Index];
        }
        SendData(Data, Data.Length);

        // 변경완료신호가 들어올때까지 대기한다.
        int Tick = Environment.TickCount;
        while (LightValue == -1 && Environment.TickCount - Tick < 2000)
        {
            System.Threading.Thread.Sleep(10);
        }
        // 정상적으로 데이터가 들어왔을때 값을 확인한다.
        if (LightValue > -1)
        {
            aValue = LightValue;
            return true;
        }
    }
    catch (Exception Ex)
    {

    }

    return false;
}
```

제조사가 제공하는 프로토콜은 다음과 같습니다.

6. 통신 프로토콜

A. Value 값 개별 설정

	START	CH	Value			END (터미널로 입력시)	
Char	L	1~2	2	5	5	$0D	$0A
HEX	0x4C	0x31~0x32	0x32	0x35	0x35	0x0D	0x0A
BYTE	1	1	1	1	1	1	1

① 시작 인식 코드는 ' L ' 입니다.

② 마지막에는 반듯이 CR(0x0D), LF(0x0A)를 전송 해야 합니다.

③ 송신 예 :

(1CH 의 value 값 255)

L1255[CR][LF]

(2CH 의 value 값 60)

L2060[CR][LF]

B. 통신 OFF.

	START	CH	END (터미널로 입력시)	
Char	E	1~2	$0D	$0D
HEX	0x45	0x31~0x32	0x0D	0x0D
BYTE	1	1	1	1

① 현재 작동하고 있는 채널의 조명을 OFF 합니다.

② 마지막에는 반듯이 CR(0x0D), LF(0x0A)를 전송 해야 합니다.

③ 전송 예 :

(1CH OFF) → E1[CR][LF]

COM 포트 확인 및 장비 셋팅 사진은 나음과 같습니다. 사용하는 컴퓨테에 연결된 통신 포트를 확인하고 컴파일할 때 설정포트로 사용합니다. 다음과 같은 사진은 장치관리자를 통해서 확인할 수 있습니다. 사용하는 컴퓨터마다 다를 수 있으니 참고용으로만 사용합니다.

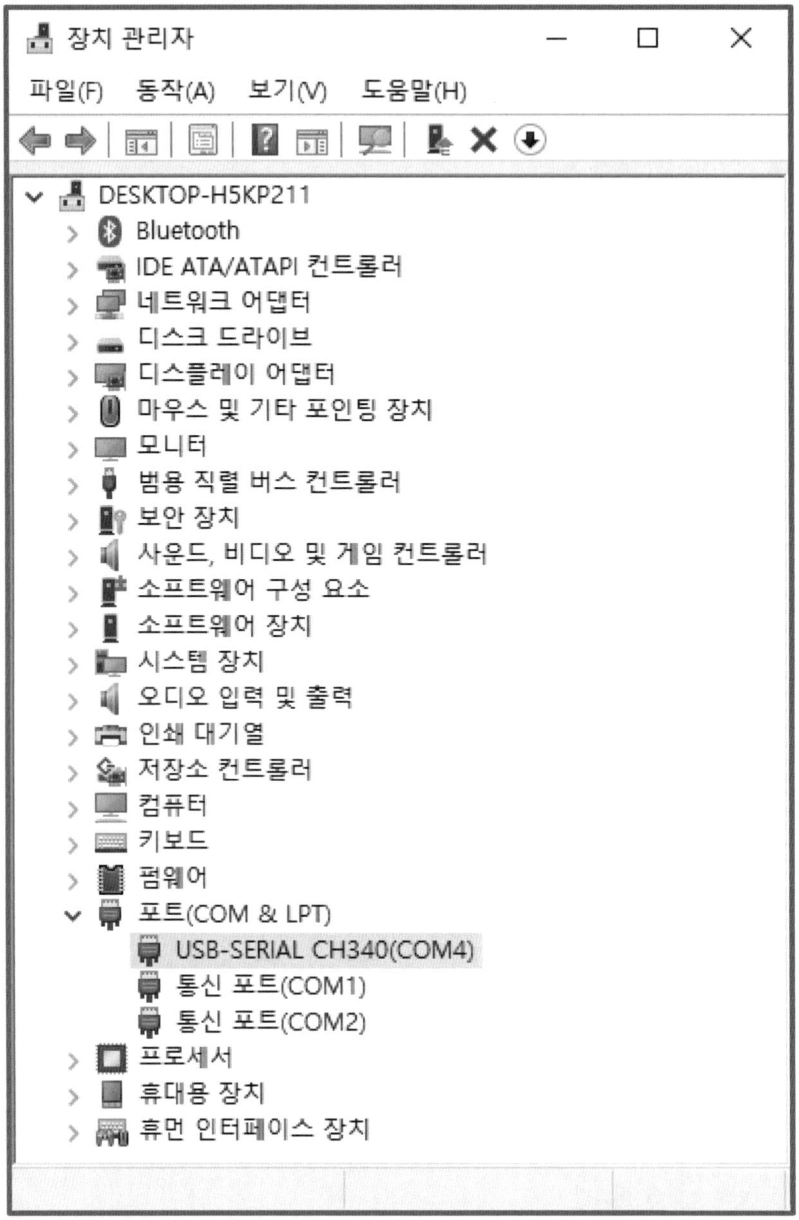

장비사진과 프로그램에 의한 조명 제어를 위한 딥스위치의 상태를 사진으로 보여주고 있습니다. 수동으로 조명을 제어하고자 할 경우 MODE의 1번 스위치를 OFF 상태로하고, 프로그램 통신에 의해서 제어하고자 할 경우에는 사진과 같이 ON상태로 유지합니다. 여기서는 ON 상태로 유지합니다.

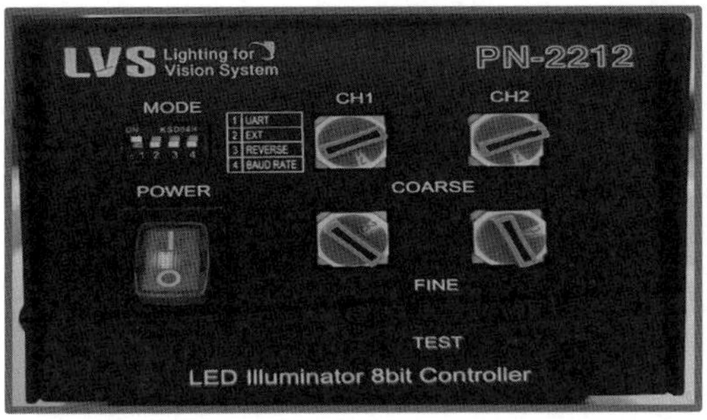

통신에 대한 전체소스는 다음과 같습니다.

```
using System;
using System.Collections.Generic;
using System.IO.Ports;
using System.Linq;
using System.Text;
using System.Threading.Tasks;

namespace IMecatronicsDll
{
    public class LightControl
    {
        // 시리얼 자원
        public byte[] ReadBuffer = new byte[1024];
        public SerialPort sp = new SerialPort();        // 시리얼포트
        public string PortName;
        public int BaudRate;

        public int LightValue = -1;

        public LightControl()
        {

        }



        // 데이터를 받았을때
        private void SerialPort1_DataReceived(object sender, SerialDataReceivedEventArgs e)
        {
            try
            {

                // 들어온 만큼 읽음
```

```
            int Size = sp.BytesToRead;
            sp.Read(ReadBuffer, 0, Size);

            if (Size > 2)
            {
                string Data = Encoding.Default.GetString(ReadBuffer, 0, Size);
                LightValue = Convert.ToInt32(Data);
            }
        }
        catch (Exception ex)
        {
            DisConnect();
        }
    }

    //
    public bool Connected(string aComPort, int aBaud)
    {
        try
        {
            DisConnect();

            // 포트
            PortName = aComPort;
            BaudRate = aBaud;

            // 시리얼포트객체를 생성하고 포트와 Baud를 입력
            sp = new SerialPort();
            sp.PortName = PortName;
            sp.BaudRate = BaudRate;

            // 연결하고 데이터리시브가 발생했을때 호출될 이벤트핸들러를 만든다.
            sp.Open();
            sp.DataReceived += new SerialDataReceivedEventHandler(SerialPort1_DataReceived);

            // 첫번째 채널의 조명값을 받아와지면 성공으로 반환한다.
            int Value = -1;
            if (GetLightValue(1, ref Value) == true)
            {
                return true;
            }
        }
        catch (Exception ex)
        {

        }
```

```
        return false;
    }

    // 접속 종료
    public void DisConnect()
    {
        try
        {
            sp.Close();
        }
        catch (Exception ex)
        {

        }
    }

    //
    public void SendData(byte[] Data, int aLength)
    {
        try
        {
            // 연결되어있으면
            if (IsConnected() == true)
            {
                sp.Write(Data, 0, aLength);
            }
        }
        catch (Exception ex)
        {
            DisConnect();
            //Connected();
        }
    }


    public bool IsConnected()
    {
        return sp.IsOpen;
    }

    public bool GetLightValue(int Idx, ref int aValue)
    {
        try
        {
            if (IsConnected() == false) { return false; }
```

```
            //
            LightValue = -1;

            // 정해진프로토콜로 가공하여 데이터를 전송한다.
            string Stmp = string.Format("R{0}{1}{2}", Idx, (char)0x0d, (char)0x0a);

            byte[] Data = new byte[Stmp.Length];
            for (int Index = 0; Index < Stmp.Length; ++Index)
            {
                Data[Index] = (byte)Stmp[Index];
            }
            SendData(Data, Data.Length);

            // 변경완료신호가 들어올때까지 대기한다.
            int Tick = Environment.TickCount;
            while (LightValue == -1 && Environment.TickCount - Tick < 2000)
            {
                System.Threading.Thread.Sleep(10);
            }
            // 정상적으로 데이터가 들어왔을때 값을 확인한다.
            if (LightValue > -1)
            {
                aValue = LightValue;
                return true;
            }
        }
        catch (Exception Ex)
        {

        }

        return false;
    }

    public void SetLightValue(int Idx, int aValue)
    {
        try
        {
            if (IsConnected() == false) { return; }
            //
            LightValue = aValue;

            // 정해진프로토콜대로 데이터를 가공하여 전송한다.
            string Stmp = string.Format("L{0}{1:D3}{2}{3}", Idx+1, aValue, (char)0x0d, (char)0x0a);
```

```
                byte[] Data = new byte[Stmp.Length];
                for (int Index = 0; Index < Stmp.Length; ++Index)
                {
                    Data[Index] = (byte)Stmp[Index];
                }
                SendData(Data, Data.Length);
            }
            catch (Exception Ex)
            {

            }
        }
    }
}
```

3 C# WindowsForm프로젝트에 조명 제어 프로그램 구현

현재 솔루션에서 Ex08으로 프로젝트를 생성하고 IMecatronicsDLL라이브러리를 참조합니다.

생성된 폼에 화면과 같이 컨트롤을 배치합니다.

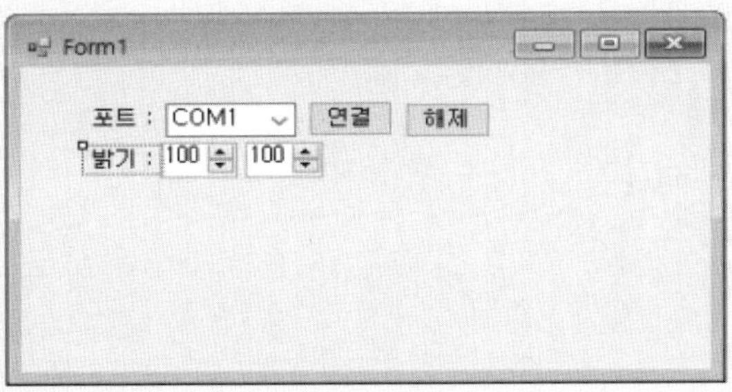

배치할 컨트롤과 역할은 아래표와 같습니다.

컨트롤타입	Name	위치	사이즈	텍스트
Label	lbLight_Port	35, 25	37, 12	포트
ComboBox	cbLight_Port	76, 22	69, 20	
Button	Button1	151, 21	45, 21	연결
Button	Button2	202, 22	45, 21	해제
Label	lbLight_Light	35, 49	37, 12	밝기
NumberUpDown	nudLight_Ch1	73, 45	41, 21	
NumberUpDown	nudLight_Ch2	118, 45	41, 21	

다음으로 시작폼의 맴버변수로 미리만든 조명제어객체를 선언하고 생성자에서 객체를 생성합니다.

포트콤보박스로 PC에 설치된 모든 ComPort를 얻어옵니다.

```
using System;
using System.Collections.Generic;
using System.ComponentModel;
using System.Data;
using System.Drawing;
using System.Linq;
using System.Text;
using System.Threading.Tasks;
using System.Windows.Forms;
using IMecatronics;

namespace Ex08
{
    참조 3개
    public partial class Form1 : Form
    {
        public LightControl pLight = null;

        참조 1개
        public Form1()
        {
            InitializeComponent();

            // 조명 객체 생성
            pLight = new LightControl();

            // 조명 설정
            cbLight_Port.Items.Clear();
            string[] comlist = System.IO.Ports.SerialPort.GetPortNames();
            for( int Idx = 0; Idx < comlist.Length; ++Idx)
            {
                cbLight_Port.Items.Add(comlist[Idx]);
            }
        }
```

"연결", "해제" 버튼을 더블클릭하여 "버튼클릭" 이벤트를 생성하고 이벤트를 생성합니다. 연결버튼 클릭 이벤트발생시 조명컨트롤러를 선택한 포트로 연결합니다. 해제버튼 클릭시 해당조명컨트롤러 연결을 종료합니다.

```
참조 1개
private void btnLight_Connect_Click(object sender, EventArgs e)
{
    // 선택한 포트넘버로 조명컨트롤러 연결을 시도
    pLight.Connected(cbLight_Port.Text, 9600);
}

참조 1개
private void btnLight_DisConnect_Click(object sender, EventArgs e)
{
    // 조명컨트롤러 연결을 종료
    pLight.DisConnect();
}
```

조명밝기를 조정하기 위해 추가한 "NumberUpDown"컨트롤롤에 값이 변경되었을 때 이벤트를 발생시키기 위해서 "ValueChange"이벤트를 추가해줍니다.

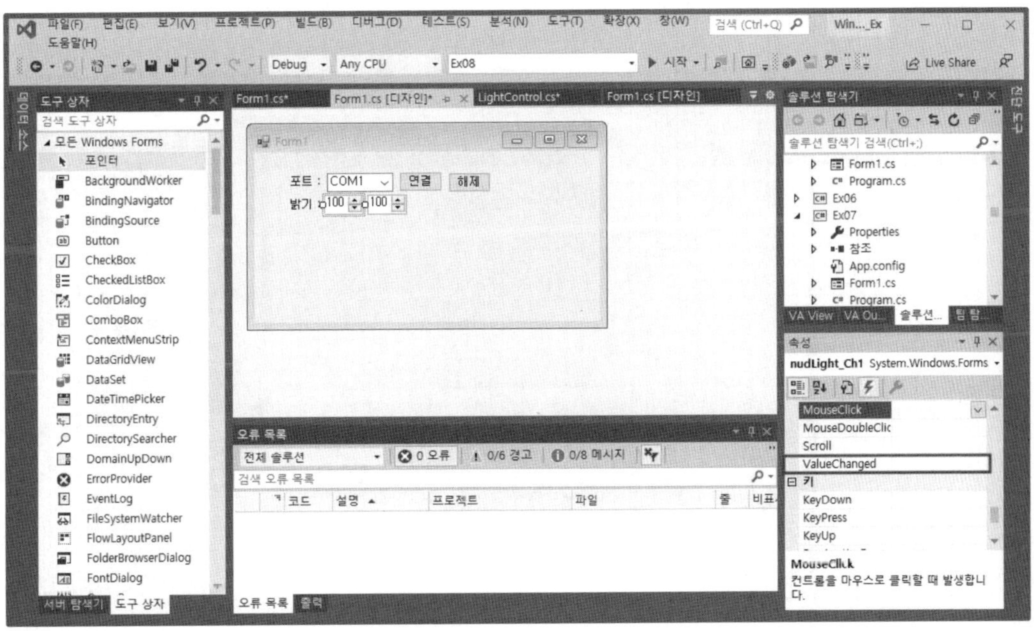

조명 밝기를 조정하기 위해서 "NumberUpDown"컨트롤의 값이 변경될 때 선택된 조명 컨트롤러의 채널에 조명밝기값을 보내줍니다.

```
참조 1개
private void nudLight_Ch1_ValueChanged(object sender, EventArgs e)
{
    // 벨류
    int Value = (int)nudLight_Ch1.Value;
    pLight.SetLightValue(0, Value);
}

참조 1개
private void nudLight_Ch2_ValueChanged(object sender, EventArgs e)
{
    // 벨류
    int Value = (int)nudLight_Ch2.Value;
    pLight.SetLightValue(1, Value);
}
```

4 프로그램 빌드 및 디버깅

프로그램을 컴파일 하기 위해서 솔루션 탐색기에서 프로젝트를 선택 후 마우스 오른쪽 버튼을 클릭하여 팝업메뉴창을 활성화 한 후 "다시빌드" 메뉴를 클릭합니다.

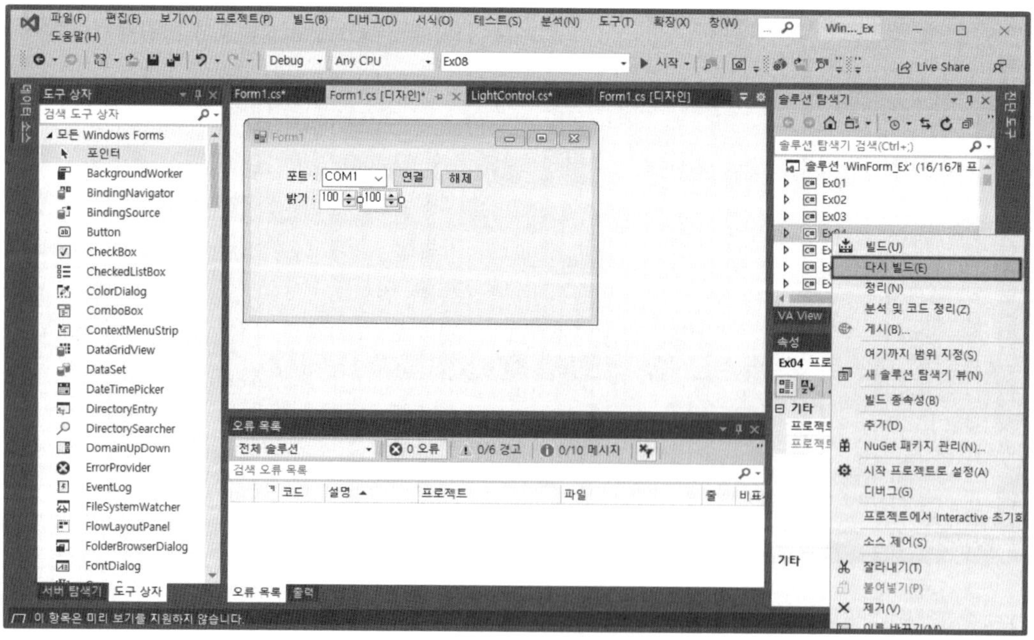

컴파일 완료 후 메뉴→디버그→디버깅시작을 클릭하거나 F5버튼을 눌러서 디버깅을 시작합니다.

컴파일해서 실행하면 그림과 같이 프로그램이 시작됩니다. 프로그램을 시작하여 조명과 연결된 시리얼포트를 연결하고 밝기를 변경하면 조명이 변경됨을 확인할 수 있습니다.

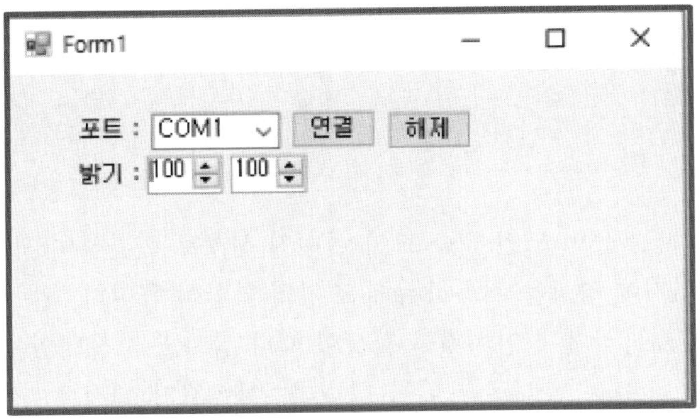

Ex10 카메라, 조명을 연동하여 비전검사 시스템 구성

1 개요

카메라는 정해진 시간 동안 모인 빛을 모아 이미지 신호로 변환하여 사용자에게 보여주는 역할을 합니다. 그러기에 영상을 취득하는데 조명의 역할이 큽니다. 일반적인 머신 비전 조명은 수명이 있기에 카메라에서 이미지를 촬상할 때나 검사가 시작되었을 때만 조명을 켜고 검사가 끝나면 조명을 끄는 형태로 제어를 합니다. 이번챕터 에서는 "검사"버튼을 만들고 카메라 촬상 시 Delay를 주어 제어할 수 있도록 진행하겠습니다.

2 C#프로그램에서 시간을 측정방법

C#에서는 시스템이 시작된 후 경과 시간을 미리세크 단위로 시간을 입력받을 수 있습니다. 경과 시간을 측정하기 위해서는 작업의 시작 및 종료 타이밍에 TickCount함수를 호출하여 종료 타임에서 시작 타임을 빼서 경과 시간을 측정합니다.

```
참조 1개
public Form1()
{
    // 시작시간을 변수에 저장
    int Tick = Environment.TickCount;
    InitializeComponent();

    // 종료시간-시작시간으로 경과시간을 측정
    int Time = Environment.TickCount - Tick;
}
```

C#에서는 Stopwatch클래스를 사용하여 시간을 측정할 수 있습니다. stopwatch를 사용하기 위해서는 "System.Diagnostics"네임스페이스를 추가합니다. Stopwatch클래스를 사용한 객체를 생성하고 Start, Stop함수를 호출하여 시간을 측정합니다.

```
using System.Diagnostics; // Stopwatch가 정의된 네임스페이스

namespace Ex09
{
    참조 4개
    public partial class Form1 : Form
    {
        참조 1개
        public Form1()
        {
            Stopwatch swTimer = new Stopwatch(); // 객체생성

            swTimer.Start(); // 시간측정을 시작
            InitializeComponent();
            swTimer.Stop(); // 시간측정을 종료

            // 경과시간을 출력
            int Time = (int)swTimer.ElapsedMilliseconds;

        }
    }
}
```

3 예제 프로젝트 생성

현재 솔루션에서 Ex09으로 프로젝트를 생성합니다. 카메라기능을 사용하기 위해 "IMecatronicsDLL" 라이브러리를 추가합니다.

생성된 Form에 화면과 같이 컨트롤을 배치합니다.

배치할 컨트롤과 역할은 아래 표와 같습니다.

컨트롤타입	Name	위치	사이즈	텍스트
cogRecordDisplay	cogRecordDisplay1	3, 2	670, 445	
Button	Button1	689, 34	91, 44	찰상
Label	lbLight_Port	679, 106	37, 12	포트
ComboBox	cbLight_Port	720, 103	69, 20	
Button	Button1	795, 102	45, 21	연결
Button	Button2	846, 102	45, 21	해제
Label	lbLight_Light	679, 130	37, 12	밝기
NumberUpDown	nudLight_Ch1	717, 126	41, 21	
NumberUpDown	nudLight_Ch2	762, 126	41, 21	
Timer	timer1			

코드에서 카메라와 조명 컨트롤러 사용하기 위해서 맴버변수와 네임스페이스를 추가해줍니다.

찰상대기시간을 적용시킬 스탑워치 객체를 추가합니다.

```
using System.Data;
using System.Drawing;
using System.Linq;
using System.Text;
using System.Threading.Tasks;
using System.Windows.Forms;
using System.Diagnostics;
using IMecatronicsDll;
using Cognex.VisionPro;

namespace Ex09
{
    참조 4개
    public partial class Form1 : Form
    {
        public SentechCamera pCamera = null;
        public LightControl pLight = null;
        public Stopwatch swTimer1 = new Stopwatch( );
        public Stopwatch swTimer2 = new Stopwatch( );
```

Form 생성자에서 카메라객체를 생성하고 장치 중 첫 번째 카메라에 연결하고 트리거 모드로 변경합니다. 조명객체를 생성하고 포트정보를 콤보박스에 적용합니다. 찰상버튼을 클릭 후 화면을 갱신할 수 있도록 타이머를 시작해줍니다.

```
public Form1()
{
    InitializeComponent();

    // 카메라 객체를 생성하고 초기화 해준다.
    pCamera = new SentechCamera();
    pCamera.Init();

    // 카메라장치 리스트를 받아 카메라장치가 있을시 첫번째 장치로 연결
    List<string> stlList = new List<string>();
    pCamera.GetNumCamera(ref stlList);
    if( stlList.Count > 0)
    {
        pCamera.Connected(stlList[0]);
    }

    // 카메라의 취득을 시작하고트리거모드를 On으로 설정한다.
    pCamera.StartAcquisition();
    pCamera.SetEnumNode("TriggerMode", "On");


    // 조명 객체를 생성하고 포트를 설정합니다.
    pLight = new LightControl();
    cbLight_Port.Items.Clear();
    string[] comlist = System.IO.Ports.SerialPort.GetPortNames();
    for (int Idx = 0; Idx < comlist.Length; ++Idx)
    {
        cbLight_Port.Items.Add(comlist[Idx]);
    }

    // 타이머를 시작한다.
    timer1.Start();
}
```

조명포트 연결,해제 버튼의 클릭 이벤트를 선언하고 연결, 종료될 수 있도록 합니다.

```
참조 1개
private void btnLight_Connect_Click(object sender, EventArgs e)
{
    // 선택한 시리얼포트로 조명 컨트롤러 포트연결을 실시한다.
    pLight.Connected(cbLight_Port.Text, 9600);
}

참조 1개
private void btnLight_DisConnect_Click(object sender, EventArgs e)
{
    // 조명컨트롤러 포트연결을 해제한다.
    pLight.DisConnect();
}
```

트리거 버튼을 클릭하면 설정된 조명값으로 조명을 켜고 타이머를 시작합니다.

```
private void button1_Click(object sender, EventArgs e)
{
    // 촬상을 진행중이 아닐때만 시작한다.
    if(swTimer1.IsRunning == false && swTimer2.IsRunning == false)
    {
        //조명을 키고 촬상대기시간타이머를 시작
        pLight.SetLightValue(0, (int)nudLight_Ch1.Value);
        pLight.SetLightValue(1, (int)nudLight_Ch2.Value);
        swTimer1.Restart();
    }
}
```

타이머 메소드에서 “트리거”버튼을 클릭 후 일정시간 이후 카메라에 트리거 명령을 전달합니다.

카메라에서 새로운 이미지가 갱신되면 조명을 Off할 수 있도록 설정합니다.

```
private void timer1_Tick(object sender, EventArgs e)
{
    // 설정한 촬상대기시간이 지나면 트리거명령을 보낸다.
    if (swTimer1.ElapsedMilliseconds > 200)
    {
        // 소프트웨어 트리거 명령을 보냄
        pCamera.CommandExcute("TriggerSoftware");
        swTimer1.Reset();
        swTimer2.Restart();
    }

    if (swTimer2.IsRunning == true)
    {
        if (pCamera.UpdateImage == 1 || swTimer2.ElapsedMilliseconds > 1000)
        {
            if(pCamera.UpdateImage == 1)
            {
                cogRecordDisplay1.Image = new CogImage24PlanarColor(pCamera.GetLastImage());
            }

            // 타이머를 리셋하고 조명을 Off함
            swTimer2.Reset();
            pLight.SetLightValue(0, (int)nudLight_Ch1.Value);
            pLight.SetLightValue(1, (int)nudLight_Ch2.Value);
        }
    }
}
```

4 프로그램 빌드 및 디버깅

프로젝트 항목에서 마우스오른쪽 버튼을 눌러 팝업메뉴를 열고 "다시빌드"를 실행합니다.

시작프로젝트로 설정하고 "F5"키를 눌러 디버깅 모드에 들어갔습니다.

프로그램이 시작되면 조명 포트를 설정하고 "연결버튼"을 클릭 후 "찰상" 버튼을 누릅니다.

찰상버튼클릭 → 조명On → 200ms대기 → 화면출력 → 조명Off 순서로 작동 여부를 확인할 수 있습니다.

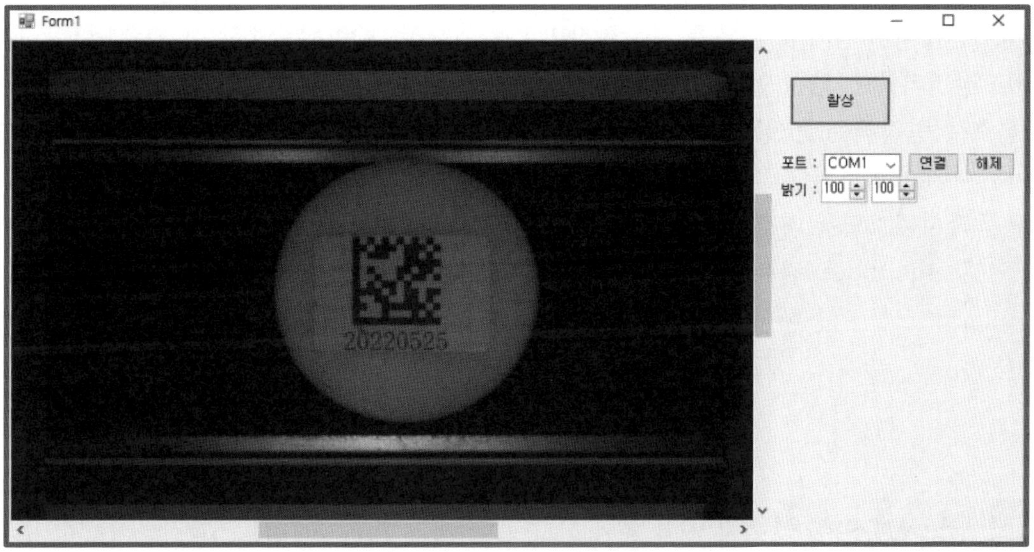

Ex11 UCI Bus(8비트 컴퓨터 기능) 연동하여 입출력신호(DIO) 제어

1 개요

머신 비전 시스템에서 자동화 장비와의 검사시스템은 보통 PLC와 통신하여 검사시 물품이 검사위치까지 도달하면 장비에서 검사신호 입력을 머신 비전 시스템에 전달하고 머신 비전 시스템에서는 검사 후 결과를 자동화장비로 출력으로 내보내는 방식으로 통신을 합니다.

PLC장비와 통신하는 인터페이스는 이더넷 Socket통신 또는 전기적 신호를 디지털입출력 신호로 변경하는 DIO통신을 사용합니다.

이번 예제에서는 UCI Bus(8비트 컴퓨터 기능)를 이용하여 MiniMps의 센서 신호를 입력받고 동작시켜보도록 하겠습니다. "C# 프로그래밍활용 PC기반제어기술" 책에서 다룬 장비 중 "UCI Bus(8비트 컴퓨터 기능), BIU 및 DC5V 〈→ DC24V 상호변환을 위한 Photo Coupler 보드를 이용해서 인터페이스합니다.

2 MiniMPS설명

본 교제에서 사용할 MPS의 입출력은 다음 사진과 같습니다. UCI Bus(8비트 컴퓨터 기능)의 신호를 받아 동작하는 BIU의 Port A를 입력으로 설정하고, Port B를 출력으로 설정하여 MPS와 연결해줍니다.

UCI Bus(8비트 컴퓨터 기능)에서 제어하기위해서는 MPS에 자동·수동스위치와 공급모터 스위치를 사진과 같이 중심 및 Off로 세팅합니다.

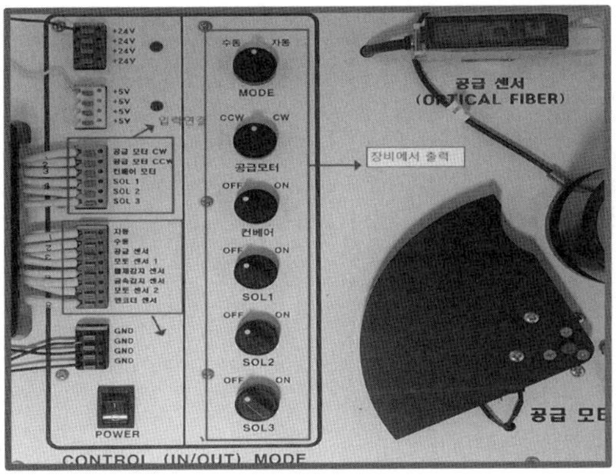

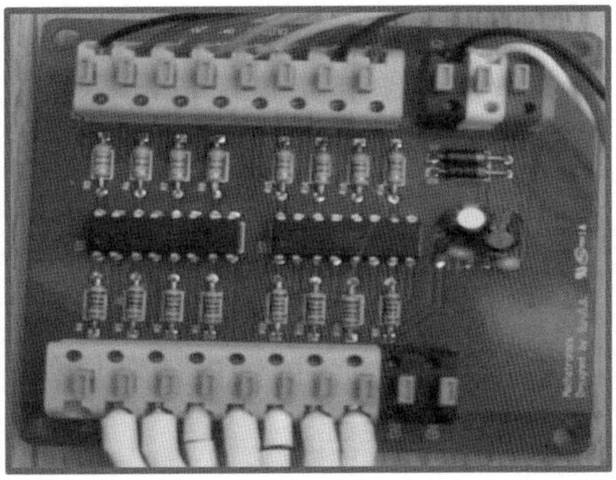

3 DLL에 UCI Bus(8비트 컴퓨터 기능) 제어클래스 생성

UCI Bus(8비트 컴퓨터 기능)는 시리얼 통신으로 제어합니다. "IMechatronicsDll"라이브러리에 UCI Bus(8비트 컴퓨터 기능)을 제어할 클래스를 만들겠습니다. 프로젝트 항목을 선택한 후 마우스 오른쪽 버튼을 클릭하여 팝업을 활성화합니다.

추가→클래스 버튼을 클릭하고 클래스 이름을 "UCIBus"로 입력하고 생성합니다.

맴버변수에 시리얼 포트와 통신객체와 데이터를 저장할 버퍼를 선언합니다.

```
using Microsoft.Win32;
using System;
using System.IO.Ports; //
using System.Text;

namespace IMechatronicsDll
{
    public class UCIBus
    {
        // 시리얼 자원
        public byte[] ReadBuffer = new byte[1024];
        public SerialPort sp = new SerialPort();        // 시리얼포트
        public string RecvData = "";
        public bool DataRecv = false;

        public UCIBus()
        {

        }
```

데이터를 받았을 때 내용을 문자열로 저장할 리시브이벤트를 정의합니다.

```
// 데이터를 받았을때
private void SerialPort1_DataReceived(object sender, SerialDataReceivedEventArgs e)
{
    try
    {
        // 들어온 만큼 읽음
        int Size = sp.BytesToRead;
        sp.Read(ReadBuffer, 0, Size);

        // 받은데이터를 문자열로 변환한다.
        RecvData += Encoding.Default.GetString(ReadBuffer, 0, Size);

        int Length = RecvData.Length;
        if (RecvData[Length - 1] == '\n')
        {
            DataRecv = true;
        }


    }
    catch (Exception ex)
    {
        DisConnect();
    }
}
```

UCI Bus(8비트 컴퓨터 기능)장비와 연결을 위한 메소드를 생성 후 레지스트리에 접근하여 모든 시리얼포트 장비 중 “VCP” 문자열이 포함된 장비의 포트로 시리얼 포트를 오픈합니다.

```
public bool UCIDrvInit()
{
    try
    {
        DisConnect();
        // 레지스트리에 접속하여 현제 모든 포트장비의 이름을 받아옵니다.
        RegistryKey reg = Registry.LocalMachine.OpenSubKey("HARDWARE").OpenSubKey("DEVICEMAP").OpenSubKey("SERIALCOMM");
        string aac = reg.ToString();
        string[] PortNames = reg.GetValueNames();

        // 포트이름중 Vcp 또는 USB가 포함된 포트이름을 찾은후 해당 포트넘버를 확인한다.
        string PortName = "";
        for (int Idx = 0; Idx < PortNames.Length; ++Idx)
        {
            if (PortNames[Idx].ToUpper().Contains("VCP") == true || PortNames[Idx].ToUpper().Contains("USB") == true)
            {
                PortName = reg.GetValue(PortNames[Idx]).ToString();
                break;
            }
        }

        // 해당포트번호와 BaudRate로 오픈한다.
        sp = new SerialPort();
        sp.PortName = PortName;
        sp.BaudRate = 11520;
        sp.Open();

        // 리시브받을 핸들러를 등록한다.
        sp.DataReceived += new SerialDataReceivedEventHandler(SerialPort1_DataReceived);

    }
    catch (Exception ex)
    {
        Console.WriteLine("UCI Bus(8비트 컴퓨터 기능) 연결에 실패하였습니다.");
    }

    return false;
}
```

포트종료 메소드를 생성합니다. 해당메소드가 호출되면 시리얼포트 연결을 닫을 수 있도록 합니다.

```
// 접속 종료
public void DisConnect()
{
    try
    {
        sp.Close();
    }
    catch (Exception ex)
    {

    }
}
```

포트연결상태를 반환할 수 있는 메소드를 만들고 시리얼포트의 오픈 상태를 반환하게 합니다.

```
public bool IsConnected()
{
    return sp.IsOpen;
}
```

포트의 값을 기록할 메소드를 생성합니다. 장비에 $W(기록할포트)(포트값)을 보내면 포트의 정보가 변경됩니다.

```
public bool Outputb(int aPPI, int Add)
{
    try
    {
        if (IsConnected() == false) { return false; }


        // 1. 프로코콜예) $W(포트)(변경값),(개행문자)
        string Stmp = string.Format("$W{0:X2}{1:X2}{2}{3}", aPPI, Add, (char)0x0d, (char)0x0a);

        byte[] Data = new byte[Stmp.Length];
        for (int Index = 0; Index < Stmp.Length; ++Index)
        {
            Data[Index] = (byte)Stmp[Index];
        }

        SendData(Data, Data.Length);

        return true;
    }
    catch (Exception Ex)
    {
        int i = 0;
    }

    return false;
}
```

포트의 입력값을 읽어올 메소드를 생성합니다. 장비에 $R(읽을포트)00데이터를 보내면 포트의 정보가 반환됩니다.

```
public int Inputb(int aPPI)
{
    try
    {
        if (IsConnected() == false) { return 0; }


        // 1.프로토콜예) $R(포트)00(개행문자)
        string Stmp = string.Format("$R{0:X2}00{1}{2}", aPPI, (char)0x0d, (char)0x0a);

        byte[] Data = new byte[Stmp.Length];
        for (int Index = 0; Index < Stmp.Length; ++Index)
        {
            Data[Index] = (byte)Stmp[Index];
        }

        SendData(Data, Data.Length);

        int Tick = Environment.TickCount;
        while (DataRecv == false && Environment.TickCount - Tick < 2000)
        {
            System.Threading.Thread.Sleep(5);
        }

        // 받은값을 배열로 변경한다.
        return Convert.ToByte(RecvData.Substring(4, 2), 16);
    }
    catch (Exception Ex)
    {
        int i = 0;
    }

    return 0;
}
```

받은 포트 상태값을 비트별 배열로 변환할 수 있는 메소드를 생성합니다.

```
public int[] ConvertByteToBit(int aValue)
{
    int[] bInput = new int[8];
    try
    {
        // 비트연산을 통해 비트값을 배열로 분리한다.
        for (int Idx = 0; Idx < 8; ++Idx)
        {
            bInput[Idx] = (aValue >> Idx) & 0x1;
        }
    }
    catch (Exception Ex)
    {
        int i = 0;
    }

    return bInput;
}
```

```
        public int ConvertBitToByte(int[] aValue)
        {
            int Output = 0;
            byte[] Arrary = new byte[8] { 0x01, 0x02, 0x04, 0x08, 0x10, 0x20, 0x40, 0x80 };
            for (int Idx = 0; Idx < 8; ++Idx)
            {
                if (aValue[Idx] != 0)
                {
                    Output += Arrary[Idx];
                }
            }

            return Output;
        }
    }
}
```

전체 소스는 다음과 같습니다.

```
using Microsoft.Win32;
using System;
using System.IO.Ports; //
using System.Text;

namespace IMecatronicsDll
{

    public class UCIBus
    {
        // 시리얼 자원
        public byte[] ReadBuffer = new byte[1024];
        public SerialPort sp = new SerialPort();        // 시리얼포트
        public string RecvData = "";
        public bool DataRecv = false;

        public UCIBus()
        {

        }


        // 데이터를 받았을때
        private void SerialPort1_DataReceived(object sender, SerialDataReceivedEventArgs e)
        {
            try
            {
                // 들어온 만큼 읽음
                int Size = sp.BytesToRead;
                sp.Read(ReadBuffer, 0, Size);
```

```
            // 받은데이터를 문자열로 변환한다.
            RecvData += Encoding.Default.GetString(ReadBuffer, 0, Size);

            int Length = RecvData.Length;
            if(RecvData[Length-1] == '₩n' )
            {
                DataRecv = true;
            }


        }
        catch (Exception ex)
        {
            DisConnect();
        }
    }


    //
    public bool UCIDrvInit()
    {
        try
        {
            DisConnect();
            // 레지스트리에 접속하여 현제 모든 포트장비의 이름을 받아옵니다.
            RegistryKey reg = Registry.LocalMachine.OpenSubKey("HARDWARE").OpenSubKey("DEVICEMAP").OpenSubKey("SERIALCOMM");
            string aac = reg.ToString();
            string[] PortNames = reg.GetValueNames();

            // 포트이름중 Vcp 또는 USB가 포함된 포트이름을 찾은후 해당 포트넘버를 확인한다.
            string PortName = "";
            for (int Idx = 0; Idx < PortNames.Length; ++Idx)
            {
                if (PortNames[Idx].ToUpper().Contains("VCP") == true || PortNames[Idx].ToUpper().Contains("USB") == true)
                {
                    PortName = reg.GetValue(PortNames[Idx]).ToString();
                    break;
                }
            }

            // 해당포트번호와 BaudRate로 오픈한다.
            sp = new SerialPort();
            sp.PortName = PortName;
            sp.BaudRate = 11520;
            sp.Open();

            // 리시브받을 핸들러를 등록한다.
            sp.DataReceived += new SerialDataReceivedEventHandler(SerialPort1_DataReceived);

        }
```

```
        catch (Exception ex)
        {
            Console.WriteLine("UCI Bus(8비트 컴퓨터 기능) 연결에 실패하였습니다.");
        }

        return false;
    }

    // 접속 종료
    public void DisConnect()
    {
        try
        {
            sp.Close();
        }
        catch (Exception ex)
        {

        }
    }

    //
    public void SendData(byte[] Data, int aLength)
    {
        try
        {
            // 연결되어있으면
            if (IsConnected() == true)
            {
                RecvData = "";
                DataRecv = false;
                sp.Write(Data, 0, aLength);
            }
        }
        catch (Exception ex)
        {
            DisConnect();
            //Connected();
        }
    }


    public bool IsConnected()
    {
        return sp.IsOpen;
    }

    public bool Outputb(int aPPI, int Add)
    {
        try
```

```
        {
            if (IsConnected() == false) { return false; }


            // 1. 프로코콜예) $W(포트)(변경값),(개행문자)
            string Stmp = string.Format("$W{0:X2}{1:X2}{2}{3}", aPPI, Add, (char)0x0d, (char)0x0a);

            byte[] Data = new byte[Stmp.Length];
            for (int Index = 0; Index < Stmp.Length; ++Index)
            {
                Data[Index] = (byte)Stmp[Index];
            }

            SendData(Data, Data.Length);

            return true;
        }
        catch (Exception Ex)
        {
            int i = 0;
        }

        return false;
    }

    public int Inputb(int aPPI)
    {
        try
        {
            if (IsConnected() == false) { return 0; }


            // 1.프로토콜예) $R(포트)00(개행문자)
            string Stmp = string.Format("$R{0:X2}00{1}{2}", aPPI, (char)0x0d, (char)0x0a);

            byte[] Data = new byte[Stmp.Length];
            for (int Index = 0; Index < Stmp.Length; ++Index)
            {
                Data[Index] = (byte)Stmp[Index];
            }

            SendData(Data, Data.Length);

            int Tick = Environment.TickCount;
            while (DataRecv == false && Environment.TickCount - Tick < 2000)
            {
                System.Threading.Thread.Sleep(5);
            }

            // 받은값을 배열로 변경한다.
```

```
                return Convert.ToByte(RecvData.Substring(4, 2), 16);
            }
            catch (Exception Ex)
            {
                int i = 0;
            }

            return 0;
        }



        public int[] ConvertByteToBit(int aValue)
        {
            int[] bInput = new int[8];
            try
            {
                // 비트연산을 통해 비트값을 배열로 분리한다.
                for (int Idx = 0; Idx < 8; ++Idx)
                {
                    bInput[Idx] = (aValue >> Idx) & 0x1;
                }
            }
            catch (Exception Ex)
            {
                int i = 0;
            }

            return bInput;
        }

        public int ConvertBitToByte(int[] aValue)
        {
            int Output = 0;
            byte[] Arrary = new byte[8] { 0x01, 0x02, 0x04, 0x08, 0x10, 0x20, 0x40, 0x80 };
            for (int Idx = 0; Idx < 8; ++Idx)
            {
                if (aValue[Idx] != 0)
                {
                    Output += Arrary[Idx];
                }
            }

            return Output;
        }
    }
}
```

4 예제 프로젝트 생성

현재 솔루션에서 Ex10으로 프로젝트를 생성합니다.

UCI Bus(8비트 컴퓨터 기능) 통신클래스를 사용하기 위해서 “IMecatronicsDll” 라이브러리를 추가합니다.

생성된 Form에 화면과 같이 컨트롤을 배치합니다.

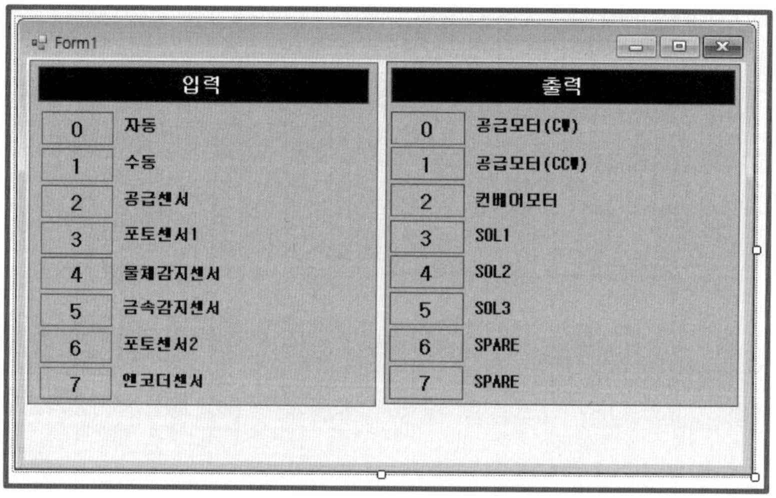

배치할 컨트롤과 역할은 아래표와 같습니다.

컨트롤타입	Name	위치	사이즈	캡션
panel	panel1	2, 1	277, 273	
label	lblnput	6, 4	263, 28	입력
label	lblnput11	9, 40	58, 26	0
label	lblnput21	9, 69	58, 26	1
label	lblnput31	9, 98	58, 26	2
label	lblnput41	9, 127	58, 26	3
label	lblnput51	9, 155	58, 26	4
label	lblnput61	9, 184	58, 26	5
label	lblnput71	9, 213	58, 26	6
label	lblnput81	9, 242	58, 26	7
label	lblnput12	73, 45	166, 20	자동

컨트롤타입	Name	위치	사이즈	캡션
label	lblnput22	73, 74	166, 20	수동
label	lblnput32	73, 103	166, 20	공급센서
label	lblnput42	73, 131	166, 20	포토센서1
label	lblnput52	73, 162	166, 20	물체감지센서
label	lblnput62	73, 189	166, 20	금속감지센서
label	lblnput72	73, 218	166, 20	포토센서2
label	lblnput82	73, 247	166, 20	엔코더센서
panel	panel1	285, 1	277, 273	
label	lbOutput	3, 4	263, 28	출력
label	lbOutput11	3, 39	58, 26	0
label	lbOutput21	3, 67	58, 26	1
label	lbOutput31	3, 96	58, 26	2
label	lbOutput41	3, 125	58, 26	3
label	lbOutput51	3, 153	58, 26	4
label	lbOutput61	3, 182	58, 26	5
label	lbOutput71	3, 211	58, 26	6
label	lbOutput81	3, 240	58, 26	7
label	lbOutput12	67, 44	166, 20	공급모터(CW)
label	lbOutput22	67, 74	166, 20	공급모터(CCW)
label	lbOutput32	67, 103	166, 20	컨베어모터
label	lbOutput42	67, 131	166, 20	SOL1
label	lbOutput52	67, 160	166, 20	SOL2
label	lbOutput62	67, 189	166, 20	SOL3
label	lbOutput72	67, 218	166, 20	-
label	lbOutput82	67, 247	166, 20	-
timer	timer1			

메인폼에서 마우스 오른쪽 버튼을 클릭하고 코드보기로 들어갑니다. 코드에서 다음과 같이 맴버변수를 선언해줍니다.

```
using System;
using System.Collections.Generic;
using System.ComponentModel;
using System.Data;
using System.Drawing;
using System.Linq;
using System.Text;
using System.Threading;
using System.Threading.Tasks;
using System.Windows.Forms;
using IMechatronicsDll;

namespace Ex10
{
    public partial class Form1 : Form
    {
        // 입출력라벨을 배열로 저장하기 위한 변수
        public Label[] InputList = null;
        public Label[] OutputList = null;

        // UCIBus(8비트 컴퓨터기능)와 통신할 객체
        public UCIBus pIoDevice = null;
        public int[] IoInData = new int[8];
        public int[] IoOutData = new int[8];
        public int[] WriteData = new int[2];

        // DIO를 제어할 쓰레드를 생성
        public Thread Thread_IoUpdate = null;
        public int Exit = 0;
```

폼이 생성되면 편한 사용을 위해 입출력에 사용할 Label컨트롤을 배열로 저장합니다. UCI Bus(8비트 컴퓨터 기능) 객체를 생성하고, UCI Bus(8비트 컴퓨터 기능)의 신호를 받아 동작하는 BIU의 Port A를 입력으로 설정하고, Port B를 출력으로 설정합니다. IO를 제어할 쓰레드를 생성하고 IO_Monitoring메소드를 쓰레드로 호출합니다.

```
public Form1()
        {
            InitializeComponent();

            // 입출력라벨위치를 저장할 배열변수 생성
            InputList = new Label[8]{lbInput11,lbInput21,lbInput31,lbInput41,lbInput51,lbInput61,lbInput71,lbInput81};
            OutputList= new Label[8]{lbOutput11,lbOutput21,lbOutput31,lbOutput41,lbOutput51,lbOutput61,lbOutput71,lbOutput81};
```

```
        // UCIBus(8비트 컴퓨터기능) 객체를 생성하고 초기화 작업을 실시
        pIoDevice = new UCIBus();
        pIoDevice.UCIDrvInit();
        pIoDevice.Outputb(3, 0x90);

        Thread_IoUpdate = new Thread(new ThreadStart(Io_Monitoring));
        Thread_IoUpdate.IsBackground = true;
        Thread_IoUpdate.Start();

        timer1.Start();
    }
```

출력을 제어하기 위해 클릭 이벤트를 사용할 라벨을 모두 선택 후 클릭 이벤트를 추가합니다.

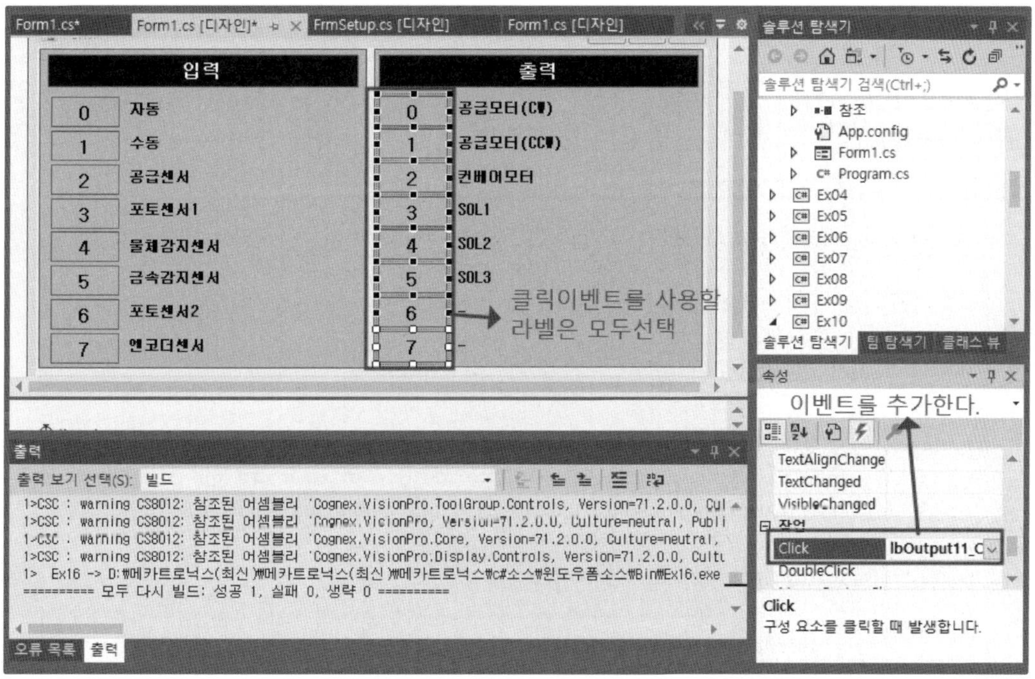

추가하면 화면과 같이 1개의 이벤트 메소드가 생성되며 선택한 라벨의 배경컬러를 변경 후 해당 출력 비트값을 바이트로 변환합니다.

```
private void lbOutput11_Click(object sender, EventArgs e)
        {
            // 클릭한 반전한다.
            Label Temp = (Label)sender;
            Temp.BackColor = (Temp.BackColor != Color.Lime) ? Color.Lime : Color.LightGray;

            // 활성화된출력요소의 비트값을 합쳐서전송한다.
            int Output = 0;
            byte[] Arrary = new byte[8] { 0x01, 0x02, 0x04, 0x08, 0x10, 0x20, 0x40, 0x80 };
            for (int Idx = 0; Idx < 8; ++Idx)
            {
                if (OutputList[Idx].BackColor == Color.Lime)
                {
                    Output += Arrary[Idx];
                }
            }
            WriteData[0] = Output;
        }
```

DIO를 제어하기 위해 프로그램이 끝나기까지 반복을 시키며 입력상태를 확인하여 입출력 맴버변수를 갱신시켜줍니다. 출력이 변경되면 해당 출력값을 씁니다.

```
public void Io_Monitoring()
        {
            try
            {
                while (this.Exit == 0)
                {
                    // 입력상태를 갱신
                    int[] nInput = pIoDevice.ConvertByteToBit(pIoDevice.Inputb(0));
                    int[] nOutput = pIoDevice.ConvertByteToBit(pIoDevice.Inputb(1));

                    for (int Idx = 0; Idx < 8; ++Idx)
                    {
                        IoInData[Idx] = nInput[Idx];
                        IoOutData[Idx] = nOutput[Idx];
                    }

                    if (WriteData[0] != WriteData[1])
                    {
                        pIoDevice.Outputb(1, WriteData[0]);
                        WriteData[1] = WriteData[0];
                    }
```

```
                // 10ms 쉬고 다음실행
                Thread.Sleep(10);
            }
        }
        catch (Exception Ex)
        {
        }
    }
```

타이머가 호출될때마다 입출력상태를 확인하여 라벨컨트롤의 배경색상을 변경해줍니다.

```
private void timer1_Tick(object sender, EventArgs e)
        {
            // 리스트를 전송한다.
            for ( int Idx = 0; Idx < 8; ++Idx)
            {
                InputList[Idx].BackColor = (IoInData[Idx] == 1) ? Color.Lime : Color.LightGray;
                OutputList[Idx].BackColor = (IoOutData[Idx] == 1) ? Color.Lime : Color.LightGray;
            }
        }
```

메인폼에 Closed이벤트를 만들고 닫아질 때 Exit맴버변수를 변경하여 쓰레드가 정상적으로 종료될 수 있게 해줍니다.

```
private void Form1_FormClosed(object sender, FormClosedEventArgs e)
        {
            // 쓰레드를 종료해준다.
            Exit = 1;
        }
    }
}
```

전체 프로그램은 다음과 같습니다.

```
using System;
using System.Collections.Generic;
using System.ComponentModel;
```

```
using System.Data;
using System.Drawing;
using System.Linq;
using System.Text;
using System.Threading;
using System.Threading.Tasks;
using System.Windows.Forms;
using IMechatronicsDll;

namespace Ex10
{
    public partial class Form1 : Form
    {
        // 입출력라벨을 배열로 저장하기 위한 변수
        public Label[] InputList = null;
        public Label[] OutputList = null;

        // Uci버스생성기와 통신할 객체
        public UCIBus pIoDevice = null;
        public int[] IoInData = new int[8];
        public int[] IoOutData = new int[8];
        public int[] WriteData = new int[2];

        // IO를 제어할 쓰레드를 생성
        public Thread Thread_IoUpdate = null;
        public int Exit = 0;

        public Form1()
        {
            InitializeComponent();

            // 입출력라벨위치를 저장할 배열변수 생성
            InputList = new Label[8]{lbInput11,lbInput21,lbInput31,lbInput41,lbInput51,lbInput61,lbInput71,lbInput81};
          OutputList= new Label[8]{lbOutput11,lbOutput21,lbOutput31,lbOutput41,lbOutput51,lbOutput61,lbOutput71,lbOutput81};

            // Uci버스 생성기 객체를 생성하고 초기화 작업을 실시
            pIoDevice = new UCIBus();
            pIoDevice.UCIDrvInit();
            pIoDevice.Outputb(3, 0x90);

            Thread_IoUpdate = new Thread(new ThreadStart(Io_Monitoring));
            Thread_IoUpdate.IsBackground = true;
            Thread_IoUpdate.Start();

            timer1.Start();
        }
```

```
public void Io_Monitoring()
{
    try
    {
        while (this.Exit == 0)
        {
            // 입력상태를 갱신
            int[] nInput = pIoDevice.ConvertByteToBit(pIoDevice.Inputb(0));
            int[] nOutput = pIoDevice.ConvertByteToBit(pIoDevice.Inputb(1));

            for (int Idx = 0; Idx < 8; ++Idx)
            {
                IoInData[Idx] = nInput[Idx];
                IoOutData[Idx] = nOutput[Idx];
            }

            if (WriteData[0] != WriteData[1])
            {
                pIoDevice.Outputb(1, WriteData[0]);
                WriteData[1] = WriteData[0];
            }

            // 10ms 쉬고 다음실행
            Thread.Sleep(10);
        }
    }
    catch (Exception Ex)
    {
    }
}

private void lbOutput11_Click(object sender, EventArgs e)
{
    // 클릭한 반전한다.
    Label Temp = (Label)sender;
    Temp.BackColor = (Temp.BackColor != Color.Lime) ? Color.Lime : Color.LightGray;

    // 활성화된출력요소의 비트값을 합쳐서전송한다.
    int Output = 0;
    byte[] Arrary = new byte[8] { 0x01, 0x02, 0x04, 0x08, 0x10, 0x20, 0x40, 0x80 };
    for (int Idx = 0; Idx < 8; ++Idx)
    {
        if (OutputList[Idx].BackColor == Color.Lime)
        {
            Output += Arrary[Idx];
```

```
            }
        }
        WriteData[0] = Output;
    }

    private void timer1_Tick(object sender, EventArgs e)
    {
        // 리스트를 전송한다.
        for ( int Idx = 0; Idx < 8; ++Idx)
        {
            InputList[Idx].BackColor = (IoInData[Idx] == 1) ? Color.Lime : Color.LightGray;
            OutputList[Idx].BackColor = (IoOutData[Idx] == 1) ? Color.Lime : Color.LightGray;
        }
    }

    private void Form1_FormClosed(object sender, FormClosedEventArgs e)
    {
        // 쓰레드를 종료해준다.
        Exit = 1;
    }
  }
}
```

5 프로그램 빌드 및 디버깅

프로젝트 항목에서 마우스오른쪽 버튼을 눌러 팝업메뉴를 열고 “다시빌드”를 실행합니다.

시작프로젝트로 설정하고 “F5”키를 눌러 디버깅 모드에 들어갔습니다.

프로그램을 실행하면 다음과 같이 입출력포트의 상태가 출력됩니다.

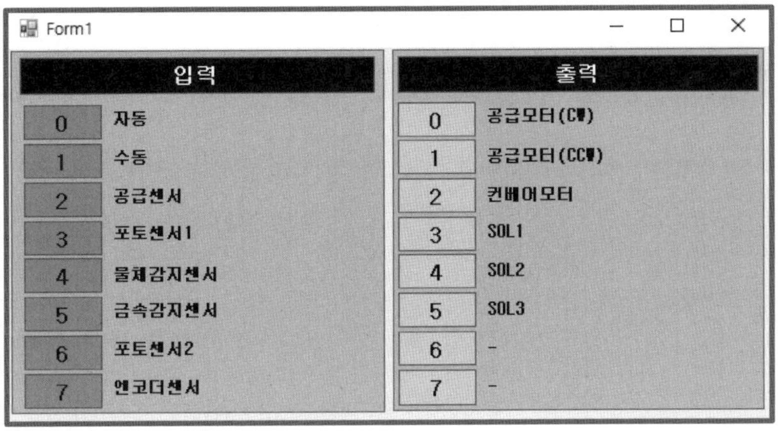

"Sol1"번을 클릭하면 화면과 같이 UCI Bus(8비트 컴퓨터 기능)에서 출력을 되는것을 확인할 수 있습니다.

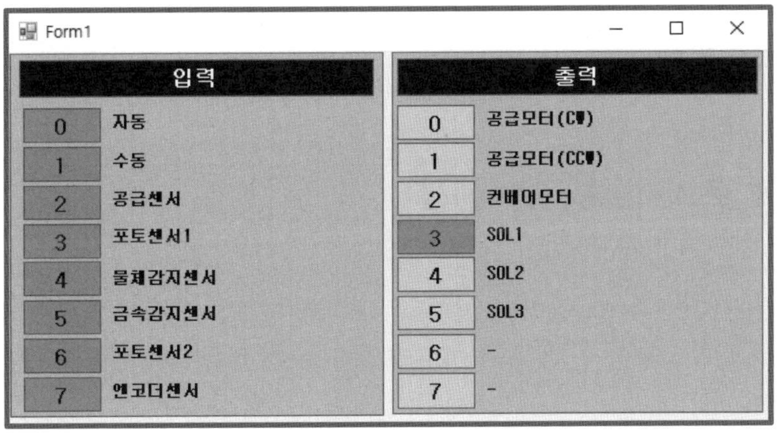

Ex 12 Text파일로 이벤트로그 저장

1 개요

머신 비전 시스템에서 검사결과 또는 IO 변경 및 사용자 이벤트 등 프로그램이 동작했던 기록을 파일로 남김으로써 추후 비전 시스템 오류로 인한 오류 사항 및 불량유형을 분석할 수 있습니다.

이번 예제에서는 텍스트 파일에 이벤트 발생 내용을 저장하는 로그시스템을 만들고 MiniMps IO가 변경될 때 로그를 남겨보도록 하겠습니다.

2 DLL에 로그저장클래스 생성

"IMechatronicsDll"라이브러리에 UCI Bus(8비트 컴퓨터기능)를 제어할 클래스를 만들겠습니다. 프로젝트 항목을 선택한 후 마우스 오른쪽 버튼을 클릭하여 팝업을 활성화합니다.

추가 → 클래스 버튼을 클릭하고 클래스 이름을 "Log"로 입력하고 생성합니다.

FileLog메소드를 만들고 로그를 저장하는데 맴버변수가 필요 없기에 static형 함수로 생성합니다.

logFlag에 맞는 폴더를 생성하고 현재시간을 더해서 리스트박스 컨트롤과 파일로 로그 데이터를 출력합니다.

```
public static void FileLog(string logFlag, string alogData, ListBox aList = null)
{
    string strDirPath = string.Format("{0}₩₩Log₩₩{1}₩₩", Application.StartupPath, logFlag);

    try
    {
        // 출력로그에 시간을 더한다.
        string logData = string.Format("{0}{1}", DateTime.Now.ToString("HH:mm:ss.fff - "), alogData);

        // 출력할 리스트박스를 설정
        if (aList != null)
        {
            if (aList.InvokeRequired)
            {
                aList.Invoke(
                    new MethodInvoker(delegate ()
                    {
                        aList.Items.Insert(0, logData);
                    }
                    ));
            }
            else
            {
                aList.Items.Insert(0, logData);
            }
        }

        // 해당로그폴더가 없을때 폴더를 생성한다.
        DirectoryInfo dirInfor = new DirectoryInfo(@strDirPath.ToString());
        if (dirInfor.Exists == false)
        {
            dirInfor.Create();
        }

        // 파일에 해당로그를 저장한다.
        string filePath = string.Format("{0}₩₩{1}.{2}.log", strDirPath, logFlag, DateTime.Now.ToString("yyyyMMdd"));
        File.AppendAllText(filePath.ToString(), logData + "₩r₩n");
    }
    catch
    {
    }
}
```

전체 소스는 다음과 같습니다.

```
using System;
using System.Collections.Generic;
using System.Diagnostics;
using System.IO;
using System.Linq;
using System.Text;
using System.Threading.Tasks;
using System.Windows.Forms;

namespace IMecatronicsDll
{
    public class Log
    {

        public static void FileLog(string logFlag, string alogData, ListBox aList = null)
```

```
        {
            string strDirPath = string.Format("{0}\\Log\\{1}\\", Application.StartupPath, logFlag);

            try
            {
                // 출력로그에 시간을 더한다.
                string logData = string.Format("{0}{1}", DateTime.Now.ToString("HH:mm:ss.fff - "), alogData);

                // 출력할 리스트박스를 설정
                if (aList != null)
                {
                    if (aList.InvokeRequired)
                    {
                        aList.Invoke(
                            new MethodInvoker(delegate ()
                            {
                                aList.Items.Insert(0, logData);
                            }
                            ));
                    }
                    else
                    {
                        aList.Items.Insert(0, logData);
                    }
                }

                // 해당로그폴더가 없을때 폴더를 생성한다.
                DirectoryInfo dirInfor = new DirectoryInfo(@strDirPath.ToString());
                if (dirInfor.Exists == false)
                {
                    dirInfor.Create();
                }

                // 파일에 해당로그를 저장한다.
                string filePath = string.Format("{0}\\{1}.{2}.log"
                            , strDirPath, logFlag, DateTime.Now.ToString("yyyyMMdd"));
                File.AppendAllText(filePath.ToString(), logData + "\r\n");
            }
            catch
            {
            }
        }
    }
}
```

3 예제 프로젝트 생성

현재 솔루션에서 Ex11으로 프로젝트를 생성합니다. UCI Bus(8비트 컴퓨터기능) 관련 클래스를 사용하기 위해서 "IMecatronicsDll" 라이브러리를 추가합니다.

생성된 Form에 화면과 같이 컨트롤을 배치합니다.

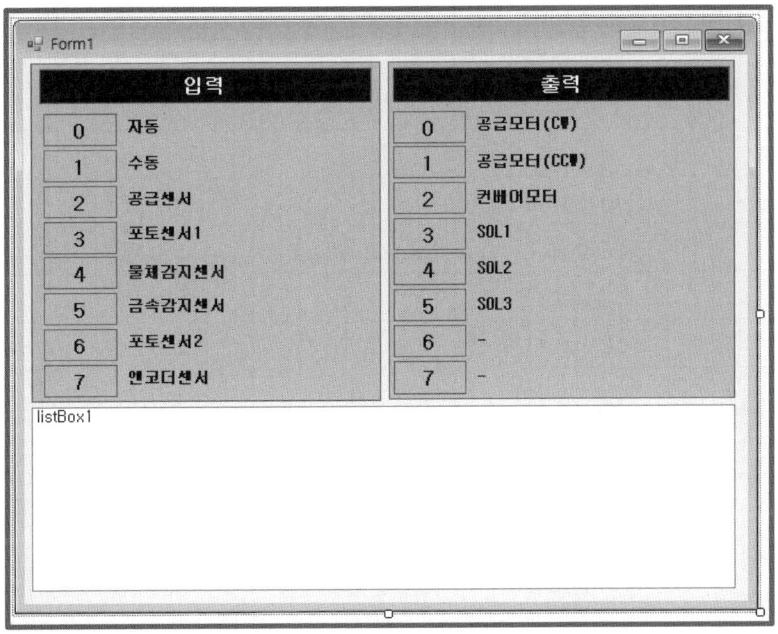

배치할 컨트롤과 역할은 아래표와 같습니다.

컨트롤타입	Name	위치	사이즈	캡션
panel	panel1	2, 1	277, 273	
label	lblnput	6, 4	263, 28	입력
label	lblnput11	9, 40	58, 26	0
label	lblnput21	9, 69	58, 26	1
label	lblnput31	9, 98	58, 26	2
label	lblnput41	9, 127	58, 26	3
label	lblnput51	9, 155	58, 26	4
label	lblnput61	9, 184	58, 26	5
label	lblnput71	9, 213	58, 26	6
label	lblnput81	9, 242	58, 26	7

컨트롤타입	Name	위치	사이즈	캡션
label	lblnput12	73, 45	166, 20	자동
label	lblnput22	73, 74	166, 20	수동
label	lblnput32	73, 103	166, 20	공급센서
label	lblnput42	73, 131	166, 20	포토센서1
label	lblnput52	73, 162	166, 20	물체감지센서
label	lblnput62	73, 189	166, 20	금속감지센서
label	lblnput72	73, 218	166, 20	포토센서2
label	lblnput82	73, 247	166, 20	엔코더센서
panel	panel1	285, 1	277, 273	
label	lbOutput	3, 4	263, 28	출력
label	lbOutput11	3, 39	58, 26	0
label	lbOutput21	3, 67	58, 26	1
label	lbOutput31	3, 96	58, 26	2
label	lbOutput41	3, 125	58, 26	3
label	lbOutput51	3, 153	58, 26	4
label	lbOutput61	3, 182	58, 26	5
label	lbOutput71	3, 211	58, 26	6
label	lbOutput81	3, 240	58, 26	7
label	lbOutput12	67, 44	166, 20	공급모터(CW)
label	lbOutput22	67, 74	166, 20	공급모터(CCW)
label	lbOutput32	67, 103	166, 20	컨베어모터
label	lbOutput42	67, 131	166, 20	SOL1
label	lbOutput52	67, 160	166, 20	SOL2
label	lbOutput62	67, 189	166, 20	SOL3
label	lbOutput72	67, 218	166, 20	–
label	lbOutput82	67, 247	166, 20	–
listbox	listbox1	6, 281	560, 148	
timer	timer1			

메인폼에서 마우스오른쪽 버튼클릭하고 코드보기로 들어갑니다. 코드에서 다음과 같이 맴버변수를 선언해줍니다.

```
using System;
using System.Drawing;
using System.Threading;
using System.Windows.Forms;
using IMecatronicsDll;


namespace Ex11
{
    참조 3개
    public partial class Form1 : Form
    {
        // 입출력라벨을 배열로 저장하기 위한 변수
        public Label[] InputList = null;
        public Label[] OutputList = null;
        public Label[] InputCap = null;
        public Label[] OutputCap = null;

        // Uci버스생성기와 통신할 객체
        public UCIBus pIoDevice = null;
        public int[] IoInData = new int[8];
        public int[] IoOutData = new int[8];
        public int[] WriteData = new int[2];

        public Thread Thread_IoUpdate = null;
        public int Exit = 0;
```

폼이 생성되면 편한 사용을 위해 입출력에 사용할 Label컨트롤을 배열로 저장합니다.

UCI버스 생성기 객체를 생성하고, 0번채널(PORT A)을 입력, 1번채널(PORT B)을 출력으로 설정합니다.

IO를 제어할 쓰레드를 생성하고 IO_Monitoring메소드를 쓰레드로 호출합니다.

```
public Form1()
{
    InitializeComponent();

    // 입출력라벨위치를 저장할 배열변수 생성
    InputList = new Label[8]{lbInput11,lbInput21,lbInput31,lbInput41,lbInput51,lbInput61,lbInput71,lbInput81};
    OutputList= new Label[8]{lbOutput11,lbOutput21,lbOutput31,lbOutput41,lbOutput51,lbOutput61,lbOutput71,lbOutput81};

    // Uci버스 생성기 객체를 생성하고 초기화 작업을 실시
    pIoDevice = new UCIBus();
    pIoDevice.UCIDrvInit();
    pIoDevice.Outputb(3, 0x00);

    Thread_IoUpdate = new Thread(new ThreadStart(Io_Monitoring));
    Thread_IoUpdate.IsBackground = true;
    Thread_IoUpdate.Start();

    timer1.Start();
}
```

출력을 제어하기 위해 클릭 이벤트를 사용할 라벨을 모두 선택 후 클릭 이벤트를 추가합니다.

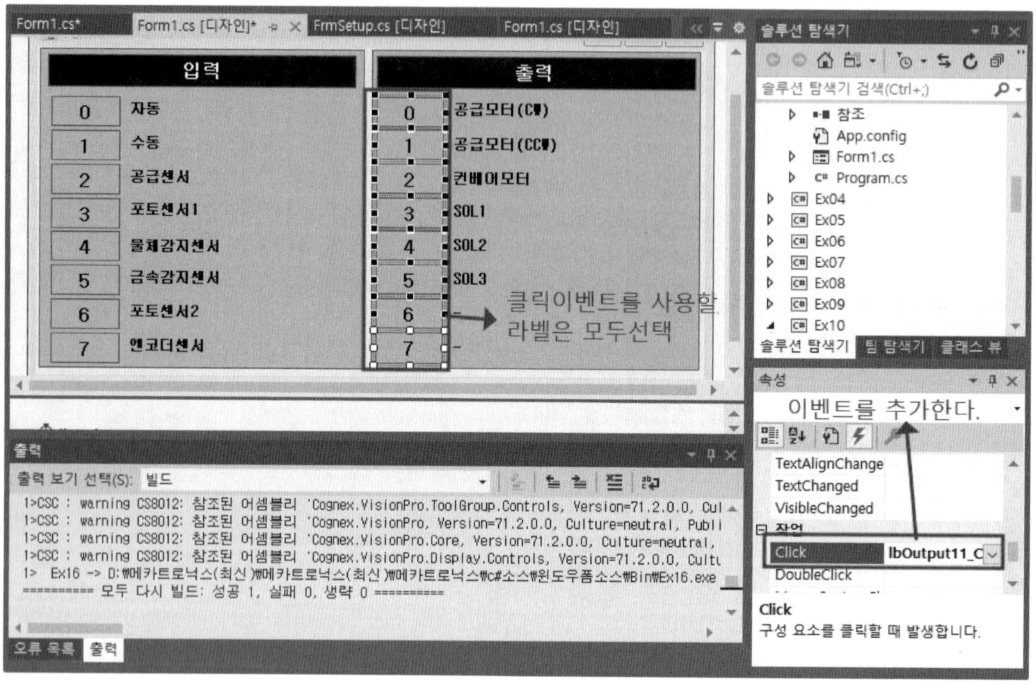

추가하면 화면과 같이 1개의 이벤트 메소드가 생성되며 선택한 라벨의 배경컬러를 변경 후 해당 출력 비트값을 바이트로 변환합니다.

```
private void lbOutput11_Click(object sender, EventArgs e)
{
    // 클릭한 반전한다.
    Label Temp = (Label)sender;
    Temp.BackColor = (Temp.BackColor != Color.Lime) ? Color.Lime : Color.LightGray;

    // 활성화된출력요소의 비트값을 합쳐서전송한다.
    int Output = 0;
    byte[] Arrary = new byte[8] { 0x01, 0x02, 0x04, 0x08, 0x10, 0x20, 0x40, 0x80 };
    for (int Idx = 0; Idx < 8; ++Idx)
    {
        if (OutputList[Idx].BackColor == Color.Lime)
        {
            Output += Arrary[Idx];
        }
    }
    WriteData[0] = Output;
}
```

IO를 제어하기 위해 프로그램이 끝나기까지 반복을 시키며 입력상태를 확인하여 입출력 맴버변수를 갱신시켜줍니다. 출력이 변경되면 해당 출력값을 씁니다.

```
public void Io_Monitoring()
{
    try
    {
        while (this.Exit == 0)
        {
            // 입력상태를 갱신
            int[] nInput = pIoDevice.ConvertByteToBit(pIoDevice.Inputb(0));
            int[] nOutput = pIoDevice.ConvertByteToBit(pIoDevice.Inputb(1));

            for (int Idx = 0; Idx < 8; ++Idx)
            {
                // 상태가 변경시 로그를 찍는다.
                if(IoInData[Idx] != nInput[Idx])
                {
                    IoInData[Idx] = nInput[Idx];
                    Log.FileLog("Device", string.Format("{0}({1})"
                        , InputCap[Idx].Text, (IoInData[Idx] == 1) ? "ON" : "OFF"), listBox1);
                }
                // 상태가 변경시 로그를 찍는다.
                if (IoOutData[Idx] != nOutput[Idx])
                {
                    IoOutData[Idx] = nOutput[Idx];
                    Log.FileLog("Device", string.Format("{0}({1})"
                        , OutputCap[Idx].Text, (IoOutData[Idx] == 1) ? "ON" : "OFF"), listBox1);
                }
            }
            // 출력이 변경시 출력을 내보낸다.
            if (WriteData[0] != WriteData[1])
            {
                pIoDevice.Outputb(1, WriteData[0]);
                WriteData[1] = WriteData[0];
            }

            // 10ms 쉬고 다음실행
            Thread.Sleep(10);
        }
    }
    catch (Exception Ex)
    {
    }
}
```

타이머가 호출될때마다 입출력상태를 확인하여 라벨컨트롤의 배경색상을 변경해줍니다.

```
private void timer1_Tick(object sender, EventArgs e)
{
    // 리스트를 전송한다.
    for ( int Idx = 0; Idx < 8; ++Idx)
    {
        InputList[Idx].BackColor = (IoInData[Idx] == 1) ? Color.Lime : Color.LightGray;
        OutputList[Idx].BackColor = (IoOutData[Idx] == 1) ? Color.Lime : Color.LightGray;
    }
}
```

메인폼에 Closed이벤트를 만들고 닫아질 때 Exit맴버변수를 변경하여 쓰레드가 정상적으로 종료될 수 있게 해줍니다.

```
private void Form1_FormClosed(object sender, FormClosedEventArgs e)
{
    // 쓰레드를 종료해준다.
    Exit = 1;
}
```

4 프로그램 빌드 및 디버깅

프로젝트 항목에서 마우스오른쪽 버튼을 눌러 팝업메뉴를 열고 "다시빌드"를 실행합니다.

시작프로젝트로 설정하고 "F5"키를 눌러 디버깅 모드에 들어갔습니다.

프로그램을 실행하면 다음과 같이 변환된 입출력 센서의 상태가 리스트박스에 출력됩니다.

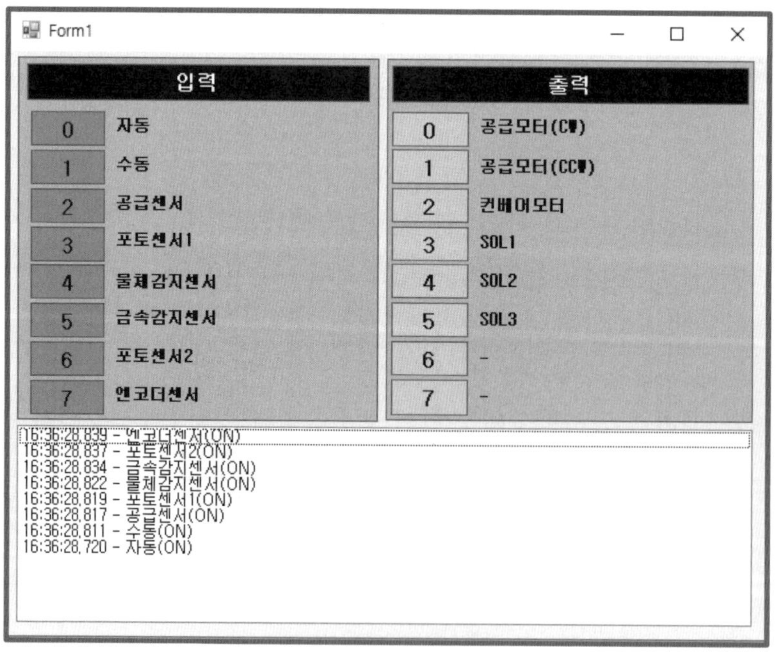

Ex13 파일에 장치디바이스 정보 저장

1 개요

이전 예제를 진행하면서 사용자가 카메라, 조명장치를 UI컨트롤을 통해서 제어했습니다. 이번 예제에서는 파일에 장치 디바이스 정보를 저장하여 프로그램 시작될 때 저장된 정보로 장치가 초기화될 수 있도록 디바이스 정보를 파일로 저장하고 불러오도록 하겠습니다.

2 XML

XML은 EXtensible Markup Language의 약자이며, HTML과 매우 비슷한 문자 기반의 마크업 언어(text-based markup language)입니다.

이 언어는 사람과 기계가 동시에 읽기 편한 구조로 되어 있고 HTML처럼 데이터를 보여주는 목적이 아닌, 데이터를 저장하고 전달할 목적으로만 만들어졌습니다.

또한, XML 태그는 HTML 태그처럼 미리 정의되어 있지 않고, 사용자가 직접 정의할 수 있습니다.

XML은 데이터를 트리형태로 저장되며 각 태그에 맞는 메타정보가 배치되어 있습니다. XML은 우리가 필요한 정보들을 받거나 줄수 있는 데이터 형태를 제공합니다.

해당 예제는는 최상위노드로 Setting태그가 있고 하위노드가 있는걸 확인할 수 있습니다. 트리형태로 데이터를 저장하기에 상황에 맞추어 여러 가지 구조로 데이터를 저장할 수 있습니다.

```
<?xml version="1.0" encoding="utf-8"?>
<Setting>
  <Light>
    <Port>COM1</Port>
    <Value>200,100</Value>
  </Light>
</Setting>
```

3 INI 파일 포맷

INI파일 포맷은 설정파일을 저장하기 위한 문서이며 섹션, 키, 값으로 나누어집니다.

해당 예제에서 섹션은 Setting이며 키는 LightPort 값은 Com1입니다. 구조가 간단하고 범용성이 좋아 지금도 많이 사용하는 포맷입니다.

```
[Setting]
LighPort=COM1
LighValue1=150
LighValue2=100
```

4 DLL에 INI 제어클래스 생성

C언어에서는 INI파일에 직접 접근할 수 있는 API함수가 제공되었습니다. C#에서 직접 구현하기에 까다롭기에 C언어 API함수를 로드하여 사용할 수 있는 INI 제어클래스를 만들어 보도록 하겠습니다.

“IMecatronicsDLL”라이브러리에 UCI Bus(8비트 컴퓨터기능)를 제어할 클래스를 만들겠습니다. 프로젝트 항목을 선택한 후 마우스 오른쪽 버튼을 클릭하여 팝업을 활성화합니다.

추가 → 클래스 버튼을 클릭하고 클래스 이름을 “IniTool”로 입력하고 생성합니다.

맴버변수에 시리얼 포트와 통신객체와 데이터를 저장할 버퍼를 선언합니다.

```
private string mFileName;
private int mStringSize = 0xff;

// kernel32.Dll에 정의된 INI함수를 로드
[DllImport("kernel32", CallingConvention = CallingConvention.StdCall)]
참조 1개
private static extern int GetPrivateProfileString(string section, string key, string def, StringBuilder retVal, int size, string filePath);

[DllImport("kernel32", CallingConvention = CallingConvention.StdCall)]
참조 1개
private static extern long WritePrivateProfileString(string section, string key, string val, string filePath);
```

생성자에서 파일의 디렉토리생성하고 파일이름을 저장합니다.

```
public IniTools(string file_name)
{
    try
    {
        if (Path.GetDirectoryName(file_name) != "")
        {
            Directory.CreateDirectory(Path.GetDirectoryName(file_name));
        }
        this.mFileName = file_name;
    }
    catch (Exception ex)
    {
        throw ex;
    }
}
```

ReadString메소드는 Ini파일에서 해당키의 값을 문자열 형태로 반환합니다.

```
public string ReadString(string section, string key, string aDefault = "")
{
    StringBuilder retVal = new StringBuilder(this.mStringSize);
    GetPrivateProfileString(section, key, "", retVal, this.mStringSize, this.mFileName);
    string str = retVal.ToString();
    if (str.IndexOf("//") >= 0)
    {
        str = str.Substring(0, str.IndexOf("//")).Trim();
    }
    if (str == "")
    {
        str = aDefault;
    }
    return str;
}
```

WriteString메소드는 해당 키의 값을 저장하기 위해서 사용합니다.

```
public void WriterString(string section, string key, string value)
{
    try
    {
        WritePrivateProfileString(section, key, value, this.mFileName);
    }
    catch (Exception ex)
    {
        throw ex;
    }
}
```

5 예제 프로젝트 생성

현재 솔루션에서 Ex12으로 프로젝트를 생성합니다.

UCI버스생성기 통신클래스를 사용하기 위해서 "IMecatronicsDLL" 라이브러리를 추가합니다.

생성된 Form에 화면과 같이 컨트롤을 배치합니다.

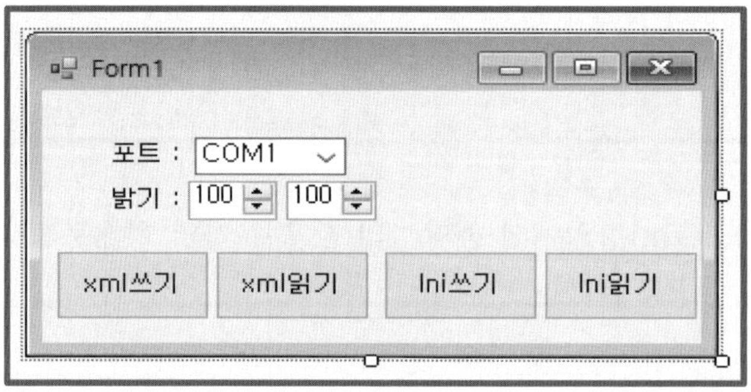

배치할 컨트롤과 역할은 아래표와 같습니다.

컨트롤타입	Name	위치	사이즈	텍스트
Label	lbLight_Port	35, 25	37, 12	포트
ComboBox	cbLight_Port	76, 22	69, 20	
Label	lbLight_Light	35, 49	37, 12	밝기
NumberUpDown	nudLight_Ch1	73, 45	41, 21	
NumberUpDown	nudLight_Ch2	118, 45	41, 21	
Button	btnXmlWrite	6, 85	71, 37	xml쓰기
Button	btnXmlRead	79, 85	71, 37	xml읽기
Button	btnIniWrite	156, 85	71, 37	ini쓰기
Button	btnIniRead	229, 85	71, 37	ini읽기

메인폼에서 마우스오른쪽 버튼을 클릭하고 코드보기로 들어갑니다.

Xml쓰기버튼에서 클릭 이벤트를 추가하고 노드를 반복해가며 조명포트, 조명값을 저장합니다.

```
private void button1_Click(object sender, EventArgs e)
{
    // 파일포맷을 설정
    string FilePath = string.Format("{0}\\Setting.xml", Application.StartupPath);

    // 속성을 확인한다.
    XmlTextWriter xmlSet = new XmlTextWriter(FilePath, Encoding.UTF8);
    xmlSet.Formatting = Formatting.Indented;
    xmlSet.WriteStartDocument();
    {
        xmlSet.WriteStartElement("Setting");
        {
            //
            xmlSet.WriteStartElement("Light");
            {
                xmlSet.WriteStartElement("Port");
                {
                    xmlSet.WriteString(string.Format("{0}", cbLight_Port.Text));
                }
                xmlSet.WriteEndElement();

                xmlSet.WriteStartElement("Value");
                {
                    xmlSet.WriteString(string.Format("{0},{1}", nudLight_Ch1.Value, nudLight_Ch2.Value));
                }
                xmlSet.WriteEndElement();
            }
            xmlSet.WriteEndElement();
        }
        xmlSet.WriteEndElement();
    }
    xmlSet.WriteEndDocument();
    xmlSet.Close();
}
```

Ini쓰기 버튼에서 클릭이벤트를 추가하고 Key에 조명포트,조명값을 저장합니다.

```
private void btnIniWrite_Click(object sender, EventArgs e)
{
    try
    {
        // Ini파일명을 설정하고
        string FilePath = string.Format("{0}\\Ex12.ini", Application.StartupPath);
        IniTools Tool = new IniTools(FilePath);
        Tool.WriterString("Setting", "LighPort", cbLight_Port.Text);
        Tool.WriterString("Setting", "LighValue1", nudLight_Ch1.Value.ToString());
        Tool.WriterString("Setting", "LighValue2", nudLight_Ch2.Value.ToString());
    }
    catch(Exception)
    {

    }
}
```

XML읽기 버튼에 클릭 이벤트를 추가하고 XML노드를 반복해가며 원하는 노드이름의 내용을 읽습니다. 트리구조이기에 매번 하위노드에 접근하여 노드이름을 확인해주어야 합니다.

```
private void btnXmlRead_Click(object sender, EventArgs e)
{
    // 프로그램 폴더의
    string FilePath = string.Format("{0}\\Setting.xml", Application.StartupPath);
    if (new FileInfo(FilePath).Exists == true)
    {
        //
        // 파일을 로드
        XmlDocument xmlDoc = new XmlDocument();
        xmlDoc.Load(FilePath);

        XmlNodeList nList1 = xmlDoc.ChildNodes;
        for (int Idx1 = 0; Idx1 < nList1.Count; ++Idx1)
        {
            XmlNode pNode1 = nList1[Idx1];
            if (pNode1.Name == "Setting")
            {
                XmlNodeList nList2 = pNode1.ChildNodes;
                for (int Idx2 = 0; Idx2 < nList2.Count; ++Idx2)
                {
                    XmlNode pNode2 = nList2[Idx2];

                    if (pNode2.Name == "Light")
                    {
                        XmlNodeList nList3 = pNode2.ChildNodes;
                        for (int Idx3 = 0; Idx3 < nList3.Count; ++Idx3)
                        {
                            XmlNode pNode3 = nList3[Idx3];
                            if (pNode3.Name == "Port")
                            {
                                string[] sTmp = pNode3.InnerText.ToString().Split(',');
                                cbLight_Port.Text = sTmp[0];
                            }
                            else if (pNode3.Name == "Value")
                            {
                                string[] sTmp = pNode3.InnerText.ToString().Split(',');
                                nudLight_Ch1.Value = Convert.ToInt32(sTmp[0]);
                                nudLight_Ch2.Value = Convert.ToInt32(sTmp[1]);
                            }
                        }
                    }
                }
            }
        }
    }
}
```

Ini읽기 버튼에 클릭 이벤트를 추가하고 Ini파일에 일치하는 키의 값을 읽어옵니다.

```
private void btnIniRead_Click(object sender, EventArgs e)
{
    try
    {
        string FilePath = string.Format("{0}₩₩Ex12.ini", Application.StartupPath);
        IniTools Tool = new IniTools(FilePath);
        cbLight_Port.Text = Tool.ReadString("Setting", "LighPort", cbLight_Port.Text);
        nudLight_Ch1.Value = Convert.ToInt32(Tool.ReadString("Setting", "LighValue1", nudLight_Ch1.Value.ToString()));
        nudLight_Ch2.Value = Convert.ToInt32(Tool.ReadString("Setting", "LighValue2", nudLight_Ch2.Value.ToString()));
    }
    catch (Exception)
    {

    }
}
```

6 프로그램 빌드 및 디버깅

프로젝트 항목에서 마우스오른쪽 버튼을 눌러 팝업메뉴를 열고 “다시빌드”를 실행합니다. 시작프로젝트로 설정하고 “F5”키를 눌러 디버깅 모드에 들어갔습니다.

프로그램을 실행하여 포트 및 밝기의 값을 변경하고 읽기 쓰기 버튼을 클릭하면 XML또는 INI파일에 디바이스 정보가 기록됨을 확인할 수 있습니다.

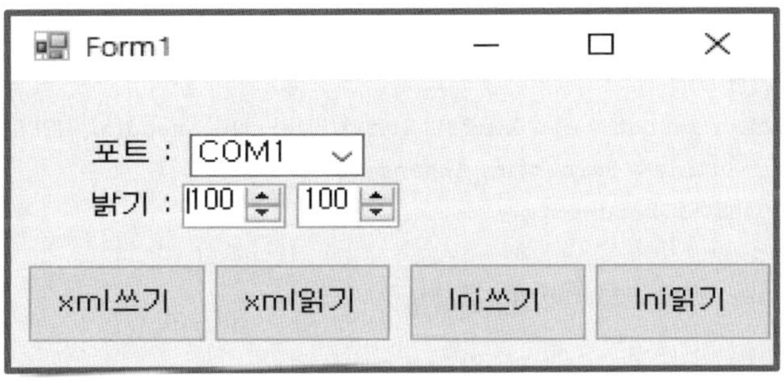

7 전체 프로그램

다음은 전체 프로그램입니다.

```
using System;
using System.Collections.Generic;
```

```
using System.ComponentModel;
using System.Data;
using System.Drawing;
using System.IO;
using System.Linq;
using System.Text;
using System.Threading.Tasks;
using System.Windows.Forms;
using System.Xml;
using IMecatronicsDll;

namespace Ex12
{
    public partial class Form1 : Form
    {


        public Form1()
        {
            InitializeComponent();
        }

        private void button1_Click(object sender, EventArgs e)
        {
            // 파일포맷을 설정
            string FilePath = string.Format("{0}\\Setting.xml", Application.StartupPath);

            // 속성을 확인한다.
            XmlTextWriter xmlSet = new XmlTextWriter(FilePath, Encoding.UTF8);
            xmlSet.Formatting = Formatting.Indented;
            xmlSet.WriteStartDocument();
            {
                xmlSet.WriteStartElement("Setting");
                {
                    //
                    xmlSet.WriteStartElement("Light");
                    {
                        xmlSet.WriteStartElement("Port");
                        {
                            xmlSet.WriteString(string.Format("{0}", cbLight_Port.Text));
                        }
                        xmlSet.WriteEndElement();

                        xmlSet.WriteStartElement("Value");
                        {
                            xmlSet.WriteString(string.Format("{0},{1}", nudLight_Ch1.Value, nudLight_Ch2.Value));
```

```
            }
            xmlSet.WriteEndElement();
          }
          xmlSet.WriteEndElement();
        }
        xmlSet.WriteEndElement();
      }
      xmlSet.WriteEndDocument();
      xmlSet.Close();
    }

    private void btnIniWrite_Click(object sender, EventArgs e)
    {
      try
      {
        // Ini파일명을 설정하고
        string FilePath = string.Format("{0}₩₩Ex12.ini", Application.StartupPath);
        IniTools Tool = new IniTools(FilePath);
        Tool.WriterString("Setting", "LighPort", cbLight_Port.Text);
        Tool.WriterString("Setting", "LighValue1", nudLight_Ch1.Value.ToString());
        Tool.WriterString("Setting", "LighValue2", nudLight_Ch2.Value.ToString());
      }
      catch(Exception)
      {

      }
    }

    private void btnIniRead_Click(object sender, EventArgs e)
    {
      try
      {
        string FilePath = string.Format("{0}₩₩Ex12.ini", Application.StartupPath);
        IniTools Tool = new IniTools(FilePath);
        cbLight_Port.Text = Tool.ReadString("Setting", "LighPort", cbLight_Port.Text);
        nudLight_Ch1.Value = Convert.ToInt32(Tool.ReadString("Setting","LighValue1", nudLight_Ch1.Value.ToString()));
          nudLight_Ch2.Value = Convert.ToInt32(Tool.ReadString("Setting","LighValue2", nudLight_Ch2.Value.ToString()));
      }
      catch (Exception)
      {

      }
    }

    private void btnXmlRead_Click(object sender, EventArgs e)
    {
```

```
            // 프로그램 폴더의
            string FilePath = string.Format("{0}₩₩Setting.xml", Application.StartupPath);
            if (new FileInfo(FilePath).Exists == true)
            {
                //
                // 파일을 로드
                XmlDocument xmlDoc = new XmlDocument();
                xmlDoc.Load(FilePath);

                XmlNodeList nList1 = xmlDoc.ChildNodes;
                for (int Idx1 = 0; Idx1 < nList1.Count; ++Idx1)
                {
                    XmlNode pNode1 = nList1[Idx1];
                    if (pNode1.Name == "Setting")
                    {
                        XmlNodeList nList2 = pNode1.ChildNodes;
                        for (int Idx2 = 0; Idx2 < nList2.Count; ++Idx2)
                        {
                            XmlNode pNode2 = nList2[Idx2];

                            if (pNode2.Name == "Light")
                            {
                                XmlNodeList nList3 = pNode2.ChildNodes;
                                for (int Idx3 = 0; Idx3 < nList3.Count; ++Idx3)
                                {
                                    XmlNode pNode3 = nList3[Idx3];
                                    if (pNode3.Name == "Port")
                                    {
                                        string[] sTmp = pNode3.InnerText.ToString().Split(',');
                                        cbLight_Port.Text = sTmp[0];
                                    }
                                    else if (pNode3.Name == "Value")
                                    {
                                        string[] sTmp = pNode3.InnerText.ToString().Split(',');
                                        nudLight_Ch1.Value = Convert.ToInt32(sTmp[0]);
                                        nudLight_Ch2.Value = Convert.ToInt32(sTmp[1]);
                                    }
                                }
                            }
                        }
                    }
                }
            }
        }
    }
}
```

Ex14 AccessDb를 이용하여 검사결과 저장과 검색

1 개요

이전예제에서 비전검사결과를 결과에 따른 검사 이미지 분류과 로그파일에 검사 시작시간등을 결과로 남겼습니다.

머신 비전시스템에서 누적데이터에 대한 판단이 필요할때가 있습니다. 특정모델의 한달동안 불량 재품의 정보를 확인하고 싶다거나 금일의 NG결과를 확인하고 싶을 때는 데이터베이스를 구축하여 관리가 필요합니다

이번 챕터는 AccessDb를 이용하여 결과를 저장하고 불려오는 예제를 만들어 보도록 하겠습니다.

2 데이터 베이스란?

데이터베이스(DataBase)란? 데이터베이스(DB: database)는 통합하여 관리되는 데이터의 집합체를 의미합니다. 이는 중복된 데이터를 없애고, 자료를 구조화하여, 효율적인 처리를 할 수 있도록 관리됩니다. 따라서, 여러 업무에 여러 사용자가 데이터 베이스를 사용할 수 있습니다.

1) 데이터 베이스 특징

데이터베이스는 다음과 같은 특징을 가집니다.

번호	특징
1	사용자의 질의에 대하여 즉각적인 처리와 응답이 이루어집니다.
2	생성, 수정, 삭제를 통하여 항상 최신의 데이터를 유지합니다.
3	사용자들이 원하는 데이터를 동시에 공유할 수 있습니다.
4	사용자가 원하는 데이터를 주소가 아닌 내용에 따라 참조 할 수 있습니다.
5	응용프로그램과 데이터베이스는 독립되어 있으므로 별개로 동작됩니다.

2) DBMS란?

DBMS란 데이터의 집합을 만들고, 저장 및 관리할 수 있는 기능들을 제공하는 응용 프로그램입니다. 즉, 데이터의 관리에 특화된 프로그램이라고 생각하면 됩니다.

DBMS는 오라클, MYSQL, MSSQL등 여러 가지 DBMS시스템이 있습니다. 종류에 따라 DataBase Server까지 지원하기도 합니다.

각각에 재품들의 선택방법은 이용하는 용도와 범위에 맞추어 선택하면 됩니다.

이번예제에서는 마이크로소프트사의 Office프로그램에 속해있는 Microsoft Access를 이용하여 DB를 생성하고 프로그램에 적용해 보도록 하겠습니다.

3) SQL(Structured Query Language)

SQL(Structured Query Language)은 데이터베이스에서 데이터를 정의, 조작, 제어하기 위해 사용하는 언어입니다. 목적에 맞게 크게 세 가지로 구분할 수 있습니다.

속성	설명	명령어
DDL	데이터베이스나 테이블 등을 생성, 삭제하거나 그 구조를 변경하기 위한 명령어	CREATE, ALTER, DROP
DML	데이터베이스에 저장된 데이터를 처리하거나 조회, 검색하기 위한 명령어	INSERT, UPDATE, DELETE, SELECT 등
DCL	데이터베이스에 저장된 데이터를 관리하기 위하여 데이터의 보안성 및 무결성 등을 제어하기 위한 명령어	GRANT, REVOKE 등

4) 관계형 데이터 베이스

관계형 데이터베이스는 데이터가 하나 이상의 열과 행의 테이블(또는 '관계')에 저장되어 서로 다른 데이터 구조가 어떻게 관련되어 있는지 쉽게 파악하고 이해할 수 있도록 사전 정의된 관계로 데이터를 구성하는 정보 모음입니다.

그림으로 보면 다음과 같이 ROW(행)과 COLUM(열)의 2차원 구조로 되어 있고 이런데이터의 공간을 테이블이라고 합니다. 테이블에는 열에 저장하고싶은 종류를 입력하고 행에 결과를 삽입하여 사용합니다.

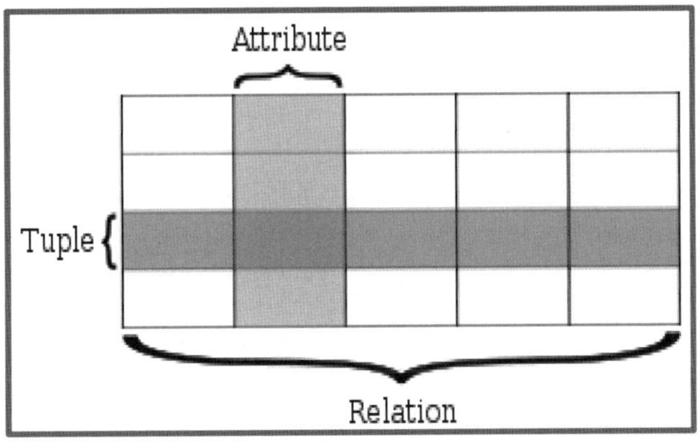

SQL 용어	관계형 데이터베이스 용어	설명
로우	튜플 또는 레코드	하나의 항목을 대표하는 데이터
컬럼	속성 또는 필드	튜플의 이름 요소 (예: "주소", "태어난 날짜")
테이블	관계 또는 기초 관계변수 (base relvar)	같은 속성을 공유하는 튜플의 모임. (컬럼이나 로우의 모임.)

5) SQL 기본 문법

이번예제에서는 다음과 같은 명령을 사용하도록 하겠습니다.

문 법	설 명	사용 방법
CREATE	테이블을 생성하는 문법	CREATE table {테이블명}(컬럼1,컬럼2,.....)
INSERT	테이블에결과행을 삽입하는 문법	INSERT INTO 테이블명(컬럼) VALUES(컬럼결과)
SELECT	결과를 검색하는 문법	SELECT {검색할컬럼} FROM {테이블명} WHERE {검색조건식}

검색 조건식은 검색하고자 하는 타입에 따라서 조건을 입력하게 됩니다. 조건은 다일조건, 복수조건 으로 나누어지며 단일조건은 컬럼이 입력된 조건과 일치하는 항목만 결과에 포함되게 됩니다.

아래 표는 조건문의 예를 정리하였습니다.

-- 컬럼 ID가 1인 레코드 조건 SELECT * FROM Tab1 WHERE ID = 1 -- ID가 10 이하인 레코드들 SELECT * FROM Tab1 WHERE ID <= 10 -- ID가 10 이 아닌 모든 레코드들 SELECT * FROM Tab1 WHERE ID <> 10 -- 컬럼 NAME이 LEE인 레코드 SELECT * FROM Tab1 WHERE NAME = 'LEE' -- NAME이 LEE가 아닌 레코드 SELECT * FROM Tab1 WHERE NAME <> 'LEE'	-- 컬럼 ID가 1이상 10이하인 조건 SELECT * FROM Tab1 WHERE ID >= 1 AND ID <= 10 -- QTY가 100이상이고 TOTAL값이 1000이상인 조건 SELECT * FROM Tab1 WHERE QTY >= 100 AND TOTAL >= 1000 -- CATEGORY가 VIP이거나 VVIP인 경우 SELECT * FROM Tab1 WHERE CATEGORY='VIP' OR CATEGORY='VVIP' -- TYPE이 1 또는 2이고 -- 동시에 CITY가 SEOUL인 경우 SELECT * FROM Tab1 WHERE (TYPE=1 OR TYPE=2) AND CITY='SEOUL'

3 DLL에 AccessDb 제어클래스 생성

AccessDb를 제어할 클래스를 만들어보겠습니다. AccessDB파일을 만들기 위해서 ADO API, 쿼리문을 제어하기 위해 OLEDB API를 사용하도록 하겠습니다.

"IMecatronicsDLL"라이브러리에 UCI 버스생성기를 제어할 클래스를 만들겠습니다. 프로젝트 항목을 선택한 후 마우스 오른쪽 버튼을 클릭하여 팝업을 활성화합니다.

추가→클래스 버튼을 클릭하고 클래스 이름을 "AccessDb"로 입력하고 생성합니다.

맴버변수에 DB에 연결될 컨넥션 문자와 연결객체를 만듭니다.

```
using System;
using System.Data;
using System.IO;
using System.Data.OleDb;

namespace IMecatronicsDll
{
    참조 7개
    public class AccessDb
    {
        //
        private OleDbConnection _Conn = null;
        private string sConnString = string.Empty;
```

생성자에서 ADOX 라이브러리를 동적으로 링크하여 해당 DB이름으로 파일을 생성합니다.

```
public AccessDb(string FolderPath, string DbName)
{
    try
    {
        DirectoryInfo di = new DirectoryInfo(FolderPath);
        if (di.Exists == false){di.Create( );}

        // 연결할 Db를 설정한다.
        string FilePath = string.Format("{0}\\{1}", FolderPath, DbName);
        sConnString = string.Format("Provider=Microsoft.ACE.OLEDB.12.0;Data Source={0}", FilePath);

        // 해당 파일이 없으면
        if (!File.Exists(FilePath))
        {
            // DoaX오브젝트를 얻어온다.
            Type objClassType = Type.GetTypeFromProgID("ADOX.Catalog");
            if (objClassType != null)
            {
                // 동적DLL을 로드하고 생성힘수를통해 db를 만든다.
                object obj = Activator.CreateInstance(objClassType);
                obj.GetType( ).InvokeMember("Create", System.Reflection.BindingFlags.InvokeMethod
                    , null, obj, new object[] { sConnString });
                System.Runtime.InteropServices.Marshal.ReleaseComObject(obj);
                obj = null;
            }
        }
    }
    catch (Exception Ex)
    {

    }
}
```

연결, 연결해제 메소드를 만들고 맴버변수의 연결문자열을 통해 연결 커넥션을 수행합니다.

```
public bool Connect()
{
    try
    {
        //데이터베이스 커넥션이 열려있을 경우 종료 처리를 진행
        if (_Conn != null && _Conn.State == ConnectionState.Open)
        {
            _Conn.Close(); _Conn.Dispose();
        }
        _Conn = new OleDbConnection(sConnString); //데이터베이스 연결 커넥션 생성
        _Conn.Open();
    }
    catch (OleDbException ex)
    {
        Disconnect();
        return false;
    }
    return true;
}

참조 1개
public void Disconnect()
{
    if (_Conn != null && _Conn.State == ConnectionState.Open)
    {
        _Conn.Close();
    }
}
```

SelectQuery메소드는 한 결과를 데이터테이블형으로 반환해줍니다. OleDB형 어텝터를 생성후 결과를 데이테이블형에 채웁니다.

```
public DataTable SelectQuery(string p_Qeury)
{
    try
    {
        OleDbDataAdapter adapter = new OleDbDataAdapter(p_Qeury, _Conn);
        DataTable dataTable = new DataTable();
        bool bRetry;

        do
        {
            bRetry = false;
            try
            {
                adapter.Fill(dataTable);
                bRetry = false;
            }
            catch (Exception ex)
            {
                // 처리 중 커넥션이 끊겼을 경우 재 접속 처리
                if (_Conn.State == ConnectionState.Closed)
                {
                    System.Threading.Thread.Sleep(100);
                    Connect();
                    bRetry = true;
                }
                else
                {
                    bRetry = false;
                }
                dataTable.Reset();
            }
        } while (bRetry);

        return dataTable;
    }
    catch(Exception Ex)
    {

    }

    return null;
}
```

ScalerQuery메소드는 쿼리한 결과를 문자형으로 저장하는 메소드입니다. 단일 항목의 Query일 경우 사용합니다.

```
참조 0개
public object ScalarQuery(string p_Query)
{
    try
    {
        object objResult = null;
        bool bRetry;
        OleDbCommand cmd = null;

        do
        {
            bRetry = false;
            try
            {
                cmd = new OleDbCommand( );
                cmd.Connection = _Conn;
                cmd.CommandText = p_Query;
                objResult = cmd.ExecuteScalar( );

                if (cmd != null) cmd.Dispose( );
                bRetry = false;
            }
            catch (Exception ex)
            {
                //Log
                // 처리 중 커넥션이 끊겼을 경우 재 접속 처리
                if (_Conn.State == ConnectionState.Closed)
                {
                    System.Threading.Thread.Sleep(100);
                    Connect( );
                    bRetry = true;
                }
                else { bRetry = false; objResult = null; }
            }
            finally
            {
                if (cmd != null) cmd.Dispose( );
            }
        } while (bRetry);

        return objResult;
    }
    catch(Exception Ex)
    {

    }

    return null;
}
```

ExcuteNonQuery메소드는 반환결과가 없는 Insert,Update,Delete문의 쿼리를 사용할 때 사용합니다. 반환값은 쿼리로 인해 변경된 행의 개수입니다.

```
public int ExcuteNonQuery(string p_Query)
{
    try
    {
        int nAffectedRows = -1;
        bool bRetry;
        OleDbCommand cmd = null;

        do
        {
            bRetry = false;
            try
            {   cmd = new OleDbCommand( );
                cmd.Connection = _Conn;
                cmd.CommandText = p_Query;
                nAffectedRows = cmd.ExecuteNonQuery( );

                if (nAffectedRows < 1)
                    bRetry = true;

                if (cmd != null)
                    cmd.Dispose( );
            }
            catch (Exception ex)
            {
                // 처리중 커넥션이 끊겼을 경우 재접속 처리
                if (_Conn.State == ConnectionState.Closed)
                {
                    System.Threading.Thread.Sleep(100);
                    Connect( );
                    bRetry = true;
                }
                else
                {
                    bRetry = false;
                    nAffectedRows = -1;
                }
            }
            finally
            {
                if (cmd != null) cmd.Dispose( );
            }
        } while (bRetry);
        return nAffectedRows;
    }
    catch(Exception Ex)
    {
    }

    //
    return -1;
}
```

전체소스는 다음과 같습니다.

```
using System;
using System.Data;
using System.IO;
using System.Data.OleDb;

namespace IMecatronicsDll
{

    public class AccessDb
    {
        //
        private OleDbConnection _Conn = null;
        private string sConnString = string.Empty;


        public AccessDb(string FolderPath, string DbName)
        {
            try
            {
                DirectoryInfo di = new DirectoryInfo(FolderPath);
                if (di.Exists == false){di.Create();}

                // 연결할 Db를 설정한다.
                string FilePath = string.Format("{0}₩₩{1}", FolderPath, DbName);
                sConnString = string.Format("Provider=Microsoft.ACE.OLEDB.12.0;Data Source={0}", FilePath);

                // 해당 파일이 없으면
                if (!File.Exists(FilePath))
                {
                    // DoaX오브젝트를 얻어온다.
                    Type objClassType = Type.GetTypeFromProgID("ADOX.Catalog");
                    if (objClassType != null)
                    {
                        // 동적DLL을 로드하고 생성함수를통해 db를 만든다.
                        object obj = Activator.CreateInstance(objClassType);
                        obj.GetType().InvokeMember("Create", System.Reflection.BindingFlags.InvokeMethod
                            , null, obj, new object[] { sConnString });
                        System.Runtime.InteropServices.Marshal.ReleaseComObject(obj);
                        obj = null;
                    }
                }
            }
            catch (Exception Ex)
            {

            }
        }


        public bool Connect()
```

```
{
    try
    {
        //데이터베이스 커넥션이 열려있을 경우 종료 처리를 진행
        if (_Conn != null && _Conn.State == ConnectionState.Open)
        {
            _Conn.Close(); _Conn.Dispose();
        }
        _Conn = new OleDbConnection(sConnString); //데이터베이스 연결 커넥션 생성
        _Conn.Open();
    }
    catch (OleDbException ex)
    {
        Disconnect();
        return false;
    }
    return true;
}

public void Disconnect()
{
    if (_Conn != null && _Conn.State == ConnectionState.Open)
    {
        _Conn.Close();
    }
}

public int ExecuteNonQuery(string p_Query)
{
    try
    {
        int nAffectedRows = -1;
        OleDbCommand cmd = null;

        //
        cmd = new OleDbCommand();
        cmd.Connection = _Conn;
        cmd.CommandText = p_Query;
        nAffectedRows = cmd.ExecuteNonQuery();

        if (cmd != null)
        {
            cmd.Dispose();
        }


        return nAffectedRows;
    }
    catch (Exception Ex)
    {
    }

    //
```

```
            return -1;
        }

        public object ScalarQuery(string p_Query)
        {
            try
            {
                object objResult = null;

                //
                OleDbCommand cmd = new OleDbCommand();
                cmd.Connection = _Conn;
                cmd.CommandText = p_Query;

                try
                {
                    objResult = cmd.ExecuteScalar();
                }
                catch (Exception ex)
                {
                }

                if (cmd != null) cmd.Dispose();
                return objResult;
            }
            catch (Exception Ex)
            {

            }

            return null;
        }

        public DataTable SelectQuery(string p_Qeury)
        {
            try
            {
                OleDbDataAdapter adapter = new OleDbDataAdapter(p_Qeury, _Conn);
                DataTable dataTable = new DataTable();

                adapter.Fill(dataTable);

                return dataTable;
            }
            catch (Exception Ex)
            {
            }
            return null;
        }
    }
}
```

4 예제 프로젝트 생성

현재 솔루션에서 Ex13으로 프로젝트를 생성합니다. “IMecatronicsDLL” 라이브러리를 추가합니다.

생성된 Form에 화면과 같이 컨트롤을 배치합니다.

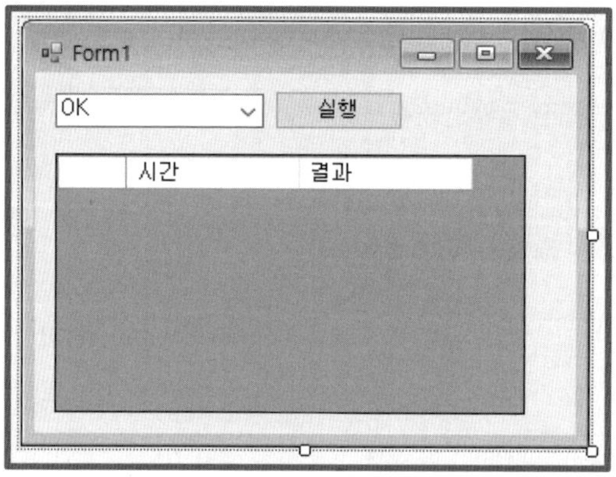

배치할 컨트롤과 역할은 아래표와 같습니다.

컨트롤타입	Name	위치	사이즈	텍스트
ComboBox	cbResult	12, 12	12, 12	
Button	button1	139, 10	75, 23	
DataGridView	dgvComplateData	12, 47	273, 151	

데이터그리드뷰에 다음과 같이 열을 추가해줍니다.

컬럼타입	크기	텍스트
DataGridViewTextBoxColumn	100	시간
DataGridViewTextBoxColumn	100	결과

코드에서 맴버변수에 DB제어를 위한 객체를 추가해줍니다.

생성자에서 Db가 저장될 폴더를 만들고 DB연결 후 발생시간, 결과가 저장될 테이블을 만듭니다.

```
using System;
using System.Data;
using System.Windows.Forms;
using IMecatronicsDll;

namespace Ex13
{
    참조 3개
    public partial class Form1 : Form
    {
        //
        AccessDb DoneDb = null;

        참조 1개
        public Form1()
        {
            InitializeComponent();

            // 폴더경로 및 파일이름을 설정한다.
            string FolderPath = string.Format("{0}\\Data", Application.StartupPath);
            string DbName = string.Format("{0}.accdb", System.DateTime.Now.ToString("yyyy"));

            // 해당경로로 Db를 만들고 연결한다.
            DoneDb = new AccessDb(FolderPath, DbName);
            if( DoneDb.Connect() == true)
            {
                string Query = string.Format("");

                // 해당테이블이 있는지 검사한다.
                Query = "SELECT count(*) FROM MSysObjects WHERE Name = 'Data'";
                object Object = DoneDb.ScalarQuery(Query);

                // 테이블이 없으면 테이블은 만든다.
                if (Object == null || Object.ToString() == "0")
                {
                    Query = "create table Data("
                          + "rDATETIME text(20),"
                          + "rRESULT text(2))";
                    DoneDb.ExecuteNonQuery(Query);
                }

                // 금일 검사기록을 갱신한다.
                UpdateComplateData();
            }

        }
```

금일 작업완료 리스트를 갱신할 메서드를 만들고 쿼리조건에 LEFT함수를 사용하여 금일 날짜의 데이터만 포함되게 합니다. 쿼리된 항목을 DataTable형 변수에 저장하여 반복하며 DataGridView에 갱신해줍니다.

```
public void UpdateComplateData()
{
    try
    {
        // rDATETIME컬럼이 현재날짜와 일치하는 모든 항목을 검색한다.
        string Query = string.Format("SELECT * FROM DATA WHERE LEFT(rDATETIME,8) = '{0}'"
            , System.DateTime.Now.ToString("yyyyMMdd"));

        DataTable ds = DoneDb.SelectQuery(Query);

        // 검색된 모든 항목을 DataGrid뷰에 출력한다.
        dgvComplateData.Rows.Clear();
        foreach ( DataRow dr in ds.Rows)
        {
            dgvComplateData.Rows.Insert(0, dr["rDATETIME"], dr["rRESULT"]);
        }
    }
    catch(Exception Ex)
    {

    }
}
```

조명포트 연결,해제 버튼의 클릭 이벤트를 선언하고 연결, 종료될 수 있도록 합니다.

```
참조 1개
private void btnLight_Connect_Click(object sender, EventArgs e)
{
    // 선택한 시리얼포트로 조명 컨트롤러 포트연결을 실시한다.
    pLight.Connected(cbLight_Port.Text, 9600);
}

참조 1개
private void btnLight_DisConnect_Click(object sender, EventArgs e)
{
    // 조명컨트롤러 포트연결을 해제한다.
    pLight.DisConnect();
}
```

트리거 버튼을 클릭하면 설정된 조명값으로 조명을 켜고 타이머를 시작합니다.

```
private void button1_Click(object sender, EventArgs e)
{
    // 촬상을 진행중이 아닐때만 시작한다.
    if(swTimer1.IsRunning == false && swTimer2.IsRunning == false)
    {
        //조명을 키고 촬상대기시간타이머를 시작
        pLight.SetLightValue(0, (int)nudLight_Ch1.Value);
        pLight.SetLightValue(1, (int)nudLight_Ch2.Value);
        swTimer1.Restart();
    }
}
```

버튼에 클릭 이벤트를 만들고 Insert문을 생성하고 rDataTime컬럼에 현재시간을, rResult컬럼에 결과를 삽입합니다. 쿼리를 실행하고 완료리스트를 갱신합니다.

```
private void button1_Click_1(object sender, EventArgs e)
{
    try
    {
        string Query = string.Format("INSERT INTO DATA(rDATETIME,rRESULT) VALUES('{0}', '{1}')"
            , System.DateTime.Now.ToString("yyyyMMdd HH:mm:ss"), cbResult.Text);
        DoneDb.ExecuteNonQuery(Query);
        UpdateComplateData();
    }
    catch (Exception Ex)
    {

    }
}
```

5 프로그램 빌드 및 디버깅

프로젝트 항목에서 마우스오른쪽 버튼을 눌러 팝업메뉴를 열고 “다시빌드”를 실행합니다.
시작프로젝트로 설정하고 “F5” 키를 눌러 디버깅 모드에 들어갔습니다.
프로그램이 시작되면 실행버튼을 클릭하여 DB에 데이터가 삽입되는 것을 확인합니다.

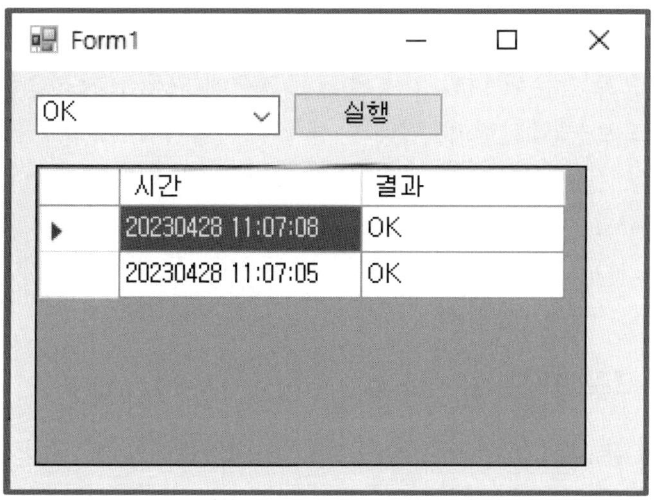

Ex 15 PLC를 연동하여 검사결과 출력

1 개요

자동화 라인의 장비는 PLC로 제어하며 보통 머신 비전검사장비도 자동화라인과 연동하여 흐름이 제어됩니다. 11장에서는 UCI Bus(8비트 컴퓨터 기능)를 사용하여 아날로그24V 전압 신호를 디지털신호로 변경해서 디지털 입출력을 사용했습니다.

보통 PLC장비는 터치 모니터 및 기타 이기종 장비와 통신하기 위한 이더넷 통신 프로토콜을 제공합니다. 이번 예제에서는 MITSUBISHI사의 통신프로토콜을 이용하여 검사를 진행하는 예제를 만들어서 동작해보겠습니다.

2 PLC란?

PLC는 Programmable Logic Controller의 약자로서 프로그램 가능한 논리 제어 장치를 말합니다.

PLC는 공장과 같은 산업현장에서 자동제어 및 감시를 위한 장비로서 스위치센서, 온도, 위치정보등을 입력으로 받은뒤 미리 입력된 프로그램에 의해 순차적으로 논리를 처리하고 그에따른 출력기반으로 공압실린더, 릴레이 등을 제어합니다.

예전의 자동화 라인은 순차제어를 위해 릴레이회로를 사용하였습니다. 하지만 현장에서는 기계의 제어가 수시로 변경되었기에 반도체 기술을 기반으로 한 프로그램가능 논리 제어 장치가 개발되었습니다.

1) PLC 레더 프로그램

LADDER LOGIC은 PLC의 주 언어방식으로, 기계자동화 혹은 공장자동화에서 가장 많이 사용하는 입력에 의한 출력을 프로그램하기 위해 최적화된 언어입니다. 입력에 의한 출력이란, 스타트버튼을 누르면 모터가 돌고 정지 버튼을 누르면 모터가 정지한다. 이런, 간단한 제어를 말합니다.

몰론 복잡한 동작 및 산술제어도 가능합니다. 다음그림은 레더프로그램의 동작예제입니다.

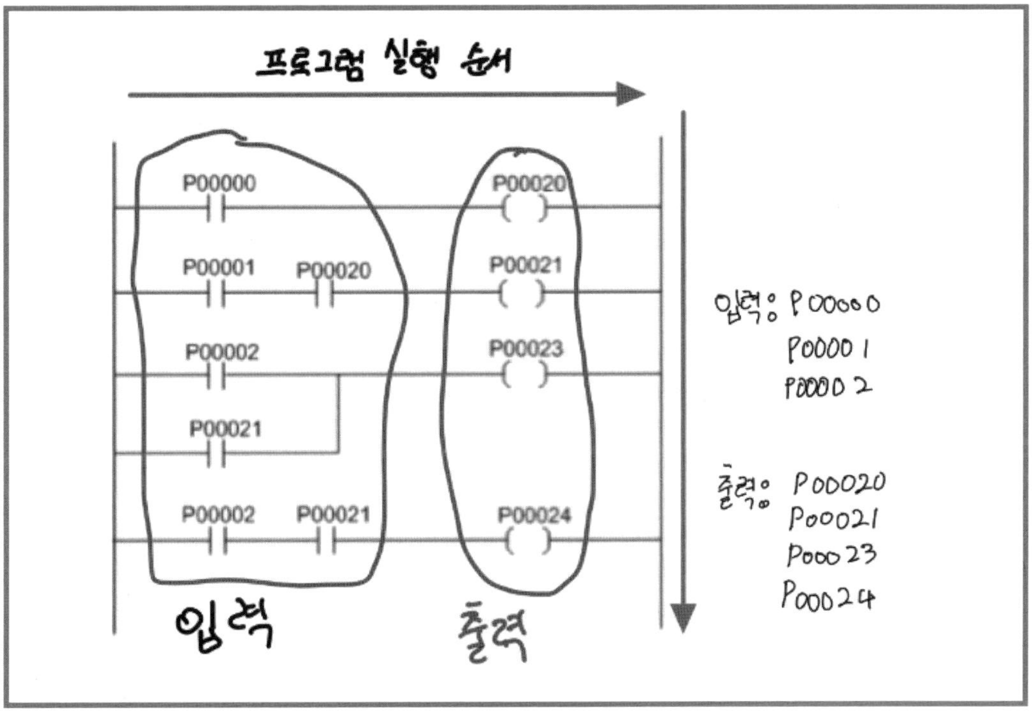

레더프로그램은 PC의 메모리와 같이 데이터 영역으로 이루어져 있고 데이터 영역의 변경에 따른 논리연산을 통해 시퀀스를 제어하게 됩니다. 대표적인 데이터 영역은 다음과 같습니다.

메모리	설명
입력 X	PLC 입력 유닛에 연결된 입력 장치(스위치, 센서) ON/OFF 데이터를 저장하는 디바이스
출력 Y	PLC 출력 유닛에 연결된 출력 장치(모터, 램프, 솔레노이드) ON/OFF(연산 결과)를 저장하는 출력 디바이스
내부릴레이 M	CPU 외부로 직접 출력할 수 없는 PLC 내부 보조릴레이 CPU ON/OFF 접점 데이터를 저장 하는 비트 디바이스 파라미터에서 휘발성, 불휘발성 영역으로 가변이 가능 (Default는 휘발성)
데이터 레지스터 D	CPU 내의 데이터를 저장하는 디바이스 16비트 또는 32비트 단위로 데이터 저장

2) 이더넷 통신 프로토콜

아래 이미지는 Melsec Communication Protocol문서에 연속 읽기 방법입니다. 목적지 주소, 읽을 번지, 타입, 리딩양을 약속된 프로토콜로 정리하고 PLC에 전송하면 양속된 프로토콜로 응답패킷이 수신되면 이 패킷을 분석하여 PLC 통신을 하게 됩니다.

응답값 예 - 500000FFFF03000018000A04010000W*0000000003

5000 – Sub Header (3E 프레임 스타일의 패킷 구성, QJ71E71-100은 10000으로 해야 하는데 호환이 됨)

00 – Net Work Number (Q-QnA Series Ethernet Driver 문서를 참조하면 내부적으로 4개 항목은 고정된 값)
FF – PC Number (내부적으로 이미 고정된 값이기에 Gx Work에서 설정한 값과는 무관)
03FF – Request destination module I/O No.
00 – Request destination module station No.

0018 – Request data length
0010 – Monitoring timer
0401 – Command (0401 : Batch read in word units) 59 페이지 참조
0000 – Sub Command (0000 : Read values from devices in word units.)
W* - Link register (Hexadecimal) 66 페이지 참조
000000 – Head device number (주소, 0 번지 부터 읽는다는 의미)
0003 – Number of device points (0 번지를 포함해 0, 1, 2 번지를 읽겠다는 의미, 즉, 3개의 데이터를 읽음)

3 DLL에 Melsec PLC 통신클래스 생성

MelSec PLC는 이더넷 통신으로 제어합니다. "IMecatronicsDLL"라이브러리에 이더넷 통신을 위한 클래스를 만들겠습니다.

프로젝트 항목을 선택한 후 마우스 오른쪽 버튼을 클릭하여 팝업을 활성화합니다.

추가→클래스 버튼을 클릭하고 클래스 이름을 "TcpClient"로 입력하고 생성합니다.

TcpClient클래스는 클래스에 상속하여 Tcp소켓을 만들고 패킷을 받아오거나 보내는 용도로 사용합니다.

맴버변수에 시리얼 포트와 통신객체와 데이터를 저장할 버퍼를 선언합니다.

```
using System;
using System.Net;
using System.Net.Sockets;
using System.Threading;
using System.Net.NetworkInformation;

namespace IMecatronicsDll
{
    참조 3개
    abstract public class TcpClient
    {
        // 소켓정보와 저장할 데이터
        Socket cSock = new Socket(AddressFamily.InterNetwork, SocketType.Stream, ProtocolType.Tcp);
        private byte[] data = new byte[1024];
        private int size = 1024;
        Thread t1;

        // IP와 포트를 저장합니다.
        string m_IpAddress = "";
        int m_Port = 0;
        public int Exit = 0;

        // 상속받는 클래스에서 구현할 메소드
        참조 3개
        public abstract bool GetPacket(ref byte[] aData, int aCnt);   // 추상메소드
        참조 3개
        public abstract void ConnectMsg();   // 추상메소드
        참조 3개
        public abstract void DisConnectMsg();   // 추상메소드
```

생성자에서 IP주소와 포트정보를 저장하고 연결을 관리할 쓰레드를 생성합니다.

```
참조 2개
public TcpClient(string aIpAddress, int aPort)
{
    m_IpAddress = aIpAddress;
    m_Port = aPort;

    t1 = new Thread(new ThreadStart(RunClient));
    t1.Start();
}
```

연결을 관리할 메소드에서는 현제소캣이 연결되지 않았을 경우 1초간격으로 서버에 재연결을 시도합니다. 연결이 완료되면 Connected()메소드에 연결이벤트가 발생할 수 있도록 설정합니다.

```
private void RunClient()
{
    while (Exit == 0)
    {
        if (cSock.Connected == false)
        {
            // 핑테스트 실시
            if (SimplePing(m_IpAddress) == true)
            {
                // 소켓을 만들고 연결
                cSock = new Socket(AddressFamily.InterNetwork, SocketType.Stream, ProtocolType.Tcp);
                IPEndPoint iep = new IPEndPoint(IPAddress.Parse(m_IpAddress), m_Port);
                IAsyncResult Result = cSock.BeginConnect(iep, new AsyncCallback(Connected), cSock);
                Result.AsyncWaitHandle.WaitOne(TimeSpan.FromMilliseconds(1000), false);
            }
        }

        Thread.Sleep(1000);
    }
}
```

해당 IP주소가 연결이 가능한지 핑테스트를하기위한 메소드를 생성합니다.

```
public static bool SimplePing(string ip)
{
    try
    {
        Ping pingSender = new Ping();
        PingReply reply = pingSender.Send(ip);

        if (reply.Status == IPStatus.Success) //핑이 제대로 들어가고 있을 경우
        {
            return true;
        }
    }
    catch (Exception ex)
    {
    }

    return false;
}
```

해당 메소드는 연결이 완료되고 나서 발생하는 이벤트 메소드로서 상속받는 클래스에 연결메소드를 호출해주고 원격지에서 데이터를 받을 수 있도록 대기합니다.

```
private void Connected( IAsyncResult iar)
{
    cSock = (Socket)iar.AsyncState;
    try
    {
        cSock.EndConnect( iar);

        // 연결할 곳을 설정한다.
        cSock.BeginReceive(data, 0, size, SocketFlags.None, new AsyncCallback(ReceiveData), cSock);
        ConnectMsg( );
    }
    catch (SocketException)
    {
        DisConnect( );
    }
    catch (ObjectDisposedException)
    {
        DisConnect( );
    }
}
```

연결상태를 확인하는 IsConnect메소드와 연결을 끊기 위한 DisConnect 메소드를 생성합니다. 연결이 끈어지면 상속받는 클래스에 연결 끈어짐을 알릴 수 있도록 해당 매소드를 호출합니다.

```
public int IsConnect( )
{
    if (cSock.Connected == true)
    {
        return 1;
    }

    return 0;
}

참조 7개
public void DisConnect( )
{
    if (IsConnect( ) == 1)
    {
        DisConnectMsg( );
    }

    cSock.Close( );
}
```

원격지에서 데이터가 들어왔을 때 호출되는 메소드로서 받은 데이터가 있으면 상속받은 클래스에 해당 데이터를 보내주고 다시 데이터를 받을 준비를 합니다. 데이터가 없으면 연결이 끈겼다고 판단하고 연결을 해제해 줍니다.

```
private void ReceiveData( IAsyncResult iar)
{
    try
    {
        Socket remote = (Socket)iar.AsyncState;
        int recv = remote.EndReceive( iar);

        // 받은데이터를 복사한다.
        if (recv > 0)
        {
            GetPacket(ref data, recv);
            cSock.BeginReceive(data, 0, size, SocketFlags.None, new AsyncCallback(ReceiveData), cSock);
        }
        else //데이터가 없으면 연결끈김으로 판단.
        {
            DisConnect( );
        }
    }
    catch (Exception)
    {
        DisConnect( );
    }
}
```

다음은 원격지로 패킷을 보내기 위한 메소드입니다. 전송이 완료되면 SendData 메소드가 호출됩니다.

```
public void SendData(byte[] Data, int aLength)
{
    try
    {
        if (cSock.Connected == true)
        {
            // 받은버퍼를 자식버퍼에 복사한다.
            cSock.BeginSend(Data, 0, aLength, SocketFlags.None, new AsyncCallback(SendData), cSock);
        }
    }
    catch (SocketException)
    {
        DisConnect( );
    }
    catch (ObjectDisposedException)
    {
        DisConnect( );
    }
}

참조 1개
private void SendData( IAsyncResult iar)
{
}
```

다음은 미쓰비시 PLC와 통신을 하기 위한 클래스를 만들겠습니다.

프로젝트 항목을 선택한 후 마우스 오른쪽 버튼을 클릭하여 팝업을 활성화합니다.

추가→클래스 버튼을 클릭하고 클래스 이름을 “TcpPlc_Melsec”로 입력하고 생성합니다.

```
using System;
using System.Threading;

namespace IMecatronicsDll
{
    참조 5개
    public class TcpPlc_Melsec
        : TcpClient
    {
        참조 15개
        public enum PLCWorkState
        {
            WORKSTATE_WAIT = 0,
            WORKSTATE_NONE = 1,
            WORKSTATE_READ = 2,
            WORKSTATE_WRITE = 3,
            WORKSTATE_ERROR = 4,
            WORKSTATE_COMPLATE = 5,
        };
        public PLCWorkState WorkState;     // 워크상태

        // 받은데이터를 저장할 변수
        protected ushort[] WordData = new ushort[1000];      // 리딩한 워크데이터
        protected byte[] ByteData = new byte[1000];          // 리딩한 워크데이터
        protected byte QueryCnt = 0;                          // 리딩한워드카운트

        // 보관할 데이터 패킷
        public byte[] Data = new byte[4096];
        public int DataCnt = 0;

        // PLC와 통신할 정보변수
        byte NetWorkNo = 0;
        byte PcNo = 0xff;
        ushort DestIo = 0x03ff;
        byte Station = 0;
        ushort MorniterTimer = 0x10;
        ushort Command = 0;
        ushort SubCommand = 0;
        ushort NumberOfPoint = 0;
```

PLC에 보낼 패킷의 헤더와 코드를 변환할 메서드를 만듭니다.

```
byte ConvertCode(char aAsciiCode)
{
    if (aAsciiCode == 'X' || aAsciiCode == 'x') { return 0x9c; }
    else if (aAsciiCode == 'Y' || aAsciiCode == 'y') { return 0x9d; }
    else if (aAsciiCode == 'M' || aAsciiCode == 'm') { return 0x90; }
    else if (aAsciiCode == 'B' || aAsciiCode == 'b') { return 0xa0; }
    else if (aAsciiCode == 'D' || aAsciiCode == 'd') { return 0xa8; }
    else if (aAsciiCode == 'W' || aAsciiCode == 'w') { return 0xb4; }
    return 0x00;
}

참조 2개
int MakeHeader(ref byte[] aBuffer)
{
    int Cnt = 0;
    Buffer.BlockCopy(BitConverter.GetBytes(0x0050), 0, aBuffer, Cnt, 2); Cnt += 2;        // 서브헤더(0)
    aBuffer[Cnt] = NetWorkNo; Cnt += 1;                                                   // 네트워크번호(2)
    aBuffer[Cnt] = PcNo; Cnt += 1;                                                        // Pc번호(3)
    Buffer.BlockCopy(BitConverter.GetBytes(DestIo), 0, aBuffer, Cnt, 2); Cnt += 2;        // 요청목적지 IO(4)
    aBuffer[Cnt] = Station; Cnt += 1;                                                     // 요청목적지 Station(6)
    Cnt += 2;                                                                             // 패킷길이(7)
    Buffer.BlockCopy(BitConverter.GetBytes(MorniterTimer), 0, aBuffer, Cnt, 2); Cnt += 2; // 모니터타이머(9)
    return Cnt;
}
```

받은 패킷을 일정길이가 되었을 때 파싱하여 리딩할 데이터를 임시변수 리스트에 저장합니다.

```
public override bool GetPacket(ref byte[] aData, int aCnt)
{
    // 받은패킷내용을 저장
    Buffer.BlockCopy(aData, 0, Data, DataCnt, aCnt); DataCnt += aCnt;

    // 길이가 되었을때
    if (DataCnt >= 11)
    {
        // 패킷을 파싱한다.
        ushort SubHeader = (ushort)BitConverter.ToInt16(Data, 0);     // SubHeader
        byte NetWorkNo = Data[2];                                      // 네트워크번호
        byte PcNo = Data[3];                                      // PcNo
        ushort DestIo = (ushort)BitConverter.ToInt16(Data, 4);     // 목적지IO
        byte DestStation = Data[6];                                    // 목적지Station
        ushort PacketLength = (ushort)BitConverter.ToInt16(Data, 7);     // Packet길이
        ushort EndCode = (ushort)BitConverter.ToInt16(Data, 9);     // EndCode

        //
        if (EndCode == 0)
        {
            // 데이터가 패킷길이만큼 들어왔을때
            if (DataCnt >= PacketLength + 9)
            {
                // 커맨드(Reads,Writes)
                if (Command == 0x0104)
                {
                    if (SubCommand == 0x0000)
                    {
                        // 데이터를 저장
                        for (int Index = 0; Index < NumberOfPoint; ++Index)
                        {
                            WordData[Index] = (ushort)BitConverter.ToInt16(Data, 11 + (Index * 2));
                        }
                    }
                    else if (SubCommand == 0x0100)
                    {
                        // 데이터를 저장
                        int Cnt = 0;
                        for (int Index = 0; Index < NumberOfPoint; Index += 2)
                        {
                            ByteData[Index + 0] = Convert.ToByte(Data[11 + Cnt] >> 4); ++DataCnt;
                            if (Index + 1 < NumberOfPoint)
                            {
                                ByteData[Index + 1] = Convert.ToByte(Data[11 + Cnt] & 0x01); ++DataCnt;
                            }
                            ++Cnt;
                        }
                    }
                }
                else if (Command == 0x0604)
                {
                    int Cnt = 0;
                    byte[] Temp = new byte[8];
                    for (int Idx1 = 0; Idx1 < NumberOfPoint; Idx1 += 8)
                    {
                        for (int Idx2 = 0; Idx2 < 8; ++Idx2)
                        {
                            ByteData[Idx2] = Convert.ToByte(((Data[11 + Cnt] >> Idx2 & 0x01) > 0) ? 1 : 0);
                        }
                        ++Cnt;
                    }
                }
                else if (Command == 0x0304)
                {
                    for (int Index = 0; Index < NumberOfPoint; ++Index)
                    {
                        WordData[Index] = (ushort)BitConverter.ToInt16(Data, 11 + (Index * 2));
                    }
                }
            }

            WorkState = PLCWorkState.WORKSTATE_COMPLATE;
        }
        else
        {
            WorkState = PLCWorkState.WORKSTATE_ERROR;
        }

        // 데[이터초기화
        DataCnt = 0;
    }

    return true;
}
```

PLC에서 값을 읽기위한 메서드입니다. 통신타입에 맞추어 버퍼를 만들어서 보내고 답신 패킷이 들어오면 받은 내용을 반환해줍니다.

```
public bool ReadWords(string aPos, int aCnt, ref ushort[] aData)
{
    if (IsConnect() != 1) { return false; }
    bool State = false;

    if (WorkState == PLCWorkState.WORKSTATE_WAIT)
    {
        WorkState = PLCWorkState.WORKSTATE_READ;

        // 헤더생성
        byte[] TempByte = new byte[2];
        byte[] TempBuffer = new byte[1024];
        int Cnt = MakeHeader(ref TempBuffer);

        // 헤더를 분리한다.
        string[] StrVar = aPos.Split(',');
        int BlobCnt = StrVar.Length;

        // 데이터
        {
            // 커맨드
            Command = 0x0104;
            TempBuffer[Cnt] = 0x01; Cnt += 1;
            TempBuffer[Cnt] = 0x04; Cnt += 1;
            // 서브커맨드
            SubCommand = 0x0000;
            TempBuffer[Cnt] = 0x00; Cnt += 1;
            TempBuffer[Cnt] = 0x00; Cnt += 1;
            // 시작주소
            TempByte = BitConverter.GetBytes(Convert.ToInt32(StrVar[0].Substring(1)));
            TempBuffer[Cnt] = TempByte[0]; Cnt += 1;
            TempBuffer[Cnt] = TempByte[1]; Cnt += 1;
            TempBuffer[Cnt] = TempByte[2]; Cnt += 1;
            TempBuffer[Cnt] = ConvertCode(StrVar[0][0]); Cnt += 1;

            // 보낼갯수를 설정
            NumberOfPoint = (ushort)Convert.ToInt16(aCnt);
            TempByte = BitConverter.GetBytes(aCnt);
            TempBuffer[Cnt] = TempByte[0]; Cnt += 1;
            TempBuffer[Cnt] = TempByte[1]; Cnt += 1;

            // 패킷길이
            TempByte = BitConverter.GetBytes(Cnt - 9);
            TempBuffer[7] = TempByte[0];
            TempBuffer[8] = TempByte[1];
        }
        // 패킷를 보냄
        SendData(TempBuffer, Cnt);


        // 최대2초까지대기
        int Tick = Environment.TickCount;
        while (Environment.TickCount - Tick < 2000
            && (WorkState == PLCWorkState.WORKSTATE_READ || WorkState == PLCWorkState.WORKSTATE_WRITE))
        {
            Thread.Sleep(10);
        }
        int Time = Environment.TickCount - Tick;

        // 데이터가 읽어졌으면
        if (WorkState == PLCWorkState.WORKSTATE_COMPLATE)
        {
            // 데이터를 복사한다.
            for (int Index = 0; Index < NumberOfPoint; ++Index)
            {
                aData[Index] = WordData[Index];
            }
            State = true;
        }

        // 상태를 변경해줌
        WorkState = PLCWorkState.WORKSTATE_WAIT;
    }

    // 반환
    return State;
}
```

PLC에 값을 쓰기위한 메서드입니다.

```
public bool WriteWords(string aPos, int aCnt, ushort[] aData)
{
    try
    {
        if (IsConnect() != 1) { return false; }
        bool State = false;

        if (WorkState == PLCWorkState.WORKSTATE_WAIT)
        {
            WorkState = PLCWorkState.WORKSTATE_WRITE;

            // 헤더생성
            byte[] TempByte = new byte[2];
            byte[] TempBuffer = new byte[1024];
            int Cnt = MakeHeader(ref TempBuffer);

            // 헤더를 분리한다.
            string[] StrVar = aPos.Split(',');
            int BlobCnt = StrVar.Length;

            // 데이터
            {
                // 커맨드
                Command = 0x0114;
                TempBuffer[Cnt] = 0x01; Cnt += 1;
                TempBuffer[Cnt] = 0x14; Cnt += 1;

                SubCommand = 0x0000;    // 서브커맨드
                TempBuffer[Cnt] = 0x00; Cnt += 1;
                TempBuffer[Cnt] = 0x00; Cnt += 1;

                // 시작번지데이터를 넣는다
                TempByte = BitConverter.GetBytes(Convert.ToInt32(StrVar[0].Substring(1)));
                TempBuffer[Cnt] = TempByte[0]; Cnt += 1;
                TempBuffer[Cnt] = TempByte[1]; Cnt += 1;
                TempBuffer[Cnt] = TempByte[2]; Cnt += 1;
                TempBuffer[Cnt] = ConvertCode(StrVar[0][0]); Cnt += 1;

                // 쓸갯수를 입력
                NumberOfPoint = (ushort)Convert.ToInt16(aCnt);
                TempByte = BitConverter.GetBytes((ushort)Convert.ToInt16(aCnt));
                TempBuffer[Cnt] = TempByte[0]; Cnt += 1;
                TempBuffer[Cnt] = TempByte[1]; Cnt += 1;

                // 쓸데이터를 복사한다.
                for (int Index = 0; Index < aCnt; ++Index)
                {
                    TempByte = BitConverter.GetBytes(aData[Index]);
                    TempBuffer[Cnt] = TempByte[0]; Cnt += 1;
                    TempBuffer[Cnt] = TempByte[1]; Cnt += 1;
                }

                // 패킷의 전체길이를 입력한다.
                TempByte = BitConverter.GetBytes(Cnt - 9);
                TempBuffer[7] = TempByte[0];     // 넘버1
                TempBuffer[8] = TempByte[1];     // 넘버2
            }

            // 패킷을 보냄
            SendData(TempBuffer, Cnt);

            // PLC에서 전송완료 패킷이 올때까지 기다림
            int Tick = Environment.TickCount;
            while (Environment.TickCount - Tick < 2000 &&
                (WorkState == PLCWorkState.WORKSTATE_READ || WorkState == PLCWorkState.WORKSTATE_WRITE))
            {
                Thread.Sleep(10);
            }

            // 상태를 변경해줌
            WorkState = PLCWorkState.WORKSTATE_WAIT;
        }

        // 반환
        return State;
    }
    catch (Exception)
    {
    }

    return false;
}
```

4 예제 프로젝트 생성

현재 솔루션에서 Ex14으로 프로젝트를 생성합니다. 카메라기능을 사용하기 위해 “IMecatronicsDLL” 라이브러리를 추가합니다.

생성된 Form에 화면과 같이 컨트롤을 배치합니다.

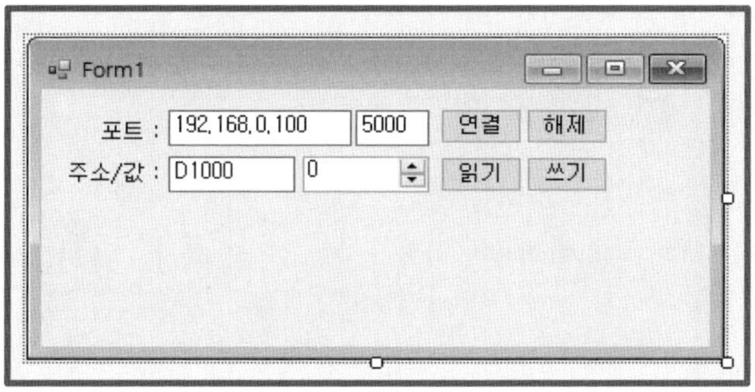

배치할 컨트롤과 역할은 아래표와 같습니다.

컨트롤타입	Name	위치	사이즈	텍스트
Label	lbLight_Port	30, 19	37, 12	포트
TextBox	tbIp	69, 12	100, 21	
TextBox	tbPort	171, 12	40, 21	
Button	btnConnect	217, 11	45, 21	연결
Button	btnDisConnect	264, 11	45, 21	해제
Label	lbLight_Light	12, 43	55, 12	주소/값 :
TextBox	tbAddress	69, 39	69, 21	
NumericUpDown	nudValue	142, 39	69, 21	
Button	btnRead	217, 39	45, 21	읽기
Button	btnWrite	264, 39	45, 21	쓰기

코드에서 Meslec PLC를 사용하기 위해서 맴버변수와 네임스페이스를 추가해줍니다.

```
using System;
using System.Windows.Forms;
using IMecatronicsDll;

namespace Ex14
{
    참조 3개
    public partial class Form1 : Form
    {
        //
        public TcpPlc_Melsec pPlc = null;

        참조 1개
        public Form1()
        {
            InitializeComponent();
        }
```

연결 종료버튼에 클릭 이벤트를 만들고 연결버튼클릭시 PLC연결객체를 생성, 연결해제 버튼클릭시 자동연결 쓰레드를 종료하하고 객체를 삭제해 줍니다.

```
private void btnConnect_Click(object sender, EventArgs e)
{
    if(pPlc != null)
    {
        pPlc.Exit = 1;
    }
    pPlc = new TcpPlc_Melsec(tbIp.Text, Convert.ToInt32(tbPort));
}

참조 1개
private void btnDisConnect_Click(object sender, EventArgs e)
{
    if(pPlc.IsConnect() ==1)
    {
        pPlc.Exit = 1;
        pPlc = null;
    }
}
```

읽기버튼을 클릭 했을 때 ReadWords메소드를 호출하여 시작주소의 값을 읽어옵니다.
쓰기버튼을 클릭 했을 때 WriteWords 메서드를 통해서 입력한 값을 시작주소에 기록합니다.

```
private void btnRead_Click(object sender, EventArgs e)
{
    ushort[] Data = new ushort[1];
    pPlc.ReadWords(tbAddress.Text, 1, ref Data);

    nudValue.Value = Convert.ToInt32(Data[0].ToString());

}

참조 1개
private void btnWrite_Click(object sender, EventArgs e)
{
    ushort[] Data = new ushort[1];
    Data[0] = (ushort)nudValue.Value;
    pPlc.WriteWords(tbAddress.Text, 1, Data);
}
```

5 프로그램 빌드 및 디버깅

프로젝트 항목에서 마우스오른쪽 버튼을 눌러 팝업메뉴를 열고 "다시빌드"를 실행합니다.
시작프로젝트로 설정하고 "F5"키를 눌러 디버깅 모드에 들어갔습니다.
프로그램을 시작하여 PLC주소를 입력하고 연결합니다. 원하는 시작주소를 입력하고 해당주소의 값을 읽기또는 쓰기가 되는지 테스트 합니다.

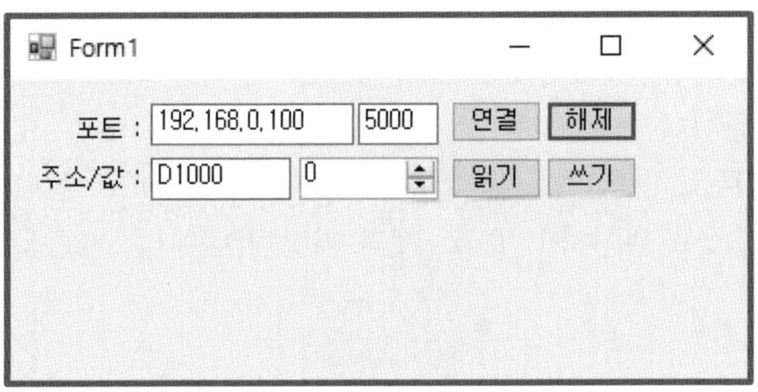

Ex 16 Socket통신을 이용하여 원격지PC에 검사결과 출력하기

1 개요

스마트팩토리는 제품 생산에 사물인터넷, 빅데이터 등 다양한 정보통신기술을 결합해 고객 맞춤형 제품을 생산하는 지능형 공장을 의미합니다.

즉 생산라인에서 수집된 수많은 데이터를 기반으로 분석하고 운영함으로서 원인을 몰랐던 돌발 장애, 품질 불량 등의 원인을 알아내 해결할 수 있게 됩니다.

예를 들면 현장에서 발생하는 돌발상황이 모니터링 되어 비숙련자도 대응할 수 있도록 원격지에서 가이드를 해줄 수 있게 되는 것입니다. 이러한 데이터들이 MES, ERP 등과 같은 생산, 경영분야의 기간 시스템과 연동되어 주문이 접수되거나, 어떠한 경영상의 판단이 내려지면, 공장은 최적의 생산체제 하에서 운영되게 됩니다

머신 비전시스템도 생산된 자료를 MES에 전송하거나 현재생산의 정보를 공정모니터를 통해서 원격으로 모니터링을 하게되는 경우가 발생합니다.

이번예제에서는 클라이언트, 서버소켓을 사용해서 소켓통신을 통해서 원격지에서 정보를 확인할 수 있는 예제를 진행해보도록 하겠습니다.

2 DLL에 Socket 제어클래스 생성

Socket통신을를 제어할 클라이언트, 서버 상속가능한 클래스를 만들어보겠습니다.

"IMecatronicsDLL"라이브러리 프로젝트 항목을 선택한 후 마우스 오른쪽 버튼을 클릭하여 팝업을 활성화합니다.

추가 → 클래스 버튼을 클릭하고 클래스 이름을 "TcpClient"로 입력하고 생성합니다.

클래스를 추상클래스로 생성하고 Tcp소켓과 저장될 데이터 연결에 관한 메소드를 구성합니다.

```
using System;
using System.Net;
using System.Net.Sockets;
using System.Threading;
using System.Net.NetworkInformation;

namespace IMecatronicsDll
{
    abstract public class TcpClient
    {
        // 소켓정보와 저장할 데이터
        Socket cSock = new Socket(AddressFamily.InterNetwork, SocketType.Stream, ProtocolType.Tcp);
        private byte[] data = new byte[1024];
        private int size = 1024;
        Thread t1;

        // IP와 포트를 저장합니다.
        string m_IpAddress = "";
        int m_Port = 0;
        public int Exit = 0;

        // 상속받는 클래스에서 구현할 메소드
        public abstract bool GetPacket(ref byte[] aData, int aCnt);    // 추상메소드
        public abstract void ConnectMsg();    // 추상메소드
        public abstract void DisConnectMsg();    // 추상메소드
```

생성자에서 접속할 Ip,Port정보를 얻어와 쓰레드를 만들어서 매번 접속을 시도합니다.

```
public TcpClient(string aIpAddress, int aPort)
{
    m_IpAddress = aIpAddress;
    m_Port = aPort;

    t1 = new Thread(new ThreadStart(RunClient));
    t1.Start();
}

private void RunClient()
{
    while (Exit == 0)
    {
        if (cSock.Connected == false)
        {
            // 핑테스트 실시
            if (SimplePing(m_IpAddress) == true)
            {
                // 소켓을 만들고 연결
                cSock = new Socket(AddressFamily.InterNetwork, SocketType.Stream, ProtocolType.Tcp);
                IPEndPoint iep = new IPEndPoint(IPAddress.Parse(m_IpAddress), m_Port);
                IAsyncResult Result = cSock.BeginConnect(iep, new AsyncCallback(Connected), cSock);
                Result.AsyncWaitHandle.WaitOne(TimeSpan.FromMilliseconds(1000), false);
            }
        }

        Thread.Sleep(1000);
    }
}
```

연결이 성공했을 때 해당 서버의 정보를 저장하고 서버에서 데이터를 수신받을 수 있도록 대기한다.

```
private void Connected( IAsyncResult iar)
{
    cSock = (Socket)iar.AsyncState;
    try
    {
        cSock.EndConnect( iar);

        // 연결할 곳을 설정한다.
        cSock.BeginReceive(data, 0, size, SocketFlags.None, new AsyncCallback(ReceiveData), cSock);
        ConnectMsg( );
    }
    catch (SocketException)
    {
        DisConnect( );
    }
    catch (ObjectDisposedException)
    {
        DisConnect( );
    }
}
```

연결작업중 미리 서버Ip와 연결가능상태를 체크합니다. 연결이 가능하면 True를 반환합니다.

```
public static bool SimplePing(string ip)
{
    try
    {
        Ping pingSender = new Ping( );
        PingReply reply = pingSender.Send( ip);

        if (reply.Status == IPStatus.Success) //핑이 제대로 들어가고 있을 경우
        {
            return true;
        }
    }
    catch (Exception ex)
    {
    }

    return false;
}
```

연결 상태를 확인하거나 연결종료 메소드가 호출되면 소켓을 닫아줍니다.

```
public int IsConnect()
{
    if (cSock.Connected == true)
    {
        return 1;
    }

    return 0;
}

public void DisConnect()
{
    if (IsConnect() == 1)
    {
        DisConnectMsg();
    }

    cSock.Close();
}
```

서버에서 수신데이터가 들어오면 해당 수신데이터를 상속받은 클래스에 보내주고 다시 수신할 준비를 합니다.

```
private void ReceiveData(IAsyncResult iar)
{
    try
    {
        Socket remote = (Socket)iar.AsyncState;
        int recv = remote.EndReceive(iar);

        // 받은데이터를 복사한다.
        if (recv > 0)
        {
            GetPacket(ref data, recv);
            cSock.BeginReceive(data, 0, size, SocketFlags.None, new AsyncCallback(ReceiveData), cSock);
        }
        else //데이터가 없으면 연결끈김으로 판단.
        {
            DisConnect();
        }
    }
    catch (Exception)
    {
        DisConnect();
    }
}
```

서버에 송신하는 메소드로서 받은 byte배열로 데이터를 서버에 송신합니다.

```
//
public void SendData(byte[] Data, int aLength)
{
    try
    {
        if (cSock.Connected == true)
        {
            // 받은버퍼를 자식버퍼에 복사한다.
            cSock.BeginSend(Data, 0, aLength, SocketFlags.None, new AsyncCallback(SendData), cSock);
        }
    }
    catch (SocketException)
    {
        DisConnect( );
    }
    catch (ObjectDisposedException)
    {
        DisConnect( );
    }
}

private void SendData( IAsyncResult iar)
{
}
```

다음은 서버역할을 담당할 추상클래스를 만들겠습니다. 현재 프로젝트에서 마우스 오른쪽 버튼을 클릭하여 팝업을 활성화합니다.

추가 → 클래스 버튼을 클릭하고 클래스 이름을 "TcpServer"로 입력하고 생성합니다.

생성자에서는 클라이언트 접속을 기다릴 소켓, 접속한클라이언트와 통신할 클래스를 생성합니다.

클라이언트와 통신할 데이터버퍼를 만들고 상속한 클래스에 패킷을 전달할 추상메소드를 만듭니다.

```
using System;
using System.Net;
using System.Net.Sockets;


namespace IMecatronicsDll
{
    //
    abstract public class TcpServer
    {
        // 소켓 생성
        private Socket cSock = null;
        private Socket cClient = null;

        // 데이터버퍼
        private byte[] data = new byte[1024];
        private int size = 1024;

        // 추상메소드
        public abstract bool GetPacket(ref byte[] aData, int aCnt);    // 추상메소드
        public abstract void ConnectMsg( );    // 추상메소드
        public abstract void DisConnectMsg( );    // 추상메소드
```

생성자에서 받은 인자로 클라이언트의 접속을 기다릴 소켓을 생성합니다.
접속시 AcceptCallback메소드를 실행합니다.

```
public TcpServer(int aPort, int aNumber = 1)
{
    try
    {
        // 소켓생성
        cSock = new Socket(AddressFamily.InterNetwork, SocketType.Stream, ProtocolType.Tcp);
        cSock.Bind(new IPEndPoint( IPAddress.Any, aPort));
        cSock.Listen(aNumber);
        cSock.BeginAccept(AcceptCallback, null);
    }
    catch
    {
    }
}
```

리셋 메소드는 사용자가 연결을 재설정시 사용할 메소드이며 소켓연결을 해제 후 다시 클라이언트 접속을 기다립니다.

```
public void Reset(int aPort, int aNumber = 1)
{
    // 소켓을 해제
    if (cClient != null) { cClient.Close(); }
    cSock.Close();

    // 클라이언트의 접속을 기달릴 소켓 생성
    cSock = new Socket(AddressFamily.InterNetwork, SocketType.Stream, ProtocolType.Tcp);
    cSock.Bind(new IPEndPoint(IPAddress.Any, aPort));
    cSock.Listen(aNumber);
    cSock.BeginAccept(AcceptCallback, null);
}
```

클라이언트가 접속했을 때 동작할 메소드를 생성하며 접속시 소켓을 만들고 수신을 기다립니다.

```
void AcceptCallback(IAsyncResult ar)
{
    // 클라이언트 소캣을 만들고 연결을 시도한다.
    cClient = cSock.EndAccept(ar);
    cClient.BeginReceive(data, 0, size, SocketFlags.None, new AsyncCallback(ReceiveData), cClient);

    // 다른클라이언트 접속을 해야할때 실행
    ConnectMsg();
}
```

클라이언트에서 수신데이터가 들어오면 해당 수신데이터를 상속받은 클래스에 보내주고 다시 수신할 준비를 합니다.

```
private void ReceiveData(IAsyncResult iar)
{
    try
    {
        Socket remote = (Socket)iar.AsyncState;
        int recv = remote.EndReceive(iar);

        // 받은데이터를 복사한다.
        if (recv > 0)
        {
            GetPacket(ref data, recv);
            cSock.BeginReceive(data, 0, size, SocketFlags.None, new AsyncCallback(ReceiveData), cSock);
        }
        else //데이터가 없으면 연결끈김으로 판단.
        {
            DisConnect();
        }
    }
    catch (Exception)
    {
        DisConnect();
    }
}
```

클라이언트에 데이터를 송신하는 메소드로서 받은 byte배열로 데이터를 서버에 송신합니다.

```
//
public void SendData(byte[] Data, int aLength)
{
    try
    {
        if (cSock.Connected == true)
        {
            // 받은버퍼를 자식버퍼에 복사한다.
            cSock.BeginSend(Data, 0, aLength, SocketFlags.None, new AsyncCallback(SendData), cSock);
        }
    }
    catch (SocketException)
    {
        DisConnect();
    }
    catch (ObjectDisposedException)
    {
        DisConnect();
    }
}

private void SendData(IAsyncResult iar)
{
}
```

3 예제 프로젝트 생성

현재 솔루션에서 Ex13으로 프로젝트를 생성합니다. "IMecatronicsDLL" 라이브러리를 추가합니다.

생성된 Form에 화면과 같이 컨트롤을 배치합니다.

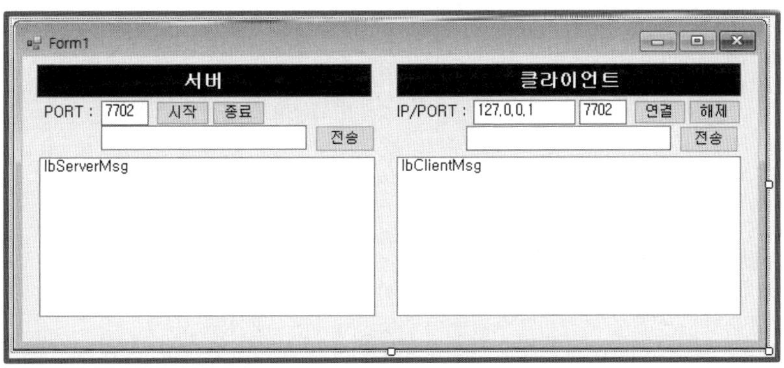

배치할 컨트롤과 역할은 아래 표와 같습니다.

컨트롤타입	Name	위치	사이즈	텍스트
label	lbServer	12, 7	282, 28	서버
label	label1	16, 42	46, 12	PORT
TextBox	tbServer_Port	66, 38	40, 21	
Button	btnServer_Start	112, 38	45, 21	시작
Button	btnServer_Stop	159, 38	45, 21	종료
TextBox	tbServerMsg	66, 59	173, 21	
Button	btnServerMsg	246, 59	51, 23	전송
ListBox	lbServerMsg	14, 86	283, 136	
Label	lbClient	315, 7	282, 28	클라이언트
Label	lbLight_Port	313, 42	46, 12	IP/PORT
TextBox	tbClient_Ip	379, 38	40, 21	
TextBox	tbClient_Port	468, 38	40, 21	
Button	btnClient_Connect	514, 38	45, 21	연결
Button	btnClient_DisConnect	561, 38	45, 21	해제
TextBox	tbClientMsg	373, 60	173, 21	
Button	btnClientMsg	553, 60	51, 23	전송
ListBox	lbClientMsg	315, 86	283, 136	

서버역활을 담당할 클래스를 생성합니다.

프로젝트 선택→마우스오른쪽버튼클릭→클래스추가→클래스 이름을 Server로 생성합니다.

TcpServer의 클래스를 상속받고 생성자에서 포트번호와 접속 클라이언트 수(개수)를 설정합니다.

```
using System.Text;
using IMecatronicsDll;

namespace Ex15
{
    public class Server : TcpServer
    {
        public Form1 pOwner = null;
        public Server(Form1 aOwner,  int Port)
        : base(Port, 1)
        {
            pOwner = aOwner;
        }
```

추상 메소드중 접속,접속해제 메소드를 구현합니다. 변경사항을 리스트박스에 출력하게 합니다.

```
public override void ConnectMsg()   // 추상메소드
{
    Log.FileLog("Event", "서버 접속", pOwner.lbServerMsg);
}
public override void DisConnectMsg()   // 추상메소드
{
    Log.FileLog("Event", "서버 접속해제", pOwner.lbServerMsg);
}
```

클라이언트에서 패킷을 수신 받으면 해당내용을 리스트박스에 출력합니다.

```
public override bool GetPacket(ref byte[] aData, int aCnt)
{
    string Msg = Encoding.Default.GetString(aData, 0, aCnt);
    Log.FileLog("Event", Msg, pOwner.lbServerMsg);
    return true;
}
```

서버역할을 담당할 클래스를 생성합니다.프로젝트선택→마우스오른쪽버튼클릭→클래스추가→클래스 이름을 Server로 생성합니다.

TcpClient를 클래스를 상속받고 미리 추상화된 메소드를 구현합니다. 생성자에서 서버 IP와 포트를 전달합니다.

```
using System.Text;
using IMecatronicsDll;

namespace Ex15
{
    public class Client : TcpClient
    {
        public Form1 pOwner = null;
        public Client(Form1 aOwner, string IpAddress, int Port)
        : base(IpAddress, Port)
        {
            pOwner = aOwner;
        }
```

추상 메소드중 접속,접속해제 메소드를 구현합니다. 변경사항을 리스트박스에 출력하게 합니다.

```
public override void ConnectMsg()   // 추상메소드
{
    Log.FileLog("Event", "접속", pOwner.lbClientMsg);
}
public override void DisConnectMsg()   // 추상메소드
{
    Log.FileLog("Event", "접속해제", pOwner.lbClientMsg);
}
```

서버에서 패킷을 수신 받으면 해당내용을 리스트박스에 출력합니다.

```
public override bool GetPacket(ref byte[] aData, int aCnt)
{
    string Msg = Encoding.Default.GetString(aData, 0, aCnt);
    Log.FileLog("Event", Msg, pOwner.lbClientMsg);
    return true;
}
```

다음은 메인폼의 코드를 작성하겠습니다. 맴버변수에 이전에 만든 클라이언트, 서버 클래스를 사용하여 객체를 생성합니다. FormClosed이벤트를 추가하고 폼을닫을 때 서버, 클라이언트접속을 해제합니다.

```
sing System;
sing System.Text;
sing System.Windows.Forms;
sing lMecatronicsDll;

amespace Ex15

    public partial class Form1 : Form
    {
        //
        public Server pServer = null;
        public Client pClient = null;

        public Form1()
        {
            InitializeComponent();
        }

        private void Form1_FormClosed(object sender, FormClosedEventArgs e)
        {
            // 접속해제
            if(pServer != null)
            {
                pServer.DisConnect();
                pServer = null;
            }

            if (pClient != null)
            {
                pClient.Exit = 1;
                pClient.DisConnect();
                pClient = null;
            }
        }
```

서버 시작버튼 클릭시 서버객체를 생성 종료시 연결을 종료합니다.

```
// 서버시작버튼 클릭이벤트
private void btnServer_Start_Click(object sender, EventArgs e)
{
    if( pServer != null)
    {
        pServer.DisConnect( );
    }
    pServer = new Server(this, Convert.ToInt32(tbServer_Port.Text));
}

//서버종료버튼 클릭이벤트
private void btnServer_Stop_Click(object sender, EventArgs e)
{
    if( pServer != null)
    {
        pServer.DisConnect( );
        pServer = null;
    }
}
```

클리이언트 시작버튼 클릭시 클라이언트객체를 생성 종료시 연결을 종료합니다.

```
// 클라이언트 연결
private void btnClient_Connect_Click(object sender, EventArgs e)
{
    if( pClient != null)
    {
        pClient.Exit = 1;
        pClient = null;
    }
    pClient = new Client(this, tbClient_Ip.Text, Convert.ToInt32(tbClient_Port.Text));
}

// 클라이언트 연결종료
private void btnClient_DisConnect_Click(object sender, EventArgs e)
{
    if (pClient != null)
    {
        pClient.Exit = 1;
        pClient.DisConnect( );
        pClient = null;
    }
}
```

서버 및 클라이언트가 연결되었을 때 텍스트박스에 입력된 메시지를 바이트배열로 만들어서 전송합니다.

```
// 서버 데이터전송
private void button1_Click(object sender, EventArgs e)
{
    if (pServer != null && pServer.IsConnect( ) == 1)
    {
        byte[] Data = Encoding.Default.GetBytes(tbServerMsg.Text);
        pServer.SendData(Data, Data.Length);
    }
}

// 클라이언트 데이터 전송
private void button2_Click(object sender, EventArgs e)
{
    if(pClient != null && pClient.IsConnect( ) == 1)
    {
        byte[] Data = Encoding.Default.GetBytes(tbClientMsg.Text);
        pClient.SendData(Data, Data.Length);
    }

}
```

4 프로그램 빌드 및 디버깅

프로젝트 항목에서 마우스오른쪽 버튼을 눌러 팝업메뉴를 열고 “다시빌드”를 실행합니다.
시작프로젝트로 설정하고 “F5”키를 눌러 디버깅 모드에 들어갔습니다.
프로그램이 시작되면 연결 및

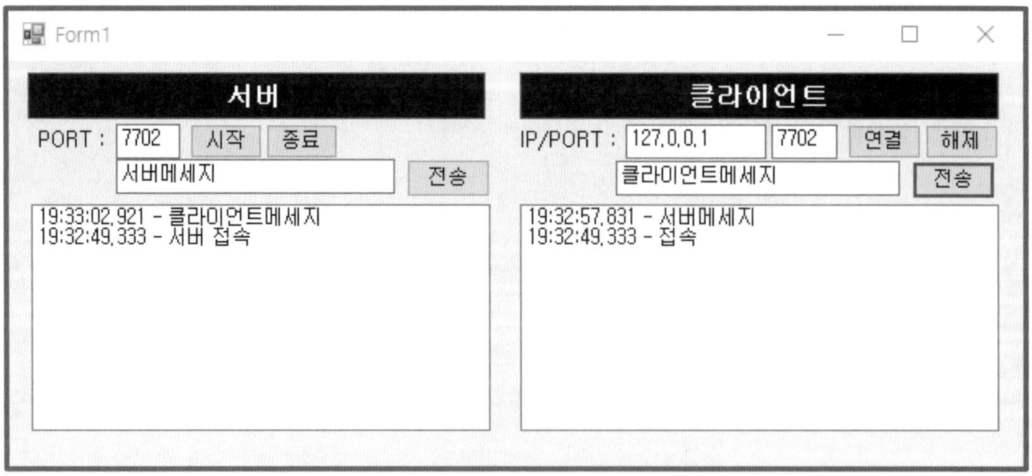

Ex 17 MiniMps비전검사 시스템 구성

1 개요

지금까지 실습한 내용을 종합하여 MiniMps를 이용한 비전검사시스템을 제작해보도록 하겠습니다.

2 기능 설명

비전검사시스템은 자동 상태에서는 검사루틴에 맞게 검사를 수행하고 수동 상태에서는 모델변경 티칭등 환경을 설정하는 작업을 수행합니다.

자동상태에서는 다음과 같은 순서로 진행됩니다.

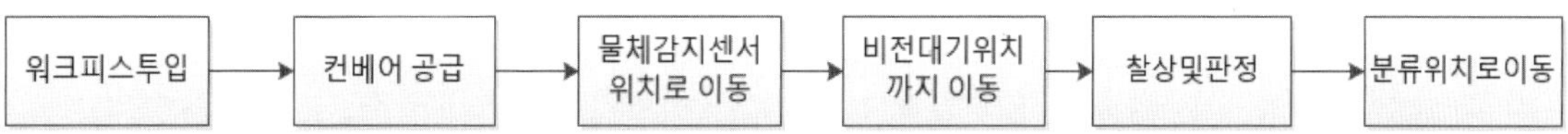

워크피스 투입은 공급센서 및 물체감지센서에 워크피스가 있을 때 컨베어가 작동합니다.

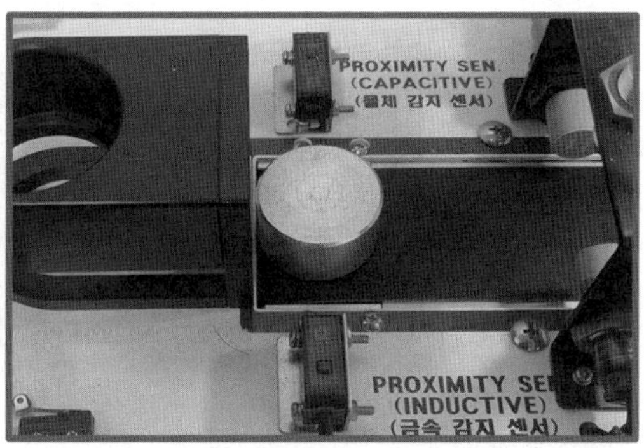

물체감지센서에 도착하면 모델설정에서 지정한 촬상위치이동시간이 지나면 비전검사를 실시합니다.

판정 후 환경설정에 지정한 분류된 타입 도착시간에 따라서 재품을 적제합니다.

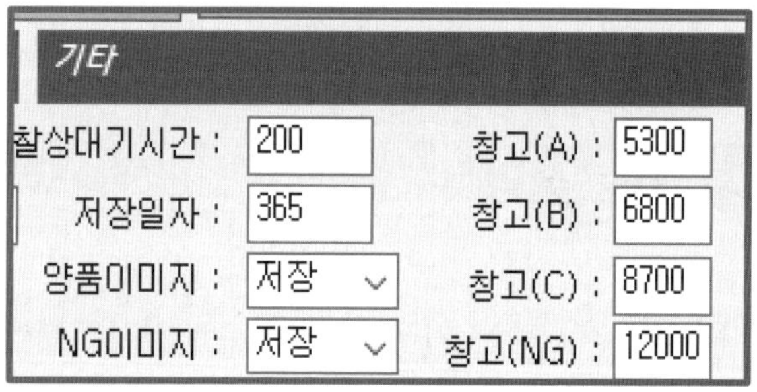

3 메인폼 제작

메인화면폼의 디자인은 다음 화면과 같습니다.

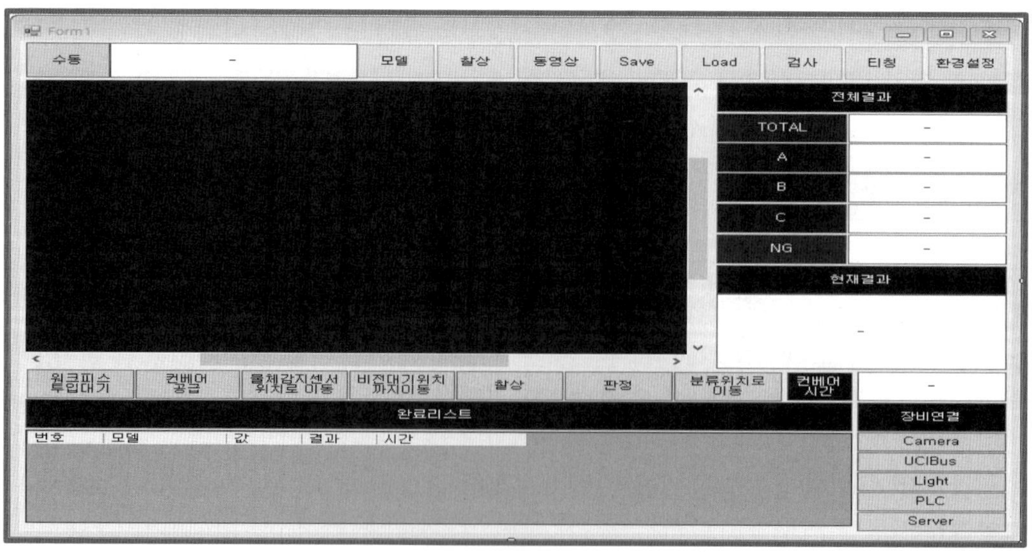

세부컨트롤 정보는 다음과 같습니다.

컨트롤타입	Name	위치	사이즈	텍스트
Label	lbMode	5, 2	66, 42	수동
Label	lbModel	71, 2	199, 42	–
Button	btnModel	269, 2	64, 42	모델
Button	btnGrab	333, 2	64, 42	찰상
Button	btnMovie	397, 2	64, 42	동영상
Button	btnSave	461,2	64,42	Save
Button	btnLoad	526,2	64,42	Load
Button	btnInspect	591, 2	64, 42	검사
Button	btnTeaching	655, 2	64, 42	티칭
Button	btnSettup	721, 2	64, 42	환경설정
CogRecordDisplay	cogRecordDisplay1	5, 47	544, 345	
Label	label3	555, 47	230, 35	전체결과
Label	label4	555, 84	103, 35	Total
Label	lbCount_Total	659, 84	126, 35	–
Label	label6	555, 120	103, 35	A
Label	lbCount_A	659, 120	126, 35	–
Label	label8	555, 156	103, 35	B
Label	lbCount_B	659, 156	126, 35	–
Label	label10	555, 193	103, 35	C
Label	lbCount_C	659, 193	126, 35	–
Label	label12	555, 230	103, 35	NG
Label	lbCount_NG	659, 230	126, 35	–
Label	label15	555, 267	230, 35	현재결과
Label	lbResult	555, 302	230, 90	–
Label	lbState_1	6, 396	85, 35	워크피스투입대기
Label	lbState_2	92, 396	85, 35	컨베어공급
Label	lbState_3	178, 396	85, 35	물체감지센서위치로이동
Label	lbState_4	264, 396	85, 35	비전대기위치까지이동
Label	lbState_5	350, 396	85, 35	찰상
Label	lbState_6	436, 396	85, 35	판정
Label	lbState_7	522, 396	85, 35	분류위치로이동
Label	label1	611, 396	52, 34	컨베어시간
Label	lbMachineTime	667, 395	118, 35	–
Label	label14	5, 432	658, 35	완료리스트
DataGridView	dgvComplateData	5, 469	658, 112	
Label	label5	667, 432	118, 35	장비연결
Label	lbDevice_Camera	667, 468	118, 23	Camera
Label	lbDevice_UciBus	667, 492	118, 23	UCIBus
Label	lbDevice_Light	667, 516	118, 23	Light
Label	lbDevice_Plc	667, 540	118, 23	PLC
Label	lbDevice_Server	667, 564	118, 23	Server
Timer				

다음은 작업 화면입니다.

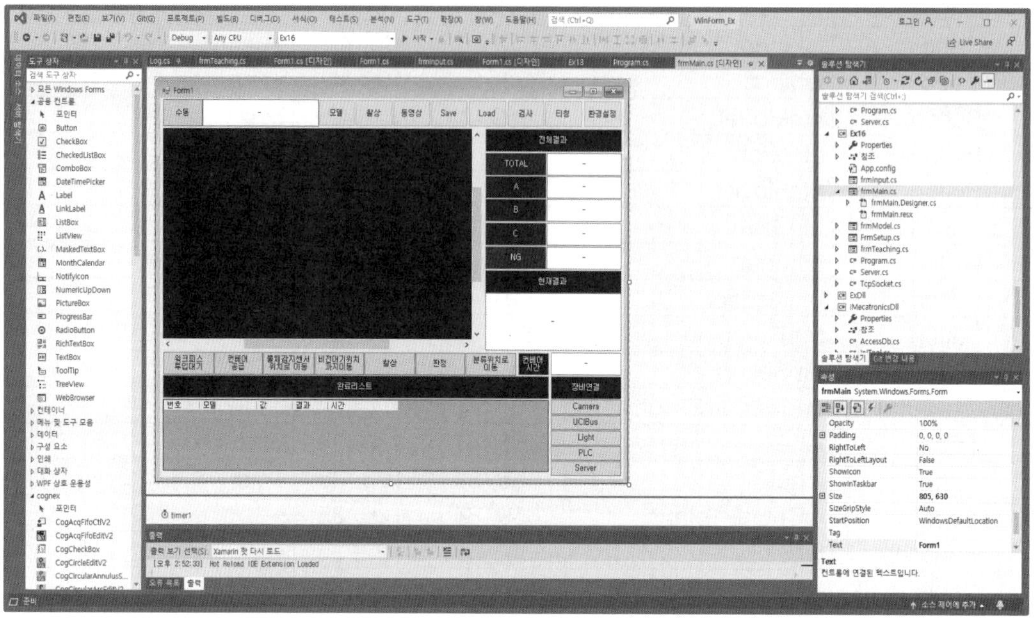

프로그램 완성후 동작 화면입니다.

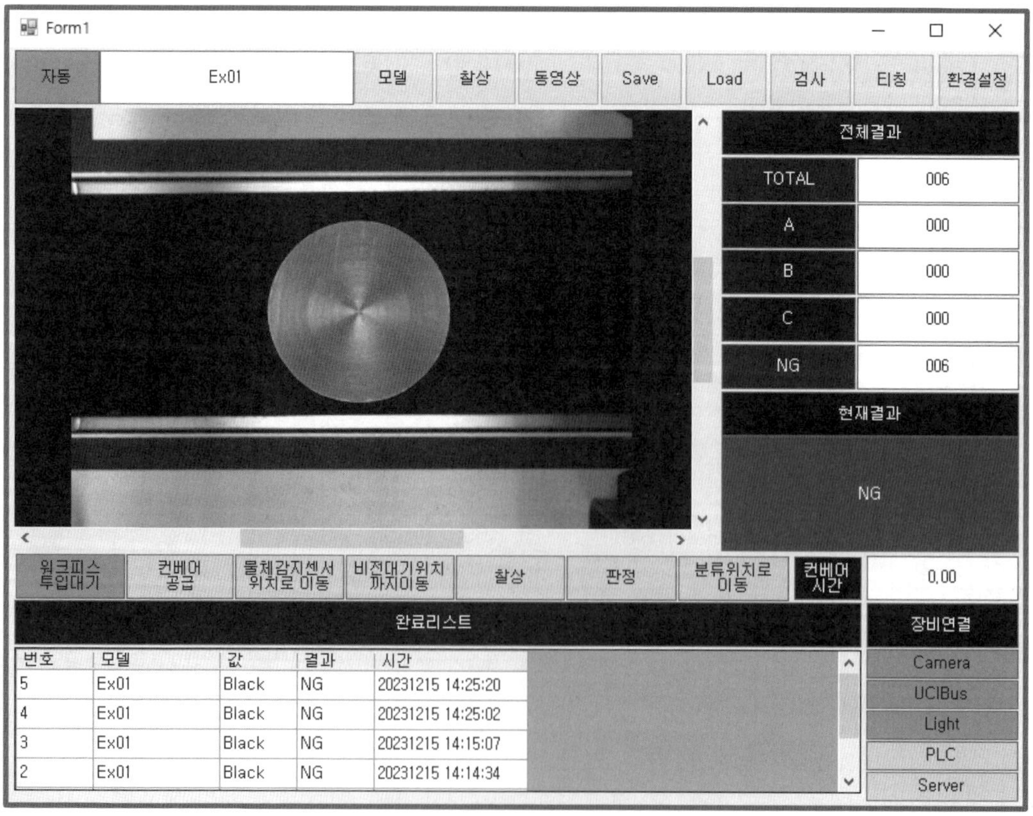

먼저 네임스페이스를 추가하고 시간이 맴버변수에 상태를 저장할 열거형 및 시간을 기록할 맴버변수를 선언합니다.

```
using System;
using System.Collections.Generic;
using System.Data;
using System.Diagnostics;
using System.Drawing;
using System.Drawing.Imaging;
using System.IO;
using System.Text;
using System.Threading;
using System.Windows.Forms;
using Cognex.VisionPro;
using Cognex.VisionPro.ToolBlock;
using IMecatronicsDll;

namespace Ex16
{
    참조 10개
    public partial class frmMain : Form
    {
        // 장비동작 관련
        참조 16개
        public enum MachineState
        {
            IDLE = 0,        // 대기상태
            SUPPLY = 1,      // 컨베어 공급
            MOVE = 2,        // 컨베어 이동
            VISIONWAIT = 3,  // 비전촬상위치로 이동
            GRAB = 4,        // 비전카메라 촬상
            INSPECT = 5,     // 비전카메라 분류
            CLASSIFICATION = 6, // 분류
        };

        // 장비동작관련
        public Label[] lbStateList = null;
        public MachineState pState = MachineState.IDLE;
        public Stopwatch swTimerMain = new Stopwatch();
        public Stopwatch swTimerSub = new Stopwatch();
```

장치디바이스와 IO 및 조명관련 맴버변수를 선언합니다.

```
// 장치 드라이버 맴버변수를 선언
public SentechCamera pCamera = null;
public TcpPlc_Melsec pPlc = null;
public LightControl pLight = null;
public UCIBus pIoDevice = null;
public int Exit = 0;


// IO관련 내용을 선언
public int[] IoInData = new int[8];
public int[] IoOutData = new int[8];
public int[] IoTestData = new int[8];
public Thread Thread_IoUpdate = null;

// 조명 관련 내용설정
public string LIGHT_PORT = "COM1";
public int LightCh1 = 100;
public int LightCh2 = 100;
```

PLC연결 및 데이터 전송에 필요한 맴버변수를 선언합니다.

```
// PLC관련 내용
public string Plc_Ip = "192.168.0.100";
public int Plc_Port = 6000;
public ushort[] PlcWriteData = new ushort[30];
public string PlcDataPos = "";  // 보낼위치
```

//

```
// 서버관련내용
public int Server_Port = 7702;
public Server pServer = null;

// DB관련
public AccessDb ModelDb = null;
public AccessDb DoneDb = null;
```

비전검사 및 분류관련 맴버변수를 선업합니다.

```
// 비전검사객체와 분류범위
public CogToolBlock pCogToolBlock = new CogToolBlock( );
public string StoreRangeA = "";
public string StoreRangeB = "";
public string StoreRangeC = "";

// 비전검사,분류까지 대기시간
public int VisionMove = 1000;
public int StoreTime_A = 5300;
public int StoreTime_B = 6800;
public int StoreTime_C = 8700;
public int StoreTime_NG = 12000;

//  검사카운트
private int Count_Total = 0;
private int Count_A = 0;
private int Count_B = 0;
private int Count_C = 0;
private int Count_NG = 0;

// 이미지 저장
public int GrabWaitTime = 200;
public int SaveDay = 365;
public string OkImage = "저장";
public string NGImage = "저장";
```

생성자에서는 DB, 모델, 환경설정, 장치를 초기화 해줍니다.

```
public frmMain( )
{
    InitializeComponent( );

    // 상태를 보여줄 컨트롤들을 배열로 묶는다.
    lbStateList = new Label[7]{ lbState_1, lbState_2, lbState_3, lbState_4, lbState_5, lbState_6, lbState_7};

    InitAccessDb( ); // 데이터베이스를 연결한다.

    // 모델을 불려온다.
    IniTools Tool = new IniTools(string.Format("{0}₩₩Model.ini", Application.StartupPath));
    string sModel = Tool.ReadString("Model", "ModelName", "");
    if( sModel != "")
    {
        ChangeModel(sModel);
    }

    // 세팅을 불려온다.
    LoadSetting( );

    // 장치디바이스들을 불려온다.
    InitCamera( );
    InitLight( );
    InitPlc( );
    InitServer( );
    InitUCIBus( );

    //타이머를 시작한다.
    timer1.Start( );
}
```

InitAccessDb()메소드는 모델, 결과저장 DB가 없을시 DB를 만들고 테이블을 생성합니다.

```
public void InitAccessDb()
{
    try
    {
        // 모델Db경로에대한 변수를 선언한다.
        string Query = "";
        string FolderPath = Application.StartupPath;
        string DbName = "Model.accdb";
        // 해당경로로 Db를 만들고 연결한다.
        ModelDb = new AccessDb(FolderPath, DbName);
        if (ModelDb.Connect() == true)
        {
            // 해당테이블이 있는지 검사한다.
            Query = "SELECT count(*) FROM MSysObjects WHERE Name = 'Model'";
            object Object = ModelDb.ScalarQuery(Query);

            // 테이블이 없으면 테이블은 만든다.
            if (Object == null || Object.ToString() == "0")
            {
                Query = "create table Model("
                      + "ModelName text(10),"
                      + "RangeA text(10),"
                      + "RangeB text(10),"
                      + "RangeC text(10),"
                      + "VisionMove text(10),"
                      + "PlcData text(10),"
                      + "LightCh1 text(10),"
                      + "LightCh2 text(20))";
                ModelDb.ExecuteNonQuery(Query);
            }
        }

        // 저장폴더경로 및 파일이름을 설정한다.
        FolderPath = string.Format("{0}\\Data", Application.StartupPath);
        DbName = string.Format("{0}.accdb", System.DateTime.Now.ToString("yyyy"));

        // 해당경로로 Db를 만들고 연결한다.
        DoneDb = new AccessDb(FolderPath, DbName);
        if (DoneDb.Connect() == true)
        {
            // 해당테이블이 있는지 검사한다.
            Query = "SELECT count(*) FROM MSysObjects WHERE Name = 'Data'";
            object Object = DoneDb.ScalarQuery(Query);

            // 테이블이 없으면 테이블은 만든다.
            if (Object == null || Object.ToString() == "0")
            {
                Query = "create table Data("
                      + "rIDX text(10),"
                      + "rModel text(10),"
                      + "rValue text(10),"
                      + "rResult text(10),"
                      + "rDATETIME text(20))";
                DoneDb.ExecuteNonQuery(Query);
            }

            // 금일 검사기록을 갱신한다.
            UpdateComplateData();
        }
    }
    catch (Exception Ex)
    {
    }
}
```

UpdatecomplateData()메소드를 호출하면 금일 검사된 검사결과를 출력하고 검사카운터를 갱신합니다.

```
public void UpdateComplateData()
{
    try
    {
        // 데이터를 초기화한다.
        Count_Total = 0;
        Count_A = 0;
        Count_B = 0;
        Count_C = 0;
        Count_NG = 0;
        dgvComplateData.Rows.Clear();

        // 금일날짜에 대한 항목만 검색한다.
        string Query = string.Format("SELECT * FROM DATA WHERE LEFT(rDATETIME,8) = '{0}'"
            , System.DateTime.Now.ToString("yyyyMMdd"));

        DataTable ds = DoneDb.SelectQuery(Query);
        foreach (DataRow dr in ds.Rows)
        {
            dgvComplateData.Rows.Insert(0, dr["rIDX"], dr["rMODEL"]
                , dr["rValue"], dr["rRESULT"], dr["rDATETIME"]);

            // 결과에 맞쳐 갯수를 카운트 한다.
            Count_Total += 1;
            string Result = dr["rRESULT"].ToString();
            Count_A = (Result == "A") ? Count_A + 1 : Count_A;
            Count_B = (Result == "B") ? Count_B + 1 : Count_B;
            Count_C = (Result == "C") ? Count_C + 1 : Count_C;
            Count_NG = (Result == "NG") ? Count_NG + 1 : Count_NG;
        }
        UpdateCount();
    }
    catch (Exception Ex)
    {

    }
}
```

LoadSetting() 메소드는 파일로 저장된 드라이버 정보와 이미지저장에 관한 설정값을 불러옵니다.

```
public void LoadSetting()
{
    // ini파일로 저장된 세팅파일을 불러온다.
    try
    {
        string FilePath = string.Format("{0}\\Setting.ini", Application.StartupPath);
        IniTools Tool = new IniTools(FilePath);

        LIGHT_PORT = Tool.ReadString("SETTING", "LightPort", LIGHT_PORT.ToString());
        Plc_Ip = Tool.ReadString("SETTING", "PlcIp", Plc_Ip.ToString());
        Plc_Port = Convert.ToInt32(Tool.ReadString("SETTING", "PlcPort", Plc_Port.ToString()));
        Server_Port = Convert.ToInt32(Tool.ReadString("SETTING", "ServerPort", Server_Port.ToString()));

        GrabWaitTime = Convert.ToInt32(Tool.ReadString("SETTING", "GrabDelay", GrabWaitTime.ToString()));
        SaveDay = Convert.ToInt32(Tool.ReadString("SETTING", "SaveDay", SaveDay.ToString()));
        OkImage = Tool.ReadString("SETTING", "OkImage", OkImage.ToString());
        NGImage = Tool.ReadString("SETTING", "NgImage", NGImage.ToString());

        StoreTime_A = Convert.ToInt32(Tool.ReadString("SETTING", "StoreA", StoreTime_A.ToString()));
        StoreTime_B = Convert.ToInt32(Tool.ReadString("SETTING", "StoreB", StoreTime_B.ToString()));
        StoreTime_C = Convert.ToInt32(Tool.ReadString("SETTING", "StoreC", StoreTime_C.ToString()));
        StoreTime_NG = Convert.ToInt32(Tool.ReadString("SETTING", "StoreNG", StoreTime_NG.ToString()));
    }
    catch (Exception Ex)
    {
    }
}
```

해당메소들을 LoadSetting() 후 저장된 디바이스정보로 장치디바이스를 생성합니다.

```
public void InitPlc()
{
    pPlc = new TcpPlc_Melsec(Plc_Ip, Plc_Port);
}

public void InitLight()
{
    pLight = new LightControl(); // 조명장치를 생성
    pLight.Connected(LIGHT_PORT, 9600);
}

public void InitServer()
{
    pServer = new Server(Server_Port);
}

public void InitCamera()
{
    // 카메라 객체를 생성한다.
    pCamera = new SentechCamera();
    pCamera.Init();

    // 첫번째 항목의 장비와 연결한다.
    List<string> DeviceList = new List<string>();
    pCamera.GetNumCamera(ref DeviceList);
    if (DeviceList.Count > 0)
    {
        if (pCamera.Connected(DeviceList[0]) == true)
        {
            // 하트비트 타임을 설정한다.
            pCamera.SetFloatNode("DeviceLinkHeartbeatTimeout", 5000000);
            // 취득를 연속으로 변경후  시작해준다.
            pCamera.SetEnumNode("AcquisitionMode", "Continuous");
            pCamera.StartAcquisition();
        }
    }
}
```

UpdateCount() 메소드는 변경된 결과카운트를 화면에 표시해 줍니다.

```
public void UpdateCount( )
{
    // 화면에 결과 갯수를 출력한다.
    lbCount_Total.Text = string.Format( "{0:D3}", Count_Total);
    lbCount_A.Text = string.Format( "{0:D3}", Count_A);
    lbCount_B.Text = string.Format( "{0:D3}", Count_B);
    lbCount_C.Text = string.Format( "{0:D3}", Count_C);
    lbCount_NG.Text = string.Format( "{0:D3}", Count_NG);
}
```

UCI버스관련 메소드는 UCI버스를 생성하고 변경된 IO에 맞추어 작동할 메소드를 쓰레드로 생성합니다.

```
public void InitUCIBus()
{
    // UCI버스(8비트 컴퓨터기능) 객체를 생성하고 초기화 작업을 실시
    ploDevice = new UCIBus();
    ploDevice.UCIDrvInit();
    ploDevice.Outputb(3, 0x90);

    Thread_IoUpdate = new Thread(new ThreadStart(Io_Monitoring));
    Thread_IoUpdate.IsBackground = true;
    Thread_IoUpdate.Start();
}
```

생성된 메소드 프로그램 동작이 끝날때까지 반복하며 입력·출력값을 갱신합니다.

```
public void Io_Monitoring( )
{
    try
    {
        while (this.Exit == 0)
        {
            // 수동모드일때 출력을 내보낼수 있게 함
            if (lbMode.BackColor != Color.Lime)
            {
                // 환경설정창에서 변경된 출력값 적용
                bool Change = false;
                for (int Idx = 0; Idx < 8; ++Idx)
                {
                    if (IoTestData[Idx] > 0)
                    {
                        IoOutData[Idx] = (IoTestData[Idx] == 1) ? 0 : 1;
                        IoTestData[Idx] = 0;
                        Change = true;
                    }
                }

                // 변경사항이 있으면 출력값을 다시 보냄
                if (Change == true)
                {
                    pIoDevice.Outputb(1, pIoDevice.ConvertBitToByte( IoOutData ));
                    Thread.Sleep( 100 );
                }
            }

            // 입력상태를 갱신
            int[] nInput = pIoDevice.ConvertByteToBit(pIoDevice.Inputb(0));
            int[] nOutput = pIoDevice.ConvertByteToBit(pIoDevice.Inputb(1));
            for (int Idx = 0; Idx < 8; ++Idx)
            {
                IoInData[Idx] = nInput[Idx];
                IoOutData[Idx] = nOutput[Idx];
            }
```

갱신후 모드에 맞추어 IO상태에 맞추어 동작해줍니다. 자동상태에서는 재품투입센서에 워크피스가 있을시 공급모터를 변경해주고 물체감지센서에 감지되면 컨베어를 움직여줍니다.

```
// 자동모드일때 작동
if( lbMode.BackColor == Color.Lime)
{
    if (pState == MachineState.IDLE)
    {
        if (IoInData[2] == 0)
        {
            // 재품투입후 1초후에 시작하게 함
            if(swTimerSub.IsRunning == false) { swTimerSub.Restart(); }
            if( swTimerSub.ElapsedMilliseconds > 1000)
            {
                // 공급모터 전진 출력을 보냄
                IoOutData[0] = 1;
                IoOutData[1] = 0;
                pIoDevice.Outputb(1, pIoDevice.ConvertBitToByte( IoOutData));

                // 상태를 바꾸고 타이머를 시작함
                pState = MachineState.SUPPLY;
                swTimerSub.Restart();
            }
        }
        else if (IoInData[3] == 0) // 포토센서에 워크피스를 올릴경우
        {
            // 재품투입후 2초후에 시작하게 함
            if (swTimerSub.IsRunning == false) { swTimerSub.Restart(); }
            if (swTimerSub.ElapsedMilliseconds > 2000)
            {
                // 컨베어를 작동한다.
                IoOutData[2] = 1;
                pIoDevice.Outputb(1, pIoDevice.ConvertBitToByte( IoOutData));

                // 이동상태로 변경한다.
                pState = MachineState.MOVE;
                swTimerMain.Restart();
                swTimerSub.Restart();
            }
        }
    }
```

컨베어가 움직인 후에는 공급모터를 후진해줍니다.

```
else if (pState == MachineState.SUPPLY) // 공급상태일때
{
    // 1.5초후에 공급동작을 마무리 한나.
    if (swTimerSub.ElapsedMilliseconds > 1500)
    {
        // 공급모터 후진 출력을 보냄
        IoOutData[0] = 0;
        IoOutData[1] = 1;
        IoOutData[2] = 1;
        pIoDevice.Outputb(1, pIoDevice.ConvertBitToByte( IoOutData));

        // 컨베어이동상태로상태로 바꾸고 타이머재시작
        pState = MachineState.MOVE;
        swTimerMain.Restart();
        swTimerSub.Restart();
    }
}
```

컨베어가 이동 상태일때는 물체감지센서에 제품이 감지된 후 비전 대기상태로 변경합니다.

```
else if (pState == MachineState.MOVE) // 컨베어이동상태
{
    // 공급모터 시간이 지나면 후진함
    if (swTimerSub.ElapsedMilliseconds > 1000)
    {
        // 공급모터 후진 출력을 보냄
        IoOutData[1] = 0;
        pIoDevice.Outputb(1, pIoDevice.ConvertBitToByte(IoOutData));
        swTimerSub.Reset();
    }

    // 포토센서2 On
    if (IoInData[6] == 0)
    {
        // 비전 대기모드에 들어간다.
        swTimerSub.Restart();
        pState = MachineState.VISIONWAIT;
    }
}
```

미리 지정한 비전 대기시간이 지난 후 촬상을 시작합니다.

```
else if (pState == MachineState.VISIONWAIT)
{
    // 설정한비전대기시간이 지나면
    if (swTimerSub.ElapsedMilliseconds > VisionMove)
    {
        // 공급모터 컨베어모터를 멈춘후 촬상상태로 변경한다.
        swTimerMain.Stop();
        IoOutData[2] = 0;
        pIoDevice.Outputb(1, pIoDevice.ConvertBitToByte(IoOutData));
        pState = MachineState.GRAB;

        // 조명을 켜고 촬상딜레이후 카메라에 트리거 신호를 보낸다.
        pLight.SetLightValue(0, LightCh1);
        pLight.SetLightValue(1, LightCh2);
        Thread.Sleep(GrabWaitTime);
        pCamera.CommandExcute("TriggerSoftware");
        swTimerSub.Restart();
    }
}
```

찰상이 마무리된 검사를 수행하고 다시 컨베이어를 움직여줍니다.

```
else if (pState == MachineState.GRAB)
{
    // 이미지 갱신을 받거나 촬상후 1초가 지나면 검사한다.
    if (swTimerSub.ElapsedMilliseconds > 1000 || pCamera.UpdateImage == 1)
    {
        //
        string Value = "0";
        string Result = "NG";

        // 이미지 갱신이 있다면 촬상받은이미지로 검사한다.
        if (pCamera.UpdateImage == 1)
        {
            try
            {
                cogRecordDisplay1.Image = new CogImage24PlanarColor(pCamera.GetLastImage());
                pCogToolBlock.Inputs["Input"].Value = cogRecordDisplay1.Image;
                pCogToolBlock.Run();

                // 결과화면을 출력한다.
                cogRecordDisplay1.Record = pCogToolBlock.CreateLastRunRecord().SubRecords[0];
                Result = pCogToolBlock.Outputs["Result"].Value.ToString();
                Value = pCogToolBlock.Outputs["Value"].Value.ToString();
            }
            catch(Exception){}
        }

        // 조명을 꺼준다.
        swTimerSub.Reset();
        pLight.SetLightValue(1, 0);
        pLight.SetLightValue(2, 0);

        // 컨베어를 다시 움직이고 판단상태로 진입한다.
        swTimerMain.Start();
        IoOutData[2] = 1;
        pIoDevice.Outputb(1, pIoDevice.ConvertBitToByte(IoOutData));
        pState = MachineState.CLASSIFICATION;
```

검사 후 검사이미지 및 결과를 DB에 저장하고 PLC 및 클라이언트가 연결되어있다면 결과를 전송합니다.

```
        // 컨베어를 다시 움직이고 판단상태로 진입한다.
        swTimerMain.Start();
        IoOutData[2] = 1;
        pIoDevice.Outputb(1, pIoDevice.ConvertBitToByte(IoOutData));
        pState = MachineState.CLASSIFICATION;

        // 결과를 DB에 저장한다.
        SaveData(Value, Result);

        // PLC에 데이터를 보낼 위치가 있다면 비전측정값을 보낸다.
        if(pPlc.IsConnect() == 1 && PlcDataPos != "")
        {
            try
            {
                PlcWriteData[0] = (ushort)Convert.ToInt32(Value);
                pPlc.WriteWords(PlcDataPos, 1, PlcWriteData);
            }
            catch(Exception)
            {
            }
        }

        // 클라이언트가 접속해있다면 결과를 보낸다.
        if (pServer.IsConnect() == 1 )
        {
            // 보낼 문자를 만든다.
            string Msg = string.Format("측정결과({0}),값({1})", Result, Value);

            // 문자를 바이트배열로 만들고 해당배열을 클라이언트에 전송
            byte[] bData= Encoding.Default.GetBytes(Msg);
            pServer.SendData(bData, bData.Length);
        }
}
```

분류된 물품의 도착시간이 지나면 솔레노이드를 동작시켜서 창고로 워크피스를 이동시켜 주고 동작을 마무리합니다.

```
else if (pState == MachineState.CLASSIFICATION)
{
    // 상태에 따른 완료결과를 확인한다.
    int bOk = 0;
    if (swTimerMain.ElapsedMilliseconds < StoreTime_NG)
    {
        // 해당시간이 되었을때 시작한다.
        if (lbResult.Text == "A" && swTimerMain.ElapsedMilliseconds >= StoreTime_A)
        {
            bOk = 3;
        }
        else if (lbResult.Text == "B" && swTimerMain.ElapsedMilliseconds >= StoreTime_A)
        {
            bOk = 4;
        }
        else if (lbResult.Text == "C" && swTimerMain.ElapsedMilliseconds >= StoreTime_A)
        {
            bOk = 5;
        }
    }
    else
    {
        bOk = 1;
    }

    // 결과위치까지 이동이 완료되면
    if(bOk > 0)
    {
        // 판정결과가 ng가 아닐경우 실린더를 전후진시킨다
        if (bOk > 2)
        {
            // 분류위치에 도달하면 실린더를 전/후진한다..
            IoOutData[bOk] = 1;
            pIoDevice.Outputb(1, pIoDevice.ConvertBitToByte(IoOutData));
            Thread.Sleep(100);
            IoOutData[bOk] = 0;
            pIoDevice.Outputb(1, pIoDevice.ConvertBitToByte(IoOutData));
        }

        // 컨베어를 멈춘다.
        IoOutData[2] = 0;
        pIoDevice.Outputb(1, pIoDevice.ConvertBitToByte(IoOutData));

        // 상태를 대기상태로 변경한다.
        swTimerMain.Reset();
        pState = MachineState.IDLE;
    }
}
```

수동모드일 때는 찰상, 동영상버튼 클릭에 맞추어 화면을 갱신해줍니다.

```
            else // 수동모드일때
            {
                // 촬상버튼이 눌려졌을때
                if( btnGrab.BackColor == Color.Lime )
                {
                    // 조명을 켜고 대기시간후 촬상한다.
                    pCamera.SetEnumNode("TriggerMode", "On");
                    pLight.SetLightValue(0, LightCh1);
                    pLight.SetLightValue(1, LightCh2);
                    Thread.Sleep(GrabWaitTime);

                    pCamera.CommandExcute("TriggerSoftware");

                    // 촬상이 완료될때까지 대기한다.
                    int Tick = Environment.TickCount;
                    while(pCamera.IsImageUpdate() == false && Environment.TickCount - Tick < 1000)
                    {
                        Thread.Sleep(10);
                    }

                    // 이미지가 업데이트되었으면 화면을 갱신한다.
                    if(pCamera.IsImageUpdate() == true)
                    {
                        cogRecordDisplay1.Image = new CogImage24PlanarColor(pCamera.GetLastImage());
                    }

                    // 조명을 끄고 원래 모드로 돌아간다.
                    pLight.SetLightValue(0, 0);
                    pLight.SetLightValue(1, 0);
                    btnGrab.BackColor = Color.LightGray;
                }
                else
                {
                    // 트리거상태를 확인한다.
                    string State = "";
                    pCamera.GetEnumNode("TriggerMode", ref State);

                    if ( btnMovie.BackColor == Color.Lime && State == "On")
                    {
                        // 조명On후 트리거모드를 On
                        pLight.SetLightValue(0, LightCh1);
                        pLight.SetLightValue(1, LightCh2);
                        pCamera.SetEnumNode("TriggerMode", "Off");
                    }
                    else if (btnMovie.BackColor != Color.Lime && State == "Off")
                    {
                        // 조명Off후 트리거모드Off
                        pLight.SetLightValue(0, 0);
                        pLight.SetLightValue(0, 0);
                        pCamera.SetEnumNode("TriggerMode", "On");
                    }
                }
            }

            // 10ms 쉬고 다음실행
            Thread.Sleep(10);
        }
    }
    catch (Exception Ex)
    {
    }
}
```

결과 저장메소드를 호출하면 해당날짜의 이미지폴더를 생성후 이미지를 저장 결과를 결과DB에 저장합니다. 저장이 마무리된 후 카운터를 갱신해줍니다.

```
public void SaveData(string aValue, string aResult)
{
    //화면 디스플레이를 갱신한다.
    if (this.InvokeRequired)
    {
        this.Invoke(
            new MethodInvoker(delegate ()
            {
                SaveData_Invoke(aValue, aResult);
            }
            ));
    }
    else
    {
        SaveData_Invoke(aValue, aResult);
    }
}

public void SaveData_Invoke(string Value, string aResult)
{
    // 해당날짜의 이미지 폴더를 만든다.
    string FolderPath = string.Format("{0}\\Image{1}\\{2}\\{3}"
        , Application.StartupPath
        , System.DateTime.Now.ToString("yyyy")
        , System.DateTime.Now.ToString("MM")
        , System.DateTime.Now.ToString("dd"));
    Directory.CreateDirectory(FolderPath);

    // 저장할 이미지 파일명을 설정하고 해당 파일명으로 이미지를 저장
    string FilePath = string.Format("{0}\\{1:D3}_{2}_{3}.jpg"
        , FolderPath,Count_Total, lbModel.Text, System.DateTime.Now.ToString("HH_mm_ss"));
    cogRecordDisplay1.Image.ToBitmap().Save(FilePath, ImageFormat.Jpeg);


    // 결과DB에 현재 결과를 저장한다.
    string Query = string.Format("INSERT INTO DATA(rIDX,rMODEL,rValue,rResult,rDATETIME) " +
        " VALUES('{0}','{1}','{2}','{3}','{4}')"
        , Count_Total, lbModel.Text, Value, aResult, System.DateTime.Now.ToString("yyyyMMdd HH:mm:ss"));
    DoneDb.ExecuteNonQuery(Query);
    UpdateComplateData();

    // 카운트를 화면에 출력한다.
    UpdateCount();


    // 현재결과를 화면에 출력한다.
    lbResult.Text = aResult;
    lbResult.ForeColor = (lbResult.Text != "NG") ? Color.Black : Color.White;
    lbResult.BackColor = (lbResult.Text != "NG") ? Color.Lime : Color.Red;
}
```

관련 전체 프로그램입니다. 앞에서 설명이 없더라도 참고해서 작업하시면 됩니다. 전체를 다룰 필요가 없을 것 같아 다하지는 않았습니다. 교재작업중 프로그램을 계속 추가하다보니 다시 설명한다는게 번거럽고 페이지만 많이 찾이하는 것 같아 이정도 설명만 하도록

하겠습니다. 이곳까지 학습을 하는 독자분들이라면 이정도는 이해하실 수 있을것으로 판단했습니다.

```
using System;
using System.Collections.Generic;
using System.Data;
using System.Diagnostics;
using System.Drawing;
using System.Drawing.Imaging;
using System.IO;
using System.Text;
using System.Threading;
using System.Windows.Forms;
using Cognex.VisionPro;
using Cognex.VisionPro.ToolBlock;
using IMecatronicsDll;

namespace Ex16
{
   public partial class frmMain : Form
   {
      // 장비동작 관련
      public enum MachineState
      {
         IDLE = 0,       // 대기상태
         SUPPLY = 1,     // 컨베어 공급
         MOVE = 2,       // 컨베어 이동
         VISIONWAIT = 3, // 비전촬상위치로 이동
         GRAB = 4,       // 비전카메라 촬상
         INSPECT = 5,    // 비전카메라 분류
         CLASSIFICATION = 6, // 분류
      };

      // 장비동작관련
      public Label[] lbStateList = null;
      public MachineState pState = MachineState.IDLE;
      public Stopwatch swTimerMain = new Stopwatch();
      public Stopwatch swTimerSub = new Stopwatch();


      // 장치 드라이버 맴버변수를 선언
      public SentechCamera pCamera = null;
      public TcpPlc_Melsec pPlc = null;
      public LightControl pLight = null;
      public UCIBus pIoDevice = null;
      public int Exit = 0;
```

```
// IO관련 내용을 선언
public int[] IoInData = new int[8];
public int[] IoOutData = new int[8];
public int[] IoTestData = new int[8];
public Thread Thread_IoUpdate = null;

// 조명 관련 내용설정
public string LIGHT_PORT = "COM1"; //PLC PORT1
public int LightCh1 = 100;
public int LightCh2 = 100;

// PLC관련 내용
public string Plc_Ip = "192.168.0.100";
public int Plc_Port = 6000;
public ushort[] PlcWriteData = new ushort[30];
public string PlcDataPos = "";  // 보낼위치

// 서버관련내용
public int Server_Port = 7702;
public Server pServer = null;

// DB관련
public AccessDb ModelDb = null;
public AccessDb DoneDb = null;



// 비전검사객체와 분류범위
public CogToolBlock pCogToolBlock = new CogToolBlock();
public string StoreRangeA = "";
public string StoreRangeB = "";
public string StoreRangeC = "";

// 비전검사,분류까지 대기시간
public int VisionMove = 1000;
public int StoreTime_A = 5300;
public int StoreTime_B = 6800;
public int StoreTime_C = 8700;
public int StoreTime_NG = 12000;

//  검사카운트
private int Count_Total = 0;
private int Count_A = 0;
private int Count_B = 0;
private int Count_C = 0;
private int Count_NG = 0;

// 이미지 저장
public int GrabWaitTime = 200;
public int SaveDay = 365;
```

```
public string OkImage = "저장";
public string NGImage = "저장";

public frmMain()
{
    InitializeComponent();

    // 상태를 보여줄 컨트롤들을 배열로 묶는다.
    lbStateList = new Label[7]{lbState_1,lbState_2,lbState_3,
                        lbState_4,lbState_5,lbState_6,lbState_7};

    InitAccessDb(); // 데이터베이스를 연결한다.

    // 모델을 불러온다.
    IniTools Tool = new
        IniTools(string.Format("{0}₩₩Model.ini", Application.StartupPath));
    string sModel = Tool.ReadString("Model", "ModelName", "");
    if( sModel != "")
    {
        ChangeModel(sModel);
    }

    // 세팅을 불러온다.
    LoadSetting();

    // 장치디바이스들을 불러온다.
    InitCamera();
    InitLight();
    InitPlc();
    InitServer();
    InitUCIBus();

    //타이머를 시작한다.
    timer1.Start();
}

public void InitAccessDb()
{
    try
    {
        // 모델Db경로에대한 변수를 선언한다.
        string Query = "";
        string FolderPath = Application.StartupPath;
        string DbName = "Model.accdb";
        // 해당경로로 Db를 만들고 연결한다.
        ModelDb = new AccessDb(FolderPath, DbName);
        if (ModelDb.Connect() == true)
        {
            // 해당테이블이 있는지 검사한다.
            Query = "SELECT count(*) FROM MSysObjects WHERE Name = 'Model'";
```

```
            object Object = ModelDb.ScalarQuery(Query);

            // 테이블이 없으면 테이블은 만든다.
            if (Object == null || Object.ToString() == "0")
            {
                Query = "create table Model("
                      + "ModelName text(10),"
                      + "RangeA text(10),"
                      + "RangeB text(10),"
                      + "RangeC text(10),"
                      + "VisionMove text(10),"
                      + "PlcData text(10),"
                      + "LightCh1 text(10),"
                      + "LightCh2 text(20))";
                ModelDb.ExecuteNonQuery(Query);
            }
        }

        // 저장폴더경로 및 파일이름을 설정한다.
        FolderPath = string.Format("{0}₩₩Data", Application.StartupPath);
        DbName =
          string.Format("{0}.accdb", System.DateTime.Now.ToString("yyyy"));

        // 해당경로로 Db를 만들고 연결한다.
        DoneDb = new AccessDb(FolderPath, DbName);
        if (DoneDb.Connect() == true)
        {
            // 해당테이블이 있는지 검사한다.
            Query = "SELECT count(*) FROM MSysObjects WHERE Name = 'Data'";
            object Object = DoneDb.ScalarQuery(Query);

            // 테이블이 없으면 테이블은 만든다.
            if (Object == null || Object.ToString() == "0")
            {
                Query = "create table Data("
                      + "rIDX text(10),"
                      + "rModel text(10),"
                      + "rValue text(10),"
                      + "rResult text(10),"
                      + "rDATETIME text(20))";
                DoneDb.ExecuteNonQuery(Query);
            }

            // 금일 검사기록을 갱신한다.
            UpdateComplateData();
        }
    }
    catch (Exception Ex)
    {
    }
```

```
}

public void LoadSetting()
{
    // ini파일로 저장된 세팅파일을 불러온다.
    try
    {
        string FilePath = string.Format("{0}₩₩Setting.ini", Application.StartupPath);
        IniTools Tool = new IniTools(FilePath);

        LIGHT_PORT = Tool.ReadString("SETTING",
                        "LightPort", LIGHT_PORT.ToString());
        Plc_Ip = Tool.ReadString("SETTING", "PlcIp", Plc_Ip.ToString());
        Plc_Port = Convert.ToInt32(Tool.ReadString("SETTING",
                            "PlcPort", Plc_Port.ToString()));
        Server_Port = Convert.ToInt32(Tool.ReadString("SETTING", "ServerPort",
                                        Server_Port.ToString()));

        GrabWaitTime = Convert.ToInt32(Tool.ReadString("SETTING", "GrabDelay",
                                    GrabWaitTime.ToString()));
        SaveDay = Convert.ToInt32(Tool.ReadString("SETTING", "SaveDay",
                                        SaveDay.ToString()));
        OkImage = Tool.ReadString("SETTING", "OkImage", OkImage.ToString());
        NGImage = Tool.ReadString("SETTING", "NgImage", NGImage.ToString());

        StoreTime_A = Convert.ToInt32(Tool.ReadString("SETTING",
                                "StoreA", StoreTime_A.ToString()));
        StoreTime_B = Convert.ToInt32(Tool.ReadString("SETTING", "StoreB",
                                        StoreTime_B.ToString()));
        StoreTime_C = Convert.ToInt32(Tool.ReadString("SETTING", "StoreC",
                                        StoreTime_C.ToString()));
        StoreTime_NG = Convert.ToInt32(Tool.ReadString("SETTING", "StoreNG",
                                        StoreTime_NG.ToString()));
    }
    catch (Exception Ex)
    {
    }
}

public void InitPlc()
{
    pPlc = new TcpPlc_Melsec(Plc_Ip, Plc_Port);
}

public void InitLight()
{
    pLight = new LightControl(); // 조명장치를 생성
    pLight.Connected(LIGHT_PORT, 9600);
}
```

```
public void InitServer()
{
    pServer = new Server(Server_Port);
}

public void InitCamera()
{
    // 카메라 객체를 생성한다.
    pCamera = new SentechCamera();
    pCamera.Init();

    // 첫번째 항목의 장비와 연결한다.
    List<string> DeviceList = new List<string>();
    pCamera.GetNumCamera(ref DeviceList);
    if (DeviceList.Count > 0)
    {
        if (pCamera.Connected(DeviceList[0]) == true)
        {
            // 하트비트 타임을 설정한다.
            pCamera.SetFloatNode("DeviceLinkHeartbeatTimeout", 5000000);
            // 취득를 연속으로 변경후  시작해준다.
            pCamera.SetEnumNode("AcquisitionMode", "Continuous");
            pCamera.StartAcquisition();
        }
    }
}



public void UpdateComplateData()
{
    try
    {
        // 데이터를 초기화한다.
        Count_Total = 0;
        Count_A = 0;
        Count_B = 0;
        Count_C = 0;
        Count_NG = 0;
        dgvComplateData.Rows.Clear();

        // 금일날짜에 대한 항목만 검색한다.
        string Query =
        string.Format("SELECT * FROM DATA WHERE LEFT(rDATETIME,8) = '{0}'"
            , System.DateTime.Now.ToString("yyyyMMdd"));

        DataTable ds = DoneDb.SelectQuery(Query);
        foreach (DataRow dr in ds.Rows)
        {
```

```
            dgvComplateData.Rows.Insert(0, dr["rIDX"], dr["rMODEL"]
                , dr["rValue"], dr["rRESULT"], dr["rDATETIME"]);

            // 결과에 맞쳐 갯수를 카운트 한다.
            Count_Total += 1;
            string Result = dr["rRESULT"].ToString();
            Count_A = (Result == "A") ? Count_A + 1 : Count_A;
            Count_B = (Result == "B") ? Count_B + 1 : Count_B;
            Count_C = (Result == "C") ? Count_C + 1 : Count_C;
            Count_NG = (Result == "NG") ? Count_NG + 1 : Count_NG;
        }
        UpdateCount();
    }
    catch (Exception Ex)
    {

    }
}

public void InitUCIBus()
{
    // UCI버스(8비트 컴퓨터기능) 객체를 생성하고 초기화 작업을 실시
    pIoDevice = new UCIBus();
    pIoDevice.UCIDrvInit();
    pIoDevice.Outputb(3, 0x90);

    Thread_IoUpdate = new Thread(new ThreadStart(Io_Monitoring));
    Thread_IoUpdate.IsBackground = true;
    Thread_IoUpdate.Start();
}

public void Io_Monitoring()
{
    try
    {
        while (this.Exit == 0)
        {
            // 수동모드일때 출력을 내보낼수 있게 함
            if (lbMode.BackColor != Color.Lime)
            {
                // 환경설정창에서 변경된 출력값 적용
                bool Change = false;
                for (int Idx = 0; Idx < 8; ++Idx)
                {
                    if (IoTestData[Idx] > 0)
                    {
                        IoOutData[Idx] = (IoTestData[Idx] == 1) ? 0 : 1;
                        IoTestData[Idx] = 0;
                        Change = true;
                    }
```

```
        }

        // 변경사항이 있으면 출력값을 다시 보냄
        if (Change == true)
        {
            pIoDevice.Outputb(1, pIoDevice.ConvertBitToByte(IoOutData));
            Thread.Sleep(100);
        }
    }

    // 입력상태를 갱신
    int[] nInput = pIoDevice.ConvertByteToBit(pIoDevice.Inputb(0));
    int[] nOutput = pIoDevice.ConvertByteToBit(pIoDevice.Inputb(1));
    for (int Idx = 0; Idx < 8; ++Idx)
    {
        IoInData[Idx] = nInput[Idx];
        IoOutData[Idx] = nOutput[Idx];
    }

    // 자동모드일때 작동
    if( lbMode.BackColor == Color.Lime && pCamera.IsConnect() == true)
    {
        if (pState == MachineState.IDLE)
        {
            if (IoInData[2] == 0) //공급센서 On
            {
                // 재품투입후 1초후에 시작하게 함
                if(swTimerSub.IsRunning == false) { swTimerSub.Restart(); }
                if( swTimerSub.ElapsedMilliseconds > 1000)
                {
                    // 공급모터 전진 출력을 보냄
                    IoOutData[0] = 1;
                    IoOutData[1] = 0;
                    pIoDevice.Outputb(1,
                                pIoDevice.ConvertBitToByte(IoOutData));

                    // 상태를 바꾸고 타이머를 시작함
                    pState = MachineState.SUPPLY;
                    swTimerSub.Restart();
                }
            }
            else if (IoInData[3] == 0) // 포토센서에 워크피스를 올릴경우
            {
                // 재품투입후 2초후에 시작하게 함
                if (swTimerSub.IsRunning == false) { swTimerSub.Restart(); }
                if (swTimerSub.ElapsedMilliseconds > 2000)
                {
                    // 컨베어를 작동한다.
                    IoOutData[2] = 1;
                    pIoDevice.Outputb(1,
```

```
                    pIoDevice.ConvertBitToByte(IoOutData));

                // 이동상태로 변경한다.
                pState = MachineState.MOVE;
                swTimerMain.Restart();
                swTimerSub.Restart();
            }
        }
    }
    else if (pState == MachineState.SUPPLY) // 공급상태일때
    {
        // 1.5초후에 공급동작을 마무리 한다.
        if (swTimerSub.ElapsedMilliseconds > 1500)
        {
            // 공급모터 후진 출력을 보냄
            IoOutData[0] = 0;
            IoOutData[1] = 1;
            IoOutData[2] = 1;
            pIoDevice.Outputb(1, pIoDevice.ConvertBitToByte(IoOutData));

            // 컨베어이동상태로상태로 바꾸고 타이머재시작
            pState = MachineState.MOVE;
            swTimerMain.Restart();
            swTimerSub.Restart();
        }
    }
    else if (pState == MachineState.MOVE) // 컨베어이동상태
    {
        // 공급모터 시간이 지나면 후진함
        if (swTimerSub.ElapsedMilliseconds > 1000)
        {
            // 공급모터 후진 출력을 보냄
            IoOutData[1] = 0;
            pIoDevice.Outputb(1, pIoDevice.ConvertBitToByte(IoOutData));
            swTimerSub.Reset();
        }

        // 포토센서2 On
        if (IoInData[6] == 0)
        {
            // 비전 대기모드에 들어간다.
            swTimerSub.Restart();
            pState = MachineState.VISIONWAIT;
        }
    }
    else if (pState == MachineState.VISIONWAIT)
    {
        // 설정한비전대기시간이 지나면
        if (swTimerSub.ElapsedMilliseconds > VisionMove)
        {
```

```
            // 공급모터 컨베어모터를 멈춘후 촬상상태로 변경한다.
            swTimerMain.Stop();
            IoOutData[2] = 0;
            pIoDevice.Outputb(1, pIoDevice.ConvertBitToByte(IoOutData));
            pState = MachineState.GRAB;

            // 조명을 켜고 촬상딜레이후 카메라에 트리거 신호를 보낸다.
            pLight.SetLightValue(0, LightCh1);
            pLight.SetLightValue(1, LightCh2);
            Thread.Sleep(GrabWaitTime);
            pCamera.CommandExcute("TriggerSoftware");
            swTimerSub.Restart();
        }
    }
    else if (pState == MachineState.GRAB)
    {
        // 이미지 갱신을 받거나 촬상후 1초가 지나면 검사한다.
        if (swTimerSub.ElapsedMilliseconds >
                    1000 || pCamera.UpdateImage == 1)
        {
            //
            string Value = "0";
            string Result = "NG";

            // 이미지 갱신이 있다면 촬상받은이미지로 검사한다.
            if (pCamera.UpdateImage == 1)
            {
                try
                {
                    cogRecordDisplay1.Image = new
                     CogImage24PlanarColor(pCamera.GetLastImage());
                    pCogToolBlock.Inputs["Input"].Value =
                                cogRecordDisplay1.Image;
                    pCogToolBlock.Inputs["RangeA"].Value =
                                StoreRangeA;
                    pCogToolBlock.Inputs["RangeB"].Value =
                                    StoreRangeB;
                    pCogToolBlock.Inputs["RangeC"].Value =
                                    StoreRangeC;
                    pCogToolBlock.Run();
                    pCogToolBlock.Run();

                    // 결과화면을 출력한다.
                    cogRecordDisplay1.Record =
                    pCogToolBlock.CreateLastRunRecord().SubRecords[0];
                    Result =
                    pCogToolBlock.Outputs["Result"].Value.ToString();
                    Value =
                    pCogToolBlock.Outputs["Value"].Value.ToString();
                }
```

```
                catch(Exception){}
            }

            // 조명을 꺼준다.
            swTimerSub.Reset();
            pLight.SetLightValue(0, 0);
            pLight.SetLightValue(1, 0);

            // 컨베어를 다시 움직이고 판단상태로 진입한다.
            swTimerMain.Start();
            IoOutData[2] = 1;
            pIoDevice.Outputb(1, pIoDevice.ConvertBitToByte(IoOutData));
            pState = MachineState.CLASSIFICATION;

            // 결과를 DB에 저장한다.
            SaveData(Value, Result);

            // PLC에 데이터를 보낼 위치가 있다면 비전측정값을 보낸다.
            if(pPlc.IsConnect() == 1 && PlcDataPos != "")
            {
                try
                {
                    PlcWriteData[0] = (ushort)Convert.ToInt32(Value);
                    pPlc.WriteWords(PlcDataPos, 1, PlcWriteData);
                }
                catch(Exception)
                {
                }
            }

            // 클라이언트가 접속해있다면 결과를 보낸다.
            if (pServer.IsConnect() == 1 )
            {
                // 보낼 문자를 만든다.
                string Msg = string.Format("측정결과({0}),값({1})",
                                            Result, Value);

                // 문자를 바이트배열로 만들고 해당배열을 클라이언트에 전송
                byte[] bData= Encoding.Default.GetBytes(Msg);
                pServer.SendData(bData, bData.Length);
            }
        }
    }
    else if (pState == MachineState.CLASSIFICATION)
    {
        // 상태에 따른 완료결과를 확인한다.
        int bOk = 0;
        if (swTimerMain.ElapsedMilliseconds < StoreTime_NG)
        {
            // 해당시간이 되었을때 시작한다.
```

```
                if (lbResult.Text == "A" &&
                        swTimerMain.ElapsedMilliseconds >= StoreTime_A)
                {
                    bOk = 3;
                }
                else if (lbResult.Text == "B" &&
                        swTimerMain.ElapsedMilliseconds >= StoreTime_A)
                {
                    bOk = 4;
                }
                else if (lbResult.Text == "C" &&
                        swTimerMain.ElapsedMilliseconds >= StoreTime_A)
                {
                    bOk = 5;
                }
            }
            else
            {
                bOk = 1;
            }

            // 결과위치까지 이동이 완료되면
            if(bOk > 0)
            {
                // 판정결과가 NG가 아닐경우 실린더를 전후진시킨다
                if (bOk > 2)
                {
                    // 분류위치에 도달하면 실린더를 전/후진한다..
                    IoOutData[bOk] = 1;
                    pIoDevice.Outputb(1,
                            pIoDevice.ConvertBitToByte(IoOutData));
                    Thread.Sleep(100);
                    IoOutData[bOk] = 0;
                    pIoDevice.Outputb(1,
                            pIoDevice.ConvertBitToByte(IoOutData));
                }

                // 컨베어를 멈춘다.
                IoOutData[2] = 0;
                pIoDevice.Outputb(1, pIoDevice.ConvertBitToByte(IoOutData));

                // 상태를 대기상태로 변경한다.
                swTimerMain.Reset();
                pState = MachineState.IDLE;
            }
        }
    }
    else // 수동모드일때
    {
        // 촬상버튼이 눌려졌을때
```

```
if( btnGrab.BackColor == Color.Lime )
{
    // 조명을 켜고 대기시간후 찰상한다.
    pCamera.UpdateImage = 0;
    pCamera.SetEnumNode("TriggerMode", "On");
    pLight.SetLightValue(0, LightCh1);
    pLight.SetLightValue(1, LightCh2);
    Thread.Sleep(GrabWaitTime);
    pCamera.CommandExcute("TriggerSoftware");

    // 찰상이 완료될때까지 대기한다.
    int Tick = Environment.TickCount;
    while(pCamera.IsImageUpdate() == false &&
                Environment.TickCount - Tick < 1000)
    {
        Thread.Sleep(10);
    }

    // 이미지가 업데이트되었으면 화면을 갱신한다.
    if(pCamera.IsImageUpdate() == true)
    {
        cogRecordDisplay1.Image = new
          CogImage24PlanarColor(pCamera.GetLastImage());
    }

    // 조명을 끄고 원래 모드로 돌아간다.
    pLight.SetLightValue(0, 0);
    pLight.SetLightValue(1, 0);
    btnGrab.BackColor = Color.LightGray;
}
else
{
    // 트리거상태를 확인한다.
    string State = "";
    pCamera.GetEnumNode("TriggerMode", ref State);

    if ( btnMovie.BackColor == Color.Lime && State == "On")
    {
        // 조명On후 트리거모드를 On
        pLight.SetLightValue(0, LightCh1);
        pLight.SetLightValue(1, LightCh2);
        pCamera.SetEnumNode("TriggerMode", "Off");
    }
    else if (btnMovie.BackColor != Color.Lime && State == "Off")
    {
        // 조명Off후 트리거모드Off
        pLight.SetLightValue(0, 0);
        pLight.SetLightValue(1, 0);
        pCamera.SetEnumNode("TriggerMode", "On");
    }
```

```
                }
            }

            // 10ms 쉬고 다음실행
            Thread.Sleep(10);
        }
    }
    catch (Exception Ex)
    {
    }
}

public void UpdateCount()
{
    // 화면에 결과 갯수를 출력한다.
    lbCount_Total.Text = string.Format("{0:D3}", Count_Total);
    lbCount_A.Text = string.Format("{0:D3}", Count_A);
    lbCount_B.Text = string.Format("{0:D3}", Count_B);
    lbCount_C.Text = string.Format("{0:D3}", Count_C);
    lbCount_NG.Text = string.Format("{0:D3}", Count_NG);
}


public void SaveData(string aValue, string aResult)
{

    //화면 디스플레이를 갱신한다.
    if (this.InvokeRequired)
    {
        this.Invoke(
            new MethodInvoker(delegate ()
            {
                SaveData_Invoke(aValue, aResult);
            }
            ));
    }
    else
    {
        SaveData_Invoke(aValue, aResult);
    }
}

public void SaveData_Invoke(string Value, string aResult)
{
    try
    {
        // 해당날짜의 이미지 폴더를 만든다.
        string FolderPath = string.Format("{0}₩₩Image₩₩{1}₩₩{2}₩₩{3}"
            , Application.StartupPath
            , System.DateTime.Now.ToString("yyyy")
```

```
                , System.DateTime.Now.ToString("MM")
                , System.DateTime.Now.ToString("dd"));
            Directory.CreateDirectory(FolderPath);

            // 저장할 이미지 파일명을 설정하고 해당 파일명으로 이미지를 저장
            string FilePath = string.Format("{0}\\{1:D3}_{2}_{3}.jpg"
                , FolderPath, Count_Total, lbModel.Text,
                System.DateTime.Now.ToString("HH_mm_ss"));
            cogRecordDisplay1.Image.ToBitmap().Save(FilePath, ImageFormat.Jpeg);


            // 결과DB에 현재 결과를 저장한다.
            string Query = string.Format("INSERT INTO
                            DATA(rIDX,rMODEL,rValue,rResult,rDATETIME) " +
                " VALUES('{0}','{1}','{2}','{3}','{4}')", Count_Total, lbModel.Text, Value,
                    aResult, System.DateTime.Now.ToString("yyyyMMdd HH:mm:ss"));
            DoneDb.ExecuteNonQuery(Query);
            UpdateComplateData();

            // 카운트를 화면에 출력한다.
            UpdateCount();


            // 현재결과를 화면에 출력한다.
            lbResult.Text = aResult;
            lbResult.ForeColor = (lbResult.Text != "NG") ? Color.Black : Color.White;
            lbResult.BackColor = (lbResult.Text != "NG") ? Color.Lime : Color.Red;
        }
        catch(Exception)
        {
        }
    }

    public void ChangeModel(string ModelName)
    {
        try
        {
            string Query = string.Format("SELECT * FROM MODEL WHERE
                        MODELNAME = '{0}'", ModelName);

            DataTable ds = ModelDb.SelectQuery(Query);
            if( ds.Rows.Count > 0)
            {
                // 컨트롤에 모델명을 출력하고 Ini파일에 해당 모델을 저장한다
                lbModel.Text = ModelName;
                IniTools Tool = new
                  IniTools(string.Format("{0}\\Model.ini",Application.StartupPath));
                Tool.WriterString("Model", "ModelName", ModelName);
```

```
            // 항목을 갱신한다.
            StoreRangeA = ds.Rows[0]["RangeA"].ToString();
            StoreRangeB = ds.Rows[0]["RangeB"].ToString();
            StoreRangeC = ds.Rows[0]["RangeC"].ToString();
            VisionMove = Convert.ToInt32(ds.Rows[0]["VisionMove"].ToString());
            LightCh1 = Convert.ToInt32(ds.Rows[0]["LightCh1"].ToString());
            LightCh2 = Convert.ToInt32(ds.Rows[0]["LightCh2"].ToString());

            // 파일이 있으면
            string FilePath = string.Format("{0}₩₩Vpp₩₩{1}.vpp",
                        Application.StartupPath, ModelName);
            if (File.Exists(FilePath) == true )
            {
                pCogToolBlock = CogSerializer.LoadObjectFromFile(FilePath) as
                        CogToolBlock;
            }
            else
            {
                pCogToolBlock = new CogToolBlock();
            }
        }
    }
    catch(Exception)
    {
    }
}

private void frmMain_FormClosed(object sender, FormClosedEventArgs e)
{
    Exit = 1;
    if( pPlc != null ) { pPlc.Exit = 1; }
    if( pLight != null ) { pLight.DisConnect(); }
    if (pIoDevice != null) { pIoDevice.DisConnect(); }
    if (pCamera!= null) { pCamera.DisConnected(); }
    if (pServer != null) { pIoDevice.DisConnect(); }
}

private void btnModel_Click(object sender, EventArgs e)
{
    //
    Log.FileLog("유저이벤트", string.Format("메뉴(모델) =>"));

    foreach (Form frm in Application.OpenForms)
    {
        if (frm.Name == "frmModel")
        {
            frm.Activate();
            frm.WindowState = FormWindowState.Normal;
            return;
        }
```

```
        }
        frmModel Temp = new frmModel(this);
        Temp.Show();
    }

    private void btnGrab_Click(object sender, EventArgs e)
    {
        //
        Log.FileLog("유저이벤트", string.Format("메뉴(찰상) =>"));

        if (lbMode.BackColor == Color.LightGray )
        {
            if (btnMovie.BackColor != Color.Lime)
            {
                btnGrab.BackColor = Color.Lime;
            }
        }
    }

    private void btnMovie_Click(object sender, EventArgs e)
    {
        //
        Log.FileLog("유저이벤트", string.Format("메뉴(동영상) =>"));

        if (lbMode.BackColor == Color.LightGray)
        {
            if (btnGrab.BackColor != Color.Lime)
            {
                // 상태에 따라 색상을 반전한다.
                btnMovie.BackColor = (btnMovie.BackColor == Color.Lime) ?
                                Color.LightGray : Color.Lime;
            }
        }
    }

    // 이미지파일 저장 이벤트
    private void btnSave_Click(object sender, EventArgs e)
    {
        // 파일 저장다이얼로그를 생성
        SaveFileDialog ofd = new SaveFileDialog();
        ofd.Title = "파일오픈";
        ofd.FileName = "test";
        ofd.Filter = "그림 파일 (*.jpg) | *.jpg; | 모든 파일 (*.*) | *.*";

        //파일 오픈창 로드
        DialogResult dr = ofd.ShowDialog();
        if (dr == DialogResult.OK)
        {
            cogRecordDisplay1.Image.ToBitmap().Save(ofd.FileName, ImageFormat.Jpeg);
        }
```

```
}

// 이미지파일 불러오기 이벤트
private void btnLoad_Click(object sender, EventArgs e)
{
    // 파일 오픈다이얼로그를 생성
    OpenFileDialog ofd = new OpenFileDialog();
    ofd.Title = "파일오픈";
    ofd.FileName = "test";
    ofd.Filter = "그림 파일 (*.jpg) | *.jpg; | 모든 파일 (*.*) | *.*";

    //파일 오픈창 로드
    DialogResult dr = ofd.ShowDialog();
    if (dr == DialogResult.OK)
    {
        cogRecordDisplay1.Image = new CogImage24PlanarColor(new
                            Bitmap(ofd.FileName));
    }
}

private void btnInspect_Click(object sender, EventArgs e)
{
    //
    Log.FileLog("유저이벤트", string.Format("메뉴(검사) =>"));

    if (lbMode.BackColor == Color.LightGray)
    {
        try
        {
            // 입력이미지를 입력하고 검사한다.
            pCogToolBlock.Inputs["Input"].Value = cogRecordDisplay1.Image;
            pCogToolBlock.Inputs["RangeA"].Value = StoreRangeA;
            pCogToolBlock.Inputs["RangeB"].Value = StoreRangeB;
            pCogToolBlock.Inputs["RangeC"].Value = StoreRangeC;
            pCogToolBlock.Run();

            // 결과화면을 출력한다.
            cogRecordDisplay1.Record =
                    pCogToolBlock.CreateLastRunRecord().SubRecords[0];

            // 결과를 출력한다.
            lbResult.Text = pCogToolBlock.Outputs["Result"].Value.ToString();
            lbResult.ForeColor = (lbResult.Text != "NG") ? Color.Black : Color.White;
            lbResult.BackColor = (lbResult.Text != "NG") ? Color.Lime : Color.Red;
        }
        catch (Exception Ex)
        {
        }
    }
}
```

```
private void btnTeaching_Click(object sender, EventArgs e)
{
    //
    Log.FileLog("유저이벤트", string.Format("메뉴(티칭) =>"));

    foreach (Form frm in Application.OpenForms)
    {
        if (frm.Name == “frmTeaching")
        {
            frm.Activate();
            frm.WindowState = FormWindowState.Normal;
            return;
        }
    }
    frmTeaching Temp = new frmTeaching(this, lbModel.Text);
    Temp.Show();
}

private void btnSettup_Click(object sender, EventArgs e)
{
    //
    Log.FileLog("유저이벤트", string.Format("메뉴(환경설정) =>"));

    foreach (Form frm in Application.OpenForms)
    {
        if (frm.Name == “FrmSetup")
        {
            frm.Activate();
            frm.WindowState = FormWindowState.Normal;
            return;
        }
    }
    FrmSetup Temp = new FrmSetup(this);
    Temp.Show();
}

private void timer1_Tick(object sender, EventArgs e)
{
    // 카메라 연결상태를 출력한다.
   if( pCamera.IsConnected() == true && lbDevice_Camera.BackColor != Color.Lime )
    {
        lbDevice_Camera.BackColor = Color.Lime;
    }
    else if (pCamera.IsConnected() == false && lbDevice_Camera.BackColor !=
                                Color.LightGray)
    {
        lbDevice_Camera.BackColor = Color.LightGray;
    }
```

```
// UCIBus 연결상태를 출력한다.
if (pIoDevice.IsConnected() == true && lbDevice_UciBus.BackColor !=
                    Color.Lime)
{
   lbDevice_UciBus.BackColor = Color.Lime;
}
else if (pIoDevice.IsConnected() == false && lbDevice_UciBus.BackColor !=
                       Color.LightGray)
{
   lbDevice_UciBus.BackColor = Color.LightGray;
}

// 카메라 연결상태를 출력한다.
if (pLight.IsConnected() == true && lbDevice_Light.BackColor != Color.Lime)
{
   lbDevice_Light.BackColor = Color.Lime;
}
else if (pLight.IsConnected() == false && lbDevice_Light.BackColor !=
                     Color.LightGray)
{
   lbDevice_Light.BackColor = Color.LightGray;
}

// 카메라 연결상태를 출력한다.
if (pPlc.IsConnect() == 1 && lbDevice_Plc.BackColor != Color.Lime)
{
   lbDevice_Plc.BackColor = Color.Lime;
}
else if (pPlc.IsConnect() == 0 && lbDevice_Plc.BackColor != Color.LightGray)
{
   lbDevice_Plc.BackColor = Color.LightGray;
}

// 클라이언트 접속
if (pServer.IsConnect() == 1 && lbDevice_Server.BackColor != Color.Lime)
{
   lbDevice_Server.BackColor = Color.Lime;
}
else if (pServer.IsConnect() == 0 && lbDevice_Server.BackColor !=
                    Color.LightGray)
{
   lbDevice_Server.BackColor = Color.LightGray;
}

// 동영상모드에서 이미지가 들어오면 화면에 갱신한다.
if (btnMovie.BackColor == Color.Lime && pCamera.IsImageUpdate() == true)
{
   cogRecordDisplay1.Image = new
                CogImage24PlanarColor(pCamera.GetLastImage());
}
```

```
            // 상태를 출력한다.
            int nState = (int)pState;
            for( int Idx = 0; Idx < 7; ++Idx)
            {
                if(lbStateList[Idx].BackColor != Color.Lime && nState == Idx)
                {
                    lbStateList[Idx].BackColor = Color.Lime;
                }
                else if (lbStateList[Idx].BackColor == Color.Lime && nState != Idx)
                {
                    lbStateList[Idx].BackColor = Color.LightGray;
                }
            }

            // 시간을
            string sTime = string.Format("{0:0.00}", swTimerMain.ElapsedMilliseconds*0.001);
            if( sTime != lbMachineTime.Text)
            {
                lbMachineTime.Text = sTime;
            }


        }

        // 모드변경
        private void lbMode_DoubleClick(object sender, EventArgs e)
        {
            // 현재상태를 반전킨다.
            if( lbMode.BackColor == Color.LightGray)
            {
                lbMode.Text = "자동";
                lbMode.BackColor = Color.Lime;
                pState = MachineState.IDLE;
            }
            else
            {
                lbMode.Text = "수동";
                lbMode.BackColor = Color.LightGray;
            }
        }
    }
}
```

다음은 모델을 관리하는 폼을 만들어보겠습니다. 폼배치는 다음과 같습니다.

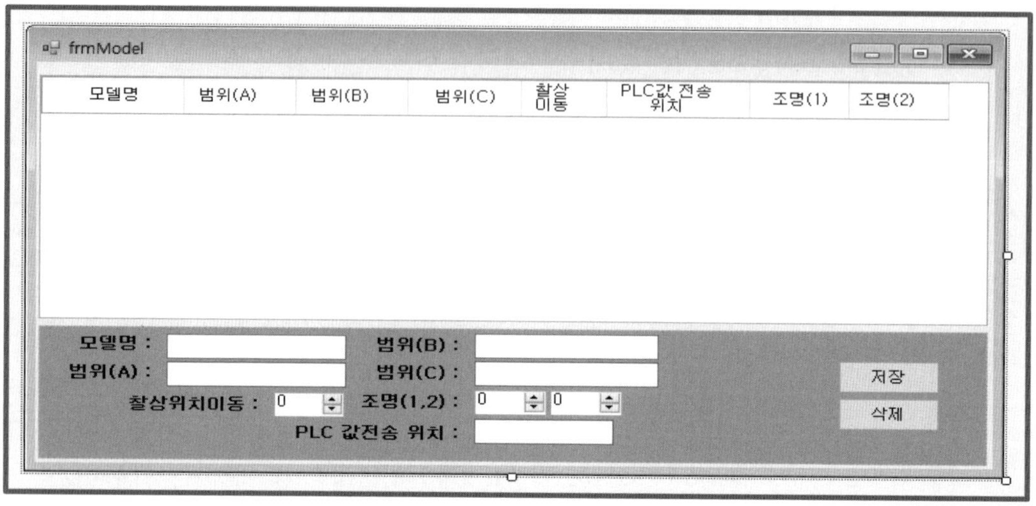

세부컨트롤정보는 다음과 같습니다.

컨트롤타입	Name	위치	사이즈	텍스트
DataGridView	dgvModel	2, 11	670, 203	
Label	Label4	5, 8	79, 13	모델명 :
TextBox	tbModelName	90, 6	129, 21	
Label	label2	5, 32	79, 13	범위(A) :
TextBox	tbRange_A	90, 29	129, 21	
Label	label1	225, 8	79, 13	범위(B) :
TextBox	tbRange_B	310, 4	129, 21	
Label	label3	225, 31	79, 13	범위(C) :
TextBox	tbRange_C	310, 27	129, 21	
Label	label6	49, 56	112, 16	촬상위치이동 :
NumericUpDown	nudVisionMove	167, 54	51, 21	
Label	label5	225, 55	79, 13	조명(1,2) :
NumericUpDown	nudLightCh1	310, 51	51, 21	
NumericUpDown	nudLightCh2	363, 51	51, 21	
Label	label7	165, 78	139, 18	PLC값 전송위치 :
TextBox	tbPlcDataPos	310, 75	98, 21	
Button	btnSave	565, 24	72, 28	저장
Button	btnDelete	565, 55	72, 28	삭제

모델객체가 생성되면 모델DB의 Model테이블의 모든 항목을 화면에 갱신해줍니다.

```
using System;
using System.Data;
using System.Windows.Forms;

namespace Ex16
{
    public partial class frmModel : Form
    {
        //
        public frmMain pOwner = null;

        public frmModel(frmMain aOwner)
        {
            pOwner = aOwner;
            InitializeComponent();

            // 항목을 다시만든다.
            UpdateList();
        }

        public void UpdateList()
        {
            try
            {
                // 해당모델테이블의 모든아이템을 검색한다.
                string Query = string.Format("SELECT * FROM MODEL");
                DataTable ds = pOwner.ModelDb.SelectQuery(Query);

                // 데이터그리드 항목을 초기화 후 DB의 내용을 삽입한다.
                dgvModel.Rows.Clear();
                foreach( DataRow dr in ds.Rows)
                {
                    dgvModel.Rows.Add(dr["ModelName"], dr["RangeA"],dr["RangeB"],dr["RangeC"]
                        , dr["VisionMove"], dr["PLCData"], dr["LightCh1"], dr["LightCh2"]);
                }
            }
            catch(Exception)
            {

            }
        }
```

추가버튼을 클릭하면 입력한 모델 정보가 DB에 저장됩니다.

```
private void Button3_Click(object sender, EventArgs e)
{
    try
    {
        // 해당모델이 테이블에 있는지 확인한다
        string Query = string.Format("SELECT COUNT(*) FROM MODEL WHERE ModelName = '{0}' "
            , tbModelName.Text);
        object pOjbect = pOwner.ModelDb.ScalarQuery(Query);

        //테이블에 없으면 아이템을 추가한다.
        if (pOjbect == null || pOjbect.ToString( ) == "0")
        {
            Query = string.Format("INSERT INTO MODEL(ModelName,RangeA,RangeB,RangeC,VisionMove,PLCData,LightCh1,LightCh2)" +
                " VALUES('{0}','{1}','{2}','{3}','{4}','{5}','{6}','{7}')"
                , tbModelName.Text, tbRange_A.Text, tbRange_B.Text, tbRange_C.Text
                , nudVisionMove.Value, tbPlcDataPos.Text, nudLightCh1.Value, nudLightCh1.Value);

        }
        else  // 있으면 해당아이템을 업데이트한다.
        {
            Query = string.Format("UPDATE MODEL SET RangeA = '{0}', RangeB = '{1}', RangeC = '{2}', " +
                " VisionMove = '{3}', PLCData = '{4}', LightCh1 = '{5}', LightCh2 = '{6}' " +
              " WHERE ModelName = '{7}'"
              , tbRange_A.Text, tbRange_B.Text, tbRange_C.Text
              , nudVisionMove.Value, tbPlcDataPos.Text, nudLightCh1.Value, nudLightCh1.Value, tbModelName.Text);
        }

        // 쿼리명령을 보냄
        pOwner.ModelDb.ExecuteNonQuery(Query);
        UpdateList( );
    }
    catch (Exception)
    {
    }
}
```

삭제버튼을 클릭하면 선택된 모델이 삭제됩니다.

```
// 삭제버튼 클릭
private void Button2_Click(object sender, EventArgs e)
{
    try
    {
        // 모델테이블에 해당이름의 아이템을 제거한다.
        string Query = string.Format("DELETE FROM MODEL WHERE ModelName = '{0}' "
            , tbModelName.Text);
        pOwner.ModelDb.ExecuteNonQuery(Query);
        UpdateList( );
    }
    catch (Exception)
    {
    }
}
```

DataGridview를 클릭하면 해당모델내용이 텍스트박스에 기록됩니다.

```
// 리스트에 항목 클릭
private void dgvModel_CellClick(object sender, DataGridViewCellEventArgs e)
{
    try
    {
        int Idx = e.RowIndex;
        tbModelName.Text = dgvModel[0, Idx].Value.ToString();
        tbRange_A.Text = dgvModel[1, Idx].Value.ToString();
        tbRange_B.Text = dgvModel[2, Idx].Value.ToString();
        tbRange_C.Text = dgvModel[3, Idx].Value.ToString();
        nudVisionMove.Value = Convert.ToInt32(dgvModel[4, Idx].Value.ToString());
        tbPlcDataPos.Text = dgvModel[5, Idx].Value.ToString();
        nudLightCh1.Value = Convert.ToInt32(dgvModel[6, Idx].Value.ToString());
        nudLightCh2.Value = Convert.ToInt32(dgvModel[7, Idx].Value.ToString());
    }
    catch(Exception)
    {
    }
}
```

더블클릭시는 선택한 모델로 변경됩니다.

```
        // 리스트에 항목 더블클릭
        private void dgvModel_CellDoubleClick(object sender, DataGridViewCellEventArgs e)
        {
            // 선택한 행의 모델이름을 받아온다.
            int Idx = e.RowIndex;
            string sModel = dgvModel[0, Idx].Value.ToString();

            // 선택한 모델로 변경한다.
            pOwner.ChangeModel(dgvModel[0, Idx].Value.ToString());
            Close();
        }
    }
}
```

티칭폼은 해당모델의 검사Vpp를 편집하는폼입니다.

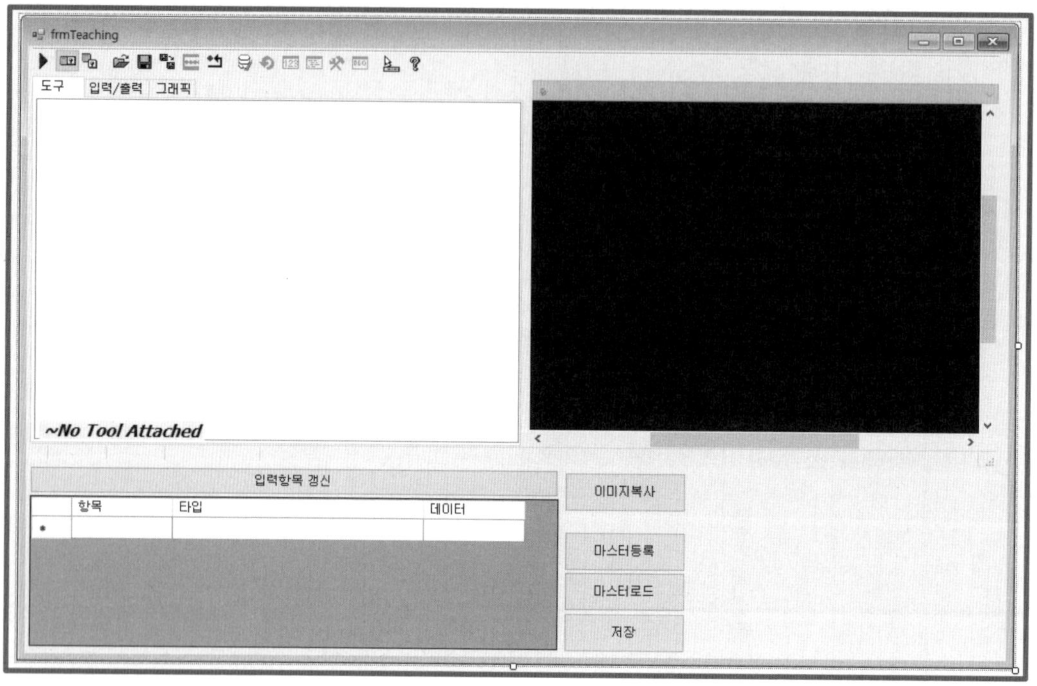

세부컨트롤 배치정보는 다음과 같습니다.

컨트롤타입	Name	위치	사이즈	텍스트
CogToolBlockEditV21				
Button	btnInputRefresh	4, 418	525, 27	입력항목 갱신
DataGridView	dgvInputList	4, 447	525, 150	
Button	btnImageCopy	535, 420	119, 39	이미지복사
Button	btnMasterSet	535, 479	119, 39	마스터등록
Button	btnMasterLoad	535, 519	119, 39	마스터로드
Button	btnSave	535, 560	119, 39	저장

생성자에서 미리설정된 모델이 없다면 기본적으로 마스터Vpp를 불러오고 입력항목리스트를 갱신해줍니다.

```
using Cognex.VisionPro;
using Cognex.VisionPro.ToolBlock;
using System;
using System.Drawing;
using System.IO;
using System.Windows.Forms;

namespace Ex16
{
    public partial class frmTeaching : Form
    {
        // 맴버변수
        public frmMain pOwner = null;
        public string strModel = "";

        public frmTeaching(frmMain aOwner, string aModel)
        {
            pOwner = aOwner;
            strModel = aModel;
            InitializeComponent();

            // 모델에 맞는 Vpp파일있으면 불려옴
            string FilePath = string.Format("{0}\\Vpp\\{1}.vpp", Application.StartupPath, strModel);
            string MasterPath = string.Format("{0}\\Vpp\\Master.vpp", Application.StartupPath);
            if (new FileInfo(FilePath).Exists == true)
            {
                cogToolBlockEditV21.Subject = (CogToolBlock)CogSerializer.LoadObjectFromFile(FilePath);
            }
            else if (new FileInfo(MasterPath).Exists == true) // 없으면 마스터Vpp를 불려온다.
            {
                cogToolBlockEditV21.Subject = (CogToolBlock)CogSerializer.LoadObjectFromFile(MasterPath);
            }

            // 입력 항목을 갱신
            UpdateInputItem();
        }

        public void UpdateInputItem()
        {
            // 모든항목 삭제
            dgvInputList.Rows.Clear();

            // 입력항목 갯수 확인
            int Cnt = cogToolBlockEditV21.Subject.Inputs.Count;

            // 갯수만큼 반복하여 요소를 가져온다.
            for (int Idx = 0; Idx < Cnt; ++Idx)
            {
                CogToolBlockTerminal Temp = cogToolBlockEditV21.Subject.Inputs[Idx];

                dgvInputList.Rows.Add(
                    Temp.Name, Temp.ValueType.ToString(),
                    (Temp.Value != null) ? Temp.Value.ToString() : "");
            }
        }
```

입력항면갱신 버튼을 클릭시 입력항목아이템을 갱신합니다.

```
// "입력화면갱신 버튼 클릭이벤트
private void button1_Click(object sender, EventArgs e)
{
    UpdateInputItem();
}
```

이전에 진행했던 Vpp편집폼처럼 입력항목을 더블클릭했을 때 값을 변경할 수 있도록 설정합니다.

```
// 그리드뷰 더블클릭이벤트
private void dataGridView1_CellDoubleClick(object sender, DataGridViewCellEventArgs e)
{
    // 범위내의 항목을 선택했는지 유효성 검사
    int Idx = e.RowIndex;
    int Cnt = cogToolBlockEditV21.Subject.Inputs.Count;
    if (Idx < Cnt)
    {
        // 항목의 객체를 얻어온다.
        CogToolBlockTerminal Temp = cogToolBlockEditV21.Subject.Inputs[Idx];

        // 타입이 시스템형일때
        if (Temp.ValueType.FullName.IndexOf("System") > -1)
        {
            frmInput DlgInput = new frmInput();
            if (DlgInput.ShowDialog() == DialogResult.OK)
            {
                // 문자를 삽입한다.
                Temp.Value = DlgInput.textBox1.Text;
            }
        }
        else // 타입이 이미지 일때
        {
            // 파일 오픈다이얼로그를 생성
            OpenFileDialog ofd = new OpenFileDialog();
            ofd.Title = "파일오픈";
            ofd.FileName = "test";
            ofd.Filter = "그림 파일 (*.jpg, *.gif, *.bmp) | *.jpg; *.gif; *.bmp; | 모든 파일 (*.*) | *.*";

            //파일 오픈창 로드
            DialogResult dr = ofd.ShowDialog();
            if (dr == DialogResult.OK)
            {
                // 이미지포맷에 맞는 타입으로 삽입한다.
                if (Temp.ValueType.FullName.IndexOf("8Gray") > -1)
                {
                    Temp.Value = new Cognex.VisionPro.CogImage8Grey(new Bitmap(ofd.FileName));
                }
                else
                {
                    Temp.Value = new Cognex.VisionPro.CogImage24PlanarColor(new Bitmap(ofd.FileName));
                }
            }
        }
    }
}
```

마스터Vpp를 저장버튼을 클릭시 해당 Vpp가 마스터Vpp로 저장됩니다.

```
private void button3_Click(object sender, EventArgs e)
{
    // VPP폴더를 생성한다.
    string FolderPath = string.Format("{0}\\Vpp", Application.StartupPath);
    Directory.CreateDirectory(FolderPath);

    // 현제 Vpp를 마스터로 저장한다.
    CogToolBlock Block = (CogToolBlock)CogSerializer
        .DeepCopyObject(cogToolBlockEditV21.Subject, CogSerializationOptionsConstants.Minimum);
    CogSerializer.SaveObjectToFile(Block, string.Format("{0}\\Master.vpp", FolderPath, strModel));

}
```

"Master.vpp"를 로드시 해당모델을 "Master.vpp"로 저장됩니다.

```
private void button4_Click(object sender, EventArgs e)
{
    //
    string FilePath = string.Format("{0}\\Vpp\\Master.vpp",Application.StartupPath);
    FileInfo file = new FileInfo(FilePath);
    if(file.Exists == true)
    {
        cogToolBlockEditV21.Subject = (CogToolBlock)CogSerializer.LoadObjectFromFile(FilePath);
        UpdateInputItem();
    }
}
```

저장버튼을 클릭시 세팅값을 해당모델의 검사vpp로 저장합니다.

```
private void button5_Click(object sender, EventArgs e)
{
    //
    string FilePath = string.Format("{0}\\Vpp\\{1}.vpp", Application.StartupPath, strModel);
    CogToolBlock Block = (CogToolBlock)CogSerializer
        .DeepCopyObject(cogToolBlockEditV21.Subject, CogSerializationOptionsConstants.Minimum);
    CogSerializer.SaveObjectToFile(Block, string.Format(FilePath));
}
```

이미지 복사 버튼을 클릭시 현제 화면의 이미지를 Vpp에 입력이미지로 복사합니다.

```
        private void btnImageCopy_Click(object sender, EventArgs e)
        {
            try
            {
                // 이미지를 불러온다.
                cogToolBlockEditV21.Subject.Inputs["Input"].Value = pOwner.cogRecordDisplay1.Image;
            }
            catch(Exception)
            {

            }
        }
    }
}
```

환경설정은 입출력 상태 출력 및 장치디바이스 기타 비전세팅을 저장합니다.

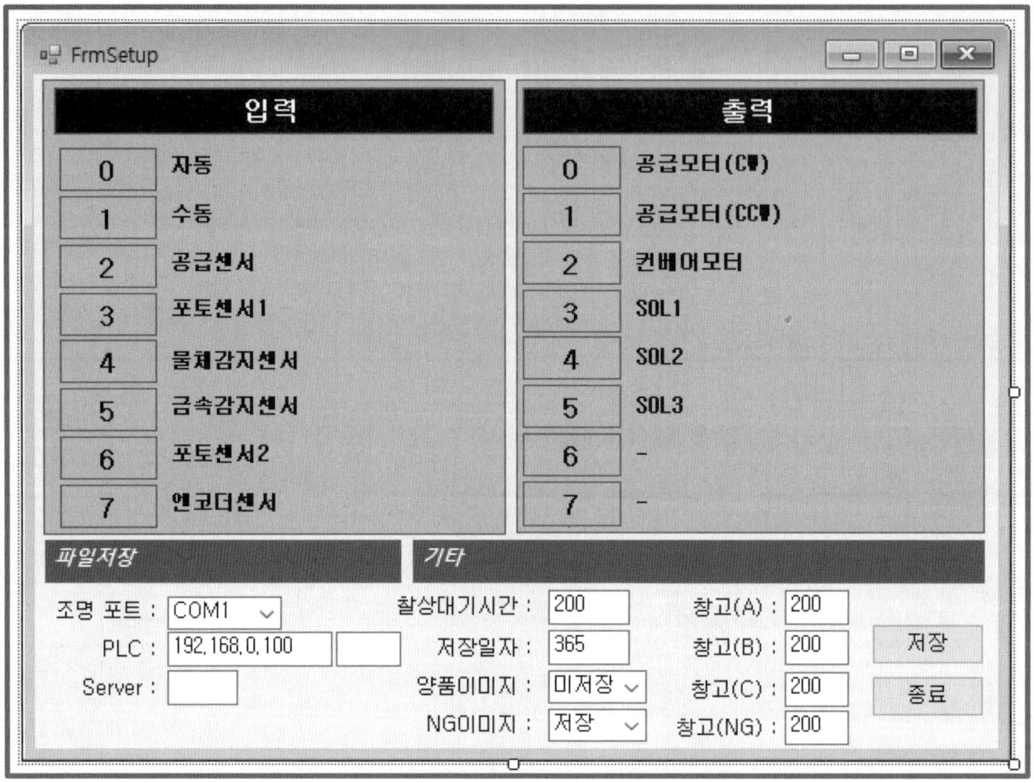

배치할 컨트롤과 역할은 아래표와 같습니다.

컨트롤타입	Name	위치	사이즈	캡션
panel	panel1	2, 1	277, 273	
label	lblnput	6, 4	263, 28	입력
label	lblnput11	9, 40	58, 26	0
label	lblnput21	9, 69	58, 26	1
label	lblnput31	9, 98	58, 26	2
label	lblnput41	9, 127	58, 26	3
label	lblnput51	9, 155	58, 26	4
label	lblnput61	9, 184	58, 26	5
label	lblnput71	9, 213	58, 26	6
label	lblnput81	9, 242	58, 26	7
label	lblnput12	73, 45	166, 20	자동
label	lblnput22	73, 74	166, 20	수동

컨트롤타입	Name	위치	사이즈	캡션
label	lblnput32	73, 103	166, 20	공급센서
label	lblnput42	73, 131	166, 20	포토센서1
label	lblnput52	73, 162	166, 20	물체감지센서
label	lblnput62	73, 189	166, 20	금속감지센서
label	lblnput72	73, 218	166, 20	포토센서2
label	lblnput82	73, 247	166, 20	엔코더센서
panel	panel1	285, 1	277, 273	
label	lbOutput	3, 4	263, 28	출력
label	lbOutput11	3, 39	58, 26	0
label	lbOutput21	3, 67	58, 26	1
label	lbOutput31	3, 96	58, 26	2
label	lbOutput41	3, 125	58, 26	3
label	lbOutput51	3, 153	58, 26	4
label	lbOutput61	3, 182	58, 26	5
label	lbOutput71	3, 211	58, 26	6
label	lbOutput81	3, 240	58, 26	7
label	lbOutput12	67, 44	166, 20	공급모터(CW)
label	lbOutput22	67, 74	166, 20	공급모터(CCW)
label	lbOutput32	67, 103	166, 20	컨베어모터
label	lbOutput42	67, 131	166, 20	SOL1
label	lbOutput52	67, 160	166, 20	SOL2
label	lbOutput62	67, 189	166, 20	SOL3
label	lbOutput72	67, 218	166, 20	–
label	lbOutput82	67, 247	166, 20	–
timer	timer1			
label	label1	6, 279	214, 26	파일저장
label	lbLight_Port	10, 316	65, 12	조명포트
comboBox	cbLight_Port	79, 313	69, 20	
label	label2	10, 339	65, 12	PLC:
TextBox	tbPlclp	79, 334	100, 21	
TextBox	tbplcPort	181, 334	39, 21	
label	label3	10, 362	65, 12	Server:

컨트롤타입	Name	위치	사이즈	캡션
TextBox	tbServerPort	79, 357	43, 21	
label	label7	227, 279	338, 26	기타
Label	label4	209, 313	91, 16	찰상대기시간 :
TextBox	tbGrabDelay	307, 309	48, 21	
label	label9	228, 334	72, 21	저장일자 :
TextBox	tbSaveDay	307, 333	48, 21	
label	label6	221, 357	79, 21	양품이미지 :
ComboBox	cbImage_Ok	307, 357	58, 20	
label	label8	221, 380	79, 21	NG이미지 :
ComboBox	cbImage_Ng	307, 380	58, 20	
label	label5	379, 313	70, 14	창고(A) :
TextBox	tbStoreA	447, 309	38, 21	
label	label10	379, 337	70, 14	창고(B) :
TextBox	tbStoreB	447, 333	38, 21	
label	label11	379, 362	70, 14	창고(C) :
TextBox	tbStoreC	447, 358	38, 21	
label	label12	379, 385	70, 14	창고(NG) :
TextBox	tbStoreNG	447, 381	38, 21	
Button	btnSave	498, 329	67, 25	저장
Button	button1	498, 360	67, 25	종료

맴버변수에 입출력 라벨을 배열로 선언해줍니다. 생성자에서 현제 세팅된 정보를 불러옵니다.

```
using IMecatronicsDll;
using System;
using System.Drawing;
using System.Windows.Forms;

namespace Ex16
{
    public partial class FrmSetup : Form
    {
        //
        public frmMain pOwner = null;

        // 입출력라벨을 배열로 저장하기 위한 변수
        public Label[] InputList = null;
        public Label[] OutputList = null;

        public FrmSetup(frmMain aOwner)
        {
            //
            pOwner = aOwner;
            InitializeComponent();


            // 입출력라벨위치를 저장할 배열변수 생성
            InputList = new Label[8]{lbInput11,lbInput21,lbInput31,lbInput41,lbInput51,lbInput61,lbInput71,lbInput81};
            OutputList = new Label[8]{lbOutput11,lbOutput21,lbOutput31,lbOutput41,lbOutput51,lbOutput61,lbOutput71,lbOutput81};


            string[] comlist = System.IO.Ports.SerialPort.GetPortNames();
            for (int Idx = 0; Idx < comlist.Length; ++Idx)
            {
                cbLight_Port.Items.Add(comlist[Idx]);
            }

            // 세팅을 불러온다.
            try
            {
                string FilePath = string.Format("{0}\\Setting.ini", Application.StartupPath);
                IniTools Tool = new IniTools(FilePath);

                //
                cbLight_Port.Text = pOwner.LIGHT_PORT.ToString();
                tbPlcIp.Text = pOwner.Plc_Ip.ToString();
                tbplcPort.Text = pOwner.Plc_Port.ToString();
                tbServerPort.Text = pOwner.Server_Port.ToString();

                tbGrabDelay.Text = pOwner.GrabWaitTime.ToString();
                tbSaveDay.Text = pOwner.SaveDay.ToString();
                cbImage_Ok.Text = pOwner.OkImage.ToString();
                cbImage_Ng.Text = pOwner.NGImage.ToString();

                tbStoreA.Text = pOwner.StoreTime_A.ToString();
                tbStoreB.Text = pOwner.StoreTime_B.ToString();
                tbStoreC.Text = pOwner.StoreTime_C.ToString();
                tbStoreNG.Text = pOwner.StoreTime_NG.ToString();
            }
            catch (Exception Ex)
            {
            }

            //
            timer1.Start();
        }
```

저장시 설정한 내용이 파일로 저장됩니다.

```
private void btnSave_Click(object sender, EventArgs e)
{
    try
    {
        // 변경사항을 저장한다.
        string FilePath = string.Format("{0}\\Setting.ini", Application.StartupPath);
        IniTools Tool = new IniTools(FilePath);

        Tool.WriterString("SETTING", "LightPort", cbLight_Port.Text);
        Tool.WriterString("SETTING", "PlcIp", tbPlcIp.Text);
        Tool.WriterString("SETTING", "PlcPort", tbplcPort.Text);
        Tool.WriterString("SETTING", "ServerPort", tbServerPort.Text);

        Tool.WriterString("SETTING", "GrabDelay", tbGrabDelay.Text);
        Tool.WriterString("SETTING", "SaveDay", tbSaveDay.Text);
        Tool.WriterString("SETTING", "OkImage", cbImage_Ok.Text);
        Tool.WriterString("SETTING", "NgImage",cbImage_Ng.Text);

        Tool.WriterString("SETTING", "StoreA", tbStoreA.Text);
        Tool.WriterString("SETTING", "StoreB", tbStoreB.Text);
        Tool.WriterString("SETTING", "StoreC", tbStoreC.Text);
        Tool.WriterString("SETTING", "StoreNG", tbStoreNG.Text);
    }
    catch(Exception Ex)
    {

    }
}
```

출력버튼을 클릭시 해당 출력상태가 변경되며 타이머를 반복하면서 IO상태를 변경해줍니다.

```
        private void button1_Click(object sender, EventArgs e)
        {
            Close();
        }

        private void lbOutput11_Click(object sender, EventArgs e)
        {
            Label Temp = (Label)sender;
            int Tag = Convert.ToInt32(Temp.Text);
            pOwner.IoTestData[Tag] = (Temp.BackColor == Color.Lime) ? 1 : 2;
        }

        private void timer1_Tick(object sender, EventArgs e)
        {
            // 리스트를 전송한다.
            for (int Idx = 0; Idx < 8; ++Idx)
            {
                InputList[Idx].BackColor = (pOwner.IoInData[Idx] == 1) ? Color.Lime : Color.LightGray;
                OutputList[Idx].BackColor = (pOwner.IoOutData[Idx] == 1) ? Color.Lime : Color.LightGray;
            }
        }


    }
}
```

CHAPTER

5

C#, MiniMps 장비를 이용한 머신 비전 실습

CHAPTER 5

C#, MiniMps 장비를 이용한 머신 비전 실습

1 개요

이번 챕터는 이전실습에서 만든 MiniMps 머신 비전 프로그램을 이용하여 워크피스 또는 워크피스에 라벨을 붙여 비전검사를 통해 분류하는 예제를 진행해보도록 하겠습니다.

2 진행 시나리오

이번 챕터의 예제는 진행할 내용의 기초지식을 설명하고 폼을 배치 및 구현할 수 있도록 진행하도록 하겠습니다. 예제의 진행시나리오는 검사재품의 분류방법, 재품 이미지 찰상, 티칭, 검사결과로 진행하도록 하겠습니다.

3 MiniMpsVision시스템 사용방법

이번장을 진행 하기전에 WindowsForm의 기본 사용방법을 배우도록 하겠습니다. 프로그램을 실행하면 다음과 같이 카메라, UCI Bus(8비트 컴퓨터 기능), 조명이 연결되면 작업할 모델을 생성합니다.

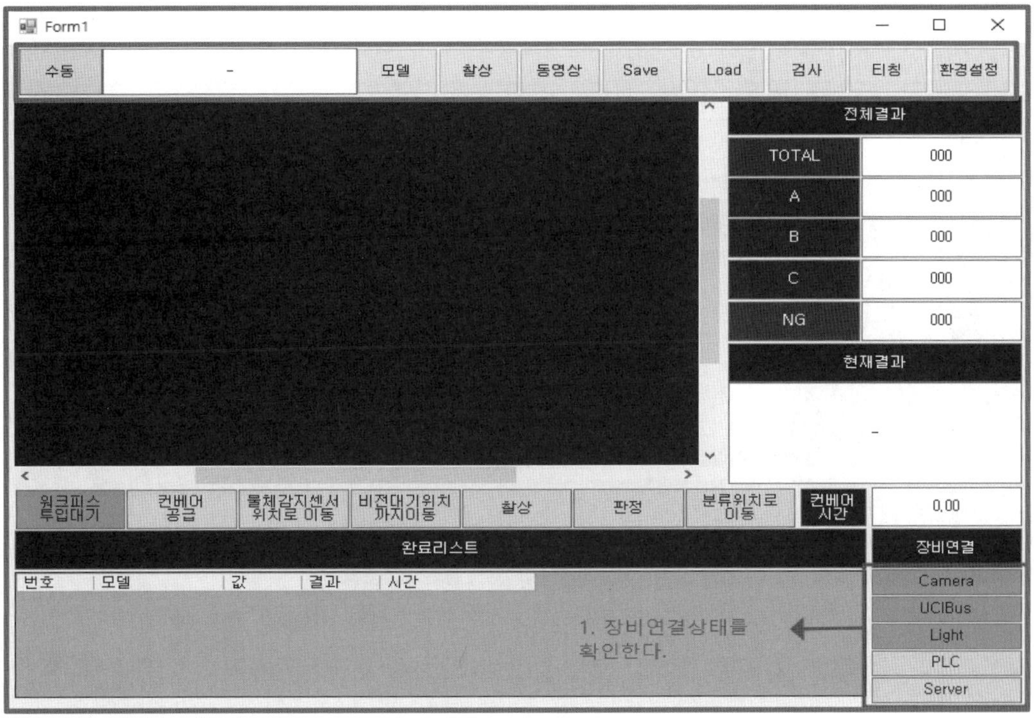

모델설정은 모델이름 분류할 범위, 물체감지센서이후 대기시간, 조명값 및 PLC 전송위치를 설정해주고 추가한 항목을 더블클릭하여 검사모델로 선택해줍니다.

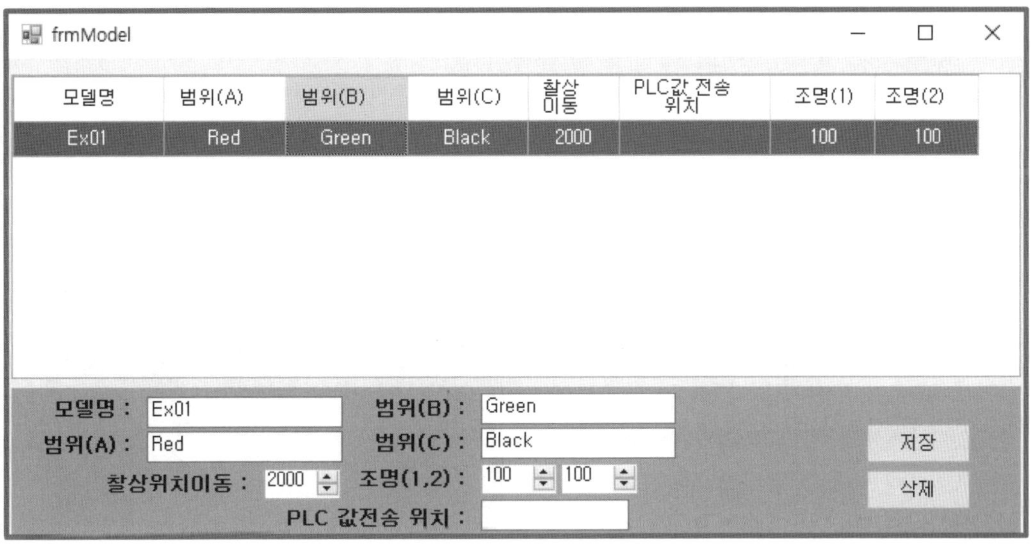

찰상버튼을 클릭하여 티칭할 이미지를 찰상합니다.

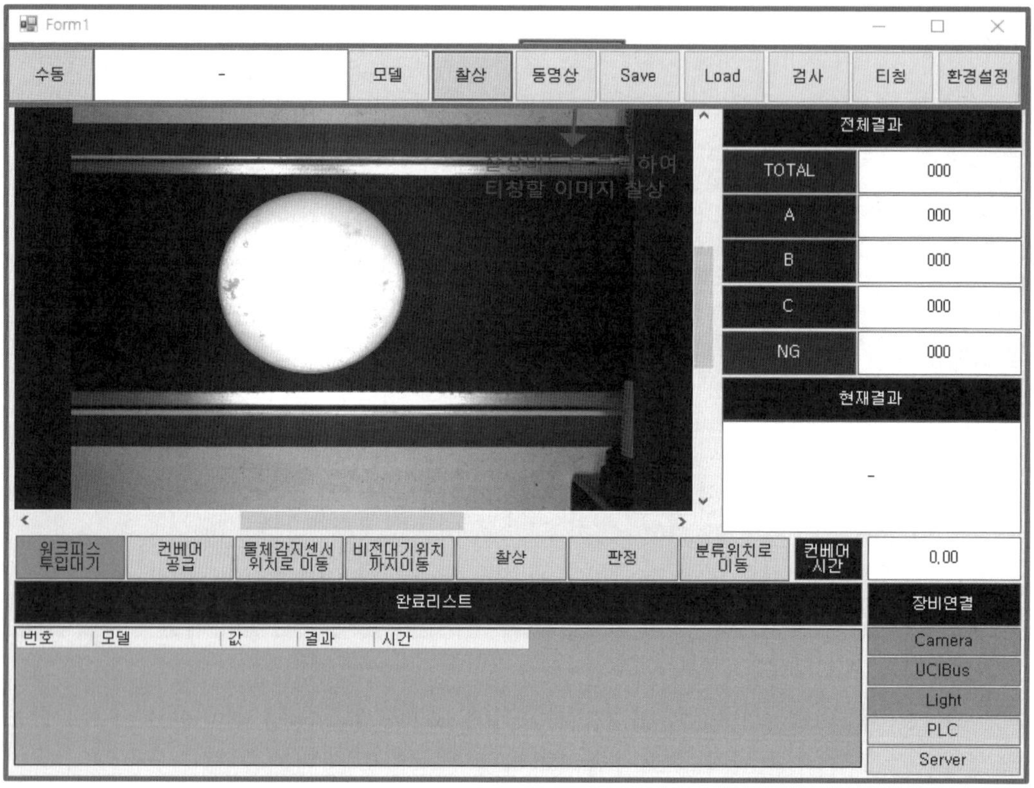

티칭버튼을 클릭하여 티칭창에 진입하여 입력파라메타에 입력이미지, 범위값을 받을 메개변수를 설정하고 출력파라메타에 결과와 값을 받을 매개변수를 생성후 마스터를 등록합니다.

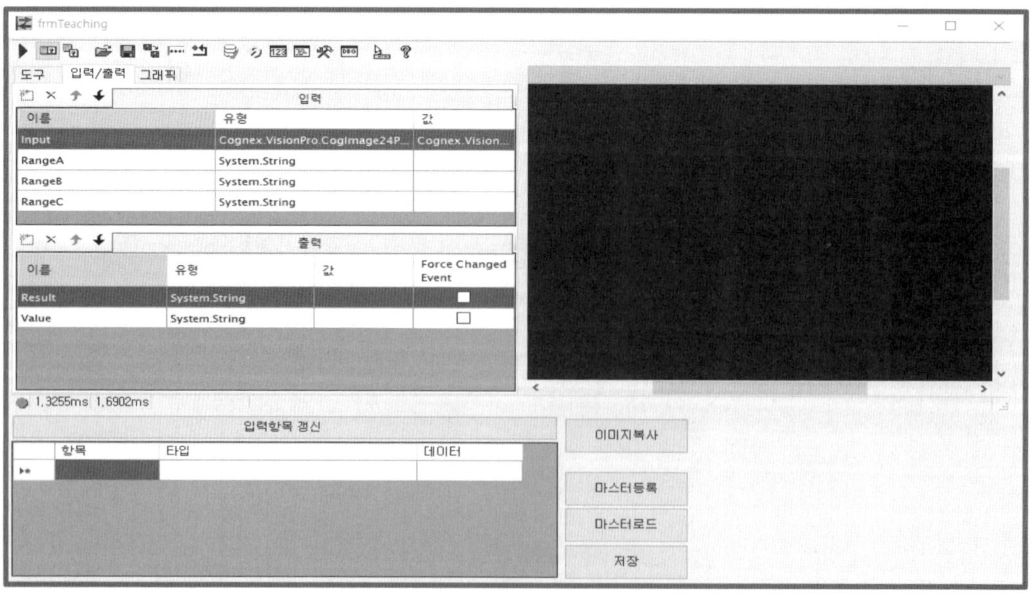

추후 검사를 진행하기 위해 수동라벨을 더블클릭하여 수동상태에서 자동상태로 변경합니다.

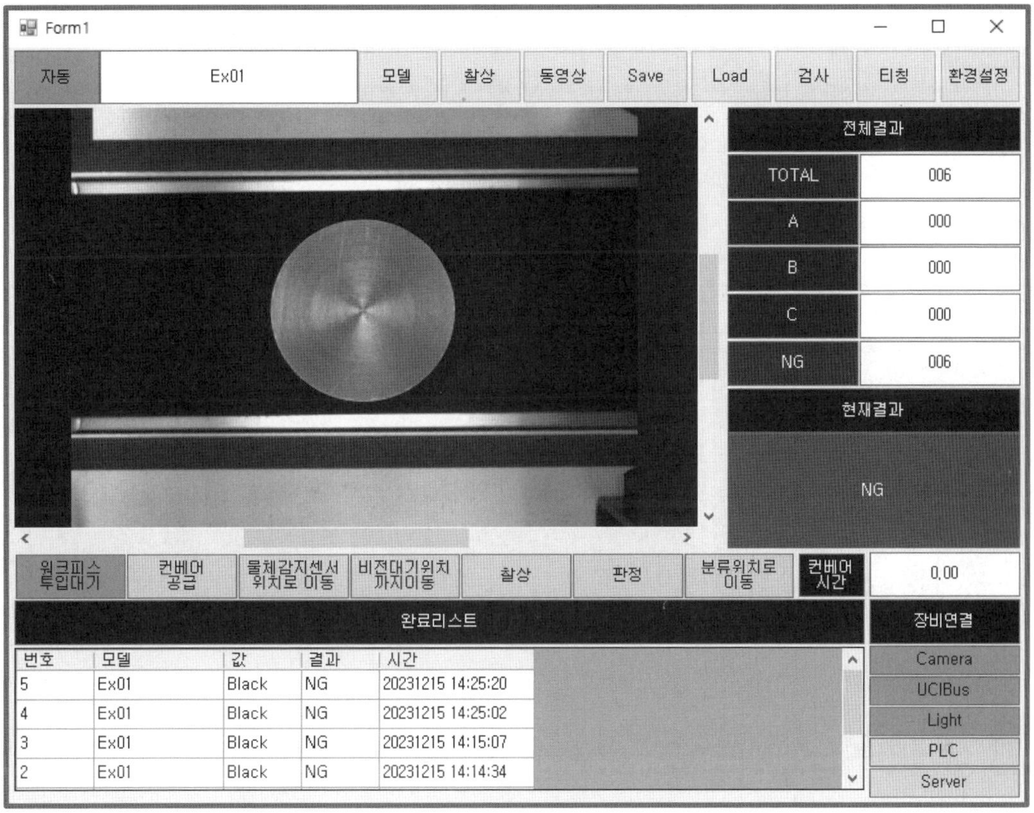

Ex01 워크피스의 색상으로 물품 분류

이번 프로젝트는 워크피스의 색상으로 물품을 분류해보도록 하겠습니다. 검사시료는 색상이 다른 원형 워크피스를 사용합니다.

A	B	C
	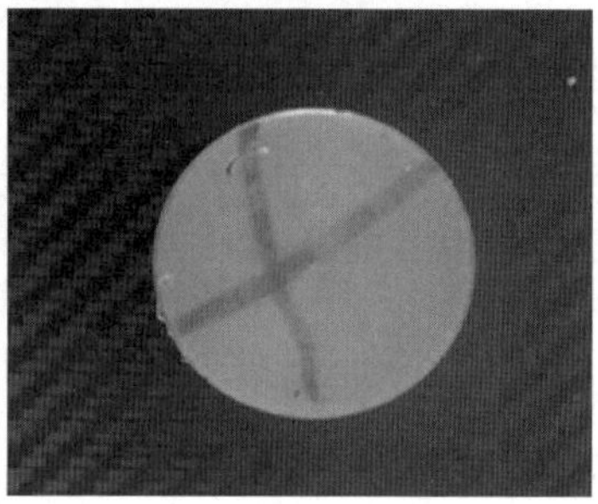	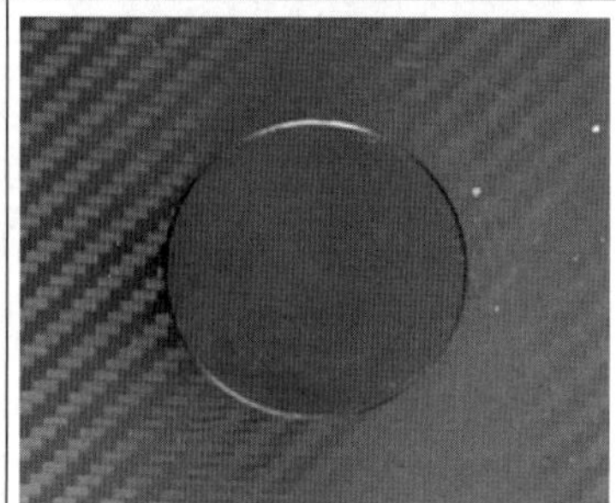

1 시나리오

검사시나리오는 다음과 같습니다.

플로우	비전도구 배치
모노이미지변환 (입력이미지를 모노이미지로 변환) ↓ 워크피스 찾기 (Blob검사로 워크피스 위치 검색) ↓ 워크피스 색상검사 (컬러매칭검사 실시)	[Inputs] Input RangeA RangeB RangeC 모노이미지변환 InputImage OutputImage 워크피스찾기 InputImage Results.GetBlobs().Count Results.GetBlobs().Item[0].CenterOfMassX Results.GetBlobs().Item[0].CenterOfMassY Results.GetBlobs().Item[0].Area 워크피스색상검사 InputImage Region.(Cognex.VisionPro.CogRectangle).X Region.(Cognex.VisionPro.CogRectangle).Y Result.ResultOfBestMatch.MatchScore Result.ConfidenceScore Result.ResultOfBestMatch.Color.Name [Outputs] Result Value

2 비전도구 배치

비전도구는 QuickBuild설명의 Job에 비전도구 추가내용을 참고하여 비전프로 배치표 및 해당표와 같이 순서대로 배치합니다.

비전명	도구그룹	비전명	도구그룹
모노이미 지변환	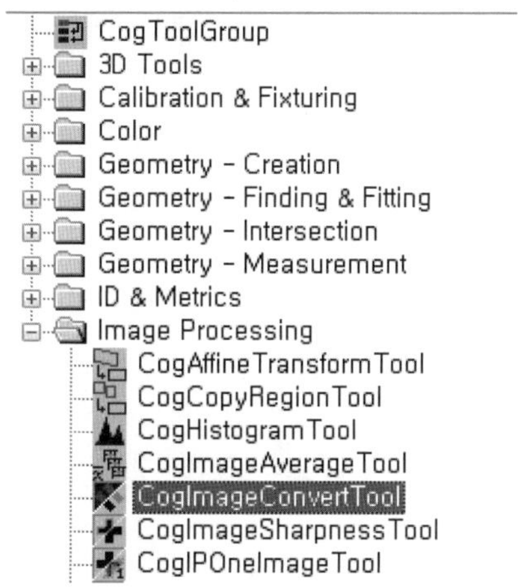	워크피스 찾기	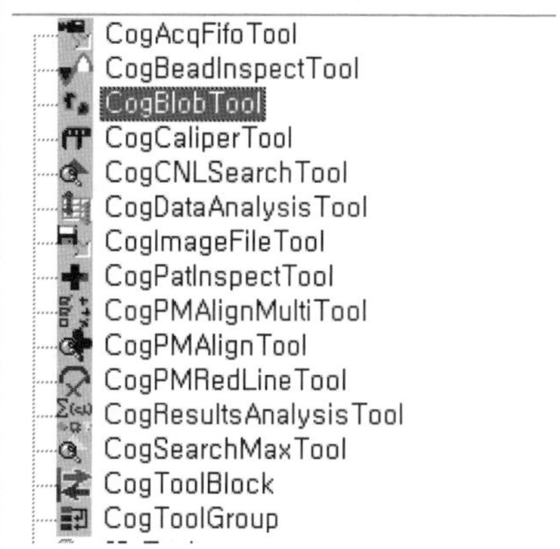
워크피스 색상 검사	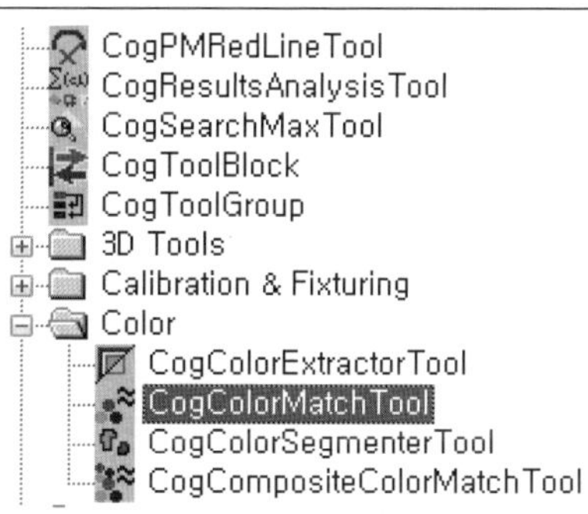		

3 모델세팅

모델세팅은 다음과 같이 설정하도록 합니다.

4 각 비전도구 세팅

1) 모노이미지변환

BlobTool검사를 위해 컬러이미지를 모노이미지로 변환하도록 ImageConvertTool을 사용하여 변경하도록 하겠습니다.

- 비전도구그룹에서 "모노이미지변환" 항목을 더블클릭하여 설정창에 진입합니다
- 콤보박스를 클릭하고 실행모드를 밝기를 선택 후 실행버튼을 눌러 변환을 실행합니다. 변경된 내용을 확인하기 위해 화면요소를 Output으로 변경하여 결과를 확인합니다.

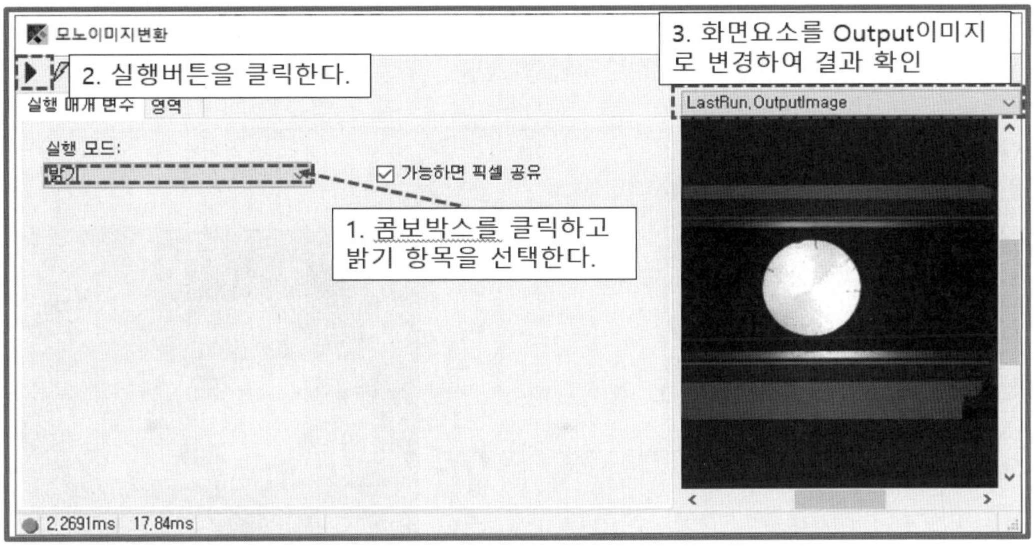

2) 워크피스찾기

워크피스를 찾기 위해서 BlobTool을 이용하여 명암대비로 워크피스를 검색해보도록 하겠습니다.

- 비전도구그룹에서 “워크피스찾기”항목을 더블클릭하여 설정창에 진입 합니다
- 영역탭으로 이동하여 사각형 영역을 선택하고 레일전체가 들어갈 수 있도록 위치를 설정합니다.

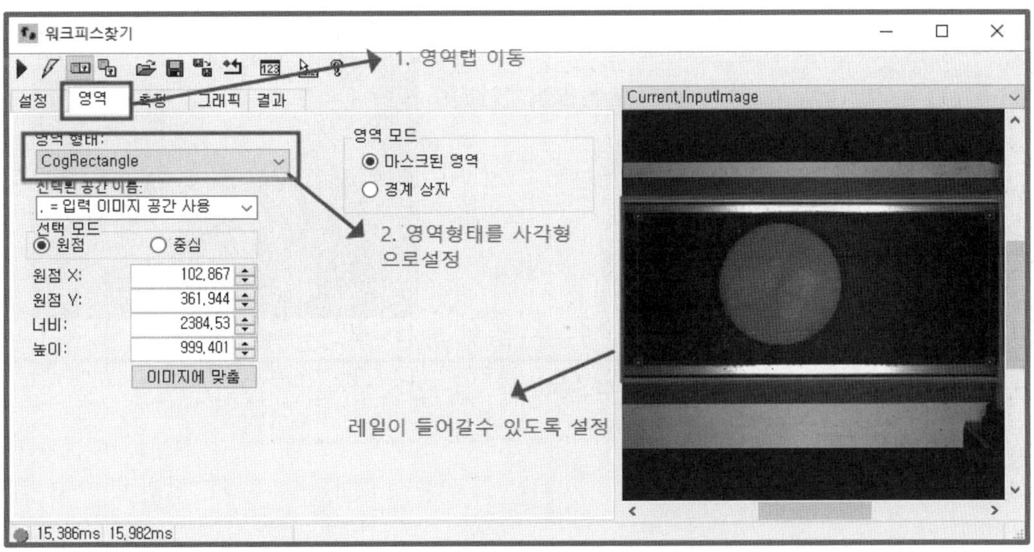

– 설정탭으로 이동하여 세그먼테이션 모드를 하드임계값(고정)으로 선택하시고 극성을 밝은블랍, 어두운 배경 임계값은 레일보다 밝은 값으로 설정하시면 됩니다.

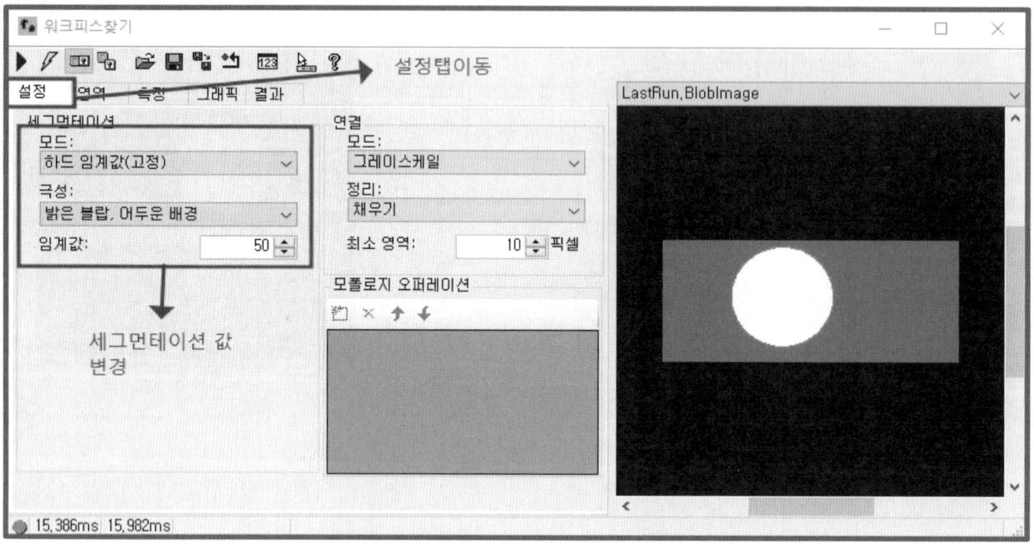

측정탭에 들어가서 영역항목에 필터를 설정하여 일정수준 이하의 블록은 무시하게 설정해줍니다.

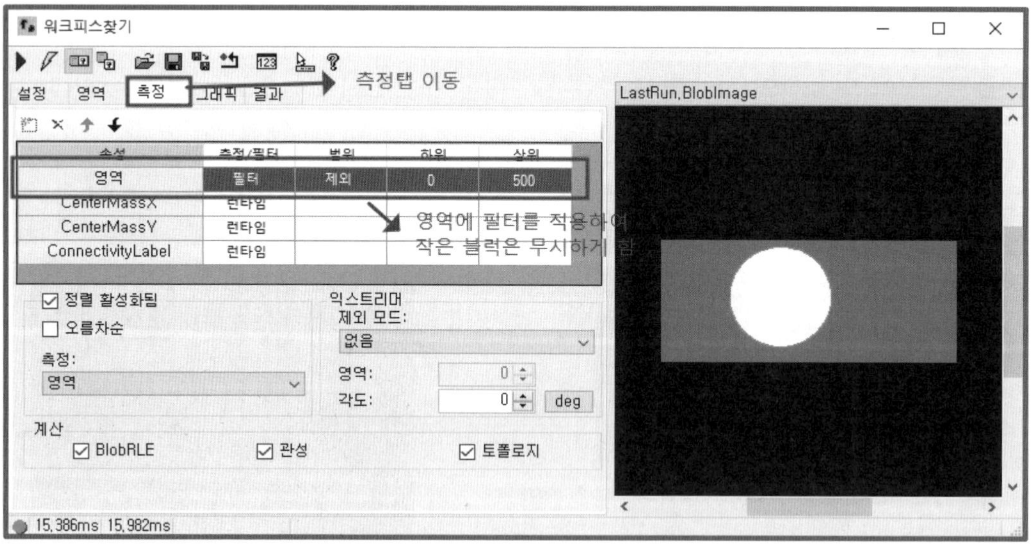

3) 워크피스색상검사

워크피스를 색상을 찾기위해서 위해서 CogColorMatchTool을 이용하여 찾은 워크피스 중심점 좌표를이용해서 워크피스를 색상을 분석해 보겠습니다.

- 팝업 항목중 터미널 추가를 클릭하고 해당 항목을 입력 터미널에 등록합니다.
  영역탭에 이동하여 영역형태를 사각형으로 설정하고 크기를 설정합니다.

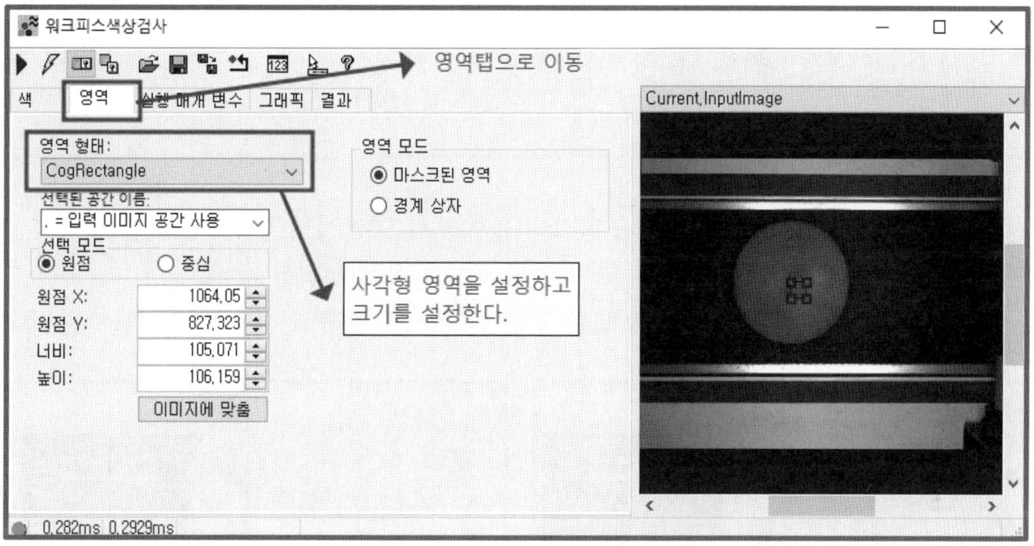

- 이전 워크피스찾기에서 검색한 영역위치를 받아오기 위해서 설정중인 비전도구에 마우스 오른쪽 버튼을 클릭하여 팝업을 활성화 합니다.
- 터미널추가 항목을 선택하고 해당항목을 추가해줍니다.

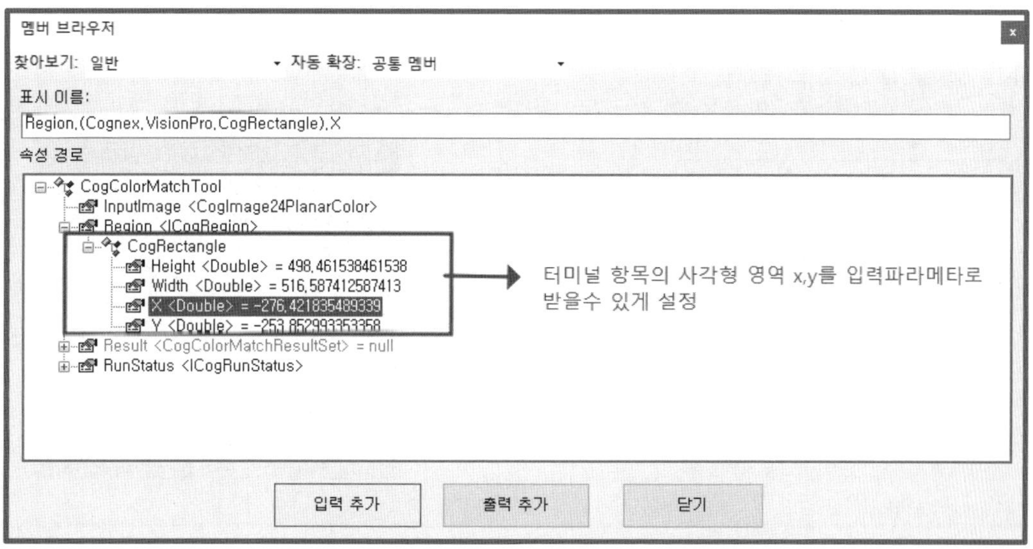

– 화면과 같이 추가된 영역 X,Y값에 찾은 워크피스의 X,Y위치값을 연결해 줍니다.

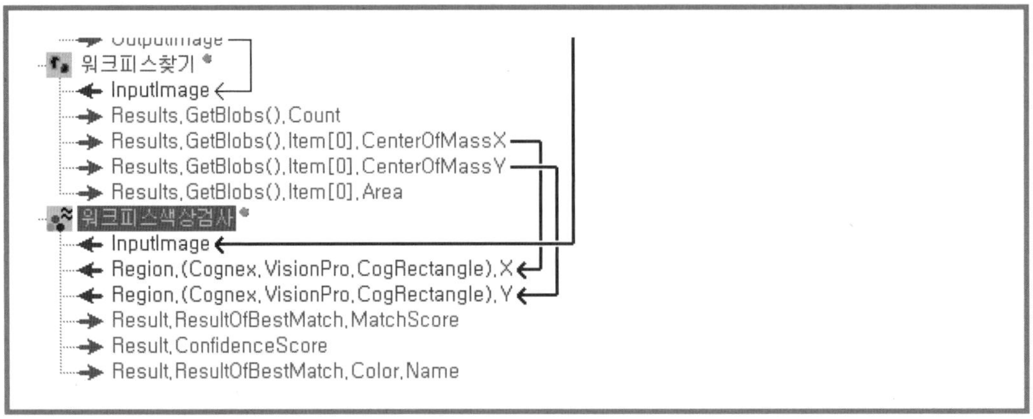

– 다시 워크피스색상검사 비전도구편집에 들어가서 영역선택을 선택합니다.
– 화면과 같이 추가버튼을 클릭하고 영여선택을 선택합니다.
– 컬러분석을 원하는 위치에 설정하고 공간을 HSL로 변하고 수용버튼을 클릭합니다.

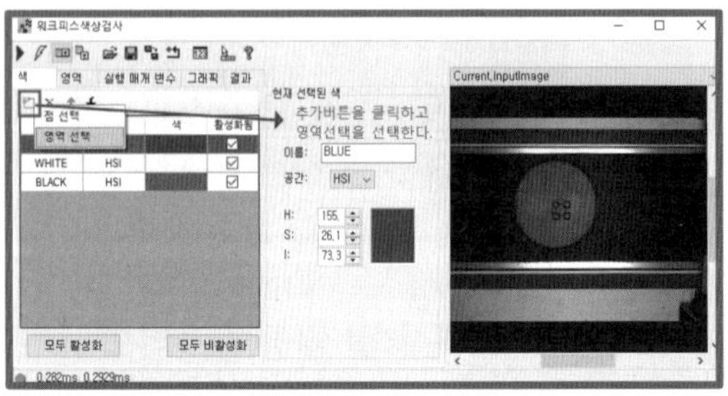

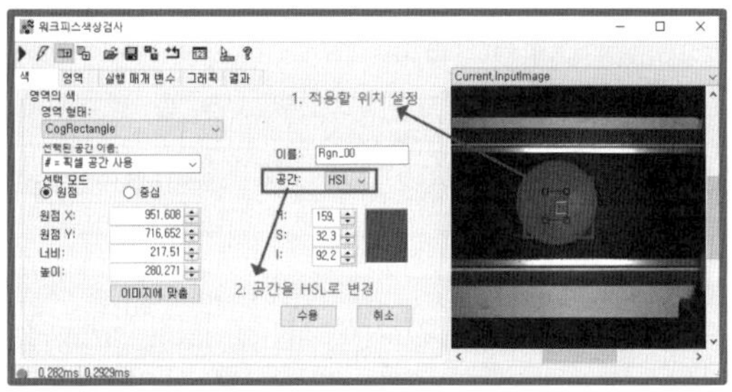

– 화면과 같이 나머지 검사할 항목을 모두 추가합니다.

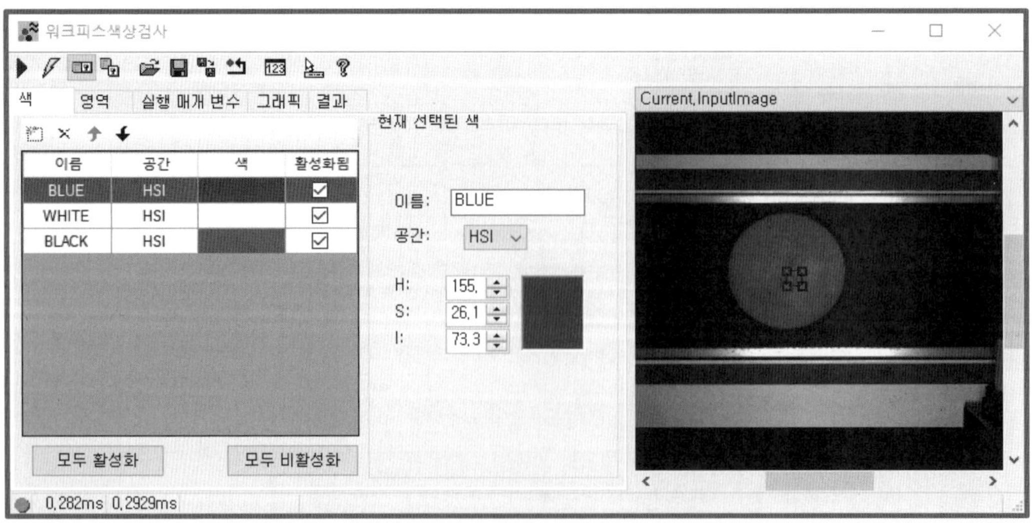

이후 결과에 대한 판정을 위해서 다음과 같이 스크립트를 작성합니다.

```
public override bool GroupRun(ref string message, ref CogToolResultConstants result)
{
  // Run each tool using the RunTool function
  foreach(ICogTool tool in mToolBlock.Tools)
  {
    mToolBlock.RunTool(tool, ref message, ref result);
  }

  // 판정범위 입력값을 받는다.
  string RangeA = mToolBlock.Inputs["RangeA"].Value.ToString();
  string RangeB = mToolBlock.Inputs["RangeB"].Value.ToString();
  string RangeC = mToolBlock.Inputs["RangeC"].Value.ToString();

  // 결과를 받아와서 판정한다.
  CogColorMatchTool Temp = (CogColorMatchTool) mToolBlock.Tools["워크피스색상검사"];
  string Color = Temp.Result.ResultOfBestMatch.Color.Name.ToString();
  mToolBlock.Outputs["Value"].Value = Color;
  if(Color == RangeA)
  {
    mToolBlock.Outputs["Result"].Value = "A";
  }
  else if(Color == RangeB)
  {
    mToolBlock.Outputs["Result"].Value = "B";
  }
  else if(Color == RangeC)
  {
    mToolBlock.Outputs["Result"].Value = "C";
  }
  else
  {
    mToolBlock.Outputs["Result"].Value = "NG";
  }


  return false;
}
```

Ex 02 워크피스의 모양으로 물품 분류

이번 프로젝트는 워크피스의 반지름의 크기로 물품을 분류해보도록 하겠습니다. 검사시료는 다음과 같이 모양 또는 크기가 틀린 워크피스입니다.

A	B	C
	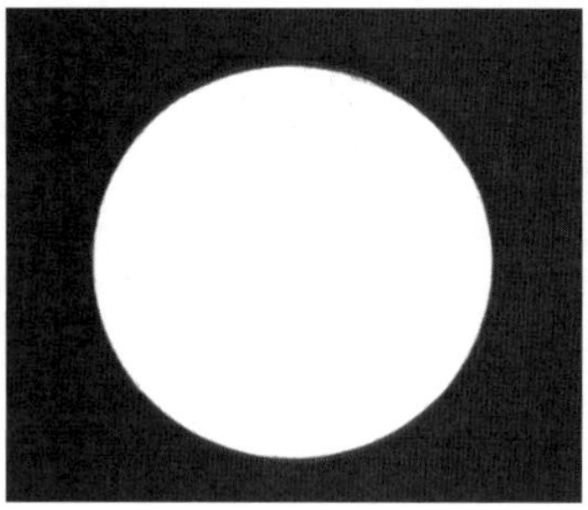	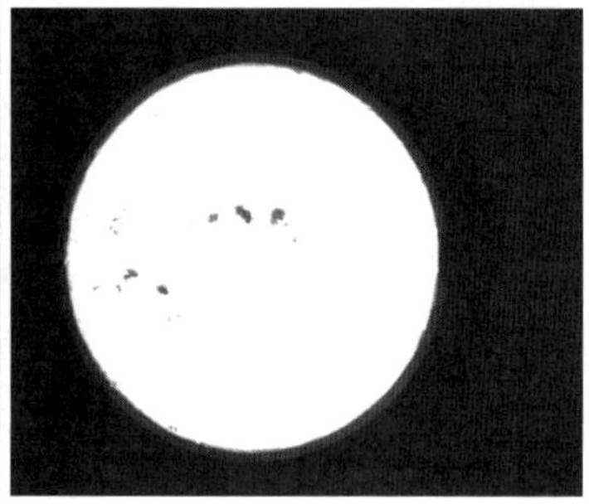

1 시나리오

검사시나리오는 다음과 같습니다.

플로우	비전도구 배치
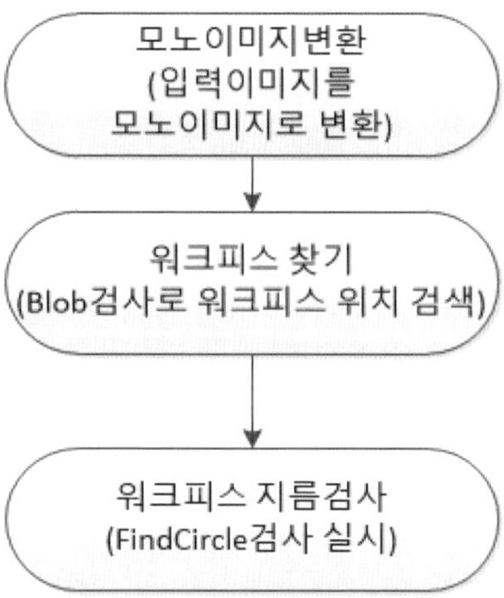 	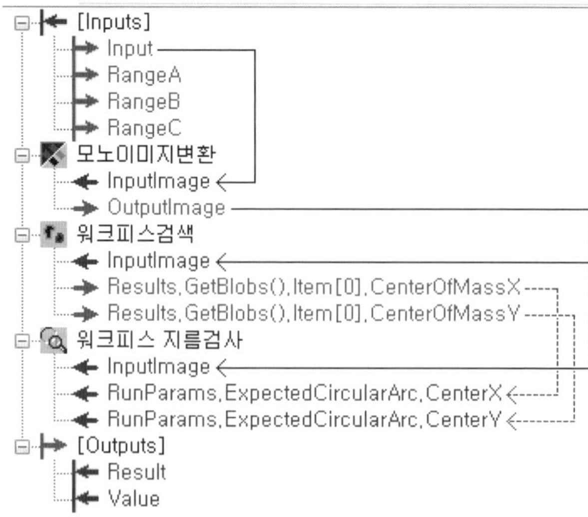

2 비전도구 배치

비전도구는 QuickBuild설명의 Job에 비전도구 추가내용을 참고하여 비전프로 배치표 및 해당표와 같이 순서대로 배치합니다.

비전명	도구그룹	비전명	도구그룹
모노이미지변환	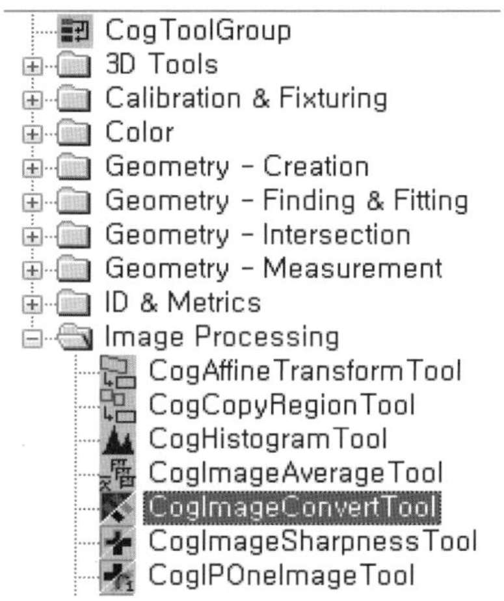	워크피스검색	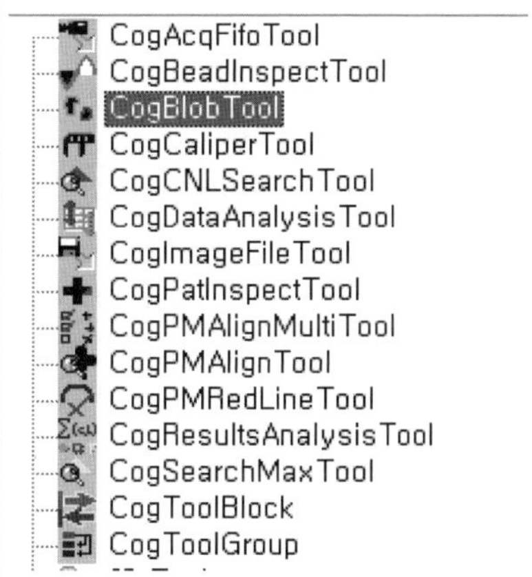
워크피스지름검사	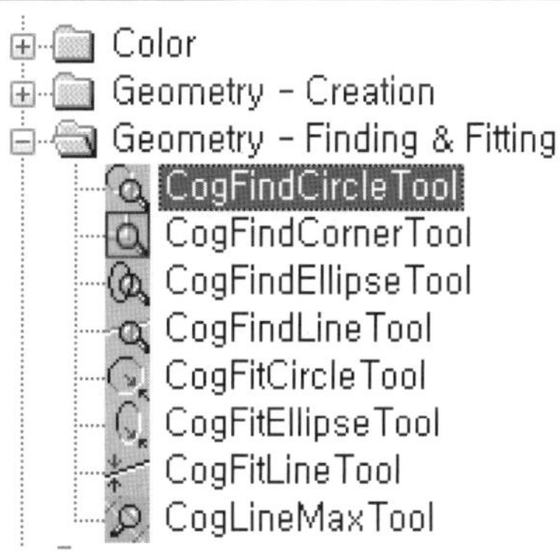		

3 모델세팅

모델세팅은 다음과 같이 설정하도록 합니다.

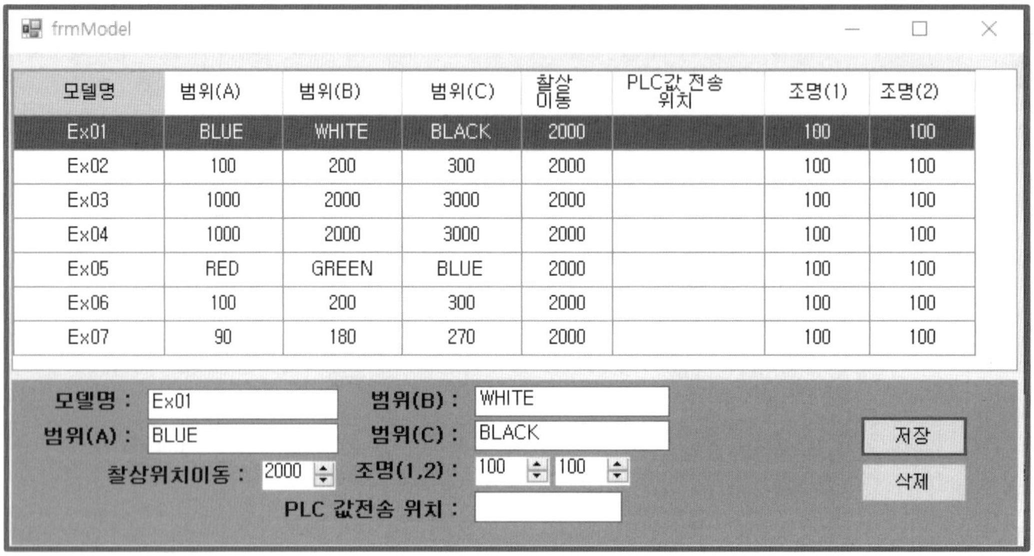

4 각 비전도구 세팅

1) 모노이미지변환

BlobTool검사를 위해 컬러이미지를 모노이미지로 변환하도록 ImageConvertTool을 사용하여 변경하도록 하겠습니다.

- 비전도구그룹에서 "모노이미지변환"항목을 더블클릭하여 설정창에 진입합니다
- 콤보박스를 클릭하고 실행모드를 밝기를 선택후 실행버튼을 눌러 변환을 실행합니다. 변경된 내용을 확인하기위해 화면요소를 Output으로 변경하여 결과를 확인합니다.

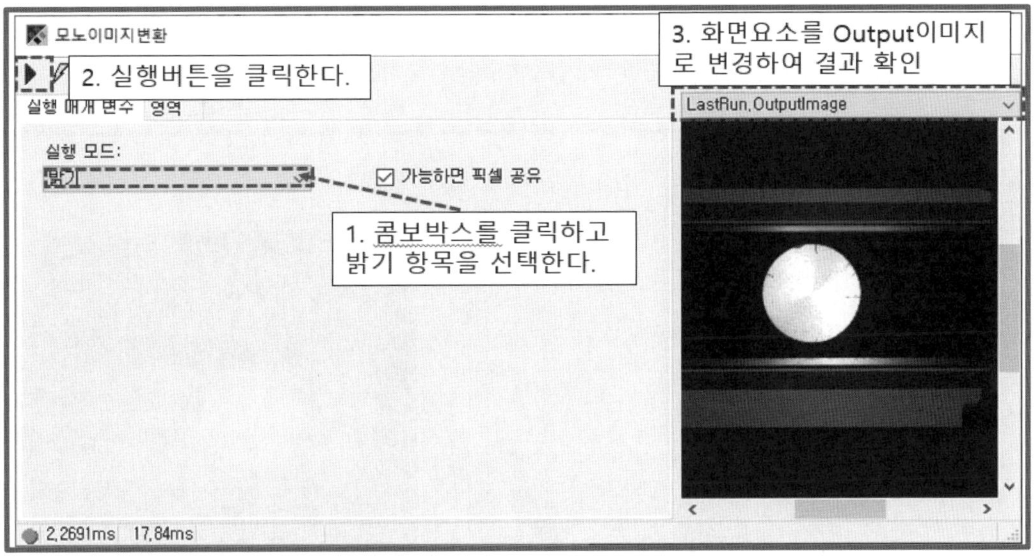

2) 워크피스찾기

워크피스를 찾기 위해서 BlobTool을 이용하여 명암대비로 워크피스를 검색해보도록 하겠습니다.

- 비전도구그룹에서 "워크피스찾기"항목을 더블클릭하여 설정창에 진입 합니다
- 영역탭으로 이동하여 사각형 영역을 선택하고 레일전체가 들어갈 수 있도록 위치를 설정합니다.

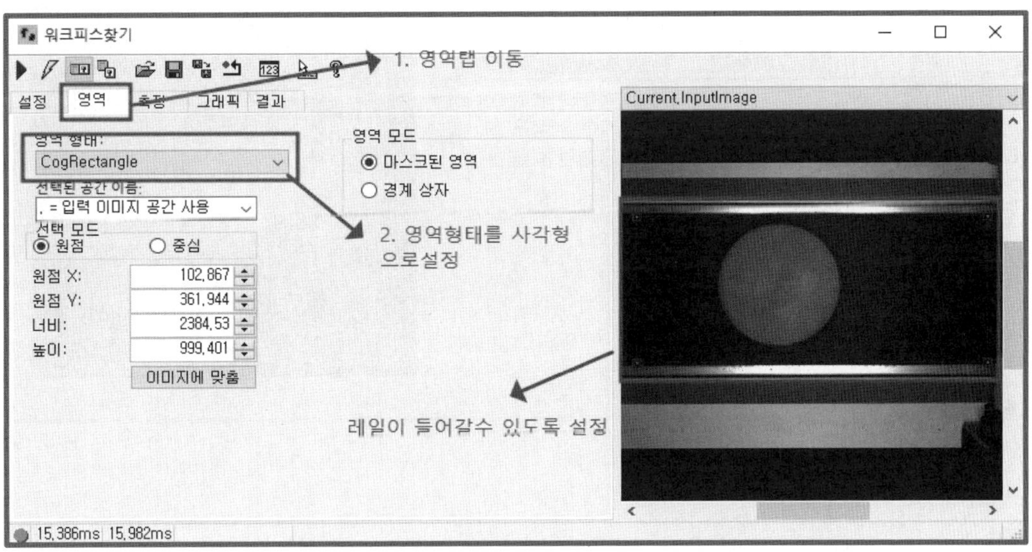

– 설정탭으로 이동하여 세그먼테이션 모드를 하드임계값(고정)으로 선택하시고 극성을 밝은블랍, 어두운 배경 임계값은 레일보다 밝은 값으로 설정하시면 됩니다.

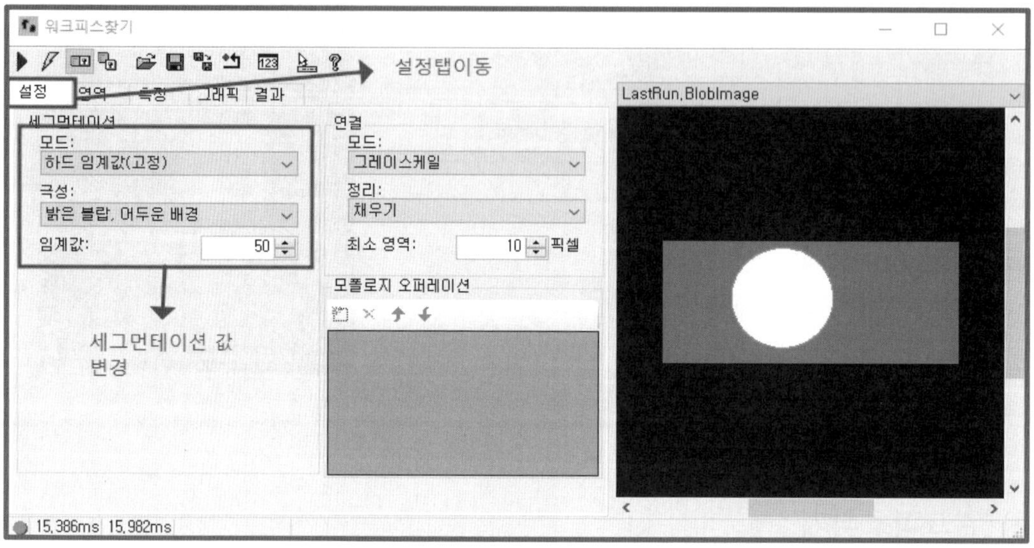

측정탭에 들어가서 영역항목에 필터를 설정하여 일정수준 이하의 블록은 무시하게 설정해줍니다.

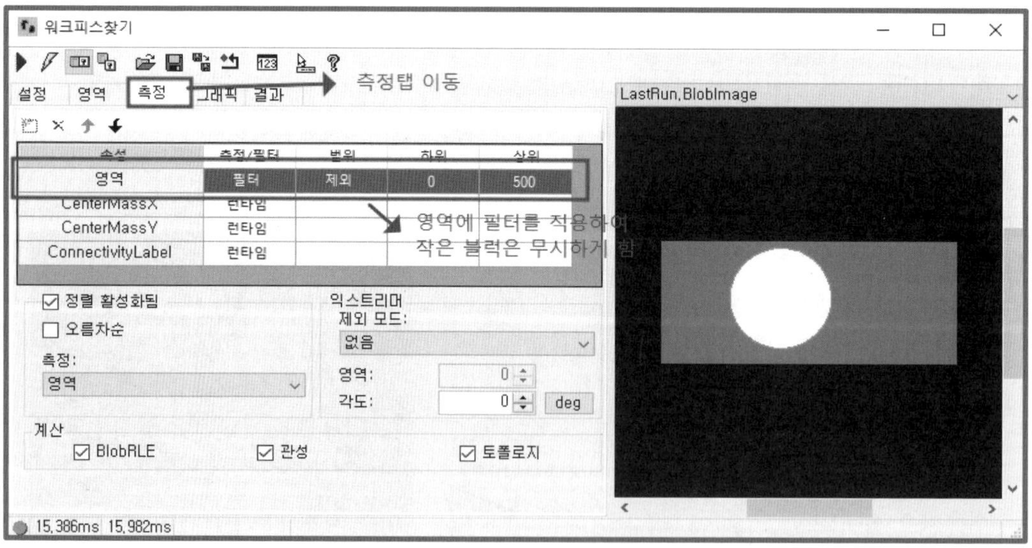

3) 워크피스 지름검사

워크피스를 원의지름을 구하기 위해서 CogFindCircleTool을 이용하여 찾은 워크피스 중심점 좌표를이용해서 워크피스를 지름을 분석해 보겠습니다.

- 이전 워크피스찾기에서 검색한 영역위치를 받아오기 위해서 설정중인 비전도구에 마우스 오른쪽 버튼을 클릭하여 팝업을 활성화 합니다.
- 터미널추가 항목을 선택하고 해당항목을 추가해줍니다.

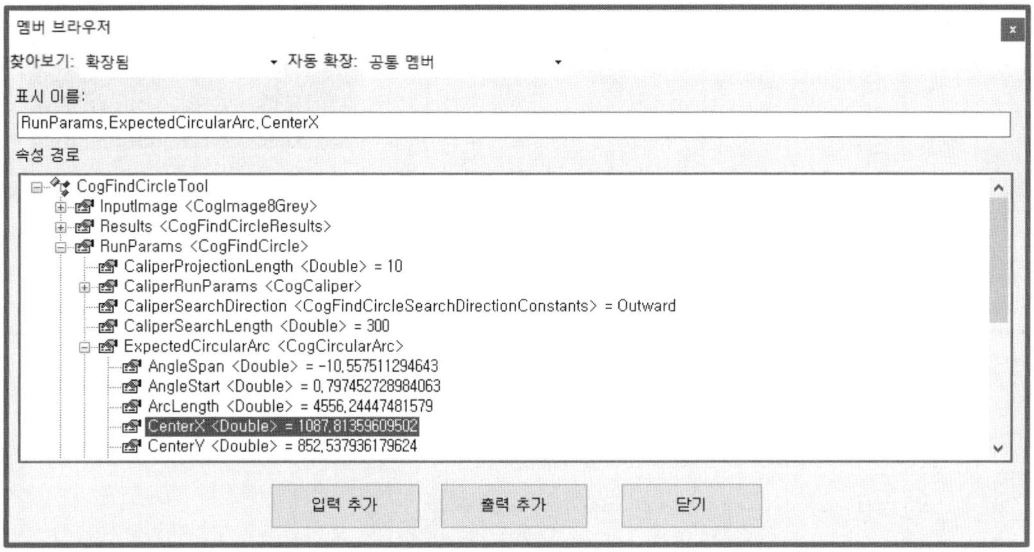

- 화면과 같이 추가된 영역 CenterX, CenterY값에 찾은 워크피스의 X,Y위치값을 연결해 줍니다.

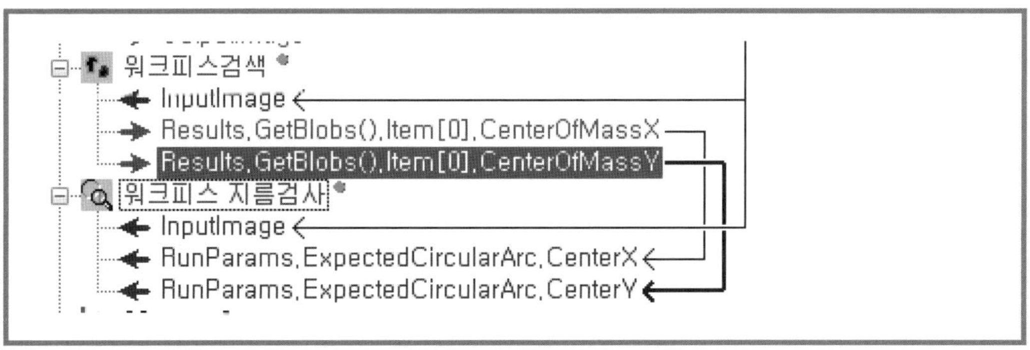

- 캘리퍼 설정탭에 들어가서 극성을 "밝은색에서 어두운색"으로 설정하고 대비임계값을 적당한 수치로 조정합니다.

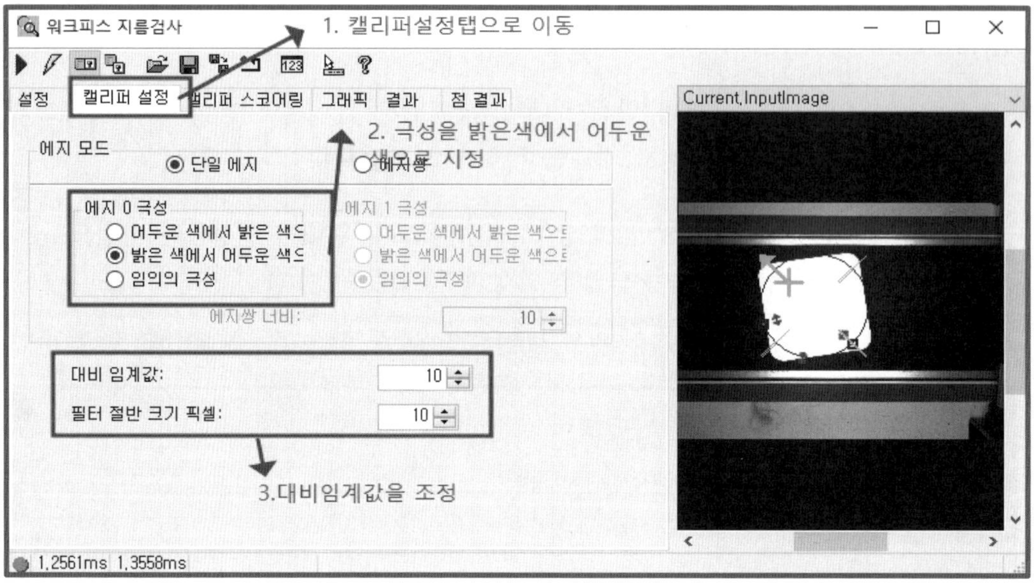

이후 결과에 대한 판정을 위해서 다음과 같이 스크립트를 작성합니다.

```
public override bool GroupRun(ref string message, ref CogToolResultConstants result)
{

  // Run each tool using the RunTool function
  foreach(ICogTool tool in mToolBlock.Tools)
  {
    mToolBlock.RunTool(tool, ref message, ref result);
  }

  // 판정범위값을 읽어온다.
  double RangeA = Convert.ToDouble(mToolBlock.Inputs["RangeA"].Value.ToString());
  double RangeB = Convert.ToDouble(mToolBlock.Inputs["RangeB"].Value.ToString());
  double RangeC = Convert.ToDouble(mToolBlock.Inputs["RangeC"].Value.ToString());


  // 검출된 결과로 판정을 실시한다.
  CogFindCircleTool Temp = (CogFindCircleTool) mToolBlock.Tools["워크피스 지름검사"];
  double Value = Temp.Results.GetCircle().Radius;
  mToolBlock.Outputs["Value"].Value = Value;

  if( RangeA >= Value)
  {
    mToolBlock.Outputs["Result"].Value = "A";
  }
  else if( RangeB >= Value)
  {
    mToolBlock.Outputs["Result"].Value = "B";
  }
  else if( RangeC >= Value)
  {
    mToolBlock.Outputs["Result"].Value = "C";
  }
  else
  {
    mToolBlock.Outputs["Result"].Value = "NG";
  }

  return false;
}
```

Ex03 워크피스내 1D 바코드 라벨로 물품 분류

이번 프로젝트는 워크피스의 내 바코드 라벨로 부류해보도록 하겠습니다.

1D 바코드	2D 데이터

1 시나리오

검사시나리오는 다음과 같습니다.

플로우	비전도구 배치
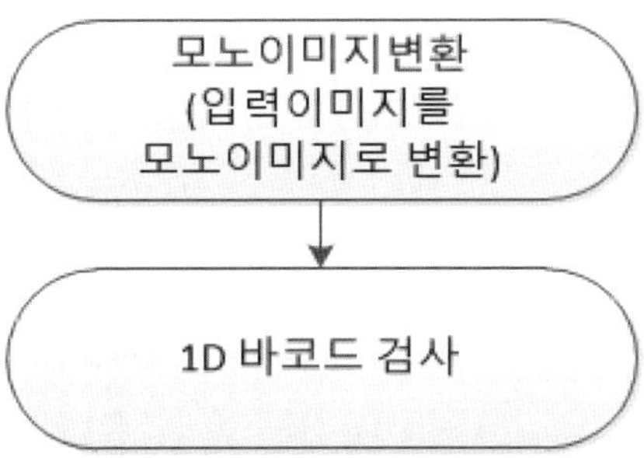	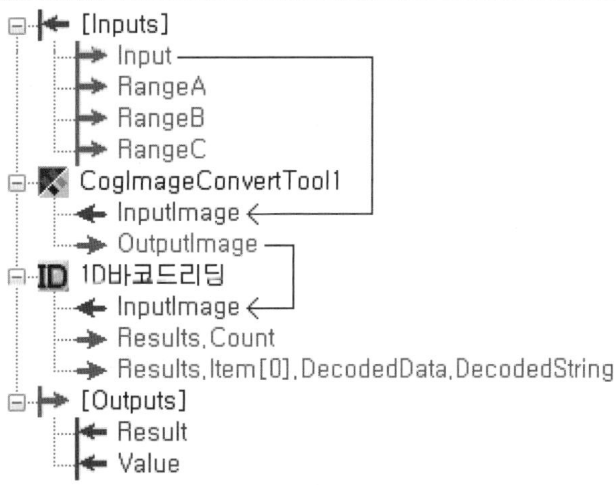

2 비전도구 배치

비전도구는 QuickBuild설명의 Job에 비전도구 추가내용을 참고하여 비전프로 배치표 및 해당표와 같이 순서대로 배치합니다.

비전명	도구그룹	비전명	도구그룹
모노이미지변환	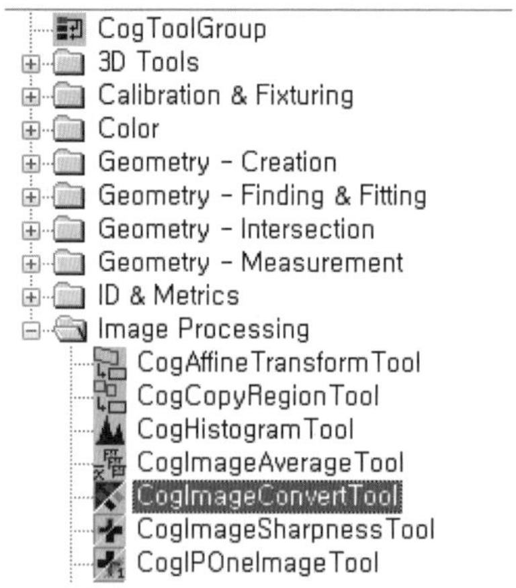	1D 바코드 리딩	

3 모델세팅

모델세팅은 다음과 같이 설정하도록 합니다.

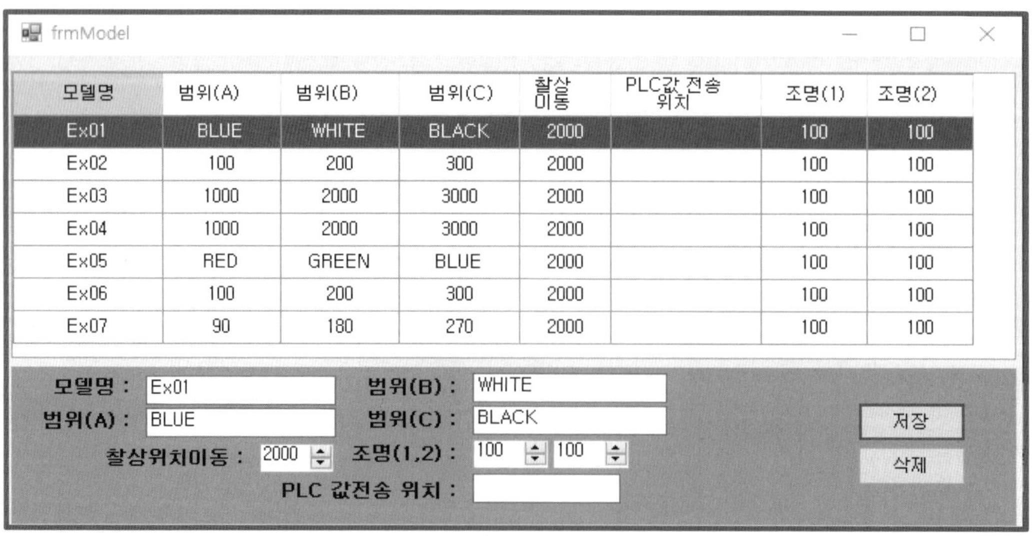

모델명	범위(A)	범위(B)	범위(C)	찰상이동	PLC값 전송위치	조명(1)	조명(2)
Ex01	BLUE	WHITE	BLACK	2000		100	100
Ex02	100	200	300	2000		100	100
Ex03	1000	2000	3000	2000		100	100
Ex04	1000	2000	3000	2000		100	100
Ex05	RED	GREEN	BLUE	2000		100	100
Ex06	100	200	300	2000		100	100
Ex07	90	180	270	2000		100	100

4 각 비전도구 세팅

1) 모노이미지변환

BlobTool검사를 위해 컬러이미지를 모노이미지로 변환하도록 ImageConvertTool을 사용하여 변경하도록 하겠습니다.

- 비전도구그룹에서 "모노이미지변환"항목을 더블클릭하여 설정창에 진입합니다
- 콤보박스를 클릭하고 실행모드를 밝기를 선택후 실행버튼을 눌러 변환을 실행합니다. 변경된 내용을 확인하기위해 화면요소를 Output으로 변경하여 결과를 확인합니다.

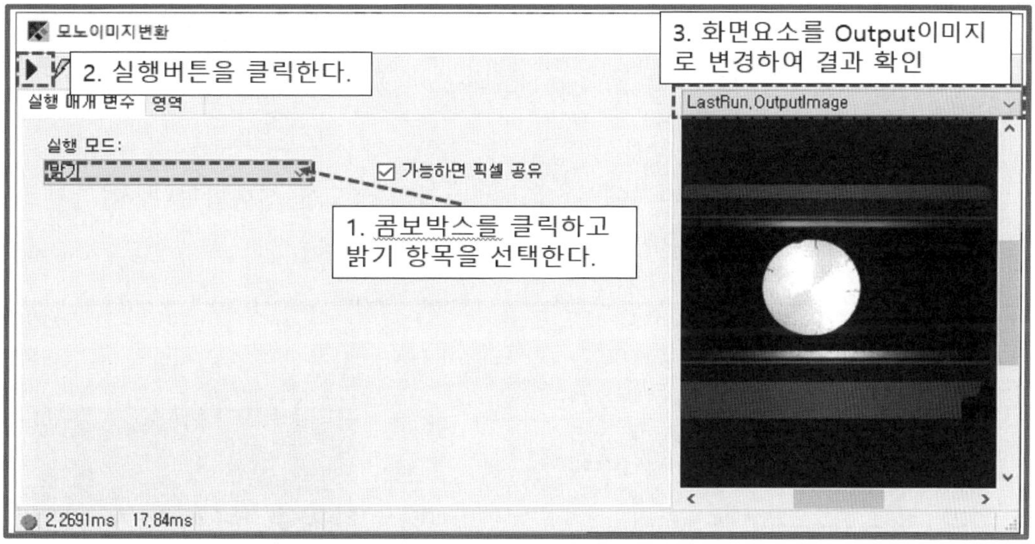

2) 1D 바코드 리딩

워크피스에 붙여진 바코드를 리딩하기 위해서 CogIdtool을 이용하여 1d 바코드를 읽어보겠습니다.

- 비전도구그룹에서 "1D바코드리딩"항목을 더블클릭하여 설정창에 진입 합니다
- 영역탭으로 이동하여 사각형 영역을 선택하고 레일전체가 들어갈 수 있도록 위치를 설정합니다.

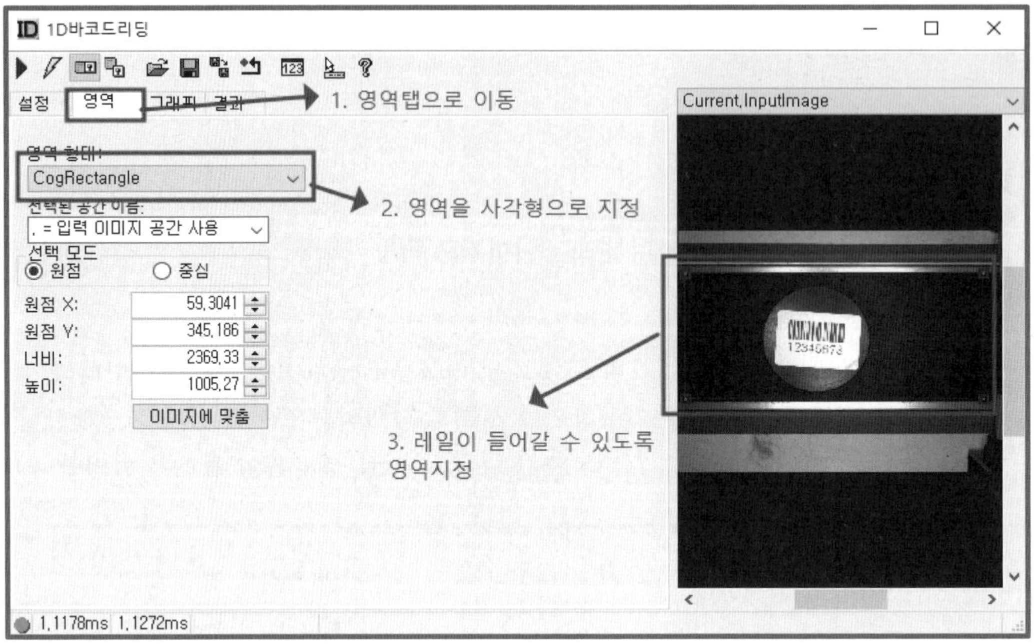

– 설정탭으로 이동하여 심볼리지에서 리딩할 타입의 코드를 선택합니다. 여기선 코드 128를 리딩하도록 하겠습니다.

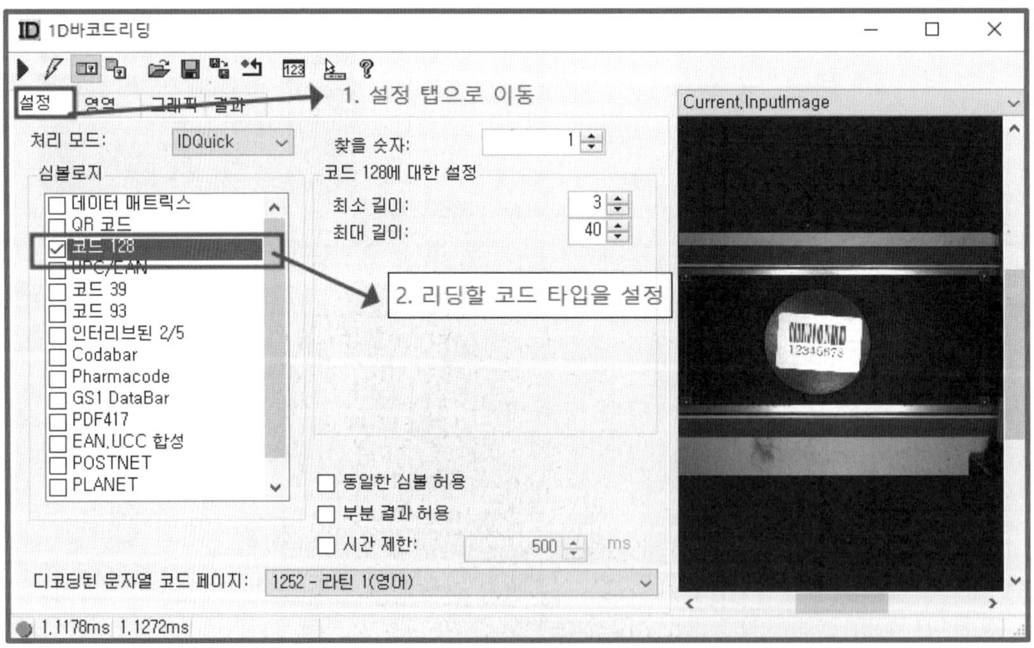

이후 결과에 대한 판정을 위해서 다음과 같이 스크립트를 작성합니다.

```
public override bool GroupRun(ref string message, ref CogToolResultConstants result)
{
  // Run each tool using the RunTool function
  foreach(ICogTool tool in mToolBlock.Tools)
    mToolBlock.RunTool(tool, ref message, ref result);

  // 판정범위를 읽어온다.
  string RangeA = mToolBlock.Inputs["RangeA"].Value.ToString();
  string RangeB = mToolBlock.Inputs["RangeB"].Value.ToString();
  string RangeC = mToolBlock.Inputs["RangeC"].Value.ToString();

  // 결과를 읽어와 판정을 실시한다.
  CogIDTool Temp = (CogIDTool) mToolBlock.Tools["1D바코드리딩"];
  string Color = Temp.Results[0].DecodedData.DecodedString;
  mToolBlock.Outputs["Value"].Value = Color;
  if(Color == RangeA)
  {
    mToolBlock.Outputs["Result"].Value = "A";
  }
  else if(Color == RangeB)
  {
    mToolBlock.Outputs["Result"].Value = "B";
  }
  else if(Color == RangeC)
  {
    mToolBlock.Outputs["Result"].Value = "C";
  }
  else
  {
    mToolBlock.Outputs["Result"].Value = "NG";
  }

  return false;
}
```

Ex04 워크피스내 2D 데이터 라벨로 물품 분류

이번 프로젝트는 워크피스의 내 바코드 라벨로 부류해보도록 하겠습니다.

1D 바코드	2D 데이터

1 시나리오

검사시나리오는 다음과 같습니다.

플로우	비전도구 배치
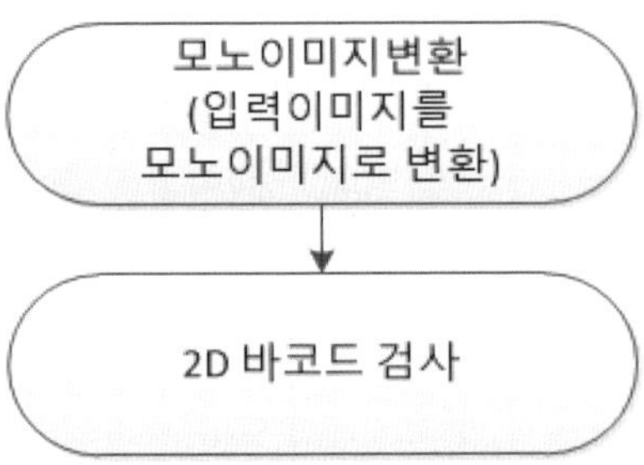	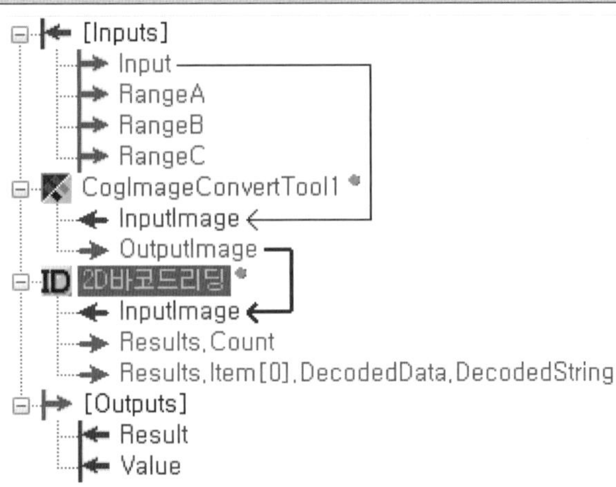

2 비전도구 배치

비전도구는 QuickBuild설명의 Job에 비전도구 추가내용을 참고하여 비전프로 배치표 및 해당표와 같이 순서대로 배치합니다.

비전명	도구명	비전명	도구명
모노 이미지 변환	Image Processing CogAffineTransformTool CogCopyRegionTool CogHistogramTool CogImageAverageTool CogImageConvertTool CogImageSharpnessTool CogIPOneImageTool CogIPTwoImageAddTool CogIPTwoImageMinMaxTool CogIPTwoImageSubtractTool CogLinescanDistortionCorrectionTool CogMaskCreatorTool CogPixelMapTool	바코드 찾기	ID & Metrics CogIDTool CogOCRMaxTool CogOCVMaxTool

3 모델세팅

모델세팅은 다음과 같이 설정하도록 합니다.

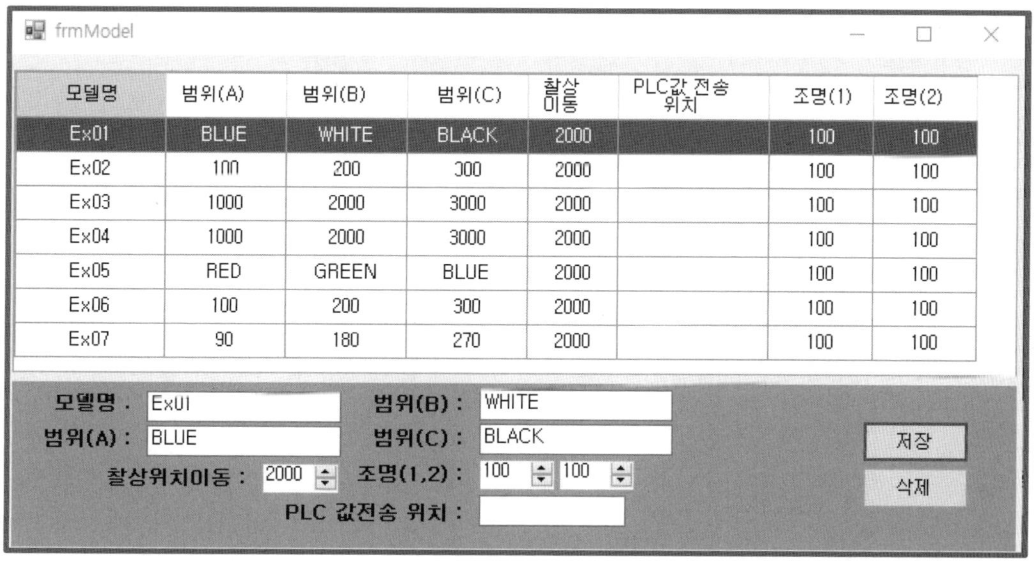

4 각 비전도구 세팅

1) 모노이미지변환

컬러이미지를 모노이미지로 변환하도록 ImageConvertTool을 사용하여 변경하도록 하겠습니다.

- 비전도구그룹에서 "모노이미지변환"항목을 더블클릭하여 설정창에 진입합니다
- 콤보박스를 클릭하고 실행모드를 밝기를 선택후 실행버튼을 눌러 변환을 실행합니다. 변경된 내용을 확인하기위해 화면요소를 Output으로 변경하여 결과를 확인합니다.

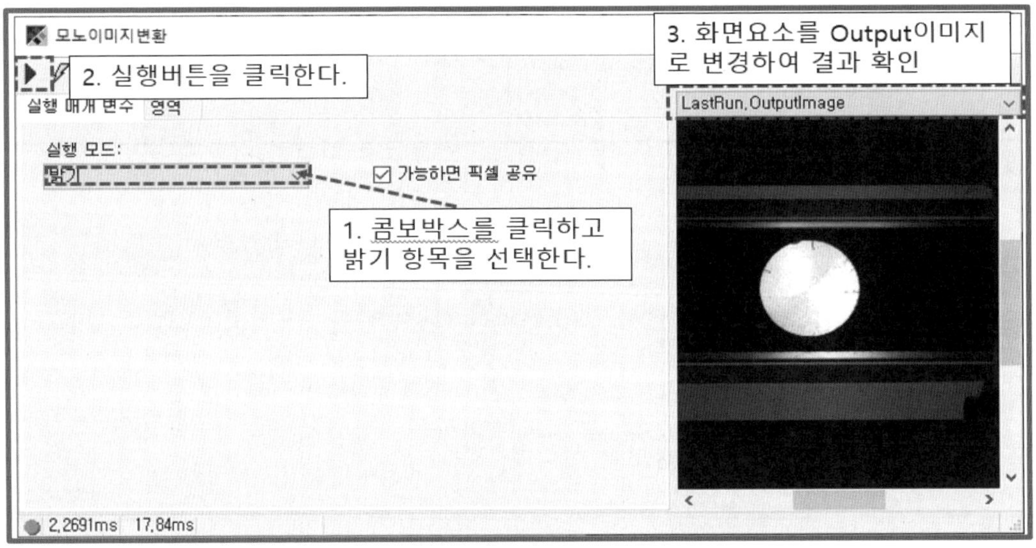

2) 1D 바코드 리딩

워크피스에 붙여진 바코드를 리딩하기 위해서 CogIdtool을 이용하여 2d 바코드를 읽어보겠습니다.

- 비전도구그룹에서 "2D바코드리딩"항목을 더블클릭하여 설정창에 진입 합니다
- 영역탭으로 이동하여 사각형 영역을 선택하고 레일전체가 들어갈 수 있도록 위치를 설정합니다.

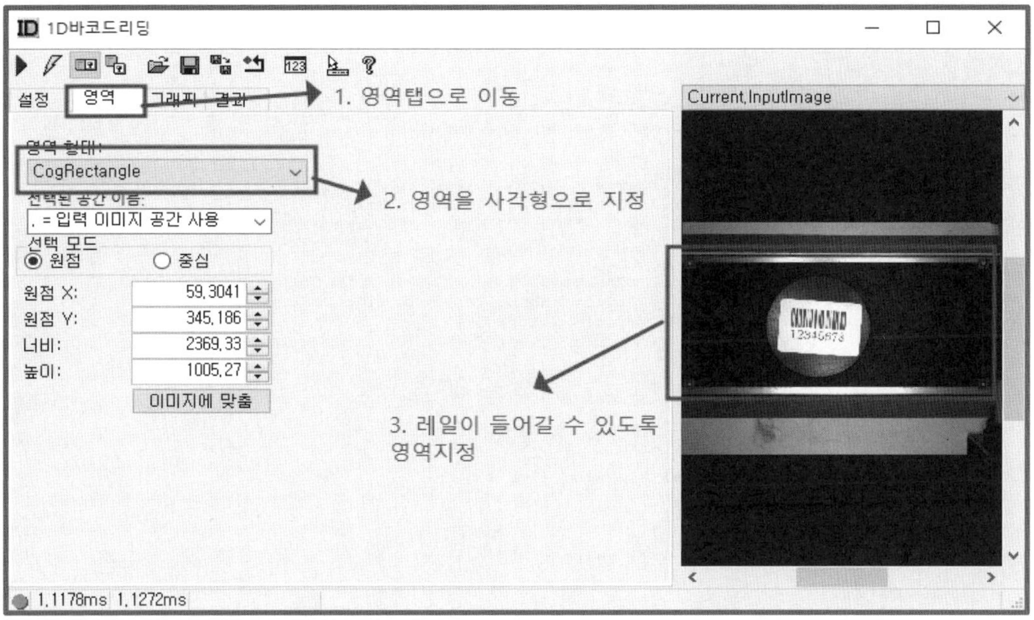

– 설정탭으로 이동하여 심볼리지에 리딩할 타입을 설정합니다. 2d바코드를 리딩할 것이기 때문에 데이터 메트릭스 타입을 선택합니다.

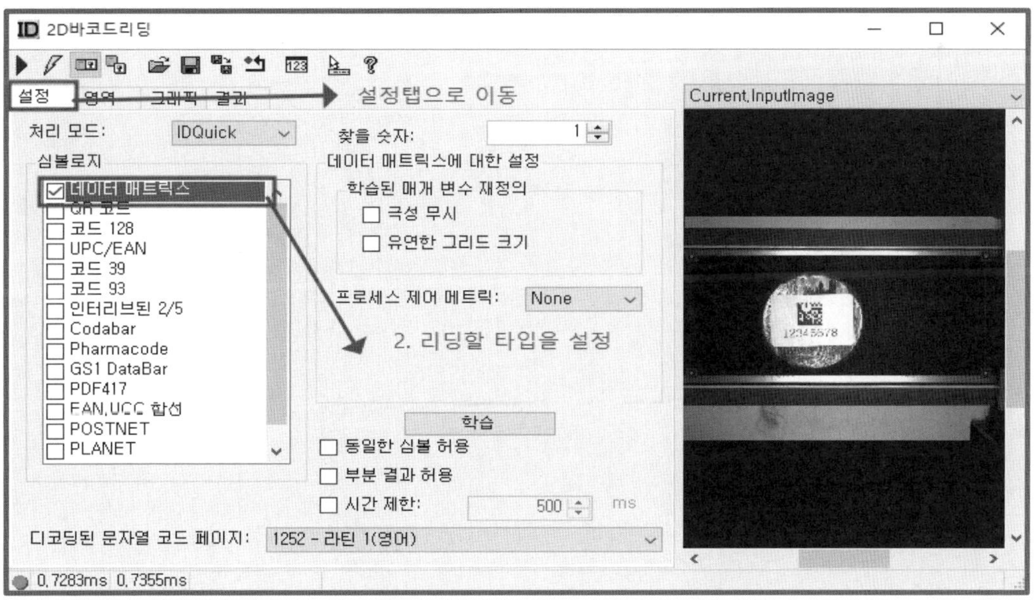

이후 결과에 대한 판정을 위해서 다음과 같이 스크립트를 작성합니다.

```
public override bool GroupRun(ref string message, ref CogToolResultConstants result)
{
  // Run each tool using the RunTool function
  foreach(ICogTool tool in mToolBlock.Tools)
    mToolBlock.RunTool(tool, ref message, ref result);

  // 판정범위를 읽어온다.
  string RangeA = mToolBlock.Inputs["RangeA"].Value.ToString();
  string RangeB = mToolBlock.Inputs["RangeB"].Value.ToString();
  string RangeC = mToolBlock.Inputs["RangeC"].Value.ToString();

  // 결과를 읽어와 판정을 실시한다.
  CogIDTool Temp = (CogIDTool) mToolBlock.Tools["2D바코드리딩"];
  string Color = Temp.Results[0].DecodedData.DecodedString.ToString();
  mToolBlock.Outputs["Value"].Value = Color;

  if(Color == RangeA)
  {
    mToolBlock.Outputs["Result"].Value = "A";
  }
  else if(Color == RangeB)
  {
    mToolBlock.Outputs["Result"].Value = "B";
  }
  else if(Color == RangeC)
  {
    mToolBlock.Outputs["Result"].Value = "C";
  }
  else
  {
    mToolBlock.Outputs["Result"].Value = "NG";
  }


  return false;
}
```

Ex05 워크피스내 문자 스티커로 물품 분류

이번 프로젝트는 워크피스내 붙여진 문자 스티커의 색상을 분류해보도록 하겠습니다.

A	B	C
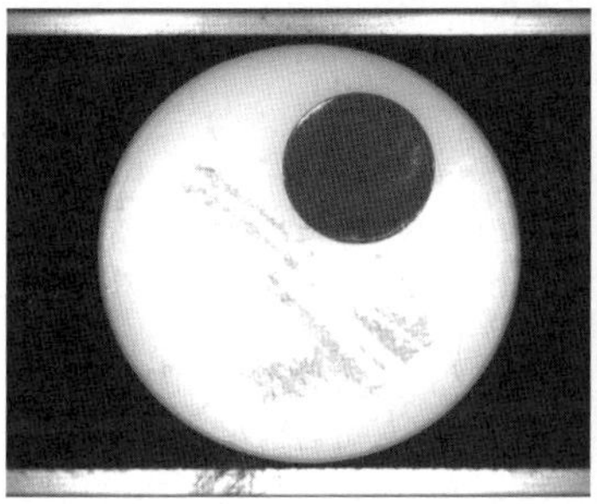		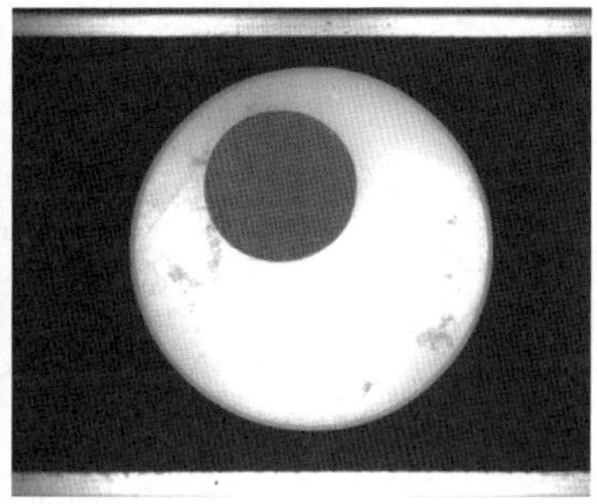

1 시나리오

검사시나리오는 다음과 같습니다.

플로우	비전도구 배치
모노이미지변환 (입력이미지를 모노이미지로 변환) ↓ 워크피스 찾기 (Blob검사로 워크피스 위치 검색) ↓ 워크피스 중심 (FindCircle로 워크피스 반지름찾기) ↓ 스티커 찾기 (Blob검사로 스티커 위치 검색) ↓ 스티커 중심 (FindCircle로 스티커 반지름찾기) ↓ 스티커의색상검사	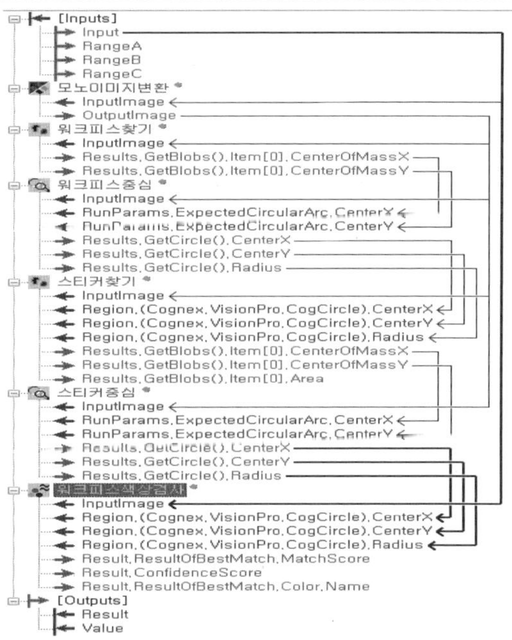

2 비전도구 배치

비전도구는 QuickBuild설명의 Job에 비전도구 추가내용을 참고하여 비전프로 배치표 및 해당표와 같이 순서대로 배치합니다.

비전명	도구그룹	비전명	도구그룹
모노 이미지 변환	CogToolGroup 3D Tools Calibration & Fixturing Color Geometry - Creation Geometry - Finding & Fitting Geometry - Intersection Geometry - Measurement ID & Metrics Image Processing CogAffineTransformTool CogCopyRegionTool CogHistogramTool CogImageAverageTool **CogImageConvertTool** CogImageSharpnessTool CogIPOneImageTool	워크피스 찾기	CogAcqFifoTool CogBeadInspectTool **CogBlobTool** CogCaliperTool CogCNLSearchTool CogDataAnalysisTool CogImageFileTool CogPatInspectTool CogPMAlignMultiTool CogPMAlignTool CogPMRedLineTool CogResultsAnalysisTool CogSearchMaxTool CogToolBlock CogToolGroup
워크피스 중심검사	Color Geometry - Creation Geometry - Finding & Fitting **CogFindCircleTool** CogFindCornerTool CogFindEllipseTool CogFindLineTool CogFitCircleTool CogFitEllipseTool CogFitLineTool CogLineMaxTool	스티커 찾기	CogAcqFifoTool CogBeadInspectTool **CogBlobTool** CogCaliperTool CogCNLSearchTool CogDataAnalysisTool CogImageFileTool CogPatInspectTool CogPMAlignMultiTool CogPMAlignTool CogPMRedLineTool CogResultsAnalysisTool CogSearchMaxTool CogToolBlock CogToolGroup
스티커 중심검사	Color Geometry - Creation Geometry - Finding & Fitting **CogFindCircleTool** CogFindCornerTool CogFindEllipseTool CogFindLineTool CogFitCircleTool CogFitEllipseTool CogFitLineTool CogLineMaxTool	스티커 색상검사	CogPMRedLineTool CogResultsAnalysisTool CogSearchMaxTool CogToolBlock CogToolGroup 3D Tools Calibration & Fixturing Color CogColorExtractorTool **CogColorMatchTool** CogColorSegmenterTool CogCompositeColorMatchTool

3 모델세팅

모델세팅은 다음과 같이 설정하도록 합니다.

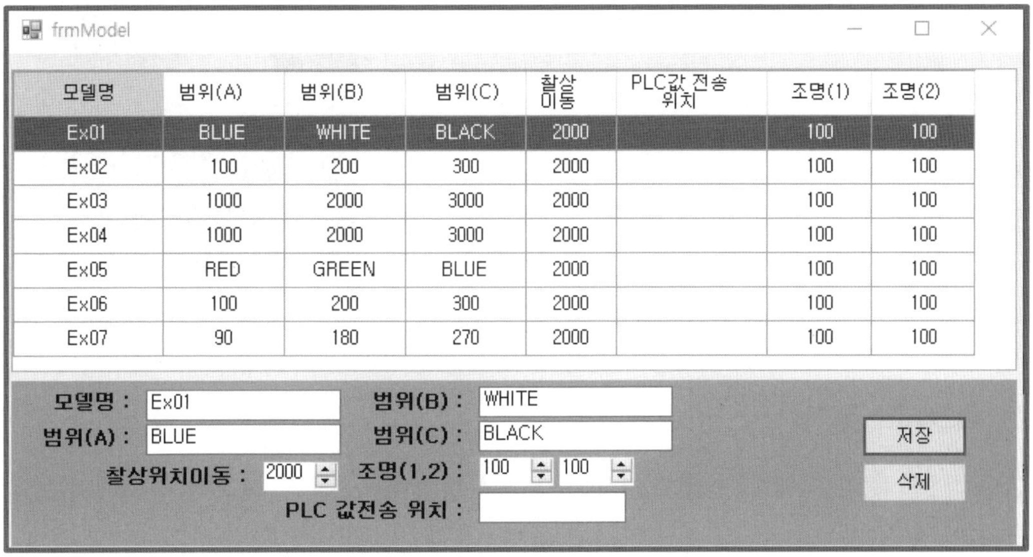

4 각 비전도구 세팅

1) 모노이미지변환

BlobTool검사를 위해 컬러이미지를 모노이미지로 변환하도록 ImageConvertTool을 사용하여 변경하도록 하겠습니다.

- 비전도구그룹에서 "모노이미지변환"항목을 더블클릭하여 설정창에 진입합니다
- 콤보박스를 클릭하고 실행모드를 밝기를 선택 후 실행버튼을 눌러 변환을 실행합니다. 변경된 내용을 확인하기 위해 화면요소를 Output으로 변경하여 결과를 확인합니다.

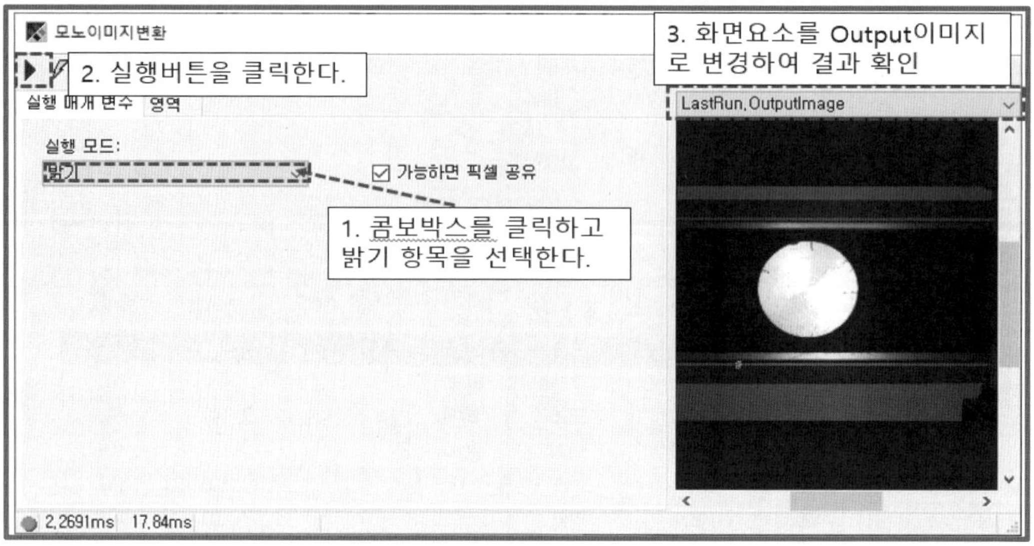

2) 워크피스찾기

워크피스를 찾기 위해서 BlobTool을 이용하여 명암대비로 워크피스를 검색해보도록 하겠습니다.

- 비전도구그룹에서 "워크피스찾기"항목을 더블클릭하여 설정창에 진입 합니다
- 영역탭으로 이동하여 사각형 영역을 선택하고 레일전체가 들어갈 수 있도록 위치를 설정합니다.

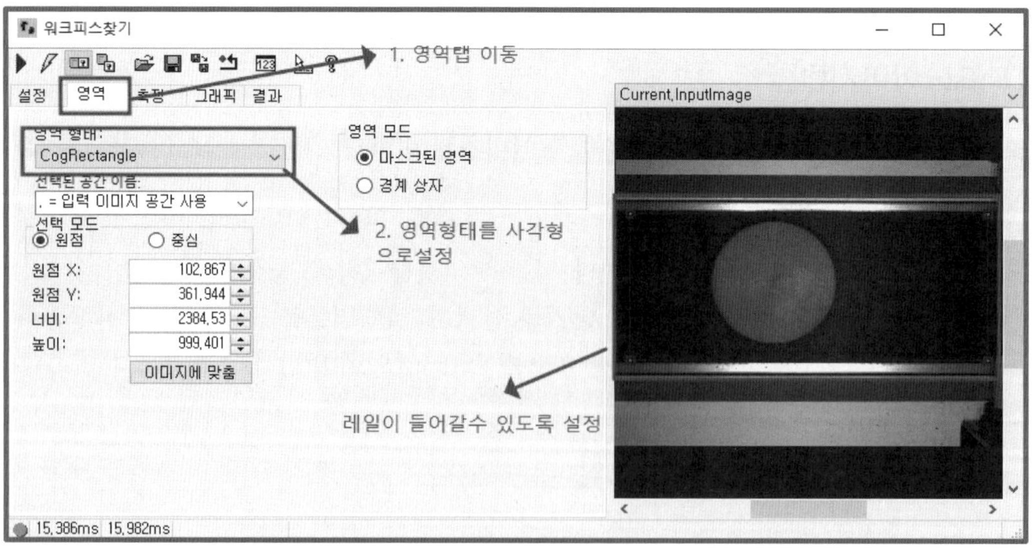

– 설정탭으로 이동하여 세그먼테이션 모드를 하드임계값(고정)으로 선택하시고 극성을 밝은블랍, 어두운 배경 임계값은 레일보다 밝은 값으로 설정하시면 됩니다.

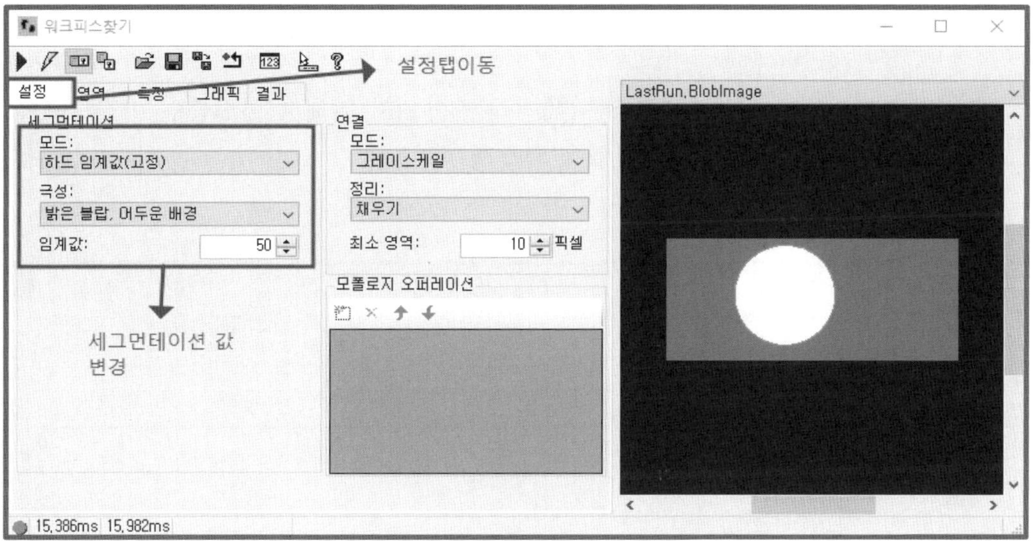

측정탭에 들어가서 영역항목에 필터를 설정하여 일정수준 이하의 블록은 무시하게 설정해줍니다.

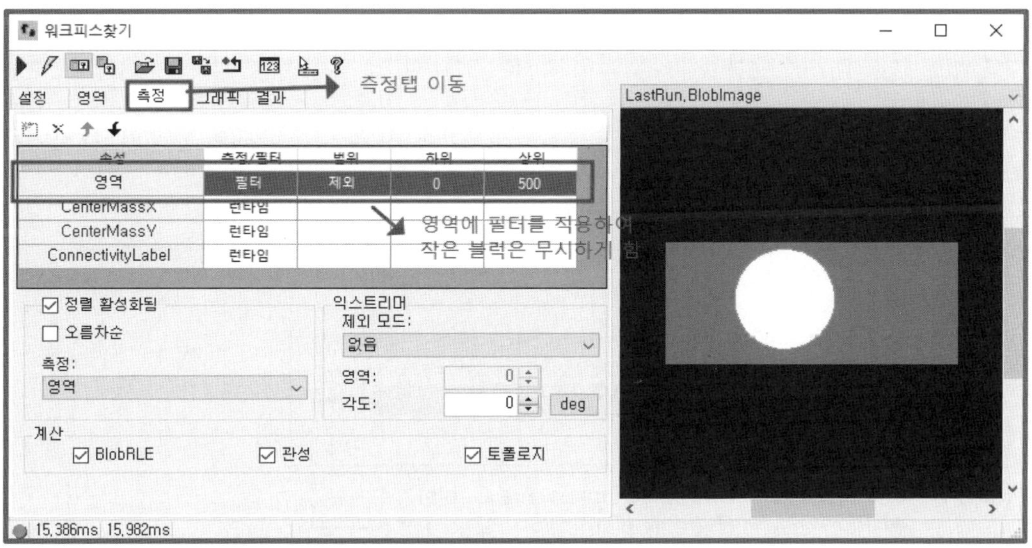

3) 워크피스 지름검사

워크피스를 원의지름을 구하기 위해서 CogFindCircleTool을 이용하여 찾은 워크피스 중심점 좌표를이용해서 워크피스를 지름을 분석해 보겠습니다.

- 이전 워크피스찾기에서 검색한 영역위치를 받아오기 위해서 설정중인 비전도구에 마우스 오른쪽 버튼을 클릭하여 팝업을 활성화 합니다.
- 터미널추가 항목을 선택하고 해당항목을 추가해줍니다.

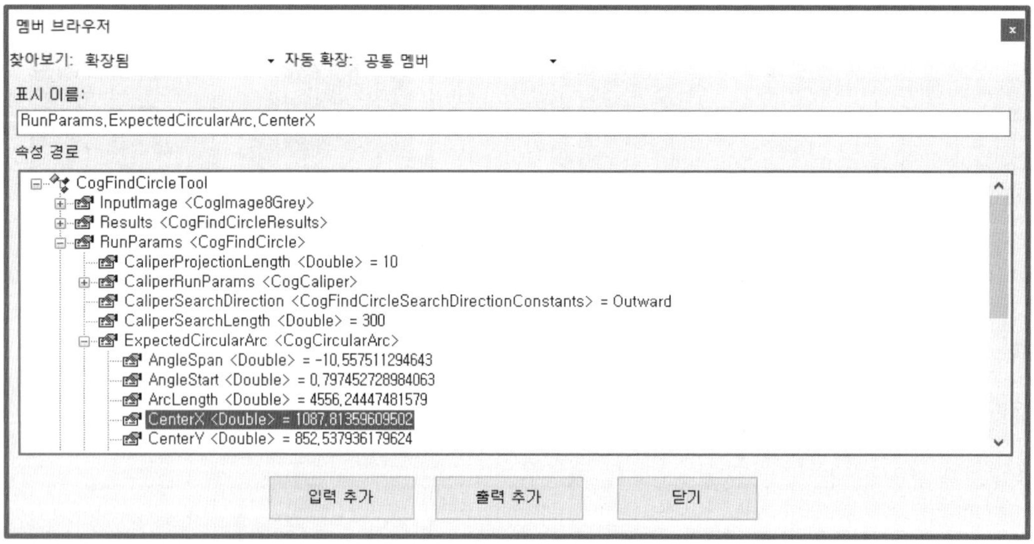

- 화면과 같이 추가된 영역 CenterX, CenterY값에 찾은 워크피스의 X,Y위치값을 연결해 줍니다.

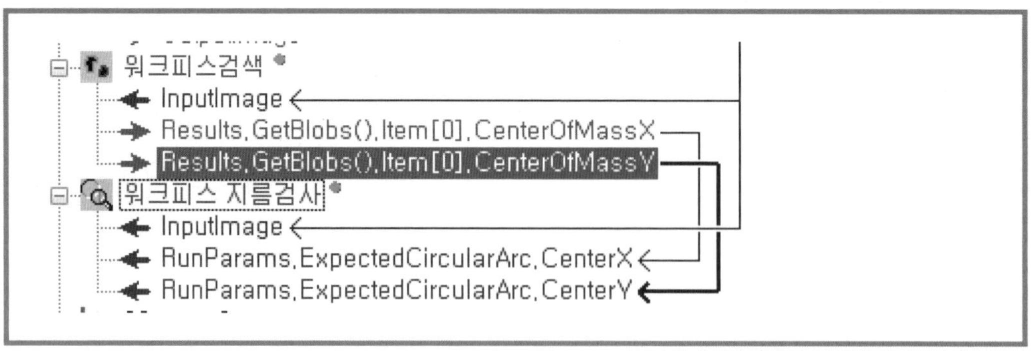

- 캘리퍼 설정탭에 들어가서 극성을 “밝은색에서 어두운색”으로 설정하고 대비임계값을 적당한 수치로 조정합니다.

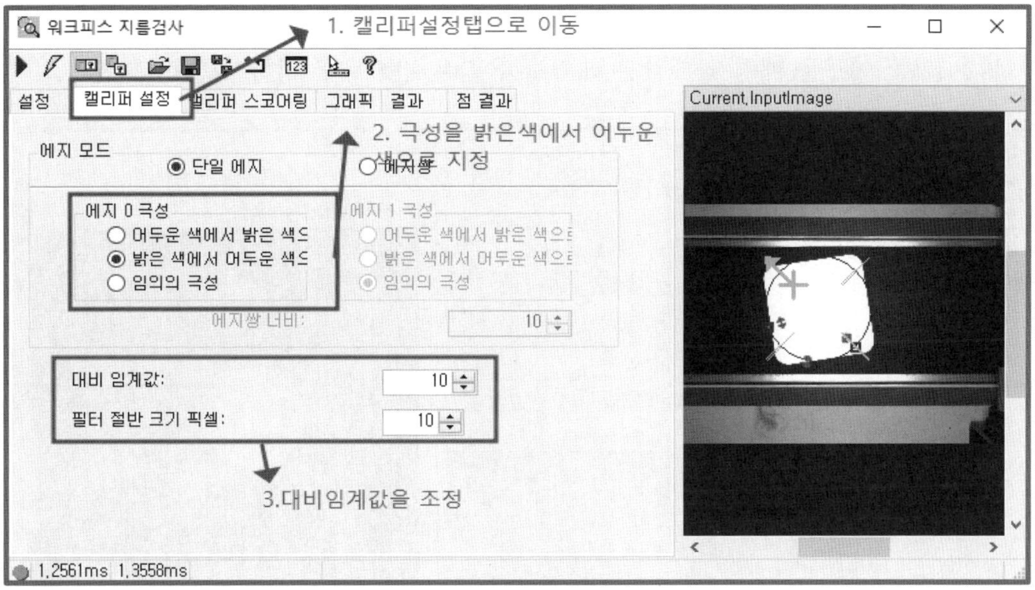

4) 스티커 찾기

스티커찾기 위해서 BlobTool을 이용하여 명암대비로 워크피스를 검색해보도록 하겠습니다.

- 비전도구그룹에서 "워크피스찾기"항목을 더블클릭하여 설정창에 진입 합니다
- 영역탭으로 이동하여 사각형 영역을 선택하고 레일전체가 들어갈 수 있도록 위치를 설정합니다.

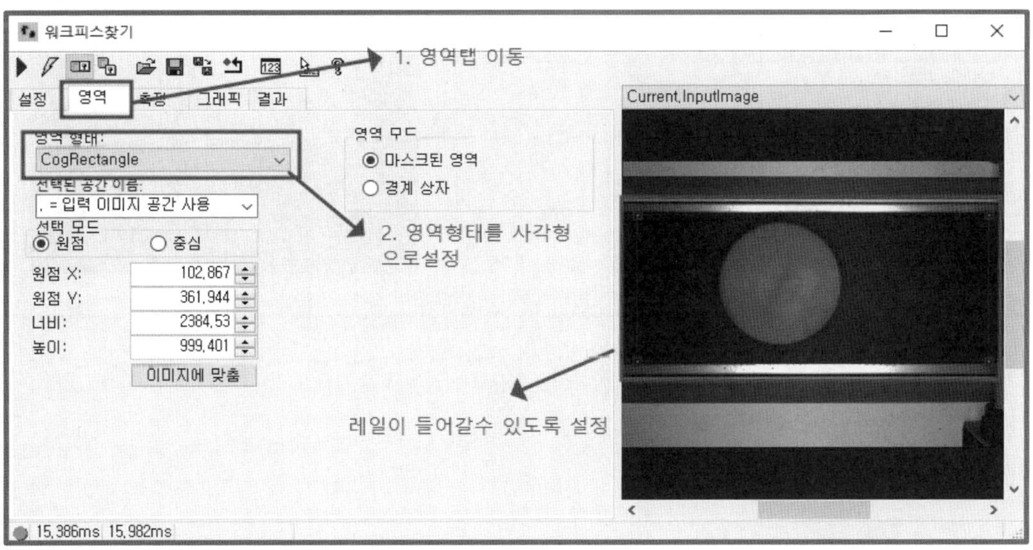

– 설정탭으로 이동하여 세그먼테이션 모드를 하드임계값(고정)으로 선택하시고 극성을 밝은블랍, 어두운 배경 임계값은 레일보다 밝은 값으로 설정하시면 됩니다.

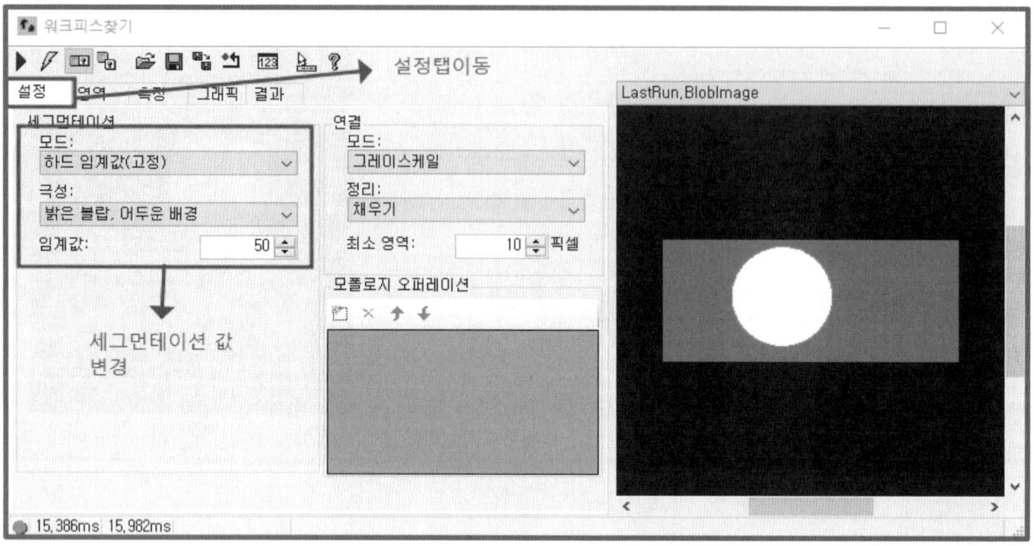

측정탭에 들어가서 영역항목에 필터를 설정하여 일정수준 이하의 블록은 무시하게 설정해줍니다.

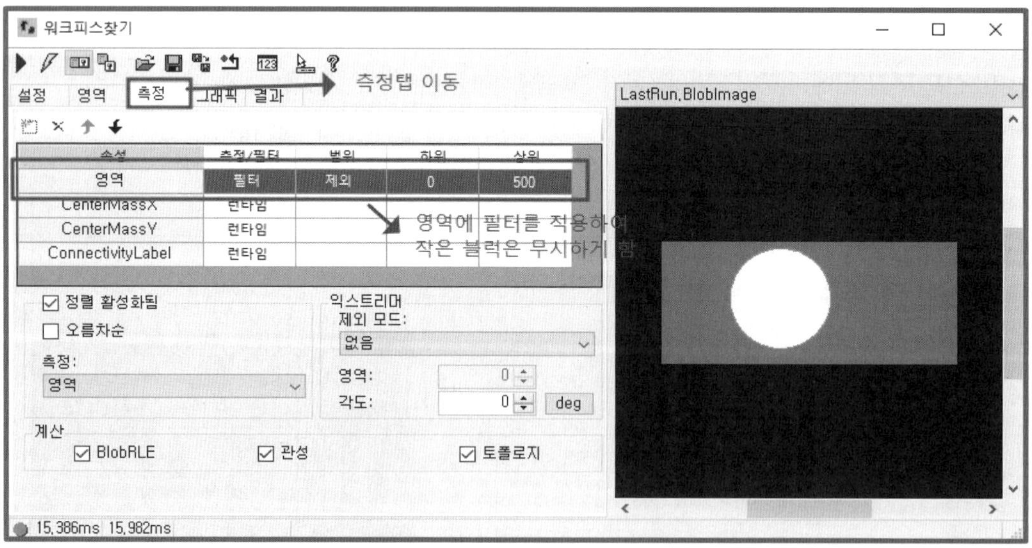

5) 스티커 지름검사

워크피스를 원의지름을 구하기 위해서 CogFindCircleTool을 이용하여 찾은 워크피스 중심점 좌표를이용해서 워크피스를 지름을 분석해 보겠습니다.

- 이전 워크피스찾기에서 검색한 영역위치를 받아오기 위해서 설정중인 비전도구에 마우스 오른쪽 버튼을 클릭하여 팝업을 활성화 합니다.
- 터미널추가 항목을 선택하고 해당항목을 추가해줍니다.

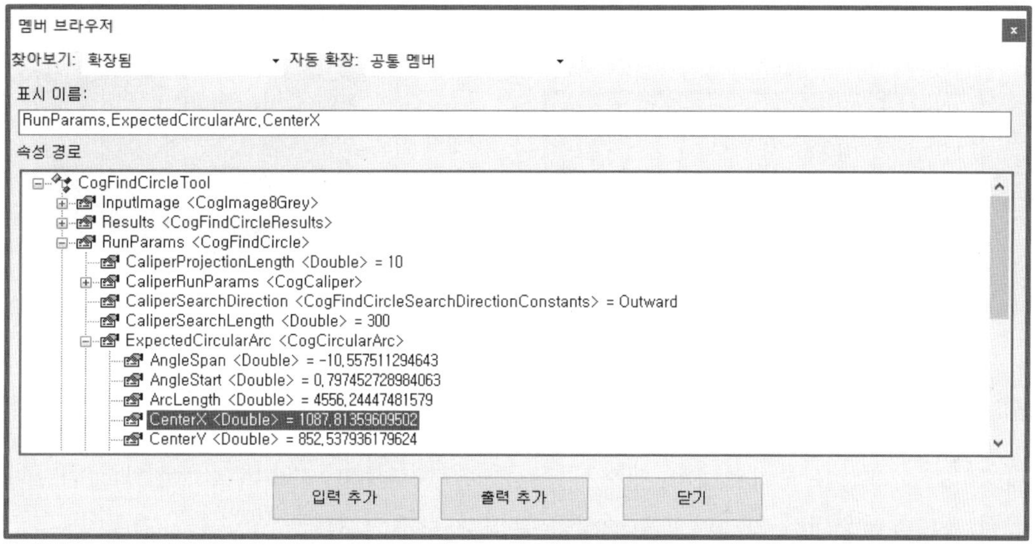

- 화면과 같이 추가된 영역 CenterX, CenterY값에 찾은 워크피스의 X,Y위치값을 연결해 줍니다.

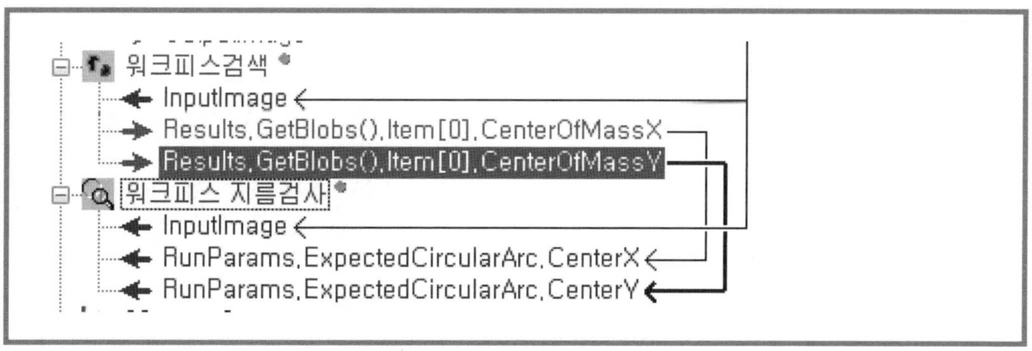

– 캘리퍼 설정탭에 들어가서 극성을 "밝은색에서 어두운색"으로 설정하고 대비임계값을 적당한 수치로 조정합니다.

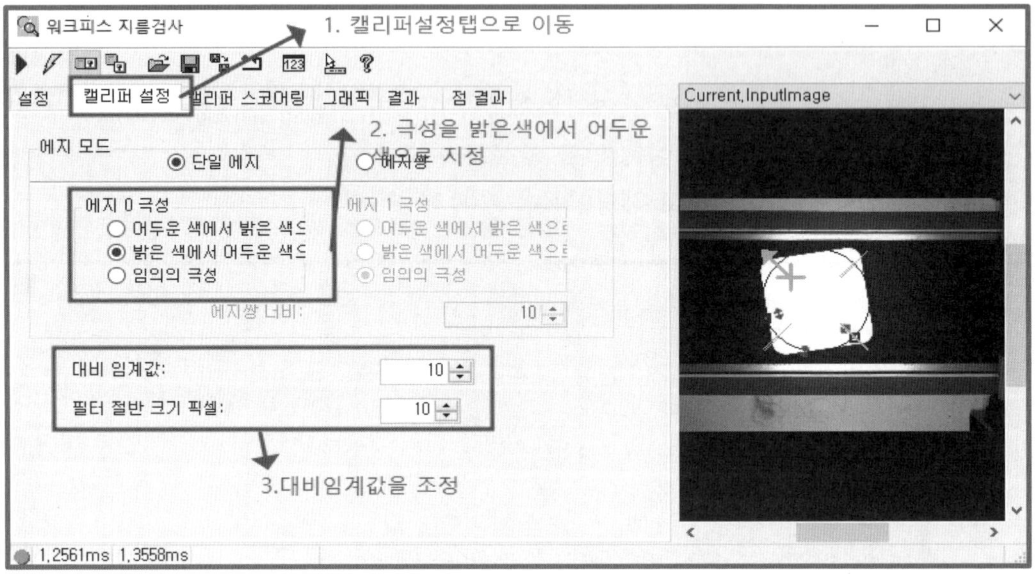

6) 스티커색상검사

워크피스를 색상을 찾기위해서 위해서 CogColorMatchTool을 이용하여 찾은 워크피스 중심점 좌표를이용해서 워크피스를 색상을 분석해 보겠습니다.

– 팝업 항목중 터미널 추가를 클릭하고 해당 항목을 입력 터미널에 등록합니다. 영역탭에 이동하여 영역형태를 사각형으로 설정하고 크기를 설정합니다.

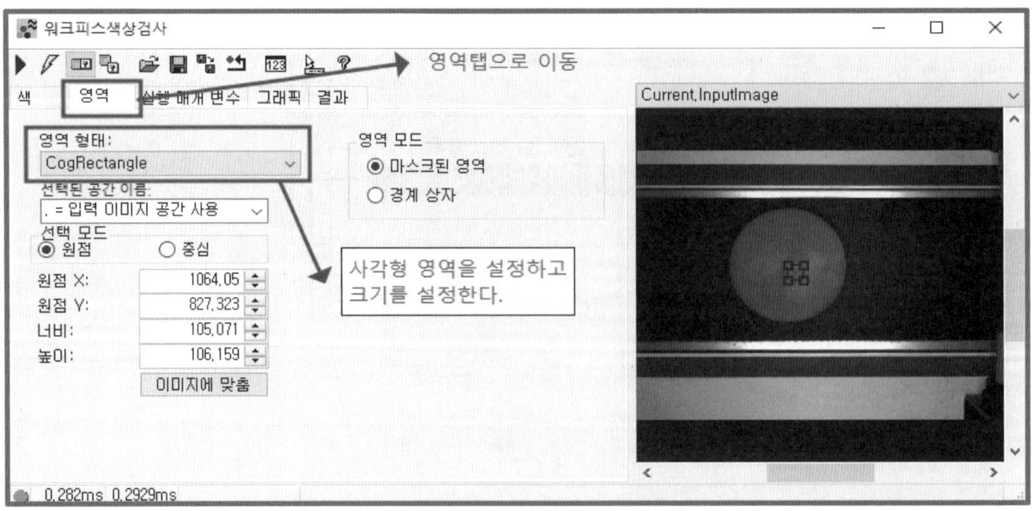

- 이전 워크피스찾기에서 검색한 영역위치를 받아오기 위해서 설정중인 비전도구에 마우스 오른쪽 버튼을 클릭하여 팝업을 활성화 합니다.
- 터미널추가 항목을 선택하고 해당항목을 추가해줍니다.

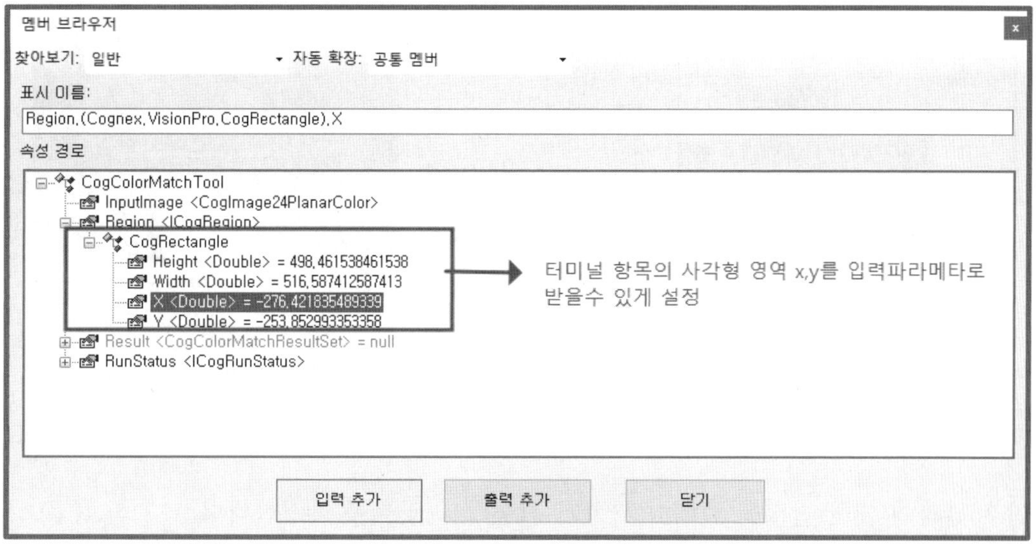

- 화면과 같이 추가된 영역 X,Y값에 찾은 워크피스의 X,Y위치값을 연결해 줍니다.

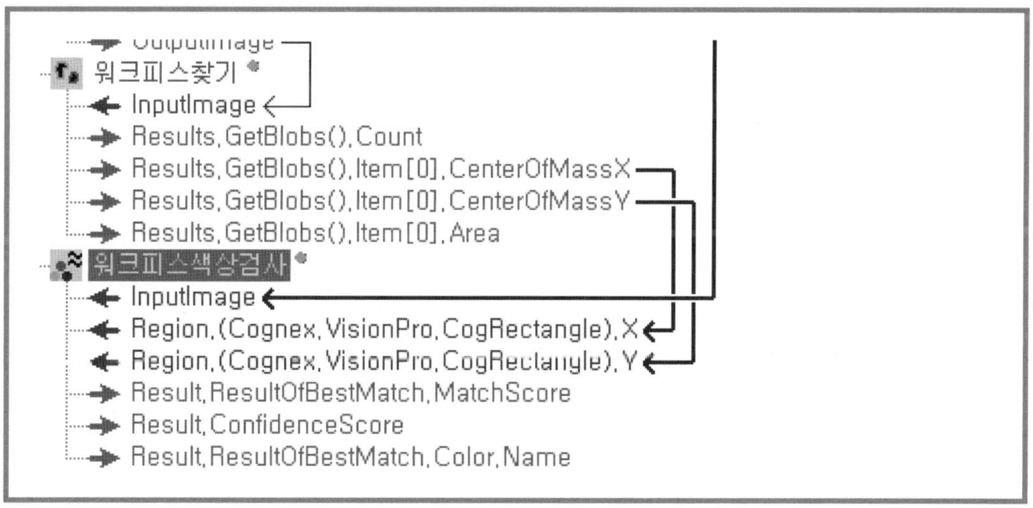

– 화면과 같이 나머지 검사할 항목을 모두 추가합니다.

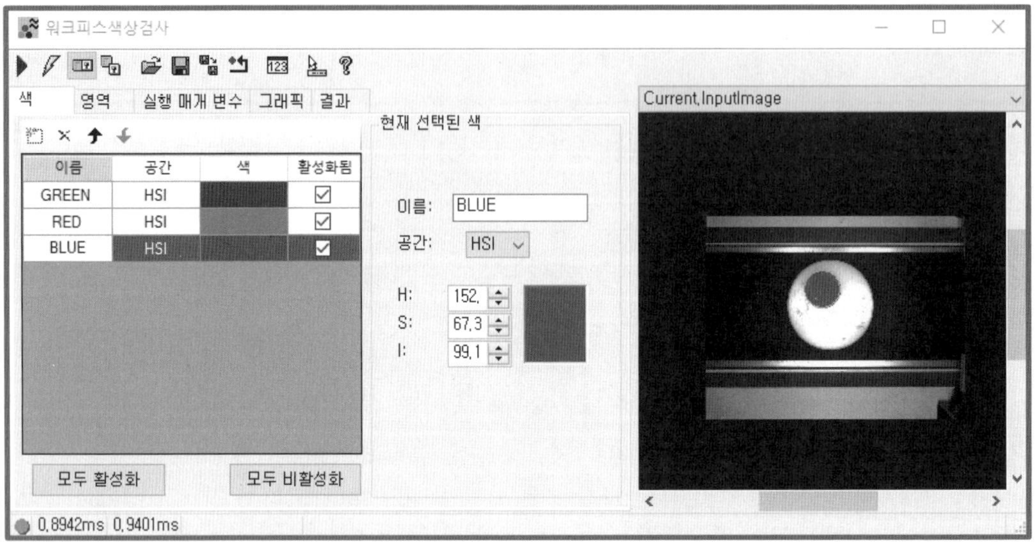

이후 결과에 대한 판정을 위해서 다음과 같이 스크립트를 작성합니다.

```
public override bool GroupRun(ref string message, ref CogToolResultConstants result)
{

  // Run each tool using the RunTool function
  foreach(ICogTool tool in mToolBlock.Tools)
    mToolBlock.RunTool(tool, ref message, ref result);

  // 판정범위를 읽어온다.
  string RangeA = mToolBlock.Inputs["RangeA"].Value.ToString();
  string RangeB = mToolBlock.Inputs["RangeB"].Value.ToString();
  string RangeC = mToolBlock.Inputs["RangeC"].Value.ToString();

  // 결과값을 읽고 판정한다.
  CogColorMatchTool Temp = (CogColorMatchTool) mToolBlock.Tools["스티커 색상검사"];
  string Value = Temp.Result.ResultOfBestMatch.Color.Name.ToString();
  mToolBlock.Outputs["Value"].Value = Value;
  if(Value == RangeA)
  {
    mToolBlock.Outputs["Result"].Value = "A";
  }
  else if(Value == RangeB)
  {
    mToolBlock.Outputs["Result"].Value = "B";
  }
  else if(Value == RangeC)
  {
    mToolBlock.Outputs["Result"].Value = "C";
  }
  else
  {
    mToolBlock.Outputs["Result"].Value = "NG";
  }

  return false;
}
```

Ex06 원점에서 워크피스의 거리 측정

이번 프로젝트는 임의에 원점에서 워크피스의 중심점과의 거리를 측정해 보도록 하겠습니다.

1 시나리오

검사시나리오는 다음과 같습니다.

플로우	비전도구 배치
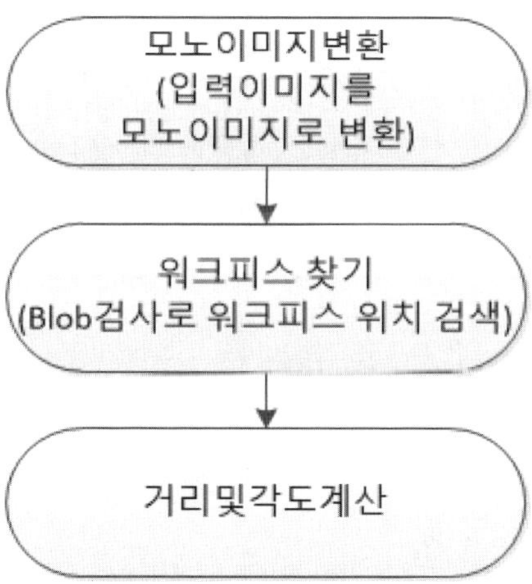	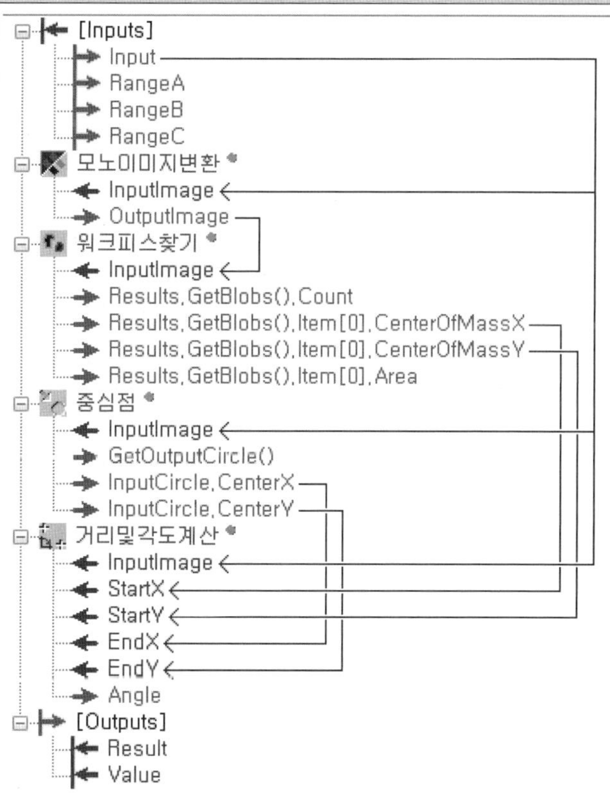

2 비전도구 배치

비전도구는 QuickBuild설명의 Job에 비전도구 추가내용을 참고하여 비전프로 배치표 및 해당표와 같이 순서대로 배치합니다.

<table>
<tr><th>비전명</th><th>도구그룹</th><th>비전명</th><th>도구그룹</th></tr>
<tr><td>모노
이미지
변환</td><td>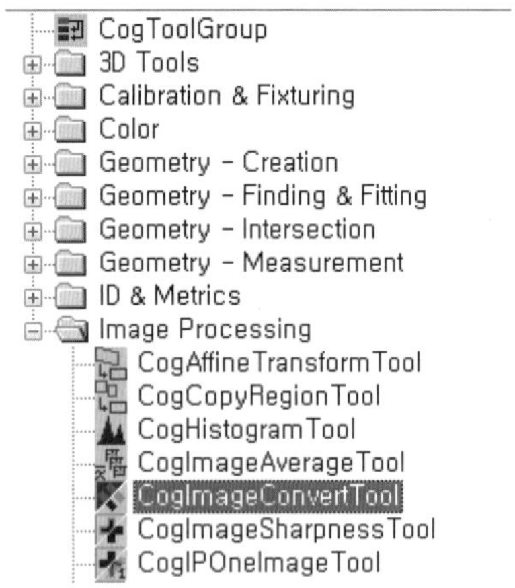
</td><td>워크피스
찾기</td><td>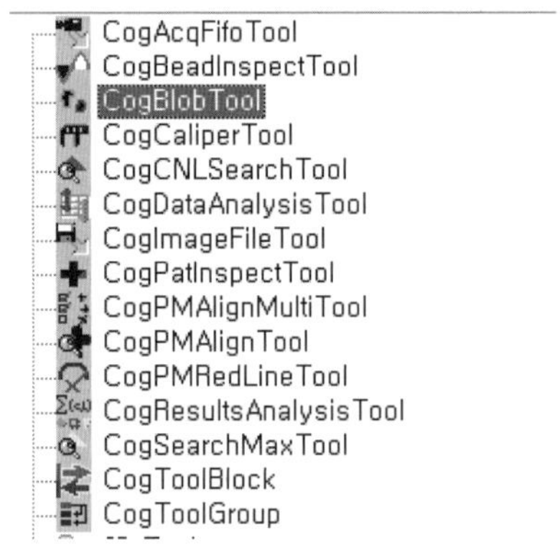
</td></tr>
<tr><td>중심점</td><td>
</td><td>거리 및
각도계산</td><td>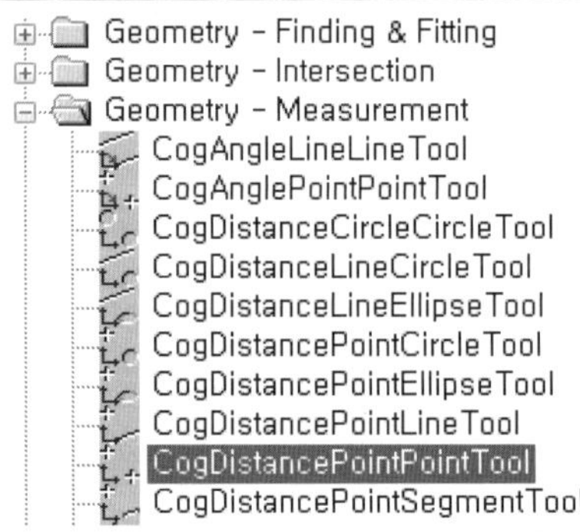
</td></tr>
</table>

3 비전도구 사용방법

1) 모노이미지변환

ImageConvert 도구는 이미지의 포맷을 변경하는 기능입니다.

(1) 설정순서

ImageConvert
컬러->모노 이미지 포맷 변환

항목	설명
이미지 변경 타입 설정	입력받은 컬러이미지를 모노이미지로 변경합니다.

(2) 설정방법

- Job탐색기에서 "모노이미지변환"항목을 더블클릭하여 설정창에 진입합니다
- 콤보박스를 클릭하고 실행모드를 밝기를 선택후 실행버튼을 눌러 변환을 실행합니다. 변경된 내용을 확인하기위해 화면요소를 Output으로 변경하여 결과를 확인합니다.

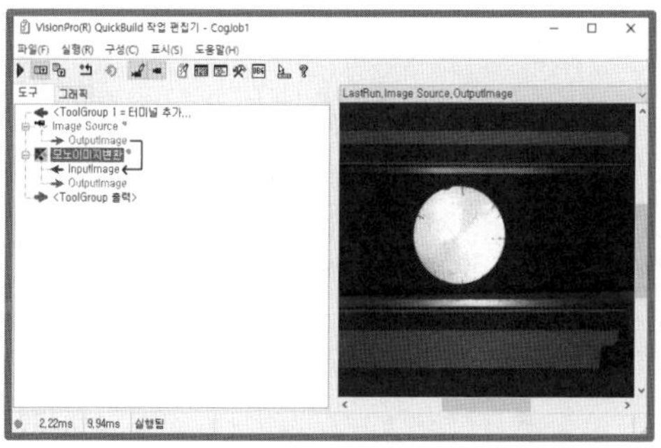
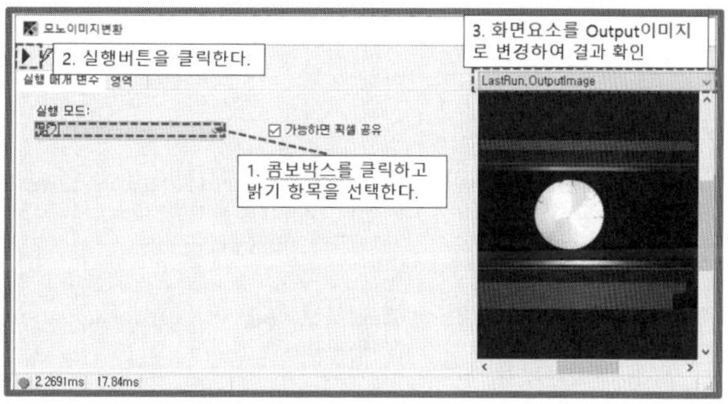

전체검사를 실행해서 디스플레이를 "LastRun.모노이미지변환.OutputImage"의 출력 이미지가 컬러에서 모노로 변환되었음을 확인할 수 있습니다.

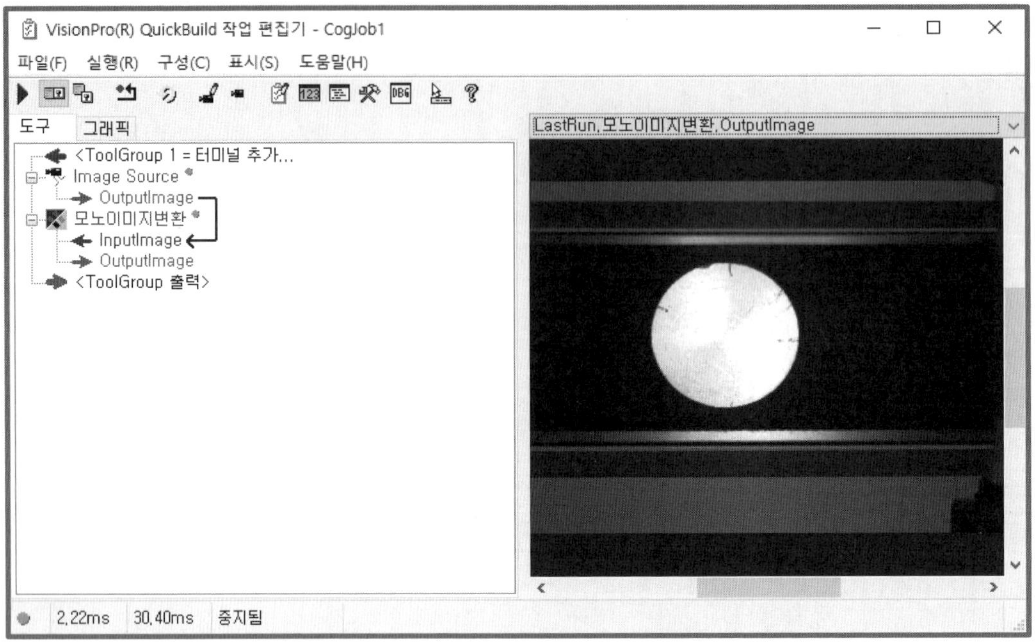

(3) 스크립트 설정

```
public override bool GroupRun(ref string message, ref CogToolResultConstants result)
{

  // Run each tool using the RunTool function
  foreach(ICogTool tool in mToolBlock.Tools)
  {
    mToolBlock.RunTool(tool, ref message, ref result);
  }

  // 판정범위를 읽어온다.
  double RangeA = Convert.ToInt32(mToolBlock.Inputs["RangeA"].Value.ToString());
  double RangeB = Convert.ToInt32(mToolBlock.Inputs["RangeB"].Value.ToString());
  double RangeC = Convert.ToInt32(mToolBlock.Inputs["RangeC"].Value.ToString());

  // 결과를 리딩하여 판정한다.
  CogDistancePointPointTool Temp = (CogDistancePointPointTool) mToolBlock.Tools["거리및각도계산"];
  double Value = Temp.Distance;
  mToolBlock.Outputs["Value"].Value = Value;
  if(Value <= RangeA)
  {
    mToolBlock.Outputs["Result"].Value = "A";
  }
  else if(Value <= RangeB)
  {
    mToolBlock.Outputs["Result"].Value = "B";
  }
  else if(Value <= RangeC)
  {
    mToolBlock.Outputs["Result"].Value = "C";
  }
  else
  {
    mToolBlock.Outputs["Result"].Value = "NG";
  }


  return false;
}
```

Ex07 워크피스와 스티커의 각도 측정

이번 프로젝트는 워크피스중심과 워크피스에 붙여진 스티커의 중심의 각도를 측정해보도록 하겠습니다.

1 시나리오

검사시나리오는 다음과 같습니다.

플로우	비전도구 배치
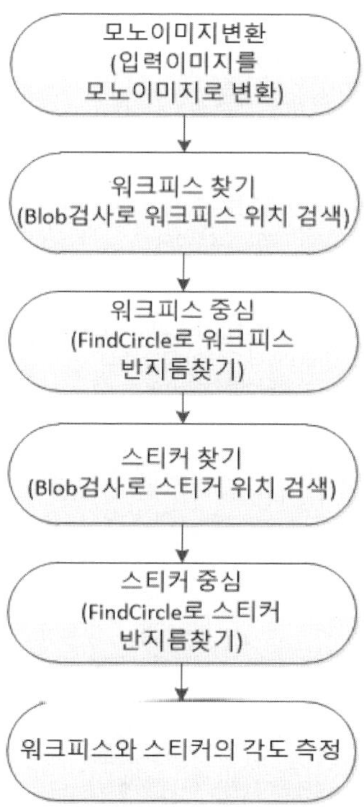	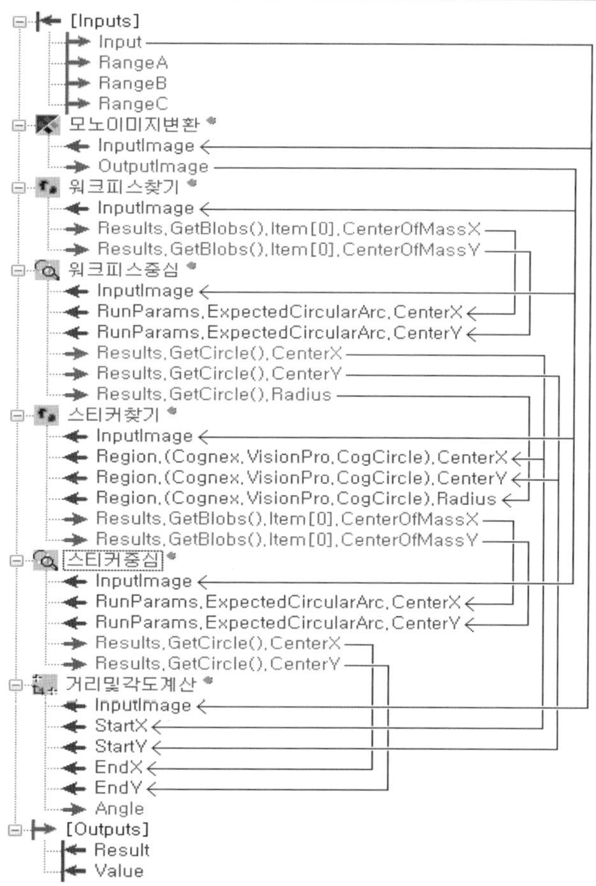

2 비전도구 배치

비전도구는 QuickBuild설명의 Job에 비전도구 추가내용을 참고하여 비전프로 배치표 및 해당표와 같이 순서대로 배치합니다.

비전명	도구그룹	비전명	도구그룹
모노 이미지 변환	CogToolGroup 3D Tools Calibration & Fixturing Color Geometry - Creation Geometry - Finding & Fitting Geometry - Intersection Geometry - Measurement ID & Metrics Image Processing CogAffineTransformTool CogCopyRegionTool CogHistogramTool CogImageAverageTool CogImageConvertTool CogImageSharpnessTool CogIPOneImageTool	워크피스 찾기	CogAcqFifoTool CogBeadInspectTool CogBlobTool CogCaliperTool CogCNLSearchTool CogDataAnalysisTool CogImageFileTool CogPatInspectTool CogPMAlignMultiTool CogPMAlignTool CogPMRedLineTool CogResultsAnalysisTool CogSearchMaxTool CogToolBlock CogToolGroup
워크피스 중심검사	Color Geometry - Creation Geometry - Finding & Fitting CogFindCircleTool CogFindCornerTool CogFindEllipseTool CogFindLineTool CogFitCircleTool CogFitEllipseTool CogFitLineTool CogLineMaxTool	스티커 찾기	CogAcqFifoTool CogBeadInspectTool CogBlobTool CogCaliperTool CogCNLSearchTool CogDataAnalysisTool CogImageFileTool CogPatInspectTool CogPMAlignMultiTool CogPMAlignTool CogPMRedLineTool CogResultsAnalysisTool CogSearchMaxTool CogToolBlock CogToolGroup
스티커 중심검사	Color Geometry - Creation Geometry - Finding & Fitting CogFindCircleTool CogFindCornerTool CogFindEllipseTool CogFindLineTool CogFitCircleTool CogFitEllipseTool CogFitLineTool CogLineMaxTool	거리 및 각도검사	Color Geometry - Creation Geometry - Finding & Fitting Geometry - Intersection Geometry - Measurement CogAngleLineLineTool CogAnglePointPointTool CogDistanceCircleCircleTool

3 비전도구 사용 방법

1) 모노이미지변환

ImageConvert 도구는 이미지의 포맷을 변경하는 기능입니다.

(1) 설정순서

ImageConvert
컬러->모노 이미지 포맷 변환

항목	설명
이미지 변경 타입 설정	입력받은 컬러이미지를 모노이미지로 변경합니다.

(2) 설정방법

- Job탐색기에서 "모노이미지변환"항목을 더블클릭하여 설정창에 진입합니다
- 콤보박스를 클릭하고 실행모드를 밝기를 선택후 실행버튼을 눌러 변환을 실행합니다. 변경된 내용을 확인하기위해 화면요소를 Output으로 변경하여 결과를 확인합니다.

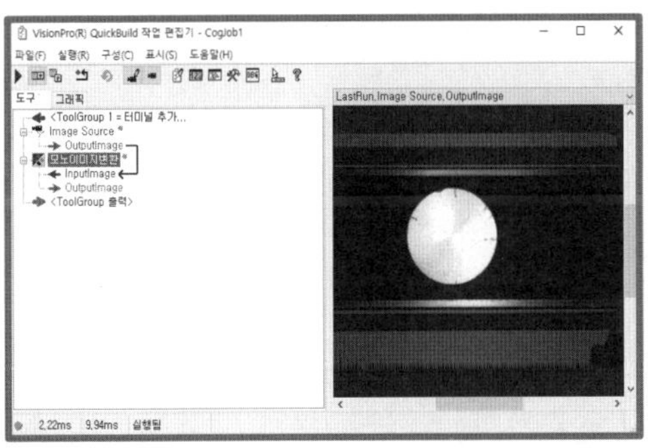

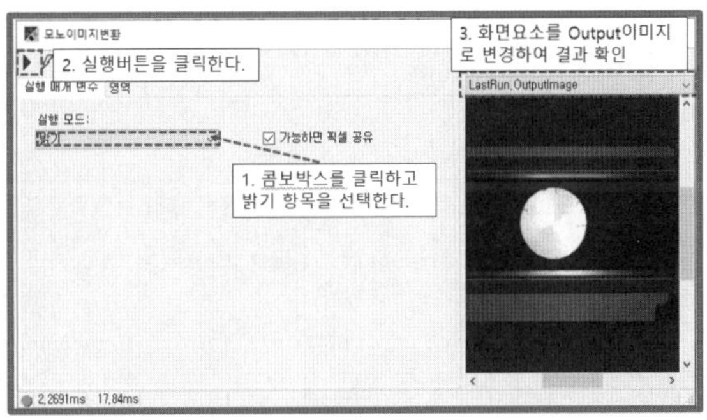

전체검사를 실행해서 디스플레이를 "LastRun.모노이미지변환.OutputImage"의 출력이미지가 컬러에서 모노로 변환되었음을 확인할 수 있습니다.

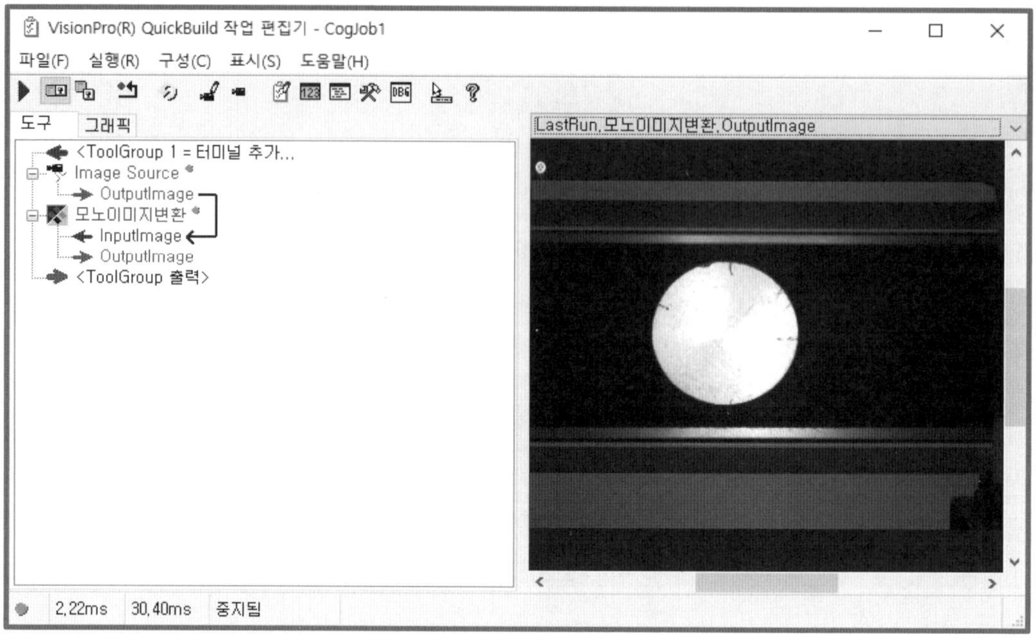

(3) 스크립트 설정

```
public override bool GroupRun(ref string message, ref CogToolResultConstants result)
{
  double RangeA = Convert.ToInt32(mToolBlock.Inputs["RangeA"].Value.ToString());
  double RangeB = Convert.ToInt32(mToolBlock.Inputs["RangeB"].Value.ToString());
  double RangeC = Convert.ToInt32(mToolBlock.Inputs["RangeC"].Value.ToString());


  // Run each tool using the RunTool function
  foreach(ICogTool tool in mToolBlock.Tools)
  {
    mToolBlock.RunTool(tool, ref message, ref result);
  }

  CogAnglePointPointTool Temp = (CogAnglePointPointTool) mToolBlock.Tools["거리및각도계산"];
  double Value = Temp.Angle * 57.2958;
  Value = (Value >= 0) ? Value : 360 + Value;
  mToolBlock.Outputs["Value"].Value = Value;
  if(Value <= RangeA)
  {
    mToolBlock.Outputs["Result"].Value = "A";
  }
  else if(Value <= RangeB)
  {
    mToolBlock.Outputs["Result"].Value = "B";
  }
  else if(Value <= RangeC)
  {
    mToolBlock.Outputs["Result"].Value = "C";
  }
  else
  {
    mToolBlock.Outputs["Result"].Value = "NG";
  }


  return false;
}
```

Ex08 미니MPS 단순 동작을 위한 시스템 구성

이번 챕터의 Ex7까지는 전체 시스템을 구성해서 동작해 보았습니다. 그런데 전체 시스템 동작 구성에 어려움이 예상되는 독자분들이 있으면 이번장을 통해서 간단하게 동작하는 시스템을 구성하는 과정을 자져보도록 하겠습니다. 앞에서 다룬 바코드 인식 부분과 조금은 유사성도 유지하면서 구성해보겠습니다. 그리고 UCI Bus(8비트 컴퓨터)를 구동해야함에 따라 컴파일시 동작에 딜레이가 생기는 경우가 가끔 발생할 경우 일자적 해결 방법또한 소개하겠습니다. 하드웨어를 통한 외부신호 입·출력 작업 수행시 가끔 나타나는 경우가 있습니다.

1 시나리오

검사시나리오는 다음과 같습니다.

플로우	비전도구 배치
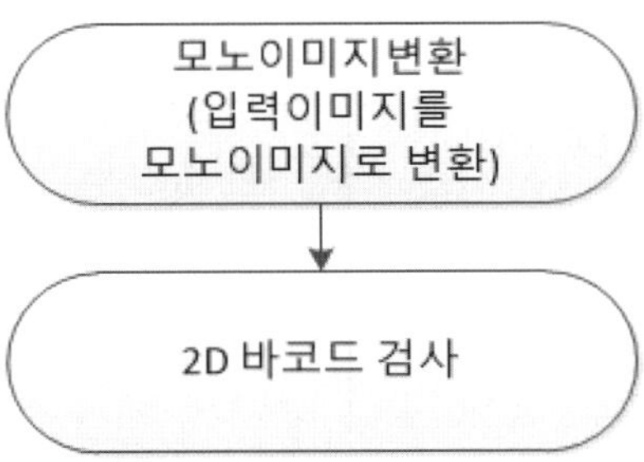	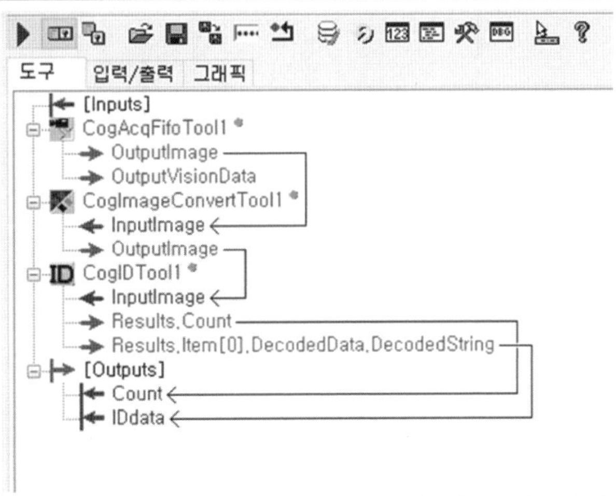

2 비전도구 배치 및 배선도

비전도구는 QuickBuild설명의 Job에 비전도구 추가내용을 참고하여 비전프로 배치표 및 해당표와 같이 순서대로 배치합니다.

비전명	도구명	비전명	도구명
Image Source	기본도구	C# 시스템 통합을 위한 "CogAcqFifoTool"	CogAcqFifoTool CogBeadInspectTool CogBlobTool CogCaliperTool CogCNLSearchTool CogDataAnalysisTool
모노 이미지 변환	Image Processing CogAffineTransformTool CogCopyRegionTool CogHistogramTool CogImageAverageTool CogImageConvertTool	바코드찾기	ID & Metrics CogIDTool CogOCRMaxTool CogOCVMaxTool

(1) 출력 배선도

시스템 배선도(출력)					
순번 \ 장치	BIU 보드	TR 보드		물류장치	비고
	PORT B	입력	출력		
1	PB0	IN1	OUT1	공급모터 CW	
2	PB1	IN2	OUT2	공급모터 CCW	
3	PB2	IN3	OUT3	컨베어 모터	
4	PB3	IN4	OUT4	SOL 1	
5	PB4	IN5	OUT5	SOL 2	
6	PB5	IN6	OUT6	SOL 3	
7	PB6	–	–		
8	PB7	–	–		

※1. BIU보드의 PORT B와 TR보드 입력단자 연결.
※2. TR 보드 출력과 물류장치 연결.
※3. 물류장치 GND와 TR 보드 GND, BIU GND 동시 3곳에 연결

(2) 입력 배선도

시스템 배선도(입력)					
장치 / 순번	BIU 보드	Photo Coupler 보드		물류장치	비고
	PORT A	출력	입력		
1	PA0	OUT1	IN1	자동	
2	PA1	OUT2	IN2	수동	
3	PA2	OUT3	IN3	공급 센서	
4	PA3	OUT4	IN4	포토 센서 1	
5	PA4	OUT5	IN5	물체감지 센서	
6	PA5	OUT6	IN6	금속감지 센서	
7	PA6	OUT7	IN7	포토센서 2	
8	PA7	OUT8	IN8	엔코더 센서	

※1. BIU보드의 PORT A와 Photo Coupler보드 출력단자 연결.
※2. Photo Coupler보드 입력과 물류장치 연결.
※3. 물류장치 전원 단자에서 24[V] 와 5[V] 그리고 GND를 Photo Coupler 보드 전원단자에 연결.

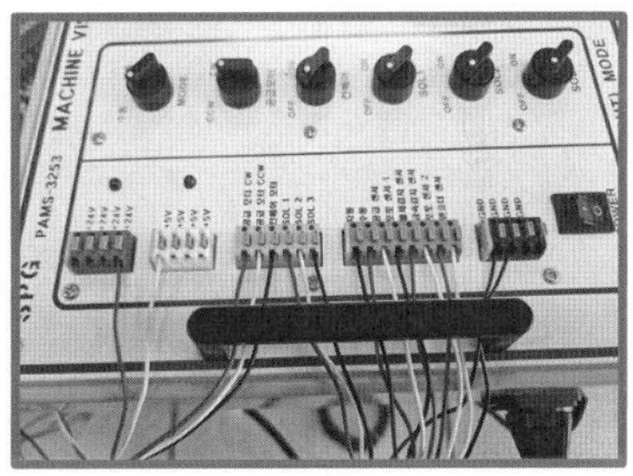

3 최종 구성 화면

Window Form에서 최종 화면을 다음과 같이 구성합니다.

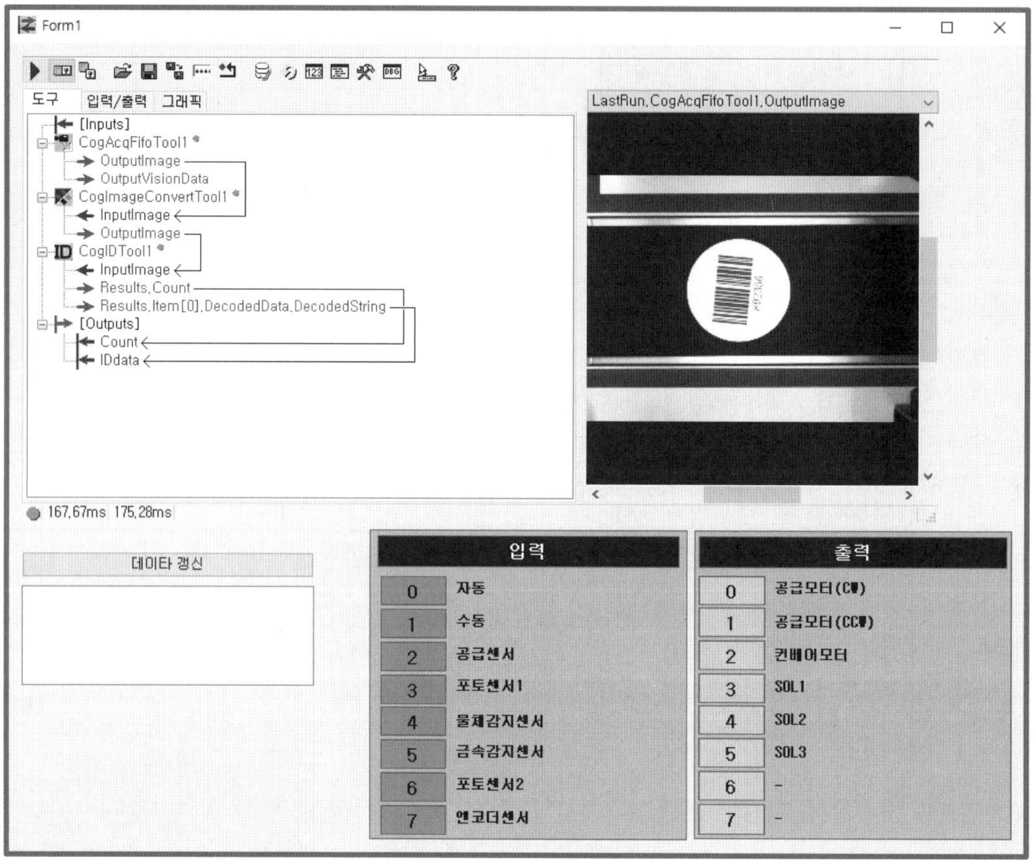

4 프로그램

프로그램을 아래와 같이 완성 합니다. "Form1.cs" 프로그램입니다.

```
using System;
using System.Collections.Generic;
using System.ComponentModel;
using System.Data;
using System.Drawing;
using System.Linq;
using System.Text;
using System.Threading;
using System.Threading.Tasks;
using System.Windows.Forms;
using IMecatronicsDll;

namespace IDTOOLC__1117_01
{
    public partial class Form1 : Form
    {
        // 입출력라벨을 배열로 저장하기 위한 변수
        public Label[] InputList = null;
        public Label[] OutputList = null;
        public Label[] InputCap = null;
        public Label[] OutputCap = null;

        // Uci버스생성기와 통신할 객체
        public UCIBus pIoDevice = null;
        public int[] IoInData = new int[8];
        public int[] IoOutData = new int[8];
        public int[] WriteData = new int[2];

        public Thread Thread_IoUpdate = null;
        public int Exit = 0;

        public bool DiRefresh = false;

        int i = 0;
        public Form1()
        {
            InitializeComponent();

            // 입출력라벨위치를 저장할 배열변수 생성
```

```
        InputList = new Label[8] { lbInput11, lbInput21, lbInput31, lbInput41, lbInput51, lbInput61, lbInput71, lbInput81 };
        OutputList = new Label[8] { lbOutput11, lbOutput21, lbOutput31, lbOutput41, lbOutput51, lbOutput61, lbOutput71, lbOutput81 };
        InputCap = new Label[8] { lbInput12, lbInput22, lbInput32, lbInput42, lbInput52, lbInput62, lbInput72, lbInput82 };
        OutputCap = new Label[8] { lbOutput12, lbOutput22, lbOutput32, lbOutput42, lbOutput52, lbOutput62, lbOutput72, lbOutput82 };

        // UCI Bus 생성기(8비트컴퓨터) 객체를 생성하고 초기화 작업을 실시
        pIoDevice = new UCIBus();
        pIoDevice.UCIDrvInit();
        pIoDevice.Outputb(3, 0x90);

        Thread_IoUpdate = new Thread(new ThreadStart(Io_Monitoring));
        Thread_IoUpdate.IsBackground = true;
        Thread_IoUpdate.Start();

        timer1.Start();
    }

    public void Io_Monitoring()
    {
        try
        {
            while (this.Exit == 0)
            {
                // 입력상태를 갱신
                int[] nInput = pIoDevice.ConvertByteToBit(pIoDevice.Inputb(0));
                int[] nOutput = pIoDevice.ConvertByteToBit(pIoDevice.Inputb(1));

                for (int Idx = 0; Idx < 8; ++Idx)
                {
                    IoInData[Idx] = nInput[Idx];
                    IoOutData[Idx] = nOutput[Idx];
                }

                // 출력이 변경시 출력을 내보낸다.
                if (WriteData[0] != WriteData[1])
                {
                    pIoDevice.Outputb(1, WriteData[0]);
                    WriteData[1] = WriteData[0];
                }

                // 10ms 쉬고 다음실행
                Thread.Sleep(10);
            }
        }
        catch (Exception Ex)
        {
```

```
        }
    }

    private void button1_Click(object sender, EventArgs e)
    {

        try
        {
            cogToolBlockEditV21.Subject.Run();

            int Cnt = cogToolBlockEditV21.Subject.Outputs.Count;
            string CopVal = "892710";

            listBox1.Items.Clear();

            string DValue = cogToolBlockEditV21.Subject.Outputs["IDdata"].Value.ToString();

            if (DValue.Substring(0,5) == CopVal.Substring(0,5))
            {
                Console.WriteLine("성공, {0}", i++);
                // Trace.WriteLine("성공, {0}", i++);
                listBox1.Items.Add(DValue);
            }
            else
            {
                Console.WriteLine("다름, {0}", i--);
                listBox1.Items.Add(DValue);
            }
        }
        catch(Exception Ex)
        {

        }
    }

    private void timer1_Tick(object sender, EventArgs e)
    {
        // 리스트를 전송한다.
        for (int Idx = 0; Idx < 8; ++Idx)
        {
            //
            if(IoInData[Idx] == 1 && InputList[Idx].BackColor != Color.Lime)
            {
                InputList[Idx].BackColor = Color.Lime;
            }
            else if (IoInData[Idx] == 0 && InputList[Idx].BackColor != Color.LightGray)
```

```
            {
                InputList[Idx].BackColor = Color.LightGray;
            }

            //
            if (IoOutData[Idx] == 1 && OutputList[Idx].BackColor != Color.Lime)
            {
                OutputList[Idx].BackColor = Color.Lime;
            }
            else if (IoOutData[Idx] == 0 && OutputList[Idx].BackColor != Color.LightGray)
            {
                OutputList[Idx].BackColor = Color.LightGray;
            }
        }
    }

    private void lbOutput81_Click(object sender, EventArgs e)
    {
        // 클릭한 반전한다.
        Label Temp = (Label)sender;
        int Tag = Convert.ToInt32(Temp.Tag);
        int Value = (Temp.BackColor != Color.Lime) ? 1 : 0;
        // 활성화된출력요소의 비트값을 합쳐서전송한다.
        int Output = 0;
        byte[] Arrary = new byte[8] { 0x01, 0x02, 0x04, 0x08, 0x10, 0x20, 0x40, 0x80 };
        for (int Idx = 0; Idx < 8; ++Idx)
        {
            if ((Idx != Tag && OutputList[Idx].BackColor == Color.Lime)
                || (Idx == Tag && Value == 1))
            {
                Output += Arrary[Idx];
            }

        }
        WriteData[0] = Output;
    }

    private void Form1_FormClosed(object sender, FormClosedEventArgs e)
    {
        Exit = 1;
    }
  }
}
```

1) 상단에 있는 ▶ 시작 버튼을 클릭하여 Build(즉 디버깅)를 합니다.

2) 완료되면 다음 화면이 출력됩니다.

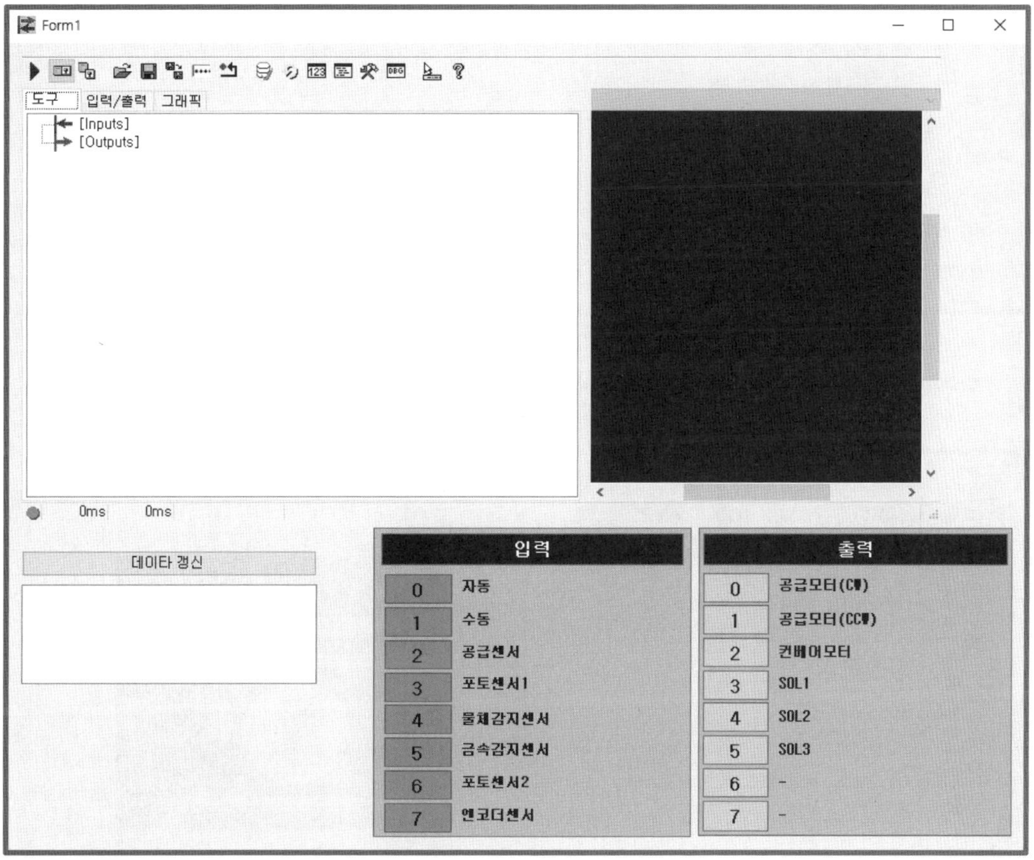

3) 빌드한 결과 나타난 화면 위쪽 메뉴에서 을 클릭하고 나타난 화면에서 다음 파일을 선택합니다.

4) 나타난 파일중에서 C#1117_IDTOOL.vpp 을 선택합니다. 그리고 아래에 있는 열기(O) 버튼을 클릭해서 파일을 오픈합니다.(오픈시간이 약간 소요됨)

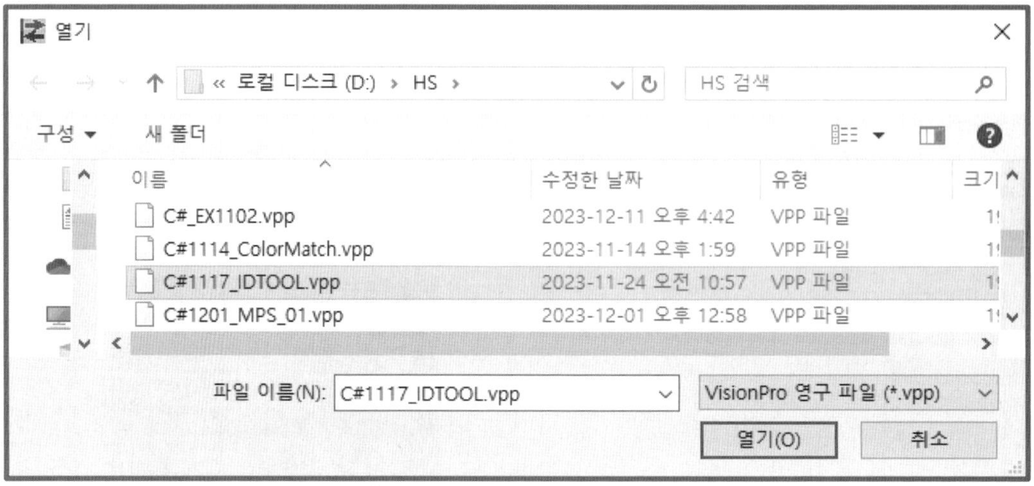

5) 작업이 완료되면 다음과 같은 화면이 나타납니다.

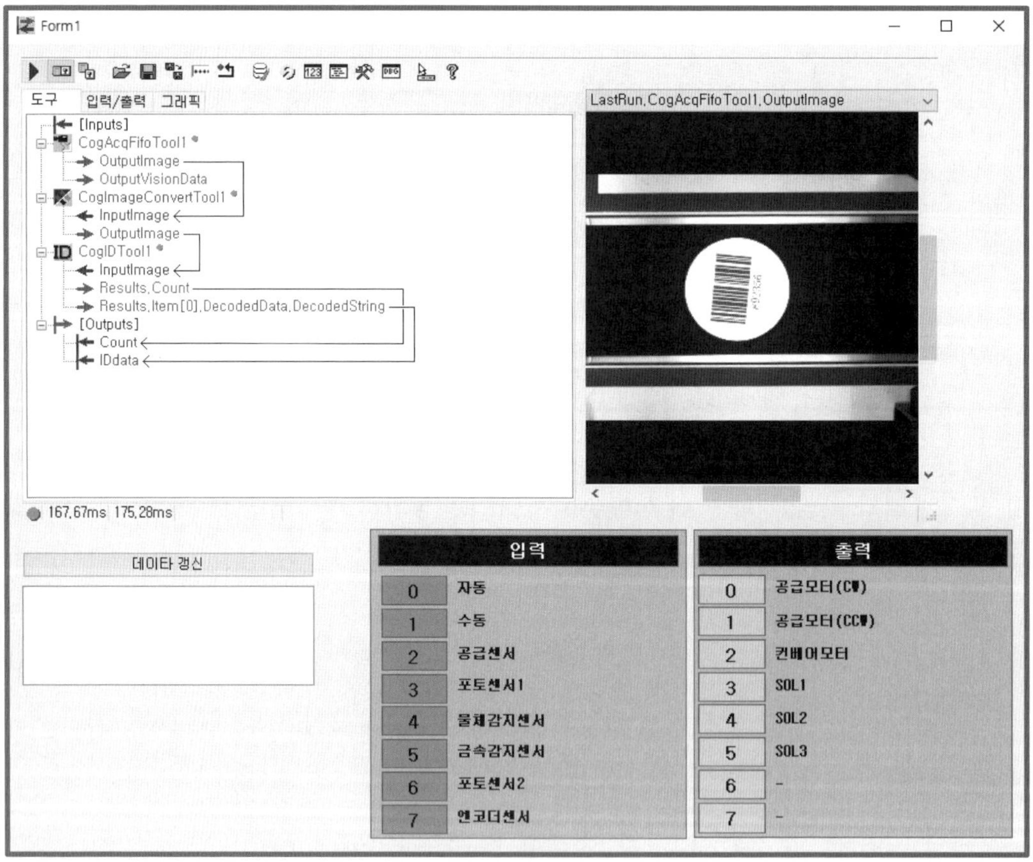

6) 화면의 버튼을 클릭하면서 동작을 확인합니다.

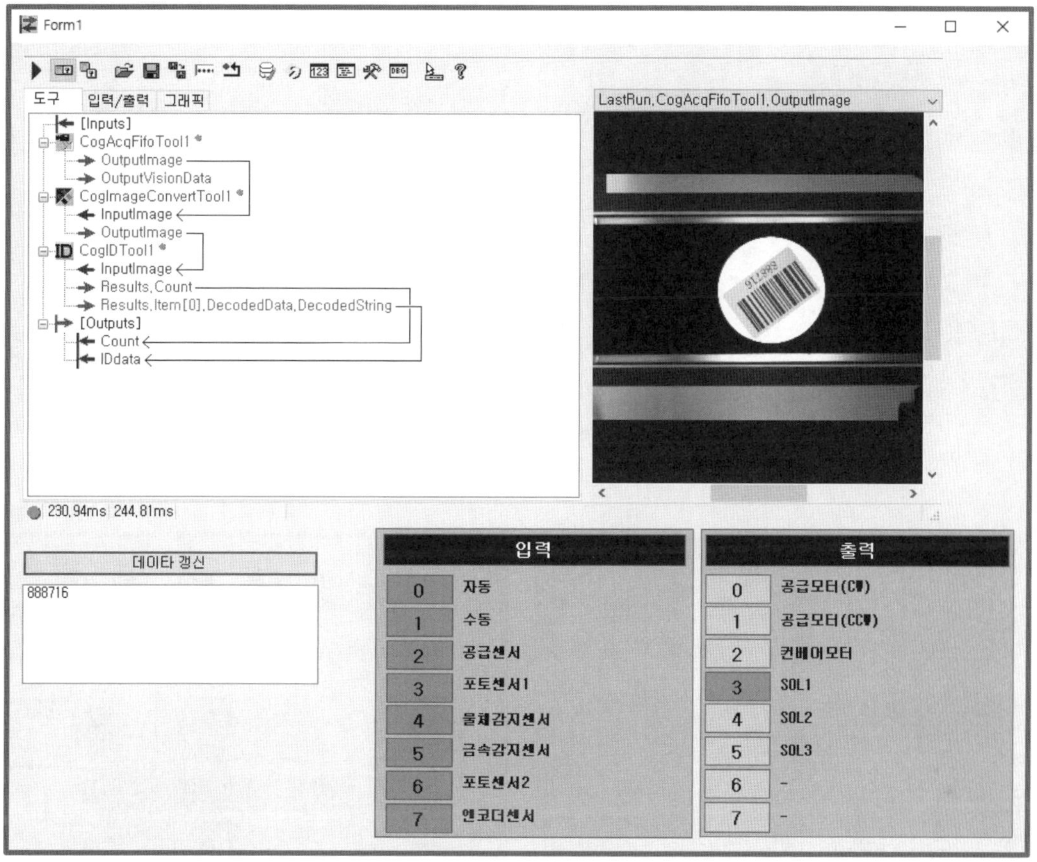

7) UCI Bus 연결상태는 다음 사진을 참고하면 됩니다. 배선의 번호나 방법은 독자 여러분의 몫인 것 같습니다. 구체적으로 나타내지는 않을테니 필요한 상태로 상용하면 좋을 듯 합니다.

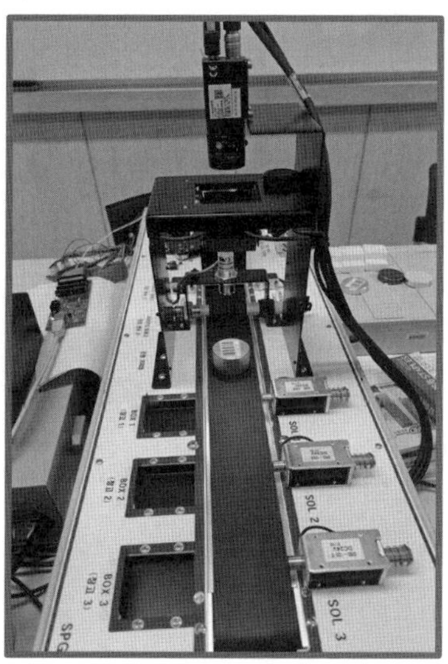

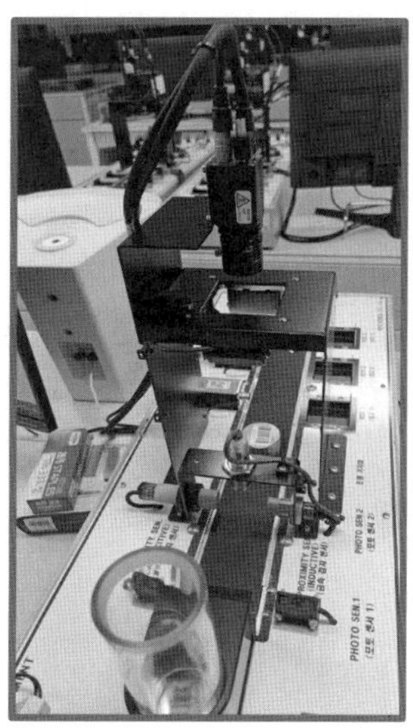

다음은 전체 연결 사진과 UCIBus 및 BIU 보드, TR 보드, Photo Coupler 보드입니다.

여기서는 이 정도만 사용해도 동작에 문제 없습니다.

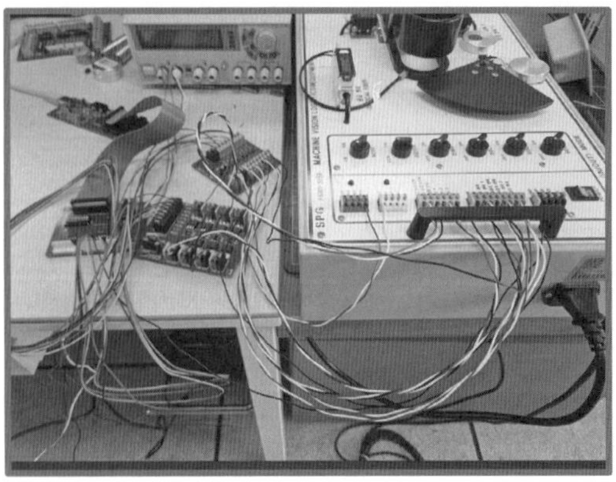

입력 신호 8개와 출력신호 6개를 사용합니다.

8) 다음은 솔루션 정리가 필요할 경우 다음과 같이 하면됩니다.

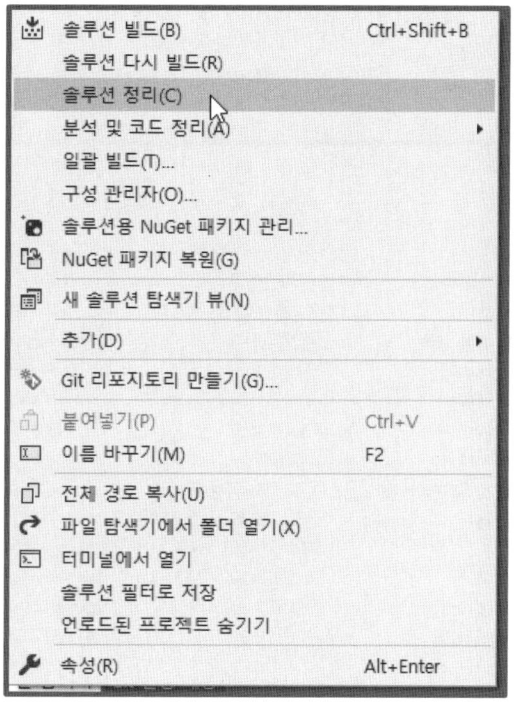

– 확인 폴더입니다. « IDTOOLC++1117_01 › obj › Debug ›

솔루션 정리 전	솔루션 정리 후
TempPE	TempPE
.NETFramework,Version=v4.7.2.Assembl...	.NETFramework,Version=v4.7.2.Assembl...
DesignTimeResolveAssemblyReferences....	DesignTimeResolveAssemblyReferences....
DesignTimeResolveAssemblyReferencesI...	DesignTimeResolveAssemblyReferencesI...
IDTOOLC__1117_01.Form1.resources	IDTOOLC++1117_01.csproj.FileListAbsol...
IDTOOLC__1117_01.Properties.Resource...	
IDTOOLC++1117_01.csproj.AssemblyRe...	
IDTOOLC++1117_01.csproj.CopyCompl...	
IDTOOLC++1117_01.csproj.CoreCompil...	
IDTOOLC++1117_01.csproj.FileListAbsol...	
IDTOOLC++1117_01.csproj.GenerateRes...	
IDTOOLC++1117_01.exe	
IDTOOLC++1117_01.pdb	

9) 다음은 실행 파일을 별도로 가져가서 사용할 경우와 컴파일할 때 사용되는 *.dll에 대한 폴더내용입니다. 아래 소개 폴더의 내용을 모두 가지고 가서 실행하면 됩니다.

« IDTOOLC++1117_01 › bin › Debug

이름	수정한 날짜	유형	크기
Log	2024-03-13 오후 5:49	파일 폴더	
Cognex.VisionPro.Controls.dll	2020-08-29 오전 9:30	응용 프로그램 확장	2,335KB
Cognex.VisionPro.Core.dll	2020-08-29 오전 9:31	응용 프로그램 확장	37,517KB
Cognex.VisionPro.Core.xml	2020-08-29 오전 9:36	Microsoft Edge H...	2,908KB
Cognex.VisionPro.CorePlus.dll	2020-08-29 오전 9:31	응용 프로그램 확장	36,081KB
Cognex.VisionPro.CorePlus.xml	2020-08-29 오전 9:30	Microsoft Edge H...	178KB
Cognex.VisionPro.Database.dll	2020-08-29 오전 9:31	응용 프로그램 확장	29KB
Cognex.VisionPro.Database.xml	2020-08-29 오전 9:33	Microsoft Edge H...	46KB
Cognex.VisionPro.Display.Controls.dll	2020-08-29 오전 9:32	응용 프로그램 확장	95KB
Cognex.VisionPro.Display.Controls.xml	2020-08-29 오전 9:30	Microsoft Edge H...	138KB
Cognex.VisionPro.dll	2020-08-29 오전 9:31	응용 프로그램 확장	298KB
Cognex.VisionPro.FGGigE.dll	2020-08-29 오전 9:32	응용 프로그램 확장	4,615KB
Cognex.VisionPro.FGGigE.xml	2020-08-29 오전 9:37	Microsoft Edge H...	97KB
Cognex.VisionPro.ImageFile.dll	2020-08-29 오전 9:30	응용 프로그램 확장	35,210KB
Cognex.VisionPro.ImageFile.xml	2020-08-29 오전 9:37	Microsoft Edge H...	116KB
Cognex.VisionPro.ImageProcessing.dll	2020-08-29 오전 9:32	응용 프로그램 확장	5,503KB
Cognex.VisionPro.ImageProcessing.xml	2020-08-29 오전 9:37	Microsoft Edge H...	807KB
Cognex.VisionPro.Inspection.Controls.dll	2020-08-29 오전 9:32	응용 프로그램 확장	169KB
Cognex.VisionPro.Inspection.dll	2020-08-29 오전 9:31	응용 프로그램 확장	66KB
Cognex.VisionPro.Inspection.xml	2020-08-29 오전 9:32	Microsoft Edge H...	129KB
Cognex.VisionPro.Interop.Core.dll	2020-08-29 오전 9:30	응용 프로그램 확장	1,090KB
Cognex.VisionPro.ToolGroup.Controls.dll	2020-08-29 오전 9:31	응용 프로그램 확장	313KB
Cognex.VisionPro.ToolGroup.dll	2020-08-29 오전 9:31	응용 프로그램 확장	81KB
Cognex.VisionPro.ToolGroup.xml	2020-08-29 오전 9:32	Microsoft Edge H...	57KB
Cognex.VisionPro.xml	2020-08-29 오전 9:32	Microsoft Edge H...	468KB
Cognex.VisionPro3D.Core.dll	2020-08-29 오전 9:32	응용 프로그램 확장	43,091KB
Cognex.VisionPro3D.Core.xml	2020-08-29 오전 9:31	Microsoft Edge H...	437KB
Cognex.VisionPro3D.Display.Controls.dll	2020-08-29 오전 9:30	응용 프로그램 확장	49KB
Cognex.VisionPro3D.Display.Controls.xml	2020-08-29 오전 9:32	Microsoft Edge H...	45KB
Cognex.VisionPro3D.dll	2020-08-29 오전 9:32	응용 프로그램 확장	50,162KB
Cognex.VisionPro3D.Graphic.dll	2020-08-29 오전 9:30	응용 프로그램 확장	30,866KB
Cognex.VisionPro3D.Graphic.xml	2020-08-29 오전 9:32	Microsoft Edge H...	66KB
Cognex.VisionPro3D.xml	2020-08-29 오전 9:32	Microsoft Edge H...	1,080KB
GenApiDotNet40_v3_2.dll	2022-05-23 오후 4:37	응용 프로그램 확장	583KB
IDTOOLC++1117_01.exe	2024-03-14 오후 4:03	응용 프로그램	20KB
IDTOOLC++1117_01.exe.config	2023-11-17 오전 9:25	XML Configuratio...	1KB
IDTOOLC++1117_01.pdb	2024-03-14 오후 4:03	Program Debug ...	38KB
IMecatronicsDll.dll	2023-04-28 오전 10:36	응용 프로그램 확장	26KB
IMecatronicsDll.pdb	2023-04-28 오전 10:36	Program Debug ...	92KB
StApiDotNet40_v1_1.dll	2022-05-23 오후 4:38	응용 프로그램 확장	1,908KB
stdole.dll	2021-12-17 오후 3:58	응용 프로그램 확장	25KB

5 DLL 파일 Class형태로 포함하여 작업하기

앞절에서는 머신비전 물류장치를 구동하기위해서는 “IIMecatronicsDll”을 참조에 포함해서 컴파일 해야했습니다. 여기서는 참조에 포함해서 사용했던 명령어들을 클래스에서 작성한후 바로 사용하도록 하겠습니다. 물론 명령어의 형태는 같게 하였습니다. 독자여러분들이 본서를 참고해서 개별적으로 달리해도 문제는 될 것은 없습니다. 다음에 소개한 부분들을 참고하면 됩니다.

1) 솔루션 탐색기를 통한 참조한 파일들의 비교를 통해서 솔루션의 프로젝트에서 참조한 파일들을 확인합니다. 클래스 “UCIBus.cs”에서 UCIBus의 기능들을 포함한 명령어들을 갖고 있습니다.

일반 솔루션의 프로젝트	본예제에서 사용한 비전 솔루션의 프로젝트
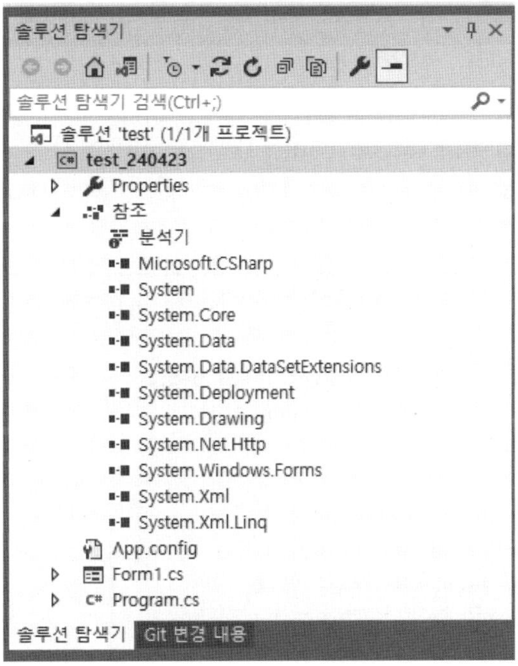	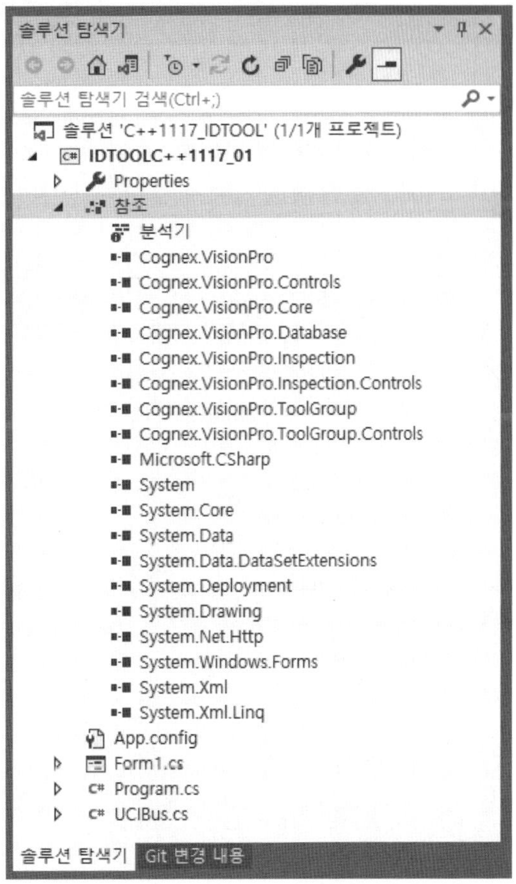

2) Visual C#의 작업화면입니다. 열려있는 파일들의 확인하고 참고해서 작업하면 됩니다.

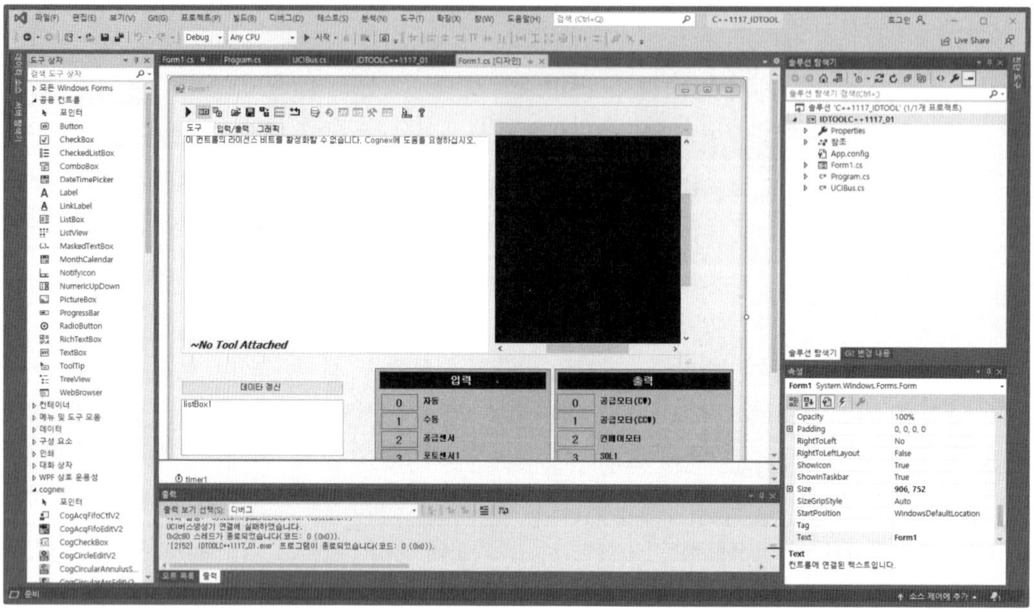

3) 프로그램입니다. 앞에서 보여준 프로그램은 "Form1.cs"입니다. 변경된 부분만 비교해서 소개합니다. 11번째 줄에서 사용한 "using IMecatronicsDll;"을 이곳에서는 사용하지 않고 클래스에서 포함했습니다. 나머지 부분의 프로그램은 앞에서 소개한 부분과 같습니다.

앞에서 사용한 "Form1.cs" 의 일부분	여기서 사용한 "Form1.cs" 의 일부분
using System;	using System;
using System.Collections.Generic;	using System.Collections.Generic;
using System.ComponentModel;	using System.ComponentModel;
using System.Data;	using System.Data;
using System.Drawing;	using System.Drawing;
using System.Linq;	using System.Linq;
using System.Text;	using System.Text;
using System.Threading;	using System.Threading;
using System.Threading.Tasks;	using System.Threading.Tasks;
using System.Windows.Forms;	using System.Windows.Forms;
using IMecatronicsDll;	
namespace IDTOOLC__1117_01	namespace IDTOOLC__1117_01
{	{
public partial class Form1 : Form	public partial class Form1 : Form
{	{
// 입출력라벨을 배열로 저장하기위한 변수	// 입출력라벨을 배열로 저장하기 위한 변수
public Label[] InputList = null;	public Label[] InputList = null;

public Label[] OutputList = null;	public Label[] OutputList = null;
public Label[] InputCap = null;	public Label[] InputCap = null;
public Label[] OutputCap = null;	public Label[] OutputCap = null;
// Uci버스생성기와 통신할 객체	// Uci버스생성기와 통신할 객체
public UCIBus pIoDevice = null;	public UCIBus pIoDevice = null;
public int[] IoInData = new int[8];	public int[] IoInData = new int[8];
public int[] IoOutData = new int[8];	public int[] IoOutData = new int[8];
public int[] WriteData = new int[2];	public int[] WriteData = new int[2];

4) "Program.cs"의 프로그램 내용입니다.

```
using System;
using System.Collections.Generic;
using System.Linq;
using System.Threading.Tasks;
using System.Windows.Forms;

namespace IDTOOLC__1117_01
{
    static class Program
    {
        /// <summary>
        /// 해당 애플리케이션의 주 진입점입니다.
        /// </summary>
        [STAThread]
        static void Main()
        {
            Application.EnableVisualStyles();
            Application.SetCompatibleTextRenderingDefault(false);
            Application.Run(new Form1());
        }
    }
}
```

5) 여기서 추가한 클래서에 포함된 "UCIBus.cs"의 프로그램 내용입니다.

```
using Microsoft.Win32;
using System;
using System.IO.Ports; //
using System.Text;
```

```
namespace IDTOOLC__1117_01
{

   public class UCIBus
   {
      // 시리얼 자원
      public byte[] ReadBuffer = new byte[1024];
      public SerialPort sp = new SerialPort();        // 시리얼포트
      public string RecvData = "";
      public bool DataRecv = false;

      public UCIBus()
      {

      }


      // 데이터를 받았을때
      private void SerialPort1_DataReceived(object sender, SerialDataReceivedEventArgs e)
      {
         try
         {
            // 들어온 만큼 읽음
            int Size = sp.BytesToRead;
            sp.Read(ReadBuffer, 0, Size);

            // 받은데이터를 문자열로 변환한다.
            RecvData += Encoding.Default.GetString(ReadBuffer, 0, Size);

            int Length = RecvData.Length;
            if (RecvData[Length - 1] == '₩n')
            {
               DataRecv = true;
            }


         }
         catch (Exception ex)
         {
            DisConnect();
         }
      }


      //
      public bool UCIDrvInit()
```

```
{
    try
    {
        DisConnect();
        // 레지스트리에 접속하여 현제 모든 포트장비의 이름을 받아옵니다.
        RegistryKey reg = Registry.LocalMachine.OpenSubKey("HARDWARE").OpenSubKey("DEVICEMAP").OpenSubKey("SERIALCOMM");
        string aac = reg.ToString();
        string[] PortNames = reg.GetValueNames();

        // 포트이름중 Vcp 또는 USB가 포함된 포트이름을 찾은후 해당 포트넘버를 확인한다.
        string PortName = "";
        for (int Idx = 0; Idx < PortNames.Length; ++Idx)
        {
            if (PortNames[Idx].ToUpper().Contains("VCP") == true || PortNames[Idx].ToUpper().Contains("USB") == true)
            {
                PortName = reg.GetValue(PortNames[Idx]).ToString();
                break;
            }
        }

        // 해당포트번호와 BaudRate로 오픈한다.
        sp = new SerialPort();
        sp.PortName = PortName;
        sp.BaudRate = 11520;
        sp.Open();

        // 리시브받을 핸들러를 등록한다.
        sp.DataReceived += new SerialDataReceivedEventHandler(SerialPort1_DataReceived);

    }
    catch (Exception ex)
    {
        Console.WriteLine("UCI버스생성기 연결에 실패하였습니다.");
    }

    return false;
}

// 접속 종료
public void DisConnect()
{
    try
    {
        sp.Close();
    }
    catch (Exception ex)
```

```
        {

        }
    }

    //
    public void SendData(byte[] Data, int aLength)
    {
        try
        {
            // 연결되어있으면
            if (IsConnected() == true)
            {
                RecvData = "";
                DataRecv = false;
                sp.Write(Data, 0, aLength);
            }
        }
        catch (Exception ex)
        {
            DisConnect();
            //Connected();
        }
    }


    public bool IsConnected()
    {
        return sp.IsOpen;
    }

    public bool Outputb(int aPPI, int Add)
    {
        try
        {
            if (IsConnected() == false) { return false; }


            // 1. 프로코콜예) $W(포트)(변경값),(개행문자)
            string Stmp = string.Format("$W{0:X2}{1:X2}{2}{3}", aPPI, Add, (char)0x0d, (char)0x0a);

            byte[] Data = new byte[Stmp.Length];
            for (int Index = 0; Index < Stmp.Length; ++Index)
            {
                Data[Index] = (byte)Stmp[Index];
            }
```

```
            SendData(Data, Data.Length);

            return true;
        }
        catch (Exception Ex)
        {
            int i = 0;
        }

        return false;
    }

    public int Inputb(int aPPI)
    {
        try
        {
            if (IsConnected() == false) { return 0; }


            // 1.프로토콜예) $R(포트)00(개행문자)
            string Stmp = string.Format("$R{0:X2}00{1}{2}", aPPI, (char)0x0d, (char)0x0a);

            byte[] Data = new byte[Stmp.Length];
            for (int Index = 0; Index < Stmp.Length; ++Index)
            {
                Data[Index] = (byte)Stmp[Index];
            }

            SendData(Data, Data.Length);

            int Tick = Environment.TickCount;
            while (DataRecv == false && Environment.TickCount - Tick < 2000)
            {
                System.Threading.Thread.Sleep(5);
            }

            // 받은값을 배열로 변경한다.
            return Convert.ToByte(RecvData.Substring(4, 2), 16);
        }
        catch (Exception Ex)
        {
            int i = 0;
        }

        return 0;
```

```
        }



        public int[] ConvertByteToBit(int aValue)
        {
            int[] bInput = new int[8];
            try
            {
                // 비트연산을 통해 비트값을 배열로 분리한다.
                for (int Idx = 0; Idx < 8; ++Idx)
                {
                    bInput[Idx] = (aValue >> Idx) & 0x1;
                }
            }
            catch (Exception Ex)
            {
                int i = 0;
            }

            return bInput;
        }

        public int ConvertBitToByte(int[] aValue)
        {
            int Output = 0;
            byte[] Arrary = new byte[8] { 0x01, 0x02, 0x04, 0x08, 0x10, 0x20, 0x40, 0x80 };
            for (int Idx = 0; Idx < 8; ++Idx)
            {
                if (aValue[Idx] != 0)
                {
                    Output += Arrary[Idx];
                }
            }

            return Output;
        }
    }
}
```

6) "Form1.cs[디자인]"의 화면입니다.

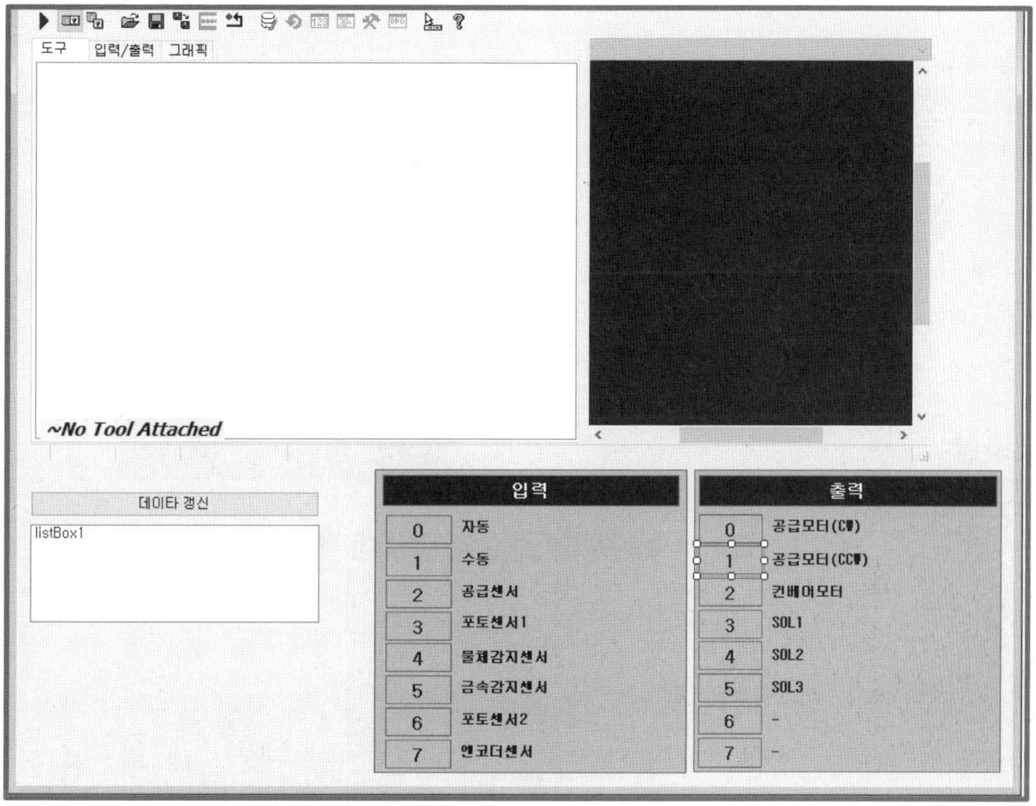

7) 전체 작업 화면입니다.

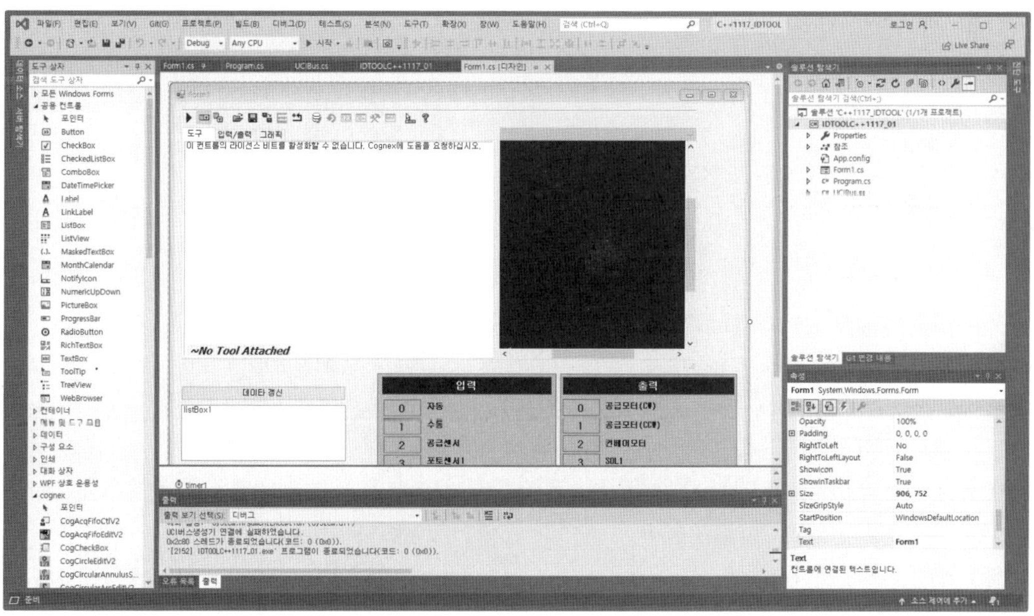

8) 실행 초기화면입니다. 비전물류장치와 UCIBus가 연결되지 않은 상태입니다.

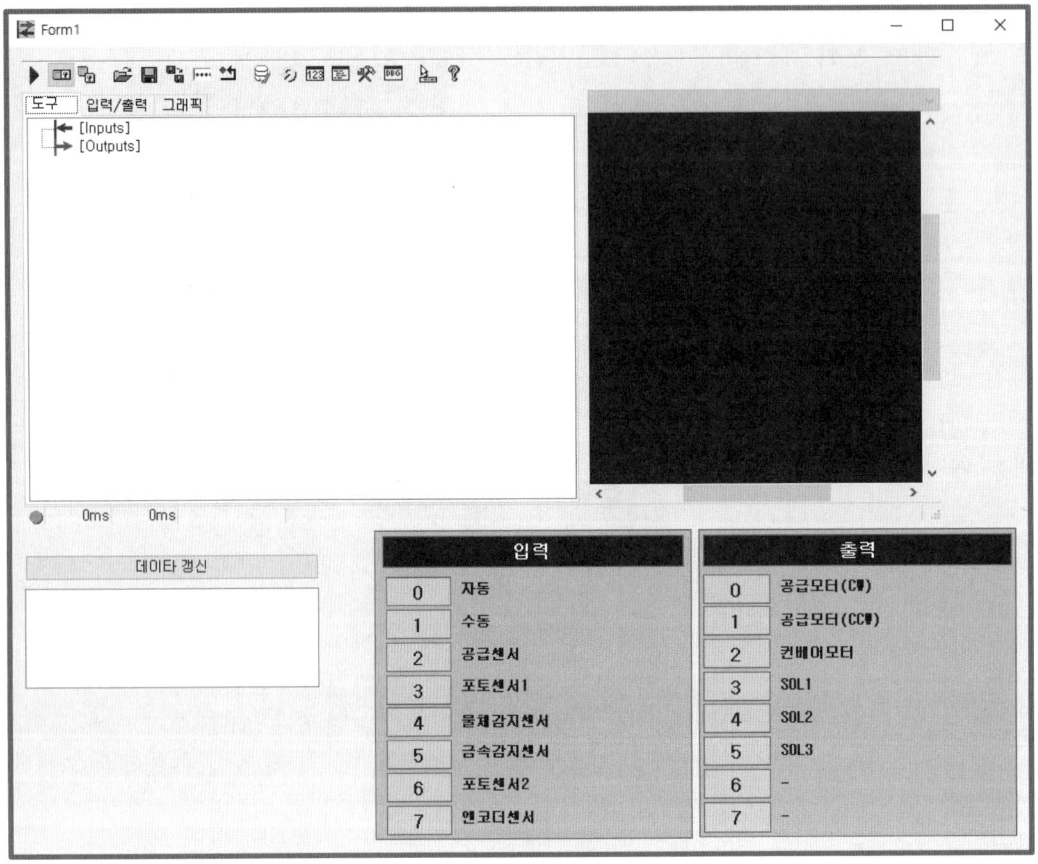

9) Vision-Pro의 "QuickBuild" 파일 로딩후의 최종 실행 화면입니다. 비전물류장치 실행결과의 상태에따른 라벨의 색 구분을 통해서 결과를 확인할 수 있습니다. 또한 카메라를 통해서 바코드를 읽은 값의 결과가 출력된 것을 확인할 수 있습니다.

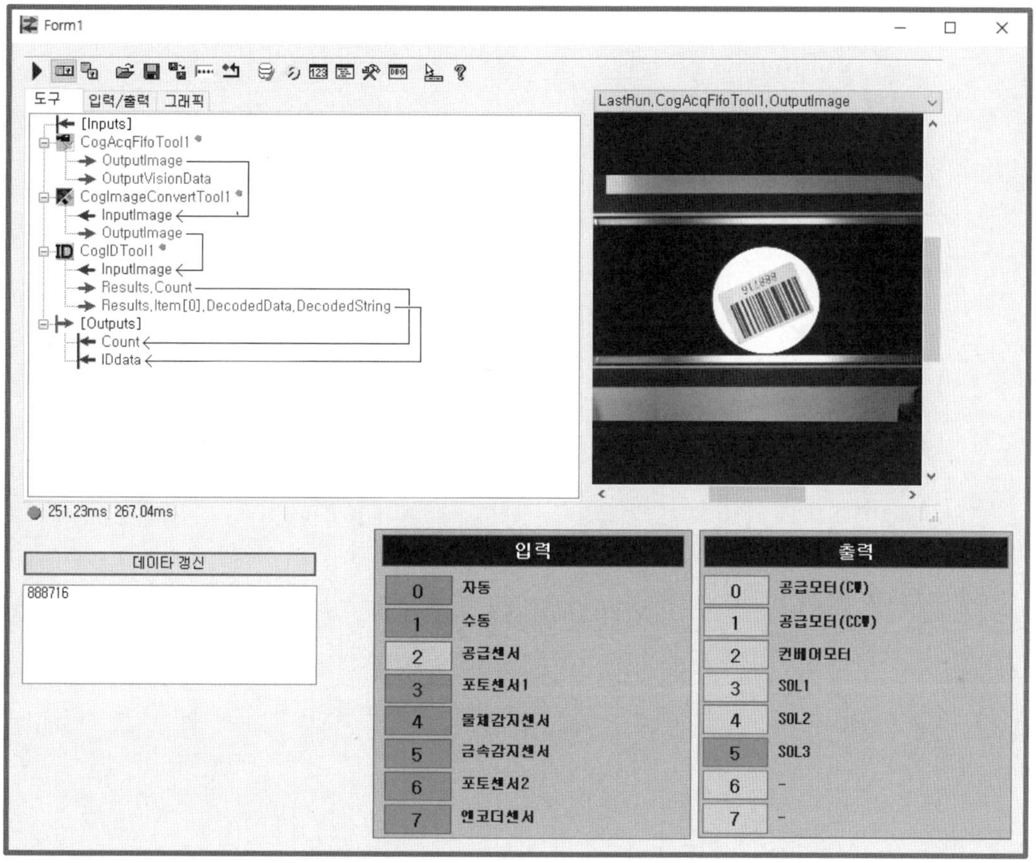

MEMO

CHAPTER

6

Cognex VisionPro DeepLearning Studio 활용

CHAPTER 6

Cognex VisionPro DeepLearning Studio 활용

Ex 01 COGNEX DEEP LEARNING STUDIO MiniMps 장비를 이용한 딥러닝 실습

1 개요

이번 챕터는 MiniMps 머신 비전 분류예제를 딥러닝을 이용하여 진행해보도록 하겠습니다.

2 딥러닝과 룰베이스 비전의 차이

챕터를 진행하기 앞서 딥러닝과 머신 비전의 차이점을 알아보도록 하겠습니다. 딥러닝의 장점은 기존 룰베이스비전에서는 카메라로 이미지를 캡쳐받아 사용자가 정해진 규칙 및 검사포인트를 만들어서 검사를 진행했지만 했지만 딥러닝에서는 여러장의 검사이미지를 딥러닝 툴을 이용하여 학습하여 분류 및 특정 검사위치를 기존 룰베이스 비전보다 더 정확하게 찾을 수 있습니다. 단점으로는 기계학습으로 이미지를 비교하기 비교할 이미지가 많아야하며 검사할 수 있는 항목이 제한적입니다.

비전프로 딥러닝에서 지원하는 기능은제품분류, OCR리딩, 특정패턴위치를 찾을수 있습니다.

제품분류는 해당 검사항목이 해당제품인지 확인할 때 또는 사진처럼 스크레치 기포발생 등 제품의 상태를 검사하기 위해서 사용합니다.

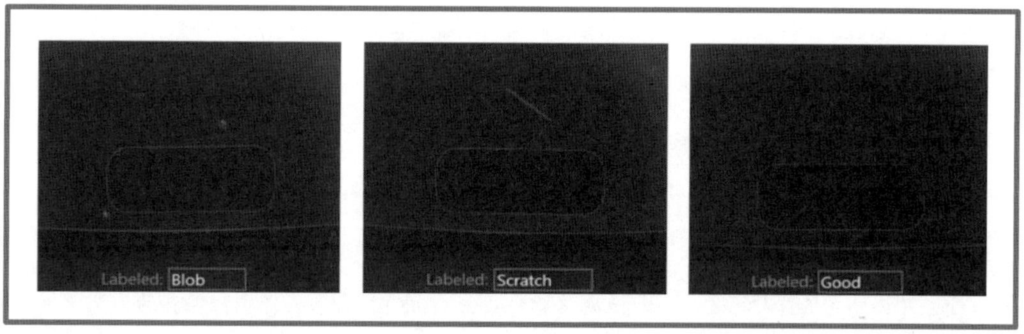

OCR리딩은 그림과 같이 심하게 변형, 기울림, 빛반사등 잘못 매칭된 코드를 해석합니다.

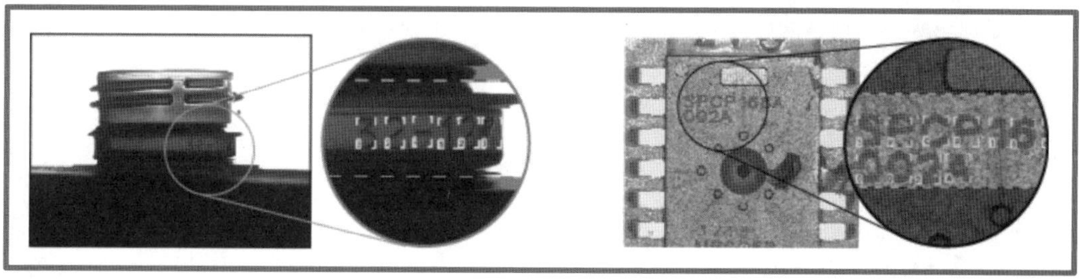

특정패턴 매칭은 찰상된 이미지에서 매칭된 패턴의 위치를 확인할 수 있습니다. 기계학습을 통해 룰베이스 비전보다 더 높은 검출율을 확보할 수 있습니다.

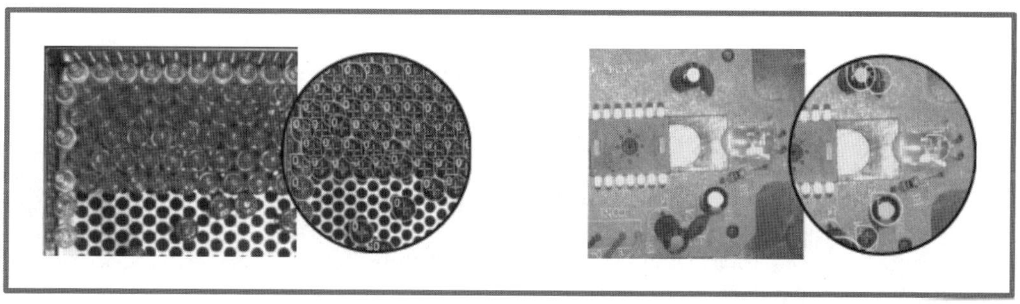

3 프로그램 설치

Cognex 홈페이지에서 프로그램을 다운로드받은 다음에 간단하게 설치할 수 있습니다. 프로그램이 저장된 폴더입니다. 더블클릭해서 프로그램이 있는 폴더 안으로 들어갑니다.

VisionPro Deep Learning 3.2.0

다음프로그램을 더블 클릭하여 실행합니다. 설치 프로그램 파일입니다.

Cognex VisionPro Deep Learning v3.2.0.29090.exe

Cognex VisionPro Deep Learning을 위한 프로그램 설치시 첫화면입니다.

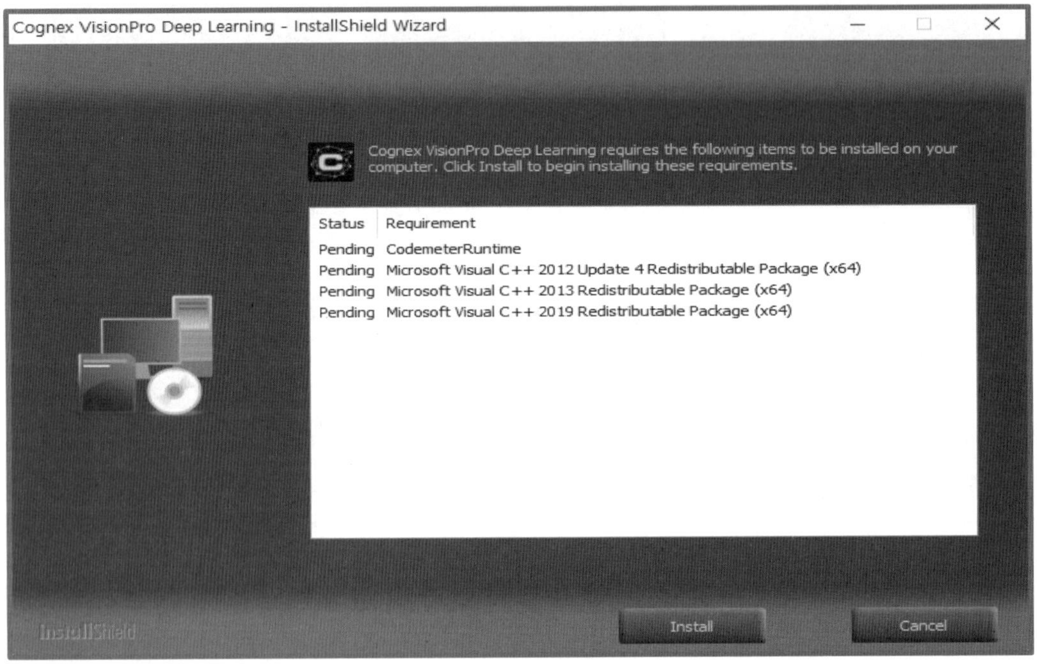

Install 을 클릭하여 다음단계로 진행합니다.

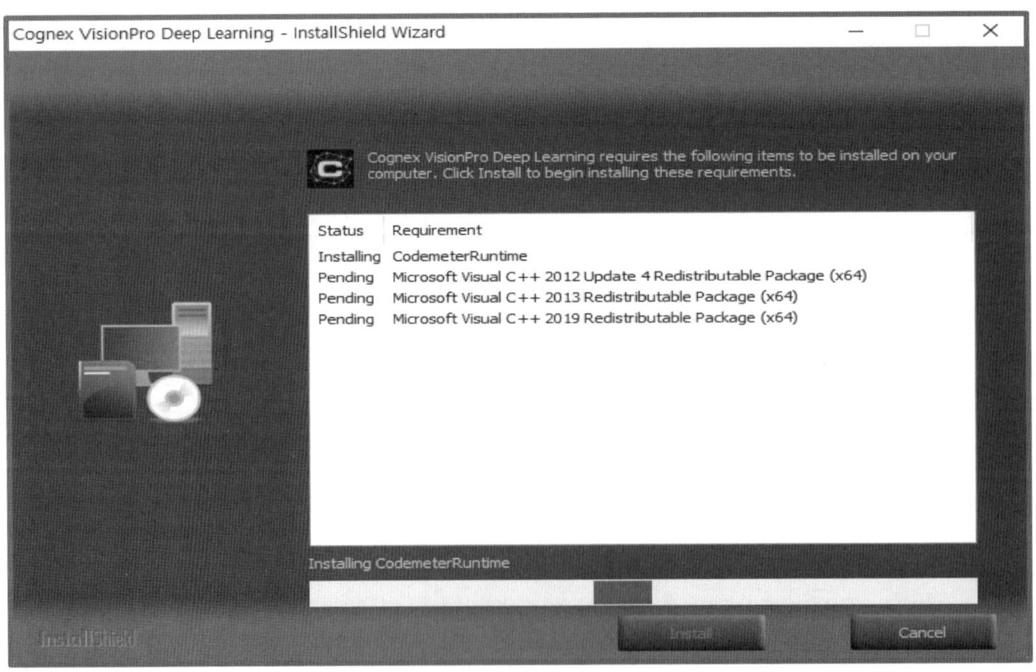

위의 화면이 사라지면 다음과 같은 화면이 출력됩니다.

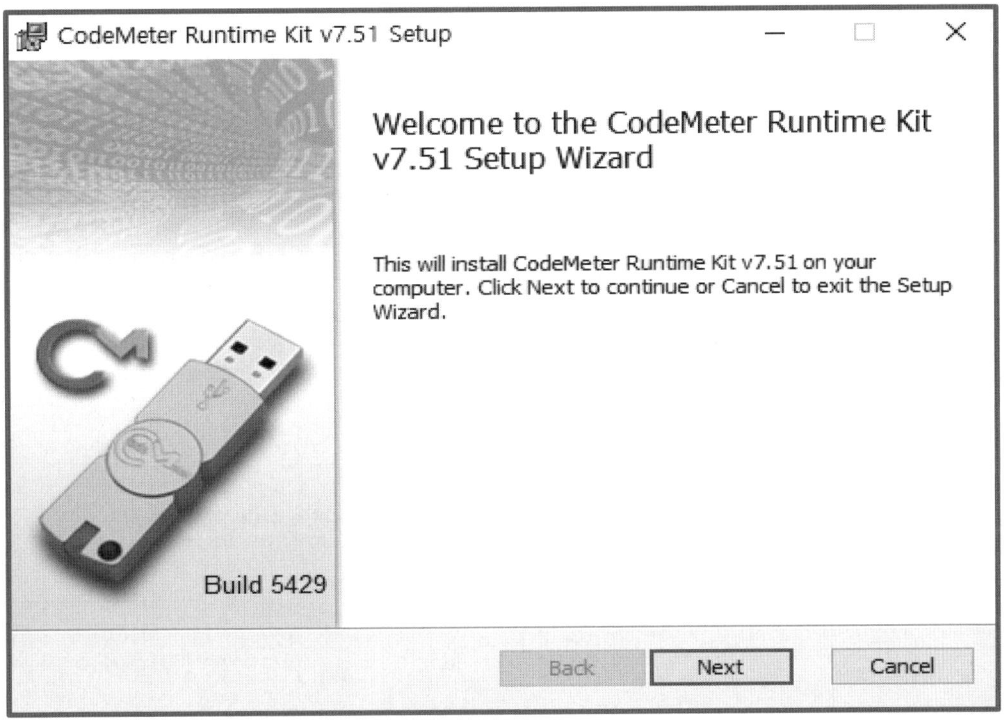

Next 을 클릭하여 다음 단계로 진입합니다.

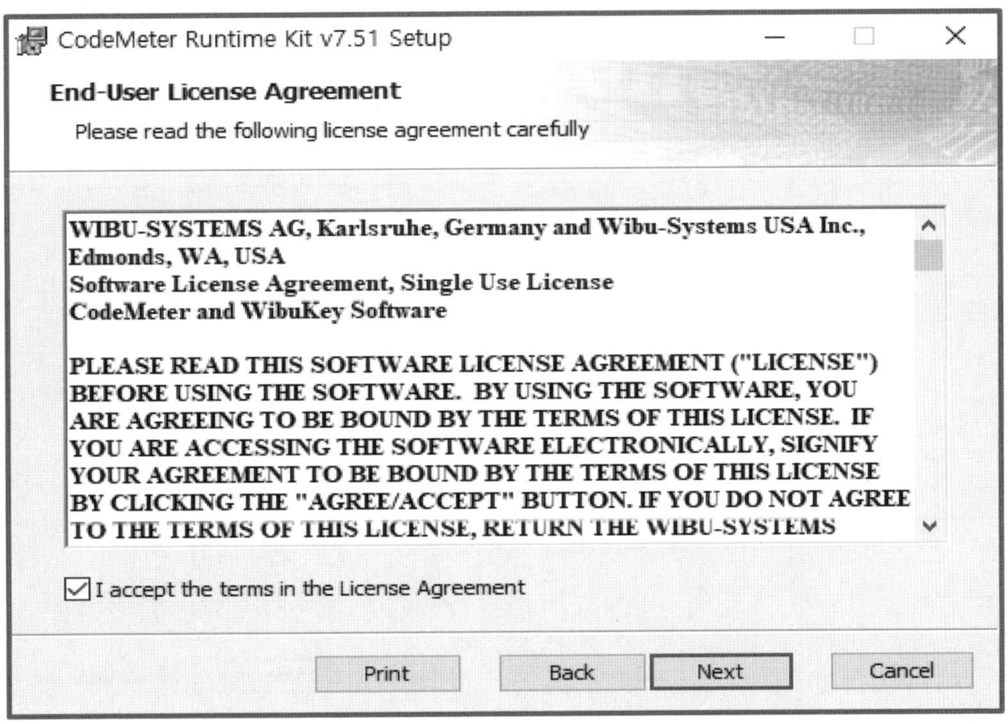

동의항을 클릭한 다음 Next 을 클릭하여 다음 단계로 넘어갑니다.

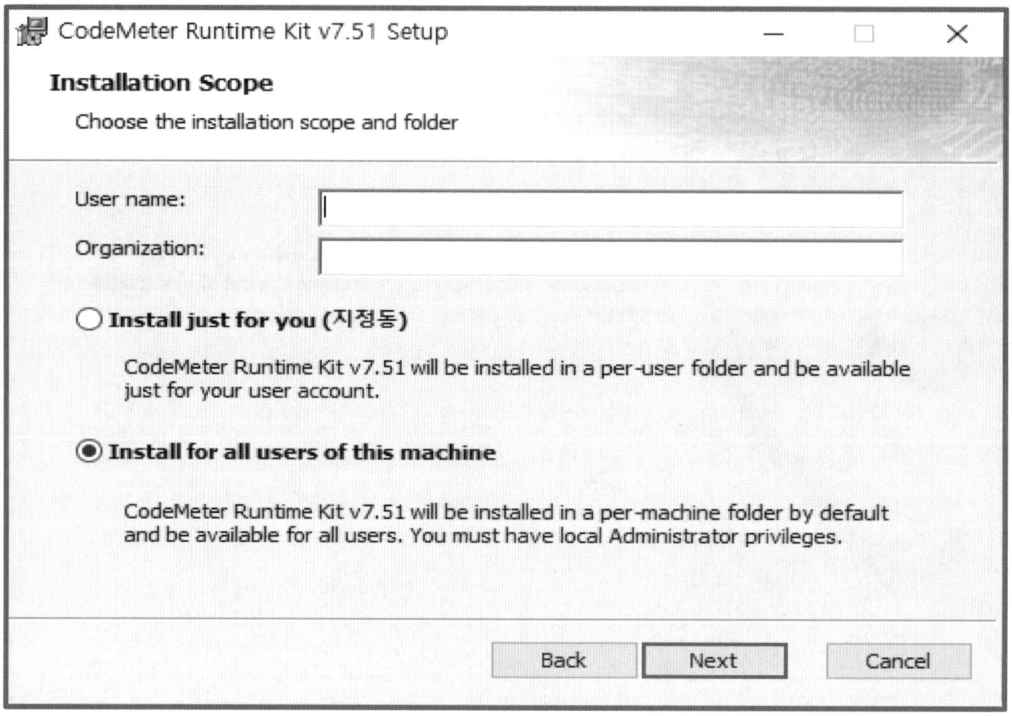

필요한 부분을 기록 및 선택하고 Next 을 클릭하여 다음 단계로 넘어갑니다.

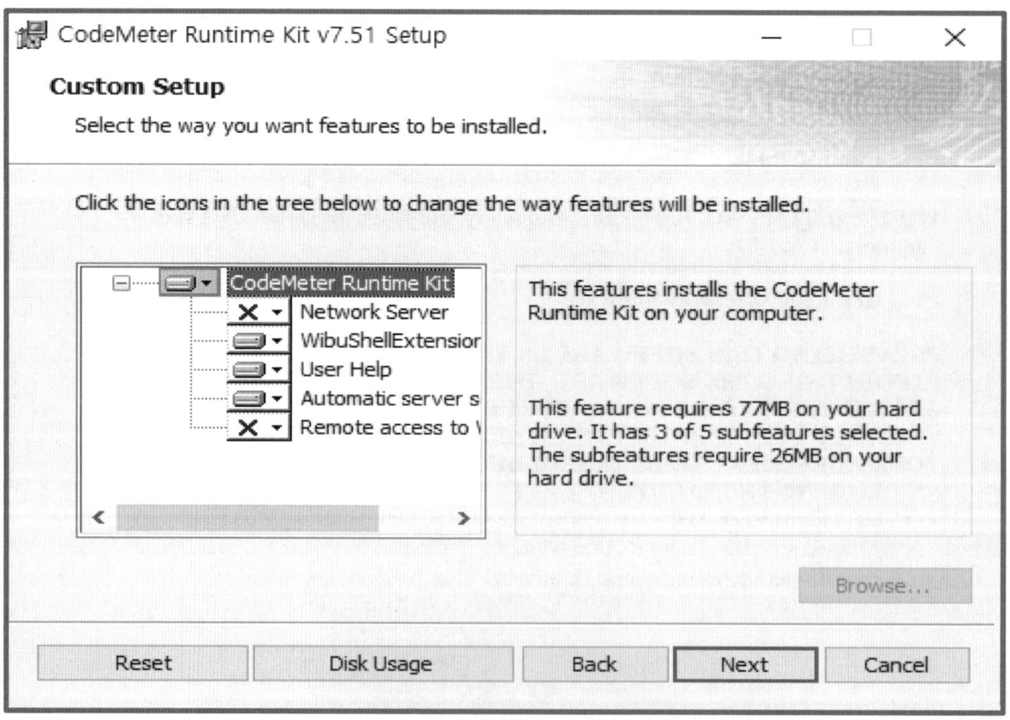

필요한 프로그램을 선택해서 Install 할 수 있도록 합니다. 선택했으면 Next 을 클릭해서 다음 단계로 갑니다.

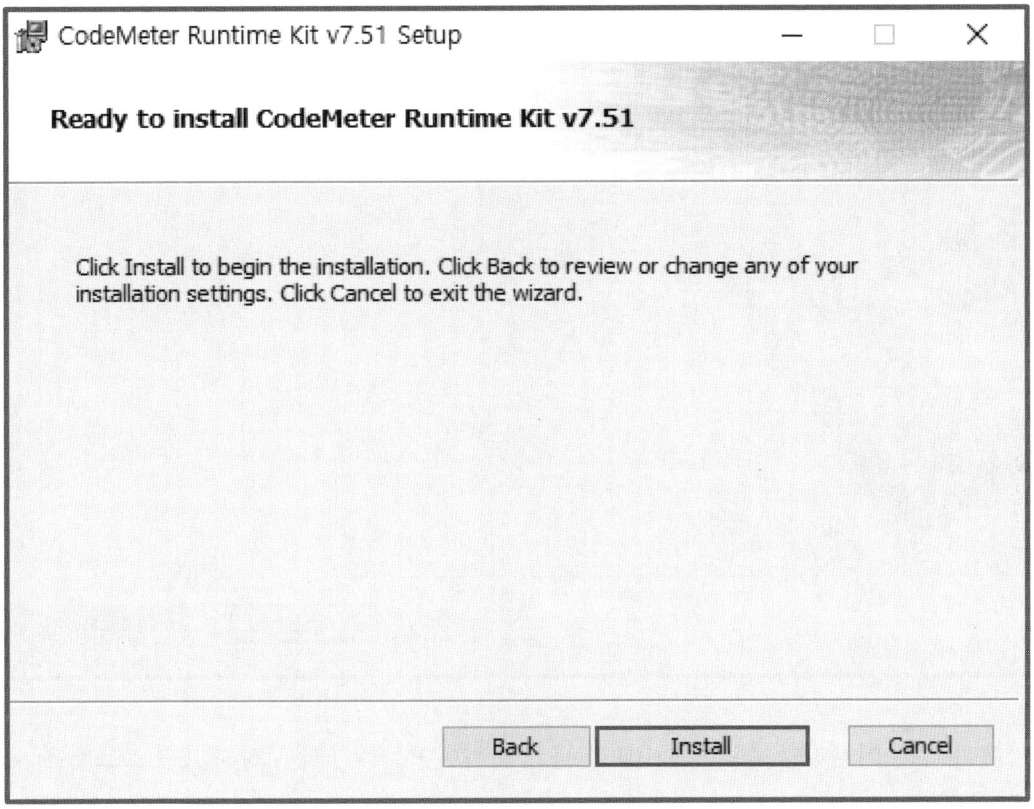

Install 을 클릭하여 프로그램을 PC에 Install 합니다.
Install이 진행되는 과정입니다.

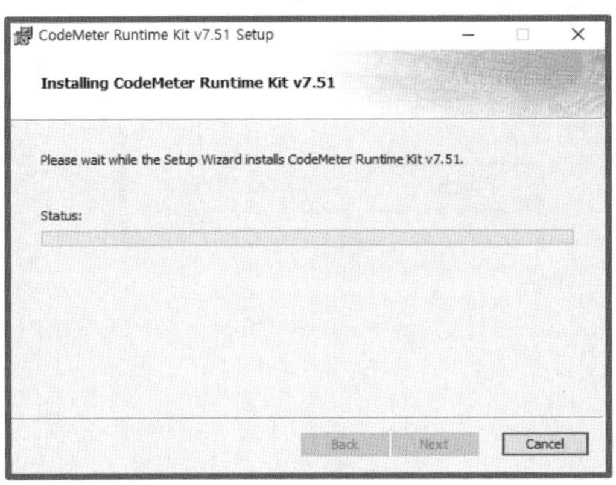

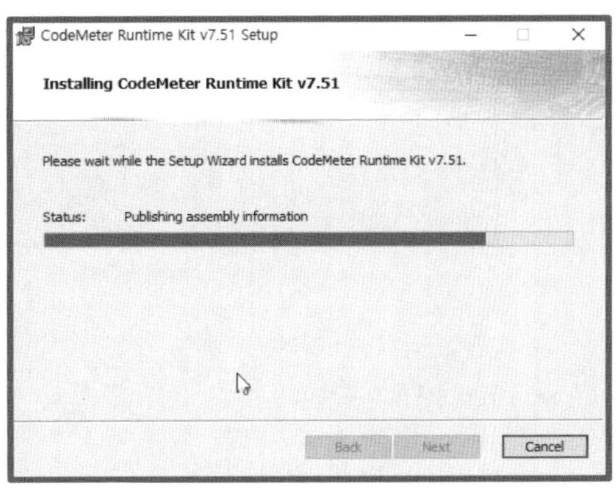

Install이 완료되면 다음과 같은 화면이 출력됩니다. Finish 을 클릭하고 마칩니다.

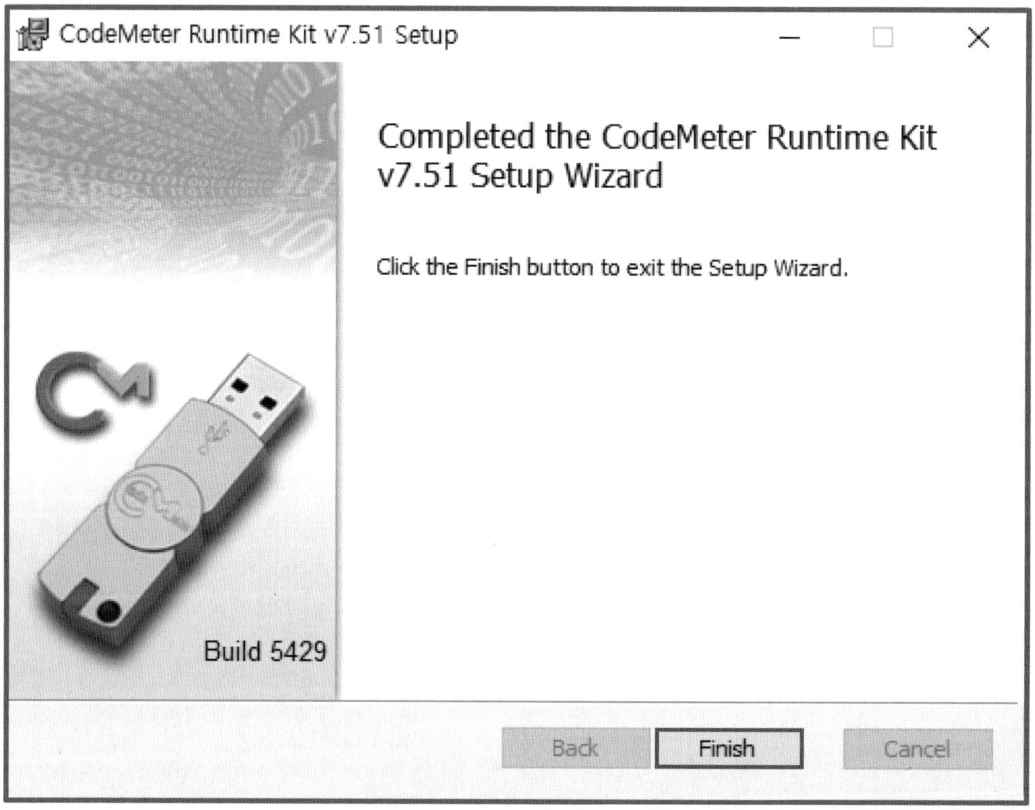

다음과 같은 메시지가 출력되면 예(Y)를 클릭하여 PC를 다시 시작하고 프로그램을 사용하면됩니다.

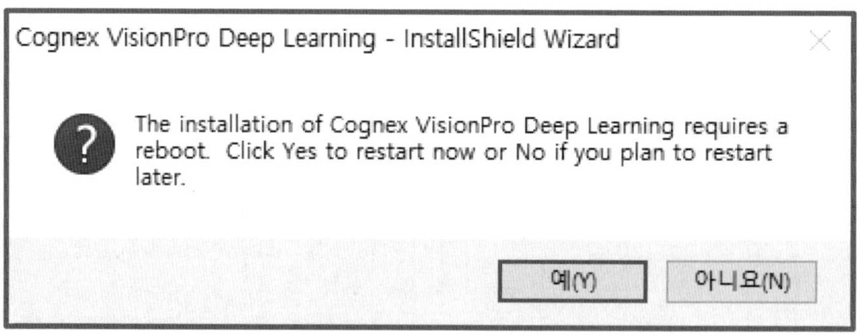

4 사용방법

비전프로 딥러닝은 크게 훈련단계와 배포단계를 통해서 사용합니다.

훈련단계는 Cognex Deep Learning Studio GUI를 사용하여 각도구 기능을 이용하여 이미지에서 특성을 훈련하고 훈련된 프로젝트를 배포하여 C#등 프로그램에서 사용합니다.

다시 정리하면 비전프로에서 딥러닝 단계는 샘플이미지를 불러와 이미지를 분류(라벨링)하여 훈련합니다. 이후 훈련된 파일의 정확도를 테스트하여 적절한 판정가능한 시점에 C# 등 언어에 사용할 수 있도록 배포파일을 만들어 프로그램에서 딥러닝 판정을 실시합니다.

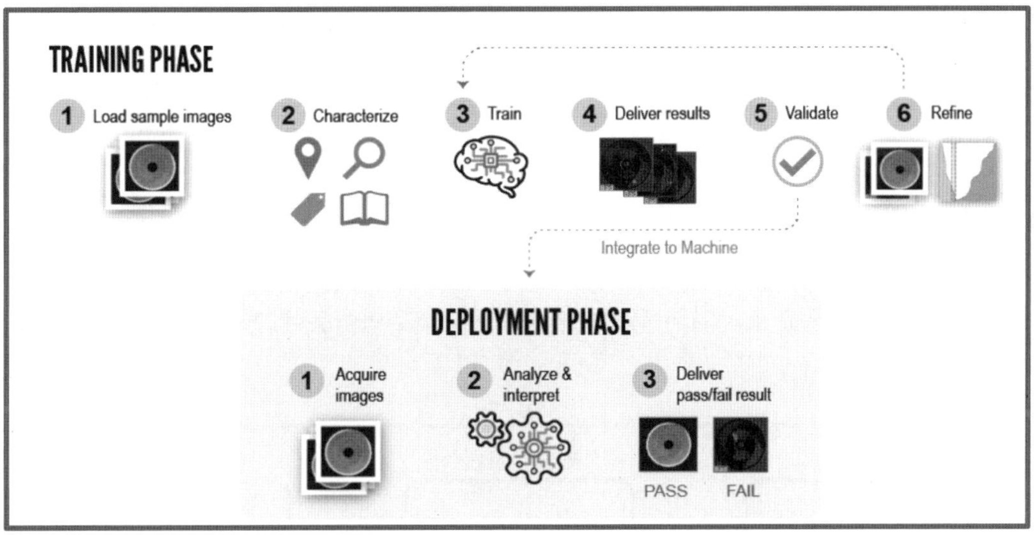

5 프로그램 사용방법

비전프로 딥러닝의 구조는 Workspaces→Streams→Tool의 트리구조이며 Workspace는 C#언어의 프로젝트의 의미입니다. 해당 workspace에 여러개의 Stream으로 구성됩니다. Stream은 이미지를 보관하고 있는 데이터베이스의 역할을 합니다. Stream에 있는 샘플이미지를 도구세트(Tools)을 포함하며 해당 도구세트에서 기계학습을 통해서 원하는 결과를 판단하게 됩니다.

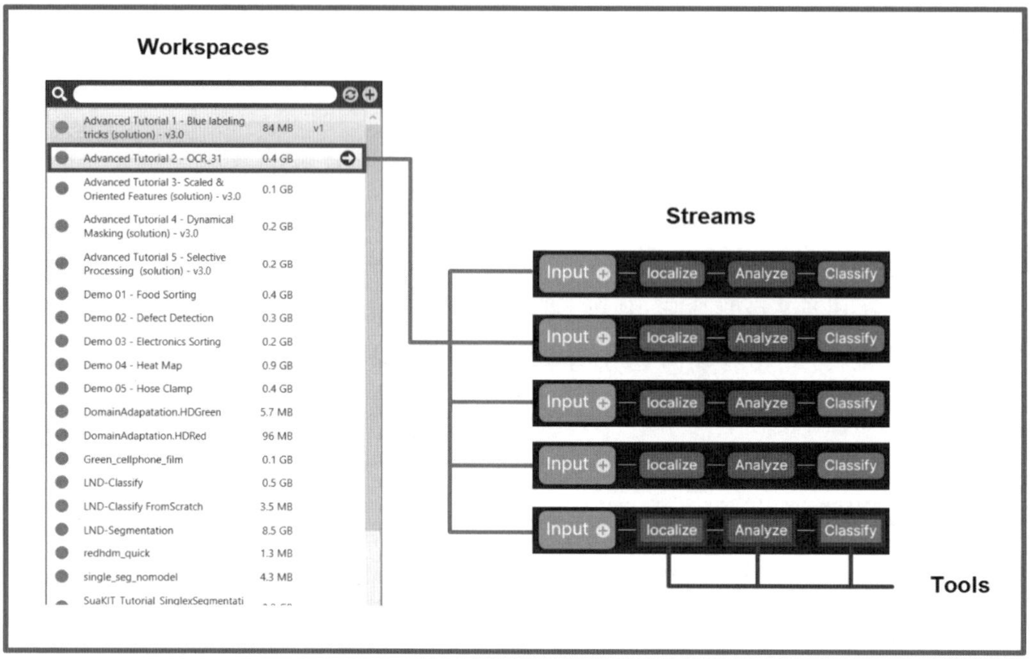

결과를 처리하는 과정을 정리하면 샘플이미지를 이용하여 데이터베이스를 만들고 데이터베이스에서 학습을 통해 컴파일된 목적파일을 만들어 C#언어등에 연동하여 검사를 통해 결과를 판정하게 됩니다.

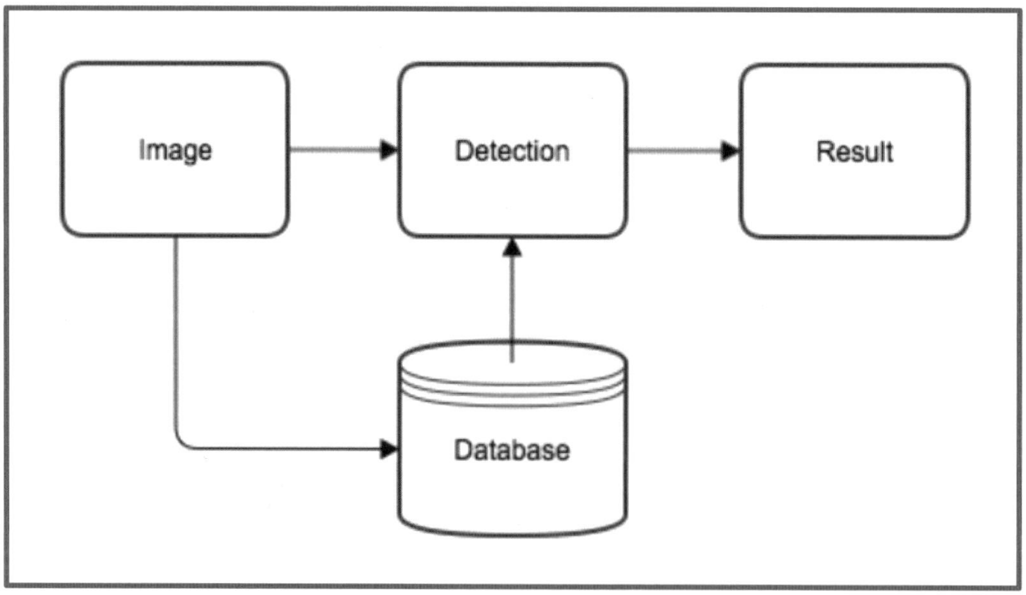

딥러닝 프로젝트를 만드는 방법에 대하여 설명하겠습니다. 비전프로 딥러닝 스튜디오 프로그램을 실행시켜 Run Locally모드에서 Continue를 눌러 실행합니다.

프로그램을 시작하면 다음과 같이 메인화면이 활성화 됩니다. 비전프로 딥러닝스튜디오의 구성은 크게 데이터베이스에 추가된 샘플이미지를 출력하는 창, 이미지데이터베이스, Stream관리창, Stream파라메타 창으로 나누어집니다.

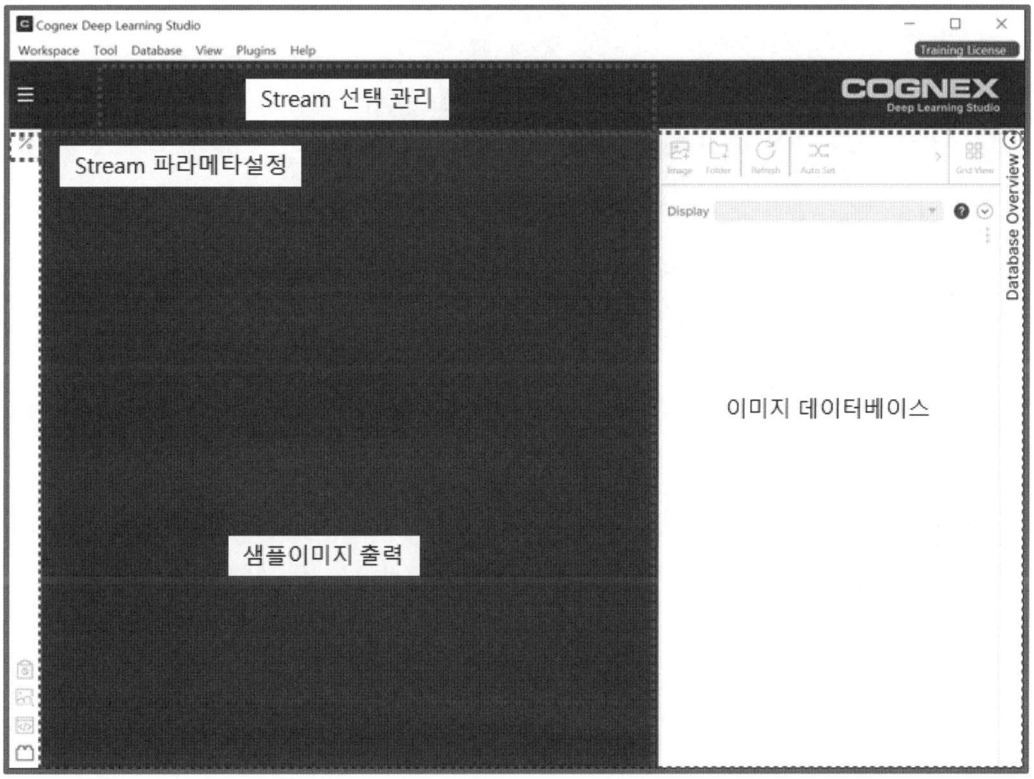

워크스페이스 생성은 메뉴의 Workspce를 클릭하여 팝업메뉴를 활성화 후 New메뉴를 클릭합니다.

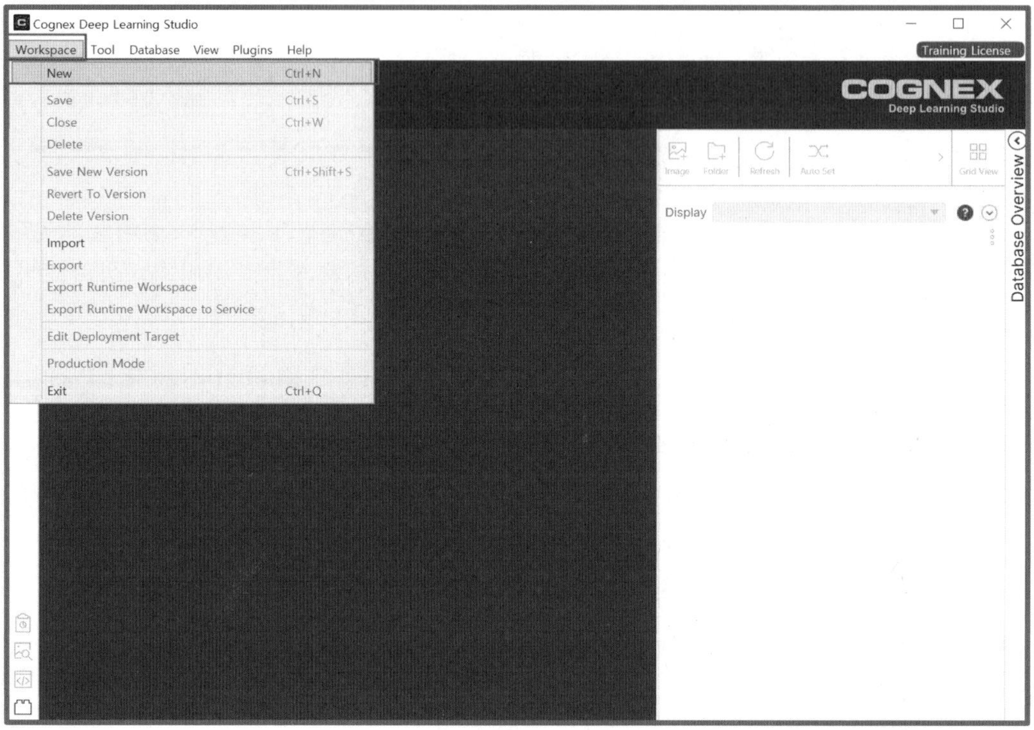

워크스페이스 생성창이 활성화 되면 워크스페이스 이름을 입력하고 "Create Workspace" 버튼을 클릭합니다.

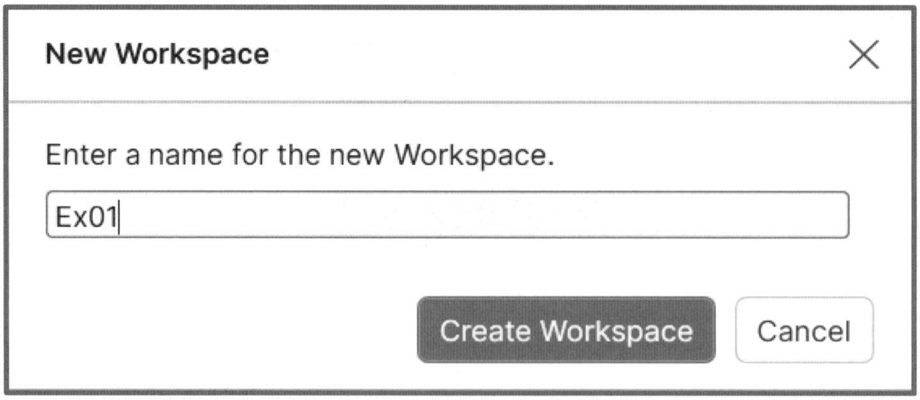

워크스페이스가 만들어지면 "Default"이름으로 스트림이 만들어집니다. 해당 Stream의 이름을 변경하기 위해서 편집 버튼을 누르고 "Ex01"로 변경합니다.

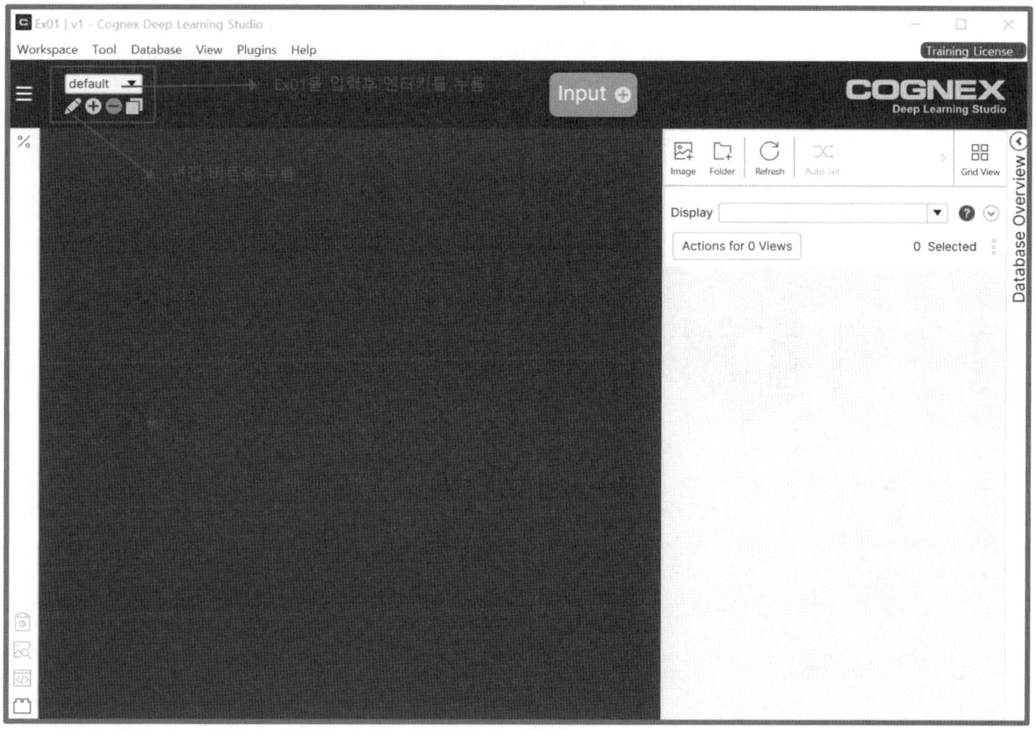

스트림에 도구를 추가해보겠습니다. Inputs에서 +버튼을 클릭하면 추가할 수 있는 도구가 활성화 됩니다. 분류를 위해 Green_분류도구를 추가하겠습니다.

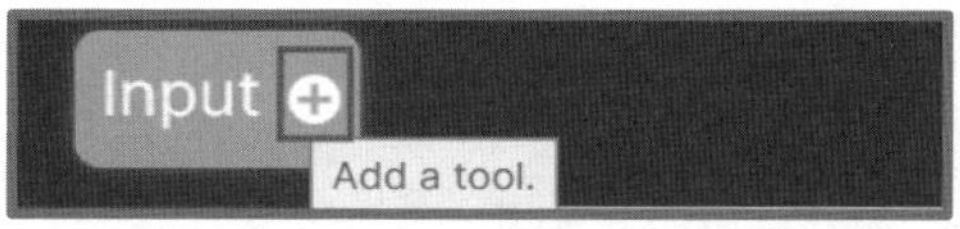

분류 도구를 선택한 후 데이터베이스 창에서 Image 또는 폴더를 선택하여 합니다.

Open창이 열어지면 분류할 이미지를 추가합니다.

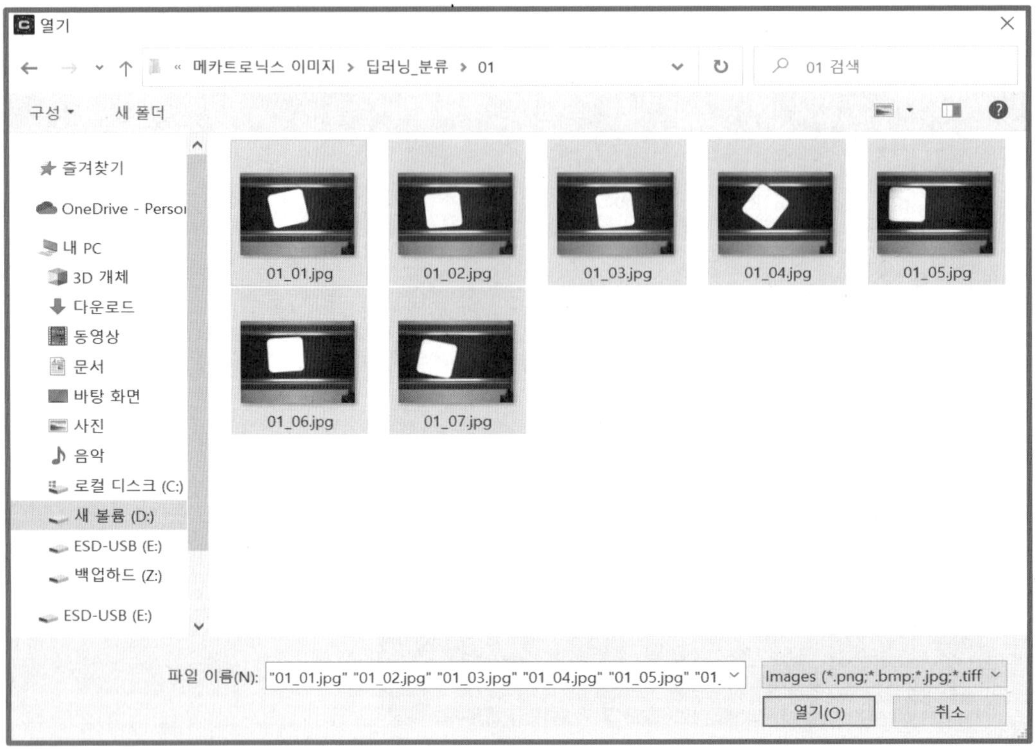

이미지가 추가가 되면 분석할 영역을 설정합니다. 설명에서는 모든 영역을 다 포함하기 위해 Apply버튼을 클릭합니다.

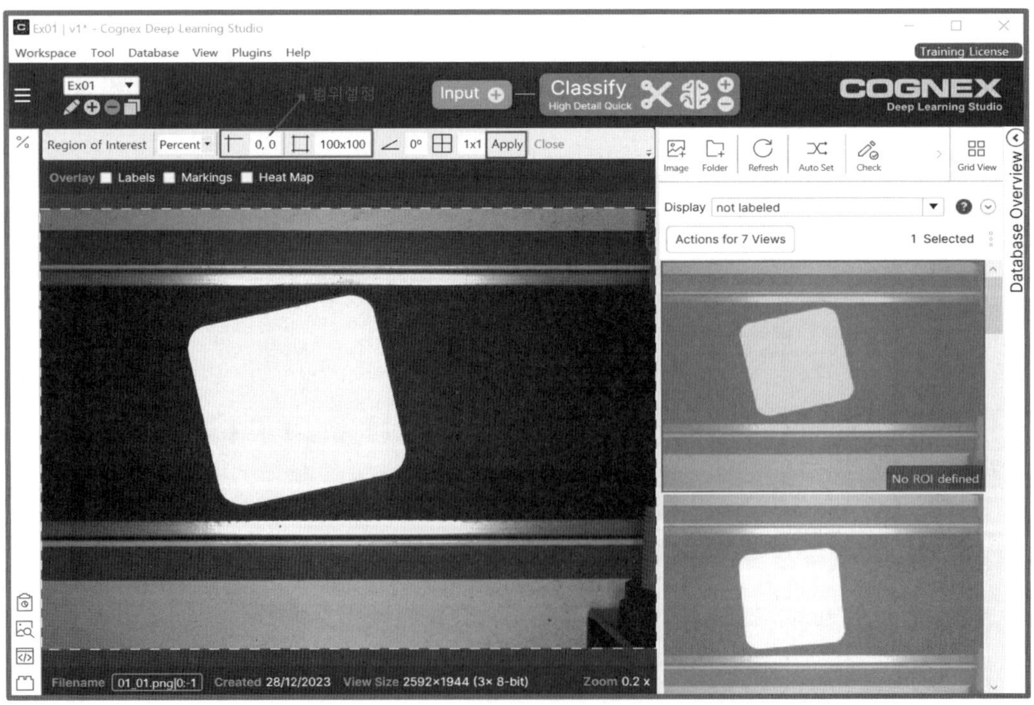

디스플레이항목은 다향한 조건의 이미지를 확인할 수 있습니다. 항목에 대한 설명은 다음과 같습니다.

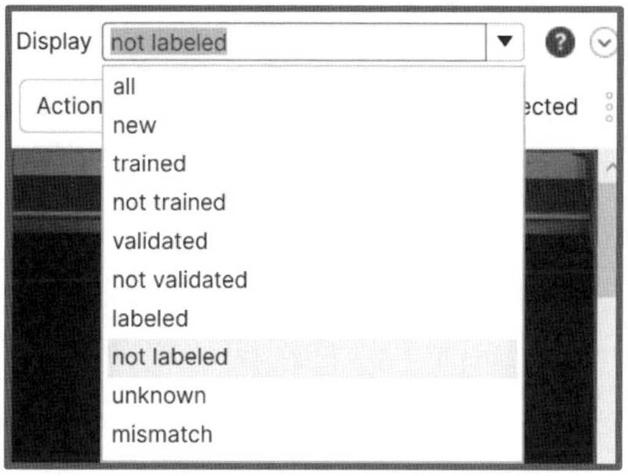

All : 모든 이미지를 출력
New : 새로 추가된 이미지만 출력
Trained : 트래이닝에 포함된 이미지만 출력
Not Trained : 트래이닝에 포함되지 않음 이미지 출력
Labeled: 라벨링된 이미지 출력
NotLabeled : 라벨링되지 않음 이미지 출력
Mismatch : 매칭이 실패한 이미지 출력

비전프로 딥러닝에서 분류툴에서 분류하는 방법은 추가한 이미지를 분류하고 분류항목에 라벨을 붙여 학습을 실시하여 검사합니다. 엑션 버튼을 클릭하고 LabelView를 눌러 라벨 설정창을 활성화 합니다.

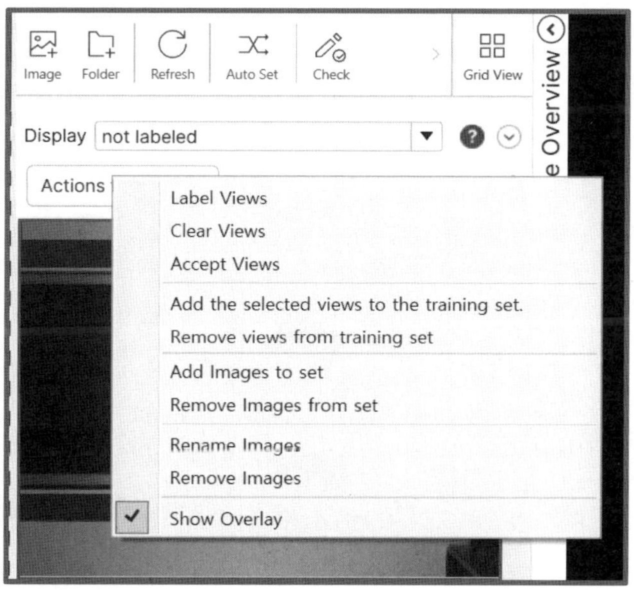

테그의 이름을 A로 지정 후 Apply를 눌러 테그를 추가합니다. 해당 방법으로 분류된 이미지를 불러와 3개의 테그를 만들어 보겠습니다.

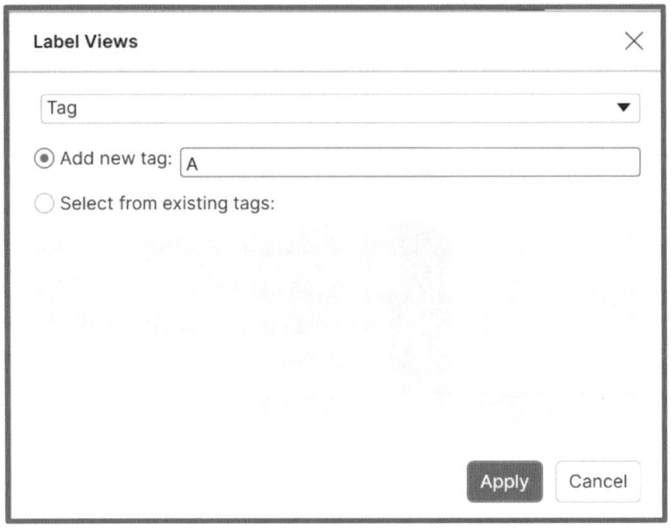

DataBase OverView를 클릭하면 추가된 테그 메트릭스가 출력됩니다.

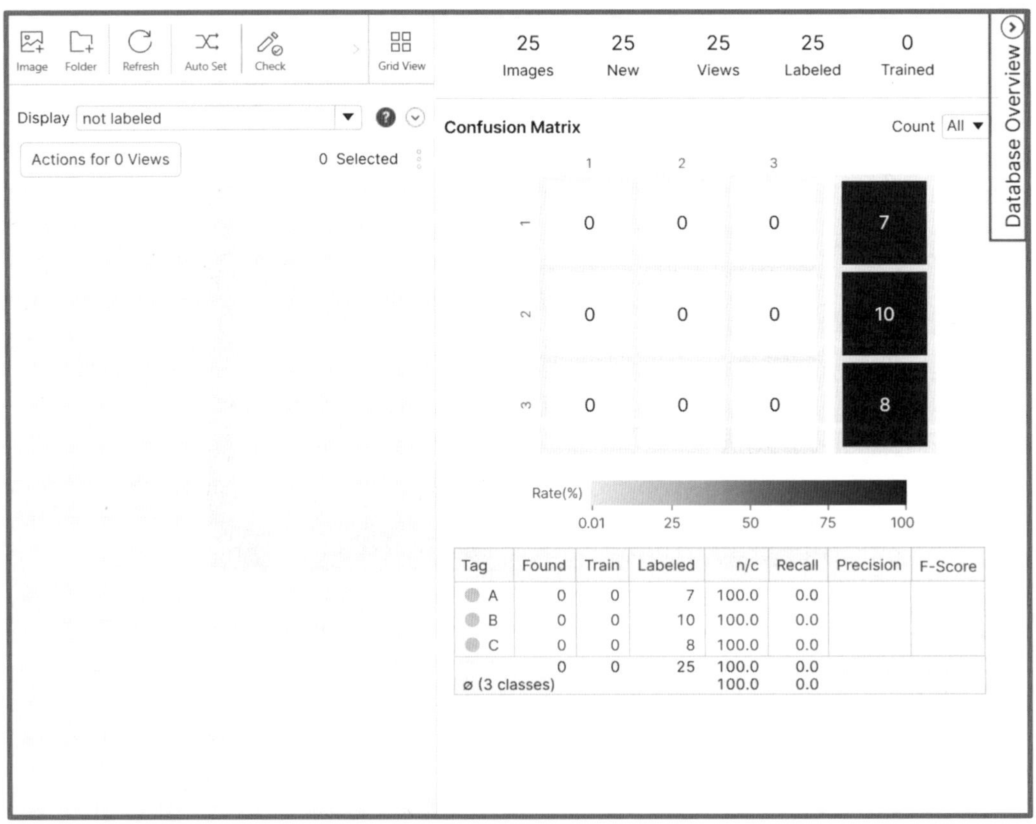

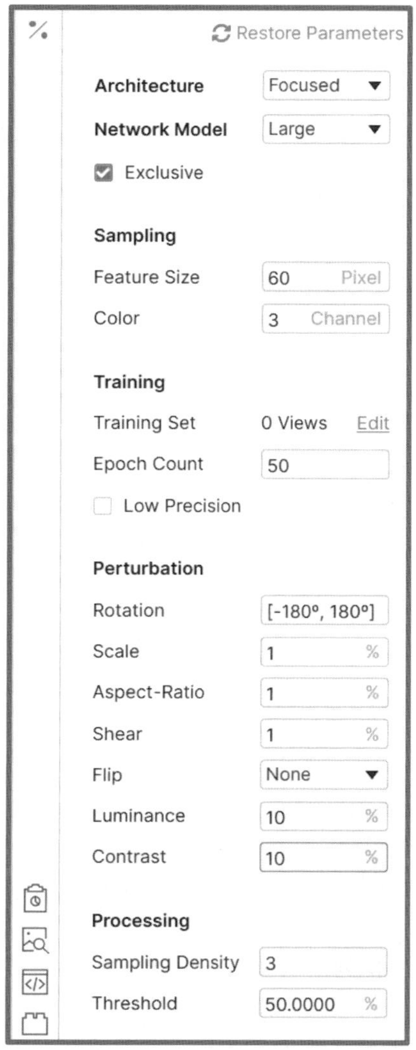

파라메타 변경 후 학습을 하기위해 분류툴의 학습 버튼을 클릭합니다. 데이터베이스에 학습용으로 만들어진 뷰가 없습니다. 훈련세트를 선택하시겠습니까? 라는 메시지가 나오면 Yes를 클릭합니다. 다음으로 만든 뷰에서 트레이닝을 몇 프로 실시할지 입력 후 OK버튼을 눌러 트레이닝을 시작합니다.

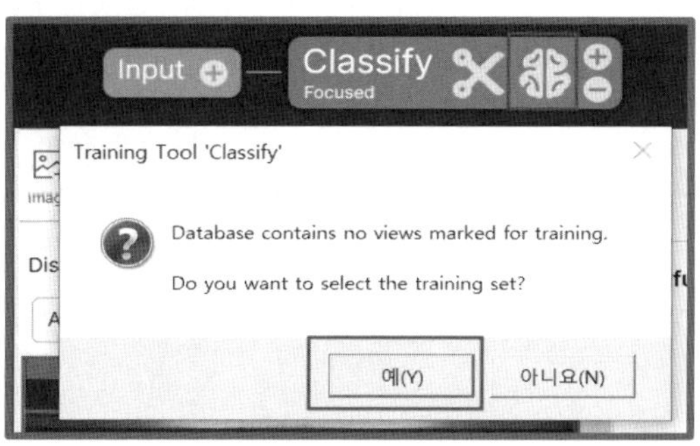

트레이닝이 시작되면 검사도구항목에 작업이완료되기전까지 몇프로 되고 있는지 출력됩니다.

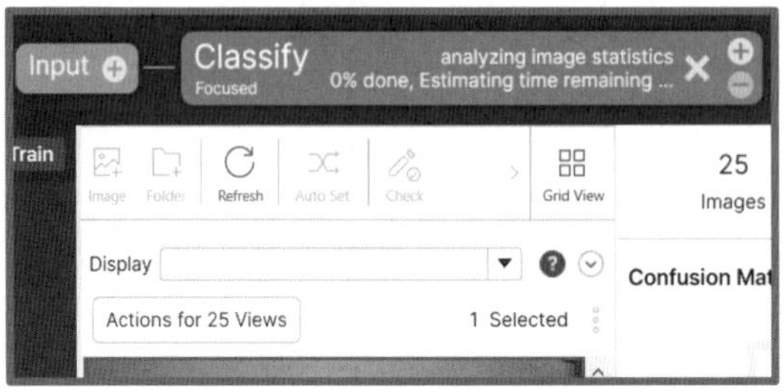

트레이닝이 완료되면 데이터베이스에 메트릭스에 트레이닝 결과가 출력됩니다. 트레이닝 후 테그별 혼동이 발생할 수 있는 항목이 있으면 메트릭스 뷰에 상태가 출력됩니다. 해당 메트릭스뷰를 클릭하며 혼동이 발생한 항목들을 확인할 수 있습니다.

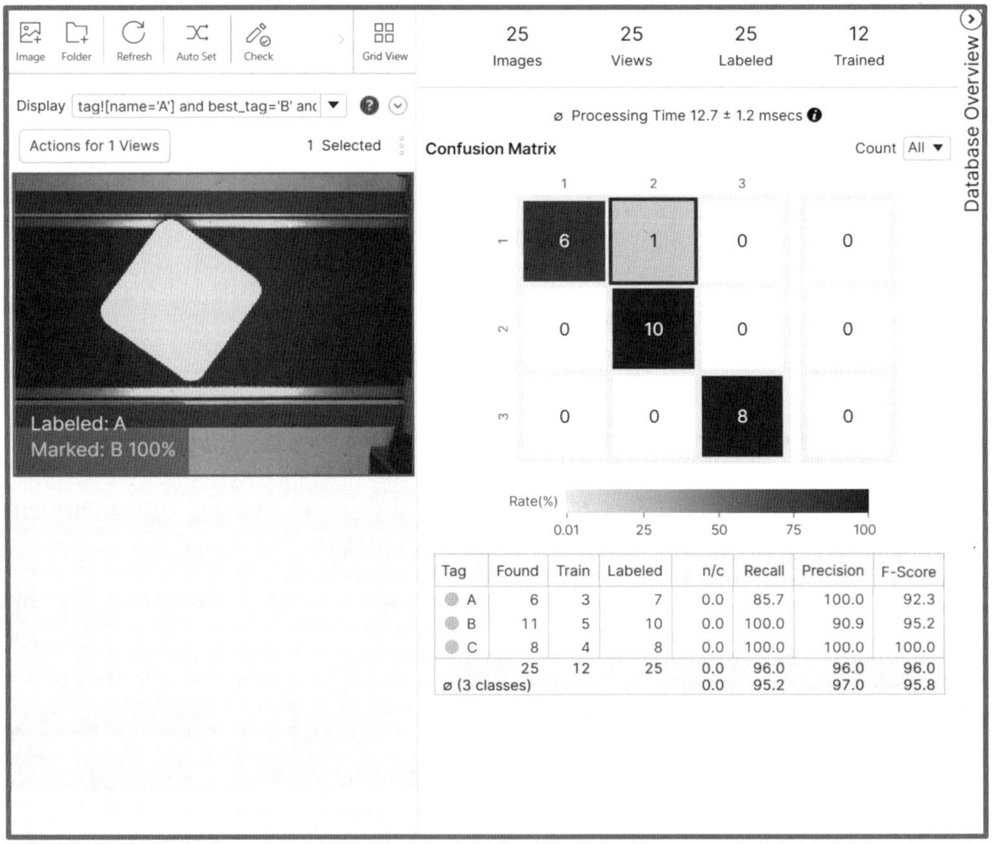

	1	2	3	
1	6	1	0	0
2	0	10	0	0
3	0	0	8	0

Tag	Found	Train	Labeled	n/c	Recall	Precision	F-Score
A	6	3	7	0.0	85.7	100.0	92.3
B	11	5	10	0.0	100.0	90.9	95.2
C	8	4	8	0.0	100.0	100.0	100.0
	25	12	25	0.0	96.0	96.0	96.0
ø (3 classes)				0.0	95.2	97.0	95.8

혼동이 발생했을대 샘플이미지에 대한 테그 분류가 맞는지 확인합니다. 분류가 맞다면 검사 이미지를 더 추가하거나 트레이닝할%를 늘려서 실시합니다. 해당예제에서는 트레이닝을 100%로 실시하여 미스매칭을 해결하였습니다.

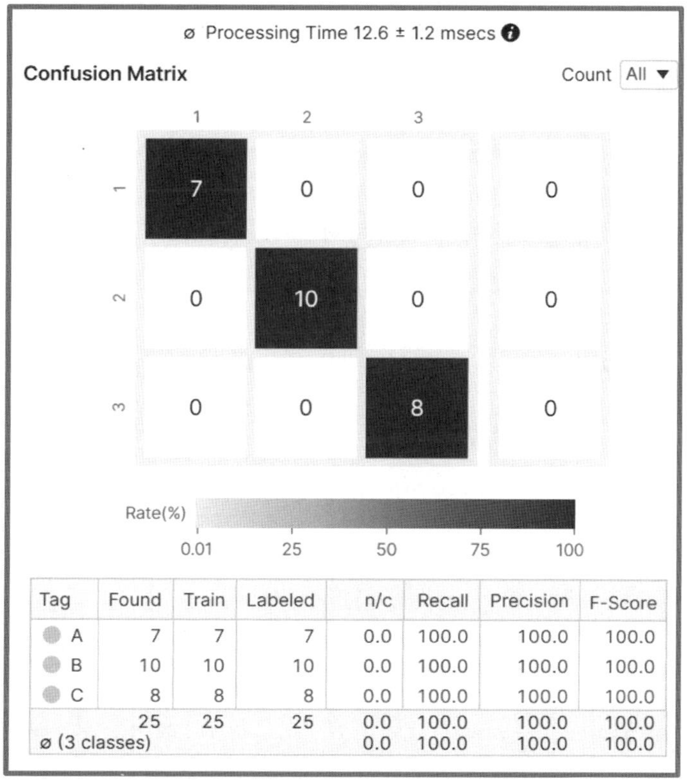

두 번째로 로케이션 사용방법을 설명하겠습니다. 스트림을 하나더 추가하여 워크피스에 붙여진 스티커를 찾아보도록 하겠습니다. 스트림 추가버튼을 클릭하고 이름으 Ex02로 변경합니다.

검사도구에 블루 로케이션 툴을 추가합니다.

데이터베이스 도구, Image,Folder 추가항목을 클릭하여 에서 분류할 이미지를 모두 추가합니다.

해당스트림에 검사 파라메타를 설정해줍니다.

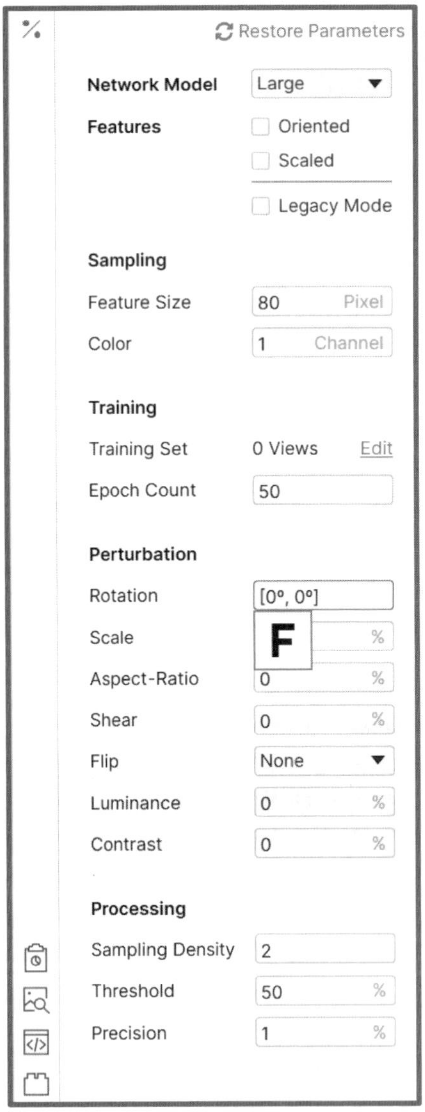

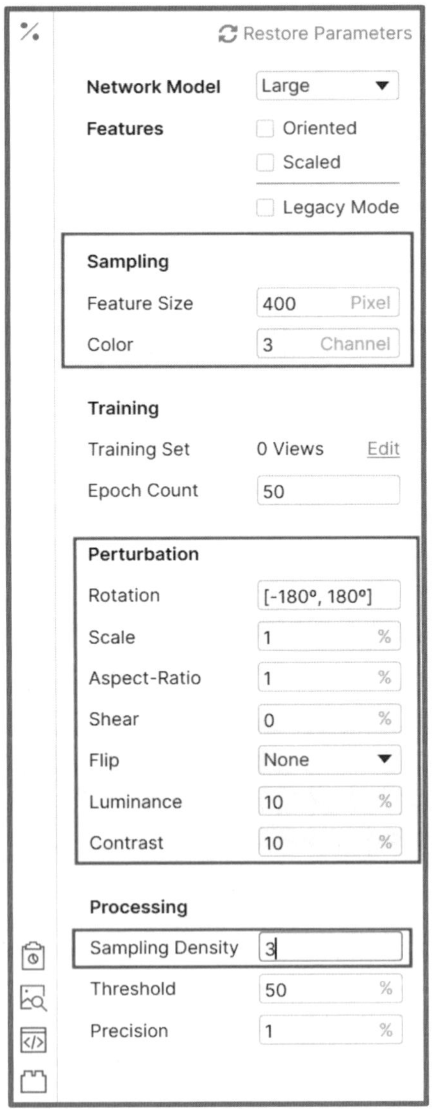

파라메타 설정이 마무리 되면 등록된 이미지를 선택하면서 찾을 포지션을 설정합니다. 찾을 크기는 파라메트의 Feature Size를 조정하여 설정합니다.

찾을 위치를 설정한 후 해당 tag의 이름을 설정해줍니다.

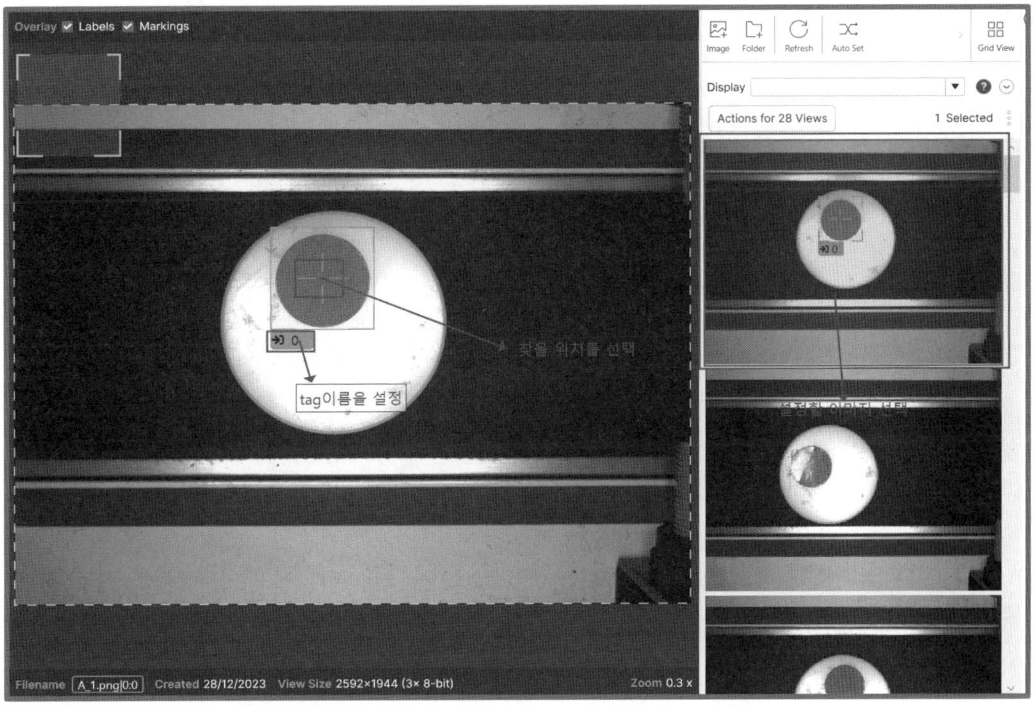

사진과 같이 3가지 스티커를 분류하였습니다. 트레이닝 버튼을 클릭하여 트레이닝을 시작합니다.

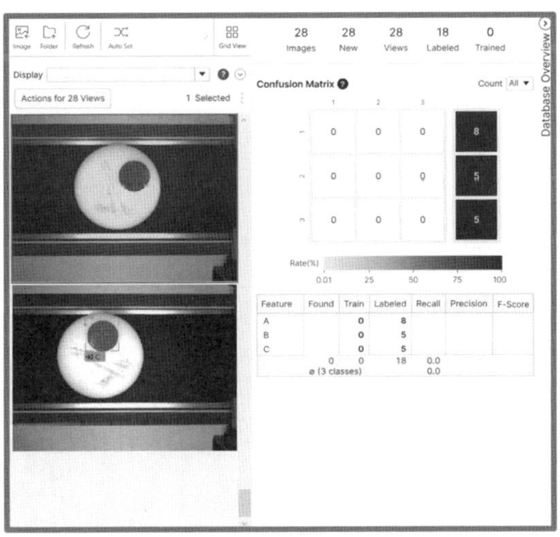

훈련한 워크스페이스를 C#에서 사용하기 위해서는 프로젝트로 사용하기 위해서 Workspace 메뉴의 Export RunTime Workspace를 클릭하여 원하는 위치에 런타임용 워크스페이스 목적파일(*.vrws)을 만듭니다.

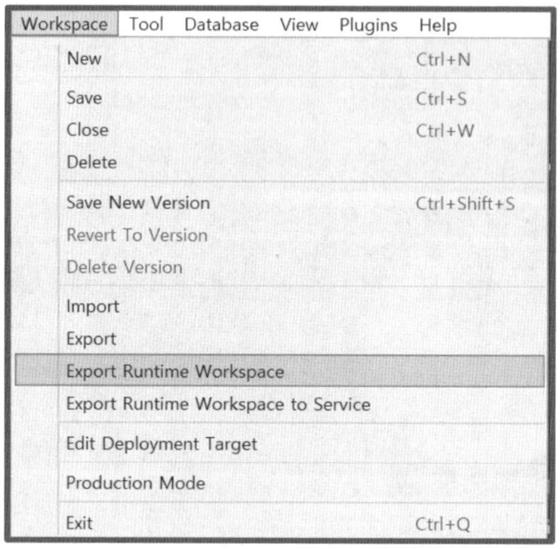

여기서 나온 결과인 목적파일은 "*.vrws"형태로 출력됩니다. 이 출력파일을 다음에 제시한 형태로 C#에서 활용해서 분류작업을 할 수 있습니다. 본 예제에서는 "test29.vrws"로 저장되었습니다.

Ex02 MiniMps 예제에 DeepLearning을 이용하여 워크피스 분류

1 개요

이번 챕터는 비전프로 딥러닝 MiniMps예제를 수정하여 분류예제를 실행해보도록 하겠습니다.

2 MiniMps예제에 딥러닝 추가

먼저 비전프로딥러닝 기능을 사용하기 위해 참조를 추가하겠습니다.

비전프로딥러닝 설치위치(C:₩Program Files₩Cognex₩VisionPro Deep Learning₩3.2₩Cognex Deep Learning Studio)에 ViDi.NET.dll, ViDi.NET.Interfaces.dll을 추가합니다.

- ViDi.NET
- ViDi.NET.Base
- ViDi.NET.Interfaces
- ViDi.NET.Local
- ViDi.NET.Logging

frmMain폼의 코드에서 네임스페이스와 맴버변수에 딥러닝을 사용하기 위한 워크스페이스와 컨트롤을 추가합니다.

```
using System.Diagnostics;
using System.Drawing;
using System.Drawing.Imaging;
using System.IO;
using System.Text;
using System.Threading;
using System.Windows.Forms;
using Cognex.VisionPro;
using Cognex.VisionPro.ToolBlock;
using IMecatronicsDll;
using ViDi2.Runtime; // 딥러닝을 위해 추가

namespace Ex16
{
    public partial class frmMain : Form
    {
        // 딥러닝을 위해 추가
        public ViDi2.Runtime.IControl Control = null;
        public ViDi2.Runtime.IWorkspace WorkSpace = null;
```

생성자에서 런타임 워크스페이스를 불러옵니다.

```
public frmMain()
{
    InitializeComponent();

    // 생성자에서 딥러닝 워크스페이스를 불러옴
    Control = new ViDi2.Runtime.Local.Control();
    string Path = string.Format(string.Format("{0}\\DeepLearning\\Ex01.vrws", Application.StartupPath));
    WorkSpace = Control.Workspaces.Add("workspace", Path);
```

Io_Monitoring()메소드에서 판정을 담당하는 위치에 검사판정에서 DEEP_EX01, DEEP_EX02로 모델이 생성되었을 때 미리 학습한 딥러닝스트림으로 검사를 실시하게 변경합니다.

```
// 이미지 갱신이 있다면 찰상받은이미지로 검사한다.
if (pCamera.UpdateImage == 1)
{
    try
    {
        if( lbModel.Text == "DEEP_EX01" || lbModel.Text == "DEEP_EX02")
        {
            if (WorkSpace != null)
            {
                // 스트림을 불러온다.(모델에 따라 스트림을 불려옴)
                IStream stream = WorkSpace.Streams[(lbMode.Text == "DEEP_EX01") ? "Ex01" : "Ex02"];

                if (stream != null)
                {
                    // 딥러닝에서 인식가능한 이미지로 변경
                    ViDi2.IImage pImage = new ViDi2.FormsImage(cogRecordDisplay1.Image.ToBitmap());

                    // 분류검사.
                    ViDi2.ISample sample = stream.Process(pImage);
                    if(lbMode.Text == "DEEP_EX01") // 모델에 따라 처리를 변경
                    {
                        // 그린뷰의 결과를 받아 베스트메칭결과를 확인
                        ViDi2.IGreenView View = sample.Markings["Classify"].Views[0] as ViDi2.IGreenView;
                        Result = View.BestTag.Name;
                    }
                    else //
                    {
                        // 블루뷰의 결과를 받아 베스트메칭결과를 확인
                        ViDi2.IBlueView View = sample.Markings["Locate"].Views[0] as ViDi2.IBlueView;
                        Result = (View.Features.Count > 0) ? View.Features[0].Name.ToString() : "NG";
                    }
                }
            }
        }
        else
        {
            cogRecordDisplay1.Image = new CogImage24PlanarColor(pCamera.GetLastImage());
            pCogToolBlock.Inputs["Input"].Value = cogRecordDisplay1.Image;
            pCogToolBlock.Inputs["RangeA"].Value = StoreRangeA;
            pCogToolBlock.Inputs["RangeB"].Value = StoreRangeB;
            pCogToolBlock.Inputs["RangeC"].Value = StoreRangeC;
            pCogToolBlock.Run();

            // 결과화면을 출력한다.
            cogRecordDisplay1.Record = pCogToolBlock.CreateLastRunRecord().SubRecords[0];
            Result = pCogToolBlock.Outputs["Result"].Value.ToString();
            Value = pCogToolBlock.Outputs["Value"].Value.ToString();
        }
    }
    catch(Exception){}
```

Io_Monitoring()메소드 전체 소스는 다음과 같습니다.

```
public void Io_Monitoring()
{
        try
        {
            while (this.Exit == 0)
            {
                // 수동모드일때 출력을 내보낼수 있게 함
                if (lbMode.BackColor != Color.Lime)
                {
                    // 환경설정창에서 변경된 출력값 적용
                    bool Change = false;
                    for (int Idx = 0; Idx < 8; ++Idx)
                    {
                        if (IoTestData[Idx] > 0)
                        {
                            IoOutData[Idx] = (IoTestData[Idx] == 1) ? 0 : 1;
                            IoTestData[Idx] = 0;
                            Change = true;
                        }
                    }

                    // 변경사항이 있으면 출력값을 다시 보냄
                    if (Change == true)
                    {
                        pIoDevice.Outputb(1, pIoDevice.ConvertBitToByte(IoOutData));
                        Thread.Sleep(100);
                    }
                }

                // 입력상태를 갱신
                int[] nInput = pIoDevice.ConvertByteToBit(pIoDevice.Inputb(0));
                int[] nOutput = pIoDevice.ConvertByteToBit(pIoDevice.Inputb(1));
                for (int Idx = 0; Idx < 8; ++Idx)
                {
                    IoInData[Idx] = nInput[Idx];
                    IoOutData[Idx] = nOutput[Idx];
                }

                // 자동모드일때 작동
                if( lbMode.BackColor == Color.Lime && pCamera.IsConnect() == true)
                {
                    if (pState == MachineState.IDLE)
                    {
                        if (IoInData[2] == 0) //공급센서 On
                        {
                            // 재품투입후 1초후에 시작하게 함
                            if(swTimerSub.IsRunning == false) { swTimerSub.Restart(); }
```

```
                if( swTimerSub.ElapsedMilliseconds > 1000)
                {
                    // 공급모터 전진 출력을 보냄
                    IoOutData[0] = 1;
                    IoOutData[1] = 0;
                    pIoDevice.Outputb(1, pIoDevice.ConvertBitToByte(IoOutData));

                    // 상태를 바꾸고 타이머를 시작함
                    pState = MachineState.SUPPLY;
                    swTimerSub.Restart();
                }
            }
            else if (IoInData[3] == 0) // 포토센서에 워크피스를 올릴경우
            {
                // 재품투입후 2초후에 시작하게 함
                if (swTimerSub.IsRunning == false) { swTimerSub.Restart(); }
                if (swTimerSub.ElapsedMilliseconds > 2000)
                {
                    // 컨베어를 작동한다.
                    IoOutData[2] = 1;
                    pIoDevice.Outputb(1, pIoDevice.ConvertBitToByte(IoOutData));

                    // 이동상태로 변경한다.
                    pState = MachineState.MOVE;
                    swTimerMain.Restart();
                    swTimerSub.Restart();
                }
            }
        }
        else if (pState == MachineState.SUPPLY) // 공급상태일때
        {
            // 1.5초후에 공급동작을 마무리 한다.
            if (swTimerSub.ElapsedMilliseconds > 1500)
            {
                // 공급모터 후진 출력을 보냄
                IoOutData[0] = 0;
                IoOutData[1] = 1;
                IoOutData[2] = 1;
                pIoDevice.Outputb(1, pIoDevice.ConvertBitToByte(IoOutData));

                // 컨베어이동상태로상태로 바꾸고 타이머재시작
                pState = MachineState.MOVE;
                swTimerMain.Restart();
                swTimerSub.Restart();
            }
        }
        else if (pState == MachineState.MOVE) // 컨베어이동상태
        {
            // 공급모터 시간이 지나면 후진함
            if (swTimerSub.ElapsedMilliseconds > 1000)
```

```
            {
                // 공급모터 후진 출력을 보냄
                IoOutData[1] = 0;
                pIoDevice.Outputb(1, pIoDevice.ConvertBitToByte(IoOutData));
                swTimerSub.Reset();
            }

            // 포토센서2 On
            if (IoInData[6] == 0)
            {
                // 비전 대기모드에 들어간다.
                swTimerSub.Restart();
                pState = MachineState.VISIONWAIT;
            }
        }
        else if (pState == MachineState.VISIONWAIT)
        {
            // 설정한비전대기시간이 지나면
            if (swTimerSub.ElapsedMilliseconds > VisionMove)
            {
                // 공급모터 컨베이모터를 멈춘후 찰상상태로 변경한다.
                swTimerMain.Stop();
                IoOutData[2] = 0;
                pIoDevice.Outputb(1, pIoDevice.ConvertBitToByte(IoOutData));
                pState = MachineState.GRAB;

                // 조명을 켜고 촬상딜레이후 카메라에 트리거 신호를 보낸다.
                pLight.SetLightValue(0, LightCh1);
                pLight.SetLightValue(1, LightCh2);
                Thread.Sleep(GrabWaitTime);
                pCamera.CommandExcute("TriggerSoftware");
                swTimerSub.Restart();
            }
        }
        else if (pState == MachineState.GRAB)
        {
            // 이미지 갱신을 받거나 찰상후 1초가 지나면 검사한다.
            if (swTimerSub.ElapsedMilliseconds > 1000 || pCamera.UpdateImage == 1)
            {
                //
                string Value = "0";
                string Result = "NG";

                // 이미지 갱신이 있다면 찰상받은이미지로 검사한다.
                if (pCamera.UpdateImage == 1)
                {
                    try
                    {
                        if( lbModel.Text == "DEEP_EX01" || lbModel.Text == "DEEP_EX02")
                        {
```

```
                if (WorkSpace != null)
                {
                    // 스트림을 불러온다.(모델에 따라 스트림을 불러옴)
                    IStream stream = WorkSpace.Streams[(lbMode.Text == "DEEP_EX01") ? "ex01" : "ex02"];

                    if (stream != null)
                    {
                        // 딥러닝에서 인식가능한 이미지로 변경
                        ViDi2.IImage pImage = new ViDi2.FormsImage(cogRecordDisplay1.Image.ToBitmap());

                        // 분류검사.
                        ViDi2.ISample sample = stream.Process(pImage);
                        if(lbMode.Text == "DEEP_EX01") // 모델에 따라 처리를 변경
                        {
                            // 그린뷰의 결과를 받아 베스트메칭결과를 확인
                            ViDi2.IGreenView View = sample.Markings["Classify"].Views[0] as ViDi2.IGreenView;
                            Result = View.BestTag.Name;
                        }
                        else //
                        {
                            // 블루뷰의 결과를 받아 베스트메칭결과를 확인
                            ViDi2.IBlueView View = sample.Markings["Locate"].Views[0] as ViDi2.IBlueView;
                            Result = (View.Features.Count > 0) ? View.Features[0].Name.ToString() : "NG";
                        }
                    }
                }
            }
            else
            {
                cogRecordDisplay1.Image = new CogImage24PlanarColor(pCamera.GetLastImage());
                pCogToolBlock.Inputs["Input"].Value = cogRecordDisplay1.Image;
                pCogToolBlock.Inputs["RangeA"].Value = StoreRangeA;
                pCogToolBlock.Inputs["RangeB"].Value = StoreRangeB;
                pCogToolBlock.Inputs["RangeC"].Value = StoreRangeC;
                pCogToolBlock.Run();

                // 결과화면을 출력한다.
                cogRecordDisplay1.Record = pCogToolBlock.CreateLastRunRecord().SubRecords[0];
                Result = pCogToolBlock.Outputs["Result"].Value.ToString();
                Value = pCogToolBlock.Outputs["Value"].Value.ToString();
            }
        }
        catch(Exception){}
    }

    // 조명을 꺼준다.
    swTimerSub.Reset();
    pLight.SetLightValue(0, 0);
    pLight.SetLightValue(1, 0);
```

```
                // 컨베이어를 다시 움직이고 판단상태로 진입한다.
                swTimerMain.Start();
                IoOutData[2] = 1;
                pIoDevice.Outputb(1, pIoDevice.ConvertBitToByte(IoOutData));
                pState = MachineState.CLASSIFICATION;

                // 결과를 DB에 저장한다.
                SaveData(Value, Result);

                // PLC에 데이터를 보낼 위치가 있다면 비전측정값을 보낸다.
                if(pPlc.IsConnect() == 1 && PlcDataPos != "")
                {
                    try
                    {
                        PlcWriteData[0] = (ushort)Convert.ToInt32(Value);
                        pPlc.WriteWords(PlcDataPos, 1, PlcWriteData);
                    }
                    catch(Exception)
                    {
                    }
                }

                // 클라이언트가 접속해있다면 결과를 보낸다.
                if (pServer.IsConnect() == 1 )
                {
                    // 보낼 문자를 만든다.
                    string Msg = string.Format("측정결과({0}),값({1})", Result, Value);

                    // 문자를 바이트배열로 만들고 해당배열을 클라이언트에 전송
                    byte[] bData= Encoding.Default.GetBytes(Msg);
                    pServer.SendData(bData, bData.Length);
                }
            }
        }
        else if (pState == MachineState.CLASSIFICATION)
        {
            // 상태에 따른 완료결과를 확인한다.
            int bOk = 0;
            if (swTimerMain.ElapsedMilliseconds < StoreTime_NG)
            {
                // 해당시간이 되었을때 시작한다.
                if (lbResult.Text == "A" && swTimerMain.ElapsedMilliseconds >= StoreTime_A)
                {
                    bOk = 3;
                }
                else if (lbResult.Text == "B" && swTimerMain.ElapsedMilliseconds >= StoreTime_A)
                {
                    bOk = 4;
                }
                else if (lbResult.Text == "C" && swTimerMain.ElapsedMilliseconds >= StoreTime_A)
```

```
                {
                    bOk = 5;
                }
            }
            else
            {
                bOk = 1;
            }

            // 결과위치까지 이동이 완료되면
            if(bOk > 0)
            {
                // 판정결과가 ng가 아닐경우 실린더를 전후진시킨다
                if (bOk > 2)
                {
                    // 분류위치에 도달하면 실린더를 전/후진한다..
                    IoOutData[bOk] = 1;
                    pIoDevice.Outputb(1, pIoDevice.ConvertBitToByte(IoOutData));
                    Thread.Sleep(100);
                    IoOutData[bOk] = 0;
                    pIoDevice.Outputb(1, pIoDevice.ConvertBitToByte(IoOutData));
                }

                // 컨베어를 멈춘다.
                IoOutData[2] = 0;
                pIoDevice.Outputb(1, pIoDevice.ConvertBitToByte(IoOutData));

                // 상태를 대기상태로 변경한다.
                swTimerMain.Reset();
                pState = MachineState.IDLE;
            }
        }
    }
    else // 수동모드일때
    {
        // 촬상버튼이 눌려졌을때
        if( btnGrab.BackColor == Color.Lime )
        {
            // 조명을 켜고 대기시간후 촬상한다.
            pCamera.UpdateImage = 0;
            pCamera.SetEnumNode("TriggerMode", "On");
            pLight.SetLightValue(0, LightCh1);
            pLight.SetLightValue(1, LightCh2);
            Thread.Sleep(GrabWaitTime);

            pCamera.CommandExcute("TriggerSoftware");

            // 촬상이 완료될때까지 대기한다.
            int Tick = Environment.TickCount;
            while(pCamera.IsImageUpdate() == false && Environment.TickCount - Tick < 1000)
```

```
                    {
                        Thread.Sleep(10);
                    }

                    // 이미지가 업데이트되었으면 화면을 갱신한다.
                    if(pCamera.IsImageUpdate() == true)
                    {
                        cogRecordDisplay1.Image = new CogImage24PlanarColor(pCamera.GetLastImage());
                    }

                    // 조명을 끄고 원래 모드로 돌아간다.
                    pLight.SetLightValue(0, 0);
                    pLight.SetLightValue(1, 0);
                    btnGrab.BackColor = Color.LightGray;
                }
                else
                {
                    // 트리거상태를 확인한다.
                    string State = "";
                    pCamera.GetEnumNode("TriggerMode", ref State);

                    if ( btnMovie.BackColor == Color.Lime && State == "On")
                    {
                        // 조명On후 트리거모드를 On
                        pLight.SetLightValue(0, LightCh1);
                        pLight.SetLightValue(1, LightCh2);
                        pCamera.SetEnumNode("TriggerMode", "Off");
                    }
                    else if (btnMovie.BackColor != Color.Lime && State == "Off")
                    {
                        // 조명Off후 트리거모드Off
                        pLight.SetLightValue(0, 0);
                        pLight.SetLightValue(1, 0);
                        pCamera.SetEnumNode("TriggerMode", "On");
                    }
                }
            }

            // 10ms 쉬고 다음실행
            Thread.Sleep(10);
        }
    }
    catch (Exception Ex)
    {
    }
}
```

3 결과

모델설정에서 딥러닝을 검사하기 위해 DEEP_EX01과 DEEP_EX02 모델을 추가합니다. DEEP_EX01은 워크피스탑입을 분류 DEEP_EX02는 워크피스내 라벨을 검사합니다.

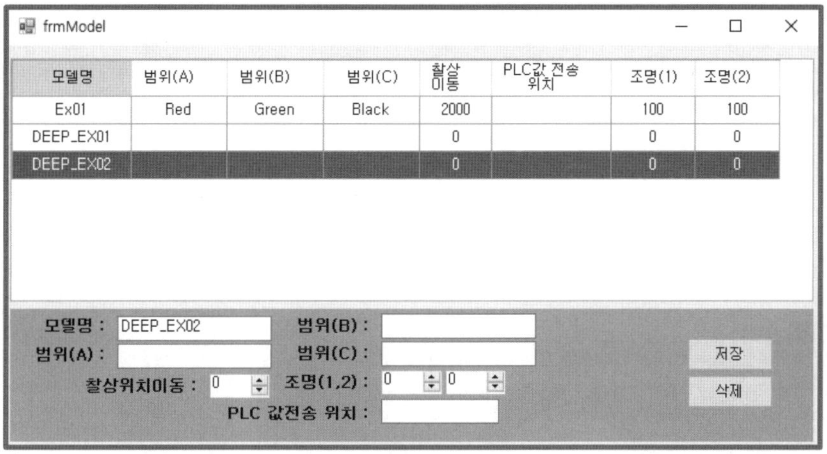

추가한 코드상에 분류하는 위치는 Io_Monitoring메소드내에 촬상단계에서 DEEP_EX01 또는 DEEP_EX02로 모델을 설정되어 있을 때 해당 타입에 맞추어 스트림을 불려와 검사합니다.

```
else if (pState == MachineState.GRAB)
{
    // 이미지 갱신을 받거나 촬상후 1초가 지나면 검사한다.
    if (swTimerSub.ElapsedMilliseconds > 1000 || pCamera.UpdateImage == 1)
    {
        //
        string Value = "0";
        string Result = "NG";

        // 이미지 갱신이 있다면 촬상받은이미지로 검사한다.
        if (pCamera.UpdateImage == 1)
        {
            try
            {
                if (lbModel.Text == "DEEP_EX01" || lbModel.Text == "DEEP_EX02")
                {
                    if (WorkSpace != null)
                    {
                        // 스트림을 불려온다.(모델에 따라 스트림을 불려옴)
                        ViDi2.IStream stream = WorkSpace.Streams[(lbMode.Text == "DEEP_EX01") ? "ex01" : "ex02"];
```

MiniMps에서 워크피스에 라벨을 부착하고 검사한 분류된 결과입니다. 조명상태에 영향을 덜받고 라벨의 타입에 맞게 분류됨을 확인할 수 있습니다.

A타입	B타입	C타입
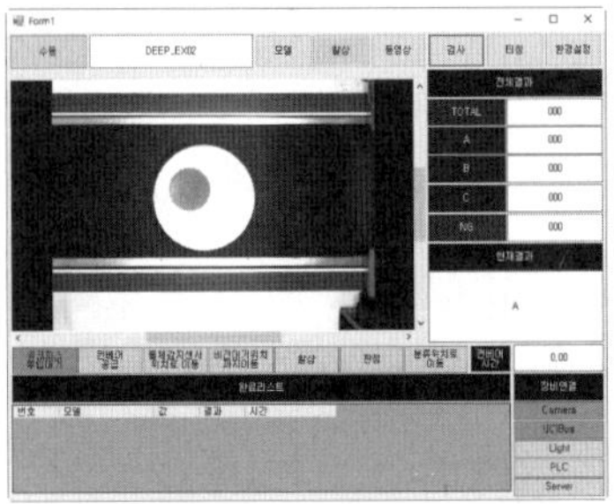	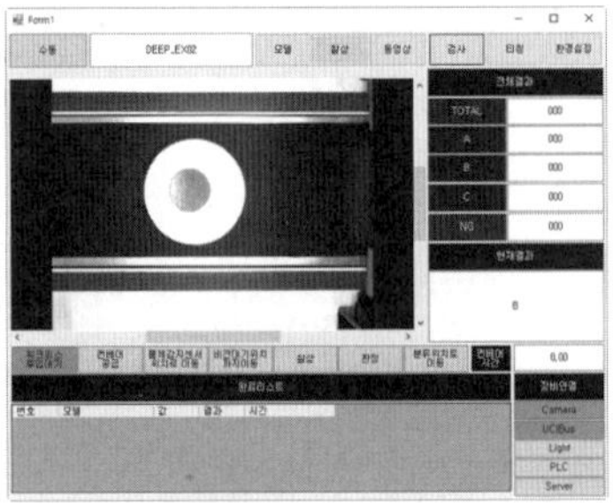	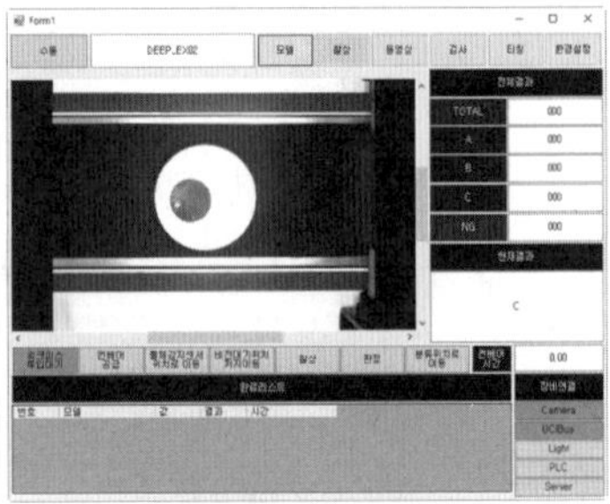

A타입

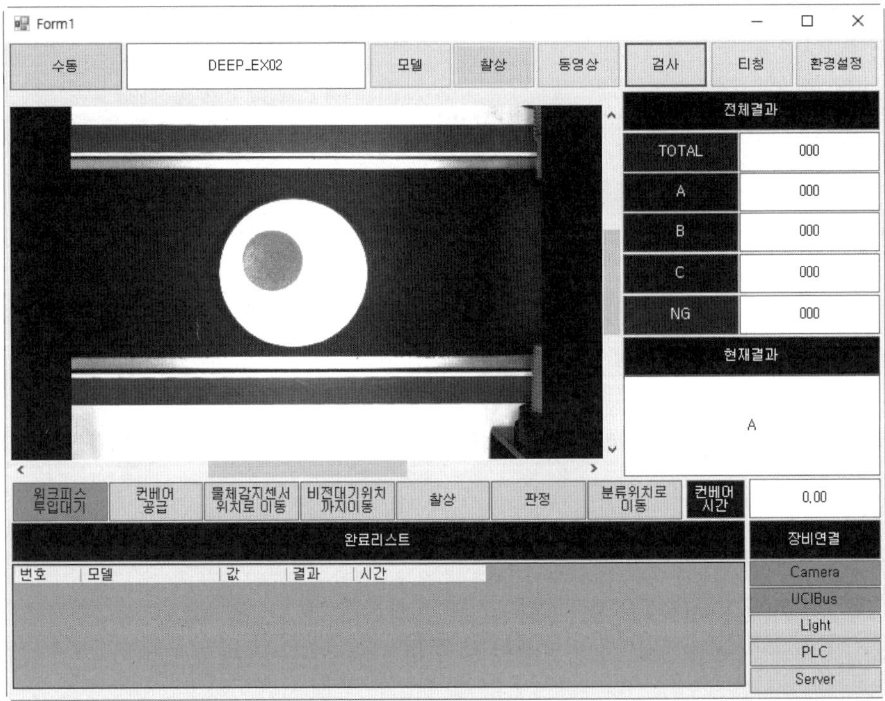

B타입

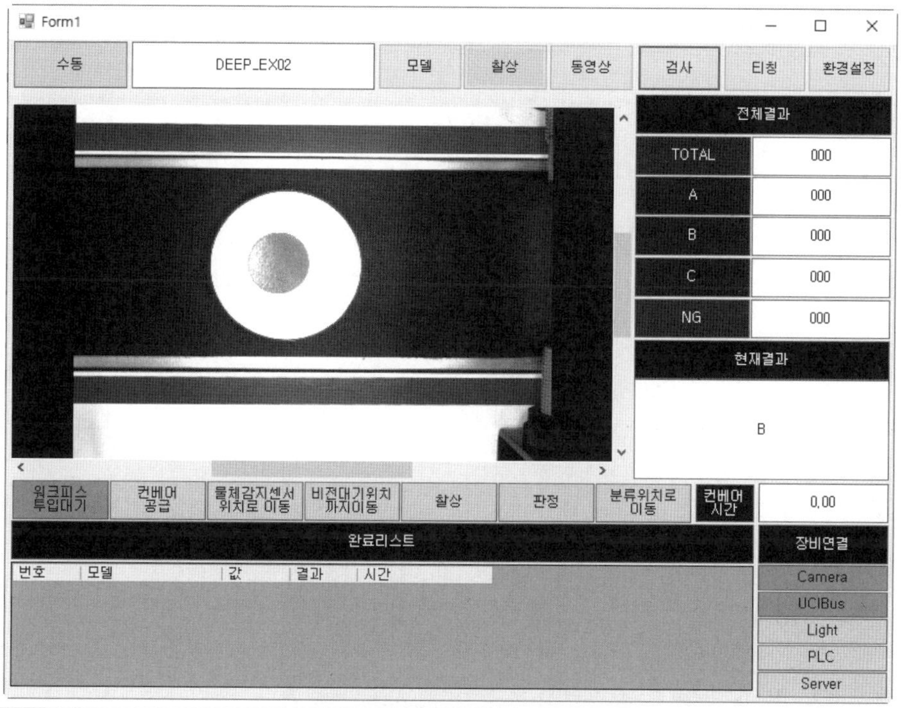
Form1
수동
DEEP_EX02
모델
촬상
동영상
검사
티칭
환경설정
전체결과
TOTAL 000
A 000
B 000
C 000
NG 000
현재결과
B
워크피스 투입대기
컨베어 공급
물체감지센서 위치로 이동
비전대기위치 까지이동
촬상
판정
분류위치로 이동
컨베어 시간
0.00
완료리스트
번호 모델 값 결과 시간
장비연결
Camera
UCIBus
Light
PLC
Server

C타입

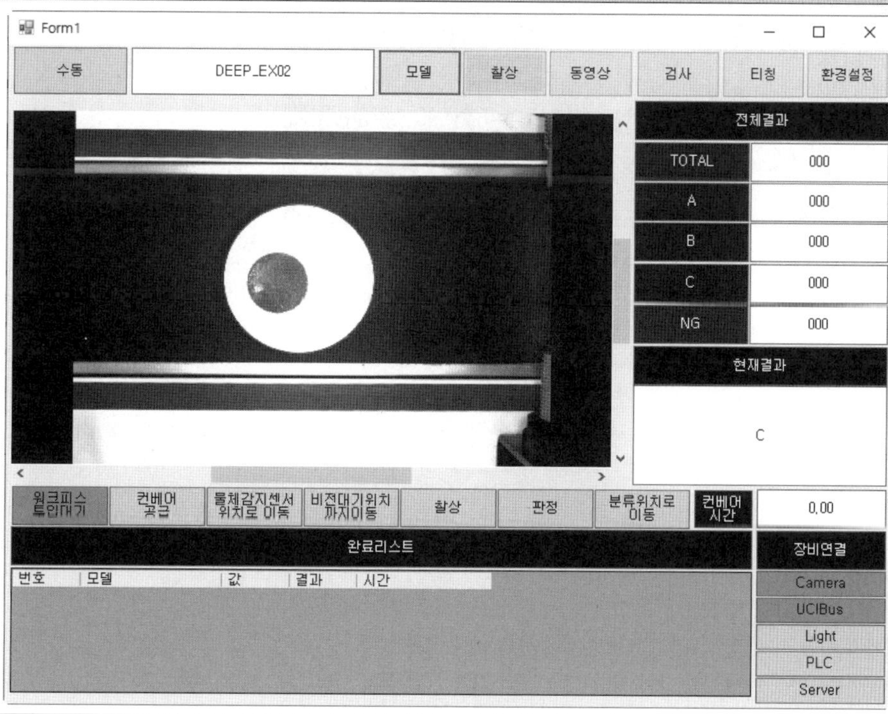
Form1
수동
DEEP_EX02
모델
촬상
동영상
검사
티칭
환경설정
전체결과
TOTAL 000
A 000
B 000
C 000
NG 000
현재결과
C
워크피스 투입대기
컨베어 공급
물체감지센서 위치로 이동
비전대기위치 까지이동
촬상
판정
분류위치로 이동
컨베어 시간
0.00
완료리스트
번호 모델 값 결과 시간
장비연결
Camera
UCIBus
Light
PLC
Server

Ex03 DeepLearning 목적파일 활용 단독적용 판독확인

프로젝트를 "Ex17"로 하여 새로운 프로젝트를 추가합니다. "test29.vrws"는 앞에서 학습한 결과파일을 이용합니다. 이곳에서는 별도로 학습을 실행하지는 않을 것입니다. 그럼 다음 절차에 따라서 프로그램을 완성하도록 합니다.

도구상자에서 CogRecordDisplay 를 끌어서 Form의 적당한 위치에 놓아 배치하면 다음과 같이 됩니다.

전체 화면 구성은 다음과 같습니다. 전체 화면을 보면서 하나씩 중요한 부분만 분석하도록 하겠습니다.

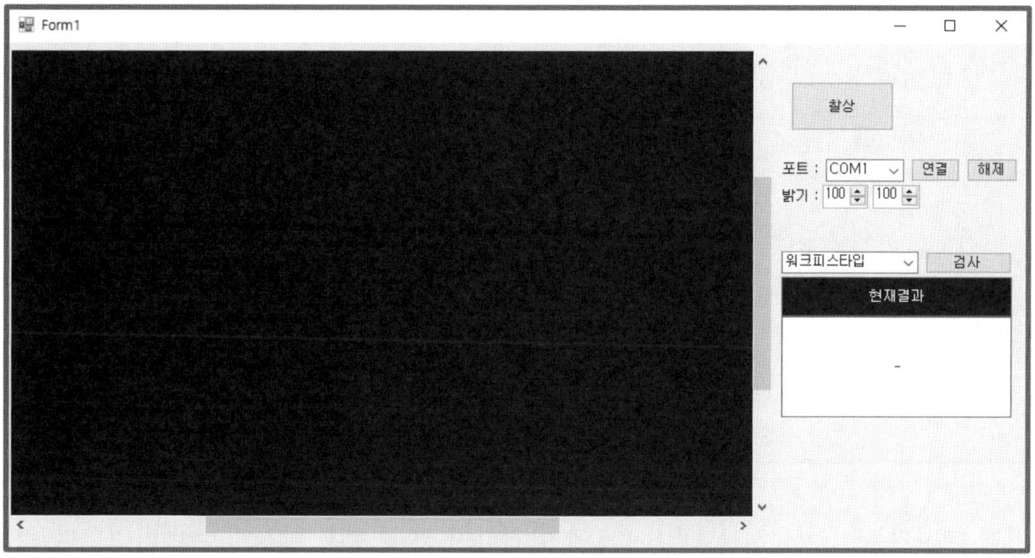

먼저 우측에 있는 찰상용 버튼을 생성합니다. 속성은 아래 화면과 같습니다.

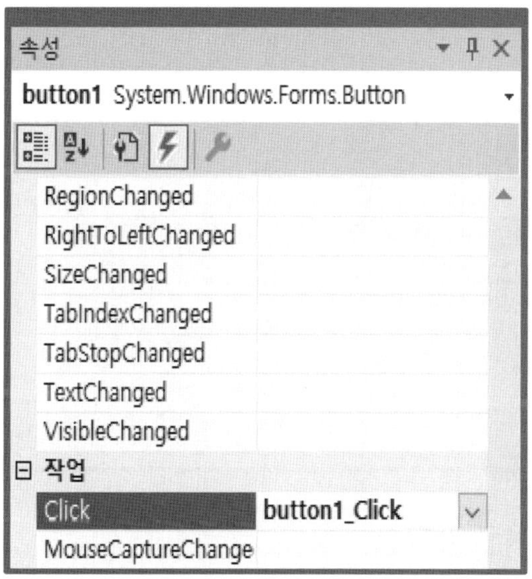

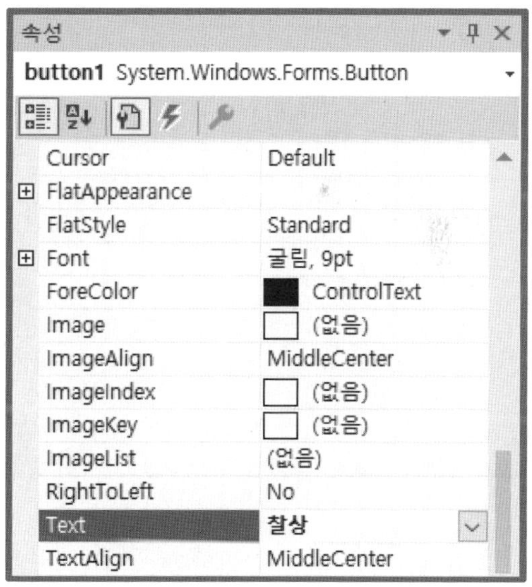

찰상용 버튼에 생성된 코드에 필요한 내용을 코딩합니다.

```
private void button1_Click(object sender, EventArgs e)
{
    // 촬상을 진행중이 아닐때만 시작한다.
    if (swTimer1.IsRunning == false && swTimer2.IsRunning == false)
    {
        //조명을 키고 촬상대기시간타이머를 시작
        pLight.SetLightValue(0, (int)nudLight_Ch1.Value);
        pLight.SetLightValue(1, (int)nudLight_Ch2.Value);
        swTimer1.Restart();
    }
}
```

아래 메시지는 라이센서를 USB포트에 연결하지 않을 경우 발생하는 에러입니다. 가끔 VisionPro ViDi 라이센서를 사용하지 않고 컴파일을 진행하는 경우가 있어서 참고용으로 소개합니다.

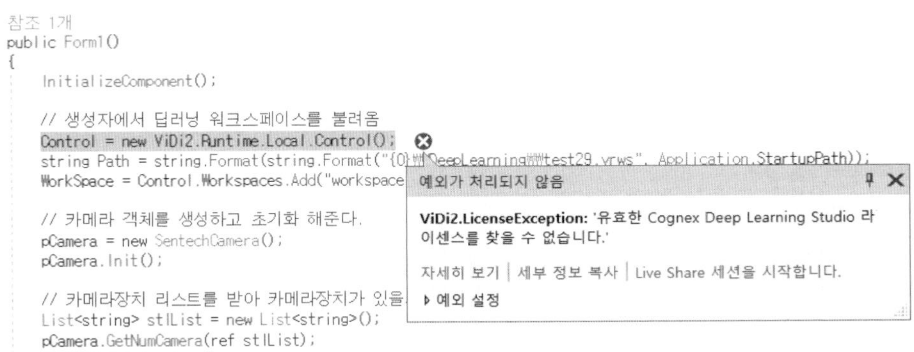

조명 연결을 위한 ComboBox 편집 내용입니다. 앞의 다른 예제에서도 소개했으니 이곳에서는 간단하게만 보여주도록 하겠습니다. 문자열 컬렉션 편집기 내용이 "cbLight_Port.Text"에 대입됩니다.

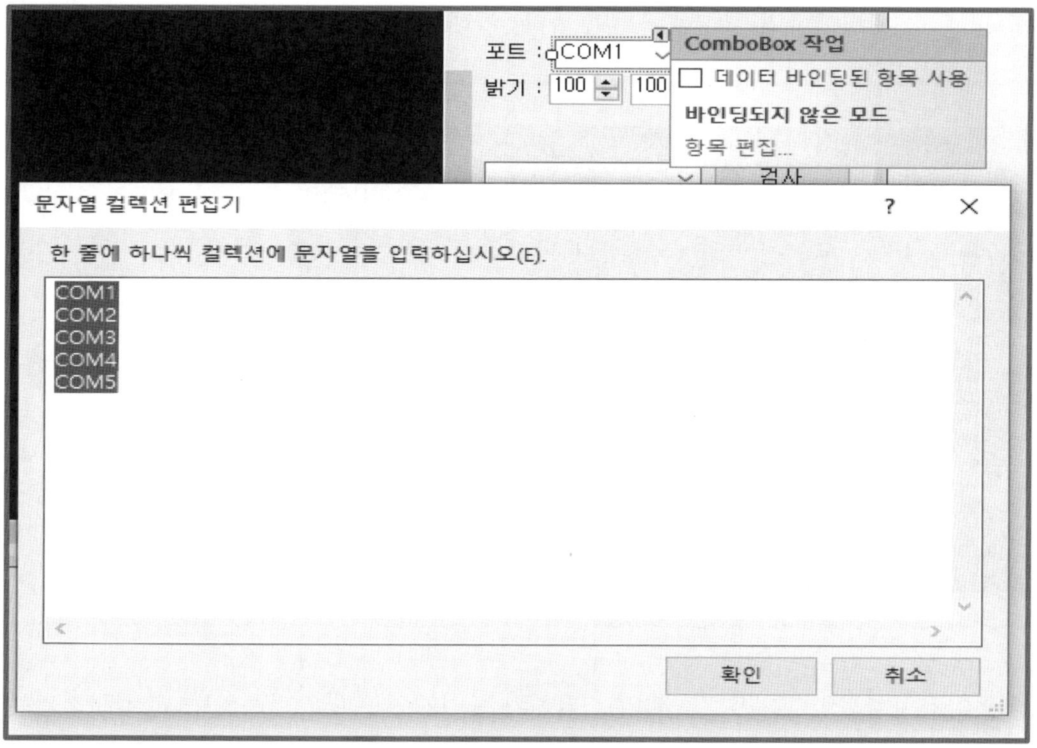

조명 작업과 같은 ComboBox입니다. 단지 사용되는 내용이 워크피스 형태를 구분하는데 사용됩니다. 다양한 형태로 사용하면 될것으로 봅니다.

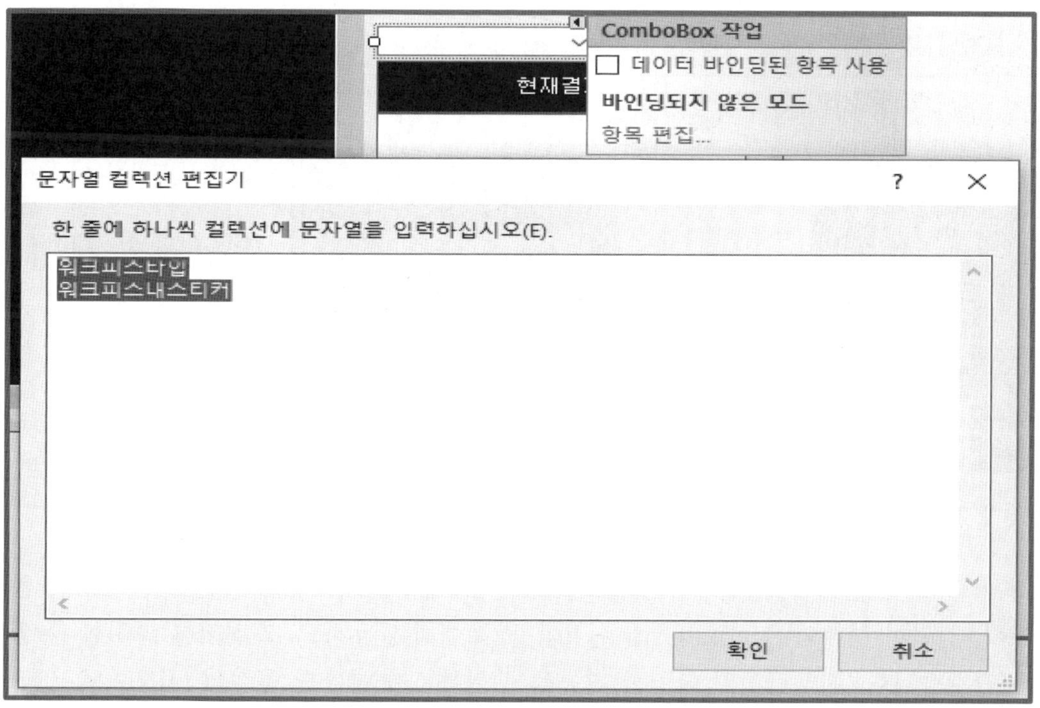

프로그램을 완성했다면 실행을 진행합니다. 아래 화면은 실행한 결과 화면입니다.

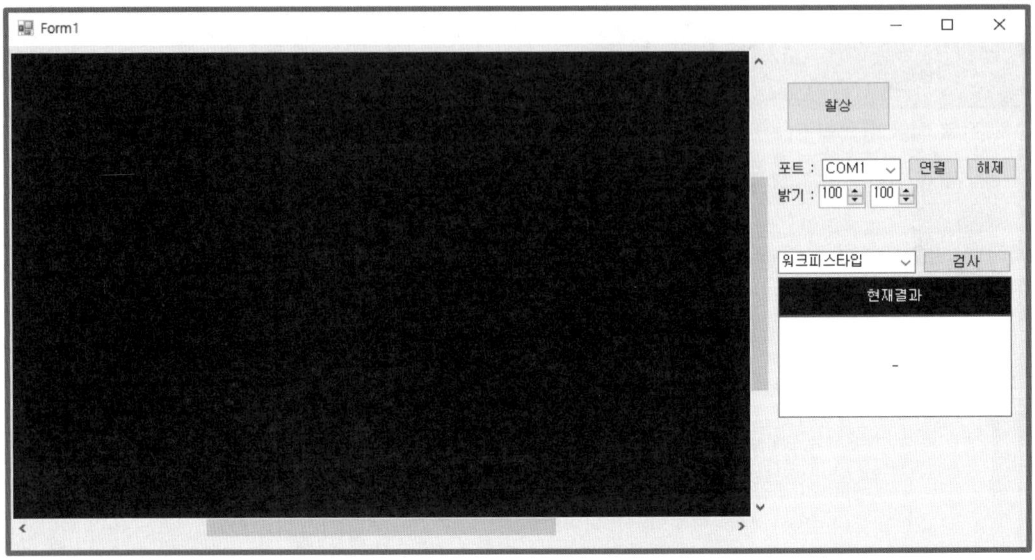

촬상후 검사결과입니다. RED 색의 스티커가 붙여져있는 워크피스입니다. 검사결과는 B 타입으로 정상적으로 판명되었습니다. DeepLearning 시 RED 스티커를 B로 테그작업을 했음으로 B의 결과과 나타납니다.

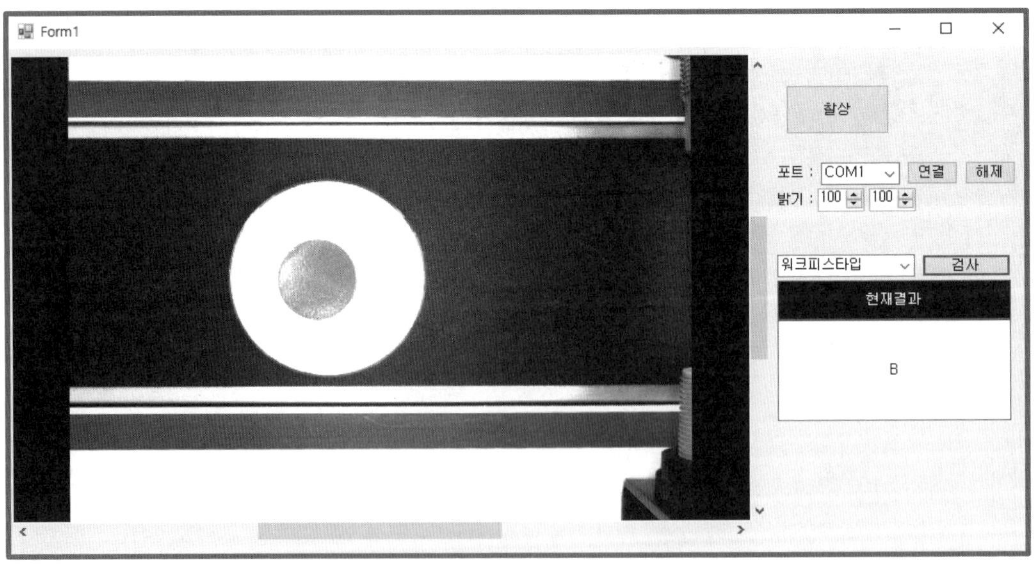

전체 프로그램입니다. 특별히 이곳 예제에서는 이해를 돕기위해서 다른 작업을 하지 않았습니다. 간단한 형태의 DeepLearning 결과를 C#에서 활용하고 그 결과를 확인할 수 있도록 구성했습니다. 시스템적인 다양한 기능을 구현하고자 한다면 앞절의 MiNI-MPS를 이용한 예제를 참고하면 됩니다.

```
using System;
using System.Collections.Generic;
using System.ComponentModel;
using System.Data;
using System.Drawing;
using System.Linq;
using System.Text;
using System.Threading.Tasks;
using System.Windows.Forms;
using System.Diagnostics;
using IMecatronicsDll;
using Cognex.VisionPro;

namespace Ex17
{
    public partial class Form1 : Form
    {
        // 딥러닝을 위해 추가
        public ViDi2.Runtime.IControl Control = null;
        public ViDi2.Runtime.IWorkspace WorkSpace = null;

        public SentechCamera pCamera = null;
        public LightControl pLight = null;
        public Stopwatch swTimer1 = new Stopwatch();
        public Stopwatch swTimer2 = new Stopwatch();

        public Form1()
        {
            InitializeComponent();

            // 생성자에서 딥러닝 워크스페이스를 불러옴
            Control = new ViDi2.Runtime.Local.Control();
            string Path = string.Format(string.Format("{0}₩₩DeepLearning₩₩test29.vrws",
                                                      Application.StartupPath));
            WorkSpace = Control.Workspaces.Add("workspace", Path);

            // 카메라 객체를 생성하고 초기화 해준다.
            pCamera = new SentechCamera();
            pCamera.Init();

            // 카메라장치 리스트를 받아 카메라장치가 있을시 첫번째 장치로 연결
            List<string> stlList = new List<string>();
            pCamera.GetNumCamera(ref stlList);
```

```
        if (stlList.Count > 0)
        {
            pCamera.Connected(stlList[0]);
        }

        // 카메라의 취득을 시작하고트리거모드를 On으로 설정한다.
        pCamera.StartAcquisition();
        pCamera.SetEnumNode("TriggerMode", "On");


        // 조명 객체를 생성하고 포트를 설정합니다.
        pLight = new LightControl();
        cbLight_Port.Items.Clear();
        string[] comlist = System.IO.Ports.SerialPort.GetPortNames();
        for (int Idx = 0; Idx < comlist.Length; ++Idx)
        {
            cbLight_Port.Items.Add(comlist[Idx]);
        }

        //
        cbInspType.SelectedIndex = 0;

        // 타이머를 시작한다.
        timer1.Start();
    }

    private void btnLight_Connect_Click(object sender, EventArgs e)
    {
        // 선택한 시리얼포트로 조명 컨트롤러 포트연결을 실시한다.
        pLight.Connected(cbLight_Port.Text, 9600);
    }

    private void btnLight_DisConnect_Click(object sender, EventArgs e)
    {
        // 조명컨트롤러 포트연결을 해제한다.
        pLight.DisConnect();
    }

    private void button1_Click(object sender, EventArgs e)
    {
        // 촬상을 진행중이 아닐때만 시작한다.
        if (swTimer1.IsRunning == false && swTimer2.IsRunning == false)
        {
            //조명을 키고 촬상대기시간타이머를 시작
            pLight.SetLightValue(0, (int)nudLight_Ch1.Value);
            pLight.SetLightValue(1, (int)nudLight_Ch2.Value);
```

```
            swTimer1.Restart();
        }
    }

    private void timer1_Tick(object sender, EventArgs e)
    {
        // 설정한 촬상대기시간이 지나면 트리거명령을 보낸다.
        if (swTimer1.ElapsedMilliseconds > 300)
        {
            // 소프트웨어 트리거 명령을 보냄
            pCamera.CommandExcute("TriggerSoftware");
            swTimer1.Reset();
            swTimer2.Restart();
        }

        if (swTimer2.IsRunning == true)
        {
            if (pCamera.UpdateImage == 1 || swTimer2.ElapsedMilliseconds < 1000)
            {
                if (pCamera.UpdateImage == 1)
                {
             cogRecordDisplay1.Image = new CogImage24PlanarColor(pCamera.GetLastImage());
                }

                // 타이머를 리셋하고 조명을 Off함
                swTimer2.Reset();
                pLight.SetLightValue(1, 0);
                pLight.SetLightValue(2, 0);
            }
        }
    }

    private void Form1_FormClosed(object sender, FormClosedEventArgs e)
    {
        // 카메라 장비를 종료한다.
        if (pCamera.IsConnect() == true)
        {
            pCamera.AcquisitionStop();
            pCamera.DisConnected();
        }
    }

    private void button2_Click(object sender, EventArgs e)
    {
        if (WorkSpace != null)
        {
```

```
            try
            {
                // 스트림을 불러온다.(검사타입에 따라서 스트림을 설정)
                ViDi2.IStream stream = null;
                if (cbInspType.SelectedIndex == 0)
                {
                    stream = WorkSpace.Streams["ex01"];
                }
                else
                {
                    stream = WorkSpace.Streams["ex02"];
                }

                if (stream != null)
                {
                    // 딥러닝에서 인식가능한 이미지로 변경
          ViDi2.IImage pImage = new ViDi2.FormsImage(cogRecordDisplay1.Image.ToBitmap());

                    // 검사를 실행
                    ViDi2.ISample sample = stream.Process(pImage);

                    // 그린뷰의 결과를 받아 베스트매칭결과를 확인
                    if (cbInspType.SelectedIndex == 0)
                    {
          ViDi2.IGreenView View = sample.Markings["Classify"].Views[0] as ViDi2.IGreenView;
                        lbResult.Text = View.BestTag.Name;
                    }
                    else
                    {
                        // 블루뷰의 결과를 받아 베스트매칭결과를 확인
              ViDi2.IBlueView View = sample.Markings["Locate"].Views[0] as ViDi2.IBlueView;
        lbResult.Text = (View.Features.Count > 0) ? View.Features[0].Name.ToString() : "NG";
                    }
                }
            }
            catch(Exception Ex)
            {

            }

        }
    }
}
}
```

AI · 머신 비전 시스템 구축 기술

발　　행 / 2024년 7월 1일

•

저　　자 / 선 권 석
펴 낸 이 / 정 창 희
펴 낸 곳 / 동일출판사
주　　소 / 서울시 강서구 곰달래로31길7 (2층)
전　　화 / (02) 2608-8250
팩　　스 / (02) 2608-8265
등록번호 / 제109-90-92166호

ISBN 978-89-381-1640-6 93560
값 / 34,000원